annabac 2018

SUJETS &
CORRIGÉS

L'INTÉGRALE du Bac S

■ **Mathématiques**

Hervé Kazmierczak
professeur agrégé

Christophe Roland
professeur certifié

■ **Physique-chimie**

Jérôme Fréret
professeur certifié

■ **Sciences de la vie et de la Terre**

Jacques Bergeron
Jean-Claude Hervé
professeurs agrégés de l'université

ISSN : 1168-3775 ISBN : 978-2-401-03042-8

Hatier

Coordination éditoriale : Grégoire Thorel et Adeline Ida,
assistés de Sarah Basset et de Tara Mazelié
Correction : Jean-Marc Cheminée (mathématiques), Claire-Marie La Sade (physique-chimie),
Hannah-Belle Abdullah (SVT)
Maquette de principe : Dany Mourain
Coordination maquette : Hatier et Nadine Aymard
Mise en page : Nord Compo
Iconographie : Hatier Illustration
Dessins et schémas : Bernard Sullerot, Philippe Bouillon (Illustratek), STDI

SOMMAIRE GÉNÉRAL

En quoi consiste cet ouvrage de préparation au bac ?

Comme son nom l'indique, L'Intégrale du Bac S regroupe les principales matières de votre programme. Elle est conçue pour vous accompagner tout au long de l'année dans votre préparation aux épreuves du baccalauréat S.

L'ensemble des thèmes des programmes de l'enseignement obligatoire et de l'enseignement de spécialité sont abordés à l'aide d'une large sélection de sujets.

En quoi peut-il faciliter vos révisions ?

1. En premier lieu, parce qu'il s'agit d'un « **trois en un** » : dans un même ouvrage sont rassemblées les matières à plus fort coefficient de votre programme.

2. Dans chaque matière, vous avez accès à un ensemble de sujets corrigés représentatifs de l'épreuve, dont celui posé à la **session de juin 2017** en France métropolitaine.

- Chaque sujet est associé à des « clés du sujet ».
- Chaque corrigé est accompagné de commentaires de l'auteur : informations, conseils et mises en garde utiles dans le cadre d'une préparation au bac.

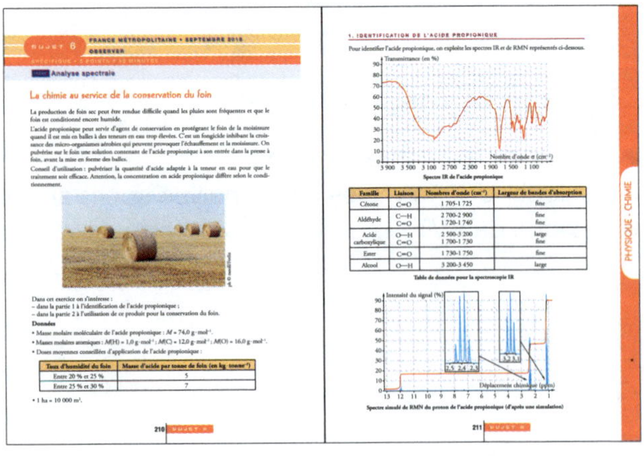

3. En plus des sujets corrigés, vous trouverez :
- un descriptif de chaque épreuve ;
- des conseils de méthode généraux ;
- des « utilitaires » (formulaire, lexique, mémento...).

Et l'offre privilège sur annabac.com ?

En quoi consiste-t-elle ?
Avec cet ouvrage, vous est offert un accès gratuit* aux ressources du site :
- fiches de cours,
- podcasts de révision,
- quiz interactifs,
- exercices et sujets corrigés...

Comment procéder ?
Pour profiter de cette offre, rendez-vous sur **www.annabac.com** dans la rubrique « Vous avez acheté un ouvrage Hatier ? » La saisie d'un code extrait de l'ouvrage vous permet d'activer votre compte personnel.

* Selon conditions précisées sur annabac.com

Nous vous souhaitons de très bonnes révisions !

PLANIFIEZ VOS RÉVISIONS

J – 30

Vous débutez vos révisions 1 mois avant l'épreuve
Révisez les thèmes clés

	Sujet n°	Thème du programme	Page
MATHS	9	Fonction exponentielle	63
MATHS	25	Probabilités conditionnelles	135
MATHS	20	Géométrie dans l'espace	116
MATHS	13	Fonction logarithme népérien	83
MATHS	28	Lois de probabilité à densité	146
MATHS	4	Suites numériques	44
MATHS	7	Compléments sur les fonctions	55
PHYSIQUE-CHIMIE	10	Temps, mouvement et évolution	236
PHYSIQUE-CHIMIE	16	Économiser les ressources et respecter l'environnement	279
PHYSIQUE-CHIMIE	3	Caractéristiques et propriétés des ondes	189
PHYSIQUE-CHIMIE	5	Analyse spectrale	201
PHYSIQUE-CHIMIE	20	Transmettre et stocker de l'information	308
PHYSIQUE-CHIMIE	11	Structure et transformation de la matière	243
PHYSIQUE-CHIMIE	18	Synthétiser des molécules, fabriquer de nouveaux matériaux	292
SVT	25	La plante domestiquée	408
SVT	39	Énergie et cellule vivante	444
SVT	44	Glycémie et diabète	461
SVT	22	Géothermie et propriétés thermiques de la Terre	402
SVT	33	La communication nerveuse	430
SVT	29	Quelques aspects de la réaction immunitaire	420
SVT	41	Atmosphère, hydrosphère, climat : du passé à l'avenir	452

J – 7

Vous « foncez » la semaine précédant les épreuves
Entraînez-vous avec des sujets complets

	Intitulé du sujet	Page
MATHS	Sujet complet 1 (France métropolitaine)	15
PHYSIQUE-CHIMIE	Sujet complet 1 (France métropolitaine)	161
SVT	Sujet complet 1 (France métropolitaine)	329

SOMMAIRE

Cochez les sujets sur lesquels vous vous êtes entraîné.

Fonction logarithme népérien

Intégration

GÉOMÉTRIE

Nombres complexes et applications

Géométrie dans l'espace

PROBABILITÉS ET STATISTIQUES

Probabilités conditionnelles

Lois de probabilité à densité

Intervalles de fluctuation et de confiance

MATHÉMATIQUES

L'épreuve en questions-réponses

Le programme

1. Quel est le programme d'enseignement spécifique en terminale S ?

Le programme se divise en trois grandes parties : analyse, géométrie, probabilités et statistique. Ces trois parties sont évidemment interdépendantes. À ces trois parties s'ajoute l'algorithmique qui intervient dans tous les champs du programme.

Analyse

Fonctions	
Continuité	• Présentation de la notion de continuité • Théorème des valeurs intermédiaires et conséquences
Limites	• Présentation de la notion de limite • Opérations • Interprétation géométrique
Compléments de dérivation	• Fonctions composées particulières
Fonctions de référence	• Fonctions sinus et cosinus • Fonction exponentielle • Fonction logarithme népérien
Intégration	• Aire sous une courbe • Primitives • Intégrale d'une fonction de signe quelconque • Propriétés de calcul
Suites	
Suites	• Raisonnement par récurrence • Limites de suites • Suites arithmético-géométriques

Géométrie

Géométrie dans l'espace	
Droites et plans	• Positions relatives de droites et de plans • Orthogonalité : – de deux droites – d'une droite et d'un plan
Géométrie vectorielle	• Extension à l'espace de la notion de vecteur • Vecteurs coplanaires • Représentations paramétriques de droites

Produit scalaire	• Extension à l'espace • Notion de vecteur normal • Équation cartésienne d'un plan
Nombres complexes	
Forme algébrique	• Opérations sur les nombres complexes
Forme trigonométrique	• Module et argument d'un nombre complexe • Notation exponentielle
Géométrie des nombres complexes	• Représenter un nombre complexe • Interpréter les notions de module et argument

Probabilités et statistiques

Probabilités conditionnelles	• Conditionnement • Arbre pondéré • Indépendance de deux événements
Lois à densité	• Loi uniforme • Lois exponentielles • Lois normales • Notion à partir d'exemples
Intervalle de fluctuation	• Intervalle de fluctuation asymptotique et prise de décision • Notion de seuil
Estimation	• Intervalle de confiance • Niveau de confiance

2. Qu'en est-il du programme de spécialité ?

Cet enseignement permet d'aborder deux domaines : l'arithmétique et le calcul matriciel en lien avec les suites. Il prend appui sur la **résolution de problèmes**.

Arithmétique	
Problèmes de codage, de chiffrement Nombres premiers Système cryptographique RSA	• Arithmétique dans $\mathbb{Z}$: divisibilité, congruences et applications
Calcul matriciel	
Marches aléatoires Modèle de diffusion d'Ehrenfest Modèle proie-prédateur discrétisé	• Matrices et opérations • Matrices et systèmes linéaires • Suites de matrices colonnes • Étude asymptotique d'une marche aléatoire

L'épreuve

3. En quoi consiste l'épreuve écrite ?

- L'épreuve écrite dure **4 heures**.
- Le sujet comporte généralement **4 exercices**.
- Si vous avez choisi les mathématiques comme enseignement de spécialité, l'un des exercices spécifiques sera remplacé par un autre conforme à votre programme, pour le même nombre de points.
- Les exercices proposés couvrent **l'ensemble du programme** et peuvent se présenter sous diverses formes : exercice classique, QCM (questionnaire à choix multiples), ROC (restitution organisée de connaissances), affirmations à confirmer ou à infirmer, problème ouvert…
- Cette épreuve écrite a un **coefficient 7** ou, si vous avez choisi les mathématiques en spécialité, un coefficient 9.

> ▶ **Les critères de notation**
>
> - La connaissance des notions du programme
> - La maîtrise des méthodes types de résolution de problèmes
> - La capacité à mener une démonstration ou à construire un raisonnement
> - L'attitude critique vis-à-vis des résultats obtenus
> - La qualité de la rédaction, de l'expression

4. Comment se déroule l'oral de contrôle ?

- Si vous obtenez une moyenne au baccalauréat inférieure à 10 mais au moins égale à 8, vous êtes autorisé à vous présenter aux oraux de contrôle, dits « oraux de rattrapage ». Dans ce cas, vous devez **choisir deux matières** : par exemple celles où vous avez obtenu les notes les plus basses ou/et celles à fort coefficient.
- En mathématiques, l'oral de contrôle consiste en **20 minutes d'exposé et d'entretien** avec l'examinateur, précédé d'une préparation de 20 minutes sur des questions posées par ce dernier.

Les élèves ayant suivi l'enseignement de spécialité seront interrogés sur le programme spécifique et de spécialité.

- L'échange oral devra permettre de voir comment vous avez abordé et résolu les questions posées. Certaines justifications de vos raisonnements pourront être données oralement. Ne rédigez donc pas *in extenso* des réponses aux questions.

Nos conseils

5. Comment préparer l'épreuve écrite ?

Voici quatre conseils clés pour préparer l'épreuve écrite :

▶ **1.** Apprenez bien votre **cours**, les **formules**, les **théorèmes** ainsi que leurs conditions d'application.

▶ 2. Maîtrisez les **méthodes types** de résolution de certains points « clés » du programme, qui reviennent régulièrement dans bon nombre de sujets. Par exemple, une étude de variations d'une fonction commence généralement par la justification de la dérivabilité. Il faut ensuite calculer la dérivée puis étudier le signe de cette dérivée pour obtenir finalement les variations de la fonction.

▶ 3. Dès la rentrée, rédigez des **fiches de synthèse** des notions rencontrées.

▶ 4. Entraînez-vous en faisant beaucoup d'**exercices**. N'hésitez pas à vous mettre dans les conditions du bac en vous imposant une limite de temps (celle conseillée par les « Clés du sujet » de votre Annabac par exemple).

▶ Comment utiliser cet Annabac ?

- Utilisez l'index thématique.
- Aidez-vous du planning de révision proposé.
- Révisez les formules et les algorithmes clés avec « La boîte à outils ».

6. Comment aborder le sujet le jour J ?

- Avant de commencer, lisez **intégralement** le sujet, pour repérer les exercices sur lesquels vous êtes le plus à l'aise et ceux sur lesquels vous avez quelques appréhensions.
- L'ordre de résolution des exercices n'est pas imposé. Vous pouvez donc traiter les exercices **dans l'ordre que vous souhaitez**, pourvu que les références (exercice, numéros des questions) soient bien mentionnées.
- Lorsque des questions vous posent **problème**, passez-les pour éviter de perdre du temps et revenez-y plus tard. Si vous pensez avoir le bon résultat mais des calculs incorrects, vous pouvez le préciser explicitement sur la copie. Vous pourrez alors poursuivre l'exercice avec ce résultat.

▶ Consignes : mode d'emploi

Prenez garde à la façon dont les consignes sont formulées.

Consigne	Signification
« En déduire… »	• Il faut exploiter le travail précédent pour répondre à la question posée
« Démontrer…, justifier… »	• Un raisonnement rigoureux et bien structuré est attendu pour répondre au problème posé.
« Conjecturer… »	• À partir d'observations graphiques ou numériques, vous devez émettre une conclusion qui sera en général démontrée dans la suite de l'exercice proposé.
« Observer graphiquement… »	• Aucun calcul n'est attendu et seul le support graphique doit être exploité.
ROC (restitution organisée de connaissances)	• Il s'agit de redémontrer un résultat de cours à l'aide des instructions fournies dans l'énoncé.

7. Comment exploiter sa calculatrice ?

- La calculatrice étant normalement autorisée le jour de l'épreuve, pensez à **exploiter ses fonctionnalités** pour vérifier vos résultats ou émettre des conjectures, pour trouver des pistes de démonstrations.

• Votre calculatrice permet d'obtenir :

Pour les fonctions	• Tableaux de valeurs • Courbes représentatives • Valeurs approchées de solutions d'équations • Valeurs approchées d'intégrales
Pour les suites	• Tableaux de valeurs pour les termes d'une suite • Représentation graphique
Pour les probabilités	• Calculs classiques : loi binomiale, loi normale
Pour les nombres complexes	• Calculs élémentaires • Forme algébrique • Forme trigonométrique
Pour les matrices	• Opérations usuelles (somme, produit, inverse...)

8. Comment traiter les questions d'algorithmique ?

• L'algorithmique s'articule depuis la classe de seconde autour des notions suivantes : traitement des entrées et sorties, structure pour, structure tant que, structure si ... alors ... sinon.

• Pour analyser un algorithme, décomposez les étapes proposées en présentant les résultats dans un tableau : on le fait fonctionner ligne par ligne, structure après structure et on indique à chaque étape les résultats trouvés. Analysez ensuite l'ensemble des résultats pour indiquer le rôle de l'algorithme proposé.

9. Qu'est-ce qu'un problème ouvert et comment l'aborder ?

• Un problème ouvert est une question globale sur un thème précis. Vous devez vous-même trouver la méthode pour y répondre.

• Par exemple, pour justifier qu'une fonction admet un extremum sur un intervalle, vous devrez penser à étudier les variations de cette fonction.

▸ Gagnez des points !

• Respectez la numérotation des questions et indiquez-la clairement.

• N'utilisez pas les symboles mathématiques comme abréviation au milieu d'une phrase.

• Encadrez les résultats obtenus.

• Rédigez les conclusions aux questions posées.

• Attention à l'écriture ! Évitez les fautes d'orthographe.

10. Comment préparer l'oral de contrôle ?

• Révisez des éléments clés du cours : propriétés et théorèmes avec leur champ d'application.

• Évitez absolument les absurdités et/ou incohérences. Par exemple :

– la fonction exponentielle ne peut être négative ;

– une probabilité ne peut être négative ou supérieure à 1 ;

– la fonction ln n'est pas strictement positive sur son ensemble de définition...

• Utilisez les post-it au fil des corrigés de votre Annabac afin d'éviter les pièges les plus fréquents.

SPÉCIFIQUE ET SPÉCIALITÉ • Thème : Analyse
EXERCICE 1 • 7 POINTS

Étude complète de l'aire d'un domaine

PARTIE A

On considère la fonction h définie sur l'intervalle $[0\,;+\infty[$ par : $h(x) = x\mathrm{e}^{-x}$.

▶ **1.** Déterminer la limite de la fonction h en $+\infty$.

▶ **2.** Étudier les variations de la fonction h sur l'intervalle $[0\,;+\infty[$ et dresser son tableau de variations.

▶ **3.** L'objectif de cette question est de déterminer une primitive de la fonction h.

a) Vérifier que pour tout nombre réel x appartenant à l'intervalle $[0\,;+\infty[$, on a :

$$h(x) = \mathrm{e}^{-x} - h'(x)$$

où h' désigne la fonction dérivée de h.

b) Déterminer une primitive sur l'intervalle $[0\,;+\infty[$ de la fonction $x \mapsto \mathrm{e}^{-x}$.

c) Déduire des deux questions précédentes une primitive de la fonction h sur l'intervalle $[0\,;+\infty[$.

PARTIE B

On définit les fonctions f et g sur l'intervalle $[0\,;+\infty[$ par :

$$f(x) = x\mathrm{e}^{-x} + \ln(x+1) \quad \text{et} \quad g(x) = \ln(x+1).$$

On note $\mathscr{C}_f$ et $\mathscr{C}_g$ les représentations graphiques respectives des fonctions f et g dans un repère orthonormé.

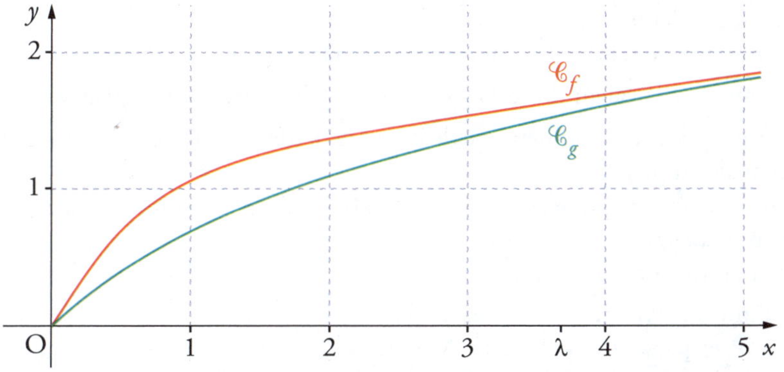

▶ **1.** Pour un nombre réel x appartenant à l'intervalle $[0\,;+\infty[$, on appelle M le point de coordonnées $(x\,;f(x))$ et N le point de coordonnées $(x\,;g(x))$: M et N sont donc les points d'abscisse x appartenant respectivement aux courbes $\mathscr{C}_f$ et $\mathscr{C}_g$.

a) Déterminer la valeur de x pour laquelle la distance MN est maximale et donner cette distance maximale.

b) Placer sur le graphique ci-dessus les points M et N correspondant à la valeur maximale de MN.

▶ **2.** Soit λ un réel appartenant à l'intervalle $[0\,;+\infty[$. On note D_λ le domaine du plan délimité par les courbes $\mathscr{C}_f$ et $\mathscr{C}_g$ et par les droites d'équations $x = 0$ et $x = \lambda$.

a) Hachurer le domaine D_λ correspondant à la valeur λ proposée sur le graphique précédent.

b) On note A_λ l'aire du domaine D_λ, exprimée en unités d'aire. Démontrer que :

$$A_\lambda = 1 - \frac{\lambda + 1}{e^\lambda}.$$

c) Calculer la limite de A_λ lorsque λ tend vers $+\infty$ et interpréter le résultat.

▶ **3.** On considère l'algorithme suivant :

Variables	λ est un réel positif S est un réel strictement compris entre 0 et 1.
Initialisation	Saisir S λ prend la valeur 0
Traitement	TANT QUE $1 - \dfrac{\lambda+1}{e^\lambda} < S$ faire λ prend la valeur $\lambda + 1$ FIN TANT QUE
Sortie	Afficher λ

a) Quelle valeur affiche cet algorithme si on saisit la valeur $S = 0{,}8$?

b) Quel est le rôle de cet algorithme ?

SPÉCIFIQUE ET SPÉCIALITÉ • Thèmes : Géométrie dans l'espace
EXERCICE 2 • 3 POINTS

Distance d'un point à un plan

L'espace est muni d'un repère orthonormé $(O\,;\vec{i}\,;\vec{j}\,;\vec{k})$.
Soit $\mathscr{P}$ le plan d'équation cartésienne : $2x - z - 3 = 0$.
On note A le point de coordonnées $(1\,;a\,;a^2)$, où a est un nombre réel.

▶ **1.** Justifier que, quelle que soit la valeur du réel a, le point A n'appartient pas au plan $\mathscr{P}$.

▶ **2. a)** Déterminer une représentation paramétrique de la droite $\mathscr{D}$ (de paramètre noté t) passant par le point A et orthogonale au plan $\mathscr{P}$.

b) Soit M un point appartenant à la droite $\mathscr{D}$, associé à la valeur t du paramètre dans la représentation paramétrique précédente.
Exprimer la distance AM en fonction du réel t.

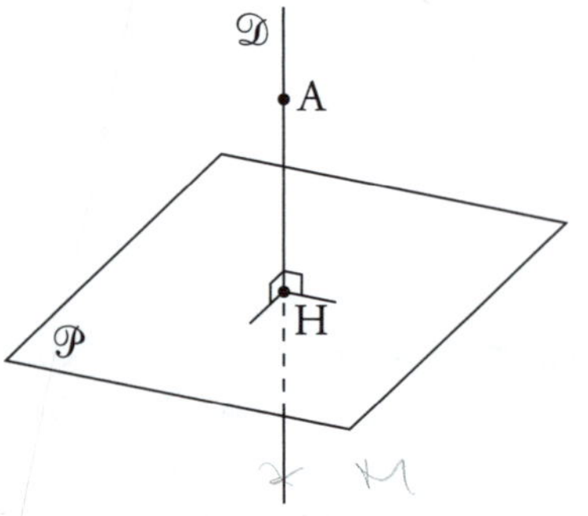

On note H le point d'intersection du plan $\mathscr{P}$ et de la droite $\mathscr{D}$ orthogonale à $\mathscr{P}$ et passant par le point A. Le point H est appelé le projeté orthogonal du point A sur le plan $\mathscr{P}$, et la distance AH est appelée distance du point A au plan $\mathscr{P}$.

▶ **3.** Existe-t-il une valeur de a pour laquelle la distance AH du point A de coordonnées $(1\,;a\,;a^2)$ au plan $\mathscr{P}$ est minimale ? Justifier la réponse.

EXERCICE 3 • 5 POINTS

Le capteur de foudre

Dans une vaste plaine, un réseau de capteurs permet de détecter la foudre et de produire une image des phénomènes orageux. Ces données servent en particulier aux services météorologiques pour améliorer leurs prévisions et pour permettre des interventions plus rapides sur les lieux, notamment en cas d'incendie.

Le but de l'exercice est d'étudier les impacts de foudre détectés par un capteur.
L'écran radar, sur lequel les points d'impact de foudre sont observés, a l'allure suivante :

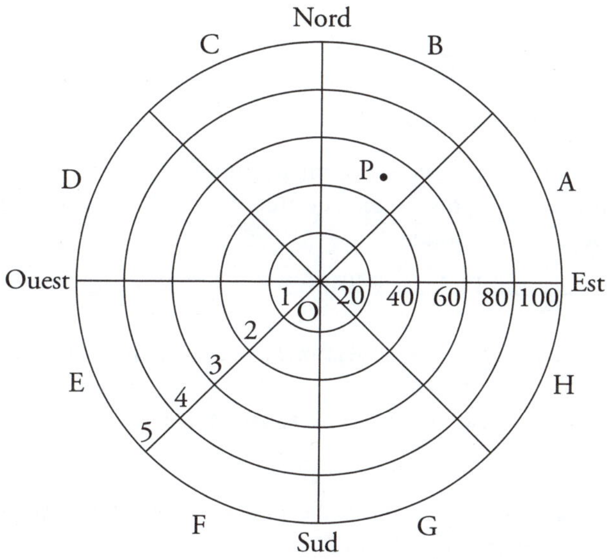

Le capteur de foudre étant représenté par le centre de l'écran, cinq cercles concentriques correspondant aux rayons respectifs 20, 40, 60, 80 et 100 kilomètres délimitent dans l'ordre cinq zones, numérotées de 1 à 5, définies par leur distance au capteur. De plus, huit segments partant du capteur délimitent huit portions, de même ouverture angulaire, nommées dans le sens trigonométrique de A à H.

L'écran est ainsi partagé en quarante secteurs dénommés par une lettre et un nombre entre 1 et 5. Par exemple, le point P positionné sur la figure est situé dans le secteur B3.

On assimile l'écran radar à une partie du plan complexe en définissant un repère orthonormé $(O\,;\vec{u}\,;\vec{v})$ de la manière suivante :

- l'origine O marque la position du capteur ;
- l'axe des abscisses est orienté d'ouest en est ;
- l'axe des ordonnées est orienté du sud au nord ;
- l'unité choisie est le kilomètre.

Dans la suite, un point de l'écran radar est associé à un point d'affixe z.

PARTIE A

▸ **1.** On note z_P l'affixe du point P situé dans le secteur B3 sur le graphique précédent. On appelle r le module de z_P et θ son argument dans l'intervalle $]-\pi\,;\pi]$.

Parmi les quatre propositions suivantes, déterminer la seule qui propose un encadrement correct pour r et pour θ (aucune justification n'est demandée) :

Proposition A	Proposition B	Proposition C	Proposition D
$40 < r < 60$ et $0 < \theta < \frac{\pi}{4}$	$20 < r < 40$ et $\frac{\pi}{2} < \theta < \frac{3\pi}{4}$	$40 < r < 60$ et $\frac{\pi}{4} < \theta < \frac{\pi}{2}$	$0 < r < 60$ et $-\frac{\pi}{2} < \theta < -\frac{\pi}{4}$

▶ **2.** Un impact de foudre est matérialisé sur l'écran en un point d'affixe z. Dans chacun des deux cas suivants, déterminer le secteur auquel ce point appartient :

a) $z = 70\mathrm{e}^{-\mathrm{i}\frac{\pi}{3}}$;

b) $z = -45\sqrt{3} + 45\mathrm{i}$.

PARTIE B

On suppose dans cette partie que le capteur affiche un impact au point P d'affixe $50\mathrm{e}^{\mathrm{i}\frac{\pi}{3}}$.
En raison d'imprécisions de mesures, le point d'impact affiché ne donne qu'une indication approximative du point d'impact réel de la foudre.

Ainsi, lorsque le capteur affiche le point d'impact P d'affixe $50\mathrm{e}^{\mathrm{i}\frac{\pi}{3}}$, l'affixe z du point d'impact réel de la foudre admet :
- un module qui peut être modélisé par une variable aléatoire M suivant une loi normale d'espérance $\mu = 50$ et d'écart type $\sigma = 5$;
- un argument qui peut être modélisé par une variable aléatoire T suivant une loi normale d'espérance $\frac{\pi}{3}$ et d'écart type $\frac{\pi}{12}$.

On suppose que les variables aléatoires M et T sont indépendantes, c'est-à-dire que quels que soient les intervalles I et J, les événements $(M \in I)$ et $(T \in J)$ sont indépendants.

Dans la suite les probabilités seront arrondies à 10^{-3} près.

▶ **1.** Calculer la probabilité $P(M < 0)$ et interpréter le résultat obtenu.

▶ **2.** Calculer la probabilité $P(M \in]40 ; 60[)$.

▶ **3.** On admet que $P\left(T \in \left]\frac{\pi}{4} ; \frac{\pi}{2}\right[\right) = 0{,}819$.

En déduire la probabilité que la foudre ait effectivement frappé le secteur B3 selon cette modélisation.

SPÉCIFIQUE • Thèmes : Probabilités et statistiques
EXERCICE 4 • 5 POINTS

Propagation d'un virus

On étudie un modèle de propagation d'un virus dans une population, semaine après semaine.

Chaque individu de la population peut être, à l'exclusion de toute autre possibilité :
- soit susceptible d'être atteint par le virus, on dira qu'il est « de type S » ;
- soit malade (atteint par le virus) ;
- soit immunisé (ne peut plus être atteint par le virus).

Un individu est immunisé lorsqu'il a été vacciné, ou lorsqu'il a guéri après avoir été atteint par le virus.

Pour tout entier naturel n, le modèle de propagation du virus est défini par les règles suivantes :
• parmi les individus de type S en semaine n, on observe qu'en semaine $n + 1$:
85 % restent de type S, 5 % deviennent malades et 10 % deviennent immunisés ;
• parmi les individus malades en semaine n, on observe qu'en semaine $n + 1$:
65 % restent malades, et 35 % sont guéris et deviennent immunisés ;
• tout individu immunisé en semaine n reste immunisé en semaine $n + 1$.

On choisit au hasard un individu dans la population. On considère les événements suivants :

S_n : « l'individu est de type S en semaine n » ;

M_n : « l'individu est malade en semaine n » ;

I_n : « l'individu est immunisé en semaine n ».

En semaine 0, tous les individus sont considérés « de type S », on a donc les probabilités suivantes :

$$P(S_0) = 1,\ P(M_0) = 0 \text{ et } P(I_0) = 0.$$

PARTIE A

On étudie l'évolution de l'épidémie au cours des semaines 1 et 2.

▶ **1.** Reproduire sur la copie et compléter l'arbre de probabilités donné ci-dessous :

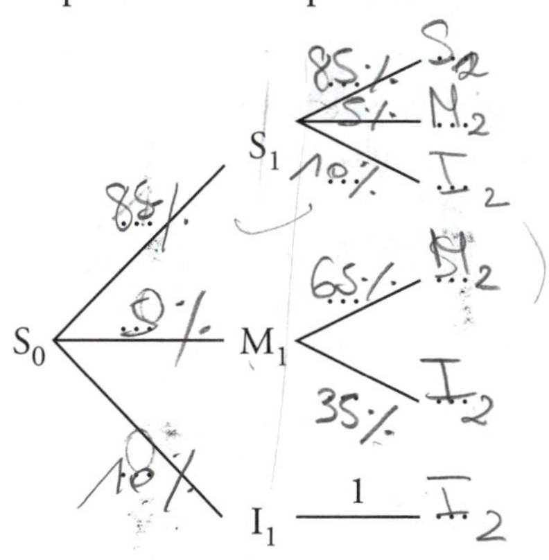

▶ **2.** Montrer que $P(I_2) = 0{,}2025$.

▶ **3.** Sachant qu'un individu est immunisé en semaine 2, quelle est la probabilité, arrondie au millième, qu'il ait été malade en semaine 1 ?

PARTIE B

On étudie dans cette partie l'évolution à long terme de l'épidémie.
Pour tout entier naturel n, on note $u_n = P(S_n)$, $v_n = P(M_n)$ et $w_n = P(I_n)$ les probabilités respectives des événements S_n, M_n et I_n.

▶ **1.** Justifier que, pour tout entier naturel n, on a : $u_n + v_n + w_n = 1$.

On admet que la suite (v_n) est définie par $v_0 = 0$ et, pour tout entier naturel n :

$$v_{n+1} = 0{,}65 v_n + 0{,}05 u_n.$$

▶ **2.** À l'aide d'un tableur, on a calculé les premiers termes des suites (u_n), (v_n) et (w_n) :

	A	B	C	D
1	n	u_n	v_n	w_n
2	0	1	0	0
3	1	0,8500	0,0500	0,1000
4	2	0,7225	0,0750	0,2025
5	3	0,6141	0,0849	0,3010
6	4	0,5220	0,0859	0,3921
7	5	0,4437	0,0819	0,4744
8	6	0,3771	0,0754	0,5474
...	...	...	...	...
20	18	0,0536	0,0133	0,9330
21	19	0,0456	0,0113	0,9431
22	20	0,0388	0,0096	0,9516

Pour répondre aux questions **a)** *et* **b)** *suivantes, on utilisera la feuille de calcul reproduite ci-dessus.*

a) Quelle formule, saisie dans la cellule C3, permet, par recopie vers le bas, de calculer les termes de la suite (v_n)?

b) On admet que les termes de (v_n) augmentent, puis diminuent à partir d'un certain rang N, appelé le « pic épidémique » : c'est l'indice de la semaine pendant laquelle la probabilité d'être malade pour un individu choisi au hasard est la plus grande.
Déterminer la valeur du pic épidémique prévue par le modèle.

▶ **3. a)** Justifier que, pour tout entier naturel n, on a : $u_{n+1} = 0{,}85\, u_n$.
En déduire l'expression de u_n en fonction de n.

b) Montrer, à l'aide d'un raisonnement par récurrence, que pour tout entier naturel n, on a :

$$v_n = \frac{1}{4}\left(0{,}85^n - 0{,}65^n\right).$$

▶ **4.** Calculer les limites de chacune des trois suites (u_n), (v_n) et (w_n).
Que peut-on en déduire quant à l'évolution de l'épidémie prévue à long terme par ce modèle?

SPÉCIALITÉ • Thème : Arithmétique – Matrices et applications
EXERCICE 4 • 5 POINTS

Le fameux acronyme TRPI

On appelle « triangle rectangle presque isocèle », en abrégé TRPI, un triangle rectangle dont les côtés de l'angle droit ont pour longueurs x et $x + 1$, et dont l'hypoténuse a pour longueur y, où x et y sont des entiers naturels.

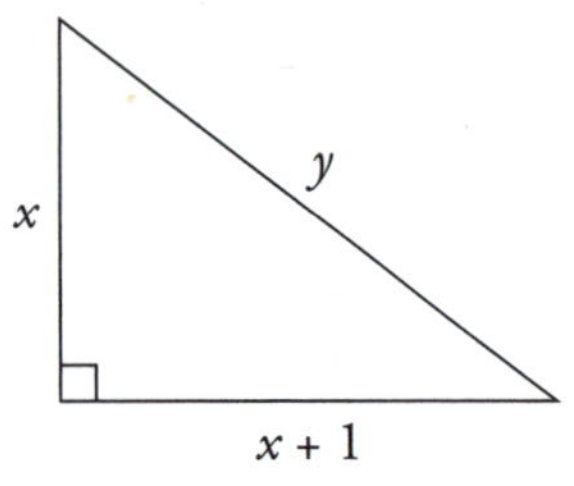

Ainsi, un TRPI est un triangle rectangle dont les longueurs des côtés de l'angle droit sont deux nombres entiers consécutifs et dont la longueur de l'hypoténuse est un nombre entier.
Si le triangle de côtés x, $x + 1$ et y, où y est la longueur de l'hypoténuse, est un TRPI, on dira que le couple $(x ; y)$ définit un TRPI.

PARTIE A

▶ **1.** Démontrer que le couple d'entiers naturels $(x ; y)$ définit un TRPI si et seulement si on a : $y^2 = 2x^2 + 2x + 1$

▶ **2.** Montrer que le TRPI ayant les plus petits côtés non nuls est défini par le couple $(3 ; 5)$.

▶ **3. a)** Soit n un entier naturel. Montrer que si n^2 est impair alors n est impair.

b) Montrer que dans un couple d'entiers $(x ; y)$ définissant un TRPI, le nombre y est nécessairement impair.

▶ **4.** Montrer que si le couple d'entiers naturels $(x ; y)$ définit un TRPI, alors x et y sont premiers entre eux.

PARTIE B

On note A la matrice carrée $A = \begin{pmatrix} 3 & 2 \\ 4 & 3 \end{pmatrix}$, et B la matrice colonne $B = \begin{pmatrix} 1 \\ 2 \end{pmatrix}$.

Soient x et y deux entiers naturels ; on définit les entiers naturels x' et y' par la relation :

$$\begin{pmatrix} x' \\ y' \end{pmatrix} = A \begin{pmatrix} x \\ y \end{pmatrix} + B.$$

▶ **1.** Exprimer x' et y' en fonction de x et y.

▶ **2. a)** Montrer que : $y'^2 - 2x'(x' + 1) = y^2 - 2x(x + 1)$.

b) En déduire que si le couple $(x ; y)$ définit un TRPI, alors le couple $(x' ; y')$ définit également un TRPI.

▶ **3.** On considère les suites $(x_n)_{n \in \mathbb{N}}$ et $(y_n)_{n \in \mathbb{N}}$ d'entiers naturels, définies par $x_0 = 3$, $y_0 = 5$ et pour tout entier naturel n :

$$\begin{pmatrix} x_{n+1} \\ y_{n+1} \end{pmatrix} = A \begin{pmatrix} x_n \\ y_n \end{pmatrix} + B.$$

Montrer par récurrence que, pour tout entier naturel n, le couple $(x_n ; y_n)$ définit un TRPI.

▶ **4.** Déterminer, par la méthode de votre choix que vous préciserez, un TRPI dont les longueurs des côtés sont supérieures à 2 017.

LES CLÉS DU SUJET

SPÉCIFIQUE ET SPÉCIALITÉ
EXERCICE 1 • [Durée ± 90 min]

■ Les thèmes clés

Fonction exponentielle • Intégration • Algorithmique.

■ Nos coups de pouce

Partie A

▶ **3. a)** Identifiez le terme $h(x)$ dans l'expression de $h'(x)$ déterminée à la question **2.** Concluez en réécrivant l'égalité ainsi obtenue.

▶ **3. c)** Prenez en compte le fait que, par définition, une primitive de la fonction h' sur l'intervalle $[0 ; +\infty[$ est h.

Partie B

▶ **1. a)** Rappelez-vous qu'étant donnés deux points A et B de coordonnées respectives $(x_A\,;y_A)$ et $(x_B\,;y_B)$ dans un repère orthonormé, la distance AB est donnée par : $\sqrt{(x_B - x_A)^2 + (y_B - y_A)^2}$.

▶ **3. a)** Déroulez l'algorithme en présentant les différentes étapes à l'aide d'un tableau composé de trois colonnes : valeur prise par la variable λ, valeur approchée au cent-millième de $1 - \dfrac{\lambda + 1}{e^{\lambda}}$ et vérification ou non de la condition de l'instruction « TANT QUE ».

SPÉCIFIQUE ET SPÉCIALITÉ
EXERCICE 2 • [Durée ± 35 min]

Les thèmes clés

Géométrie dans l'espace.

Nos coups de pouce

▶ **3.** Déterminez dans un premier temps le paramètre t associé au point H dans la représentation paramétrique de $\mathscr{D}$ en fonction du réel a. Utilisez, pour ce faire, le fait que H appartient à $\mathscr{D}$ et à $\mathscr{P}$. Exprimez ensuite la distance AH à l'aide de la question **2. b)** également en fonction du réel a. Concluez.

SPÉCIFIQUE ET SPÉCIALITÉ
EXERCICE 3 • [Durée ± 55 min]

Les thèmes clés

Nombres complexes • Probabilités • Loi normale.

Nos coups de pouce

Partie A

▶ **2. b)** Écrivez le nombre complexe z sous forme exponentielle.

Partie B

▶ **3.** Traduisez la probabilité énoncée à l'aide des variables aléatoires M et T. Concluez en utilisant l'indépendance de ces deux variables aléatoires.

SPÉCIFIQUE
EXERCICE 4 • [Durée ± 60 min]

Les thèmes clés

Probabilités conditionnelles • Suites.

Nos coups de pouce

Partie A

▶ **2.** Identifiez tous les chemins menant à l'événement I_2 avant d'appliquer la formule des probabilités totales.

Partie B

▶ **3. a)** Remarquez que seul un chemin passant par l'événement S_n permet d'aboutir à l'événement S_{n+1}. Utilisez ensuite la notation $u_n = P(S_n)$ et la formule des probabilités totales pour conclure.

SPÉCIALITÉ
EXERCICE 4 • [Durée ± 60 min]

Les thèmes clés

Arithmétique • Matrices.

Nos coups de pouce

Partie A

▶ **1.** Démontrez l'équivalence à l'aide d'une double implication.

▶ **2.** Faites un tableau avec les valeurs successives de l'entier naturel x en partant de 0 pour prouver le résultat demandé.

▶ **3. a)** Faites un raisonnement par contraposée.

▶ **4.** Exploitez le résultat de la première question et montrez que le PGCD de x et y divise 1.

Partie B

▶ **4.** Faites un tableau avec les valeurs successives de x_n et y_n obtenues à la calculatrice en exploitant l'égalité matricielle de la question **3.**

CORRIGÉ SUJET 1

SPÉCIFIQUE ET SPÉCIALITÉ
EXERCICE 1

PARTIE A

▶ **1. Déterminer une limite** E8c

Pour tout réel $x > 0$, on a $h(x) = xe^{-x} = \dfrac{x}{e^x} = \dfrac{1}{\dfrac{e^x}{x}}$. Par croissances comparées, on a

$$\lim_{x \to +\infty} \frac{e^x}{x} = +\infty \text{ et, par suite, } \lim_{x \to +\infty} \frac{1}{\dfrac{e^x}{x}} = 0.$$

La limite de la fonction h en $+\infty$ est donc 0.

▶ **2. Étudier les variations d'une fonction** E6c • E6f • E8e

• La fonction $x \mapsto -x$ est dérivable sur $\mathbb{R}$ et par suite sur $[0\,;+\infty[$. Par composition, la fonction $x \mapsto e^{-x}$ est alors dérivable sur $[0\,;+\infty[$. La fonction $x \mapsto x$ est également dérivable sur $\mathbb{R}$ et donc sur $[0\,;+\infty[$. Par produit, la fonction h est ainsi dérivable sur $[0\,;+\infty[$.

• On a pour tout réel x positif :

$$h'(x) = 1 \times e^{-x} + x \times (-1 \times e^{-x})$$
$$= e^{-x} + xe^{-x}$$
$$= e^{-x}(1 - x)$$

Comme e^{-x} est strictement positif, le signe de $h'(x)$ est celui de $1 - x$. Or, $1 - x = 0 \Leftrightarrow x = 1$ et $1 - x < 0 \Leftrightarrow 1 < x$. Ainsi, pour tout réel $x \in [0\,;1[$, comme $1 - x > 0$,

À noter
Si u et v sont dérivables sur I alors :
• e^u est dérivable sur I et $(e^u)' = u' \times e^u$;
• le produit $u \times v$ est dérivable sur I et $(u \times v)' = u' \times v + u \times v'$.

MATHÉMATIQUES

$h'(x) > 0$ et la fonction h **est strictement croissante sur** $[0 ; 1]$. De même, pour tout réel $x \in]1 ; +\infty[$, comme $1 - x < 0$, $h'(x) < 0$ et la fonction h **est strictement décroissante sur** $[1 ; +\infty[$.

En prenant en compte le fait que $h(0) = 0 \times e^{-0} = 0$ et que $\lim\limits_{x \to +\infty} h(x) = 0$ (question **1.**), le tableau de variations de la fonction h sur $[0 ; +\infty[$ est :

x	0		1		$+\infty$
variations de h	0	↗	e^{-1}	↘	0

À noter
$h(1) = 1 \times e^{-1} = e^{-1}$.
La fonction h est positive sur $[0 ; +\infty[$.

▶ 3. a) Vérifier une égalité

Soit x un réel positif. D'après la question précédente, on a $h'(x) = e^{-x} - x\,e^{-x}$.
Or, par définition, $h(x) = xe^{-x}$. Par suite, $h'(x) = e^{-x} - h(x)$ qui s'écrit également $h(x) = e^{-x} - h'(x)$. On a donc pour tout réel x positif $\boldsymbol{h(x) = e^{-x} - h'(x)}$.

b) Déterminer une primitive sur un intervalle E7b • E11b • E11d

- La fonction $x \mapsto e^{-x}$ étant dérivable sur $[0 ; +\infty[$ (question **2.**), elle est continue sur cet intervalle et elle y admet des primitives.
- Comme pour tout réel x positif, $e^{-x} = -(-1 \times e^{-x})$, **une primitive sur** $[0 ; +\infty[$ **de la fonction** $x \mapsto e^{-x}$ **est** $x \mapsto -e^{-x}$.

À retenir
Si u est dérivable sur un intervalle I, une primitive sur I de $u' \times e^u$ est e^u.

c) Déterminer une primitive sur un intervalle E11a

D'après la question **3. a)**, pour tout réel x positif, on a $h(x) = e^{-x} - h'(x)$.
D'après la question **3. b)**, une primitive sur $[0 ; +\infty[$ de la fonction $x \mapsto e^{-x}$ est $x \mapsto -e^{-x}$.
Par définition d'une primitive, une primitive sur $[0 ; +\infty[$ de h' est h.
Par conséquent, une **primitive de la fonction** h **sur** $[0 ; +\infty[$ **est** $x \mapsto -e^{-x} - h(x)$.

PARTIE B

▶ 1. a) Déterminer une valeur maximale

Soit x un réel positif.
La distance MN est égale à :

$$\sqrt{(x_M - x_N)^2 + (y_M - y_N)^2} = \sqrt{(x - x)^2 + (f(x) - g(x))^2}$$
$$= \sqrt{(xe^{-x} + \ln(x+1) - \ln(x+1))^2}$$
$$= \sqrt{(xe^{-x})^2}.$$

Comme $x \geqslant 0$ et $e^{-x} > 0$, la distance MN est égale à xe^{-x} qui n'est rien d'autre que $h(x)$.
D'après la question A 2. (tableau de variations de la fonction h sur $[0 ; +\infty[$), on en déduit que **la distance MN est maximale pour** $x = 1$ **et que cette distance est égale à** e^{-1}.

b) Placer un point sur une courbe dans un repère

Les points M et N correspondant à la valeur maximale de MN ont pour abscisse $x = 1$. Le point M appartenant à la courbe représentative de la fonction f et le point N appartenant à la courbe représentative de la fonction g, le graphique complété est :

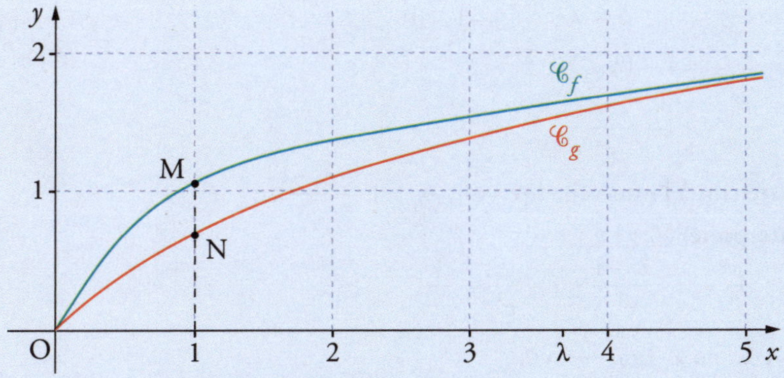

▶ 2. a) Identifier un domaine du plan

Le domaine du plan délimité par les courbes $\mathscr{C}_f$ et $\mathscr{C}_g$ et par les droites d'équations $x = 0$ et $x = \lambda$ est grisé sur le graphique suivant :

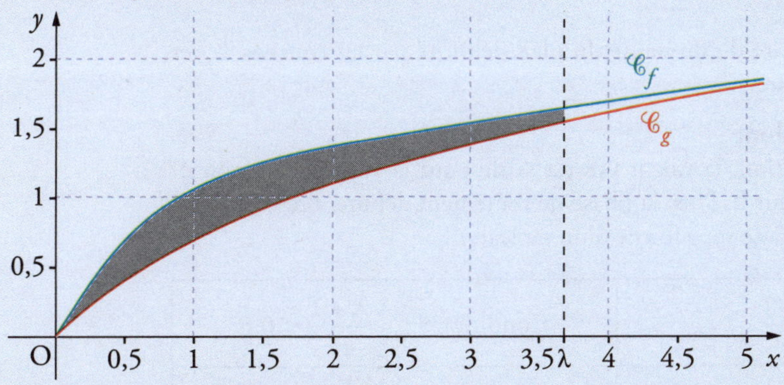

b) Calculer une intégrale E7a • E13 • E14

• Pour tout réel x positif, on a $x + 1 \geqslant 0 + 1 > 0$. La fonction $x \mapsto x + 1$ étant strictement positive et dérivable sur l'intervalle $[0\,;+\infty[$, la fonction $g : x \mapsto \ln(x + 1)$ est donc, par composition, dérivable sur $[0\,;+\infty[$ et la fonction f l'est également par somme de deux fonctions dérivables (question **A 2.**). Les fonctions f et g étant dérivables sur $[0\,;+\infty[$, ces fonctions sont continues sur $[0\,;+\infty[$ et donc sur $[0\,;\lambda]$.

• Pour tout réel x positif, on a $f(x) = x\mathrm{e}^{-x} + \ln(x + 1) = h(x) + g(x)$. Or, d'après la question **A 2.**, la fonction h est positive sur $[0\,;+\infty[$. Par suite, on a $f(x) \geqslant 0 + g(x)$. Sur l'intervalle $[0\,;+\infty[$ donc sur $[0\,;\lambda]$, $f(x) \geqslant g(x)$.

Par ces deux points, il découle que l'aire A_λ du domaine D_λ, exprimée en unités d'aires, vaut :

$$A_\lambda = \int_0^\lambda \big(f(x) - g(x)\big)\,\mathrm{d}x = \int_0^\lambda h(x)\,\mathrm{d}x.$$

MATHÉMATIQUES

D'après la question **A 3. c)**, une primitive de la fonction h sur $[0 ; +\infty[$ donc sur $[0 ; \lambda]$ est $x \mapsto -e^{-x} - h(x)$. Il s'ensuit que :

$$A_\lambda = \int_0^\lambda h(x)dx = \left[-e^{-x} - h(x)\right]_0^\lambda = \left(-e^{-\lambda} - h(\lambda)\right) - \left(-e^0 - h(0)\right)$$
$$= -e^{-\lambda} - \lambda e^{-\lambda} - (-1 - 0)$$
$$= 1 - (\lambda + 1)e^{-\lambda}$$
$$= 1 - \frac{\lambda + 1}{e^\lambda}.$$

Rappel
$e^0 = 1$ et pour tout réel c, $e^{-c} = \frac{1}{e^c}$.

Ainsi, pour tout réel λ appartenant à l'intervalle $[0 ; +\infty[$, $A_\lambda = 1 - \frac{\lambda + 1}{e^\lambda}$.

c) Calculer une limite et interpréter E2c • E8c

Pour tout réel λ positif, on a : $A_\lambda = 1 - \frac{\lambda + 1}{e^\lambda} = 1 - \frac{\lambda}{e^\lambda} - \frac{1}{e^\lambda}$.

Similairement à la question **A 1.**, on a $\lim\limits_{\lambda \to +\infty} \frac{\lambda}{e^\lambda} = 0$.

Comme $\lim\limits_{\lambda \to +\infty} e^\lambda = +\infty$, on a par quotient $\lim\limits_{\lambda \to +\infty} \frac{1}{e^\lambda} = 0$.

On en conclut par différence que : $\lim\limits_{\lambda \to +\infty} A_\lambda = 1 - 0 - 0 = 1$.

Sur l'intervalle $[0 ; +\infty[$, l'aire du domaine du plan délimité par les courbes $\mathscr{C}_f$ et $\mathscr{C}_g$ est égale à une unité d'aire.

▶ **3. a) Dérouler un algorithme**

Lors de la phase d'initialisation, la valeur 0,8 est saisie pour la variable S (énoncé) et la variable λ prend la valeur 0. Puis, la phase de traitement débute. Présentons les différentes étapes de cette phase sous forme d'un tableau :

λ	$1 - \frac{\lambda + 1}{e^\lambda}$	Condition : $1 - \frac{\lambda + 1}{e^\lambda} < 0{,}8$
0	$1 - \frac{0 + 1}{e^0} = 0$	Vrai
1	$1 - \frac{1 + 1}{e^1} \approx 0{,}26424$	Vrai
2	$1 - \frac{2 + 1}{e^2} \approx 0{,}59399$	Vrai
3	$1 - \frac{3 + 1}{e^3} \approx 0{,}80085$	Faux

La condition du « Tant que » n'étant plus vérifiée, la phase de traitement est terminée. La dernière phase, phase de sortie, s'exécute alors : **l'algorithme affiche la dernière valeur prise par la variable λ à savoir 3.**

b) Comprendre le rôle d'un algorithme

La valeur de λ étant initialisée à 0 et cette valeur étant incrémentée de 1 si la condition du « Tant que » est vérifiée (λ prend la valeur $\lambda + 1$), λ ne prend que des valeurs entières.

La condition du « TANT QUE » qui est $1 - \frac{\lambda + 1}{e^{\lambda}} < S$ s'écrit également, à l'aide des notations utilisées dans la question **2.**, $A_{\lambda} < S$. Par suite, pendant la phase de traitement, tant que l'aire A_{λ} du domaine D_{λ} (exprimée en unités d'aire) est strictement inférieure à S, on incrémente λ de 1. Dès que cette condition n'est plus vérifiée, à savoir $A_{\lambda} \geqslant S$, la phase de traitement est terminée et l'algorithme affiche la dernière valeur prise par λ.
Cet algorithme affiche donc la plus petite valeur entière de λ pour laquelle l'aire A_{λ} du domaine D_{λ} (exprimée en unités d'aire) est supérieure ou égale à S.

SPÉCIFIQUE ET SPÉCIALITÉ
EXERCICE 2

▶ **1. Étudier l'appartenance d'un point à un plan** E33c
Le point A appartient au plan $\mathscr{P}$ si et seulement si ses coordonnées vérifient une équation cartésienne de ce plan à savoir ici $2 \times x_A - z_A - 3 = 0$. Or, on a :
$2 \times x_A - z_A - 3 = 0 \Leftrightarrow 2 \times 1 - a^2 - 3 = 0 \Leftrightarrow -1 = a^2$.
L'équation $a^2 = -1$ n'a pas de solution dans $\mathbb{R}$. **Ainsi, quelle que soit la valeur du réel a, le point A de coordonnées $(1 ; a ; a^2)$ n'appartient pas au plan $\mathscr{P}$.**

▶ **2. a) Déterminer une représentation paramétrique d'une droite** E30 • E33a • E33c
Le plan $\mathscr{P}$ admet pour équation cartésienne $2x - z - 3 = 0$ qui s'écrit naturellement $2x - 0y - z - 3 = 0$. Le vecteur de coordonnées $(2 ; 0 ; -1)$ que nous noterons $\vec{n}$ est donc normal au plan $\mathscr{P}$. La droite $\mathscr{D}$ étant orthogonale au plan $\mathscr{P}$, le vecteur $\vec{n}$ est un vecteur directeur de la droite $\mathscr{D}$. Le point A de coordonnées $(1 ; a ; a^2)$ appartenant à $\mathscr{D}$, **une représentation paramétrique de $\mathscr{D}$ (de paramètre noté t) est donc :**

$$\begin{cases} x = x_A + x_{\vec{n}} \times t = 1 + 2t \\ y = y_A + y_{\vec{n}} \times t = a \\ z = z_A + z_{\vec{n}} \times t = a^2 - t \end{cases}, t \in \mathbb{R}.$$

b) Déterminer une distance en fonction d'un paramètre E31c

Le vecteur $\overrightarrow{AM}$ a pour coordonnées, en fonction de t : $\begin{vmatrix} x_M - x_A = (1 + 2t) - 1 = 2t \\ y_M - y_A = a - a = 0 \\ z_M - z_A = (a^2 - t) - a^2 = -t \end{vmatrix}$

Par suite, on a : $AM = \|\overrightarrow{AM}\| = \sqrt{(2t)^2 + 0^2 + (-t)^2} = \sqrt{4t^2 + t^2} = \sqrt{5t^2} = \sqrt{5} \times |t|$.

La distance AM en fonction du réel t est donc $\sqrt{5} \times |t|$.

Attention
Ne simplifiez pas hâtivement : t peut être négatif. $AM = \sqrt{5} \times t$ pour $t \geqslant 0$ et $AM = -\sqrt{5} \times t$ pour $t \leqslant 0$.

▶ **3. Prendre une initiative** E30 • E33c
• H appartient à la droite $\mathscr{D}$. D'après la question **2. a)**, il existe alors un réel t tel que : $x_H = 1 + 2t$, $y_H = a$ et $z_H = a^2 - t$.
• H appartient au plan $\mathscr{P}$. Alors ses coordonnées vérifient l'équation cartésienne donnée dans l'énoncé : $2x_H - z_H - 3 = 0$.
Par ces deux premiers points, nous avons : $2 \times (1 + 2t) - (a^2 - t) - 3 = 0$. Or,

MATHÉMATIQUES

$2 \times (1 + 2t) - (a^2 - t) - 3 = 0 \Leftrightarrow 2 + 4t - a^2 + t - 3 = 0$

$\Leftrightarrow 5t = 1 + a^2$

$\Leftrightarrow t = \dfrac{1 + a^2}{5}.$

D'après la question **2. b)** (H appartenant à $\mathcal{D}$) et la conclusion précédente, et comme $t > 0$, la distance du point A au plan $\mathcal{P}$, distance AH, est :

$\text{AH} = \sqrt{5} \times t = \sqrt{5} \times \dfrac{1 + a^2}{5} = \dfrac{1}{\sqrt{5}} \times (1 + a^2).$

Comme $\dfrac{1}{\sqrt{5}} > 0$, la distance AH serait minimale quand $1 + a^2$ le serait également.

Or, $1 + a^2 > 1$ si $a \neq 0$ et $1 + a^2 = 1$ si $a = 0$.

La distance AH est minimale pour $a = 0$.

Dans ce cas, le point A a pour coordonnées (1 ; 0 ; 0) et la distance AH est égale à $\dfrac{1}{\sqrt{5}}$.

SPÉCIFIQUE ET SPÉCIALITÉ
EXERCICE 3

PARTIE A

▶ **1. Choisir la proposition exacte** E18c • E19a

• P est situé dans la zone numérotée 3. Sa distance au point O, autrement dit $r = |z_P|$, est comprise entre 40 et 60 : $40 < r < 60$.

• P est situé dans la portion B. Or, par construction, chaque portion a la même ouverture angulaire à savoir un huitième de 360° soit 45°. La portion B étant la deuxième portion nommée dans le sens trigonométrique, la mesure de l'angle θ (en degrés) est comprise entre 45° et 90°.

À noter
La proposition B n'est pas correcte.

45° correspondant à $\dfrac{\pi}{4}$ radians et 90° correspondant à $\dfrac{\pi}{2}$ radians, la mesure de l'angle θ est comprise entre $\dfrac{\pi}{4}$ et $\dfrac{\pi}{2}$.

Remarque
θ est l'argument de z_p dans $]-\pi ; \pi]$.

Seule, la proposition C est exacte.

▶ **2. a) Identifier une partie du plan** E19a • E21b • C4

• Le module de $z = 70e^{-i\frac{\pi}{3}}$ est 70. Comme $60 < 70 < 80$, le point d'affixe z est dans la zone 4.

• Un argument de z est $-\dfrac{\pi}{3}$. Comme $-\dfrac{\pi}{3} + 2\pi = \dfrac{5\pi}{3}$, que $\dfrac{5\pi}{3}$ radians correspondent à $\dfrac{5 \times 180}{3} = 300$ degrés et que $6 \times 45 < 300 < 7 \times 45$, le point d'affixe z est dans la portion G.

Le point d'affixe $z = 70e^{-i\frac{\pi}{3}}$ est ainsi dans le secteur G4.

b) Identifier une partie du plan E18c • E19a • E21b • C4

Le module du nombre complexe z est :

$|z| = \left|-45\sqrt{3} + 45\text{i}\right| = 45\sqrt{(\sqrt{3}) + 1^2} = 45\sqrt{4} = 90.$

Le nombre complexe z étant non nul, un argument θ de ce nombre complexe exprimé en radians est tel que : $\cos\theta = \dfrac{\text{Re}(z)}{|z|} = \dfrac{-45\sqrt{3}}{90} = -\dfrac{\sqrt{3}}{2}$ et $\sin\theta = \dfrac{\text{Im}(z)}{|z|} = \dfrac{45}{90} = \dfrac{1}{2}$.

D'après le tableau des valeurs usuelles, nous en déduisons que $\dfrac{5\pi}{6}$ est un argument de z. Le nombre complexe z s'écrit ainsi $90e^{i\frac{5\pi}{6}}$ (forme exponentielle).

- Le module de z est 90. Comme $80 < 90 < 100$, le point d'affixe z est dans la zone 5.
- Un argument de z est $\dfrac{5\pi}{6}$ qui appartient à l'intervalle $]-\pi\,;\pi]$. Comme $\dfrac{5\pi}{6}$ radians correspondent à $\dfrac{5\times180}{6} = 150$ degrés et que $3\times45 < 150 < 4\times45$, le point d'affixe z est dans la partie D.

Le point d'affixe $z = -45\sqrt{3} + 45\text{i}$ est donc dans le secteur D5.

À noter
$\cos\theta_z = \dfrac{\sqrt{3}}{2}$ et $\sin\theta_z = \dfrac{1}{2}$:
$\theta_z = \dfrac{\pi}{6}\ [2\pi]$.

PARTIE B

▶ 1. Calculer une probabilité dans le cadre d'une loi normale E18c • E40e • C3

On a $P(M < 0) \underset{\text{symétrie de la densité}}{=} 0{,}5 - P(0 \leqslant M \leqslant 50) \underset{\text{calculatrice}}{\approx} 0.$

L'événement $\{M < 0\}$ serait un événement impossible : **un module ne pourrait prendre, selon le modèle, des valeurs strictement négatives.** Interprétation somme toute logique d'après la définition du module d'un nombre complexe.

▶ 2. Calculer une probabilité dans le cadre d'une loi normale E40a • E40e • C3

M étant une variable aléatoire continue, on a :

$P\big(M \in \,]40\,;\,60[\big) = P(40 < M < 60) = P(40 \leqslant M \leqslant 60) \approx 0{,}954.$

La probabilité $P(M \in \,]40\,;\,60[\,)$ vaut environ 0,954.

Attention
Contrôlez la cohérence de vos résultats :
$P(40 \leqslant M \leqslant 60) = P(50 - 2\times5 \leqslant M \leqslant 50 + 2\times5) = P(\mu - 2\sigma \leqslant M \leqslant \mu + 2\sigma) \approx 0{,}95$.

▶ 3. Prendre une initiative E36

La probabilité que la foudre ait effectivement frappé le secteur B3 s'écrit à l'aide des variables aléatoires M et T de la manière suivante :

$$P\left(\underset{\text{zone 3}}{(40 < M < 60)} \underset{\text{et}}{\cap} \underset{\text{portion B}}{\left(\frac{\pi}{4} < \theta < \frac{\pi}{2}\right)}\right).$$

Or, on a :

$$P\left((40 < M < 60) \cap \left(\frac{\pi}{4} < \theta < \frac{\pi}{2}\right)\right) = P(40 < M < 60) \times P\left(\frac{\pi}{4} < \theta < \frac{\pi}{2}\right) \text{ (indépendance)}$$

$$\approx 0{,}954 \times 0{,}819 \text{ (question B 2.)}$$

$$\approx 0{,}781.$$

La probabilité que la foudre ait effectivement frappé le secteur B3 selon cette modélisation vaut environ 0,781.

SPÉCIFIQUE
EXERCICE 4

PARTIE A

▶ 1. Compléter un arbre de probabilités E37

D'après l'énoncé, pour tout entier naturel n :

• Parmi les individus de type S en semaine n, on observe qu'en semaine $n+1$, 85 % restent de type S. Il s'agit d'une probabilité conditionnelle, probabilité que l'événement S_{n+1} se réalise sachant que l'événement S_n s'est déjà réalisé ; on a donc $P_{S_n}(S_{n+1}) = 0{,}85$. Dans les cas $n = 0$ et $n = 1$, cela donne $P_{S_0}(S_1) = P_{S_1}(S_2) = 0{,}85$.

• Parmi les individus de type S en semaine n, on observe qu'en semaine $n+1$, 5 % deviennent malades. Il s'agit d'une probabilité conditionnelle, probabilité que l'événement M_{n+1} se réalise sachant que l'événement S_n s'est déjà réalisé ; on a donc $P_{S_n}(M_{n+1}) = 0{,}05$. Dans les cas $n = 0$ et $n = 1$, cela donne $P_{S_0}(M_1) = P_{S_1}(M_2) = 0{,}05$.

• Parmi les individus de type S en semaine n, on observe qu'en semaine $n+1$, 10 % deviennent immunisés. Il s'agit d'une probabilité conditionnelle, probabilité que l'événement I_{n+1} se réalise sachant que l'événement S_n s'est déjà réalisé ; on a donc $P_{S_n}(I_{n+1}) = 0{,}10$. Dans les cas $n = 0$ et $n = 1$, cela donne $P_{S_0}(I_1) = P_{S_1}(I_2) = 0{,}10$.

• Parmi les individus malades en semaine n, on observe qu'en semaine $n+1$, 65 % restent malades. Il s'agit d'une probabilité conditionnelle, probabilité que l'événement M_{n+1} se réalise sachant que l'événement M_n s'est déjà réalisé ; on a donc $P_{M_n}(M_{n+1}) = 0{,}65$. Dans le cas où $n = 1$, cela donne $P_{M_1}(M_2) = 0{,}65$.

• Parmi les individus malades en semaine n, on observe qu'en semaine $n+1$, 35 % sont guéris et deviennent immunisés. Il s'agit d'une probabilité conditionnelle, probabilité que l'événement I_{n+1} se réalise sachant que l'événement M_n s'est déjà réalisé ; on a donc $P_{M_n}(I_{n+1}) = 0{,}35$. Dans le cas où $n = 1$, cela donne $P_{M_1}(I_2) = 0{,}35$.

• Tout individu immunisé en semaine n reste immunisé en semaine $n+1$. Il s'agit d'une probabilité conditionnelle, probabilité que l'événement I_{n+1} se réalise sachant que l'événement I_n s'est déjà réalisé ; on a donc $P_{I_n}(I_{n+1}) = 1$. Dans le cas où $n = 1$, on a $P_{I_1}(I_2) = 1$.

On résume toutes ces informations dans l'arbre de probabilités ci-dessous.

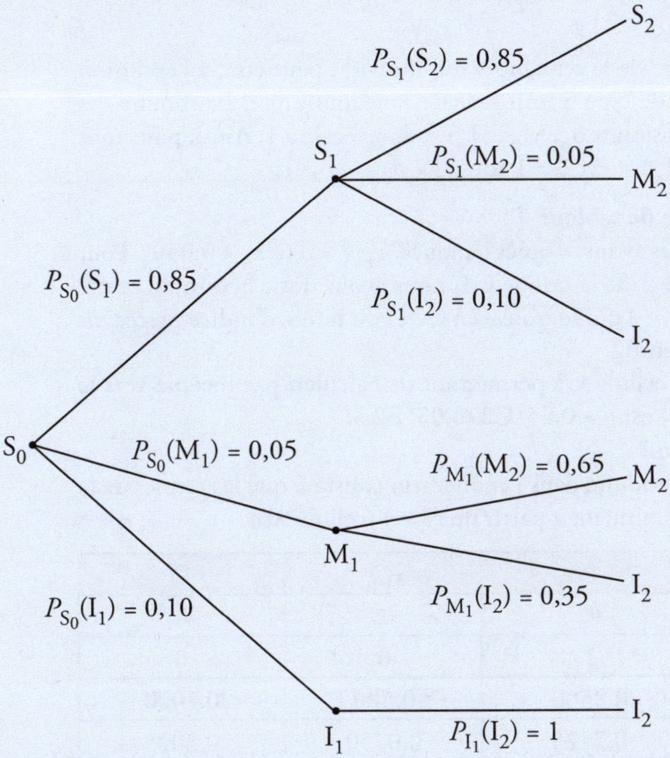

▶ 2. Calculer une probabilité E37

Les chemins menant à l'événement I_2 sont $S_0 \cap S_1 \cap I_2$, $S_0 \cap M_1 \cap I_2$ et $S_0 \cap I_1 \cap I_2$.
D'après la formule des probabilités totales, nous avons :

$$\begin{aligned}P(I_2) &= P(S_0 \cap S_1 \cap I_2) + P(S_0 \cap M_1 \cap I_2) + P(S_0 \cap I_1 \cap I_2)\\ &= P(S_0) \times P_{S_0}(S_1) \times P_{S_1}(I_2) + P(S_0) \times P_{S_0}(M_1) \times P_{M_1}(I_2) + P(S_0)\\ &\quad \times P_{S_0}(I_1) \times P_{I_1}(I_2)\\ &= 1 \times 0{,}85 \times 0{,}10 + 1 \times 0{,}05 \times 0{,}35 + 1 \times 0{,}10 \times 1\\ &= 0{,}2025.\end{aligned}$$

La probabilité $P(I_2)$ est bien égale à 0,2025.

À noter
D'après l'énoncé, $P(S_0) = 1$: il est certain que l'individu choisi au hasard soit de type S en semaine 0.

▶ 3. Calculer une probabilité conditionnelle E35 • E37

Sachant qu'un individu est immunisé en semaine 2, la probabilité qu'il ait été malade en semaine 1 est la probabilité conditionnelle $P_{I_2}(M_1)$. Par définition, puisque d'après la question précédente $P(I_2) = 0{,}2025 \neq 0$, nous avons :

$$P_{I_2}(M_1) = \frac{P(M_1 \cap I_2)}{P(I_2)} = \frac{P(S_0 \cap M_1 \cap I_2)}{0{,}2025} = \frac{P(S_0) \times P_{S_0}(M_1) \times P_{M_1}(I_2)}{0{,}2025}$$

$$= \frac{1 \times 0{,}05 \times 0{,}35}{0{,}2025} \approx 0{,}086.$$

La probabilité qu'un individu ait été malade en semaine 1 sachant qu'il est immunisé en semaine 2 est 0,086, arrondie au millième.

▶ **1. Justifier une égalité**

Pour tout entier naturel n, lors de la semaine n, un individu peut être, à l'exclusion de tout autre possibilité, soit de type S, soit malade, soit immunisé. La somme des probabilités des événements disjoints S_n, M_n et I_n est donc égale à 1. Ainsi, **pour tout entier naturel n, $P(S_n) + P(M_n) + P(I_n) = 1$ soit $u_n + v_n + w_n = 1$.**

▶ **2. a) Proposer une formule de tableur**

Pour tout entier naturel n, nous avons, d'après l'énoncé, $v_{n+1} = 0{,}65v_n + 0{,}05u_n$. Pour calculer le terme de la suite (v_n) de la cellule C3, nous avons donc besoin du terme d'indice précédent de la suite (v_n) qui se trouve en C2 et du terme d'indice précédent de la suite (u_n) qui se trouve en B2.

Une formule à saisir dans la cellule C3 permettant de calculer, par recopie vers le bas, les termes de la suite (v_n) est « = 0,65*C2+0,05*B2 ».

b) Déterminer une valeur seuil

D'après la feuille de calcul reproduite dans l'énoncé, on constate que les termes de la suite (v_n) augmentent, puis diminuent à partir de $N = 4$ (cellule A6).

	A	B	C	D
1	n	u_n	v_n	w_n
2	0	1	0	0
3	1	0,8500	0,500	0,1000
4	2	0,7225	0,0750	0,2025
5	3	0,6141	0,849	0,3010
6	**4**	0,5220	**0,859**	0,3921
7	5	0,4437	0,0819	0,4744
8	6	0,3771	0,0754	0,5474

La valeur du pic épidémique prévue par le modèle est donc $N = 4$.

▶ **3. a) Identifier une suite géométrique et sa formule explicite** E4a • E4b • E37

Pour tout entier naturel n, seul le chemin $S_n \cap S_{n+1}$ aboutit à l'événement S_{n+1}.

D'après la question **A 1.**, nous avons, pour tout entier naturel n, $P_{S_n}(S_{n+1}) = 0{,}85$.

Nous en déduisons donc :

$u_{n+1} = P(S_{n+1}) = P(S_n \cap S_{n+1}) = P(S_n) \times P_{S_n}(S_{n+1}) = u_n \times 0{,}85 = 0{,}85u_n$.

La suite (u_n) est donc une suite géométrique de raison $q = 0{,}85$ et de premier terme $u_0 = P(S_0) = 1$. Nous avons ainsi, **pour tout entier naturel n :**

$u_n = u_0 \times q^n = 1 \times 0{,}85^n = 0{,}85^n$.

b) Raisonner par récurrence E1

Soit $P(n)$ la propriété : $v_n = \dfrac{1}{4}(0{,}85^n - 0{,}65^n)$.

• **Initialisation** : $v_0 = P(M_0) = 0$ (énoncé) et $\dfrac{1}{4}(0{,}85^0 - 0{,}65^0) = \dfrac{1}{4} \times (1 - 1) = 0$ donc

$v_0 = \dfrac{1}{4}(0{,}85^0 - 0{,}65^0)$ et la propriété est initialisée pour $n = 0$.

• **Hérédité** : supposons que la propriété $P(k)$ soit vraie pour un entier naturel k :

$v_k = \frac{1}{4}(0,85^k - 0,65^k)$ (hypothèse de récurrence).

Démontrons alors que $P(k+1)$ est également vérifiée.

$$v_{k+1} = 0,65 v_k + 0,05 u_k = 0,65 \times \underbrace{\frac{1}{4}(0,85^k - 0,65^k)}_{\text{hypothèse de récurrence}} + 0,05 \times \underbrace{0,85^k}_{\text{question 3. a) de la partie B}}$$

$$= \frac{1}{4} \times \left[0,65 \times (0,85^k - 0,65^k) + 4 \times 0,05 \times 0,85^k\right]$$

$$= \frac{1}{4} \times \left[0,65 \times 0,85^k - 0,65^{k+1} + 0,2 \times 0,85^k\right]$$

$$= \frac{1}{4} \times \left[\underbrace{(0,65 + 0,2)}_{= 0,85} \times 0,85^k - 0,65^{k+1}\right]$$

$$= \frac{1}{4}(0,85^{k+1} - 0,65^{k+1}).$$

La propriété $P(k+1)$ est donc vérifiée.

• **Conclusion** : la propriété $P(n)$ est initialisée pour $n = 0$ et est héréditaire. Elle est donc vraie pour tout entier naturel n. Ainsi, **pour tout entier naturel** n, $v_n = \frac{1}{4}\left(0,85^n - 0,65^n\right)$.

▶ 4. Calculer des limites de suites E2c • E4d

• Pour tout entier naturel n, nous avons $u_n = 0,85^n$.

Comme $-1 < 0,85 < 1$, il s'ensuit que $\lim\limits_{n \to +\infty} u_n = \lim\limits_{n \to +\infty} 0,85^n = 0$.

• Pour tout entier naturel n, nous avons $v_n = \frac{1}{4}(0,85^n - 0,65^n) = \frac{1}{4}(u_n - 0,65^n)$.

Comme $-1 < 0,65 < 1$, il s'ensuit que $\lim\limits_{n \to +\infty} 0,65^n = 0$. Par différence et produit, nous avons alors $\lim\limits_{n \to +\infty} v_n = \lim\limits_{n \to +\infty} \frac{1}{4}(u_n - 0,65^n) = \frac{1}{4} \times (0 - 0) = 0$.

• Pour tout entier naturel n, nous avons $u_n + v_n + w_n = 1$ (question **B 1.**), soit $w_n = 1 - u_n - v_n$. Par différence des limites, nous avons $\lim\limits_{n \to +\infty} w_n = 1 - 0 - 0 = 1$.

Par ce modèle, puisque $\lim\limits_{n \to +\infty} u_n = 0$, $\lim\limits_{n \to +\infty} v_n = 0$ et $\lim\limits_{n \to +\infty} w_n = 1$, nous pouvons déduire qu'à long terme, tous les individus seront immunisés.

À noter
Pour tout réel q tel que $-1 < q < 1$, $\lim\limits_{n \to +\infty} q^n = 0$.

MATHÉMATIQUES

PARTIE A

▶ 1. Démontrer une équivalence

• Si le couple d'entiers naturels $(x\,;\,y)$ définit un TRPI, alors, d'après l'énoncé, les entiers naturels x et $x + 1$ sont les longueurs des côtés de l'angle droit d'un triangle rectangle dont l'hypoténuse a pour longueur l'entier naturel y. D'après le théorème de Pythagore appliqué dans ce triangle rectangle, nous avons donc $y^2 = x^2 + (x + 1)^2$. Cela équivaut à $y^2 = x^2 + x^2 + 2x + 1 = 2x^2 + 2x + 1$.

Ainsi, **si le couple d'entiers naturels** $(x\,;\,y)$ **définit un TRPI, alors on a :** $y^2 = 2x^2 + 2x + 1$.

• Si le couple d'entiers naturels $(x\,;\,y)$ est tel que $y^2 = 2x^2 + 2x + 1$, alors $y^2 = x^2 + x^2 + 2x + 1 = x^2 + (x + 1)^2$.

D'après la réciproque du théorème de Pythagore, un triangle dont les côtés ont pour longueurs respectives x, $x + 1$ et y est un triangle rectangle dont les longueurs des côtés de l'angle droit sont deux nombres entiers consécutifs (x et $x + 1$) et dont la longueur de l'hypoténuse est un nombre entier (y). Un tel triangle est donc un TRPI et le couple $(x\,;\,y)$ définit un TRPI.

Si le couple d'entiers naturels $(x\,;\,y)$ **est tel que** $y^2 = 2x^2 + 2x + 1$, **alors le couple** $(x\,;\,y)$ **définit un TRPI.**

Finalement, **le couple d'entiers naturels** $(x\,;\,y)$ **définit un TRPI si et seulement si on a** $y^2 = 2x^2 + 2x + 1$.

> **À noter**
> Pour tous réels a et b, $(a + b)^2 = a^2 + 2ab + b^2$.

▶ 2. Identifier un couple d'entiers naturels sous contrainte

Soit un couple d'entiers naturels $(x\,;\,y)$.

D'après la question **1.**, le couple d'entiers naturels $(x\,;\,y)$ définit un TRPI si et seulement si $y^2 = 2x^2 + 2x + 1$.

x	0	1	2	3
$y^2 = 2x^2 + 2x + 1$	1	5	13	25
Condition : $y \in \mathbb{N}$	Vrai	Faux	Faux	Vrai

On constate à l'aide du tableau précédent que les couples $(0\,;\,1)$ et $(3\,;\,5)$ sont tels que $y^2 = 2x^2 + 2x + 1$ et $y \in \mathbb{N}$. Par conséquent, **le TRPI ayant les plus petits côtés non nuls est défini par le couple** $(3\,;\,5)$.

▶ 3. a) Démontrer une implication

Soit n un entier naturel. Si n est pair, alors il existe un entier naturel k tel que $n = 2k$. Il s'ensuit que $n^2 = (2k)^2 = 4k^2 = 2 \times 2k^2$ est pair. Par contraposée, si n^2 n'est pas pair, alors n n'est pas pair, ce qui signifie également que, **si** n^2 **est impair alors** n **est impair.**

b) Établir une condition nécessaire

Soit un couple d'entiers naturels $(x\,;\,y)$ définissant un TRPI. Par la question **1.**, on a $y^2 = 2x^2 + 2x + 1$ soit encore $y^2 = 2(x^2 + x) + 1$. Nous en déduisons que y^2 est impair et, par la question **3. a)**, que y est impair. Ainsi, **dans un couple d'entiers naturels** $(x\,;\,y)$ **définissant un TRPI, le nombre** y **est nécessairement impair.**

> **À retenir**
> La contraposée de la proposition « si P est vraie, alors Q est vraie » est la proposition « si Q n'est pas vraie alors P n'est pas vraie ».

▶ 4. Démontrer une implication

Soit un couple d'entiers naturels $(x ; y)$ définissant un TRPI.

Par la question **1.**, on a $y^2 = 2x^2 + 2x + 1$, soit encore $y^2 = -2(x^2 + x) = 1$.

Soit d le PGCD de x et y.

Puisque d divise x, nous en déduisons que d divise x^2 et $2(x^2 + x)$.

Comme d divise y, nous en déduisons que d divise y^2.

Comme d divise $2(x^2 + x)$ et y^2, alors d divise $y^2 - 2(x^2 + x) = 1$.

Or $d \in \mathbb{N}$, donc $d = 1$.

Ainsi PGCD$(x ; y) = 1$ et x et y sont premiers entre eux.

En conclusion, **si le couple d'entiers naturels $(x ; y)$ définit un TRPI, alors x et y sont premiers entre eux.**

PARTIE B

▶ 1. Établir des égalités

$$\begin{pmatrix} x' \\ y' \end{pmatrix} = A\begin{pmatrix} x \\ y \end{pmatrix} + B = \begin{pmatrix} 3 & 2 \\ 4 & 3 \end{pmatrix} \times \begin{pmatrix} x \\ y \end{pmatrix} + \begin{pmatrix} 1 \\ 2 \end{pmatrix} = \begin{pmatrix} 3x+2y \\ 4x+3y \end{pmatrix} + \begin{pmatrix} 1 \\ 2 \end{pmatrix}$$

$$= \begin{pmatrix} 3x + 2y + 1 \\ 4x + 3y + 2 \end{pmatrix}.$$

Parconséquent, $x' = 3x + 2y + 1$ **et** $y' = 4x + 3y + 2$.

▶ 2. a) Démontrer une égalité

$y'^2 - 2x'(x' + 1)$

$= (4x + 3y + 2)^2 - 2(3x + 2y + 1)(3x + 2y + 2)$

$= 16x^2 + 9y^2 + 2^2 + 24xy + 16x + 12y - 2(9x^2 + 6xy + 6x + 6xy + 4y^2 + 4y + 3x + 2y + 2)$

$= 16x^2 + 9y^2 + 4 + 24xy + 16x + 12y - 2(9x^2 + 12xy + 9x + 4y^2 + 6y + 2)$

$= 16x^2 + 9y^2 + 4 + 24xy + 16x + 12y - 18x^2 - 24xy - 18x - 8y^2 - 12y - 4$

$= -2x^2 + y^2 - 2x$

$= y^2 - 2x(x + 1)$

On a donc $y^2 - 2x'(x' + 1) = y^2 - 2x(x + 1)$.

b) Exploiter une égalité

Si le couple d'entiers naturels $(x ; y)$ définit un TRPI, alors $y^2 = 2x^2 + 2x + 1$ (question **A 1.**). Cela équivaut à $y^2 - 2x^2 - 2x = 1$ soit $y^2 - 2x(x + 1) = 1$.

Puisque la question **B 2. a)** nous donne l'égalité $y'^2 - 2x'(x' + 1) = y^2 - 2x(x + 1)$, nous en déduisons que $y'^2 - 2x'(x' + 1) = 1$.

Par conséquent, d'après la question **A 1.**, nous en déduisons que le couple d'entiers naturels $(x' ; y')$ définit un TRPI.

En résumé, **si le couple d'entiers naturels $(x ; y)$ définit un TRPI, alors le couple d'entiers naturels $(x' ; y')$ définit également un TRPI.**

Remarque
Dire que « la proposition P équivaut à la proposition Q » signifie que :
– « la proposition P implique la proposition Q » ;
– et « la proposition Q implique la proposition P ».

▶ 3. Raisonner par récurrence

Considérons la propriété $P(n)$: le couple $(x_n ; y_n)$ définit un TRPI.

• **Initialisation** : $(x_0 ; y_0) = (3 ; 5)$ définit un TRPI d'après la question **A 2.** donc la propriété $P(n)$ est initialisée pour $n = 0$.

• **Hérédité** : supposons que la propriété $P(k)$ soit vraie pour un entier naturel k : le couple $(x_k ; y_k)$ définit un TRPI (hypothèse de récurrence).

Démontrons que $P(k+1)$ est également vérifiée.

Puisque $\begin{pmatrix} x_{k+1} \\ y_{k+1} \end{pmatrix} = A \begin{pmatrix} x_k \\ y_k \end{pmatrix} + B$, nous déduisons de la question **B 1.** que :

$x_{k+1} = 3x_k + 2y_k + 1$ et $y_{k+1} = 4x_k + 3y_k + 2$.

Puisque le couple $(x_k \,;\, y_k)$ définit un TRPI (hypothèse de récurrence), nous déduisons de la question **B 2. b)** que le couple $(x_{k+1} \,;\, y_{k+1})$ définit un TRPI.

• **Conclusion** : comme la propriété $P(n)$ est initialisée pour $n = 0$ et qu'elle est héréditaire, nous en déduisons qu'elle est vraie pour tout entier naturel n. Ainsi, **pour tout entier naturel n, le couple $(x_n \,;\, y_n)$ définit un TRPI.**

▶ **4. Déterminer un couple d'entiers naturels sous contrainte** C5

Puisque, d'après la question précédente, pour tout entier naturel n, le couple $(x_n \,;\, y_n)$ définit un TRPI, déterminons à l'aide de la calculatrice les couples $(x_n \,;\, y_n)$ pour les valeurs successives de l'entier naturel n, en partant de 0, ceci en exploitant la relation matricielle :

$$\begin{pmatrix} x_{n+1} \\ y_{n+1} \end{pmatrix} = A \begin{pmatrix} x_n \\ y_n \end{pmatrix} + B.$$

n	0	1	2	3	4
x_n	3	20	119	696	**4 059**
y_n	5	29	169	985	**5 741**

Un TRPI dont les longueurs des côtés sont supérieures à 2 017 est défini par le couple (4 059 ; 5 741).

Étude d'une suite

On considère la suite (u_n) définie par $u_0 = 0$ et, pour tout entier naturel n, $u_{n+1} = u_n + 2n + 2$.

▶ **1.** Calculer u_1 et u_2.

▶ **2.** On considère les deux algorithmes suivants :

Algorithme 1

Variables	n est un entier naturel u est un réel
Entrée	Saisir la valeur de n
Traitement	u prend la valeur 0 Pour i allant de 1 à n u prend la valeur $u + 2i + 2$ Fin Pour
Sortie	Afficher u

Algorithme 2

Variables	n est un entier naturel u est un réel
Entrée	Saisir la valeur de n
Traitement	u prend la valeur 0 Pour i allant de 0 à $n - 1$ u prend la valeur $u + 2i + 2$ Fin Pour
Sortie	Afficher u

De ces deux algorithmes, lequel permet d'afficher en sortie la valeur de u_n, la valeur de l'entier naturel n étant entrée par l'utilisateur ?

▶ **3.** À l'aide de l'algorithme, on a obtenu le tableau et le nuage de points ci-dessous où n figure en abscisse et u_n en ordonnée.

n	u_n
0	0
1	2
2	6
3	12
4	20
5	30
6	42
7	56
8	72
9	90
10	110
11	132
12	156

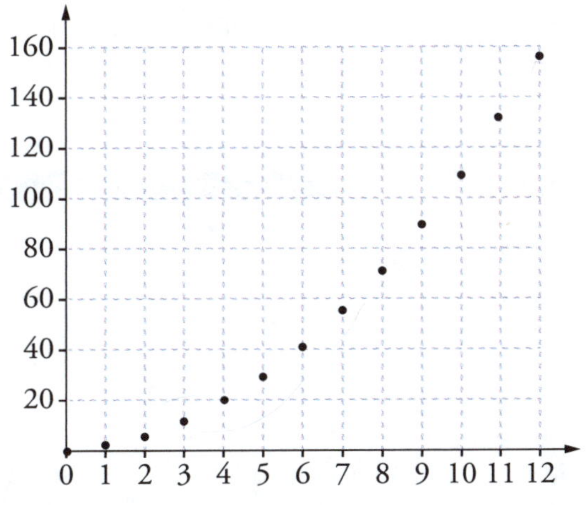

MATHÉMATIQUES

a) Quelle conjecture peut-on faire quant au sens de variation de la suite (u_n) ?
Démontrer cette conjecture.

b) La forme parabolique du nuage de points amène à conjecturer l'existence de trois réels a, b et c tels que, pour tout entier naturel n, $u_n = an^2 + bn + c$. Dans le cadre de cette conjecture, trouver les valeurs de a, b et c à l'aide des informations fournies.

▶ **4.** On définit, pour tout entier naturel n, la suite (v_n) par :

$$v_n = u_{n+1} - u_n.$$

a) Exprimer v_n en fonction de l'entier naturel n. Quelle est la nature de la suite (v_n) ?

b) On définit, pour tout entier naturel n, $S_n = \sum_{k=0}^{n} v_k = v_0 + v_1 + \ldots + v_n$.

Démontrer que, pour tout entier naturel n, $S_n = (n + 1)(n + 2)$.

c) Démontrer que, pour tout entier naturel n, $S_n = u_{n+1} - u_0$, puis exprimer u_n en fonction de n.

LES CLÉS DU SUJET

Les thèmes clés

Généralités sur les suites • Suites arithmétiques • Algorithme.

Les outils dont vous avez besoin

Les références en rouge renvoient à la boîte à outils en fin d'ouvrage.

- Variations d'une suite E2A → **3. a)**
- Définition d'une suite arithmétique E3A → **4. a)**
- Somme de termes consécutifs d'une suite arithmétique E3E → **4. b)**
- Raisonnement par récurrence E1 → **4. c)**

Nos coups de pouce

▶ **3. b)** Lisez dans le tableau les valeurs de u_n pour $n = 0$, $n = 1$ et $n = 2$ (par exemple). Puis exprimez u_n en fonction de a, b et c pour les valeurs de n choisies. Résolvez le système induit pour conclure.

▶ **4. c)** Utilisez un raisonnement par récurrence pour démontrer la propriété énoncée.

CORRIGÉ SUJET 2

▶ 1. Calculer des termes d'une suite

- $u_1 = u_0 + 2\times 0 + 2 = 2$.
- $u_2 = u_1 + 2\times 1 + 2 = 6$.

▶ 2. Comprendre un algorithme

Remarquez qu'une seule ligne différencie ces deux algorithmes : la ligne « Pour » dans la phase de traitement. Dans l'algorithme 1, la variable i prend les valeurs de 1 à n (avec un pas de 1) tandis que dans l'algorithme 2, la variable i prend les valeurs de 0 à $n-1$ (avec un pas de 1, également). Si nous saisissons 1 pour la valeur n dans l'algorithme 1 (phase d'entrée), i prend uniquement la valeur 1 et, de ce fait, l'instruction de la boucle « Pour » ne s'exécute qu'une seule fois. Autrement dit, la valeur de la variable u sera mise à jour une seule fois par l'instruction : « u prend la valeur $u+2i+2$ ». Comme $i=1$ et $u=0$ (initialisation, première ligne de la phase de traitement), u prend la valeur $0+2\times1+2=4$. L'algorithme 1 afficherait ainsi la valeur 4 pour valeur de u_1, ce qui conduit à une contradiction avec la réponse à la question **1.** ($u_1=2$). Par élimination, **l'algorithme qui permet d'afficher en sortie la valeur de u_n est donc l'algorithme 2.**

▶ **3. a) Émettre une conjecture et la démontrer**

• Dans le tableau donné, nous constatons que quand les valeurs de n augmentent, les valeurs de u_n augmentent aussi. Nous pouvons ainsi conjecturer que la suite (u_n) est croissante.

• Pour tout entier naturel n, nous avons : $u_{n+1}-u_n=2n+2>0$, ce qui implique que $u_{n+1}>u_n$. **La suite (u_n) est donc strictement croissante.**

b) Résoudre un système

• D'une part, d'après le tableau donné, nous avons $u_0=0$, $u_1=2$ et$u_2=6$.

• D'autre part, en remplaçant n dans la formule donnée, nous avons :

$(n=0)\quad u_0=a\times0^2+b\times0+c=c$

$(n=1)\quad u_1=a\times1^2+b\times1+c=a+b+c$

$(n=2)\quad u_2=a\times2^2+b\times2+c=4a+2b+c.$

Par les deux points précédents, nous en déduisons que les nombres réels a, b et c sont solutions du système suivant :

$$\begin{cases} c=0 \\ a+b+c=2 \\ 4a+2b+c=6 \end{cases} \Leftrightarrow \begin{cases} c=0 \\ b=2-a \\ 2a+(2-a)=3 \end{cases} \Leftrightarrow \begin{cases} c=0 \\ b=1. \\ a=1 \end{cases}$$

Dans le cadre de cette conjecture, pour tout entier naturel n, $u_n=n^2+n$.

▶ **4. a) Déterminer la nature d'une suite**

• Soit n un entier naturel. Nous avons $v_n=u_{n+1}-u_n=(u_n+2n+2)-u_n=2n+2$.

• Pour tout entier naturel n, nous avons $v_{n+1}-v_n=(2(n+1)+2)-(2n+2)=2$, ce qui implique que $v_{n+1}=v_n+2$.

La suite (v_n) est arithmétique de raison 2 et de premier terme $v_0=u_1-u_0=2-0=2$.

b) Déterminer une somme de termes consécutifs

Le terme S_n est la somme des $(n+1)$ premiers termes de la suite (v_n) qui, d'après la question **4. a)**, est arithmétique. Ainsi, pour tout entier naturel n :

$$S_n=\text{nombre de termes}\times\frac{\text{premier terme}+\text{dernier terme}}{2}$$

$$=(n+1)\times\frac{v_0+v_n}{2}$$

$$=(n+1)\times\frac{2+(2n+2)}{2}\quad\text{(question } \mathbf{4.\ a)}\text{)}$$

$$=(n+1)\times(n+2).$$

c) Expliciter le terme général d'une suite

Soit la propriété $\mathcal{P}(n)$: « $S_n = u_{n+1} - u_0$ ». Démontrons cette propriété par récurrence.

Initialisation : comme $u_1 - u_0 = v_0 = S_0$, la propriété $\mathcal{P}(0)$ est vraie.

Hérédité : supposons que la propriété est vraie au rang k. Démontrons qu'elle est vraie au rang $k+1$.

$S_{k+1} = v_0 + v_1 + \ldots + v_{k+1}$ (définition, question **4. b)**)

$= (v_0 + v_1 + \ldots + v_k) + v_{k+1}$

$= S_k + v_{k+1}$

$= u_{k+1} - u_0 + v_{k+1}$ (hypothèse de récurrence)

$= u_{k+1} - u_0 + u_{k+2} - u_{k+1}$ (définition de la suite (v_n))

$= u_{k+2} - u_0$.

Conclusion : la propriété $\mathcal{P}(n)$ étant initialisée et héréditaire, d'après l'axiome de récurrence, la proposition $\mathcal{P}(n)$ est donc vraie : **pour tout entier naturel n, $S_n = u_{n+1} - u_0$.**

• Pour tout entier naturel n,

$S_n = u_{n+1} - u_0 \qquad u_{n+1} = S_n + u_0 = S_n$ ($u_0 = 0$ d'après l'énoncé)

$u_{n+1} = (n+1)(n+2)$ (question **4. b)**).

Ceci peut encore s'écrire : $u_n = n \times (n+1)$, pour tout entier $n \geqslant 1$.

Cette dernière égalité est également vraie pour $n = 0$, car $0 \times (0+1) = 0 = u_0$. Nous en concluons alors que, **pour tout entier naturel n, $u_n = n \times (n+1) = n^2 + n$.**

Ce résultat est cohérent avec la question **3. b)**.

SUJET 3

AMÉRIQUE DU NORD • MAI 2013

SUITES NUMÉRIQUES

DURÉE : 60 MINUTES • 5 POINTS

Algorithme et suite géométrique

On considère la suite (u_n) définie par $u_0 = 1$ et, pour tout entier naturel n, $u_{n+1} = \sqrt{2u_n}$.

▶ **1.** On considère l'algorithme suivant :

Variables	n est un entier naturel u est un réel positif
Initialisation	Demander la valeur de n Affecter à u la valeur 1
Traitement	Pour i variant de 1 à n Affecter à u la valeur $\sqrt{2u}$ Fin de Pour
Sortie	Afficher u

a) Donner une valeur approchée à 10^{-4} près du résultat qu'affiche cet algorithme lorsque l'on choisit $n = 3$.

b) Que permet de calculer cet algorithme ?

c) Le tableau ci-dessous donne des valeurs approchées obtenues à l'aide de cet algorithme pour certaines valeurs de n :

n	1	5	10	15	20
Valeur affichée	1,4142	1,9152	1, 9272	1,9999	1,9999

Quelles conjectures peut-on émettre concernant la suite (u_n) ?

▶ **2. a)** Démontrer que, pour tout entier naturel n, $0 < u_n \leqslant 2$.

b) Déterminer le sens de variation de la suite (u_n).

c) Démontrer que la suite (u_n) est convergente. On ne demande pas la valeur de sa limite.

▶ **3.** On considère la suite (v_n) définie, pour tout entier naturel n, par $v_n = \ln u_n - \ln 2$.

a) Démontrer que la suite (v_n) est la suite géométrique de raison $\frac{1}{2}$ et de premier terme $v_0 = -\ln 2$.

b) Déterminer, pour tout entier naturel n, l'expression de v_n en fonction de n, puis de u_n en fonction de n.

c) Déterminer la limite de la suite (u_n).

d) Recopier l'algorithme ci-dessous et le compléter par les instructions du traitement et de la sortie, de façon à afficher en sortie la plus petite valeur de n telle que $u_n > 1{,}999$.

Variables	n est un entier naturel u est un réel
Initialisation	Affecter à n la valeur 0 Affecter à u la valeur 1
Traitement	
Sortie	

LES CLÉS DU SUJET

■ Les thèmes clés

Suites • Fonction logarithme népérien • Algorithme.

■ Les outils dont vous avez besoin

Les références en rouge renvoient à la boîte à outils en fin d'ouvrage.

- Raisonnement par récurrence E1 → **2. a)**
- Suites et généralités E2 → **1. c)**, **2. b)**, et **2. c)**
- Suites géométriques E4 → **3. a)**, **3. b)** et **3. c)**
- Fonction logarithme népérien E9A • E9B → **3. a)** et **3. b)**

■ Nos coups de pouce

▶ **1.** Pensez aux propriétés d'une suite (variations et convergence).

▶ **2. b)** Précisez que tous les termes de la suite (u_n) sont strictement positifs, puis calculez le quotient $\frac{u_{n+1}}{u_n}$ et enfin concluez.

▶ **3. d)** Pensez à l'instruction conditionnelle « Tant que » qui est effectuée jusqu'à ce que la condition précisée ne soit plus vérifiée.

▶ **1. a) Dérouler un algorithme**

Lors de la phase d'initialisation, la variable n prend la valeur 3 (valeur choisie par l'utilisateur) et la variable u prend la valeur 1 (affectation). Lors de la phase de traitement, la variable i prend successivement les valeurs 1, 2 et 3 (boucle itérative *pour*). Pour chaque valeur prise par la variable i, la variable u est mise à jour (affectation). Les différentes étapes de cette phase peuvent se présenter sous la forme d'un tableau :

Variable i	**Variable u**
1	u prend la valeur $\sqrt{2u} = \sqrt{2\times 1} = \sqrt{2} \approx 1{,}4142$
2	u prend la valeur $\sqrt{2u} = \sqrt{2\times\sqrt{2}} \approx 1{,}6818$
3	u prend la valeur $\sqrt{2u} = \sqrt{2\times\sqrt{2\times\sqrt{2}}} \approx 1{,}8340$

Une valeur approchée à 10^{-4} près par défaut du résultat affiché par cet algorithme est **1,8340.**

b) Comprendre un algorithme

Cet algorithme permet de calculer le n-ième terme de la suite (u_n) et d'en afficher une valeur approchée, l'entier naturel n étant choisi par l'utilisateur.

c) Émettre une conjecture

Comme $1{,}4142 < 1{,}9152 < 1{,}9272 < 1{,}9999$, la suite (u_n) semble **croissante.** Les valeurs approchées données se « rapprochent » de la valeur 2 : la suite semble **convergente.**

▶ **2. a) Démontrer une inégalité par récurrence**

Soit $P(n)$ la propriété : « $0 < u_n \leqslant 2$ ».

Initialisation

$u_0 = 1$. Comme $0 < u_0 \leqslant 2$, alors $P(0)$ est vraie.

Hérédité

Supposons que la propriété $P(k)$ est vraie pour un entier naturel k.
Démontrons $P(k+1)$.
Comme $P(k)$ est vraie, nous avons l'encadrement suivant : $0 < u_k \leqslant 2$.
En multipliant chaque membre par 2, $0 < 2\times u_k \leqslant 4$.
Comme la fonction racine carrée est croissante sur $[0\ ;+\infty[$ (donc sur $]0\ ;+\infty[$), $0 < \sqrt{2\times u_k} \leqslant \sqrt{4}$ ce qui s'écrit : $0 < u_{k+1} \leqslant 2$.

Conclusion

Comme $P(0)$ est vraie et que la propriété est héréditaire, d'après l'axiome de récurrence, nous en déduisons que, **pour tout entier naturel n, $0 < u_n \leqslant 2$.**

b) Étudier le sens de variation d'une suite

D'après la question précédente, tous les termes de la suite (u_n) sont strictement positifs.
Pour tout entier naturel n, nous avons :

$$\frac{u_{n+1}}{u_n} = \frac{\sqrt{2u_n}}{u_n} = \frac{\sqrt{2}}{\sqrt{u_n}}.$$

Or d'après la question précédente $0 < u_n \leqslant 2$. Comme la fonction racine carrée est croissante sur $]0\ ;+\infty[$, $0 < \sqrt{u_n} \leqslant \sqrt{2}$ puis comme la fonction inverse est décroissante sur $]0\ ;+\infty[$, $\frac{1}{\sqrt{u_n}} \geqslant \frac{1}{\sqrt{2}}$. En multipliant chaque membre de cette inégalité par $\sqrt{2}$, il en découle que : $\frac{u_{n+1}}{u_n} \geqslant 1$.

La suite (u_n) est donc **croissante.**

c) Étudier la convergence d'une suite

La suite (u_n) est croissante (question **2. b)**) et majorée par 2 (question **2. a)**) : elle est donc **convergente.**

▶ 3. a) Démontrer qu'une suite est géométrique

Pour tout entier naturel n, nous avons :

$$\begin{aligned} v_{n+1} &= \ln(u_{n+1}) - \ln(2) \\ &= \ln(\sqrt{2u_n}) - \ln(2) \\ &= \frac{1}{2}\ln(2u_n) - \ln(2) \\ &= \frac{1}{2}\times\left[\ln(2)+\ln(u_n)\right] - \frac{2}{2}\ln(2) \\ &= \frac{1}{2}\times\left[\ln(u_n)-\ln(2)\right] \\ &= \frac{1}{2}\times v_n. \end{aligned}$$

Notez bien
Pour $a > 0$ et $b > 0$:
$\ln(\sqrt{a}) = \frac{1}{2}\times\ln(a)$
$\ln(a\times b) = \ln(a) + \ln(b)$.

La suite (v_n) est donc **géométrique** de raison $\frac{1}{2}$ et de premier terme :
$v_0 = \ln(u_0) - \ln(2) = \ln(1) - \ln(2) = -\ln(2)$.

b) Exprimer une suite sous forme explicite

Pour tout entier naturel n, $v_n = v_0 \times \left(\frac{1}{2}\right)^n = -\ln(2)\times\left(\frac{1}{2}\right)^n$

(formule explicite d'une suite géométrique de premier terme $-\ln(2)$ et de raison $\frac{1}{2}$).

Or $\ln(u_n) = v_n + \ln(2) = -\ln(2)\times\left(\frac{1}{2}\right)^n + \ln(2) = \ln(2)\times\left[1-\left(\frac{1}{2}\right)^n\right]$.

Il s'ensuit que :

$$u_n = e^{v_n+\ln 2} = e^{\ln 2\times\left[1-\left(\frac{1}{2}\right)^n\right]} = 2^{1-\left(\frac{1}{2}\right)^n}.$$

Notez bien
$e^{a\times b} = (e^a)^b$.

c) Déterminer la limite d'une suite

Comme $-1 < \frac{1}{2} < 1$, $\lim\limits_{n\to+\infty}\left(\frac{1}{2}\right)^n = 0$ et $\lim\limits_{n\to+\infty}\left(1-\left(\frac{1}{2}\right)^n\right) = 1$.

Par suite, $\lim\limits_{n\to+\infty} u_n = 2^1 = 2$.

d) Compléter un algorithme

Pour déterminer la plus petite valeur de n telle que $u_n > 1{,}999$, à l'aide d'un algorithme, il suffit de calculer successivement les termes u_n de cette suite à partir de

MATHÉMATIQUES

l'indice $n = 0$ jusqu'au premier terme u_n de cette suite qui sera strictement supérieur à 1,999 (instruction conditionnelle « tant que », condition $u_k \leqslant 1{,}999$). Il faut ensuite afficher l'indice n.

Variables	n est un entier naturel u est un réel
Initialisation	Affecter à n la valeur 0 Affecter à u la valeur 1
Traitement	Tant que $u \leqslant 1{,}999$ Affecter à u la valeur $\sqrt{2u}$ Affecter à n la valeur $n + 1$ Fin du Tant que
Sortie	Afficher n

SUJET 4

POLYNÉSIE FRANÇAISE • JUIN 2013

SUITES NUMÉRIQUES

DURÉE : 60 MINUTES • 5 POINTS

Utiliser une suite auxiliaire

On considère la suite (u_n) définie par $u_0 = \dfrac{1}{2}$ et telle que, pour tout entier naturel n, $u_{n+1} = \dfrac{3u_n}{1+2u_n}$.

▶ **1. a)** Calculer u_1 et u_2.

b) Démontrer par récurrence que, pour tout entier naturel n, $0 < u_n$.

▶ **2.** On admet que pour tout entier naturel n, $u_n < 1$.

a) Démontrer que la suite (u_n) est croissante.

b) Démontrer que la suite (u_n) converge.

▶ **3.** Soit (v_n) la suite définie, pour tout entier naturel n, par $v_n = \dfrac{u_n}{1-u_n}$.

a) Montrer que la suite (v_n) est une suite géométrique de raison 3.

b) Exprimer, pour tout entier naturel n, v_n en fonction de n.

c) En déduire que, pour tout entier naturel n, $u_n = \dfrac{3^n}{3^n+1}$.

d) Déterminer la limite de la suite (u_n).

LES CLÉS DU SUJET

Les thèmes clés

Suites numériques.

Les outils dont vous avez besoin

Les références en rouge renvoient à la boîte à outils en fin d'ouvrage.

- Raisonnement par récurrence E1 → **1. b)**
- Suites et variations E2A → **2. a)**
- Suites et convergence E2E → **2. b)**
- Suites géométriques E4A • E4B • E4C → **3. a)**, et **3. b)**
- Suites et limites E2C → **3. d)**

Nos coups de pouce

▶ **3. a)** Établissez, pour tout entier naturel n, une relation entre v_{n+1} et v_n de la forme $v_{n+1} = qv_n$ où q est un réel à préciser.

CORRIGÉ SUJET 4

▶ **1. a) Calculer des termes d'une suite**

$$u_1 = \frac{3u_0}{1+2u_0} = \frac{3\times\frac{1}{2}}{1+2\times\frac{1}{2}} = \frac{\frac{3}{2}}{2} = \frac{3}{4} = 0{,}75$$

$$u_2 = \frac{3u_1}{1+2u_1} = \frac{3\times\frac{3}{4}}{1+2\times\frac{3}{4}} = \frac{\frac{9}{4}}{\frac{10}{4}} = \frac{9}{10} = 0{,}9.$$

b) Démontrer une inégalité par récurrence

Soit $P(n)$ la propriété : $0 < u_n$.

Initialisation : $u_0 = \frac{1}{2} > 0$ donc $P(0)$ est vraie.

Hérédité : supposons que $P(k)$ est vraie pour un entier naturel k. Démontrons que $P(k+1)$ est vérifiée.

D'après l'hypothèse de récurrence, on sait que $u_k > 0$.

Or : $u_{k+1} = \frac{3u_k}{1+2u_k}$ où $3u_k > 0$ et $1+2u_k > 0$ donc $u_{k+1} > 0$. $P(k+1)$ est donc vérifiée et la propriété $P(n)$ est héréditaire.

Conclusion : d'après l'axiome de récurrence, pour tout entier naturel n, on a $u_n > 0$.

▶ **2. a) Étudier les variations d'une suite**

Pour tout entier naturel n :

$$u_{n+1} - u_n = \frac{3u_n}{1+2u_n} - u_n = \frac{3u_n}{1+2u_n} - \frac{u_n(1+2u_n)}{1+2u_n}$$

$$= \frac{3u_n - u_n - 2u_n^2}{1+2u_n} = \frac{2u_n(1-u_n)}{1+2u_n}.$$

MATHÉMATIQUES

Comme, pour tout entier naturel n, on sait que $0 < u_n < 1$, alors :

$$\left.\begin{array}{l} 2u_n > 0 \\ 1-u_n > 0 \\ 1+2u_n > 0 \end{array}\right\} \quad u_{n+1}-u_n > 0$$

La suite (u_n) est donc croissante.

b) Établir la convergence d'une suite

La suite (u_n) est croissante et majorée (par 1), donc elle est convergente.

▶ 3. a) Démontrer qu'une suite est géométrique

Pour tout entier naturel n, on sait que $u_n < 1$, donc $1-u_n \neq 0$ et la suite (v_n) est bien définie.

Pour tout entier naturel n :

$$v_{n+1} = \frac{u_{n+1}}{1-u_{n+1}} = \frac{\dfrac{3u_n}{1+2u_n}}{1-\dfrac{3u_n}{1+2u_n}} = \frac{\dfrac{3u_n}{1+2u_n}}{\dfrac{1+2u_n}{1+2u_n}-\dfrac{3u_n}{1+2u_n}}$$

$$= \frac{\dfrac{3u_n}{1+2u_n}}{\dfrac{1-u_n}{1+2u_n}} = \frac{3u_n}{1+2u_n} \times \frac{1+2u_n}{1-u_n} = \frac{3u_n}{1-u_n} = 3v_n.$$

La suite (v_n) est donc une suite géométrique de raison 3.

b) Déterminer la forme explicite d'une suite auxiliaire

La suite (v_n) est une suite géométrique de raison 3. Son premier terme est $v_0 = \dfrac{u_0}{1-u_0} = \dfrac{\frac{1}{2}}{1-\frac{1}{2}} = 1.$

Donc, pour tout entier naturel n : $v_n = v_0 \times 3^n = 3^n$.

c) Déterminer la forme explicite de la suite initiale

Pour tout entier naturel n :

$$v_n = \frac{u_n}{1-u_n} \qquad 3^n = \frac{u_n}{1-u_n} \overset{(1-u_n\neq 0)}{\qquad} 3^n(1-u_n) = u_n$$

$$3^n - 3^n \times u_n = u_n \qquad 3^n = (3^n+1)\times u_n \qquad u_n = \frac{3^n}{3^n+1}.$$

d) Déterminer la limite d'une suite

Pour tout entier naturel n : $u_n = \dfrac{3^n}{3^n+1} = \dfrac{3^n}{3^n\left(1+\dfrac{1}{3^n}\right)} = \dfrac{1}{1+\left(\dfrac{1}{3}\right)^n}.$

Or $-1 < \dfrac{1}{3} < 1$ donc $\lim\limits_{n\to+\infty}\left(\dfrac{1}{3}\right)^n = 0$. Par somme et passage à l'inverse, on obtient donc $\lim\limits_{n\to+\infty} u_n = 1$.

Étude du volume d'eau dans un bassin

Un volume constant de 2 200 m^3 d'eau est réparti entre deux bassins A et B.
Le bassin A refroidit une machine. Pour des raisons d'équilibre thermique, on crée un courant d'eau entre les deux bassins à l'aide de pompes.
On modélise les échanges entre les deux bassins de la façon suivante :
• au départ, le bassin A contient 800 m^3 d'eau et le bassin B contient 1 400 m^3 d'eau ;
• tous les jours, 15 % du volume d'eau présent dans le bassin B au début de la journée est transféré vers le bassin A ;
• tous les jours, 10 % du volume d'eau présent dans le bassin A au début de la journée est transféré vers le bassin B.
Pour tout entier naturel n, on note :
• a_n le volume d'eau, exprimé en m^3, contenu dans le bassin A à la fin du n-ième jour de fonctionnement ;
• b_n le volume d'eau, exprimé en m^3, contenu dans le bassin B à la fin du n-ième jour de fonctionnement.
On a donc $a_0 = 800$ et $b_0 = 1\,400$.

▶ **1.** Par quelle relation entre a_n et b_n traduit-on la conservation du volume total d'eau du circuit ?

▶ **2.** Justifier que, pour tout entier naturel n, $a_{n+1} = \frac{3}{4}a_n + 330$.

▶ **3.** L'algorithme ci-dessous permet de déterminer la plus petite valeur de n à partir de laquelle a_n est supérieur ou égal à 1 100.
Recopier cet algorithme en complétant les parties manquantes.

Variables	n est un entier naturel a est un réel
Initialisation	Affecter à n la valeur 0 Affecter à a la valeur 800
Traitement	Tant que $a < 1\,100$, faire : Affecter à a la valeur… Affecter à n la valeur $n + 1$ Fin Tant que
Sortie	Afficher n

▶ **4.** Pour tout entier naturel n, on note $u_n = a_n - 1\,320$.
a) Montrer que la suite (u_n) est une suite géométrique dont on précisera le premier terme et la raison.
b) Exprimer u_n en fonction de n.
En déduire que, pour tout entier naturel n, $a_n = 1\,320 - 520 \times \left(\frac{3}{4}\right)^n$.

▶ **5.** On cherche à savoir si, un jour donné, les deux bassins peuvent avoir, au mètre cube près, le même volume d'eau.
Proposer une méthode pour répondre à ce questionnement.

LES CLÉS DU SUJET

Les thèmes clés

Suites géométriques • Algorithme • Fonction logarithme népérien.

Les outils dont vous avez besoin

Les références en rouge renvoient à la boîte à outils en fin d'ouvrage.

- Définition d'une suite géométrique E4A → **4. a).**
- Formule explicite pour une suite géométrique E4B → **4. b).**
- Propriétés algébriques de la fonction logarithme népérien E9B → **5.**

Nos coups de pouce

▶ **2.** Traduire en langage mathématique les échanges de volumes d'eau entre bassins en vous concentrant sur le bassin A : identifiez l'eau qui reste dans A et celle qui est transférée de B dans A.

▶ **5.** Les deux bassins devant contenir le même volume d'eau, celui-ci sera de 1 100 m^3 par bassin. Indiquez alors l'équation à résoudre.

CORRIGÉ SUJET 5

▶ 1. Traduire une situation

D'après l'énoncé, un volume d'eau constant de 2 200 m^3 est réparti entre les deux bassins A et B. Or, pour tout entier naturel n, a_n et b_n sont respectivement les volumes d'eau (exprimés en m^3) présents dans les bassins A et B à la fin de la n-ième journée de fonctionnement.
On a donc, pour tout entier naturel n : $\boldsymbol{a_n + b_n = 2\,200}$.

▶ 2. Établir une relation de récurrence

a_{n+1} est le volume d'eau (exprimé en m^3) présent dans le bassin A à la fin de la $(n+1)$-ième journée de fonctionnement. Il a été constitué de la manière suivante :

- 15 % du volume d'eau présent dans le bassin B à la fin de la n-ième journée de fonctionnement est transféré dans le bassin A, ce qui correspond à $0{,}15b_n$;
- 10 % du volume d'eau présent dans le bassin A à la fin de la n-ième journée de fonctionnement est transféré dans le bassin B, ce qui signifie que 90 % du volume d'eau présent dans le bassin A y reste, ce qui correspond à $0{,}9a_n$.

Notez bien
D'après la question précédente, $a_n + b_n = 2\,200$.

Ainsi, pour tout entier naturel n :

$$\begin{aligned} a_{n+1} &= 0{,}15b_n + 0{,}9a_n = 0{,}15 \times (2\,200 - a_n) + 0{,}9a_n \\ &= 330 - 0{,}15a_n + 0{,}9a_n. \end{aligned}$$

Finalement, pour tout entier naturel n : $a_{n+1} = 0{,}75a_n + 330 = \boldsymbol{\frac{3}{4}a_n + 330}$.

▶ 3. Compléter un algorithme pour déterminer une valeur seuil

Variables	n est un entier naturel a est un réel
Initialisation	Affecter à n la valeur 0 Affecter à a la valeur 800

Traitement	Tant que $a < 1\,100$ faire :
	  Affecter à a la valeur **$0{,}75a + 330$**
	  Affecter à n la valeur $n + 1$
	Fin Tant que

Sortie	Afficher n

▶ 4. a) Démontrer qu'une suite est géométrique

Pour tout entier naturel n :

$$\begin{aligned} u_{n+1} &= a_{n+1} - 1320 = 0{,}75a_n + 330 - 1320 \\ &= 0{,}75a_n - 990 = 0{,}75(a_n - 1320) \\ &= 0{,}75u_n. \end{aligned}$$

$u_0 = a_0 - 1320 = 800 - 1320 = -\ 520.$

La suite (u_n) est donc une suite géométrique de raison $q = 0{,}75$ et de premier terme $u_0 = -\ 520$.

▶ b) Déterminer la formule explicite d'une suite géométrique

Pour tout entier naturel n :

$$u_n = u_0 \times q^n = \mathbf{-\ 520 \times 0{,}75^n}.$$

Comme $u_n = a_n - 1320$, alors $a_n = 1320 + u_n$ et finalement, pour tout entier naturel n :

$$a_n = 1\,320 - 520 \times 0{,}75^n = \mathbf{1\,320 - 520 \times \left(\frac{3}{4}\right)^n}.$$

▶ 5. Résoudre une équation

Les deux bassins contiendront le même volume d'eau, au mètre cube près, s'ils contiennent chacun 1 100 m^3 d'eau.

Pour répondre au problème posé, on peut donc résoudre l'équation $a_n = 1\,100$.

Résolution effective (non demandée a priori) :

$$a_n = 1\,100 \quad 1320 - 520 \times 0{,}75^n = 1\,100$$

$$220 = 520 \times 0{,}75^n$$

$$0{,}75^n = \frac{220}{520} = \frac{11}{26}$$

$$\ln(0{,}75^n) = \ln\left(\frac{11}{26}\right)$$

$$n = \frac{\ln\left(\frac{11}{26}\right)}{\ln(0{,}75)}.$$

Ainsi $n = \dfrac{\ln\left(\frac{11}{26}\right)}{\ln(0{,}75)} \approx 3.$

Au cours du 3e jour de fonctionnement, les deux bassins auront, au mètre cube près, le même volume d'eau.

Notez bien
Pour tout réel $a > 0$ et tout entier relatif n, $\ln(a^n) = n \times \ln(a)$.

Représentations graphiques, aire et algorithme

Soit f une fonction définie et dérivable sur $\mathbb{R}$. On note $\mathscr{C}$ sa courbe représentative dans le plan muni d'un repère $(O\,;\vec{i},\vec{j})$.

PARTIE A

Sur les graphiques ci-dessous, on a représenté la courbe $\mathscr{C}$ et trois autres courbes $\mathscr{C}_1$, $\mathscr{C}_2$ et $\mathscr{C}_3$ avec la tangente en leur point d'abscisse 0.

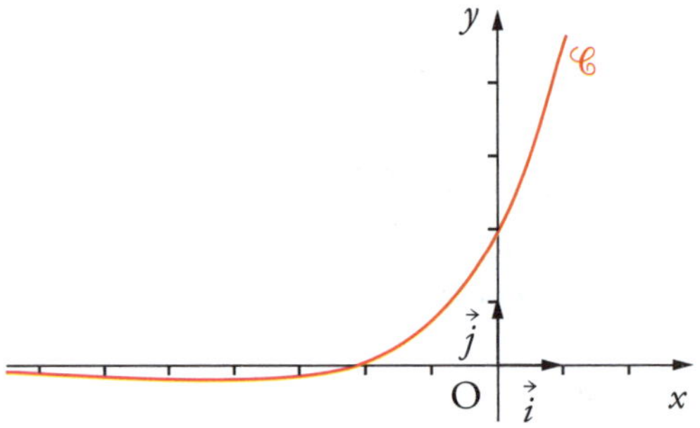

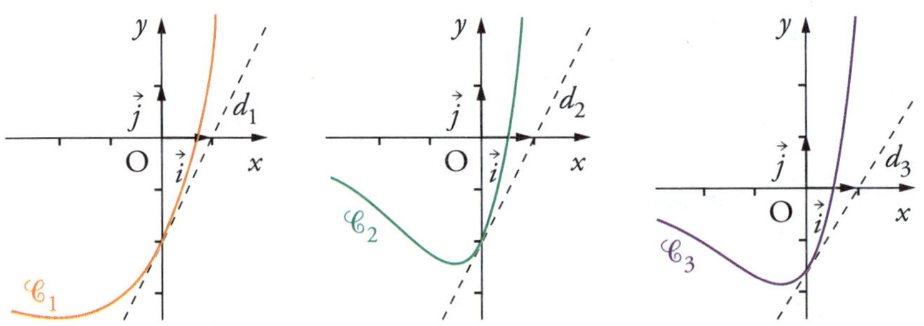

▶ **1.** Donner par lecture graphique, le signe de $f(x)$ selon les valeurs de x.

▶ **2.** On désigne par F une primitive de la fonction f sur $\mathbb{R}$.

a) À l'aide de la courbe $\mathscr{C}$, déterminer $F'(0)$ et $F'(-2)$.

b) L'une des courbes $\mathscr{C}_1$, $\mathscr{C}_2$, $\mathscr{C}_3$ est la courbe représentative de la fonction F.

Déterminer laquelle en justifiant l'élimination des deux autres.

PARTIE B

Dans cette partie, on admet que la fonction f évoquée dans la partie **A** est la fonction définie sur $\mathbb{R}$ par $f(x)=(x+2)\mathrm{e}^{\frac{1}{2}x}$.

▶ **1.** L'observation de la courbe $\mathscr{C}$ permet de conjecturer que la fonction f admet un minimum.

a) Démontrer que, pour tout réel x, $f'(x)=\dfrac{1}{2}(x+4)\mathrm{e}^{\frac{1}{2}x}$.

b) En déduire une validation de la conjecture précédente.

▶ **2.** On pose $I = \int_0^1 f(x)\,\mathrm{d}x$.

a) Interpréter géométriquement le réel I.

b) Soient u et v les fonctions définies sur $\mathbb{R}$ par $u(x) = x$ et $v(x) = \mathrm{e}^{\frac{1}{2}x}$.
Vérifier que $f = 2(u'v + uv')$.

c) En déduire la valeur exacte de l'intégrale I.

▶ **3.** On donne l'algorithme ci-dessous.

Variables	k et n sont des nombres entiers naturels, s est un nombre réel
Entrée	Demander à l'utilisateur la valeur de n
Initialisation	Affecter à s la valeur 0
Traitement	Pour k allant de 0 à $n-1$
	Affecter à s la valeur $s + \frac{1}{n} f\left(\frac{k}{n}\right)$
	Fin de boucle
Sortie	Afficher s

On note s_n le nombre affiché par cet algorithme lorsque l'utilisateur entre un entier naturel strictement positif comme valeur de n.

a) Justifier que s_3 représente l'aire, exprimée en unités d'aire, du domaine hachuré sur le graphique ci-dessous où les trois rectangles ont la même largeur.

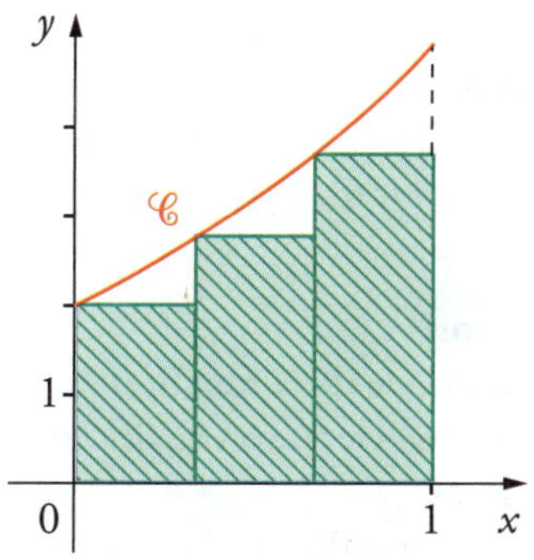

b) Que dire de la valeur de s_n fournie par l'algorithme proposé lorsque n devient grand ?

LES CLÉS DU SUJET

Les thèmes clés

Fonction exponentielle • Intégrale • Algorithme.

Les outils dont vous avez besoin

Les références en rouge renvoient à la boîte à outils en fin d'ouvrage.

- Propriétés liées à la fonction exponentielle E8 → **Partie B, 1. a), 1. b), 2. b)** et **2. c)**
- Étude des variations d'une fonction E6c → **Partie B, 1. b)**
- Dérivation de fonctions E6E • E6F → **Partie B, 1. a)** et **2. b)**
- Intégration : primitive, calcul et interprétation d'une intégrale E11A • E13 • E14 → **Partie A, 2. a)** ; **partie B, 2. a)** et **2. c)**

■ Nos coups de pouce

Partie A

▶ **2. b)** Pour éliminer la courbe $\mathscr{C}_3$, intéressez-vous au coefficient directeur de la droite d_3. Pour éliminer la courbe $\mathscr{C}_2$, intéressez-vous aux variations plausibles de la fonction F.

Partie B

▶ **1. b)** Étudiez le signe de la dérivée f', puis déduisez-en les variations de f, et enfin concluez.

▶ **2. c)** Remarquez que la fonction $2uv$ est une primitive de f sur $\mathbb{R}$.

CORRIGÉ SUJET 6

PARTIE A

▶ 1. Déterminer graphiquement le signe d'une fonction

Les points de la courbe $\mathscr{C}$ d'abscisse strictement inférieure à -2 sont situés **en dessous** de l'axe des abscisses. Ainsi, pour tout nombre réel $x < -2$, $f(x) < 0$.
Les points de la courbe $\mathscr{C}$ d'abscisse strictement supérieure à -2 sont situés **au-dessus** de l'axe des abscisses. Ainsi, pour tout nombre réel $x > -2$, $f(x) > 0$.
La courbe $\mathscr{C}$ **coupe** l'axe des abscisses en un seul point : le point d'abscisse -2.
Ainsi, $f(-2) = 0$.

▶ 2. a) Déterminer graphiquement une image

Comme F est une primitive de f sur $\mathbb{R}$, pour tout nombre réel x, $F'(x) = f(x)$.
Or le point de la courbe $\mathscr{C}$ d'abscisse 0 a pour ordonnée 2 (on a $f(0) = 2$) et le point de la courbe $\mathscr{C}$ d'abscisse -2 a pour ordonnée 0 (on a $f(-2) = 0$).
Par suite, $\boldsymbol{F'(0) = f(0) = 2}$ et $\boldsymbol{F'(-2) = f(-2) = 0}$.

b) Associer une courbe représentative à une fonction

• Supposons que la courbe $\mathscr{C}_3$ soit la courbe représentative de la fonction F.
Comme d_3 est la tangente à la courbe $\mathscr{C}_3$ au point d'abscisse 0, son coefficient directeur doit être égal à $F'(0) = 2$ (d'après la question **2. a)**).
Par lecture graphique, les points de coordonnées (1 ; 0) et (0 ; –1,5) appartiennent à la droite d_3 qui a ainsi pour coefficient directeur : $\dfrac{-1{,}5-0}{0-1} = 1{,}5$.
Les deux points précédents conduisent à une contradiction : $1{,}5 \neq 2$.
La courbe $\mathscr{C}_3$ ne convient pas.
• Supposons que la courbe $\mathscr{C}_2$ soit la courbe représentative de la fonction F.
Comme f est la dérivée de F sur $\mathbb{R}$, la fonction F devrait être strictement croissante sur $[-2\,;+\infty[$ et strictement décroissante sur $]-\infty\,;-2]$ (question **1.**).
Par lecture graphique, la fonction F est croissante sur $[-0{,}5\,;+\infty[$ et décroissante sur $]-\infty\,;-0{,}5]$.
Les deux points précédents conduisent à une contradiction : $-0{,}5 \neq -2$.
La courbe $\mathscr{C}_2$ ne convient pas.
Par élimination, la courbe $\mathscr{C}_1$ convient.

PARTIE B

▶ 1. a) Dériver une fonction

La fonction f est le produit de deux fonctions u et v définies sur $\mathbb{R}$ par $u(x) = x + 2$ et $v(x) = e^{\frac{1}{2}x}$. Comme u et v sont dérivables sur $\mathbb{R}$, alors la fonction f est dérivable sur $\mathbb{R}$ (produit de fonctions dérivables) et pour tout nombre réel x :

$$f'(x) = u'(x) \times v(x) + u(x) \times v'(x)$$
$$= 1 \times e^{\frac{1}{2}x} + (x+2) \times \left(\frac{1}{2} \times e^{\frac{1}{2}x}\right)$$
$$= \left(1 + \frac{1}{2}(x+2)\right) \times e^{\frac{1}{2}x}$$
$$= \frac{1}{2}(x+4)e^{\frac{1}{2}x}.$$

Attention
$(e^u)' = u' \times e^u$.

b) Valider une conjecture

Pour tout nombre réel x, $e^{\frac{1}{2}x}$ est strictement positif et $\frac{1}{2}$ est également strictement positif. Par suite, le signe de $f'(x)$ est donné par le signe de $x + 4$ qui s'annule en -4.
Pour $x > -4$, $x + 4 > 0$ et donc $f'(x) > 0$.
La fonction f est ainsi strictement croissante sur l'intervalle $[-4\ ;+\infty[$.
Pour $x < -4$, $x + 4 < 0$ et donc $f'(x) < 0$.

La fonction f est ainsi strictement décroissante sur l'intervalle $]-\infty\ ;-4]$.
Ce que nous pouvons résumer par le tableau suivant :

x	$-\infty$		-4		$+\infty$
Signe de $f'(x)$		$-$	0	$+$	
Variations de f	$+\infty$	↘	$f(-4)$	↗	$+\infty$

Par suite, la fonction f admet un minimum, atteint en $x = -4$.
La conjecture est validée.

▶ 2. a) Interpréter géométriquement une intégrale

Le nombre réel I est l'intégrale de la fonction f sur l'intervalle $[0\ ;1]$. La fonction f est continue (car dérivable) sur $[0\ ;1]$ et positive sur $[0\ ;1]$. Par définition, dans un repère orthogonal du plan, ce nombre réel est égal à l'aire exprimée en unités d'aire (u.a.) de la partie du plan délimitée par $\mathscr{C}$ sa courbe représentative, l'axe des abscisses et les droites d'équations $x = 0$ et $x = 1$.

b) Vérifier une égalité

Les fonctions u et v définies sur $\mathbb{R}$ par $u(x) = x$ et $v(x) = e^{\frac{1}{2}x}$ étant dérivables sur $\mathbb{R}$, nous avons, pour tout nombre réel x :

MATHÉMATIQUES

$$2\times\left(u'(x)\times v(x)+u(x)\times v'(x)\right)=2\times\left(1\times e^{\frac{1}{2}x}+x\times\frac{1}{2}\times e^{\frac{1}{2}x}\right)$$
$$=2\times\left(1+\frac{x}{2}\right)\times e^{\frac{1}{2}x}$$
$$=(2+x)e^{\frac{1}{2}x}$$
$$=f(x).$$

c) Déterminer la valeur exacte d'une intégrale

De la question précédente, nous déduisons que la fonction $2uv$ est une primitive de f sur $\mathbb{R}$ (donc sur l'intervalle [0 ; 1]). En effet, pour tout nombre réel x :

$$(2uv)'(x)=2\times(u'(x)\times v(x)+u(x)\times v'(x))=f(x).$$

Par suite,

$$I=\int_0^1 f(x)\,\mathrm{d}x$$
$$=\left[(2uv)(x)\right]_0^1$$
$$=2\times u(1)\times v(1)-2\times u(0)\times v(0)$$
$$=2e^{\frac{1}{2}}=2\sqrt{e}.$$

▶ **3. a) Interpréter le résultat affiché par un algorithme**

• D'après l'énoncé, l'intervalle [0 ; 1] est divisé en trois parties égales : les trois rectangles ont alors la même largeur égale à $\frac{1}{3}$.

Une des longueurs du rectangle à gauche a pour extrémités les points de coordonnées (0 ; 0) et (0 ; $f(0)$) : ce rectangle a ainsi pour « longueur » $f(0)$.

De même, une des longueurs du rectangle au centre a pour extrémités les points de coordonnées $\left(\frac{1}{3}\,;0\right)$ et $\left(\frac{1}{3}\,;f\left(\frac{1}{3}\right)\right)$: ce rectangle a ainsi pour « longueur » $f\left(\frac{1}{3}\right)$.

Enfin, une des longueurs du rectangle à droite a pour extrémités les points de coordonnées $\left(\frac{2}{3}\,;0\right)$ et $\left(\frac{2}{3}\,;f\left(\frac{2}{3}\right)\right)$: ce rectangle a ainsi pour « longueur » $f\left(\frac{2}{3}\right)$.

L'aire exprimée en unités d'aire du domaine hachuré sur le graphique est égale à la somme des aires des trois rectangles évoqués ci-dessus, c'est-à-dire :

$$\frac{1}{3}\times f(0)+\frac{1}{3}\times f\left(\frac{1}{3}\right)+\frac{1}{3}\times f\left(\frac{2}{3}\right).$$

• Déterminons maintenant la valeur de s_3 en « déroulant » l'algorithme pour $n=3$.

Initialisation : s prend la valeur 0.

Traitement :

$k=0$

s prend la valeur $s+\frac{1}{3}\times f\left(\frac{0}{3}\right)=0+\frac{1}{3}\times f(0)=\frac{1}{3}\times f(0)$

$k = 1$

s prend la valeur $s + \frac{1}{3} \times f\left(\frac{1}{3}\right) = \frac{1}{3} \times f(0) + \frac{1}{3} \times f\left(\frac{1}{3}\right)$

$k = 2$

s prend la valeur $s + \frac{1}{3} \times f\left(\frac{2}{3}\right) = \frac{1}{3} \times f(0) + \frac{1}{3} \times f\left(\frac{1}{3}\right) + \frac{1}{3} \times f\left(\frac{2}{3}\right)$.

Sortie : l'algorithme affiche la valeur $\frac{1}{3} \times f(0) + \frac{1}{3} \times f\left(\frac{1}{3}\right) + \frac{1}{3} \times f\left(\frac{2}{3}\right)$.

La conclusion s'ensuit.

b) Comprendre la finalité d'un algorithme

Lorsque n devient grand, la valeur de s_n fournie par l'algorithme proposé se rapproche de la valeur exacte de l'intégrale I déterminée à la question **2. c)**.

SUJET 7 — AMÉRIQUE DU SUD • NOVEMBRE 2013

COMPLÉMENTS SUR LES FONCTIONS

DURÉE : 60 MINUTES • 6 POINTS

Fonctions exponentielles, polynômes et rationnelles

PARTIE A

Soit f la fonction définie sur $\mathbb{R}$ par $f(x) = x\mathrm{e}^{1-x}$.

▶ **1.** Vérifier que pour tout réel x, $f(x) = \mathrm{e} \times \frac{x}{\mathrm{e}^x}$.

▶ **2.** Déterminer la limite de la fonction f en $-\infty$.

▶ **3.** Déterminer la limite de la fonction f en $+\infty$. Interpréter graphiquement cette limite.

▶ **4.** Déterminer la dérivée de la fonction f.

▶ **5.** Étudier les variations de la fonction f sur $\mathbb{R}$ puis dresser le tableau de variations.

PARTIE B

Pour tout entier n non nul, on considère les fonctions g_n et h_n définies sur $\mathbb{R}$ par :

$g_n(x) = 1 + x + x^2 + \ldots + x^n \quad \text{et} \quad h_n(x) = 1 + 2x + \ldots + nx^{n-1}$.

▶ **1.** Vérifier que, pour tout réel x : $(1-x)g_n(x) = 1 - x^{n+1}$.

On obtient alors, pour tout réel $x \neq 1$: $g_n(x) = \frac{1 - x^{n+1}}{1-x}$.

▶ **2.** Comparer les fonctions h_n et g'_n, g'_n étant la dérivée de la fonction g_n.

En déduire que, pour tout réel $x \neq 1$: $h_n(x) = \frac{nx^{n+1} - (n+1)x^n + 1}{(1-x)^2}$.

▶ **3.** Soit $S_n = f(1) + f(2) + \ldots + f(n)$, f étant la fonction définie dans la partie **A.**

En utilisant les résultats de la partie **B**, déterminer une expression de S_n, puis sa limite quand n tend vers $+\infty$.

LES CLÉS DU SUJET

■ Les thèmes clés

Fonction exponentielle • Fonctions polynômes et rationnelles • Limites et somme.

■ Les outils dont vous avez besoin

Les références en rouge renvoient à la boîte à outils en fin d'ouvrage.

• Propriétés associées à la fonction exponentielle E8 → **Partie A, 1.** à **5.** ; **partie B, 3.**

• Limites usuelles et limites associées à la fonction exponentielle E5A-E5D • E8C → **Partie A, 2.** et **3.** ; **partie B, 3.**

• Étude des variations d'une fonction E6C → **Partie A, 5.**

• Dérivation de fonctions E6E • E6F • E8D → **Partie A, 4.** ; **partie B, 2.**

■ Nos coups de pouce

Partie B

▶ **2.** Dans un premier temps, dérivez g_n à partir de l'expression donnée dans l'énoncé de la partie **B** (fonction polynôme de degré n) puis constatez que g'_n n'est rien d'autre que la fonction h_n. Dans un deuxième temps, dérivez g_n à partir de l'expression donnée dans l'énoncé de la question **1.** (fonction rationnelle). Enfin, concluez.

▶ **3.** Dans un premier temps, démontrez, en utilisant l'expression de h_n donnée dans l'énoncé de la partie **B** (fonction polynôme de degré n), que $S_n = h_n(\mathrm{e}^{-1})$. Dans un deuxième temps, calculez, afin de déterminer la limite demandée, l'image de e^{-1} par h_n, en utilisant cette fois-ci l'expression donnée dans l'énoncé de la question **2.** (fonction rationnelle). Enfin, concluez à l'aide des « croissances comparées ».

CORRIGÉ SUJET 7

PARTIE A

▶ 1. Transformer l'écriture d'une fonction

Pour tout nombre réel x : $\mathrm{e}\times\frac{x}{\mathrm{e}^x}=\frac{\mathrm{e}^1}{\mathrm{e}^x}\times x=\mathrm{e}^{1-x}\times x=f(x)$.

> **Notez bien**
> Pour tous nombres réels a et b, $\frac{\mathrm{e}^a}{\mathrm{e}^b}=\mathrm{e}^{a-b}$.

▶ 2. Déterminer la limite d'une fonction

D'une part, $\lim\limits_{x\to-\infty} x=-\infty$.

D'autre part, comme $\lim\limits_{x\to-\infty} 1-x=+\infty$, alors $\lim\limits_{x\to-\infty}\mathrm{e}^{1-x}=\lim\limits_{X\to+\infty}\mathrm{e}^X=+\infty$.

Par produit, $\lim\limits_{x\to-\infty} f(x)=\lim\limits_{x\to-\infty} x\times\mathrm{e}^{1-x}=-\infty$.

▶ 3. Déterminer la limite d'une fonction et l'interpréter

Comme $\lim\limits_{x\to+\infty}\frac{\mathrm{e}^x}{x}=+\infty$ (« croissances comparées »), alors $\lim\limits_{x\to+\infty}\frac{x}{\mathrm{e}^x}=0$.

Ainsi, $\lim\limits_{x\to+\infty} f(x)=\lim\limits_{x\to+\infty}\mathrm{e}\times\frac{x}{\mathrm{e}^x}=\mathrm{e}\times\lim\limits_{x\to+\infty}\frac{x}{\mathrm{e}^x}=0$.

Nous en déduisons que **la droite d'équation $y=0$ (axe des abscisses) est une asymptote à la courbe** représentative de la fonction f dans un repère du plan.

▶ 4. Dériver une fonction

La fonction f est le produit de deux fonctions u et v définies sur $\mathbb{R}$ par $u(x) = x$ et $v(x) = e^{1-x}$. Comme u et v sont dérivables sur $\mathbb{R}$, alors la fonction f est dérivable sur $\mathbb{R}$ (produit de fonctions dérivables) et pour tout nombre réel x :

Attention
$(e^u)' = u' \times e^u$.

$$\begin{aligned} f'(x) &= u'(x) \times v(x) + u(x) \times v'(x) \\ &= 1 \times e^{1-x} + x \times (-1 \times e^{1-x}) \\ &= \mathbf{e^{1-x} \times (1-x)}. \end{aligned}$$

▶ 5. Dresser un tableau de variations

• Pour tout nombre réel x, e^{1-x} est strictement positif.

Par suite, le signe de $f'(x)$ est donné par le signe de $1-x$ qui s'annule en 1.

• Pour $x > 1$, $1-x < 0$ et donc $f'(x) < 0$. La fonction f est donc strictement décroissante sur l'intervalle $[1 ; +\infty[$.

• Pour $x < 1$, $1-x > 0$ et donc $f'(x) > 0$. La fonction f est donc strictement croissante sur l'intervalle $]-\infty ; 1]$.

• $f(1) = 1 \times e^{1-1} = e^0 = 1$.

Ce que nous pouvons résumer par le tableau suivant :

x	$-\infty$		1		$+\infty$
Signe de $f'(x)$		+	0	−	
Variations de f	$-\infty$	↗	1	↘	0

PARTIE B

▶ 1. Vérifier une égalité

Pour tout entier naturel n non nul, pour tout nombre réel x :

$$\begin{aligned} (1-x) \times g_n(x) &= g_n(x) - x \times g_n(x) \\ &= (1 + x + x^2 + \ldots + x^n) - x \times (1 + x + x^2 + \ldots + x^n) \\ &= (1 + x + x^2 + \ldots + x^n) - (x + x^2 + x^3 + \ldots + x^{n+1}) \\ &= 1 + x + x^2 + \ldots + x^n - x - x^2 - x^3 \ldots - x^n - x^{n+1} \\ &= 1 - x^{n+1}. \end{aligned}$$

▶ 2. Comparer des expressions

• La fonction g_n est dérivable sur $\mathbb{R}$ comme fonction polynôme de degré n (n entier naturel non nul) et pour tout nombre réel x :

$g'_n(x) = 0 + 1 + 2 \times x + \ldots + n \times x^{n-1} = h_n(x)$.

Par suite, **la fonction h_n est la dérivée de la fonction g_n** sur $\mathbb{R}$.

• D'après la question précédente, la fonction g_n s'écrit comme le quotient de deux fonctions u et v définies par $u(x) = 1 - x^{n+1}$ et $v(x) = 1 - x$. Pour tout nombre réel $x \neq 1$, $v(x)$ ne s'annulant pas, et u et v étant dérivables, nous avons :

MATHÉMATIQUES

$$g_n'(x) = \frac{u'(x) \times v(x) - u(x) \times v'(x)}{(v(x))^2}$$
$$= \frac{-(n+1) \times x^n \times (1-x) - (1-x^{n+1}) \times (-1)}{(1-x)^2}$$
$$= \frac{-(n+1)x^n + (n+1)x^{n+1} + (1-x^{n+1})}{(1-x)^2}$$
$$= \frac{nx^{n+1} - (n+1)x^n + 1}{(1-x)^2}.$$

Ainsi, pour tout nombre réel $x \neq 1$,

$$h_n(x) = g_n'(x) = \frac{nx^{n+1} - (n+1)x^n + 1}{(1-x)^2}.$$

▶ 3. Déterminer la limite d'une somme

Pour tout entier naturel n non nul,

$$S_n = f(1) + f(2) + \ldots + f(n)$$
$$= 1 \times e^{1-1} + 2 \times e^{1-2} + \ldots + n \times e^{1-n}$$
$$= 1 + 2 \times e^{-1} + \ldots + n \times (e^{-1})^{n-1}$$
$$= 1 + 2 \times \left(\frac{1}{e}\right) + \ldots + n \times \left(\frac{1}{e}\right)^{n-1}$$
$$= h_n\left(\frac{1}{e}\right).$$

Notez bien
Pour tout réel a, $e^{-a} = \frac{1}{e^a}$.

Or, d'après la question précédente, comme $\frac{1}{e} \neq 1$,

$$S_n = h_n\left(\frac{1}{e}\right) = \frac{n \times \left(\frac{1}{e}\right)^{n+1} - (n+1) \times \left(\frac{1}{e}\right)^n + 1}{\left(1 - \frac{1}{e}\right)^2}$$
$$= \frac{\frac{n}{e^{n+1}} - \frac{n+1}{e^n} + 1}{\left(\frac{e-1}{e}\right)^2}$$
$$= \frac{\frac{n+1}{e^{n+1}} - \frac{1}{e^{n+1}} - \frac{n}{e^n} - \frac{1}{e^n} + 1}{\frac{(e-1)^2}{e^2}}$$
$$= \frac{e^2}{(e-1)^2} \times \left(\frac{n+1}{e^{n+1}} - \frac{1}{e^{n+1}} - \frac{n}{e^n} - \frac{1}{e^n} + 1\right).$$

Comme $\lim_{x \to +\infty} \frac{e^x}{x} = +\infty$ (« croissances comparées ») alors $\lim_{x \to +\infty} \frac{x}{e^x} = 0$ et donc $\lim_{n \to +\infty} \frac{n+1}{e^{n+1}} = 0$ et $\lim_{n \to +\infty} \frac{n}{e^n} = 0$.

Comme $\lim_{x \to +\infty} e^x = +\infty$ (« fonction de référence »), alors $\lim_{x \to +\infty} \frac{1}{e^x} = 0$ et donc $\lim_{n \to +\infty} \frac{1}{e^n} = 0$ et $\lim_{n \to +\infty} \frac{1}{e^{n+1}} = 0$.

Nous en concluons que $\lim_{n \to +\infty} S_n = \frac{e^2}{(e-1)^2}$.

SUJET 8 — POLYNÉSIE FRANÇAISE • JUIN 2014

FONCTION EXPONENTIELLE

DURÉE : 60 MINUTES • 5 POINTS

Des courbes, des tangentes et des aires

Soient f et g les fonctions définies sur $\mathbb{R}$ par $f(x) = e^x$ et $g(x) = 2e^{\frac{x}{2}} - 1$. On note $\mathscr{C}_f$ et $\mathscr{C}_g$ les courbes représentatives des fonctions f et g dans un repère orthogonal.

▶ **1.** Démontrer que les courbes $\mathscr{C}_f$ et $\mathscr{C}_g$ ont un point commun d'abscisse 0 et qu'en ce point, elles ont la même tangente Δ dont on déterminera une équation.

▶ **2.** Étude de la position relative de la courbe $\mathscr{C}_g$ et de la droite Δ.

Soit h la fonction définie sur $\mathbb{R}$ par $h(x) = 2e^{\frac{x}{2}} - x - 2$.

a) Déterminer la limite de la fonction h en $-\infty$.

b) Justifier que, pour tout réel x, $h(x) = x\left(\frac{e^{\frac{x}{2}}}{\frac{x}{2}} - 1 - \frac{2}{x}\right)$.

En déduire la limite de la fonction h en $+\infty$.

c) On note h' la fonction dérivée de la fonction h sur $\mathbb{R}$. Pour tout réel x, calculer $h'(x)$ et étudier le signe de $h'(x)$ suivant les valeurs de x.

d) Dresser le tableau de variations de la fonction h sur $\mathbb{R}$.

e) En déduire que, pour tout réel x, $2e^{\frac{x}{2}} - 1 \geqslant x + 1$.

f) Que peut-on en déduire quant à la position relative de la courbe $\mathscr{C}_g$ et de la droite Δ ?

▶ **3.** Étude de la position relative des courbes $\mathscr{C}_f$ et $\mathscr{C}_g$.

a) Pour tout réel x, développer l'expression $\left(e^{\frac{x}{2}} - 1\right)^2$.

b) Déterminer la position relative des courbes $\mathscr{C}_f$ et $\mathscr{C}_g$.

▶ **4.** Calculer, en unités d'aire, l'aire du domaine compris entre les courbes $\mathscr{C}_f$ et $\mathscr{C}_g$ et les droites d'équations respectives $x = 0$ et $x = 1$.

MATHÉMATIQUES

LES CLÉS DU SUJET

Les thèmes clés

Fonction exponentielle • Dérivation • Limites de fonctions • Fonction logarithme népérien • Calcul intégral.

Les outils dont vous avez besoin

Les références en rouge renvoient à la boîte à outils en fin d'ouvrage.

- Dérivation E6B • E6E • E6F • E8D → **1.** et **2. c)**
- Limites de fonctions E5A • E5B • E8B → **2. a)** et **2. b)**
- Calculs avec la fonction exponentielle et la fonction logarithme népérien E8B • E9A → **2. c)** et **3. a)**
- Variations d'une fonction E6C → **2. d)**
- Calcul d'aires E11C • E13 • E14 → **4.**

Nos coups de pouce

▶ **1.** N'oubliez pas de justifier la dérivabilité des fonctions utilisées.

▶ **2. b)** Pensez à utiliser les limites par croissances comparées et les limites par composition.

CORRIGÉ SUJET 8

▶ 1. Déterminer une tangente commune à deux courbes

• $f(0) = e^0 = 1$ et $g(0) = 2e^{\frac{0}{2}} - 1 = 2e^0 - 1 = 1$. Nous avons donc $f(0) = g(0)$.

Les courbes $\mathscr{C}_f$ et $\mathscr{C}_g$ ont donc un point commun d'abscisse 0.

• La fonction f est la fonction exponentielle, donc f est dérivable sur $\mathbb{R}$. Pour tout réel x :

$$f'(x) = e^x \text{ et } f'(0) = e^0 = 1.$$

L'équation réduite de la tangente à $\mathscr{C}_f$ au point d'abscisse 0 est donc :

$$y = f'(0)(x-0) + f(0) = 1 \times x + 1 = x + 1.$$

• La fonction $x \mapsto \frac{x}{2}$ est dérivable sur $\mathbb{R}$. Par composition, la fonction $x \mapsto e^{\frac{x}{2}}$ est dérivable sur $\mathbb{R}$. Par produit et différence, la fonction g est dérivable sur $\mathbb{R}$.

> **Notez bien**
> Si u est une fonction dérivable sur un intervalle I, alors $(e^u)' = u' \times e^u$.

Pour tout réel x : $g'(x) = 2 \times \frac{1}{2} e^{\frac{x}{2}} = e^{\frac{x}{2}}$ et $g'(0) = e^{\frac{0}{2}} = e^0 = 1$.

L'équation réduite de la tangente à $\mathscr{C}_g$ au point d'abscisse 0 est donc :

$$y = g'(0)(x-0) + g(0) = 1 \times x + 1 = x + 1.$$

Au point d'abscisse 0, les courbes $\mathscr{C}_f$ et $\mathscr{C}_g$ ont une tangente commune d'équation $y = x + 1$.

▸ **2. a) Calculer une limite en $-\infty$**

$$\left\{\begin{array}{l}\lim\limits_{x \to -\infty} \dfrac{x}{2} = -\infty \\ \lim\limits_{X \to -\infty} \mathrm{e}^{X} = 0\end{array}\right. \quad \text{par composition} \quad \lim\limits_{x \to -\infty} \mathrm{e}^{\frac{x}{2}} = 0\,;$$

comme $\lim\limits_{x \to -\infty} -x-2 = +\infty$, par somme $\lim\limits_{x \to -\infty} h(x) = +\infty$.

b) Calculer une limite en $+\infty$

• Pour tout réel x **non nul** :

$$h(x) = x\left(\frac{2\mathrm{e}^{\frac{x}{2}}}{x} - 1 - \frac{2}{x}\right) = x\left(\frac{\mathrm{e}^{\frac{x}{2}}}{\frac{x}{2}} - 1 - \frac{2}{x}\right).$$

> **Notez bien**
> Pour tout réel x non nul, $\dfrac{2}{x} = \dfrac{1}{\frac{x}{2}}$.

• $\left\{\begin{array}{l}\lim\limits_{x \to +\infty} \dfrac{x}{2} = +\infty \\ \lim\limits_{X \to +\infty} \dfrac{\mathrm{e}^{X}}{X} = +\infty\end{array}\right.$ par composition $\lim\limits_{x \to +\infty} \dfrac{\mathrm{e}^{\frac{x}{2}}}{\frac{x}{2}} = +\infty$.

Comme $\lim\limits_{x \to +\infty} x = +\infty$ et $\lim\limits_{x \to +\infty} \dfrac{2}{x} = 0$, nous obtenons, par somme et produit :

$$\lim_{x \to +\infty} h(x) = +\infty.$$

c) Étudier le signe d'une dérivée

En remarquant que, pour tout réel x, $h(x) = g(x) - x - 1$, nous pouvons dire que h est dérivable sur $\mathbb{R}$ comme somme de fonctions dérivables sur $\mathbb{R}$.

> **Notez bien**
> $x \mapsto -x-1$ est dérivable sur $\mathbb{R}$ et g est dérivable sur $\mathbb{R}$ (voir question **1.**).

Pour tout réel x, $h'(x) = g'(x) - 1 = \mathrm{e}^{\frac{x}{2}} - 1$.

$h'(x) > 0 \quad \mathrm{e}^{\frac{x}{2}} - 1 > 0 \quad \mathrm{e}^{\frac{x}{2}} > 1 \quad \ln(\mathrm{e}^{\frac{x}{2}}) > \ln(1) \quad \dfrac{x}{2} > 0 \quad x > 0.$

> **Notez bien**
> Pout tout réel a, $\ln(\mathrm{e}^{a}) = a$.

On obtient ainsi :

x	$-\infty$		0		$+\infty$
Signe de $h'(x)$		$-$	0	$+$	

d) Construire le tableau de variations d'une fonction

x	$-\infty$		0		$+\infty$
Signe de $h'(x)$		$-$	0	$+$	
Variations de h	$+\infty$	↘	0	↗	$+\infty$

Avec $h(0) = g(0) - 0 - 1 = 1 - 1 = 0$.

e) Démontrer une inégalité

D'après le tableau de variations de la question précédente, le minimum de la fonction h sur $\mathbb{R}$ est 0 donc, pour tout réel x, $h(x) \geqslant 0$ ce qui équivaut à $g(x) - x - 1 \geqslant 0$.

Finalement, **pour tout réel x, $2e^{\frac{x}{2}} - 1 \geqslant x + 1$.**

f) Étudier la position relative d'une courbe et d'une droite

D'après l'inégalité précédente, nous avons, pour tout réel x, $g(x) \geqslant x + 1$. Par conséquent, **la courbe $\mathscr{C}_g$ est toujours au-dessus de la droite Δ, avec un point de contact en $x = 0$.**

▶ 3. a) Développer une expression

Pour tout réel x :

$$\left(e^{\frac{x}{2}} - 1\right)^2 = \left(e^{\frac{x}{2}}\right)^2 - 2 \times e^{\frac{x}{2}} \times 1 + 1^2$$

$$= e^{\frac{x}{2} \times 2} - 2e^{\frac{x}{2}} + 1$$

$$= e^x - 2e^{\frac{x}{2}} + 1$$

$$= f(x) - g(x).$$

Notez bien

Pour tous réels a et b : $(a - b)^2 = a^2 - 2ab + b^2$.

Pour tout réel a et tout entier relatif n : $(e^a)^n = e^{a \times n}$.

b) Étudier la position relative de deux courbes

D'après la question **3. a)**, pour tout réel x, $f(x) - g(x) = \left(e^{\frac{x}{2}} - 1\right)^2 \geqslant 0$ donc $f(x) \geqslant g(x)$.

La courbe $\mathscr{C}_f$ est donc toujours au-dessus de la courbe $\mathscr{C}_g$, avec un point de contact en $x = 0$.

▶ 4. Calculer l'aire comprise entre deux courbes

Les fonctions f et g sont dérivables donc continues sur $\mathbb{R}$ et sur $[0 ; 1]$.

D'après ce qui précède, pour tout réel x, $f(x) - g(x) \geqslant 0$.

Par conséquent, l'aire, en unités d'aire, du domaine compris entre les courbes $\mathscr{C}_f$ et $\mathscr{C}_g$ et les droites d'équations $x = 0$ et $x = 1$ est donnée par :

$$\mathscr{A} = \int_0^1 (f(x) - g(x))\,dx$$

$$= \int_0^1 \left(e^x - 2e^{\frac{x}{2}} + 1\right) dx$$

$$= \left[e^x - 4e^{\frac{x}{2}} + x\right]_0^1$$

$$= \left(e^1 - 4e^{\frac{1}{2}} + 1\right) - \left(e^0 - 4e^{\frac{0}{2}} + 0\right).$$

Ainsi $\mathscr{A} = e - 4\sqrt{e} + 4$ **u.a.**

La famille exponentielle

Pour tout réel k strictement positif, on désigne par f_k la fonction définie et dérivable sur l'ensemble des nombres réels $\mathbb{R}$ telle que :

$$f_k(x) = kx\mathrm{e}^{-kx}.$$

On note $\mathscr{C}_k$ sa courbe représentative dans le plan muni d'un repère orthogonal $(\mathrm{O}\ ;\ \vec{i},\ \vec{j})$.

PARTIE A : ÉTUDE DU CAS $k = 1$

On considère donc la fonction f_1 définie sur $\mathbb{R}$ par $f_1(x) = x\mathrm{e}^{-x}$.

▶ **1.** Déterminer les limites de la fonction f_1 en $-\infty$ et en $+\infty$. En déduire que la courbe $\mathscr{C}_1$ admet une asymptote que l'on précisera.

▶ **2.** Étudier les variations de f_1 sur $\mathbb{R}$ puis dresser son tableau de variations sur $\mathbb{R}$.

▶ **3.** Démontrer que la fonction g_1 définie et dérivable sur $\mathbb{R}$ telle que :

$$g_1(x) = -(x+1)\mathrm{e}^{-x}$$

est une primitive de la fonction f_1 sur $\mathbb{R}$.

▶ **4.** Étudier le signe de $f_1(x)$ suivant les valeurs du nombre réel x.

▶ **5.** Calculer, en unités d'aire, l'aire de la partie du plan délimitée par la courbe $\mathscr{C}_1$, l'axe des abscisses et les droites d'équations $x = 0$ et $x = \ln 10$.

PARTIE B : PROPRIÉTÉS GRAPHIQUES

On a représenté sur le graphique ci-dessous les courbes $\mathscr{C}_2$, $\mathscr{C}_a$ et $\mathscr{C}_b$ où a et b sont des réels strictement positifs fixés, et T la tangente à $\mathscr{C}_b$ au point O origine du repère.

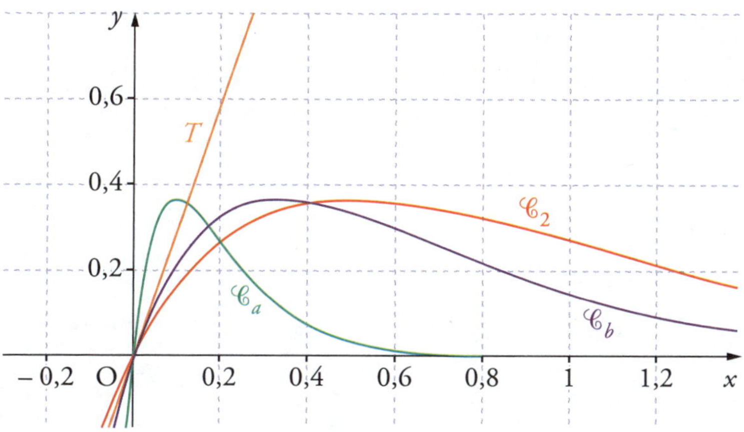

▶ **1.** Montrer que pour tout réel k strictement positif, les courbes $\mathscr{C}_k$ passent par un même point.

▶ **2. a)** Montrer que pour tout réel k strictement positif et tout réel x on a :

$$f_k'(x) = k(1-kx)\mathrm{e}^{-kx}.$$

MATHÉMATIQUES

b) Justifier que, pour tout réel k strictement positif, f_k admet un maximum et calculer ce maximum.

c) En observant le graphique ci-dessus, comparer a et 2. Expliquer la démarche.

d) Écrire une équation de la tangente à $\mathscr{C}_k$ au point O origine du repère.

e) En déduire à l'aide du graphique une valeur approchée de b.

LES CLÉS DU SUJET

Les thèmes clés

Étude de fonction • Calcul d'aire • Équation de tangente.

Les outils dont vous avez besoin

Les références en rouge renvoient à la boîte à outils en fin d'ouvrage.

- Limites associées à la fonction exponentielle E5A • E8C → **Partie A, 1.**
- Formule de dérivation pour un produit de fonctions E6F → **Partie A, 2.** et **3.** ; **partie B, 2. a)**
- Formule pour le calcul intégral E13 → **Partie A, 5.**
- Formule pour l'équation réduite d'une tangente E6B → **Partie B, 2. d)**

Nos coups de pouce

Partie B

▶ **1.** Remarquez que les courbes représentées sur le graphique passent toutes par l'origine du repère : $f_2(0) = f_a(0) = f_b(0) = 0$.

▶ **2. b)** Étudiez le signe de la dérivée de la fonction f_k puis déduisez-en ses variations et enfin concluez sur l'existence d'un maximum.

▶ **2. c)** Placez sur l'axe des abscisses les valeurs respectives de x pour lesquelles f_a et f_2 atteignent leur maximum, puis comparez ces valeurs et concluez.

CORRIGÉ SUJET 9

PARTIE A : ÉTUDE DU CAS $k = 1$

▶ 1. Quelques calculs de limites et interprétation

Pour tout réel x, $f_1(x) = xe^{-x} = \dfrac{x}{e^x}$. Alors, comme $\lim\limits_{x \to -\infty} x = -\infty$ et $\lim\limits_{x \to -\infty} e^x = 0$, par quotient $\lim\limits_{x \to -\infty} f_1(x) = -\infty$.

Pour tout réel non nul x, $f_1(x) = xe^{-x} = \dfrac{1}{\dfrac{e^x}{x}}$.

Par croissances comparées, $\lim\limits_{x \to +\infty} \dfrac{e^x}{x} = +\infty$.

Par passage à l'inverse, $\lim\limits_{x \to +\infty} f_1(x) = 0$.

Nous en déduisons que **la courbe $\mathscr{C}_1$ admet pour asymptote la droite d'équation $y = 0$** (axe des abscisses).

Autre méthode
En posant $X = -x$, $\lim\limits_{x \to -\infty} e^{-x} = \lim\limits_{X \to +\infty} e^X = +\infty$
et
$\lim\limits_{x \to -\infty} x = \lim\limits_{X \to +\infty} -X = -\infty$.
Par produit, $\lim\limits_{x \to -\infty} f_1(x) = -\infty$.

Attention
Limite à connaître : un calcul direct donnerait une forme indéterminée.

▶ 2. Variations d'une fonction

D'après l'énoncé, f_1 est dérivable sur $\mathbb{R}$ (étude du cas $k = 1$).
Pour tout réel x : $f_1'(x) = 1 \times \mathrm{e}^{-x} + x \times (-\mathrm{e}^{-x}) = (1 - x)\mathrm{e}^{-x}$.
De plus, $f_1'(x) > 0 \Leftrightarrow 1 - x > 0 \Leftrightarrow x < 1$.
Nous obtenons donc :

x	$-\infty$		1		$+\infty$
Signe de $f_1'(x)$		+	0	−	
Variations de f_1	$+\infty$	↗	$\frac{1}{\mathrm{e}}$	↘	$+\infty$

où $f_1(1) = 1 \times \mathrm{e}^{-1} = \dfrac{1}{\mathrm{e}^1} = \dfrac{1}{\mathrm{e}}$.

Attention
La dérivée de la fonction $x \mapsto \mathrm{e}^{-x}$ est $x \mapsto -\mathrm{e}^{-x}$ (application de la formule $(\mathrm{e}^u)' = u'\mathrm{e}^u$).

▶ 3. Identification d'une primitive d'une fonction

D'après l'énoncé, g_1 est dérivable sur $\mathbb{R}$.
Pour tout réel x :

$$\begin{aligned} g_1'(x) &= -\mathrm{e}^{-x} + [-(x+1)] \times (-\mathrm{e}^{-x}) \\ &= -\mathrm{e}^{-x} + (x+1)\mathrm{e}^{-x} \\ &= (x+1-1)\mathrm{e}^{-x} = x\mathrm{e}^{-x} = f_1(x). \end{aligned}$$

La fonction g_1 est donc une primitive de la fonction f_1 sur $\mathbb{R}$.

Attention
Dérivée d'un produit de deux fonctions $u : x \mapsto -(x+1)$ et $v : x \mapsto \mathrm{e}^{-x}$, avec $(uv)' = u'v + uv'$.

▶ 4. Signe d'une fonction

Pour tout réel x : $f_1(x) > 0 \Leftrightarrow x\mathrm{e}^{-x} > 0 \Leftrightarrow x > 0$.
Nous obtenons ainsi :

x	$-\infty$		0		$+\infty$
Signe de $f_1(x)$		−	0	+	

▶ 5. Aire sous une courbe sur un intervalle borné

Nous savons que, sur l'intervalle $[0 ; \ln(10)]$:
- la fonction f_1 est dérivable donc continue ;
- la fonction f_1 est positive (voir question **4.**).

L'aire A demandée est donc donnée par : $A = \displaystyle\int_0^{\ln(10)} f_1(x)\mathrm{d}x$.

On sait que g_1 est une primitive de f_1 sur $\mathbb{R}$ (voir question **3.**), donc :

$$\begin{aligned} A &= \int_0^{\ln(10)} f_1(x)\mathrm{d}x = \left[g_1(x)\right]_0^{\ln(10)} \\ &= g_1(\ln(10)) - g_1(0) \\ &= -(\ln(10)+1)\mathrm{e}^{-\ln(10)} - (-(0+1)\mathrm{e}^{-0}) \\ &= -(\ln(10)+1) \times \frac{1}{\mathrm{e}^{\ln(10)}} + 1 \\ &= -(\ln(10)+1) \times \frac{1}{10} + 1 \\ &= 1 - \frac{\ln(10)+1}{10} = \frac{9 - \ln(10)}{10} \text{ u.a.} \end{aligned}$$

Attention
Ces deux vérifications sont indispensables avant de passer à l'intégrale.

Notez bien
Pour tout réel a, $\mathrm{e}^{-a} = \dfrac{1}{\mathrm{e}^a}$.
Pout tout réel $b > 0$, $\mathrm{e}^{\ln(b)} = b$.

MATHÉMATIQUES

PARTIE B : PROPRIÉTÉS GRAPHIQUES

▶ 1. Point commun à plusieurs courbes

Pour tout réel k strictement positif $f_k(0) = k \times 0 \times e^{-0} = 0$.
Ce résultat est indépendant de k, ce qui signifie que toutes **les courbes $\mathscr{C}_k$ passent par le point de coordonnées (0 ; 0).**

▶ 2. a) Un calcul de dérivée avec la fonction exponentielle

D'après l'énoncé, la fonction f_k est dérivable sur $\mathbb{R}$.
Pour tout nombre réel k strictement positif et pour tout nombre réel x :

$$\begin{aligned} f_k'(x) &= k \times e^{-kx} + kx \times (-ke^{-kx}) \\ &= ke^{-kx} - k^2xe^{-kx} \\ &= k(1-kx)e^{-kx}. \end{aligned}$$

Attention
Dérivée d'un produit de deux fonctions $u : x \mapsto kx$ et $v : x \mapsto e^{-kx}$ avec $(uv)' = u'v + uv'$.

b) Détermination d'un maximum d'une fonction

Pour tout nombre réel k strictement positif, pour tout nombre réel x :

$$f_K'(x) > 0 \Leftrightarrow 1-kx > 0 \Leftrightarrow x < \frac{1}{k}.$$

La fonction f_k est donc strictement croissante sur $\left]-\infty\ ;\ \frac{1}{k}\right]$ et strictement décroissante sur $\left[\frac{1}{k}\ ;\ +\infty\right[$.

La fonction f_k admet donc un maximum en $x = \frac{1}{k}$ égal à :

$$f_k\left(\frac{1}{k}\right) = k \times \frac{1}{k} e^{-k \times \frac{1}{k}} = e^{-1} = \frac{1}{e}.$$

c) Comparaison de deux nombres à l'aide d'un graphique

La fonction f_a atteint son maximum en $x = \frac{1}{a}$ qui, d'après le graphique, est situé avant la valeur $x = \frac{1}{2}$ où la fonction f_2 atteint son maximum. Ainsi $\frac{1}{a} < \frac{1}{2}$ ce qui équivaut à $a > 2$.

d) Équation réduite d'une tangente à une courbe

L'équation réduite de la tangente cherchée est $y = f_k'(0)(x-0) + f_k(0)$.
Or $f_k(0) = 0$ et $f_k'(0) = k(1 - k \times 0)e^{-k \times 0} = k$.
Finalement, l'équation réduite de la tangente cherchée est $y = kx$.

e) Valeur approchée d'un réel après une exploitation graphique

• Par lecture graphique, la droite T passe l'origine du repère de coordonnées (0 ; 0) et le point de coordonnées (0,2 ; 0,6). Le coefficient directeur de la droite T semble ainsi être égal à $\frac{0{,}6-0}{0{,}2-0} = \frac{0{,}6}{0{,}2} = 3$.

• D'après la question précédente, ce coefficient directeur est égal à b.
Nous obtenons donc 3 comme valeur approchée pour b.

Position relative d'une droite et d'une courbe

On considère la fonction f définie sur $[0\ ;+\infty[$ par : $f(x) = 5\mathrm{e}^{-x} - 3\mathrm{e}^{-2x} + x - 3$.
On note $\mathscr{C}_f$ la représentation graphique de la fonction f et $\mathscr{D}$ la droite d'équation $y = x - 3$ dans un repère orthogonal du plan.

PARTIE A : POSITIONS RELATIVES DE $\mathscr{C}_f$ ET $\mathscr{D}$

Soit g la fonction définie sur l'intervalle $[0\ ;+\infty[$ par : $g(x) = f(x) - (x - 3)$.

▶ **1.** Justifier que, pour tout réel x de l'intervalle $[0\ ;+\infty[$, $g(x) > 0$.

▶ **2.** La courbe $\mathscr{C}_f$ et la droite $\mathscr{D}$ ont-elles un point commun ? Justifier.

PARTIE B : ÉTUDE DE LA FONCTION g

On note M le point d'abscisse x de la courbe $\mathscr{C}_f$, N le point d'abscisse x de la droite $\mathscr{D}$ et on s'intéresse à l'évolution de la distance MN.

▶ **1.** Justifier que, pour tout x de l'intervalle $[0\ ;+\infty[$, la distance MN est égale à $g(x)$.

▶ **2.** On note g' la fonction dérivée de la fonction g sur l'intervalle $[0\ ;+\infty[$.

Pour tout x de l'intervalle $[0\ ;+\infty[$, calculer $g'(x)$.

▶ **3.** Montrer que la fonction g possède un maximum sur l'intervalle $[0\ ;+\infty[$ que l'on déterminera. En donner une interprétation graphique.

PARTIE C : ÉTUDE D'UNE AIRE

On considère la fonction $\mathscr{A}$ définie sur l'intervalle $[0\ ;+\infty[$ par : $\mathscr{A}(x) = \int_0^x (f(t) - (t-3))\,\mathrm{d}t$.

▶ **1.** Hachurer sur le graphique ci-dessous le domaine dont l'aire est donnée par $\mathscr{A}(2)$.

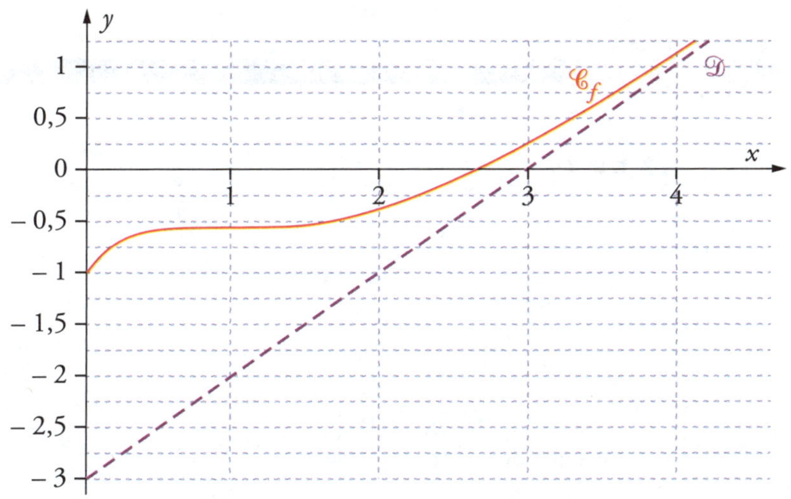

MATHÉMATIQUES

▶ **2.** Justifier que la fonction $\mathcal{A}$ est croissante sur l'intervalle $[0 ; +\infty[$.

▶ **3.** Pour tout réel x strictement positif, calculer $\mathcal{A}(x)$.

▶ **4.** Existe-t-il une valeur de x telle que $\mathcal{A}(x) = 2$?

LES CLÉS DU SUJET

Les thèmes clés

Fonctions exponentielles • Étude de fonctions • Intégration.

Les outils dont vous avez besoin

Les références en rouge renvoient à la boîte à outils en fin d'ouvrage.

• Propriétés associées aux fonctions exponentielles E8 → **Partie A**, **1.** ; **Partie B**, **2.** et **3.** ; **Partie C**, **3.** et **4.**

• Propriétés associées à l'intégration E11 • E12 • E13 • E14 → **Partie C**, **1.**, **2.** et **3.**

• Propriétés associées à la fonction logarithme népérien E9A • E9B • E9E → **Partie A**, **1.** ; **Partie B**, **3.**

• Propriétés associées à l'étude de fonctions (dérivation, limites, continuité) E5A • E6C • E6E • E6F • E7C → **Partie B**, **3.** ; **Partie C**, **2.** et **4.**

Nos coups de pouce

Partie A

▶ **1.** Justifiez que le signe de $g(x)$ dépend du signe de $5 - 3e^{-x}$ que vous étudierez.

Partie B

▶ **3.** Justifiez que g s'annule sur $[0 ; +\infty[$ en $x = -\ln\left(\frac{5}{6}\right)$. Déduisez-en les variations de g sur $[0 ; +\infty[$ et concluez.

Partie C

▶ **2.** Justifiez que $\mathcal{A}$ est l'unique primitive de g sur $[0 ; +\infty[$ qui s'annule en 0.

▶ **4.** Pensez au corollaire du théorème des valeurs intermédiaires.

CORRIGÉ SUJET 10

PARTIE A : POSITION RELATIVE DE $\mathcal{C}_f$ ET $\mathcal{D}$

▶ 1. Justifier le signe d'une fonction

Soit x un nombre réel positif. Nous avons :

$$\begin{aligned} g(x) &= f(x) - (x-3) \\ &= (5e^{-x} - 3e^{-2x} + (x-3)) - (x-3) \\ &= 5e^{-x} - 3e^{-2x} \\ &= e^{-x} \times (5 - 3e^{-x}). \end{aligned}$$

Comme $e^{-x} > 0$, le signe de $g(x)$ dépend du signe de $5 - 3e^{-x}$.

Or, $5-3e^{-x}>0 \Leftrightarrow 5>3e^{-x}$

$$\Leftrightarrow \frac{5}{3}>e^{-x}$$

$$\Leftrightarrow \ln\left(\frac{5}{3}\right)>\ln(e^{-x})$$

$$\Leftrightarrow \ln\left(\frac{5}{3}\right)>-x$$

$$\Leftrightarrow -\ln\left(\frac{5}{3}\right)<x.$$

La fonction g est donc strictement positive sur l'intervalle $\left]-\ln\left(\frac{5}{3}\right)\,;\,+\infty\right[$.

Comme $-\ln\left(\frac{5}{3}\right)\approx -0{,}51$, **la fonction g est donc strictement positive sur** $[0\,;\,+\infty[$.

Notez bien
Pour tous nombres réels strictement positifs a et b : $a \leqslant b \Leftrightarrow \ln a \leqslant \ln b$.

▶ 2. Déterminer un éventuel point d'intersection

Un point P de coordonnées $(x_P\,;\,y_P)$ appartient à la courbe $\mathscr{C}_f$ et à la droite $\mathscr{D}$ si et seulement si :

$$\begin{cases} x_P \geqslant 0 \\ y_P = f(x_P). \\ y_P = x_P - 3 \end{cases}$$

Ce qui conduit à l'égalité $f(x_P)=x_P-3$ ou encore $g(x_P)=0$. Or d'après la question précédente, pour tout nombre réel positif x, $g(x)>0$. **La courbe $\mathscr{C}_f$ et la droite $\mathscr{D}$ n'ont donc aucun point commun.**

PARTIE B : ÉTUDE DE LA FONCTION g

▶ 1. Calculer une distance

• D'après l'énoncé, le point M d'abscisse x appartient à la courbe $\mathscr{C}_f$. Alors $x_M = x \geqslant 0$ (abscisse du point M) et $y_M = f(x)$ (ordonnée du point M).

• D'après l'énoncé, le point N d'abscisse x appartient à la droite $\mathscr{D}$. Alors $x_N = x \geqslant 0$ (abscisse du point N) et $y_N = x-3$ (ordonnée du point N).

• Les points M et N ont même abscisse : ils sont donc sur une droite parallèle à l'axe des ordonnées.

Pour tout nombre réel $x \geqslant 0$, la distance MN est alors donnée par :

$$\begin{aligned} MN &= |y_M - y_N| \\ &= |f(x)-(x-3)| \\ &= |g(x)| \\ &= \boldsymbol{g(x)} \text{ (la fonction } g \text{ est strictement positive sur } [0\,;+\infty[). \end{aligned}$$

Remarque. Attention, nous ne pouvons pas utiliser la formule suivante (étudiée en classe de 2de) : $AB=\sqrt{(x_B-x_A)^2+(y_B-y_A)^2}$. En effet, le repère du plan n'est pas orthonormé, il est simplement orthogonal.

MATHÉMATIQUES

▶ 2. Déterminer la dérivée d'une fonction

La fonction g est dérivable sur [0 ; + ∞[comme somme et composée de fonctions dérivables sur [0 ; + ∞[. Pour tout nombre réel x positif, nous avons :

$$g'(x) = f'(x) - 1 = 5\times(-1)\times e^{-x} - 3\times(-2)\times e^{-2x} + 1 - 1 = -5e^{-x} + 6e^{-2x}.$$

Notez bien
$(e^u)' = u' \times e^u$.

▶ 3. Justifier l'existence d'un extremum

Soit x un nombre réel positif. Nous avons :

$$\begin{aligned} g'(x) = 0 &\Leftrightarrow -5e^{-x} + 6e^{-2x} = 0 \\ &\Leftrightarrow e^{-x}\times(-5 + 6e^{-x}) = 0 \\ &\Leftrightarrow -5 + 6e^{-x} = 0 \text{ (car } e^{-x} > 0) \\ &\Leftrightarrow e^{-x} = \frac{5}{6} \\ &\Leftrightarrow \ln\left(e^{-x}\right) = \ln\left(\frac{5}{6}\right) \\ &\Leftrightarrow x = -\ln\left(\frac{5}{6}\right) \approx 0{,}182. \end{aligned}$$

La fonction g' s'annule en $x = -\ln\left(\frac{5}{6}\right)$.

De manière analogue, nous pouvons démontrer que : $g'(x) > 0 \Leftrightarrow x < -\ln\left(\frac{5}{6}\right)$.

Comme $g'(x) > 0$ sur $\left[0 ; -\ln\left(\frac{5}{6}\right)\right[$, la fonction g est croissante sur $\left[0 ; -\ln\left(\frac{5}{6}\right)\right]$.

$g'(x) < 0 \Leftrightarrow x > -\ln\left(\frac{5}{6}\right)$.

Comme $g'(x) < 0$ sur $\left]-\ln\left(\frac{5}{6}\right) ; +\infty\right[$, la fonction g est décroissante sur $\left[-\ln\left(\frac{5}{6}\right) ; +\infty\right[$.

La fonction g admet donc un maximum en $x = -\ln\left(\frac{5}{6}\right)$ qui est :

$$\begin{aligned} g\left(-\ln\left(\frac{5}{6}\right)\right) &= 5\times e^{\ln\left(\frac{5}{6}\right)} - 3\times e^{2\ln\left(\frac{5}{6}\right)} \\ &= 5\times\frac{5}{6} - 3\times\left(e^{\ln\left(\frac{5}{6}\right)}\right)^2 \\ &= \frac{25}{6} - 3\times\left(\frac{5}{6}\right)^2 = \frac{25}{12}. \end{aligned}$$

La distance entre un point M de la courbe $\mathcal{C}_f$ et un point N de la droite $\mathcal{D}$, de même abscisse est maximale quand $x = -\ln\left(\frac{5}{6}\right)$ et vaut $\frac{25}{12}$ (unités de l'axe des ordonnées).

PARTIE C : ÉTUDE D'UNE AIRE

▶ 1. Interpréter graphiquement une intégrale

$\mathcal{A}(2) = \int_0^2 [f(t) - (t-3)]\mathrm{d}t = \int_0^2 g(t)\mathrm{d}t$ Or g est la différence de deux fonctions continues sur $[0 ; +\infty[$ et pour tout nombre réel positif t, $g(t) \geqslant 0$ (question **1.**, partie **A**). Alors, $\mathcal{A}(2)$ est l'aire exprimée en unités d'aire de la partie du plan délimitée par la courbe $\mathcal{C}_f$, la droite $\mathcal{D}$ et les droites d'équation $x = 0$ et $x = 2$.

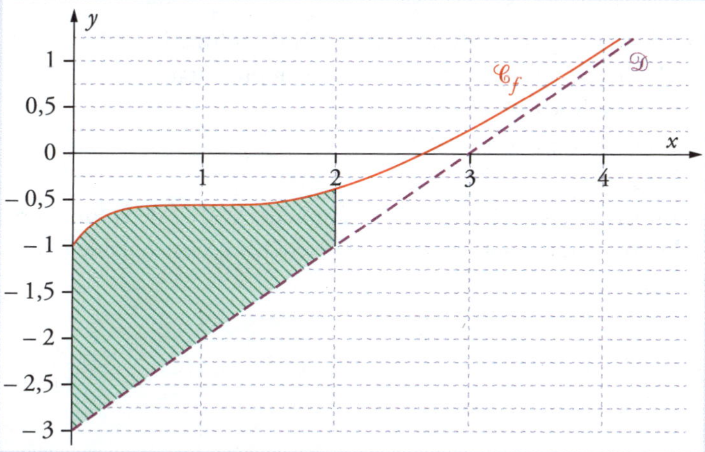

▶ 2. Justifier le sens de variations d'une fonction

Pour tout nombre positif x, $\mathcal{A}(x) = \int_0^x [f(t) - (t-3)]\mathrm{d}t = \int_0^x g(t)\mathrm{d}t$.

Or g est continue et positive sur $[0 ; +\infty[$. Par suite, $\mathcal{A}$ est l'unique primitive de la fonction g qui s'annule en 0. Ainsi, pour tout nombre positif x, $\mathcal{A}'(x) = g(x) > 0$ et **la fonction $\mathcal{A}$ est strictement croissante sur $[0 ; +\infty[$.**

▶ 3. Calculer une intégrale

Soit x un nombre réel positif.

$$\mathcal{A}(x) = \int_0^x [f(t) - (t-3)]\mathrm{d}t = \int_0^x [5\mathrm{e}^{-t} - 3\mathrm{e}^{-2t}]\mathrm{d}t$$

$$= \left[5 \times (-\mathrm{e}^{-t}) - 3 \times \left(-\frac{1}{2} \right) \times \mathrm{e}^{-2t} \right]_0^x$$

$$= -5\mathrm{e}^{-x} + 1{,}5 \times \mathrm{e}^{-2x} + 3{,}5.$$

▶ 4. Résoudre une équation

La fonction $\mathcal{A}$ est continue et strictement croissante sur $[0 ; +\infty[$.

$\mathcal{A}(0) = 0$ et, comme $\lim\limits_{x \to +\infty} \mathrm{e}^{-x} = \lim\limits_{X \to -\infty} \mathrm{e}^{X} = 0$ et $\lim\limits_{x \to +\infty} \mathrm{e}^{-2x} = \lim\limits_{X \to -\infty} \mathrm{e}^{2X} = 0$, alors, par produit et par somme, $\lim\limits_{x \to +\infty} \mathcal{A}(x) = 3{,}5$.

Or, $2 \in [0 ; 3{,}5]$, donc d'après le corollaire du théorème des valeurs intermédiaires, **l'équation $\mathcal{A}(x) = 2$ admet une unique solution sur l'intervalle $[0 ; +\infty[$.**

SUJET 11

PONDICHÉRY • AVRIL 2014

FONCTION EXPONENTIELLE

DURÉE : 70 MINUTES • 4 POINTS

Logo d'une entreprise

PARTIE A

f est une fonction définie et dérivable sur $\mathbb{R}$. f' est la fonction dérivée de la fonction f.
Dans le plan muni d'un repère orthogonal, on nomme $\mathscr{C}_1$ la courbe représentative de la fonction f et $\mathscr{C}_2$ la courbe représentative de la fonction f'.
Le point A de coordonnées (0 ; 2) appartient à la courbe $\mathscr{C}_1$.
Le point B de coordonnées (0 ; 1) appartient à la courbe $\mathscr{C}_2$.

▶ **1.** Dans les trois situations ci-dessous, on a dessiné la courbe représentative $\mathscr{C}_1$ de la fonction f. Sur l'une d'entre elles, la courbe $\mathscr{C}_2$ de la fonction dérivée f' est tracée convenablement. Laquelle ? Expliquer le choix effectué.

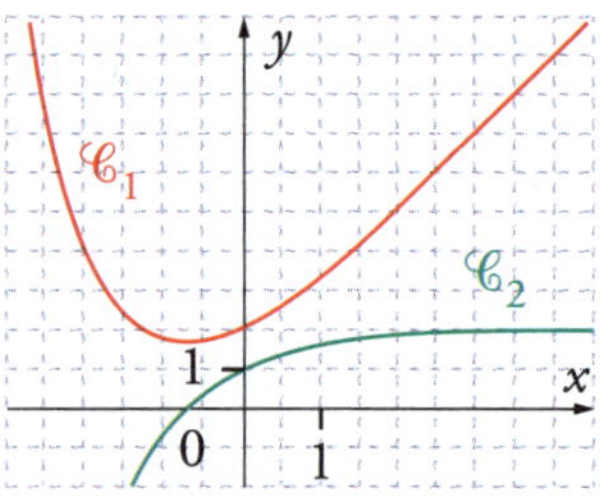

Situation 1

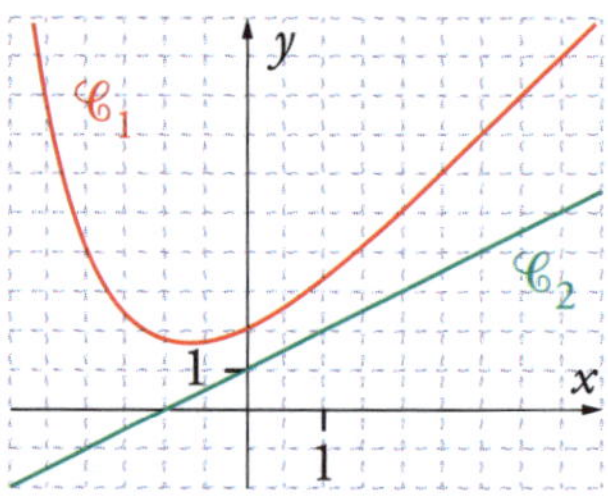

Situation 2 ($\mathscr{C}_2$ est une droite)

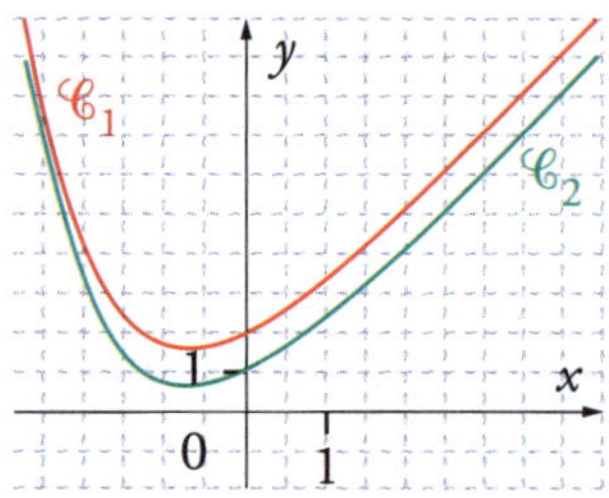

Situation 3

▶ **2.** Déterminer l'équation réduite de la droite Δ tangente à la courbe $\mathscr{C}_1$ en A.

▶ **3.** On sait que pour tout réel x, $f(x) = \mathrm{e}^{-x} + ax + b$ où a et b sont deux nombres réels.
a) Déterminer la valeur de b en utilisant les renseignements donnés par l'énoncé.
b) Prouver que $a = 2$.

▶ **4.** Étudier les variations de la fonction f sur $\mathbb{R}$.

▶ **5.** Déterminer la limite de la fonction f en $+\infty$.

PARTIE B

Soit g la fonction définie sur $\mathbb{R}$ par $g(x) = f(x) - (x + 2)$.

▶ **1. a)** Montrer que la fonction g admet 0 comme minimum sur $\mathbb{R}$.
b) En déduire la position de la courbe $\mathscr{C}_1$ par rapport à la droite Δ.

La figure 1 ci-dessous représente le logo d'une entreprise. Pour dessiner ce logo, son créateur s'est servi de la courbe $\mathscr{C}_1$ et de la droite Δ, comme l'indique la figure 2 ci-dessous. Afin d'estimer les coûts de peinture, il souhaite déterminer l'aire de la partie colorée en bleu.

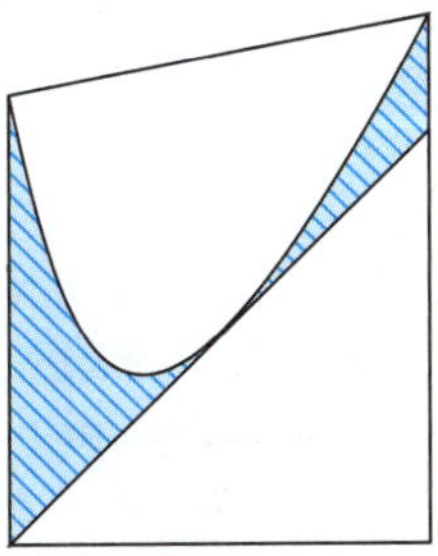

Figure 1

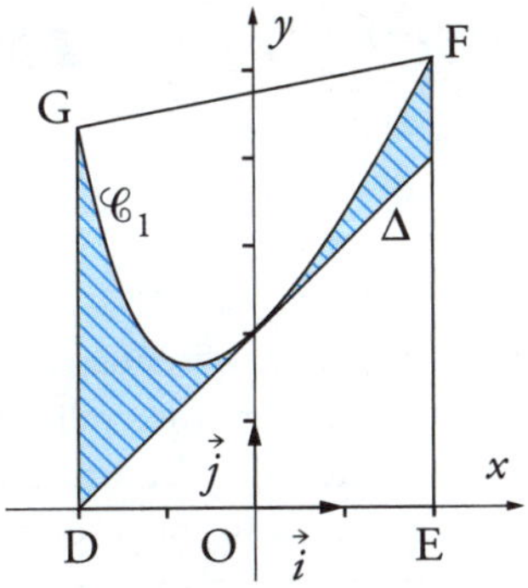

Figure 2

Le contour du logo est représenté par le trapèze DEFG où :

- D est le point de coordonnées (– 2 ; 0) ;
- E est le point de coordonnées (2 ; 0) ;
- F est le point d'abscisse 2 de la courbe $\mathscr{C}_1$;
- G est le point d'abscisse – 2 de la courbe $\mathscr{C}_1$.

La partie du logo colorée en bleu correspond à la surface située entre la droite Δ, la courbe $\mathscr{C}_1$, la droite d'équation $x = -2$ et la droite d'équation $x = 2$.

▶ **2.** Calculer, en unités d'aire, l'aire de la partie du logo colorée en bleu (on donnera la valeur exacte puis la valeur arrondie à 10^{-2} du résultat).

LES CLÉS DU SUJET

■ Les thèmes clés

Étude de fonctions • Fonction exponentielle • Intégration • Tangente.

■ Les outils dont vous avez besoin

Les références en rouge renvoient à la boîte à outils en fin d'ouvrage.

- Propriétés de la fonction exponentielle E8 → **Partie A, 3., 4.** et **5.** ; **Partie B, 1. a) et 2.**
- Équation d'une tangente E6B → **Partie A, 2.**
- Dérivation et variations E6 → **Partie A, 1., 3. b)** et **4.** ; **Partie B, 1. a)**
- Calcul intégral et interprétation graphique E11 • E13 • E14 • E15 → **Partie B, 2.**
- Calcul de limites E5A • E5B → **Partie A, 5.**

■ Nos coups de pouce

Partie A

▶ **1.** Précisez par lecture graphique les variations de la fonction *f*. En déduire le signe de la fonction dérivée *f'* et éliminez ainsi la situation 3. Précisez la valeur pour laquelle la fonction *f* atteint son minimum, puis établissez le lien avec la dérivée et éliminez ainsi la situation 2.

▶ **3. b)** Dérivez la fonction *f* puis exprimez *f'*(0) en fonction de *a*.

Partie B

▶ **1. a)** Dérivez la fonction *g* et étudiez ses variations.

PARTIE A

▶ 1. Justifier une situation

• Par lecture graphique sur la courbe représentative $\mathscr{C}_1$, la fonction f est décroissante sur l'intervalle $]-\infty\,;d]$ et croissante sur l'intervalle $[d\,;+\infty[$ où d est un nombre réel compris entre -1 et 0. Ainsi, sa dérivée f' est négative sur $]-\infty\,;d]$ et positive sur $[d\,;+\infty[$. Dans la situation 3, la courbe $\mathscr{C}_2$ est au-dessus de l'axe des abscisses. Par suite, la fonction associée à cette courbe est strictement positive sur $\mathbb{R}$ et elle ne peut ainsi pas correspondre à la fonction dérivée recherchée : **la situation 3 ne convient donc pas.**

• Par lecture graphique, la fonction f admet un minimum en d dont la valeur semblerait être proche de $-0{,}75$ et par suite, $f'(d) = 0$. Dans la situation 2, la courbe $\mathscr{C}_2$ est une droite qui coupe l'axe des abscisses au point d'abscisse -1. La fonction associée à cette courbe s'annule donc uniquement en -1 ($-1 \neq d$). **La situation 2 ne convient donc pas.**

• Par élimination, la courbe $\mathscr{C}_2$ de **la situation 1** est la courbe de la fonction dérivée f'.

▶ 2. Déterminer l'équation d'une tangente

• D'après l'énoncé, le point A a pour coordonnées (0 ; 2). Comme A est un point de la courbe $\mathscr{C}_1$, nous avons $f(0) = 2$.

• D'après l'énoncé, le point B de coordonnées (0 ; 1) appartient à la courbe $\mathscr{C}_2$. La courbe $\mathscr{C}_2$ étant la courbe de la fonction dérivée f', nous avons $f'(0) = 1$.

• Ainsi, l'équation réduite de la tangente Δ à la courbe $\mathscr{C}_1$ au point A est :

$$y = f'(0)\times(x-0)+f(0) = 1\times x+2 = \boldsymbol{x+2}.$$

▶ 3. a) Déterminer la valeur d'un paramètre

• Le point A de la courbe $\mathscr{C}_1$ a pour coordonnées (0 ; 2). Ainsi, $f(0) = 2$.

• En remplaçant x par 0 dans l'expression donnée, nous avons :

$$f(0) = \mathrm{e}^{-0}+a\times 0+b = 1+b.$$

Les deux points précédents nous conduisent à l'égalité $1+b=2$ et donc $\boldsymbol{b=1}$.

b) Déterminer la valeur d'un paramètre

• Le point B de la courbe $\mathscr{C}_2$ est de coordonnées (0 ; 1). Ainsi, $f'(0) = 1$.

• La fonction f est dérivable sur $\mathbb{R}$ (somme de fonctions dérivables sur $\mathbb{R}$) et sa dérivée f' est définie pour tout nombre réel x par :

$$f'(x) = -1\times\mathrm{e}^{-x}+a\times 1+0 = -\mathrm{e}^{-x}+a.$$

Notez bien
$(\mathrm{e}^u)' = u'\times\mathrm{e}^u$.

En remplaçant x par 0 dans cette expression, nous avons :

$$f'(0) = -\mathrm{e}^{-0}+a = -1+a.$$

Les deux points précédents nous conduisent à l'égalité $-1+a=1$ et donc $\boldsymbol{a=2}$.

Remarque. En conclusion (question **3.**), pour tout nombre réel x, $f(x) = \mathrm{e}^{-x}+2x+1$.

▶ 4. Étudier les variations d'une fonction

• Étudions le signe de la fonction dérivée f' afin d'établir les variations de la fonction f. Rappelons que par la question **3. b)**, nous avons pour tout nombre réel x, $f'(x) = -\mathrm{e}^{-x}+2$.

• La fonction f' s'annule en $-\ln 2$. En effet :

$$f'(x)=0 \Rightarrow -e^{-x}+2=0$$
$$\Rightarrow e^{-x}=2$$
$$\Rightarrow \ln(e^{-x})=\ln 2$$
$$\Rightarrow x=-\ln 2 \approx -0,69.$$

Notez bien
Pour tout réel b, $\ln(e^b)=b$.

• Pour tout nombre réel x appartenant à l'intervalle $[-\ln 2\,;+\infty[$, nous avons :

$$x \geqslant -\ln 2 \Rightarrow -x \leqslant \ln 2$$
$$\Rightarrow e^{-x} \leqslant e^{\ln 2} \text{ (la fonction exponentielle est croissante sur } \mathbb{R})$$
$$\Rightarrow -e^{-x} \geqslant -2$$
$$\Rightarrow f'(x) \geqslant 0.$$

Notez bien
Pour tout réel $a>0$, $e^{\ln(a)}=a$.

Comme la fonction f' est positive sur $[-\ln 2\,;+\infty[$, **la fonction f est donc croissante sur $[-\ln 2\,;+\infty[$.**

• De même, pour tout nombre réel x appartenant à l'intervalle$]-\infty\,;-\ln 2]$, nous avons : $x \leqslant -\ln 2 \Rightarrow -x \geqslant \ln 2$

$$e^{-x} \geqslant e^{\ln 2} \text{ (la fonction exponentielle est croissante sur } \mathbb{R})$$
$$-e^{-x} \leqslant -2$$
$$f'(x) \leqslant 0.$$

Comme la fonction f' est négative sur $]-\infty\,;-\ln 2]$, **la fonction f est donc décroissante sur $]-\infty\,;-\ln 2]$.**

Remarque. Il est important de noter que ces résultats sont (naturellement) cohérents avec les variations de la fonction f obtenues par lecture graphique à la question **1.**. Nous pouvons désormais affirmer que $d=-\ln 2 \approx -0,69$ et que le minimum de la fonction f est : $f(d)=f(-\ln 2)\approx 1,61>0$.

▶ 5. Calculer une limite

D'une part, $\lim\limits_{x\to+\infty}(2x+1)=+\infty$, d'autre part, $\lim\limits_{x\to+\infty} e^{-x}=\lim\limits_{X\to-\infty} e^{X}=0$.

Notez bien
$\lim\limits_{x\to+\infty} e^{-x}=\lim\limits_{X\to-\infty} e^{X}=0.$

Par somme, $\lim\limits_{x\to+\infty} f(x)=\lim\limits_{x\to+\infty}(e^{-x}+2x+1)=+\infty$.

PARTIE B

▶ 1. a) Étudier les variations d'une fonction et interpréter

• Pour tout nombre réel x, $g(x)=f(x)-(x+2)=(e^{-x}+2x+1)-(x+2)=e^{-x}+x-1$.

• La fonction g est dérivable sur $\mathbb{R}$ (somme de fonctions dérivables sur $\mathbb{R}$) et sa dérivée g' est définie pour tout nombre réel x par : $g'(x)=-e^{-x}+1$.

• $g'(x)=0 \Leftrightarrow -e^{-x}+1=0 \Leftrightarrow e^{-x}=1 \Leftrightarrow \ln(e^{-x})=\ln 1 \Leftrightarrow x=0$.

La fonction g' s'annule donc en 0.

• Pour tout nombre réel $x \geqslant 0$, nous avons : $x \geqslant 0 \Rightarrow e^{-x} \leqslant e^0$

$$\Rightarrow -e^{-x} \geqslant -1$$
$$\Rightarrow g'(x) \geqslant 0.$$

La fonction g' étant positive sur $[0\,;+\infty[$, la fonction g est donc croissante sur $[0\,;+\infty[$.

MATHÉMATIQUES

• Par raisonnement analogue, nous pouvons démontrer que la fonction g est décroissante sur $]-\infty\,;0]$.
Ainsi, par étude de variations, la fonction g admet un minimum en $x = 0$.
Remarque. $g(0) = f(0) - (0+2) = 2 - 2 = 0$, la fonction g admet donc pour minimum 0 atteint en 0.

b) Étudier la position relative de deux courbes
D'après la question précédente, pour tout nombre réel x, $g(x) \geqslant g(0) = 0$ (minimum).
Or $g(x) \geqslant 0 \Leftrightarrow f(x) - (x+2) \geqslant 0 \Leftrightarrow f(x) \geqslant x+2$.
La courbe $\mathscr{C}_1$ est donc au-dessus de la droite Δ dont l'équation est $y = x+2$.

▶ 2. Calculer une intégrale et interpréter
D'après la question **4.** de la partie **A**, la fonction f est positive sur $\mathbb{R}$ donc sur $[-2\,;2]$. De plus, f est continue sur cet intervalle. Par suite, l'aire en unités d'aire de la partie délimitée par la courbe $\mathscr{C}_1$, l'axe des abscisses et les droites d'équations $x = 2$ et $x = -2$ est :

$$A_1 = \int_{-2}^{2} f(x)\,\mathrm{d}x.$$

• Pour tout nombre réel x de l'intervalle $[-2\,;2]$, $x+2 \geqslant 0$. De plus, la fonction affine qui à tout nombre réel x associe $x+2$ est continue sur $\mathbb{R}$ donc sur $[-2\,;2]$. Par suite, l'aire en unités d'aire de la partie délimitée par la droite Δ, par l'axe des abscisses et les droites d'équations $x = 2$et $x = -2$ est : $A_2 = \int_{-2}^{2}(x+2)\,\mathrm{d}x$.

• La partie du logo colorée en bleu dont l'aire est notée A correspond alors à la différence entre A_1 et A_2 :

$$A = A_1 - A_2 = \int_{-2}^{2} f(x)\,\mathrm{d}x - \int_{-2}^{2}(x+2)\,\mathrm{d}x$$
$$= \int_{-2}^{2}(f(x) - (x+2))\,\mathrm{d}x = \int_{-2}^{2} g(x)\,\mathrm{d}x \text{ (par linéarité et définition de } g\text{)}.$$

Remarque. La fonction g est définie, continue et positive sur $\mathbb{R}$ donc sur l'intervalle $[-2\,;2]$. Par propriété, $\int_{-2}^{2} g(x)\,\mathrm{d}x \geqslant 0$, et donc le nombre réel A est bien positif…

• Une primitive de la fonction g sur $[-2\,;2]$ est donnée par :

$$G(x) = -\mathrm{e}^{-x} + \frac{x^2}{2} - x.$$

Ainsi,

$$A = \int_{-2}^{2} g(x)\,\mathrm{d}x = [G(x)]_{-2}^{2} = G(2) - G(-2)$$
$$= (-\mathrm{e}^{-2}) - (-\mathrm{e}^{2} + 4)$$
$$= -\mathrm{e}^{-2} + \mathrm{e}^{2} - 4 \approx \mathbf{3{,}25\ (u.a).}$$

Étude d'une fonction logarithme népérien

Sur le graphique ci-dessous, on a tracé, dans le plan muni d'un repère orthonormé $(O ; \vec{i}, \vec{j})$, la courbe représentative $\mathscr{C}$ d'une fonction f définie et dérivable sur l'intervalle $]0 ; +\infty[$.

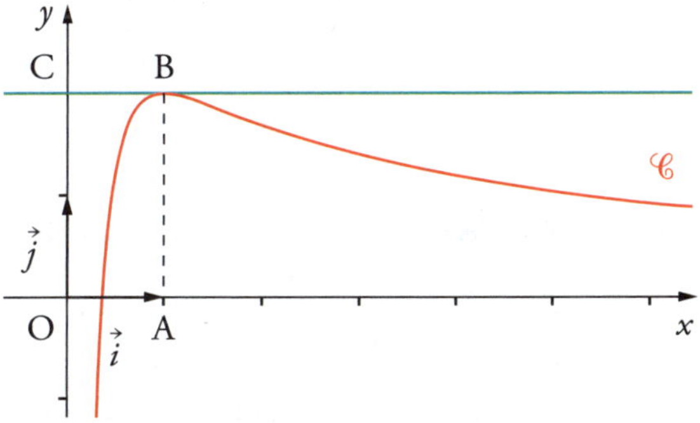

On dispose des informations suivantes :
– les points A, B, C ont pour coordonnées respectives (1 ; 0), (1 ; 2) et (0 ; 2) ;
– la courbe $\mathscr{C}$ passe par le point B et la droite (BC) est tangente à $\mathscr{C}$ en B ;
– il existe deux réels positifs a et b tels que pour tout réel strictement positif x,

$$f(x) = \frac{a + b\ln x}{x}.$$

▶ **1. a)** En utilisant le graphique, donner les valeurs de $f(1)$ et $f'(1)$.

b) Vérifier que pour tout réel strictement positif x,

$$f'(x) = \frac{(b-a) - b\ln x}{x^2}.$$

c) En déduire les réels a et b.

▶ **2. a)** Justifier que pour tout réel x appartenant à l'intervalle $]0 ; +\infty[$, $f'(x)$ a le même signe que $-\ln x$.

b) Déterminer les limites de f en 0 et en $+\infty$. On pourra remarquer que pour tout réel x strictement positif, $f(x) = \frac{2}{x} + 2\frac{\ln x}{x}$.

c) En déduire le tableau de variations de la fonction f.

▶ **3. a)** Démontrer que l'équation $f(x) = 1$ admet une unique solution α sur l'intervalle $]0 ; 1]$.

b) Par un raisonnement analogue, on démontre qu'il existe un unique réel β de l'intervalle $]1 ; +\infty[$ tel que $f(\beta) = 1$.
Déterminer l'entier n tel que $n < \beta < n + 1$.

▶ **4.** On donne l'algorithme ci-dessous.

Variables	a, b et m sont des nombres réels.
Initialisation	Affecter à a la valeur 0. Affecter à b la valeur 1.
Traitement	Tant que $b - a > 0{,}1$ Affecter à m la valeur $\frac{1}{2}(a+b)$. Si $f(m) < 1$ alors Affecter à a la valeur m. Sinon Affecter à b la valeur m. Fin de Si. Fin de Tant que.
Sortie	Afficher a. Afficher b.

a) Faire tourner cet algorithme en complétant le tableau ci-dessous que l'on recopiera sur la copie.

	Étape 1	**Étape 2**	**Étape 3**	**Étape 4**	**Étape 5**
a	0				
b	1				
$b - a$					
m					

b) Que représentent les valeurs affichées par cet algorithme ?

c) Modifier l'algorithme ci-dessus pour qu'il affiche les deux bornes d'un encadrement de β d'amplitude 10^{-1}.

▶ **5.** Le but de cette question est de démontrer que la courbe $\mathscr{C}$ partage le rectangle OABC en deux domaines d'aires égales.

a) Justifier que cela revient à démontrer que $\int_{\frac{1}{e}}^{1} f(x)\,\mathrm{d}x = 1$.

b) En remarquant que l'expression de $f(x)$ peut s'écrire $\frac{2}{x} + 2 \times \frac{1}{x} \times \ln x$, terminer la démonstration.

LES CLÉS DU SUJET

■ Les thèmes clés

Fonction logarithme népérien • Algorithmique • Intégration et primitives.

■ Les outils dont vous avez besoin

Les références en rouge renvoient à la boîte à outils en fin d'ouvrage.

- Formules de dérivation E6E • E6F → **1. b)**
- Propriétés liées à la fonction logarithme népérien E9 → **1. b)**, **2. b)**, **2. c)**, **5. a)** et **5. b)**
- Étude des variations d'une fonction E6C → **2. c)**
- Limites : calculs et interprétation E5A • E5D → **2. b)**
- Existence d'une solution d'une équation E7C → **3. a)**
- Intégration : calculs et interprétation E11A • E13 • E14 → **5. a)** et **5. b)**

Nos coups de pouce

▶ **1. a)** Lisez l'ordonnée du point de la courbe représentative de la fonction f d'abscisse 1. N'oubliez pas que le nombre dérivé en a est le coefficient directeur de la tangente à la courbe $\mathscr{C}$ au point d'abscisse a.

▶ **1. c)** Exprimez $f(1)$ et $f'(1)$ en fonction des nombres réels a et b. Utilisez pour conclure la question **1. a)**.

▶ **3. b)** Conjecturez l'encadrement à l'aide du graphique donné dans l'énoncé. Validez votre conjecture en utilisant le tableau de variations de la fonction f et en calculant deux images.

▶ **4. c)** Adaptez la phase d'initialisation en prenant en compte votre réponse à la question **3. b)**. N'oubliez pas de modifier la phase de traitement en prenant en compte les variations de f sur l'intervalle considéré.

CORRIGÉ SUJET 12

▶ 1. a) Déterminer graphiquement une image et un nombre dérivé

• $f(1)$ est l'ordonnée du point de la courbe $\mathscr{C}$ d'abscisse 1 qui n'est autre que le point B. Comme, d'après l'énoncé, B a pour coordonnées (1 ; 2), alors $\boldsymbol{f(1) = 2}$.

• $f'(1)$ est le coefficient directeur de la tangente à la courbe $\mathscr{C}$ au point d'abscisse 1 qui n'est autre que la droite (BC). Cette droite étant horizontale, $\boldsymbol{f'(1) = 0}$.

b) Déterminer une dérivée

• La fonction $u : x \mapsto a + b \ln x$ est définie et dérivable sur $]0 ; +\infty[$ et sa dérivée u' est définie pour tout nombre réel x strictement positif par :

$$u'(x) = 0 + b \times \frac{1}{x} = \frac{b}{x}.$$

• La fonction $v : x \mapsto x$ est définie et dérivable sur $\mathbb{R}$ donc sur $]0 ; +\infty[$ et sa dérivée v' est définie pour tout nombre réel x strictement positif par : $v'(x) = 1$.

• La fonction f est définie et dérivable sur $]0 ; +\infty[$ (énoncé) et pour tout nombre réel x, $f(x) = \dfrac{u(x)}{v(x)}$.

Par suite, $f'(x) = \dfrac{u'(x) \times v(x) - u(x) \times v'(x)}{(v(x))^2} = \dfrac{\frac{b}{x} \times x - (a + b \ln x) \times 1}{x^2}$

$$f'(x) = \frac{b - a - b \ln x}{x^2}.$$

c) Résoudre un système de deux équations

D'une part, $f(1) = 2$ et $f'(1) = 0$ (question **1. a)**) et d'autre part,

$$f(1) = \frac{a + b \times \ln(1)}{1} = a \text{ et } f'(1) = \frac{(b - a) - b \times \ln(1)}{1^2} = b - a.$$

Notez bien
ln(1) = 0.

Par conséquent, nous avons $\begin{cases} a = 2 \\ b - a = 0 \end{cases}$

ce qui conduit à $\boldsymbol{a = 2}$ et $\boldsymbol{b = 2}$.

▶ **2. a) Étudier le signe d'une fonction**

Pour tout nombre réel x strictement positif,

$$f'(x)=\frac{-2\ln x}{x^2}=\frac{2\times(-\ln x)}{x^2}.$$

Comme $2>0$ et $x^2>0$, pour tout nombre réel x strictement positif, $f'(x)$ a le même signe que $-\ln x$.

b) Déterminer des limites

• $\lim\limits_{x\to+\infty}\frac{1}{x}=0$ donc par produit, $\lim\limits_{x\to+\infty}\frac{2}{x}=0$.

$\lim\limits_{x\to+\infty}\frac{\ln x}{x}=0$ donc par produit, $\lim\limits_{x\to+\infty}2\times\frac{\ln x}{x}=0$.

Par somme, $\lim\limits_{x\to+\infty}f(x)=0$.

Remarque. L'axe des abscisses est asymptote horizontale à la courbe $\mathscr{C}$ au voisinage de $+\infty$.

• $\lim\limits_{x\to0}\ln x=-\infty$ donc par produit et par somme, $\lim\limits_{x\to0}2+2\ln x=-\infty$.

$\lim\limits_{\substack{x\to0\\x>0}}\frac{1}{x}=+\infty$.

Comme pour tout nombre réel $x>0$, $f(x)=\frac{2+2\ln x}{x}=(2+2\ln x)\times\frac{1}{x}$, nous avons par produit, $\lim\limits_{x\to0}f(x)=-\infty$.

Remarque. L'axe des ordonnées est asymptote verticale à la courbe $\mathscr{C}$.

c) Dresser le tableau de variations d'une fonction

Soit x un nombre réel strictement positif.

D'après la question **2. a)**, $f'(x)$ a le même signe que $-\ln x$ qui s'annule en $x=1$.

Pour tout $x>1$, $\ln x>\ln(1)=0$ et donc $-\ln x<0$. Comme sur $]1;+\infty[$ $f'(x)<0$, la fonction f est strictement décroissante sur $[1;+\infty[$.

Pour tout $x<1$, $\ln x<\ln(1)=0$ et donc $-\ln x>0$. Comme sur $]0;1[$ $f'(x)>0$, la fonction f est strictement croissante sur $]0;1]$.

Ce qui se résume par le tableau de variations suivant :

x	0		1		$+\infty$
Signe de $f'(x)$	‖	$+$	0	$-$	
Variations de f	‖ $-\infty$	↗	$f(1)=2$	↘	0

▶ **3. a) Justifier l'existence et l'unicité d'une solution**

D'après le tableau de variations, la fonction f est continue et strictement croissante sur $]0;1]$.

De plus, $\lim\limits_{x\to0}f(x)=-\infty$ et $f(1)=2$, et nous constatons que $1\in\,]-\infty;2[$. L'équation $f(x)=1$ admet donc, d'après le corollaire du théorème des valeurs intermédiaires, une unique solution dans l'intervalle $]0;1]$.

b) Donner un encadrement d'une solution d'une équation

En traçant la droite d'équation $y = 1$ sur le graphique de l'énoncé, nous pouvons conjecturer que $5 < \beta < 6$ donc n serait égal à 5.

$f(5) = \dfrac{2 + 2 \times \ln(5)}{5} \approx 1,04$ (arrondi au centième) et $f(6) = \dfrac{2 + 2 \times \ln(6)}{6} \approx 0,93$ (arrondi au centième).

Donc n est bien égal à 5.

▸ 4. a) Exécuter un algorithme pas à pas

• **Étape 1.** $a = 0$ et $b = 1$

$$b - a = 1 > 0,1$$
$$m = \frac{1}{2}(0 + 1) = \frac{1}{2} = 0,5$$

Comme $f(0,5) \approx 1,23 \geqslant 1$ alors b prend la valeur 0,5.

• **Étape 2.** $a = 0$ et $b = 0,5$

$$b - a = 0,5 > 0,1$$
$$m = \frac{1}{2}(0 + 0,5) = 0,25$$

$f(0,25) \approx -3,09 < 1$ alors a prend la valeur 0,25.

• **Étape 3.** $a = 0,25$ et $b = 0,5$

$$b - a = 0,25 > 0,1$$
$$m = \frac{1}{2}(0,25 + 0,5) = 0,375$$

$f(0,375) \approx 0,102 < 1$ alors a prend la valeur 0,375.

• **Étape 4.** $a = 0,375$ et $b = 0,5$

$$b - a = 0,125 > 0,1$$
$$m = \frac{1}{2}(0,375 + 0,5) = 0,4375$$

$f(0,4375) \approx 0,792 < 1$ alors a prend la valeur 0,4375.

• **Étape 5.** $a = 0,4375$ et $b = 0,5$

$$b - a = 0,0625 \leqslant 0,1$$

La condition de la boucle « Tant que » n'est pas vérifiée. La phase de traitement étant terminée, l'algorithme affiche les valeurs de a et de b.

	Étape 1	**Étape 2**	**Étape 3**	**Étape 4**	**Étape 5**
a	0	0	0,25	0,375	0,4375
b	1	0,5	0,5	0,5	0,5
$b - a$	1	0,5	0,25	0,125	0,0625
m	0,5	0,25	0,375	0,4375	STOP

b) Expliquer la phase d'affichage en sortie d'un algorithme

Cet algorithme permet de déterminer un encadrement d'amplitude inférieure ou égale à 10^{-1} du nombre réel α dont l'existence a été justifiée à la question **3. a)**. Nous en déduisons ainsi que :

$$0,4375 \leqslant \alpha \leqslant 0,5.$$

c) Modifier un algorithme

D'après la question **3. b)**, nous avons $5 < \beta < 6$. Par conséquent, la phase d'initialisation devient :

Affecter à a la valeur 5.

Affecter à b la valeur 6.

Attention ! La fonction f est décroissante sur l'intervalle $[1\,;+\infty[$. La phase de traitement doit être modifiée en conséquence, en particulier les affectations dans l'instruction conditionnelle :

Si $f(m) < 1$ alors Affecter à b la valeur m.

Sinon affecter à a la valeur m.

▸ 5. a) Interpréter graphiquement l'aire d'un domaine

Dire que la courbe $\mathscr{C}$ partage le rectangle OABC en deux domaines d'aires égales est équivalent à dire que l'aire de la partie du plan coloriée en violet sur la figure ci-dessous est égale à la moitié de l'aire du rectangle OABC.

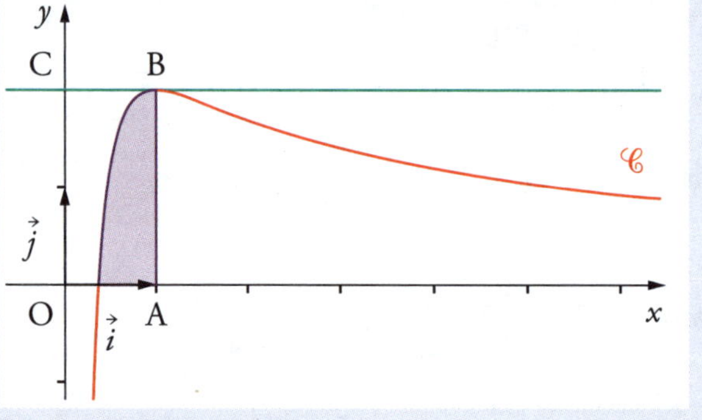

Or l'aire du rectangle OABC, exprimée en unités d'aire, est égale à : longueur × largeur = OC × OA = 2 × 1 = 2.

Soit x un nombre réel strictement positif,

$$\begin{aligned} f(x)=0 &\Leftrightarrow \frac{2+2\ln x}{x}=0 \\ &\Leftrightarrow 2+2\ln x=0 \\ &\Leftrightarrow \ln x=-\frac{2}{2}=-1 \\ &\Leftrightarrow x=\mathrm{e}^{-1}=\frac{1}{\mathrm{e}}. \end{aligned}$$

Comme la fonction f est continue et positive sur l'intervalle $\left[\frac{1}{\mathrm{e}}\,;1\right]$, l'aire de la partie du plan délimitée par la courbe $\mathscr{C}$, l'axe des abscisses et les droites d'équation $x=\frac{1}{\mathrm{e}}$ et $x=1$ (coloriée en bleu sur la figure ci-dessus) est égale à :

$$\int_{\frac{1}{\mathrm{e}}}^{1} f(x)\,\mathrm{d}x.$$

Cela revient donc à démontrer que :

$$\int_{\frac{1}{\mathrm{e}}}^{1} f(x)\,\mathrm{d}x=\frac{1}{2}\times \text{Aire(OABC)}=1.$$

b) Calculer une intégrale

Comme, pour tout nombre réel x strictement positif, $f(x) = 2\times\frac{1}{x} + 2\times\frac{1}{x}\times\ln x$, il s'ensuit que la fonction F définie sur $]0\,;+\infty[$ par :

$$F(x) = 2\ln x + (\ln x)^2$$

est une primitive de f sur $]0\,;+\infty[$. Ainsi, nous avons :

$$\int_{\frac{1}{e}}^{1} f(x)\,dx = [F(x)]_{\frac{1}{e}}^{1} = F(1) - F\left(\frac{1}{e}\right).$$

Or $F(1) = 2\times\ln(1) + (\ln(1))^2 = 0$ et

$$F\left(\frac{1}{e}\right) = 2\times\ln\left(\frac{1}{e}\right) + \left[\ln\left(\frac{1}{e}\right)\right]^2 = 2\times(-\ln(e)) + (-\ln(e))^2 = -1.$$

Nous en concluons que :

$$\int_{\frac{1}{e}}^{1} f(x)\,dx = 1.$$

SUJET 13

AFRIQUE • JUIN 2014

FONCTION LOGARITHME NÉPÉRIEN

DURÉE : 80 MINUTES • 7 POINTS

Retoucher une image

Les parties A et B sont indépendantes.

Une image numérique en noir et blanc est composée de petits carrés (pixels) dont la couleur va du blanc au noir en passant par toutes les nuances de gris. Chaque nuance est codée par un réel x de la façon suivante :

- $x = 0$ pour le blanc ;
- $x = 1$ pour le noir ;
- $x = 0{,}01$; $x = 0{,}02$ et ainsi de suite jusqu'à $x = 0{,}99$ par pas de 0,01 pour toutes les nuances intermédiaires (du clair au foncé).

L'image A, ci-après, est composée de quatre pixels et donne un échantillon de ces nuances avec leurs codes.

Un logiciel de retouche d'image utilise des fonctions numériques dites « fonctions de retouche ».

Une fonction f définie sur l'intervalle [0 ; 1] est dite « fonction de retouche » si elle possède les quatre propriétés suivantes :

- $f(0) = 0$;
- $f(1) = 1$;
- f est continue sur l'intervalle [0 ; 1] ;
- f est croissante sur l'intervalle [0 ; 1].

Une nuance codée x est dite assombrie par la fonction f si $f(x) > x$, et éclaircie si $f(x) < x$.

Ainsi, si $f(x) = x^2$, un pixel de nuance codée 0,2 prendra la nuance codée $0{,}2^2 = 0{,}04$.

L'image A sera transformée en l'image B ci-dessous.

Si $f(x) = \sqrt{x}$, la nuance codée 0,2 prendra la nuance codée $\sqrt{0{,}2} \approx 0{,}45$.

L'image A sera transformée en l'image C ci-dessous.

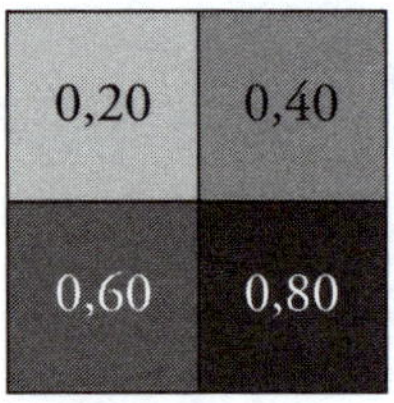

Image A

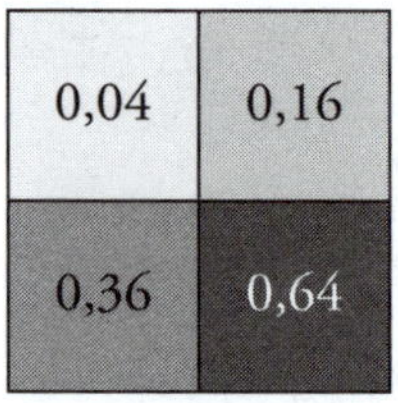

Image B

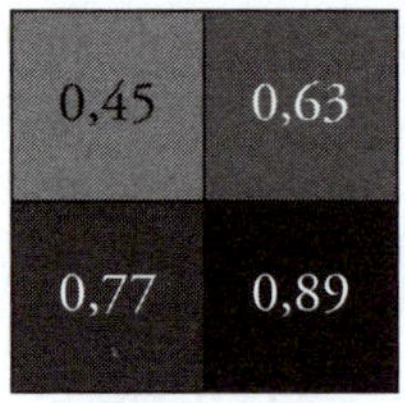

Image C

PARTIE A

▶ **1.** On considère la fonction f_1 définie sur l'intervalle [0 ; 1] par :

$$f_1(x) = 4x^3 - 6x^2 + 3x.$$

a) Démontrer que la fonction f_1 est une fonction de retouche.

b) Résoudre graphiquement l'inéquation $f_1(x) \leqslant x$, à l'aide du graphique donné en **annexe** (à rendre avec la copie) en faisant apparaître les pointillés utiles.

Interpréter ce résultat en termes d'éclaircissement ou d'assombrissement.

▶ **2.** On considère la fonction f_2 définie sur l'intervalle [0 ; 1] par :

$$f_2(x) = \ln(1 + (\mathrm{e} - 1)x).$$

On admet que f_2 est une fonction de retouche.

On définit sur l'intervalle [0 ; 1] la fonction g par : $g(x) = f_2(x) - x$.

a) Établir que, pour tout x de l'intervalle [0 ; 1], $g'(x) = \dfrac{(\mathrm{e}-2)-(\mathrm{e}-1)x}{1+(\mathrm{e}-1)x}$.

b) Déterminer les variations de la fonction g sur l'intervalle [0 ; 1].

Démontrer que la fonction g admet un maximum en $\dfrac{\mathrm{e}-2}{\mathrm{e}-1}$, maximum dont une valeur arrondie au centième est 0,12.

c) Établir que l'équation $g(x) = 0{,}05$ admet sur l'intervalle [0 ; 1] deux solutions α et β, avec $\alpha < \beta$.

On admettra que $0{,}08 < \alpha < 0{,}09$ et que $0{,}85 < \beta < 0{,}86$.

PARTIE B

On remarque qu'une modification de nuance n'est perceptible visuellement que si la valeur absolue de l'écart entre le code de la nuance initiale et le code de la nuance modifiée est supérieure ou égale à 0,05.

▶ **1.** Dans l'algorithme décrit ci-dessous, f désigne une fonction de retouche.

Quel est le rôle de cet algorithme ?

```
Variables        x (nuance initiale)
                 y (nuance retouchée)
                 E (écart)
                 c (compteur)
                 k

Initialisation   c prend la valeur 0

Traitement       Pour k allant de 0 à 100
                    x prend la valeur k/100
                    y prend la valeur f(x)
                    E prend la valeur |y − x|
                      Si E ⩾ 0,05
                        c prend la valeur c + 1
                      Fin si
                 Fin pour

Sortie           Afficher c
```

▶ **2.** Quelle valeur affichera cet algorithme si on l'applique à la fonction f_2 définie dans la deuxième question de la partie **A** ?

PARTIE C

Dans cette partie, on s'intéresse à des fonctions de retouche f dont l'effet est d'éclaircir l'image dans sa globalité, c'est-à-dire telles que, pour tout réel x de l'intervalle $[0 ; 1]$, $f(x) \leqslant x$.

On décide de mesurer l'éclaircissement global de l'image en calculant l'aire $\mathcal{A}_f$ de la portion de plan comprise entre l'axe des abscisses, la courbe représentative de la fonction f et les droites d'équations respectives $x = 0$ et $x = 1$.

Entre deux fonctions, celle qui aura pour effet d'éclaircir le plus l'image sera celle correspondant à la plus petite aire.

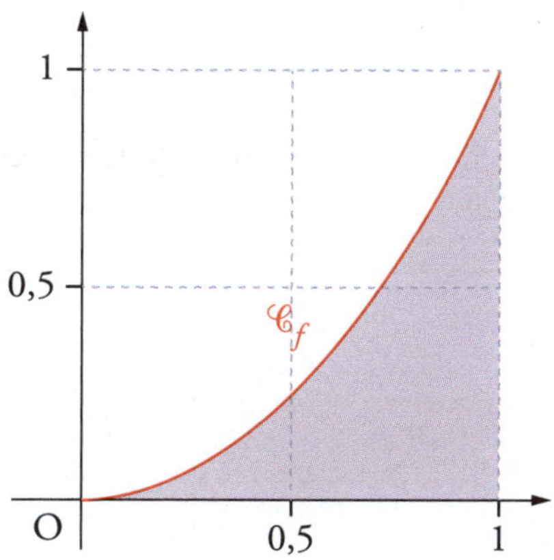

On désire comparer l'effet des deux fonctions suivantes, dont on admet qu'elles sont des fonctions de retouche :

$$f_3(x) = x\mathrm{e}^{(x^2-1)} \quad \text{et} \quad f_4(x) = 4x - 15 + \frac{60}{x+4}.$$

▶ **1. a)** Calculer $\mathcal{A}_{f_3}$.

b) Calculer $\mathcal{A}_{f_4}$.

▶ **2.** De ces deux fonctions, laquelle a pour effet d'éclaircir le plus l'image ?

Annexe

Courbe représentative de la fonction f_1

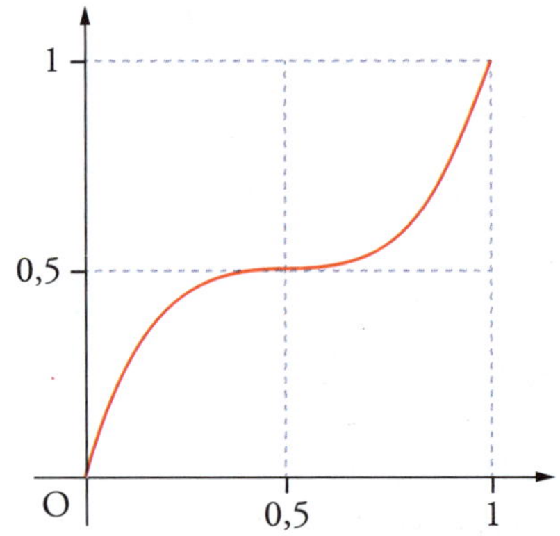

LES CLÉS DU SUJET

Les thèmes clés

Fonctions polynômes • Fonction logarithme népérien • Continuité • Dérivation • Calcul intégral • Algorithmique.

Les outils dont vous avez besoin

Les références en rouge renvoient à la boîte à outils en fin d'ouvrage.

- Dérivation E6E • E6F • E9D → **Partie A, 1. a)** et **2. a)**
- Variations d'une fonction E6C → **Partie A, 2. b)**
- Corollaire du théorème des valeurs intermédiaires E7C → **Partie A, 2. c)**
- Calcul d'aires E11C • E13 • E14 → **Partie C, 1. a)** et **1. b)**

Nos coups de pouce

Partie C

▶ **1. a)** et **b)** Pensez à vérifier la positivité et la continuité des fonctions utilisées avant de passer au calcul intégral.

CORRIGÉ SUJET 13

PARTIE A

▶ 1. a) Justifier qu'une fonction est une fonction de retouche

$f_1(0) = 4 \times 0^3 - 6 \times 0^2 + 3 \times 0 = 0.$

$f_1(1) = 4 \times 1^3 - 6 \times 1 + 3 \times 1 = 4 - 6 + 3 = 1.$

f_1 est une fonction polynôme donc f_1 est continue sur $[0 ; 1]$.

f_1 est une fonction polynôme donc f_1 est dérivable sur $[0 ; 1]$.

Pour tout réel $x \in [0\,;1]$:

$$f_1'(x) = 4 \times 3x^2 - 6 \times 2x + 3 = 12x^2 - 12x + 3$$
$$= 3(4x^2 - 4x + 1) = 3 \times (2x-1)^2 \geqslant 0.$$

La fonction f_1 est donc croissante sur $[0\,;\,1]$.
En résumé, **la fonction f_1 est une fonction de retouche.**

b) Résoudre graphiquement une inéquation

On cherche les abscisses des points de la courbe représentative de la fonction f_1 qui sont situés en dessous ou sur la droite d'équation $y = x$. À l'aide du graphique, **l'ensemble solution semble être l'intervalle $[0{,}5\,;\,1]$.**

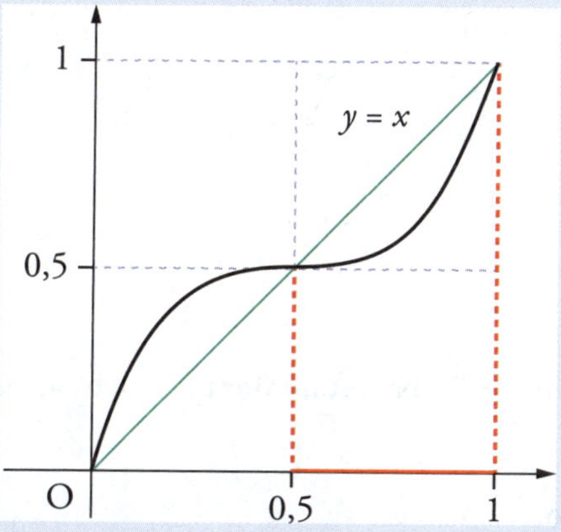

Si l'on considère une nuance codée x dans l'intervalle $[0{,}5\,;\,1]$ elle sera laissée à l'identique ou éclaircie si l'on a recours à la fonction f_1 puisque $f_1(x) \leqslant x$ pour $x \in [0{,}5\,;1]$.

▶ 2. a) Dériver une fonction

La fonction $x \mapsto 1 + (\mathrm{e}-1)x$ est une fonction affine donc elle est dérivable sur $[0\,;\,1]$.
Cette fonction est aussi strictement positive sur $[0\,;\,1]$.
La fonction $x \mapsto \ln x$ est dérivable sur $]0\,;+\infty[$.
En composant les deux fonctions précédentes, on obtient donc une fonction dérivable sur $[0\,;\,1]$, qui n'est autre que la fonction f_2. Par différence de fonctions dérivables sur $[0\,;\,1]$, la fonction g est alors dérivable sur $[0\,;\,1]$.
Pour tout $x \in [0\,;\,1]$:

$$g'(x) = \frac{\mathrm{e}-1}{1+(\mathrm{e}-1)x} - 1$$
$$= \frac{\mathrm{e}-1}{1+(\mathrm{e}-1)x} - \frac{1+(\mathrm{e}-1)x}{1+(\mathrm{e}-1)x}$$
$$= \frac{(\mathrm{e}-2)-(\mathrm{e}-1)x}{1+(\mathrm{e}-1)x}.$$

Notez bien
Si u est une fonction dérivable et strictement positive sur un intervalle I, alors pour tout $x \in I$, $(\ln)'(u(x)) = \dfrac{u'(x)}{u(x)}$.

b) Étudier les variations d'une fonction pour rechercher un extremum

Pour tout réel x de l'intervalle $[0\,;1]$, $1+(\mathrm{e}-1)x > 0$. Le signe de $g'(x)$ est donc celui de $(\mathrm{e}-2)-(\mathrm{e}-1)x$.

$$(\mathrm{e}-2)-(\mathrm{e}-1)x > 0 \Leftrightarrow (\mathrm{e}-2) > (\mathrm{e}-1)x$$
$$\Leftrightarrow \frac{\mathrm{e}-2}{\mathrm{e}-1} > x.$$

Notez bien
$\mathrm{e}-1 > 0$ donc on ne change pas le sens de l'inégalité en divisant par ce nombre.

On en déduit ainsi le tableau de variations de g sur $[0\,;1]$.

x	0	$\frac{e-2}{e-1}$	1
Signe de $g'(x)$	$+$	0	$-$
Variations de g	0 ↗	$g\left(\frac{e-2}{e-1}\right)$	↘ 0

f_2 est une fonction de retouche donc $f_2(0)=0$ et, par suite, $g(0)=f_2(0)-0=0$.
De plus $f_2(1)=1$ et, par suite, $g(1)=f_2(1)-1=0$.

$$g\left(\frac{e-2}{e-1}\right)=f_2\left(\frac{e-2}{e-1}\right)-\frac{e-2}{e-1}=\ln\left(1+(e-1)\times\frac{e-2}{e-1}\right)-\frac{e-2}{e-1}$$
$$=\ln(1+e-2)-\frac{e-2}{e-1}.$$

Ainsi $g\left(\frac{e-2}{e-1}\right)=\ln(e-1)-\frac{e-2}{e-1}\approx 0{,}12.$

La fonction g admet donc un maximum en $\frac{e-2}{e-1}$, maximum dont la valeur arrondie au centième est 0,12.

c) Dénombrer les solutions d'une équation

• D'après le tableau de variations précédent, la fonction g est continue et strictement croissante sur l'intervalle $\left[0\,;\frac{e-2}{e-1}\right]$.

De plus, $g(0)=0$ et $g\left(\frac{e-2}{e-1}\right)\approx 0{,}12$. Le nombre 0,05 est bien compris entre $g(0)$ et $g\left(\frac{e-2}{e-1}\right)$.

D'après le corollaire du théorème des valeurs intermédiaires, **l'équation $g(x)=0{,}05$ admet une unique solution $\alpha\in\left[0\,;\frac{e-2}{e-1}\right]$.**

• D'après le tableau de variations précédent, la fonction g est continue et strictement décroissante sur l'intervalle $\left[\frac{e-2}{e-1}\,;1\right]$.

De plus, $g\left(\frac{e-2}{e-1}\right)\approx 0{,}12$ et $g(1)=0$. Le nombre 0,05 est bien compris entre $g(1)$ et $g\left(\frac{e-2}{e-1}\right)$.

D'après le corollaire du théorème des valeurs intermédiaires, **l'équation $g(x)=0{,}05$ admet une unique solution $\beta\in\left[\frac{e-2}{e-1}\,;1\right]$.**

Remarque. On a évidemment, au vu des raisonnements ci-dessus, $\alpha<\beta$.

PARTIE B

▶ 1. Déterminer le rôle d'un algorithme

Cet algorithme permet de déterminer le nombre de nuances (dit autrement, le nombre de valeurs de x de l'intervalle $[0\,;1]$, en utilisant un pas de 0,01) pour lesquelles une modification de nuance est perceptible ($E \geqslant 0{,}05$).

▶ 2. Déterminer l'affichage final dans un algorithme

$|f_2(x)-x| = |g(x)| = g(x)$ et $g(x) \geqslant 0{,}05$ si $x \in [\alpha\,;\beta]$ (partie **A**, questions **2. b)** et **c)**).

Ainsi $|f_2(x)-x| \geqslant 0{,}05$ si x est compris entre 0,09 et 0,85. En allant de 0,09 à 0,85 avec un pas de 0,01, il y a donc 77 valeurs possibles.
Le résultat affiché par cet algorithme sera donc $c = 77$.

PARTIE C

▶ 1. a) Calculer une aire

f_3 est une fonction de retouche donc f_3 est continue sur [0 ; 1].
De plus $f_3(0) = 0$ et f_3 est croissante sur [0 ; 1] : la fonction f_3 est donc positive sur [0 ; 1].
L'aire $\mathcal{A}_{f_3}$ (en unités d'aire) de la portion de plan comprise entre la courbe représentative de la fonction f_3, l'axe des abscisses et les droites d'équations $x = 0$ et $x = 1$ est donc donnée par :

$$\mathcal{A}_{f_3} = \int_0^1 f_3(x)\,\mathrm{d}x = \left[\frac{1}{2}\mathrm{e}^{x^2-1}\right]_0^1 = \frac{1}{2} - \frac{1}{2}\mathrm{e}^{-1}$$

$$= \mathbf{\frac{1}{2} - \frac{1}{2e}\ u.a.} \quad (\mathcal{A}_{f_3} \approx 0{,}32 \text{ u.a.})$$

b) Calculer une aire

f_4 est une fonction de retouche donc f_4 est continue sur [0 ; 1].
De plus $f_4(0) = 0$ et f_4 est croissante sur [0 ; 1] : la fonction f_4 est donc positive sur [0 ; 1].
L'aire $\mathcal{A}_{f_4}$ (en unités d'aire) de la portion de plan comprise entre la courbe représentative de la fonction f_4, l'axe des abscisses et les droites d'équations $x = 0$ et $x = 1$ est donc donnée par :

$$\mathcal{A}_{f_4} = \int_0^1 f_4(x)\,\mathrm{d}x$$

$$= \left[2x^2 - 15x + 60\ln(x+4)\right]_0^1$$

$$= -13 + 60\ln 5 - 60\ln 4$$

$$= \mathbf{60\ln(1{,}25) - 13\ u.a.}$$

($\mathcal{A}_{f_4} \approx 0{,}39$ u.a.)

▶ 2. Comparer deux aires

Comme $\mathcal{A}_{f_3} < \mathcal{A}_{f_4}$, on en déduit que, entre les fonctions f_3 et f_4, c'est f_3 qui a pour effet d'éclaircir le plus l'image.

Notez bien
Une primitive sur [0 ; 1] de $x \mapsto u'(x)\mathrm{e}^{u(x)}$ est $x \mapsto \mathrm{e}^{u(x)}$. Or $f_3(x) = x\mathrm{e}^{x^2-1}$ $= \frac{1}{2} \times (2x)\mathrm{e}^{x^2-1}$.

Notez bien
Si $u(x) = x + 4$, alors u est une fonction dérivable et strictement positive sur [0 ; 1] et une primitive de $x \mapsto \frac{u'(x)}{u(x)}$ est $x \mapsto \ln(u(x))$.

SUJET 14 — FRANCE MÉTROPOLITAINE • JUIN 2014

INTÉGRATION

DURÉE : 60 MINUTES • 5 POINTS

Suite d'intégrales

PARTIE A

Dans le plan muni d'un repère orthonormé, on désigne par $\mathscr{C}_1$ la courbe représentative de la fonction f_1 définie sur $\mathbb{R}$ par :

$$f_1(x) = x + e^{-x}.$$

▶ **1.** Justifier que $\mathscr{C}_1$ passe par le point A de coordonnées (0 ; 1).

▶ **2.** Déterminer le tableau de variations de la fonction f_1. On précisera les limites de f_1 en $+\infty$ et en $-\infty$.

PARTIE B

L'objet de cette partie est d'étudier la suite (I_n) définie sur $\mathbb{N}$ par :

$$I_n = \int_0^1 (x + e^{-nx})\,dx.$$

▶ **1.** Dans le plan muni d'un repère orthonormé $(O ; \vec{i}, \vec{j})$, pour tout entier naturel n, on note $\mathscr{C}_n$ la courbe représentative de la fonction f_n définie sur $\mathbb{R}$ par $f_n(x) = x + e^{-nx}$.

Sur le graphique ci-dessous on a tracé la courbe $\mathscr{C}_n$ pour plusieurs valeurs de l'entier n et la droite $\mathscr{D}$ d'équation $x = 1$.

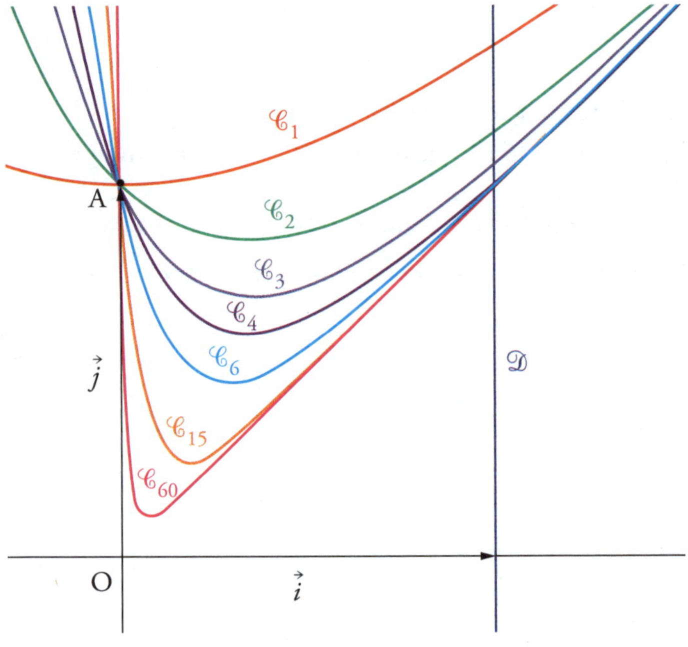

a) Interpréter géométriquement l'intégrale I_n.
b) En utilisant cette interprétation, formuler une conjecture sur le sens de variation de la suite (I_n) et sa limite éventuelle. On précisera les éléments sur lesquels on s'appuie pour conjecturer.

▶ **2.** Démontrer que pour tout entier naturel n supérieur ou égal à 1 :

$$I_{n+1} - I_n = \int_0^1 e^{-(n+1)x}(1 - e^x)\,dx.$$

En déduire le signe de $I_{n+1} - I_n$ puis démontrer que la suite (I_n) est convergente.

▶ **3.** Déterminer l'expression de I_n en fonction de n et déterminer la limite de la suite (I_n).

LES CLÉS DU SUJET

■ Les thèmes clés

Intégration • Fonction exponentielle.

■ Les outils dont vous avez besoin

Les références en rouge renvoient à la boîte à outils en fin d'ouvrage.

- Définition et propriétés de la fonction exponentielle E8 → **Partie A, 1. et 2. ; Partie B, 1. a), 2. et 3.**
- Propriétés de la fonction logarithme népérien E9A • E9E → **Partie A, 2.**
- Définition et propriétés sur les suites (généralités) E2A • E2B • E2C • E2E → **Partie B, 1. b), 2. et 3.**
- Intégration (calculs et interprétation) E11 • E13 • E14 • E15A → **Partie B, 1. a), 1. b), 2. et 3.**
- Calcul de limites E5A → **Partie A, 2. ; Partie B, 3.**
- Formules de dérivation E6C • E6E • E6F → **Partie A, 2.**

■ Nos coups de pouce

Partie A

▶ **2.** Calculez $f_1'(x)$ pour tout nombre réel x et étudiez son signe. Concluez sur les variations de f_1. Pour déterminer la limite de f_1 en $-\infty$, factorisez par e^{-x} puis utilisez les limites usuelles et les croissances comparées.

Partie B

▶ **2.** Pour démontrer que la suite est convergente, justifiez qu'elle est décroissante et minorée.

PARTIE A

▶ 1. Vérifier qu'un point appartient à une courbe

$x_A = 0$ et $f_1(x_A) = f_1(0) = 0 + e^{-0} = 1 = y_A$.

Le point A de coordonnées (0 ; 1) appartient donc à la courbe représentative $\mathscr{C}_1$ de la fonction f_1.

▶ 2. Dresser un tableau de variations

• La fonction f_1 est dérivable sur $\mathbb{R}$ comme somme de fonctions dérivables sur $\mathbb{R}$ et pour tout nombre réel x, nous avons : $f_1'(x) = 1 - e^{-x}$.

Notez bien
$(e^u)' = u' \times e^u$.

• $1 - e^{-x} = 0 \Leftrightarrow 1 = e^{-x} \Leftrightarrow \ln(1) = \ln(e^{-x}) \Leftrightarrow 0 = -x \Leftrightarrow x = 0$.

Ainsi, f_1' s'annule en $x = 0$. Par un raisonnement analogue, nous pouvons démontrer que :

$$1 - e^{-x} > 0 \Leftrightarrow x > 0 \text{ et } 1 - e^{-x} < 0 \Leftrightarrow x < 0.$$

Ainsi, f_1' est strictement positive sur $]0 ; +\infty[$ et strictement négative sur $]-\infty ; 0[$.

La fonction f_1 est donc croissante sur $[0 ; +\infty[$ et décroissante sur $]-\infty ; 0]$.

Comme $\begin{cases} \lim\limits_{x \to +\infty} x = +\infty \\ \lim\limits_{x \to +\infty} e^{-x} = \lim\limits_{x \to +\infty} \dfrac{1}{e^x} = 0 \end{cases}$,

alors par somme, $\lim\limits_{x \to +\infty} f_1(x) = +\infty$.

Comme pour tout nombre réel x, $f_1(x) = e^{-x} \times \left(\dfrac{x}{e^{-x}} + 1\right) = e^{-x} \times (xe^x + 1)$ et comme

Notez bien
Croissances comparées.

$\begin{cases} \lim\limits_{x \to -\infty} e^{-x} = \lim\limits_{X \to +\infty} e^X = +\infty \\ \lim\limits_{x \to -\infty} xe^x = 0 \end{cases}$, alors par somme et produit, $\lim\limits_{x \to -\infty} f_1(x) = +\infty$.

Ce qui se résume par le tableau de variations suivant :

x	$-\infty$		0		$+\infty$
Signe de $f_1'(x)$		$-$	0	$+$	
Variations de f_1	$+\infty$	↘	$f_1(0) = 1$	↗	$+\infty$

PARTIE B

▶ 1. a) Interpréter géométriquement une intégrale

Soit n un entier naturel.

• La fonction f_n est continue sur $[0 ; 1]$ comme somme et composée de fonctions usuelles continues sur $[0 ; 1]$.

• Pour tout nombre réel x appartenant à l'intervalle $[0 ; 1]$, $x \geqslant 0$ et $e^{-nx} > 0$. La fonction f_n est donc positive sur $[0 ; 1]$.

Par les deux points précédents, nous en déduisons que I_n **est l'aire exprimée en unités d'aire de la partie du plan délimitée par l'axe des abscisses, la courbe représentative** $\mathscr{C}_n$ **et les droites d'équations** $x = 0$ **et** $x = 1$.

b) Conjecturer le sens de variation et la limite d'une suite

• D'après la question **1. a)** de la partie **B** et à l'aide du graphique, nous en déduisons immédiatement que :

$$I_1 > I_2 > I_3 > I_4 > I_6 > I_{15} > I_{60}.$$

($\mathscr{C}_0$ n'étant pas tracée, nous ne pouvons pas inclure I_0.)

La suite (I_n) semble strictement décroissante.

• Quand n augmente, la courbe $\mathscr{C}_n$ semble se rapprocher de la courbe représentative de la fonction identité, à savoir la droite d'équation $y = x$. De ce fait, I_n se rapprocherait de l'aire hachurée dans la figure suivante qui est l'aire d'un triangle et qui est égale à $\frac{1}{2}$.

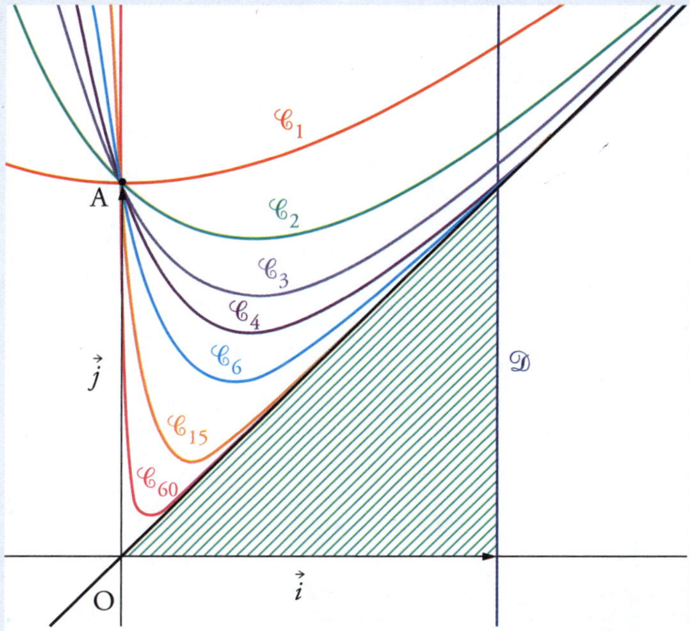

La suite (I_n) semble converger et sa limite semble être $\frac{1}{2}$.

▸ 2. Démontrer qu'une suite est convergente

Soit n un entier naturel supérieur ou égal à 1.

• $I_{n+1} - I_n = \int_0^1 f_{n+1}(x)\,\mathrm{d}x - \int_0^1 f_n(x)\,\mathrm{d}x$

$= \int_0^1 (x + \mathrm{e}^{-(n+1)x})\,\mathrm{d}x - \int_0^1 (x + \mathrm{e}^{-nx})\,\mathrm{d}x$

$= \int_0^1 (\mathrm{e}^{-(n+1)x} - \mathrm{e}^{-nx})\,\mathrm{d}x$ (linéarité de l'intégrale)

MATHÉMATIQUES

$$I_{n+1}-I_n=\int_0^1 e^{-(n+1)x}\times\left(1-\frac{e^{-nx}}{e^{-(n+1)x}}\right)dx$$
$$=\int_0^1 e^{-(n+1)x}\times(1-e^{x})\,dx.$$

Pour tout nombre réel x appartenant à l'intervalle $[0\ ;1]$, $1-e^x\leqslant 0$. En effet, $1-e^x\leqslant 0 \Leftrightarrow 1\leqslant e^x \Leftrightarrow \ln(1)\leqslant \ln(e^x) \Leftrightarrow 0\leqslant x$.
Comme, de plus, $e^{-(n+1)x}$ est strictement positif, $\boldsymbol{I_{n+1}-I_n\leqslant 0}$.
D'après les deux points précédents, pour tout entier naturel $n\geqslant 1$, $I_{n+1}\leqslant I_n$.
Remarque. La démonstration précédente reste valable si $n=0$.
Autrement dit, la suite (I_n) est décroissante. De plus, d'après la question **B 1. a)**, pour tout entier naturel n, $I_n\geqslant 0$. La suite (I_n) étant décroissante et minorée, **elle est convergente.**

> **Notez bien**
> Pour tous nombres réels a et b, $\frac{e^a}{e^b}=e^{a-b}$.

▶ 3. Déterminer la limite d'une suite

Soit n un entier naturel.

• Cas $n=0$.

$$I_0=\int_0^1(x+e^{-0\times x})dx$$
$$=\int_0^1(x+1)dx$$
$$=\left[\frac{x^2}{2}+x\right]_0^1$$
$$=\left(\frac{1}{2}+1\right)-\left(\frac{0}{2}+0\right)$$
$$=\frac{3}{2}.$$

• Cas $n\neq 0$.

$$I_n=\int_0^1\left(x+e^{-nx}\right)dx=\left[\frac{x^2}{2}+\frac{e^{-nx}}{-n}\right]_0^1$$
$$=\left(\frac{1}{2}+\frac{e^{-n}}{-n}\right)-\left(\frac{0}{2}+\frac{e^{0}}{-n}\right)=\frac{1}{2}-\frac{e^{-n}}{n}+\frac{1}{n}.$$

D'une part $\lim\limits_{n\to+\infty}\frac{1}{n}=0$ (limite de référence) et d'autre part $\lim\limits_{n\to+\infty} n\times e^n=+\infty$ (produit de limites), soit $\lim\limits_{n\to+\infty}\frac{e^{-n}}{n}=\lim\limits_{n\to+\infty}\frac{1}{n\times e^n}=0$.

Nous avons alors par somme et différence :

$$\lim_{n\to+\infty} I_n=\lim_{n\to+\infty}\left(\frac{1}{2}-\frac{e^{-n}}{n}+\frac{1}{n}\right)=\frac{1}{2}.$$

La limite de la suite (I_n) est $\frac{1}{2}$.

Ce résultat est cohérent avec la question **B 1. b)**.

Exponentielle et calcul d'aires

Soit f la fonction définie sur l'intervalle $[0 ; +\infty[$ par $f(x) = x\mathrm{e}^{-x}$. On note $\mathscr{C}$ la courbe représentative de la fonction f dans un repère orthogonal.

PARTIE A

▶ **1.** On note f' la fonction dérivée de la fonction f sur l'intervalle $[0 ; +\infty[$.
Pour tout réel x de l'intervalle $[0 ; +\infty[$, calculer $f'(x)$. En déduire les variations de la fonction f sur l'intervalle $[0 ; +\infty[$.

▶ **2.** Déterminer la limite de la fonction f en $+\infty$. Quelle interprétation graphique peut-on faire de ce résultat ?

PARTIE B

Soit $\mathscr{A}$ la fonction définie sur l'intervalle $[0 ; +\infty[$ de la façon suivante : pour tout réel t de l'intervalle $[0 ; +\infty[$, $\mathscr{A}(t)$ est l'aire, en unités d'aire, du domaine délimité par l'axe des abscisses, la courbe $\mathscr{C}$ et les droites d'équations $x = 0$ et $x = t$.

▶ **1.** Déterminer le sens de variation de la fonction $\mathscr{A}$.

▶ **2.** On admet que l'aire du domaine délimité par la courbe $\mathscr{C}$ et l'axe des abscisses est égale à 1 unité d'aire. Que peut-on en déduire pour la fonction $\mathscr{A}$?

▶ **3.** On cherche à prouver l'existence d'un nombre réel α tel que la droite d'équation $x = \alpha$ partage le domaine compris entre l'axe des abscisses et la courbe $\mathscr{C}$, en deux parties de même aire, et à trouver une valeur approchée de ce réel.

a) Démontrer que l'équation $\mathscr{A}(t) = \dfrac{1}{2}$ admet une unique solution sur l'intervalle $[0 ; +\infty[$.

b) Sur le graphique ci-dessous sont tracées la courbe $\mathscr{C}$, ainsi que la courbe Γ représentant la fonction $\mathscr{A}$.
Sur ce graphique, identifier les courbes $\mathscr{C}$ et Γ, puis tracer la droite d'équation $y = \dfrac{1}{2}$. En déduire une valeur approchée du réel α.
Hachurer le domaine correspondant à $\mathscr{A}(\alpha)$.

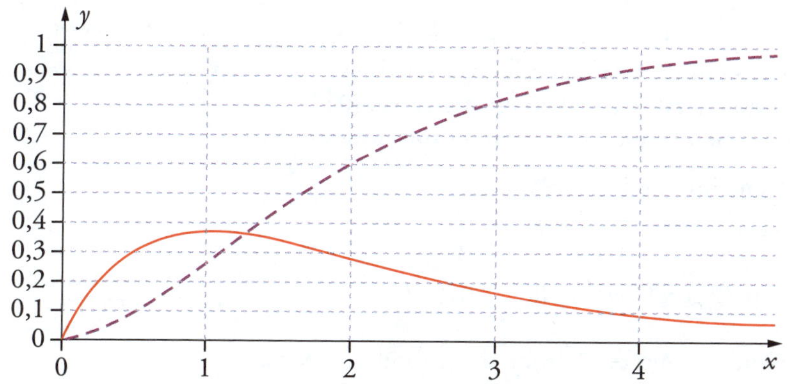

Représentations graphiques des fonctions f et $\mathscr{A}$

MATHÉMATIQUES

▶ **4.** On définit la fonction g sur l'intervalle $[0\,;+\infty[$ par : $g(x)=(x+1)\,\mathrm{e}^{-x}$.
a) On note g' la fonction dérivée de la fonction g sur l'intervalle $[0\,;+\infty[$.
Pour tout réel x de l'intervalle $[0\,;+\infty[$, calculer $g'(x)$.
b) En déduire, pour tout réel t de l'intervalle $[0\,;+\infty[$, une expression de $\mathscr{A}(t)$.
c) Calculer une valeur approchée à 10^{-2} près de $\mathscr{A}(6)$.

LES CLÉS DU SUJET

Les thèmes clés

Fonction exponentielle • Calcul intégral • Continuité.

Les outils dont vous avez besoin

Les références en rouge renvoient à la boîte à outils en fin d'ouvrage.

- Dérivation E6c • E6E • E6F → **Partie A, 1. ; Partie B, 4. a)**
- Limite et fonction exponentielle E8c → **Partie A, 2.**
- Primitive et intégrale E12 • E13 • E14 → **Partie B, 1., 3. b) et 4. b)**
- Continuité et résolution d'équation E7c → **Partie B, 3. a)**

Nos coups de pouce

Partie B

▶ **1.** Traduisez, à l'aide d'une intégrale, l'aire indiquée et identifiez ainsi une intégrale dépendant de sa borne supérieure pour la dérivation de l'expression obtenue.
▶ **2.** L'aire proposée est l'aire, en unités d'aire, sous la courbe $\mathscr{C}$ sur l'intervalle $[0\,;+\infty[$. Pensez alors à la notion de limite pour traduire cette information à l'aide de la fonction $\mathscr{A}$.
▶ **3. a)** Pensez à la généralisation du corollaire du théorème des valeurs intermédiaires aux intervalles non bornés. N'oubliez pas de justifier la continuité et la stricte monotonie de la fonction $\mathscr{A}$ sur l'intervalle considéré.

CORRIGÉ SUJET 15

PARTIE A

▶ 1. Étudier les variations d'une fonction

La fonction f est un produit de fonctions dérivables sur $[0\,;+\infty[$ donc f est dérivable sur $[0\,;+\infty[$.
Pour tout réel x de $[0\,;+\infty[$: $f'(x)=1\times\mathrm{e}^{-x}+x\times(-\mathrm{e}^{-x})=(1-x)\times\mathrm{e}^{-x}$.
Sur $[0\,;+\infty[$, $\mathrm{e}^{-x}>0$, donc le signe de $f'(x)$ est celui de $1-x$. $1-x>0 \Leftrightarrow x<1$.
Si $x\in[0\,;1[$, alors $f'(x)>0$ donc **f est strictement croissante sur $[0\,;1]$.**
Si $x\in\,]1\,;+\infty[$, alors $f'(x)<0$ donc **f est strictement décroissante sur $[1\,;+\infty[$.**

Notez bien
$(u\times v)'=u'\times v+u\times v'$.

▶ 2. Déterminer la limite d'une fonction

Pour tout réel x de l'intervalle $[0\,;+\infty[$: $f(x)=x\mathrm{e}^{-x}=\dfrac{x}{\mathrm{e}^{x}}$.

Or $\lim\limits_{x\to+\infty}\dfrac{\mathrm{e}^{x}}{x}=+\infty$ donc, par passage à l'inverse, $\lim\limits_{x\to+\infty} f(x)=0$.

La courbe $\mathscr{C}$ admet donc pour asymptote la droite d'équation $y=0$, c'est-à-dire l'axe des abscisses.

Notez bien
Limite par croissances comparées à connaître.

PARTIE B

▶ 1. Étudier les variations d'une fonction

La fonction f est dérivable donc continue sur $[0\,;+\infty[$. Construisons le tableau de variations de la fonction f :

x	0		1		$+\infty$
Signe de $f'(x)$		$+$	0	$-$	
Variations de f	0	↗	e^{-1}	↘	0

$f(0) = 0e^0 = 0$ et $f(1) = 1e^{-1} = e^{-1}$.

De plus, d'après la question précédente, $\lim\limits_{x \to +\infty} f(x) = 0$.

On constate ainsi que la fonction f est positive sur $[0\,;+\infty[$.

Pour tout réel t de l'intervalle $[0\,;+\infty[$, on a donc : $\mathscr{A}(t) = \int_0^t f(x)\,\mathrm{d}x$

La fonction $\mathscr{A}$ est donc la primitive de f sur $[0\,;+\infty[$ qui s'annule pour $t = 0$.

Ainsi, pour tout réel t de l'intervalle $]0\,;+\infty[$, $\mathscr{A}'(t) = f(t) > 0$.

La fonction $\mathscr{A}$ est donc strictement croissante sur $[0\,;+\infty[$.

▶ 2. Faire le lien entre une aire et une limite

Comme l'aire du domaine délimité par la courbe et l'axe des abscisses est égale à une unité d'aire, cela signifie que $\lim\limits_{t \to +\infty} \int_0^t f(x)\,\mathrm{d}x = 1$.

La limite de la fonction $\mathscr{A}$ en $+\infty$ est donc égale à 1.

▶ 3. a) Justifier l'existence et l'unicité de la solution d'une équation

La fonction $\mathscr{A}$ est dérivable donc continue sur $[0\,;+\infty[$.

D'après la question **1.** de la partie **B**, la fonction $\mathscr{A}$ est strictement croissante sur $[0\,;+\infty[$.

On sait de plus que la limite de la fonction $\mathscr{A}$ en $+\infty$ est égale à 1.

On a aussi $\mathcal{A}(0) = \int_0^0 f(x)\,\mathrm{d}x = 0$. On observe finalement que $\frac{1}{2} \in [0\,;1]$.

D'après le corollaire du théorème des valeurs intermédiaires, on peut donc conclure **que l'équation $\mathscr{A}(t) = \frac{1}{2}$ admet une unique solution sur l'intervalle $[0\,;+\infty[$.**

b) Identifier des courbes et la solution d'une équation sur un graphique

D'après la question **1.** de la partie **B**, la fonction $\mathscr{A}$ est strictement croissante sur $[0\,;+\infty[$.

La courbe Γ est donc la courbe en pointillés. La courbe $\mathscr{C}$ est celle en trait plein.

Le réel α est l'abscisse du point d'intersection de la courbe Γ et de la droite d'équation $y = \frac{1}{2}$.

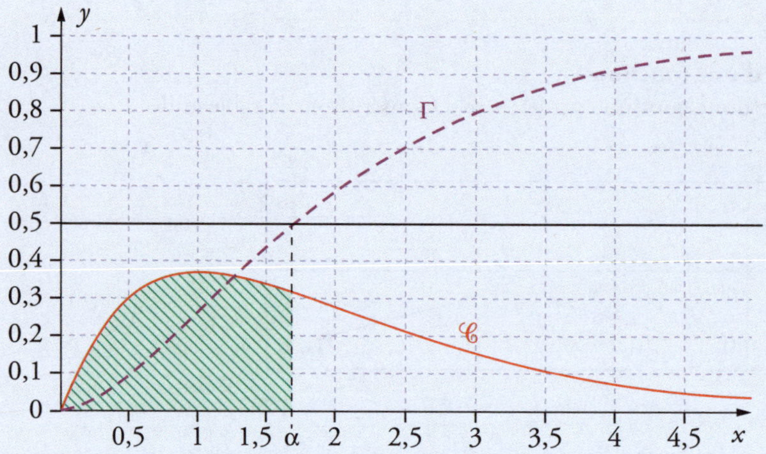

On a, d'après le graphique, $\alpha \approx 1{,}7$.

▶ **4. a) Calculer la dérivée d'une fonction**

La fonction g est un produit de fonctions dérivables sur $[0\,;+\infty[$ donc g est dérivable sur $[0\,;+\infty[$.

Pour tout réel x de l'intervalle $[0\,;+\infty[$:

$g'(x) = 1 \times \mathrm{e}^{-x} + (x+1) \times (-\mathrm{e}^{-x}) = -x \times \mathrm{e}^{-x} = -f(x)$.

On peut donc dire que g est une primitive de $-f$ sur l'intervalle $[0\,;+\infty[$.

b) Calculer une intégrale

Pour tout réel t de l'intervalle $[0\,;+\infty[$: $\mathcal{A}(t) = \int_0^t f(x)\,\mathrm{d}x = [-g(x)]_0^t$

$= -g(t) - (-g(0)) = g(0) - g(t)$

$= \mathbf{1 - (t+1)e^{-t}}$.

Notez bien
Si F est une primitive de f sur $[a\,;b]$:
$\int_a^b f(x)\,\mathrm{d}x = F(b) - F(a)$.

c) Déterminer une valeur approchée de l'aire sous une courbe sur un intervalle

$\mathcal{A}(6) = 1 - (6+1)\mathrm{e}^{-6} = 1 - 7\mathrm{e}^{-6} \approx$ **0,98 u.a.**

SUJET 16 — LIBAN • MAI 2014

NOMBRES COMPLEXES ET APPLICATIONS

DURÉE : 60 MINUTES • 5 POINTS

Détermination de $\cos\left(\frac{\pi}{12}\right)$ *via* les nombres complexes

On considère la suite de nombres complexes (z_n) définie par $z_0 = \sqrt{3} - \mathrm{i}$ et pour tout entier naturel n : $z_{n+1} = (1 + \mathrm{i})\, z_n$.

Les parties A et B peuvent être traitées de façon indépendante.

PARTIE A

Pour tout entier naturel n, on pose $u_n = |z_n|$.

▶ **1.** Calculer u_0.

▶ **2.** Démontrer que (u_n) est la suite géométrique de raison $\sqrt{2}$ et de premier terme 2.

▶ **3.** Pour tout entier naturel n, exprimer u_n en fonction de n.

▶ **4.** Déterminer la limite de la suite (u_n).

▶ **5.** Étant donné un réel positif p, on souhaite déterminer, à l'aide d'un algorithme, la plus petite valeur de l'entier naturel n telle que $u_n > p$.
Recopier l'algorithme ci-dessous et le compléter par les instructions de traitement et de sortie, de façon à afficher la valeur cherchée de l'entier n.

Variables	u est un réel p est un réel n est un entier
Initialisation	Affecter à n la valeur 0 Affecter à u la valeur 2
Entrée	Demander la valeur de p
Traitement	
Sortie	

PARTIE B

▶ **1.** Déterminer la forme algébrique de z_1.

▶ **2.** Déterminer la forme exponentielle de z_0 et de $1 + \mathrm{i}$. En déduire la forme exponentielle de z_1.

▶ **3.** Déduire des questions précédentes la valeur exacte de $\cos\left(\frac{\pi}{12}\right)$.

LES CLÉS DU SUJET

Les thèmes clés

Forme algébrique d'un nombre complexe • Forme exponentielle d'un nombre complexe • Algorithme • Suites géométriques.

Les outils dont vous avez besoin

Les références en rouge renvoient à la boîte à outils en fin d'ouvrage.

- Module d'un nombre complexe E18A • E18B → **Partie A, 1.** et **2.**
- Identifier une suite géométrique E4B → **Partie A, 2.**
- Limite d'une suite géométrique E4D → **Partie A, 4.**
- Argument d'un nombre complexe E19A • E19B • E19D → **Partie B, 2.**
- Forme exponentielle d'un nombre complexe E21 → **Partie B, 2.**

Nos coups de pouce

Partie A

▶ **2.** Déterminez le nombre réel q tel que, pour tout entier naturel n, $u_{n+1} = q \times u_n$.

Partie B

▶ **3.** Identifiez les parties réelle et imaginaire des formes algébrique et exponentielle de z_1 pour en déduire la valeur exacte de $\cos\frac{\pi}{12}$.

CORRIGÉ SUJET 16

PARTIE A

▶ 1. Calculer le module d'un nombre complexe

$u_0 = |z_0| = \sqrt{(\sqrt{3})^2 + (-1)^2} = \sqrt{4} = 2.$

▶ 2. Identifier une suite géométrique

Pour tout entier naturel n :

$$\begin{aligned} u_{n+1} &= |z_{n+1}| = |(1+\mathrm{i})z_n| \\ &= |1+\mathrm{i}| \times |z_n| \\ &= \sqrt{1^2+1^2} \times u_n \\ &= \sqrt{2} \times u_n. \end{aligned}$$

Notez bien
Si $z_1 \in \mathbb{C}$ et $z_2 \in \mathbb{C}$, $|z_1 \times z_2| = |z_1| \times |z_2|$.

La suite (u_n) est donc la suite géométrique de raison $q = \sqrt{2}$ et de premier terme $u_0 = 2$.

▶ 3. Déterminer la formule explicite pour une suite géométrique

Pour tout entier naturel n : $u_n = u_0 \times q^n = 2 \times (\sqrt{2})^n$.

▶ 4. Déterminer la limite d'une suite géométrique

$q = \sqrt{2} > 1$ donc $\lim\limits_{n \to +\infty} q^n = +\infty$ et, par produit, on obtient : $\lim\limits_{n \to +\infty} u_n = +\infty$.

▶ 5. Compléter un algorithme pour obtenir une valeur seuil

Variables	u est un réel p est un réel n est un entier
Initialisation	Affecter à n la valeur 0 Affecter à u la valeur 2
Entrée	Demander la valeur de p

Traitement	**Tant que $u \leqslant p$**
	    Affecter à u la valeur $u \times \sqrt{2}$
	    Affecter à n la valeur $n+1$
	Fin Tant que

Sortie	**Afficher n**

PARTIE B

▶ 1. Mettre un nombre complexe sous forme algébrique

$z_1 = (1+i)z_0 = (1+i)\times(\sqrt{3}-i)$

$= \sqrt{3} - i + i\sqrt{3} - i^2 = (\sqrt{3}+1) + i(\sqrt{3}-1).$

▶ 2. Mettre des nombres complexes sous forme exponentielle

• Mettons z_0 sous forme exponentielle :

$|z_0| = u_0 = 2$ (partie **A** question **1.**).

Soit $\theta = \arg(z_0)$; $\cos\theta = \dfrac{\sqrt{3}}{2}$ et $\sin\theta = -\dfrac{1}{2}$. Ainsi $\theta = -\dfrac{\pi}{6}\,[2\pi]$.

La forme exponentielle de z_0 est donc $z_0 = 2e^{-i\frac{\pi}{6}}$.

• Mettons $1+i$ sous forme exponentielle :

$|1+i| = \sqrt{2}$ (voir partie **A** question **2.**).

Soit $\theta' = \arg(1+i)$; $\cos\theta' = \dfrac{1}{\sqrt{2}} = \dfrac{\sqrt{2}}{2}$ et $\sin\theta' = \dfrac{1}{\sqrt{2}} = \dfrac{\sqrt{2}}{2}$. Ainsi $\theta' = \dfrac{\pi}{4}\,[2\pi]$

La forme exponentielle de $1+i$ est donc $1+i = \sqrt{2}e^{i\frac{\pi}{4}}$.

• Mettons z_1 sous forme exponentielle :

$z_1 = (1+i)z_0 = \sqrt{2}e^{i\frac{\pi}{4}} \times 2e^{-i\frac{\pi}{6}}$

$= 2\sqrt{2}e^{i\frac{\pi}{4}-i\frac{\pi}{6}} = 2\sqrt{2}e^{i\left(\frac{\pi}{4}-\frac{\pi}{6}\right)}$

$= 2\sqrt{2}e^{i\frac{\pi}{12}}.$

> **Notez bien**
> Pour tous réels θ et θ' : $e^{i\theta}\times e^{i\theta'} = e^{i(\theta+\theta')}$.

▶ 3. Déterminer la valeur de $\cos\frac{\pi}{12}$

En égalant les formes algébrique et exponentielle de z_1, on obtient :

$$(\sqrt{3}+1) + i(\sqrt{3}-1) = 2\sqrt{2}e^{i\frac{\pi}{12}}$$

ce qui peut aussi s'écrire :

$(\sqrt{3}+1) + i(\sqrt{3}-1) = 2\sqrt{2}\cos\dfrac{\pi}{12} + i\times 2\sqrt{2}\sin\dfrac{\pi}{12}.$

> **Notez bien**
> Pour tout réel θ : $e^{i\theta} = \cos\theta + i\sin\theta$.

En égalant les parties réelles de chaque membre de cette égalité, on obtient :

$$\sqrt{3}+1 = 2\sqrt{2}\cos\frac{\pi}{12}$$

et, finalement :

$$\cos\frac{\pi}{12} = \frac{\sqrt{3}+1}{2\sqrt{2}} = \frac{(\sqrt{3}+1)\times\sqrt{2}}{2\sqrt{2}\times\sqrt{2}} = \frac{\sqrt{6}+\sqrt{2}}{4}.$$

SUJET 17

AFRIQUE • JUIN 2014

NOMBRES COMPLEXES ET APPLICATIONS

DURÉE : 50 MINUTES • 4 POINTS

Dessinons une ligne brisée

On définit, pour tout entier naturel n, les nombres complexes z_n par :

$$\begin{cases} z_0 = 16 \\ z_{n+1} = \dfrac{1+\mathrm{i}}{2} z_n \end{cases}$$

On note r_n le module du nombre complexe z_n : $r_n = |z_n|$.

Dans le plan muni d'un repère orthonormé direct d'origine O, on considère les points A_n d'affixes z_n.

▶ **1. a)** Calculer z_1, z_2 et z_3.

b) Placer les points A_1 et A_2 sur le graphique de l'**annexe** (à rendre avec la copie).

c) Écrire le nombre complexe $\dfrac{1+\mathrm{i}}{2}$ sous forme trigonométrique.

d) Démontrer que le triangle OA_0A_1 est isocèle rectangle en A_1.

▶ **2.** Démontrer que la suite (r_n) est géométrique, de raison $\dfrac{\sqrt{2}}{2}$.

La suite (r_n) est-elle convergente ?

Interpréter géométriquement le résultat précédent.

▶ **3.** On note L_n la longueur de la ligne brisée qui relie le point A_0 au point A_n en passant successivement par les points A_1, A_2, A_3, etc.

Ainsi $L_n = \displaystyle\sum_{i=0}^{n-1} A_iA_{i+1} = A_0A_1 + A_1A_2 + \ldots + A_{n-1}A_n$.

a) Démontrer que, pour tout entier naturel n, $A_nA_{n+1} = r_{n+1}$.

b) Donner une expression de L_n en fonction de n.

c) Déterminer la limite éventuelle de la suite (L_n).

Annexe

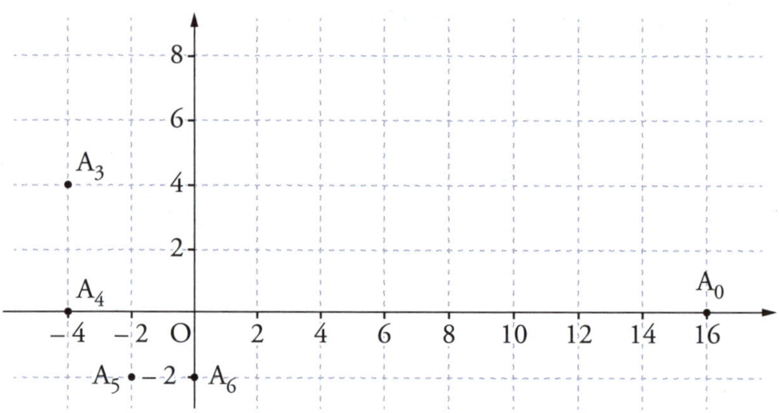

LES CLÉS DU SUJET

Les thèmes clés

Nombres complexes • Suites géométriques.

Les outils dont vous avez besoin

Les références en rouge renvoient à la boîte à outils en fin d'ouvrage.

- Forme algébrique d'un nombre complexe E16A • E16B → **1. a)** et **1. b)**
- Module d'un nombre complexe E18A • E18B • E18C → **1. c)**, **1. d)**, **2.** et **3. a)**
- Argument d'un nombre complexe E19B • E19D → **1. c)**
- Forme trigonométrique d'un nombre complexe E20 → **1. c)**
- Définition et propriétés d'une suite géométrique E4 → **2.**, **3. b)** et **3. c)**
- Limite d'une suite E2C → **3. c)**

Nos coups de pouce

▶ **1. d)** Calculez les distances OA_0, OA_1 et A_1A_0. Concluez.

▶ **3. b)** Remarquez que L_n est la somme de n termes consécutifs de la suite géométrique (r_n).

CORRIGÉ SUJET 17

▶ **1. a) Effectuer des calculs avec des nombres complexes**

- $z_1 = \frac{1+i}{2} z_0 = \frac{1+i}{2} \times 16 = (1+i) \times 8 = \mathbf{8+8i}$.
- $z_2 = \frac{1+i}{2} \times z_1 = \frac{1+i}{2} \times (8+8i) = (1+i) \times (4+4i) = 4+4i+4i+4i^2 = \mathbf{8i}$.
- $z_3 = \frac{1+i}{2} \times z_2 = \frac{1+i}{2} \times 8i = (1+i) \times 4i = 4i + 4i^2 = \mathbf{-4+4i}$.

Notez bien
$i^2 = -1$.

b) Placer des points

- Le point A_1 est le point d'affixe z_1 dont la partie réelle est 8 et la partie imaginaire est 8 également. Donc **A_1 a pour coordonnées (8 ; 8).**
- Le point A_2 est le point d'affixe z_2 dont la partie réelle est 0 et la partie imaginaire est 8. Donc **A_2 a pour coordonnées (0 ; 8).**

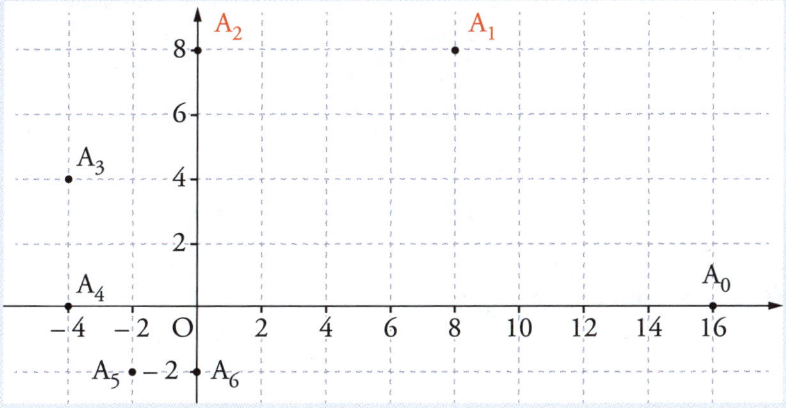

MATHÉMATIQUES

c) Écrire un nombre complexe sous forme trigonométrique

• Déterminons le module r de ce nombre complexe :

$$r = \left|\frac{1+\mathrm{i}}{2}\right| = \left|\frac{1}{2} + \frac{1}{2}\mathrm{i}\right| = \sqrt{\left(\frac{1}{2}\right)^2 + \left(\frac{1}{2}\right)^2}$$

$$= \sqrt{\frac{1}{2}} = \frac{1}{\sqrt{2}} = \frac{\sqrt{2}}{2}.$$

• Déterminons un argument θ de ce nombre complexe non nul. Par propriété, un tel nombre réel θ exprimé en radians vérifie :

$$\cos\theta = \frac{\mathrm{Re}\left(\frac{1+\mathrm{i}}{2}\right)}{r} = \frac{\frac{1}{2}}{\frac{\sqrt{2}}{2}} = \frac{1}{\sqrt{2}} = \frac{\sqrt{2}}{2} \text{ et } \sin\theta = \frac{\mathrm{Im}\left(\frac{1+\mathrm{i}}{2}\right)}{r} = \frac{\frac{1}{2}}{\frac{\sqrt{2}}{2}} = \frac{1}{\sqrt{2}} = \frac{\sqrt{2}}{2}.$$

À l'aide du tableau des valeurs usuelles, nous en déduisons que $\frac{\pi}{4}$ est un argument du nombre complexe $\frac{1+\mathrm{i}}{2}$.

Ainsi, le nombre complexe $\frac{1+\mathrm{i}}{2}$ s'écrit sous forme trigonométrique de la manière suivante :

$$\frac{1+\mathrm{i}}{2} = r \times (\cos\theta + \mathrm{i}\sin\theta) = \frac{\sqrt{2}}{2} \times \left(\cos\frac{\pi}{4} + \mathrm{i}\sin\frac{\pi}{4}\right).$$

d) Déterminer la nature d'un triangle

• $\mathrm{OA}_0 = |z_0| = |16 + 0 \times \mathrm{i}| = 16$

• $\mathrm{OA}_1 = |z_1| = |8 + 8\mathrm{i}| = \sqrt{8^2 + 8^2} = \sqrt{128} = 8\sqrt{2}$

• $\mathrm{A}_1\mathrm{A}_0 = |z_0 - z_1| = |16 - (8 + 8\mathrm{i})| = |8 - 8\mathrm{i}| = \sqrt{8^2 + (-8)^2} = \sqrt{128} = 8\sqrt{2}$.

Comme $\mathrm{OA}_1 = \mathrm{A}_1\mathrm{A}_0 = 8\sqrt{2}$, **le triangle $\mathrm{OA}_0\mathrm{A}_1$ est isocèle en A_1.**

De plus, $\mathrm{OA}_0^2 = 16^2$ et $\mathrm{OA}_1^2 + \mathrm{A}_1\mathrm{A}_0^2 = (8\sqrt{2})^2 + (8\sqrt{2})^2 = 256 = 16^2$.

Donc $\mathrm{OA}_0^2 = \mathrm{OA}_1^2 + \mathrm{A}_1\mathrm{A}_0^2$ et, d'après la réciproque du théorème de Pythagore, **le triangle $\mathrm{OA}_0\mathrm{A}_1$ est rectangle en A_1.**

▶ 2. Étudier une suite

• Pour tout entier naturel n, nous avons : $r_{n+1} = |z_{n+1}| = \left|\frac{1+\mathrm{i}}{2} \times z_n\right|$ (définition de)

$$= \left|\frac{1+\mathrm{i}}{2}\right| \times |z_n| \text{ (propriété du module)}$$

$$= \frac{\sqrt{2}}{2} \times r_n \text{(question **1. c)** et énoncé).}$$

La suite (r_n) est donc **géométrique de raison** $\frac{\sqrt{2}}{2}$ et de premier terme $r_0 = |z_0| = 16$.

Notez bien
Pour tous nombres complexes z_{A} et z_{B}, $|z_{\mathrm{A}} \times z_{\mathrm{B}}| = |z_{\mathrm{A}}| \times |z_{\mathrm{B}}|$.

• Nous avons alors, pour tout entier naturel n : $r_n = 16 \times \left(\frac{\sqrt{2}}{2}\right)^n$.

• Comme $-1 < \frac{\sqrt{2}}{2} < 1$, $\lim_{n \to +\infty} \left(\frac{\sqrt{2}}{2}\right)^n = 0$. **La suite (r_n) est convergente et $\lim_{n \to +\infty} r_n = 0$.**

• Comme $r_n = |z_n| = \mathrm{OA}_n$, le résultat précédent signifie que quand n devient de plus en plus grand, la distance OA_n tend vers 0. Autrement dit, **le point A_n se rapproche du point O** (origine du repère).

▶ **3. a) Calculer une distance à l'aide des modules**

Pour tout entier naturel n, nous avons :

$$\begin{aligned}
\mathrm{A}_n\mathrm{A}_{n+1} &= |z_{n+1} - z_n| \text{ (distance et module)}\\
&= \left|\left(\frac{1+\mathrm{i}}{2}\right)z_n - z_n\right| \text{ (définition de } z_{n+1})\\
&= \left|\left(\frac{1+\mathrm{i}}{2} - 1\right) \times z_n\right|\\
&= \left|-\frac{1}{2} + \frac{\mathrm{i}}{2}\right| \times |z_n| \text{ (propriété du module)}\\
&= \sqrt{\left(-\frac{1}{2}\right)^2 + \left(\frac{1}{2}\right)^2} \times r_n \text{ (définition de } r_n)\\
&= \frac{\sqrt{2}}{2} r_n\\
&= r_{n+1} \text{ (question } \textbf{2.}).
\end{aligned}$$

b) Déterminer l'expression d'une suite

Pour tout entier naturel n, nous avons :

$$\begin{aligned}
L_n &= \sum_{i=0}^{n-1} \mathrm{A}_i\mathrm{A}_{i+1} = \mathrm{A}_0\mathrm{A}_1 + \mathrm{A}_1\mathrm{A}_2 + \ldots + \mathrm{A}_{n-1}\mathrm{A}_n \text{ (énoncé)}\\
&= r_1 + r_2 + \ldots + r_n \text{ (question } \textbf{3. a)}).
\end{aligned}$$

Par suite, L_n est la somme de n termes consécutifs de la suite géométrique (r_n) dont la raison est $\frac{\sqrt{2}}{2}$.

Comme $r_1 = |z_1| = 8\sqrt{2}$ (question **1. d)**) est le premier terme de cette somme, nous avons :

$$L_n = r_1 \times \frac{1 - \left(\frac{\sqrt{2}}{2}\right)^n}{1 - \frac{\sqrt{2}}{2}}$$

$$L_n = r_1 \times \frac{1-\left(\frac{\sqrt{2}}{2}\right)^n}{\frac{2-\sqrt{2}}{2}}$$

$$= 8\sqrt{2} \times \frac{2}{2-\sqrt{2}} \times \left(1-\left(\frac{\sqrt{2}}{2}\right)^n\right)$$

$$= 8\sqrt{2} \times \frac{2}{2-\sqrt{2}} \times \frac{2+\sqrt{2}}{2+\sqrt{2}} \times \left(1-\left(\frac{\sqrt{2}}{2}\right)^n\right)$$

$$= 8\sqrt{2} \times \frac{4+2\sqrt{2}}{2} \times \left(1-\left(\frac{\sqrt{2}}{2}\right)^n\right)$$

$$= (16\sqrt{2}+16) \times \left(1-\left(\frac{\sqrt{2}}{2}\right)^n\right).$$

Notez bien
On multiplie au numérateur et au dénominateur par la quantité conjuguée de $2-\sqrt{2}$.

c) Déterminer la limite d'une suite

Comme $-1 < \frac{\sqrt{2}}{2} < 1$, $\lim\limits_{n\to+\infty} \left(\frac{\sqrt{2}}{2}\right)^n = 0$. Par différence et produit, nous en déduisons que : $\lim\limits_{n\to+\infty} L_n = 16\sqrt{2}+16$.

SUJET 18

PONDICHÉRY • AVRIL 2014

NOMBRES COMPLEXES ET APPLICATIONS

DURÉE : 60 MINUTES • 5 POINTS

Spirale et complexes

Le plan complexe est muni d'un repère orthonormé $(\mathrm{O}\,;\vec{u},\vec{v})$.
Pour tout entier naturel n, on note A_n le point d'affixe z_n défini par :

$$z_0 = 1 \text{ et } z_{n+1} = \left(\frac{3}{4}+\frac{\sqrt{3}}{4}\mathrm{i}\right)z_n.$$

On définit la suite (r_n) par $r_n = |z_n|$ pour tout entier naturel n.

▶ **1.** Donner la forme exponentielle du nombre complexe $\frac{3}{4}+\frac{\sqrt{3}}{4}\mathrm{i}$.

▶ **2. a)** Montrer que la suite (r_n) est géométrique de raison $\frac{\sqrt{3}}{2}$.

b) En déduire l'expression de r_n en fonction de n.

c) Que dire de la longueur OA_n lorsque n tend vers $+\infty$?

▶ **3.** On considère l'algorithme suivant :

Variables	n entier naturel R réel P réel strictement positif
Entrée	Demander la valeur de P

Traitement	R prend la valeur 1
	n prend la valeur 0
	Tant que $R > P$
	    n prend la valeur $n + 1$
	    R prend la valeur $\frac{\sqrt{3}}{2}R$
	Fin tant que

Sortie	Afficher n

a) Quelle est la valeur affichée par l'algorithme pour $P = 0,5$?

b) Pour $P = 0,01$ on obtient $n = 33$. Quel est le rôle de cet algorithme ?

▶ **4. a)** Démontrer que le triangle OA_nA_{n+1} est rectangle en A_{n+1}.

b) On admet que $z_n = r_n e^{i\frac{n\pi}{6}}$.

Déterminer les valeurs de n pour lesquelles A_n est un point de l'axe des ordonnées.

c) Compléter la figure ci-dessous, en représentant les points A_6, A_7, A_8 et A_9.
Les traits de construction seront apparents.

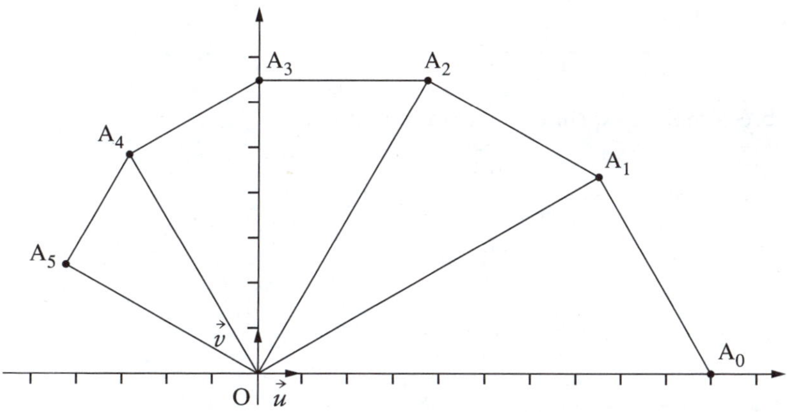

LES CLÉS DU SUJET

Les thèmes clés

Nombres complexes • Suites géométriques • Algorithme.

Les outils dont vous avez besoin

Les références en rouge renvoient à la boîte à outils en fin d'ouvrage.

- Propriétés des suites géométriques E4 → **2. a)**, **2. b)** et **2. c)**
- Propriétés du module d'un nombre complexe E18 → **1.**, **2. a)** et **4. a)**
- Propriétés d'un argument d'un nombre complexe E19 • E22 → **1.** et **4. a)**
- Forme exponentielle d'un nombre complexe E21 → **1.** et **4. b)**
- Forme algébrique d'un nombre complexe E16 → **4. b)**

Nos coups de pouce

▶ **3.** Présentez les différentes étapes sous forme d'un tableau en y indiquant principalement les mises à jour des variables R et n. N'oubliez pas la condition de la boucle « Tant que ». Dès que cette condition n'est plus vérifiée, l'exécution de cette boucle est terminée.

▶ **4. a)** Précisez la valeur des distances OA_n et OA_{n+1} et calculez la distance A_nA_{n+1} en utilisant la notion de module. Concluez par la réciproque du théorème de Pythagore.

CORRIGÉ SUJET 18

▶ 1. Déterminer la forme exponentielle d'un nombre complexe

• Déterminons le module de ce nombre complexe :

$$\left|\frac{3}{4}+\frac{\sqrt{3}}{4}\,\mathrm{i}\right| = \sqrt{\left(\frac{3}{4}\right)^2+\left(\frac{\sqrt{3}}{4}\right)^2} = \sqrt{\frac{9+3}{16}} = \frac{2\sqrt{3}}{4} = \frac{\sqrt{3}}{2}.$$

• Un argument θ de ce nombre complexe exprimé en radians est tel que :

$$\cos\theta = \frac{\frac{3}{4}}{\frac{\sqrt{3}}{2}} = \frac{3}{4}\times\frac{2}{\sqrt{3}} = \frac{\sqrt{3}}{2} \quad \text{et} \quad \sin\theta = \frac{\frac{\sqrt{3}}{4}}{\frac{\sqrt{3}}{2}} = \frac{\sqrt{3}}{4}\times\frac{2}{\sqrt{3}} = \frac{1}{2}.$$

Par le tableau des valeurs usuelles, nous en déduisons que $\theta = \frac{\pi}{6}\ [2\pi]$.

• Nous en concluons que : $\frac{3}{4}+\frac{\sqrt{3}}{4}\,\mathrm{i} = \left|\frac{3}{4}+\frac{\sqrt{3}}{4}\,\mathrm{i}\right| \times e^{\mathrm{i}\theta} = \frac{\sqrt{3}}{2}\,e^{\mathrm{i}\frac{\pi}{6}}$.

▶ 2. a) Démontrer qu'une suite est géométrique

Soit n un entier naturel. Nous avons :

$$\begin{aligned} r_{n+1} &= \left|z_{n+1}\right| \\ &= \left|\left(\frac{3}{4}+\frac{\sqrt{3}}{4}\mathrm{i}\right)\times z_n\right| \quad \text{(définition de } z_{n+1}\text{)} \\ &= \left|\frac{3}{4}+\frac{\sqrt{3}}{4}\mathrm{i}\right|\times\left|z_n\right| \\ &= \frac{\sqrt{3}}{2}\times\left|z_n\right| \quad \text{(question \textbf{1.})} \\ &= \frac{\sqrt{3}}{2}\times r_n . \end{aligned}$$

La suite (r_n) est donc géométrique de raison $\frac{\sqrt{3}}{2}$.

Remarque. Son premier terme est $r_0 = \left|z_0\right| = 1$.

Notez bien
Pour tous nombres complexes Z_A et Z_B :
$\left|Z_A \times Z_B\right| = \left|Z_A\right| \times \left|Z_B\right|$.

b) Déterminer la forme explicite d'une suite

Comme la suite (r_n) est géométrique de raison $\frac{\sqrt{3}}{2}$ et de premier terme $r_0 = 1$, alors nous avons (formule explicite) pour tout entier naturel n :

$$r_n = r_0 \times \left(\frac{\sqrt{3}}{2}\right)^n = 1\times\left(\frac{\sqrt{3}}{2}\right)^n = \left(\frac{\sqrt{3}}{2}\right)^n.$$

c) Déterminer et interpréter la limite d'une suite

Pour tout entier naturel n, A_n étant le point d'affixe z_n, la distance OA_n est le module de z_n, soit $\left|z_n\right| = r_n$. Comme $-1 < \frac{\sqrt{3}}{2} < 1$, $\lim\limits_{n\to+\infty} r_n = 0$. **Autrement dit, la distance OA_n tend vers zéro quand n tend vers $+\infty$.**

▶ 3. a) Déterminer la sortie (affichage) d'un algorithme

Phase d'entrée

La valeur de P saisie est 0,5 donc $P = 0{,}5$.

Phase de traitement

R prend la valeur 1 et n prend la valeur 0 donc $R = 1$ et $n = 0$.

Présentons l'exécution de la boucle « Tant que » sous forme d'un tableau :

Variable R	**Variable n**	**Condition de la boucle « Tant que »**
1	0	$1 > 0,5$: condition vérifiée
$1 \times \frac{\sqrt{3}}{2} = \frac{\sqrt{3}}{2}$	0 + 1 = 1	$\frac{\sqrt{3}}{2} \approx 0,866 > 0,5$: condition vérifiée
$\frac{\sqrt{3}}{2} \times \frac{\sqrt{3}}{2} = \frac{3}{4}$	1 + 1 = 2	$\frac{3}{4} > 0,5$: condition vérifiée
$\frac{3}{4} \times \frac{\sqrt{3}}{2} = \frac{3\sqrt{3}}{8}$	2 + 1 = 3	$\frac{3\sqrt{3}}{8} \approx 0,650 > 0,5$: condition vérifiée
$\frac{3\sqrt{3}}{8} \times \frac{\sqrt{3}}{2} = \frac{9}{16}$	3 + 1 = 4	$\frac{9}{16} = 0,5625 > 0,5$: condition vérifiée
$\frac{9}{16} \times \frac{\sqrt{3}}{2} = \frac{9\sqrt{3}}{32}$	4 + 1 = 5	$\boldsymbol{\frac{9\sqrt{3}}{32} \approx 0,487 \leqslant 0,5}$ **: condition non vérifiée**

L'exécution de la boucle « Tant que » est terminée.

Phase de sortie

L'algorithme affiche la valeur $n = 5$.

b) Comprendre le rôle d'un algorithme

• La variable P joue le rôle de seuil. Dans la question précédente, le seuil est fixé à 0,5 et dans cette question, il est fixé à 0,01.

• La boucle « Tant que » s'arrête (ne s'exécute plus) dès lors que la valeur prise par la variable R est inférieure ou égale au seuil fixé. La valeur initiale prise par R est 1 ($n = 0$) et à chaque exécution de la boucle « Tant que », la valeur actuelle de R est multipliée par $\frac{\sqrt{3}}{2}$ pour obtenir sa nouvelle valeur tandis que la valeur de n est incrémentée de 1. La variable R prend ainsi successivement les valeurs de la suite (r_n) et la variable n joue le rôle de l'indice de la suite.

L'algorithme affiche donc la plus petite valeur de n telle que $r_n \leqslant P$.

Remarque. Pour $P = 0,01$, l'algorithme affiche $n = 33$. En effet,

$$r_{32} = \left(\frac{\sqrt{3}}{2}\right)^{32} \approx 0,01002 > 0,01 \quad \text{et} \quad r_{33} = \left(\frac{\sqrt{3}}{2}\right)^{33} \approx 0,0087 \leqslant 0,01.$$

▶ 4. a) Déterminer la nature d'un triangle

Soit n un entier naturel.

• La distance OA_n est le module de z_n : $|z_n| = r_n$. De même, la distance OA_{n+1} est le module de z_{n+1} : $|z_{n+1}| = r_{n+1}$. Par la question **2. a)**, nous avons :

$$OA_{n+1} = r_{n+1} = \frac{\sqrt{3}}{2} \times r_n = \frac{\sqrt{3}}{2}\, OA_n.$$

• La distance A_nA_{n+1} est égale au module de la différence de z_{n+1} et de z_n :

$$\begin{aligned}|z_{n+1}-z_n| &= \left|\left(\frac{3}{4}+\frac{\sqrt{3}}{4}\,\mathrm{i}\right)\times z_n - z_n\right|\\ &= \left|\left(\frac{3}{4}+\frac{\sqrt{3}}{4}\,\mathrm{i}-1\right)\times z_n\right|\\ &= \left|-\frac{1}{4}+\frac{\sqrt{3}}{4}\,\mathrm{i}\right|\times|z_n|\\ &= \sqrt{\left(-\frac{1}{4}\right)^2+\left(\frac{\sqrt{3}}{4}\right)^2}\times|z_n|\\ &= \frac{1}{2}\times|z_n|\\ &= \frac{1}{2}\times r_n.\end{aligned}$$

Par conséquent, $(A_nA_{n+1})^2+(OA_{n+1})^2=\frac{1}{4}(r_n)^2+\frac{3}{4}(r_n)^2=(r_n)^2=(OA_n)^2$.

Par la réciproque du théorème de Pythagore, **le triangle OA_nA_{n+1} est rectangle en A_{n+1}.**

b) Résoudre une équation

Le point A_n est un point de l'axe des ordonnées si, et seulement si, la partie réelle de son affixe z_n est nulle, $\mathrm{Re}(z_n)=0$. Or d'après l'énoncé, $z_n=r_n\times \mathrm{e}^{\mathrm{i}\frac{n\pi}{6}}$ ce que nous pouvons réécrire de la manière suivante : $z_n=r_n\times\left(\cos\left(\frac{n\pi}{6}\right)+\mathrm{i}\sin\left(\frac{n\pi}{6}\right)\right)$. De plus, d'après la question **2.**, pour tout entier naturel n, $r_n\neq 0$.

Par conséquent :

$$\begin{aligned}\mathrm{Re}(z_n)=0 \qquad & \cos\left(\frac{n\pi}{6}\right)=0\\ & \frac{n\pi}{6}=\frac{\pi}{2}\,[\pi]\\ & \frac{n\pi}{6}=\frac{\pi}{2}+k\pi,\ k\in\mathbb{Z}\\ & n=3+6k,\ k\in\mathbb{Z}.\end{aligned}$$

Mais comme n est un entier naturel, n doit être positif : $n\geqslant 0 \qquad 3+6k\geqslant 0.$

$$k\geqslant -\frac{1}{2}$$

Or k est un entier relatif, donc $k\geqslant -\frac{1}{2} \qquad k\in\mathbb{N}$

Les valeurs de n pour lesquelles A_n est un point de l'axe des ordonnées sont donc : $n=3+6k$, $k\in\mathbb{N}$.

c) Compléter une figure

• D'après la question **1.** : $(\overrightarrow{OA_n}, \overrightarrow{OA_{n+1}}) = \arg\left(\dfrac{z_{n+1}}{z_n}\right) = \arg\left(\dfrac{3}{4} + \dfrac{\sqrt{3}}{4}\mathrm{i}\right) = \dfrac{\pi}{6}\ [2\pi]$.

Par suite, l'angle géométrique $\widehat{A_nOA_{n+1}}$ a pour mesure 30 degrés.

• D'après la question **4. a)**, le triangle $OA_{n+1}A_n$ est rectangle en A_{n+1}.

Par suite, l'angle géométrique $\widehat{OA_{n+1}A_n}$ a pour mesure 90 degrés.

Ces deux éléments permettent de représenter, par simple construction de triangles dont les mesures des trois angles sont connues, les points A_6, A_7, A_8 et A_9.

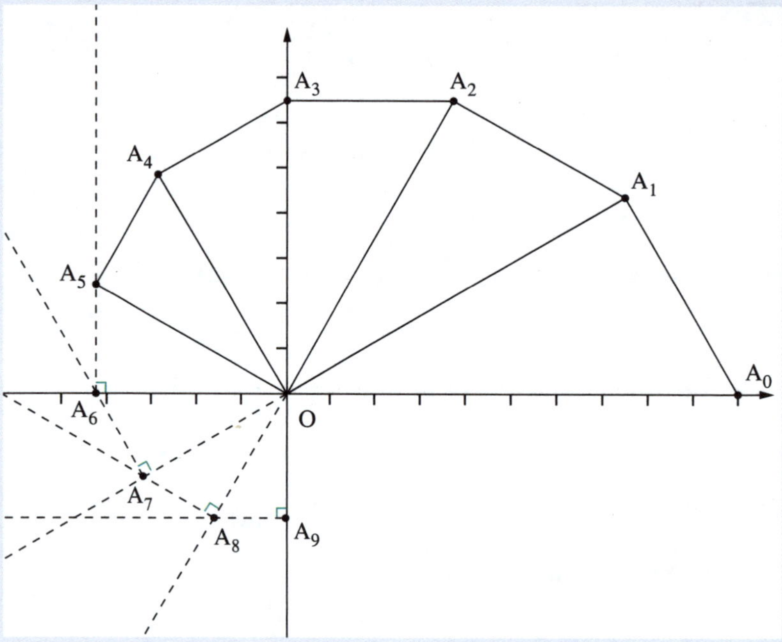

Résolution d'une équation du quatrième degré

On désigne par (E) l'équation $z^4 + 4z^2 + 16 = 0$ d'inconnue complexe z.

▶ **1.** Résoudre dans $\mathbb{C}$ l'équation $Z^2 + 4Z + 16 = 0$.
Écrire les solutions de cette équation sous forme exponentielle.

▶ **2.** On désigne par a le nombre complexe dont le module est égal à 2 et dont un argument est égal à $\frac{\pi}{3}$.
Calculer a^2 sous forme algébrique.
En déduire les solutions dans $\mathbb{C}$ de l'équation $z^2 = -2 + 2i\sqrt{3}$. On écrira les solutions sous forme algébrique.

▶ **3. Restitution organisée de connaissances**
On suppose connu le fait que pour tout nombre complexe $z = x + iy$ où $x \in \mathbb{R}$ et $y \in \mathbb{R}$, le conjugué de z est le nombre complexe $\overline{z}$ défini par $\overline{z} = x - iy$. Démontrer que :

- Pour tous nombres complexes z_1 et z_2, $\overline{z_1 z_2} = \overline{z_1} \times \overline{z_2}$.
- Pour tout nombre complexe z et tout entier naturel non nul n, $\overline{z^n} = (\overline{z})^n$.

▶ **4.** Démontrer que si z est une solution de l'équation (E) alors son conjugué $\overline{z}$ est également une solution de (E). En déduire les solutions dans $\mathbb{C}$ de l'équation (E). On admettra que (E) admet au plus quatre solutions.

LES CLÉS DU SUJET

Les thèmes clés

Nombres complexes.

Les outils dont vous avez besoin

Les références en rouge renvoient à la boîte à outils en fin d'ouvrage.

- Forme algébrique d'un nombre complexe E16A → **1.**, **2.** et **3.**
- Module d'un nombre complexe E18A → **1.**
- Argument d'un nombre complexe E19B • E19D → **1.** et **2.**
- Conjugué d'un nombre complexe E17A • E17B → **3.** et **4.**
- Forme exponentielle d'un nombre complexe E21A • E21B • E21C → **1.** et **2.**
- Résolution d'une équation du second degré E23 → **1.**
- Raisonnement par récurrence E1 → **3.**

Nos coups de pouce

▶ **3.** Pour démontrer la première relation, écrivez z_1 et z_2 sous forme algébrique. Pour démontrer la deuxième relation, raisonnez par récurrence.

▶ **4.** Justifiez en utilisant la question **3.** et les propriétés du conjugué que $(\overline{z})^4 + 4(\overline{z})^2 + 16 = 0$, z désignant une solution de l'équation (E).

▶ 1. Résoudre une équation dans $\mathbb{C}$ et écrire les solutions sous forme exponentielle

• Le discriminant associé à cette équation est :

$$= (4)^2 - 4 \times 1 \times 16 = -48.$$

Comme Δ est négatif, cette équation admet deux solutions complexes conjuguées Z_1 et Z_2 :

$$Z_1 = \frac{-4 + i\sqrt{48}}{2} = \frac{-4 + i \times 4 \times \sqrt{3}}{2} = -2 + 2i\sqrt{3}$$

et $Z_2 = \overline{Z_1} = -2 - 2i\sqrt{3}$.

• Le module r_1 du nombre complexe Z_1 est :

$\left|-2 + 2i\sqrt{3}\right| = \sqrt{(-2)^2 + (2\sqrt{3})^2} = \sqrt{4+12} = 4.$

Par propriété, un argument θ_1 de ce nombre complexe non nul exprimé en radians vérifie :

$$\cos\theta_1 = \frac{\text{Re}(-2 + 2i\sqrt{3})}{r_1} = -\frac{2}{4} = -\frac{1}{2} \text{ et } \sin\theta_1 = \frac{\text{Im}(-2 + 2i\sqrt{3})}{r_1} = \frac{2\sqrt{3}}{4} = \frac{\sqrt{3}}{2}.$$

À l'aide du tableau des valeurs usuelles, nous en déduisons que $\frac{2\pi}{3}$ est un argument du nombre complexe Z_1. Ainsi, Z_1 s'écrit sous forme exponentielle de la manière suivante :

$$Z_1 = r_1 \times e^{i\theta_1} = 4\,e^{i\frac{2\pi}{3}}.$$

• Comme Z_2 est le conjugué de Z_1, $|Z_2| = |Z_1|$ et $\theta_2 = \arg(Z_2) = -\arg(Z_1)\ [2\pi]$.

Ainsi, Z_2 s'écrit sous forme exponentielle de la manière suivante :

$$Z_2 = r_1 \times e^{i(-\theta_1)} = 4\,e^{-i\frac{2\pi}{3}}.$$

▶ 2. Résoudre une équation dans $\mathbb{C}$ et écrire les solutions sous forme algébrique

• Comme le nombre complexe a a pour module 2 et pour argument $\frac{\pi}{3}$, il s'écrit sous forme exponentielle de la manière suivante : $2\,e^{i\frac{\pi}{3}}$.

Par conséquent, $a^2 = \left(2e^{i\frac{\pi}{3}}\right)^2$

$$= 2^2 \times \left(e^{i\frac{\pi}{3}}\right)^2$$

$$= 4 \times e^{i\frac{2\pi}{3}}$$

$$= 4\times\left(\cos\left(\frac{2\pi}{3}\right)+\mathrm{i}\sin\left(\frac{2\pi}{3}\right)\right)$$
$$= 4\times\left(-\frac{1}{2}+\mathrm{i}\,\frac{\sqrt{3}}{2}\right)$$
$$= -2+2\mathrm{i}\sqrt{3}.$$

• Comme $a^2 = -2+2\mathrm{i}\sqrt{3}$, l'équation $z^2 = -2+2\mathrm{i}\sqrt{3}$ s'écrit $z^2 = a^2$.

Or $z^2 = a^2 \quad z^2 - a^2 = 0$
$$(z-a)\times(z+a) = 0$$
$$z = a \text{ ou } z = -a.$$

Notez bien
$a^2 - b^2 = (a - b) \times (a + b)$.

L'équation $z^2 = -2+2\mathrm{i}\sqrt{3}$ admet donc dans $\mathbb{C}$ deux solutions complexes qui sont a et $-a$.

Remarque. Les nombres complexes a et $-a$ sont deux solutions de l'équation (E).

• La forme exponentielle du nombre complexe a est $2\,\mathrm{e}^{\mathrm{i}\frac{\pi}{3}}$. Or,

$$2\mathrm{e}^{\mathrm{i}\frac{\pi}{3}} = 2\times\left(\cos\left(\frac{\pi}{3}\right)+\mathrm{i}\sin\left(\frac{\pi}{3}\right)\right) = 2\times\left(\frac{1}{2}+\mathrm{i}\,\frac{\sqrt{3}}{2}\right) = 1+\mathrm{i}\sqrt{3}.$$

La forme algébrique du nombre complexe a est donc : $1+\mathrm{i}\sqrt{3}$.

Et naturellement, $-a = -2\mathrm{e}^{\mathrm{i}\frac{\pi}{3}} = -1-\mathrm{i}\sqrt{3}$.

▶ 3. Démontrer une égalité avec des nombres complexes conjugués

• Soient z_1 et z_2 deux nombres complexes tels que : $z_1 = x_1 + \mathrm{i}y_1$ et $z_2 = x_2 + \mathrm{i}y_2$ (forme algébrique). Alors, nous avons :

$$z_1 \times z_2 = (x_1 + \mathrm{i}y_1)\times(x_2 + \mathrm{i}y_2)$$
$$= x_1 \times x_2 + x_1 \times \mathrm{i}y_2 + \mathrm{i}y_1 \times x_2 + \mathrm{i}y_1 \times \mathrm{i}y_2$$
$$= x_1 \times x_2 + \mathrm{i}^2 \times y_1 \times y_2 + \mathrm{i}(x_1 \times y_2 + y_1 \times x_2)$$
$$= x_1 \times x_2 - y_1 \times y_2 + \mathrm{i}(x_1 \times y_2 + y_1 \times x_2).$$

Retenez bien
$\mathrm{i}^2 = -1$.

Et donc, $\overline{z_1 \times z_2} = x_1 \times x_2 - y_1 \times y_2 - \mathrm{i}\,(x_1 \times y_2 + y_1 \times x_2)$.

Or, $\overline{z_1} \times \overline{z_2} = (x_1 - \mathrm{i}y_1)\times(x_2 - \mathrm{i}y_2)$
$$= x_1 \times x_2 - x_1 \times \mathrm{i}y_2 - \mathrm{i}y_1 \times x_2 + (-\mathrm{i}y_1)\times(-\mathrm{i}y_2)$$
$$= x_1 \times x_2 + \mathrm{i}^2 \times y_1 \times y_2 - \mathrm{i} \times x_1 \times y_2 - \mathrm{i} \times y_1 \times x_2$$
$$= x_1 \times x_2 - y_1 \times y_2 - \mathrm{i}\,(x_1 \times y_2 + y_1 \times x_2).$$

Ainsi, $\overline{z_1 \times z_2} = \overline{z_1} \times \overline{z_2}$.

• Soit la propriété $\mathcal{P}(n)$: $\overline{z^n} = (\overline{z})^n$. Démontrons cette propriété par récurrence.

Initialisation

Comme $\overline{z^1} = \overline{z} = (\overline{z})^1$, la propriété $\mathcal{P}(1)$ est vraie.

MATHÉMATIQUES

Hérédité

Supposons que la propriété est vraie au rang k. Démontrons qu'elle est vraie au rang $k+1$.

$\overline{z^{k+1}} = \overline{z^k \times z}$

$= \overline{z^k} \times \overline{z}$ (point précédent avec $z_1 = z^k$ et $z_2 = z$)

$= (\overline{z})^k \times \overline{z}$ (hypothèse de récurrence)

$= (\overline{z})^{k+1}$.

Conclusion

La propriété $\mathcal{P}(n)$ étant initialisée et héréditaire, d'après l'axiome de récurrence, la propriété $\mathcal{P}(n)$ est donc vraie : **pour tout entier naturel $n \geqslant 1$, $\overline{z^n} = (\overline{z})^n$.**

▶ **4. Résoudre une équation dans $\mathbb{C}$ du quatrième degré**

• Supposons que z soit une solution de l'équation (E). Nous avons alors :

$(\overline{z})^4 + 4(\overline{z})^2 + 16 = \overline{z^4} + 4\times \overline{z^2} + 16$ (propriété précédente avec $n = 4$ et $n = 2$)

$= \overline{z^4 + 4z^2 + 16}$ (propriétés du conjugué)

$= \overline{0}$ (z solution de l'équation (E))

$= 0$.

Autrement dit, $\overline{z}$ est également une solution de (E).

• D'après la question **2.**, $1 + \mathrm{i}\sqrt{3}$ et $-1 - \mathrm{i}\sqrt{3}$ sont solutions de l'équation (E). Par le point précédent, leurs conjugués le sont également, à savoir $1 - \mathrm{i}\sqrt{3}$ et $-1 + \mathrm{i}\sqrt{3}$. Comme, d'après l'énoncé, (E) admet au plus quatre solutions. Les solutions de (E) dans $\mathbb{C}$ sont donc : $\mathbf{1 + i\sqrt{3}}$; $\mathbf{-1 - i\sqrt{3}}$; $\mathbf{1 - i\sqrt{3}}$ et $\mathbf{-1 + i\sqrt{3}}$.

SUJET 20

AMÉRIQUE DU NORD • MAI 2014

GÉOMÉTRIE DANS L'ESPACE

DURÉE : 60 MINUTES • 4 POINTS

Sectionner un cube

On considère un cube ABCDEFGH donné ci-dessous.

On note M le milieu du segment [EH], N celui de [FC] et P le point tel que $\overrightarrow{HP} = \frac{1}{4}\overrightarrow{HG}$.

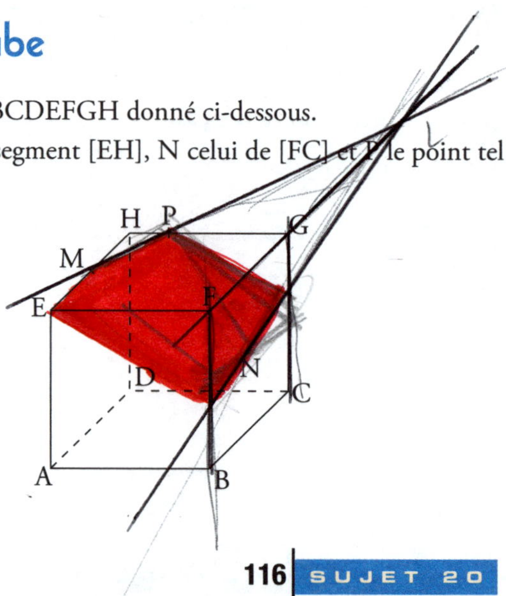

PARTIE A : SECTION DU CUBE PAR LE PLAN (MNP)

▶ **1.** Justifier que les droites (MP) et (FG) sont sécantes en un point L.
Construire le point L.

▶ **2.** On admet que les droites (LN) et (CG) sont sécantes et on note T leur point d'intersection.
On admet que les droites (LN) et (BF) sont sécantes et on note Q leur point d'intersection.
a) Construire les points T et Q en laissant apparents les traits de construction.
b) Construire l'intersection des plans (MNP) et (ABF).

▶ **3.** En déduire une construction de la section du cube par le plan (MNP).

PARTIE B

L'espace est rapporté au repère $(A\,;\overrightarrow{AB},\overrightarrow{AD},\overrightarrow{AE})$.

▶ **1.** Donner les coordonnées des points M, N et P dans ce repère.

▶ **2.** Déterminer les coordonnées du point L.

▶ **3.** On admet que le point T a pour coordonnées $\left(1\,;1\,;\frac{5}{8}\right)$.
Le triangle TPN est-il rectangle en T ?

LES CLÉS DU SUJET

■ Les thèmes clés

Géométrie dans l'espace • Géométrie vectorielle.

■ Les outils dont vous avez besoin

Les références en rouge renvoient à la boîte à outils en fin d'ouvrage.

- Positions relatives de plans et de droites E24 → **Partie A, 1., 2. a), 2. b)** et **3.**
- Décomposition d'un vecteur et repérage E29 → **Partie B, 1.**
- Représentation paramétrique d'une droite E30 → **Partie B, 2.**
- Produit scalaire dans l'espace E31c → **Partie B, 3.**

■ Nos coups de pouce

Partie A

▶ **2. b)** Par un raisonnement analogue à la question **1.**, remarquez que les droites (MP) et (EF) sont sécantes en un point que nous noterons S. N'oubliez pas que le point Q appartient aux plans (MNP) et (ABF) pour conclure.

Partie B

▶ **1.** Exprimez les vecteurs $\overrightarrow{AM}$, $\overrightarrow{AP}$ et $\overrightarrow{AN}$ en fonction des vecteurs $\overrightarrow{AB}$, $\overrightarrow{AD}$ et $\overrightarrow{AE}$.

PARTIE A : SECTION DU CUBE PAR LE PLAN (MNP)

▶ 1. Justifier la position relative de deux droites

ABCDEFGH est un cube dont la face supérieure est EFGH. Le point P appartient au segment [HG] et le point M appartient au segment [EH]. Les points E, F, G, H, M et P sont donc dans le même plan.

En particulier les droites (MP), (EH) et (FG) sont coplanaires. Comme M est le milieu du segment [EH], les droites (MP) et (HE) sont naturellement sécantes en M. Or les droites (HE) et (FG) sont parallèles. Si deux droites sont parallèles, toute sécante à l'une est sécante à l'autre.

Par conséquent, **les droites (MP) et (FG) sont sécantes en un point que nous notons L.**

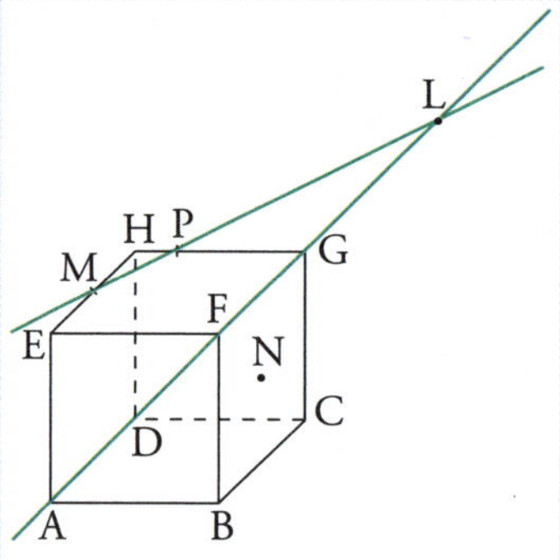

Remarque. Le plan (MNP) et la face EFGH du cube sont sécants : leur intersection est le segment [MP].

▶ 2. a) Construire des points dans l'espace

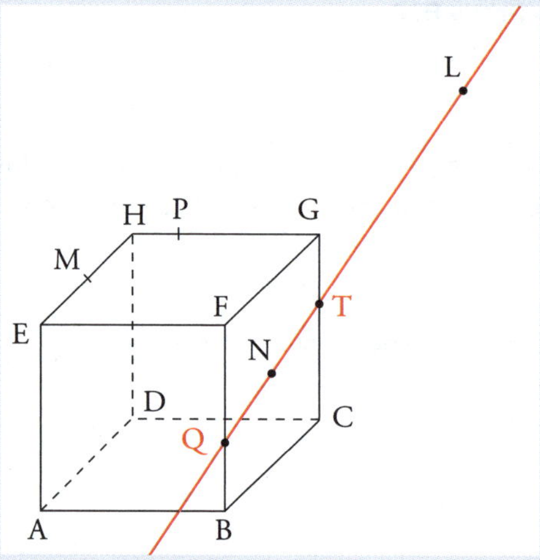

Remarques. Le plan (MNP) et la face BCGF du cube sont sécants : leur intersection est le segment [TQ] ; le plan (MNP) et la face CDHG du cube sont sécants : leur intersection est le segment [PT].

b) Construire l'intersection de deux plans

Par un raisonnement analogue à la question **1.** de la partie **A**, les droites (MP) et (EF) sont sécantes en un point que nous notons S. Comme S appartient à la droite (MP) et Q appartient à la droite (LN), les points S et Q appartiennent au plan (MNP). Comme ces points appartiennent également au plan (ABF), **la droite recherchée est la droite (QS).**

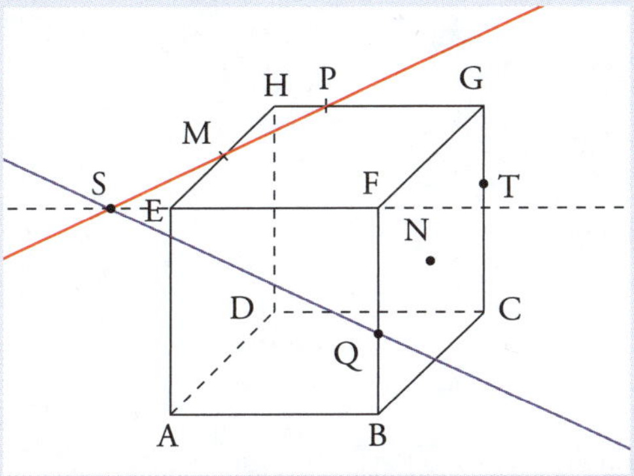

▸ 3. Construire la section d'un cube par un plan

Nous notons R le point d'intersection de la droite (QS) et de la droite (EA). Le plan (MNP) et la face ABFE sont sécants : leur intersection est le segment [QR]. En prenant en compte les remarques faites dans les réponses aux questions précédentes, nous en concluons que **la section du cube par le plan (MNP) est le pentagone MPTQR.**

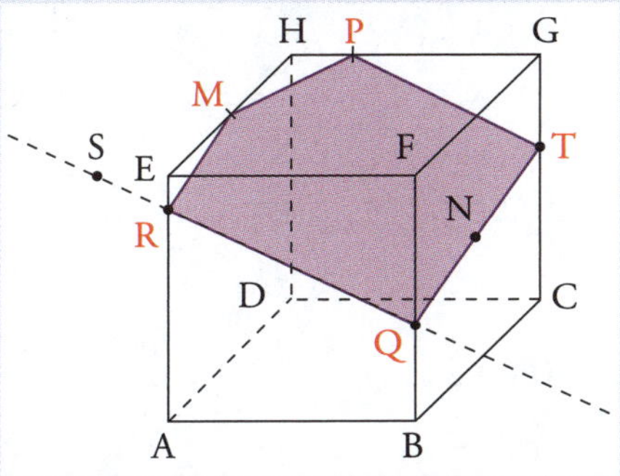

PARTIE B

▸ 1. Déterminer les coordonnées d'un point de l'espace

- $\overrightarrow{AM} = \overrightarrow{AE} + \overrightarrow{EM}$ (relation de Chasles)

$= \overrightarrow{AE} + \frac{1}{2}\overrightarrow{EH}$ (M milieu de [EH])

$= \overrightarrow{AE} + \frac{1}{2}\overrightarrow{AD}$ (ADHE est une face du cube)

$= 0 \times \overrightarrow{AB} + \frac{1}{2}\overrightarrow{AD} + \overrightarrow{AE}.$

Par suite, M a pour coordonnées $\left(0\ ;\ \dfrac{1}{2}\ ;\ 1\right)$.

- $\overrightarrow{AP} = \overrightarrow{AD} + \overrightarrow{DH} + \overrightarrow{HP}$ (relation de Chasles)

$= \overrightarrow{AD} + \overrightarrow{AE} + \dfrac{1}{4}\overrightarrow{HG}$ (ADHE face du cube et définition de P)

$= \overrightarrow{AD} + \overrightarrow{AE} + \dfrac{1}{4}\overrightarrow{AB}$ (propriété du cube).

Par suite, P a pour coordonnées $\left(\dfrac{1}{4}\ ;\ 1\ ;\ 1\right)$.

- $\overrightarrow{AN} = \overrightarrow{AB} + \overrightarrow{BC} + \overrightarrow{CN}$ (relation de Chasles)

$= \overrightarrow{AB} + \overrightarrow{AD} + \overrightarrow{CN}$

$= \overrightarrow{AB} + \overrightarrow{AD} + \dfrac{1}{2}(-\overrightarrow{AD} + \overrightarrow{AE})$

(car $\overrightarrow{CN} = \dfrac{1}{2}\overrightarrow{CF} = \dfrac{1}{2}(\overrightarrow{CB} + \overrightarrow{BF}) = \dfrac{1}{2}(-\overrightarrow{AD} + \overrightarrow{AE})$)

$= \overrightarrow{AB} + \dfrac{1}{2}\overrightarrow{AD} + \dfrac{1}{2}\overrightarrow{AE}$.

Par suite, N a pour coordonnées $\left(1\ ;\ \dfrac{1}{2}\ ;\ \dfrac{1}{2}\right)$.

▶ 2. Déterminer les coordonnées d'un point d'intersection

- Une représentation paramétrique de la droite (MP) est :

$$\begin{cases} x = x_M + t \times (x_P - x_M) = \dfrac{t}{4} \\ y = y_M + t \times (y_P - y_M) = \dfrac{1}{2} + \dfrac{t}{2},\ t \in \mathbb{R} \\ z = z_M + t \times (z_P - z_M) = 1 \end{cases}$$

- Une représentation paramétrique de la droite (FG) est :

$$\begin{cases} x = x_F + t' \times (x_G - x_F) = 1 \\ y = y_F + t' \times (y_G - y_F) = t',\ t' \in \mathbb{R} \\ z = z_F + t' \times (z_G - z_F) = 1 \end{cases}$$

- Le point L appartenant à la droite (MP) et à la droite (FG), il existe deux nombres réels t et t' tels que :

$$\begin{cases} x_L = \dfrac{t}{4} \\ y_L = \dfrac{1}{2} + \dfrac{t}{2} \\ z_L = 1 \end{cases} \quad \text{et} \quad \begin{cases} x_L = 1 \\ y_L = t' \\ z_L = 1 \end{cases}$$

Ce qui équivaut à : $\begin{cases} x_L = 1 \\ t = 4x_L = 4 \\ y_L = t' = 2{,}5 \\ z_L = 1 \end{cases}$

Le point L a donc pour coordonnées (1 ; 2,5 ; 1).

▸ 3. Étudier la nature d'un triangle

Le vecteur $\overrightarrow{TP}$ a pour coordonnées $\begin{pmatrix} x_P - x_T \\ y_P - y_T \\ z_P - z_T \end{pmatrix} = \begin{pmatrix} -\frac{3}{4} \\ 0 \\ \frac{3}{8} \end{pmatrix}$.

Le vecteur $\overrightarrow{TN}$ a pour coordonnées $\begin{pmatrix} x_N - x_T \\ y_N - y_T \\ z_N - z_T \end{pmatrix} = \begin{pmatrix} 0 \\ -\frac{1}{2} \\ -\frac{1}{8} \end{pmatrix}$.

Comme $\overrightarrow{TP} \cdot \overrightarrow{TN} = -\frac{3}{4} \times 0 + 0 \times \left(-\frac{1}{2}\right) + \frac{3}{8} \times \left(-\frac{1}{8}\right) = -\frac{3}{64} \neq 0$, alors les vecteurs $\overrightarrow{TP}$ et $\overrightarrow{TN}$ ne sont pas orthogonaux. Par suite, les droites (TP) et (TN) dont le point commun est T ne sont pas perpendiculaires.

Le triangle TPN n'est donc pas rectangle en T.

MATHÉMATIQUES

SUJET 21 — LIBAN • MAI 2014

GÉOMÉTRIE DANS L'ESPACE

DURÉE : 60 MINUTES • 5 POINTS

Droites et plans : jouons ensemble !

Pour chacune des propositions suivantes, indiquer si elle est vraie ou fausse et justifier chaque réponse. Une réponse non justifiée ne sera pas prise en compte.

On se place dans l'espace muni d'un repère orthonormé.
On considère le plan $\mathcal{P}$ d'équation $x - y + 3z + 1 = 0$

et la droite $\mathcal{D}$ dont une représentation paramétrique est $\begin{cases} x = 2t \\ y = 1 + t \\ z = -5 + 3t \end{cases}, t \in \mathbb{R}$.

On donne les points A(1 ; 1 ; 0), B(3 ; 0 ; –1) et C(7 ; 1 ; – 2).

• **Proposition 1 :**

Une représentation paramétrique de la droite (AB) est $\begin{cases} x = 5 - 2t \\ y = -1 + t \\ z = -2 + t \end{cases}, t \in \mathbb{R}$.

• **Proposition 2 :**
Les droites $\mathcal{D}$ et (AB) sont orthogonales.
• **Proposition 3 :**
Les droites $\mathcal{D}$ et (AB) sont coplanaires.
• **Proposition 4 :**
La droite $\mathcal{D}$ coupe le plan $\mathcal{P}$ au point E de coordonnées (8 ; – 3 ; – 4).
• **Proposition 5 :**
Les plans $\mathcal{P}$ et (ABC) sont parallèles.

LES CLÉS DU SUJET

■ Le thème clé

Géométrie dans l'espace.

■ Les outils dont vous avez besoin

Les références en rouge renvoient à la boîte à outils en fin d'ouvrage.
- Représentation paramétrique d'une droite E30 → **Propositions 1** à **4**
- Position relative de deux droites E24A • E31C • E32B → **Propositions 2** et **3**
- Position relative d'une droite et d'un plan E24B • E33C → **Proposition 4**
- Position relative de deux plans E24C • E28 • E31C • E33 → **Proposition 5**

■ Nos coups de pouce

• **Proposition 2.** À partir des représentations paramétriques, identifiez un vecteur directeur de la droite (AB) et un vecteur directeur de la droite $\mathcal{D}$. Calculez leur produit scalaire et concluez.
• **Proposition 5.** Précisez les coordonnées d'un vecteur normal $\vec{n}$ au plan $\mathcal{P}$ à partir de l'équation cartésienne donnée. Justifiez que les vecteurs $\overrightarrow{AB}$ et $\overrightarrow{AC}$ sont non colinéaires. Calculez $\vec{n} \cdot \overrightarrow{AB}$ et $\vec{n} \cdot \overrightarrow{AC}$. Concluez.

CORRIGÉ SUJET 21

Proposition 1

Soit d la droite dont une représentation paramétrique est $\begin{cases} x = 5 - 2t \\ y = -1 + t \\ z = -2 + t \end{cases}, t \in \mathbb{R}$.

• Pour $t = 2$, $\begin{cases} x = 5 - 2 \times 2 = 1 = x_A \\ y = -1 + 2 = 1 = y_A \\ z = -2 + 2 = 0 = z_A \end{cases}$.

Le point A appartient donc à la droite d.

• Pour $t=1$, $\begin{cases} x=5-2\times1=3=x_B \\ y=-1+1=0=y_B \\ z=-2+1=-1=z_B \end{cases}$.

Le point B appartient donc à la droite d.
Les points A et B étant distincts, la droite passant par A et B est confondue avec la droite d. **La proposition 1 est vraie.**

Proposition 2
• D'après l'énoncé, une représentation paramétrique de la droite $\mathscr{D}$ est :

$$\begin{cases} x=2t=0+2\times t \\ y=1+t=1+1\times t \\ z=-5+3t=-5+3\times t \end{cases}, t\in\mathbb{R}.$$

Le vecteur $\overrightarrow{u_{\mathscr{D}}}$ de coordonnées (2 ; 1 ; 3) est donc un vecteur directeur de la droite $\mathscr{D}$.
• D'après la question précédente (proposition **1**), une représentation paramétrique de la droite (AB) est :

$$\begin{cases} x=5-2\times t \\ y=-1+1\times t, t\in\mathbb{R} \\ z=-2+1\times t \end{cases}$$

Le vecteur $\vec{u}_{(AB)}$ de coordonnées (− 2 ; 1 ; 1) est donc un vecteur directeur de la droite (AB).
$\vec{u}_{\mathscr{D}}\cdot\vec{u}_{(AB)}=2\times(-2)+1\times1+3\times1=0$. Les vecteurs directeurs des droites $\mathscr{D}$ et (AB) étant orthogonaux, les droites $\mathscr{D}$ et (AB) sont orthogonales. **La proposition 2 est vraie.**

Proposition 3
• D'après la question précédente (proposition **2**), les droites $\mathscr{D}$ et (AB) sont orthogonales. Par conséquent, si ces droites sont coplanaires alors elles ne peuvent pas être strictement parallèles ou confondues, elles ne peuvent être que sécantes.
• Un point appartient à la droite (AB) et à la droite $\mathscr{D}$ s'il existe deux nombres réels t et t' tels que :

$$\begin{cases} x=5-2t \\ y=-1+t \\ z=-2+t \end{cases} \text{ et } \begin{cases} x=2t' \\ y=1+t' \\ z=-5+3t' \end{cases} \quad \begin{cases} x=5-2t \\ y=-1+t \\ z=-2+t \end{cases} \text{ et } \begin{cases} 5-2t=2t' \\ -1+t=1+t' \\ -2+t=-5+3t' \end{cases}$$

$$\begin{cases} x=5-2t \\ y=-1+t \\ z=-2+t \end{cases} \text{ et } \begin{cases} 5-2\times(t'+2)=2t' \\ t=t'+2 \\ -2+t'+2=-5+3t' \end{cases}$$

Ce qui équivaut à : $\begin{cases} x = 5 - 2t \\ y = -1 + t \\ z = -2 + t \end{cases}$ et $\begin{cases} t' = \dfrac{1}{4} \\ t = t' + 2 \\ t' = \dfrac{5}{2} \end{cases}$

Ce qui amène à une contradiction. Il n'existe ainsi pas de points qui appartiennent à la fois à la droite $\mathscr{D}$ et à la droite (AB). Ces droites, étant orthogonales mais non sécantes, sont alors non coplanaires. **La proposition 3 est fausse.**

Proposition 4

• $x_E - y_E + 3z_E + 1 = 8 - (-3) + 3 \times (-4) + 1 = 0$. Comme les coordonnées du point E vérifient l'équation cartésienne du plan $\mathscr{P}$ donnée dans l'énoncé, le point E appartient au plan $\mathscr{P}$.

• Le point E appartient à la droite $\mathscr{D}$ s'il existe un nombre réel t tel que :

$$\begin{cases} x_E = 2t \\ y_E = 1 + t \\ z_E = -5 + 3t \end{cases} \Leftrightarrow \begin{cases} 8 = 2t \\ -3 = 1 + t \\ -4 = -5 + 3t \end{cases} \Leftrightarrow \begin{cases} t = 4 \\ t = -4 \\ t = \dfrac{1}{3} \end{cases}$$

Ce qui conduit à des contradictions. Le point E n'appartient pas à la droite $\mathscr{D}$.
La droite $\mathscr{D}$ coupe peut-être le plan $\mathscr{P}$. Si tel est le cas, le point E n'est pas le point d'intersection. **La proposition 4 est fausse.**

Proposition 5

• D'après l'énoncé, une équation cartésienne du plan $\mathscr{P}$ est $1 \times x - 1 \times y + 3 \times z + 1 = 0$. Le vecteur $\vec{n}$ de coordonnées $(1 ; -1 ; 3)$ est alors un vecteur normal au plan $\mathscr{P}$.

• Les vecteurs $\overrightarrow{AB}$ et $\overrightarrow{AC}$ ont pour coordonnées respectives $(2 ; -1 ; -1)$ et $(6 ; 0 ; -2)$ car

$$\begin{pmatrix} x_B - x_A \\ y_B - y_A \\ z_B - z_A \end{pmatrix} = \begin{pmatrix} 3-1 \\ 0-1 \\ -1-0 \end{pmatrix} = \begin{pmatrix} 2 \\ -1 \\ -1 \end{pmatrix} \text{ et } \begin{pmatrix} x_C - x_A \\ y_C - y_A \\ z_C - z_A \end{pmatrix} = \begin{pmatrix} 7-1 \\ 1-1 \\ -2-0 \end{pmatrix} = \begin{pmatrix} 6 \\ 0 \\ -2 \end{pmatrix}.$$

Leurs coordonnées étant non proportionnelles, les vecteurs $\overrightarrow{AB}$ et $\overrightarrow{AC}$ ne sont pas colinéaires et sont ainsi deux vecteurs directeurs du plan (ABC).

• D'une part, $\vec{n} \cdot \overrightarrow{AB} = 1 \times 2 + (-1) \times (-1) + 3 \times (-1) = 0$

et d'autre part, $\vec{n} \cdot \overrightarrow{AC} = 1 \times 6 + (-1) \times 0 + 3 \times (-2) = 0$.

Le vecteur $\vec{n}$ normal au plan $\mathscr{P}$ est orthogonal aux vecteurs $\overrightarrow{AB}$ et $\overrightarrow{AC}$, vecteurs directeurs du plan (ABC). Le vecteur $\vec{n}$ est donc normal au plan (ABC). Les plans $\mathscr{P}$ et (ABC) sont par conséquent parallèles. **La proposition 5 est vraie.**

Jouons dans l'espace

Dans l'espace muni d'un repère orthonormé, on considère les points :
A(1 ; 2 ; 7), B(2 ; 0 ; 2), C(3 ; 1 ; 3), D(3 ; – 6 ; 1) et E(4 ; – 8 ; – 4).

▶ **1.** Montrer que les points A, B et C ne sont pas alignés.

▶ **2.** Soit $\vec{u}(1\ ;\ b\ ;\ c)$ un vecteur de l'espace, où b et c désignent deux nombres réels.

a) Déterminer les valeurs de b et c telles que $\vec{u}$ soit un vecteur normal au plan (ABC).

b) En déduire qu'une équation cartésienne du plan (ABC) est : $x - 2y + z - 4 = 0$.

c) Le point D appartient-il au plan (ABC) ?

▶ **3.** On considère la droite $\mathscr{D}$ de l'espace dont une représentation paramétrique est :

$$\begin{cases} x = 2t + 3 \\ y = -4t + 5 \\ z = 2t - 1 \end{cases}$$ où t est un nombre réel.

a) La droite $\mathscr{D}$ est-elle orthogonale au plan (ABC) ?

b) Déterminer les coordonnées du point H, intersection de la droite $\mathscr{D}$ et du plan (ABC).

▶ **4.** Étudier la position de la droite (DE) par rapport au plan (ABC).

LES CLÉS DU SUJET

■ Le thème clé

Géométrie dans l'espace.

■ Les outils dont vous avez besoin

Les références en rouge renvoient à la boîte à outils en fin d'ouvrage.

- Colinéarité dans l'espace E27 → **1.**
- Position relative d'une droite et d'un plan E24B → **3. b)** et **4.**
- Calcul d'un produit scalaire E31C → **2. a)**, **3. a)** et **4.**
- Représentation paramétrique d'une droite E30 → **3. a)** et **3. b)**
- Équation cartésienne d'un plan E33C → **2. b)**, **2. c)** et **3. b)**
- Vecteur normal à un plan E33A → **2. a)**
- Orthogonalité E32A • E32C → **2. a)** et **3. a)**

■ Nos coups de pouce

▶ **2. a)** Calculez $\vec{u} \cdot \overrightarrow{AB}$ et $\vec{u} \cdot \overrightarrow{AC}$ en fonction de b et de c. Remémorez-vous une propriété d'un vecteur normal à un plan pour conclure.

▶ **3. a)** Précisez les coordonnées d'un vecteur directeur de la droite $\mathscr{D}$ à partir de l'équation paramétrique donnée. Vérifiez que ce vecteur est orthogonal aux vecteurs $\overrightarrow{AB}$ et $\overrightarrow{AC}$. Concluez.

▶ 1. Démontrer que des points ne sont pas alignés

Calculons les coordonnées des vecteurs $\overrightarrow{AB}$ et $\overrightarrow{AC}$:

$$\overrightarrow{AB}\begin{pmatrix} x_B - x_A \\ y_B - y_A \\ z_B - z_A \end{pmatrix} = \begin{pmatrix} 2-1 \\ 0-2 \\ 2-7 \end{pmatrix} = \begin{pmatrix} 1 \\ -2 \\ -5 \end{pmatrix}$$

$$\overrightarrow{AC}\begin{pmatrix} x_C - x_A \\ y_C - y_A \\ z_C - z_A \end{pmatrix} = \begin{pmatrix} 3-1 \\ 1-2 \\ 3-7 \end{pmatrix} = \begin{pmatrix} 2 \\ -1 \\ -4 \end{pmatrix}.$$

Leurs coordonnées n'étant pas proportionnelles, les vecteurs $\overrightarrow{AB}$ et $\overrightarrow{AC}$ ne sont pas colinéaires et par conséquent, **les points A, B et C ne sont pas alignés.**

▶ 2. a) Déterminer les coordonnées d'un vecteur normal à un plan

Par la question précédente, les vecteurs $\overrightarrow{AB}$ et $\overrightarrow{AC}$ sont deux vecteurs non colinéaires du plan (ABC). Comme, d'après l'énoncé, le vecteur $\vec{u}$ doit être un vecteur normal à ce plan, le vecteur $\vec{u}$ doit être orthogonal aux vecteurs $\overrightarrow{AB}$ et $\overrightarrow{AC}$. Nous devons donc avoir : $\vec{u}\cdot\overrightarrow{AB} = 0$ et $\vec{u}\cdot\overrightarrow{AC} = 0$.

Or, $\vec{u}\cdot\overrightarrow{AB} = 1\times 1 + b\times(-2) + c\times(-5) = 1 - 2b - 5c$ et

$\vec{u}\cdot\overrightarrow{AC} = 1\times 2 + b\times(-1) + c\times(-4) = 2 - b - 4c$.

Ce qui amène au système suivant :

$$\begin{cases} 1-2b-5c=0 \\ 2-b-4c=0 \end{cases} \Leftrightarrow \begin{cases} 1-2\times(2-4c)-5c=0 \\ b=2-4c \end{cases} \Leftrightarrow \begin{cases} c=1 \\ b=-2 \end{cases}.$$

Le vecteur $\vec{u}$ a pour coordonnées $(1\,;-2\,;1)$.

b) Déterminer une équation cartésienne d'un plan

Par la question précédente, le vecteur $\vec{u}$ de coordonnées $(1\ ;-2\ ;1)$ est un vecteur normal au plan (ABC). Par suite, le plan (ABC) admet une équation cartésienne de la forme :

$$1\times x + (-2)\times y + 1\times z + d = 0$$

où d est un nombre réel à déterminer.

Le point B appartenant à ce plan, ses coordonnées vérifient cette équation cartésienne : $x_B - 2\times y_B + z_B + d = 0$. Ce qui implique que $2 - 2\times 0 + 2 + d = 0$ et $d = -4$.

Ainsi, **une équation cartésienne du plan (ABC) est : $x - 2y + z - 4 = 0$.**

c) Vérifier qu'un point appartient ou non à un plan

Nous avons : $x_D - 2y_D + z_D - 4 = 3 - 2\times(-6) + 1 - 4 = 12 \neq 0$. Les coordonnées du point D ne vérifiant pas l'équation cartésienne du plan (ABC) déterminée à la question précédente, **le point D n'appartient pas au plan (ABC).**

▸ 3 a) Vérifier qu'une droite est orthogonale ou non à un plan

De l'équation paramétrique donnée de la droite $\mathcal{D}$, nous déduisons que le vecteur $\vec{u}_{\mathcal{D}}$ de coordonnées $(2 ; -4 ; 2)$ est un vecteur directeur de cette droite. De plus,

$\vec{u}_{\mathcal{D}} \cdot \overrightarrow{AB} = 2\times1+(-4)\times(-2)+2\times(-5)=0$ et

$\vec{u}_{\mathcal{D}} \cdot \overrightarrow{AC} = 2\times2+(-4)\times(-1)+2\times(-4)=0.$

Le vecteur $\vec{u}_{\mathcal{D}}$ étant orthogonal aux vecteurs $\overrightarrow{AB}$ et $\overrightarrow{AC}$, vecteurs non colinéaires du plan (ABC), **la droite $\mathcal{D}$ est orthogonale au plan (ABC).**

Notez bien
En constatant que $\vec{u}_{\mathcal{D}} = 2\vec{u}$ et en se remémorant que $\vec{u}$ est normal au plan (ABC), la réponse est immédiate.

b) Déterminer les coordonnées d'un point d'intersection

Comme le point H appartient à la droite $\mathcal{D}$, il existe un nombre réel t tel que :

$$\begin{cases} x_H = 2t+3 \\ y_H = -4t+5. \\ z_H = 2t-1 \end{cases}$$

Mais le point H appartient également au plan (ABC), ses coordonnées vérifient l'équation cartésienne donnée à la question **2. b)**, à savoir : $x_H - 2y_H + z_H - 4 = 0$.
Ce qui amène au système suivant :

$$\begin{cases} x_H = 2t+3 \\ y_H = -4t+5 \\ z_H = 2t-1 \\ x_H - 2y_H + z_H - 4 = 0 \end{cases} \quad \begin{cases} x_H = 2t+3 \\ y_H = -4t+5 \\ z_H = 2t-1 \\ 2t+3-2\times(-4t+5)+(2t-1)-4=0 \end{cases}$$

$$\Leftrightarrow \begin{cases} x_H = 5 \\ y_H = 1 \\ z_H = 1 \\ t = 1 \end{cases}$$

Le point H a donc pour coordonnées $(5 ; 1 ; 1)$.

▸ 4. Étudier la position relative d'une droite et d'un plan

Le vecteur $\overrightarrow{DE}$ a pour coordonnées $\begin{pmatrix} x_E - x_D \\ y_E - y_D \\ z_E - z_D \end{pmatrix} = \begin{pmatrix} 4-3 \\ -8-(-6) \\ -4-1 \end{pmatrix} = \begin{pmatrix} 1 \\ -2 \\ -5 \end{pmatrix}$.

Comme les vecteurs $\overrightarrow{DE}$ et $\overrightarrow{AB}$ ont les mêmes coordonnées, ces vecteurs sont égaux et par suite, les droites (DE) et (AB) sont parallèles. Les points A et B étant deux points du plan (ABC), la droite (DE) est soit strictement parallèle à ce plan soit incluse dans ce plan.
Mais, d'après la question **2. c)**, le point D n'appartient pas au plan (ABC). **La droite (DE) est donc strictement parallèle au plan (ABC).**

Étude d'un test de dépistage

Les parties A et B peuvent être traitées indépendamment.

PARTIE A

Un laboratoire pharmaceutique propose des tests de dépistage de diverses maladies. Son service de communication met en avant les caractéristiques suivantes :
– la probabilité qu'une personne malade présente un test positif est 0,99 ;
– la probabilité qu'une personne saine présente un test positif est 0,001.

▶ **1.** Pour une maladie qui vient d'apparaître, le laboratoire élabore un nouveau test. Une étude statistique permet d'estimer que le pourcentage de personnes malades parmi la population d'une métropole est égal à 0,1 %. On choisit au hasard une personne dans cette population et on lui fait subir le test. On note M l'événement « la personne choisie est malade » et T l'événement « le test est positif ».

a) Traduire l'énoncé sous la forme d'un arbre pondéré.

b) Démontrer que la probabilité $P(\mathrm{T})$ de l'événement T est égale à $1{,}989 \times 10^{-3}$.

c) L'affirmation suivante est-elle vraie ou fausse ? Justifier la réponse.

Affirmation : « Si le test est positif, il y a moins d'une chance sur deux que la personne soit malade. »

▶ **2.** Le laboratoire décide de commercialiser un test dès lors que la probabilité qu'une personne testée positivement soit malade est supérieure ou égale à 0,95. On désigne par x la proportion de personnes atteintes d'une certaine maladie dans la population. À partir de quelle valeur de x le laboratoire commercialise-t-il le test correspondant ?

PARTIE B

La chaîne de production du laboratoire fabrique, en très grande quantité, le comprimé d'un médicament.

▶ **1.** Un comprimé est conforme si sa masse est comprise entre 890 et 920 mg. On admet que la masse en milligrammes d'un comprimé pris au hasard dans la production peut être modélisée par une variable aléatoire X qui suit la loi normale $\mathcal{N}(\mu, \sigma^2)$ de moyenne $\mu = 900$ et d'écart type $\sigma = 7$.

a) Calculer la probabilité qu'un comprimé prélevé au hasard soit conforme. On arrondira à 10^{-2}.

b) Déterminer l'entier positif h tel que $P(900 - h \leqslant X \leqslant 900 + h) \approx 0{,}99$ à 10^{-3} près.

▶ **2.** La chaîne de production a été réglée dans le but d'obtenir au moins 97 % de comprimés conformes. Afin d'évaluer l'efficacité des réglages, on effectue un contrôle en prélevant un échantillon de 1 000 comprimés dans la production. La taille de la production est supposée suffisamment grande pour que ce prélèvement puisse être assimilé à 1 000 tirages successifs avec remise. Le contrôle effectué a permis de dénombrer 53 comprimés non conformes sur l'échantillon prélevé. Ce contrôle remet-il en question les réglages faits par le laboratoire ? On pourra utiliser un intervalle de fluctuation asymptotique au seuil de 95 %.

LES CLÉS DU SUJET

Les thèmes clés

Arbre pondéré • Loi normale • Intervalle de fluctuation asymptotique.

Les outils dont vous avez besoin

Les références en rouge renvoient à la boîte à outils en fin d'ouvrage.

- Calculs de probabilités E35 • E37 → **Partie A, 1.** et **2.**
- Propriétés associées à une variable aléatoire suivant une loi normale E40A • E40C • E40E → **Partie B, 1. a)** et **1. b)**
- Expression de l'intervalle de fluctuation asymptotique E43 → **Partie B, 2.**

Nos coups de pouce

Partie A

▶ **2.** Raisonnez de manière analogue à la question **1.** en remplaçant 0,1 %, pourcentage de personnes malades parmi la population d'une métropole, par x. Exprimez ainsi $P_T(M)$ en fonction de x et concluez en prenant en compte la condition imposée dans l'énoncé pour cette probabilité.

CORRIGÉ SUJET 23

PARTIE A

▶ 1. a) Construire un arbre pondéré

D'après l'étude statistique, le pourcentage de personnes malades parmi la population d'une métropole est égal à 0,1%. La probabilité qu'une personne choisie au hasard dans cette population soit malade, $P(M)$, est donc égale à 0,001. La probabilité qu'une personne malade présente un test positif est une probabilité conditionnelle. En effet, c'est la probabilité qu'une personne choisie au hasard présente un test positif sachant que cette personne est malade. Ainsi, $P_M(T) = 0{,}99$. De même, la probabilité qu'une personne saine présente un test positif est une probabilité conditionnelle : c'est la probabilité que cette personne présente un test positif sachant qu'elle est saine. Ainsi, $P_{\overline{M}}(T) = 0{,}001$.

Ce que nous pouvons résumer par l'arbre pondéré suivant :

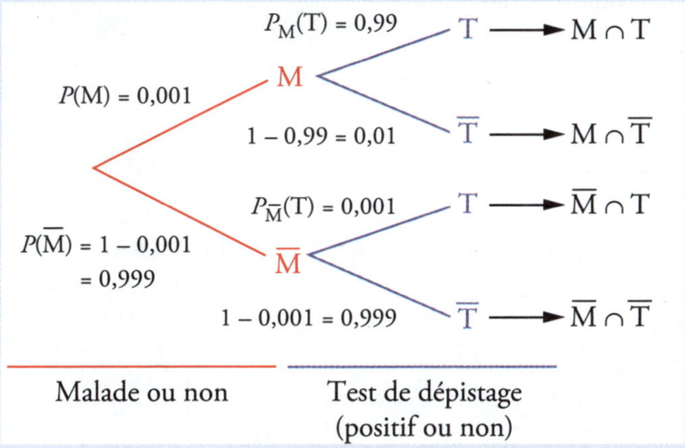

b) Calculer la probabilité d'un événement

L'événement T est associé à deux feuilles $M \cap T$ et $\overline{M} \cap T$.

Par conséquent (formule des probabilités totales), la probabilité de l'événement T est la somme des probabilités de ces feuilles :

$$\begin{aligned}P(T) &= P(M \cap T) + P(\overline{M} \cap T)\\ &= P(M) \times P_M(T) + P(\overline{M}) \times P_{\overline{M}}(T) \text{ (probabilité d'une feuille)}\\ &= 0{,}001 \times 0{,}99 + 0{,}999 \times 0{,}001 \text{ (lecture de l'arbre pondéré)}\\ &= 0{,}001989\\ &= 1{,}989 \times 10^{-3}.\end{aligned}$$

La probabilité qu'une personne choisie au hasard ait un test positif est $1{,}989 \times 10^{-3}$.

c) Calculer une probabilité conditionnelle

Pour confirmer ou infirmer cette affirmation, nous devons calculer une probabilité conditionnelle : probabilité qu'une personne choisie au hasard soit malade sachant que son test est positif. Cette probabilité conditionnelle se note $P_T(M)$ et par définition :

$$P_T(M) = \frac{P(M \cap T)}{P(T)} = \frac{P(M) \times P_M(T)}{P(T)} = \frac{0{,}001 \times 0{,}99}{1{,}989 \times 10^{-3}} \approx 0{,}4977 < 0{,}5.$$

L'affirmation « Si le test est positif, il y a moins d'une chance sur deux que la personne soit malade » est donc vraie.

▶ 2. Déterminer une valeur sous contrainte

• Bien que les caractéristiques mises en avant par le service de communication soient identiques, la proportion de personnes malades dans la population ne l'est plus. Cette proportion n'est plus égale à 0,1 % mais elle est notée x. De ce fait, il suffit simplement de réitérer la démarche conduite dans la question précédente en remplaçant $P(M)$ par x (au lieu de 0,001) et naturellement $P(\overline{M})$ par $1 - x$ (au lieu de $1 - 0{,}001 = 0{,}999$).

• Le laboratoire commercialise un test dès lors que la probabilité qu'une personne testée positivement soit malade est supérieure ou égale à 0,95. Autrement dit, $P_T(M) \geqslant 0{,}95$. Exprimons cette probabilité en fonction de x puis résolvons l'inéquation induite.

$$\begin{aligned}P_T(M) &= \frac{P(M \cap T)}{P(T)} \text{ (probabilité conditionnelle)}\\ &= \frac{P(M \cap T)}{P(M \cap T) + P(\overline{M} \cap T)} \text{ (formule des probabilités totales)}\\ &= \frac{P(M) \times P_M(T)}{P(M) \times P_M(T) + P(\overline{M}) \times P_{\overline{M}}(T)} \text{ (probabilité d'une feuille)}\\ &= \frac{x \times 0{,}99}{x \times 0{,}99 + (1-x) \times 0{,}001} \text{ (proportion } x \text{, autres caractéristiques inchangées)}\\ &= \frac{0{,}99x}{0{,}989x + 0{,}001}\end{aligned}$$

et $P_T(M) \geqslant 0{,}95$ $\quad \dfrac{0{,}99x}{0{,}989x+0{,}001} \geqslant 0{,}95$

$0{,}99x \geqslant 0{,}95 \times (0{,}989x+0{,}001)$ ($x \geqslant 0$ car x est une proportion)

$0{,}99x \geqslant 0{,}93955x+0{,}00095$

$$x \geqslant \frac{0{,}00095}{0{,}99-0{,}93955} = \frac{95}{5045} = \frac{19}{1009} \approx 0{,}0188.$$

Le laboratoire commercialise un test de dépistage pour une certaine maladie quand la proportion de personnes atteintes par cette maladie dans la population est d'au moins $\dfrac{19}{1009}$ soit environ 1,88 %.

PARTIE B

▶ 1. a) Calculer une probabilité dans le cadre d'une loi normale

La probabilité qu'un comprimé prélevé au hasard soit conforme s'écrit à l'aide de la variable aléatoire X : $P(890 \leqslant X \leqslant 920)$.

Nous pouvons en déterminer directement une valeur approchée à l'aide d'une calculatrice :

CASIO Graph 75	TI-83 Plus.fr
NormCD(890,920,7,900) 0.9212989075	normalFRép(890,920,900,7) .9212987971

La probabilité devant être arrondie au centième, nous avons :

$P(890 \leqslant X \leqslant 920) \approx 0{,}92$.

b) Déterminer une valeur sous contrainte

• Par propriété, nous avons :

$P(\mu-2\sigma \leqslant X \leqslant \mu+2\sigma) = P(900-14 \leqslant X \leqslant 900+14) \approx 0{,}954$

et $P(\mu-3\sigma \leqslant X \leqslant \mu+3\sigma) = P(900-21 \leqslant X \leqslant 900+21) \approx 0{,}997$.

Nous en déduisons que l'entier positif h est compris entre 14 et 21.

• À l'aide de la calculatrice, nous obtenons :

$P(900-15 \leqslant X \leqslant 900+15) = P(885 \leqslant X \leqslant 915) \approx 0{,}9679$

$P(900-16 \leqslant X \leqslant 900+16) = P(884 \leqslant X \leqslant 916) \approx 0{,}9777$

$P(900-17 \leqslant X \leqslant 900+17) = P(883 \leqslant X \leqslant 917) \approx 0{,}9848$

$P(900-18 \leqslant X \leqslant 900+18) = P(882 \leqslant X \leqslant 918) \approx 0{,}9899$

$P(900-19 \leqslant X \leqslant 900+19) = P(881 \leqslant X \leqslant 919) \approx 0{,}9934$

$P(900-20 \leqslant X \leqslant 900+20) = P(880 \leqslant X \leqslant 920) \approx 0{,}9957$

L'entier positif h tel que $P(900-h \leqslant X \leqslant 900+h) \approx 0{,}99$ à 10^{-3} près est 18.

▶ 2. Prendre une décision à partir d'un intervalle de fluctuation

La chaîne de production a été réglée dans le but d'obtenir au moins 97 % de comprimés conformes. Par conséquent, le laboratoire serait très certainement satisfait si la proportion p de comprimés conformes atteignait 97 % de la production ($p = 0{,}97$). Supposons que ce soit le cas.

Afin d'en évaluer la pertinence, 1 000 comprimés dans la production ont été prélevés : la taille n de l'échantillon est donc 1 000. Comme $n = 1000 \geqslant 30$, $n \times p = 970 \geqslant 5$ et $n \times (1-p) = 30 \geqslant 5$, l'intervalle de fluctuation asymptotique au seuil de 95 % est défini et donné par :

$$\left[p - 1{,}96 \times \frac{\sqrt{p(1-p)}}{\sqrt{n}} \; ; \; p + 1{,}96 \times \frac{\sqrt{p(1-p)}}{\sqrt{n}}\right] \approx [0{,}9594 \; ; \; 0{,}9806].$$

Parmi les comprimés prélevés au hasard, 53 s'avèrent être non conformes et donc 947 conformes : la fréquence observée f de comprimés conformes dans l'échantillon est donc : $\frac{947}{1000} = 0{,}947$. La fréquence observée f n'appartenant pas à l'intervalle de fluctuation asymptotique au seuil de 95 %, nous rejetons l'hypothèse faite sur p, avec un risque de 5 % de nous tromper : **le résultat de ce contrôle remet en cause les réglages faits par le laboratoire.**

SUJET 24

POLYNÉSIE FRANÇAISE • JUIN 2014

PROBABILITÉS CONDITIONNELLES

DURÉE : 60 MINUTES • 5 POINTS

Probabilités : vrai ou faux

Pour chacune des cinq affirmations suivantes, indiquer si elle est vraie ou fausse et justifier la réponse. Une réponse non justifiée n'est pas prise en compte. Une absence de réponse n'est pas pénalisée.

▶ **1.** Zoé se rend à son travail à pied ou en voiture. Là où elle habite, il pleut un jour sur quatre. Lorsqu'il pleut, Zoé se rend en voiture à son travail dans 80 % des cas. Lorsqu'il ne pleut pas, elle se rend à pied à son travail avec une probabilité égale à 0,6.

Affirmation n° 1 : « Zoé utilise la voiture un jour sur deux. »

▶ **2.** Dans l'ensemble E des issues d'une expérience aléatoire, on considère deux événements A et B.

Affirmation n° 2 : « Si A et B sont indépendants, alors A et $\overline{\text{B}}$ sont aussi indépendants. »

▶ **3.** On modélise le temps d'attente, exprimé en minutes, à un guichet, par une variable aléatoire T qui suit la loi exponentielle de paramètre 0,7.

Affirmation n° 3 : « La probabilité qu'un client attende au moins cinq minutes à ce guichet est 0,7 environ. »

Affirmation n° 4 : « Le temps d'attente moyen à ce guichet est de sept minutes. »

▶ **4.** On sait que 39 % de la population française est du groupe sanguin A+. On cherche à savoir si cette proportion est la même parmi les donneurs de sang. On interroge 183 donneurs de sang et parmi eux, 34 % sont du groupe sanguin A+.

Affirmation n° 5 : « On ne peut pas rejeter, au seuil de 5 %, l'hypothèse selon laquelle la proportion de personnes du groupe sanguin A+ parmi les donneurs de sang est de 39 % comme dans l'ensemble de la population. »

LES CLÉS DU SUJET

Les thèmes clés

Arbre pondéré • Indépendance • Loi exponentielle • Intervalle de fluctuation.

Les outils dont vous avez besoin

Les références en rouge renvoient à la boîte à outils en fin d'ouvrage.

- Construction et utilisation d'un arbre pondéré E37 → **1.**
- Événements indépendants et incompatibles E34 • E36 → **2.**
- Propriétés associées à la loi exponentielle E40A • E40C • E41C → **3.**
- Prise de décision et intervalle de fluctuation E43 → **4.**

Nos coups de pouce

Affirmation 2. Justifiez que $P(\text{A}) = P(\text{A} \cap \text{B}) + P(\text{A} \cap \overline{\text{B}})$. Puis utilisez l'indépendance des événements A et B pour conclure.

CORRIGÉ SUJET 24

▶ 1. Calculer une probabilité à partir d'un arbre pondéré

Nous notons R l'événement « il pleut » (R pour « *rain* ») et V l'événement « Zoé se rend en voiture à son travail ». Comme, là où elle habite, il pleut un jour sur quatre, $P(\text{R}) = 0{,}25$. S'il pleut, Zoé se rend en voiture à son travail dans 80 % des cas, ainsi $P_{\text{R}}(\text{V}) = 0{,}8$. S'il ne pleut pas, elle se rend à pied à son travail avec une probabilité égale à 0,6, $P_{\overline{\text{R}}}(\overline{\text{V}}) = 0{,}6$. Ce que nous pouvons résumer par l'arbre pondéré suivant :

Notez bien
L'événement contraire de l'événement V est « Zoé se rend à son travail à pied ».

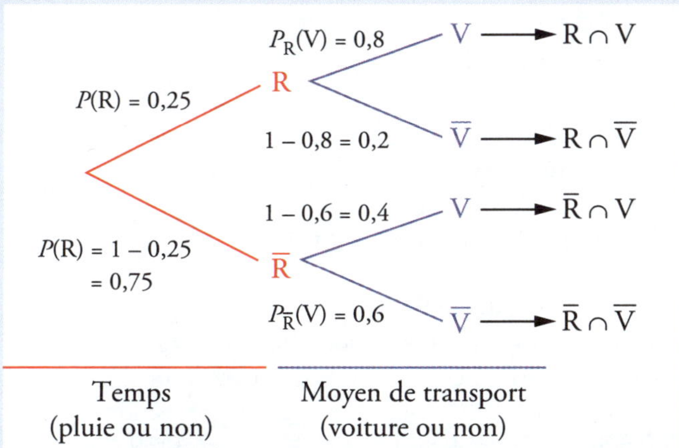

L'événement « Zoé utilise la voiture » est associé à deux feuilles $\text{R} \cap \text{V}$ et $\overline{\text{R}} \cap \text{V}$. De ce fait, par la formule des probabilités totales, nous avons :

$$\begin{aligned} P(\text{V}) &= P(\text{R} \cap \text{V}) + P(\overline{\text{R}} \cap \text{V}) \\ &= P(\text{R}) \times P_{\text{R}}(\text{V}) + P(\overline{\text{R}}) \times P_{\overline{\text{R}}}(\text{V}) \\ &= 0{,}25 \times 0{,}8 + 0{,}75 \times 0{,}4 \\ &= 0{,}5. \end{aligned}$$

L'affirmation 1 est vraie.

▸ 2. Démontrer l'indépendance de deux événements

Supposons que les événements A et B soient indépendants. L'événement A peut s'écrire comme une réunion de deux événements : $(\text{A} \cap \text{B}) \cup (\text{A} \cap \overline{\text{B}})$. Ces deux événements étant incompatibles, nous avons :

$$\begin{aligned} P(\text{A}) &= P(\text{A} \cap \text{B}) + P(\text{A} \cap \overline{\text{B}}) \\ &= P(\text{A}) \times P(\text{B}) + P(\text{A} \cap \overline{\text{B}}) \quad \text{(A et B sont indépendants).} \end{aligned}$$

Par conséquent, $$\begin{aligned} P(\text{A} \cap \overline{\text{B}}) &= P(\text{A}) - P(\text{A}) \times P(\text{B}) \\ &= P(\text{A}) \times (1 - P(\text{B})) \\ &= P(\text{A}) \times P(\overline{\text{B}}). \end{aligned}$$

Ce qui implique que les événements A et $\overline{\text{B}}$ sont également indépendants.

L'affirmation 2 est vraie.

▸ 3. Calculer une probabilité et une espérance dans le cadre d'une loi exponentielle

• La probabilité qu'un client attende au moins cinq minutes à ce guichet est : $P(T \geqslant 5)$.

Or $$\begin{aligned} P(T \geqslant 5) &= 1 - P(T < 5) \quad \text{(événement contraire)} \\ &= 1 - P(0 \leqslant T \leqslant 5) \\ &= 1 - \int_0^5 0{,}7\text{e}^{-0{,}7x}\,\text{d}x \quad \text{(probabilité associée à une loi exponentielle)} \\ &= 1 - \left[-\,\text{e}^{-0{,}7x}\right]_0^5 \quad \text{(primitive de la densité)} \\ &= 1 - (-\,\text{e}^{-3{,}5} + \text{e}^0) \\ &= \text{e}^{-3{,}5} \\ &\approx 0{,}030 \neq 0{,}7. \end{aligned}$$

Notez bien
Une primitive de la densité associée à une loi exponentielle de paramètre λ est : $x \mapsto -\,\text{e}^{-\lambda x}$.

L'affirmation 3 est fausse.

• L'espérance de la variable aléatoire T qui suit la loi exponentielle de paramètre $\lambda = 0{,}7$ est donnée par $E(T) = \dfrac{1}{\lambda} = \dfrac{1}{0{,}7} = \dfrac{10}{7} < \dfrac{14}{7} = 2$.

Le temps d'attente moyen à ce guichet est donc inférieur à 2 minutes.

L'affirmation 4 est fausse.

▸ 4. Prendre une décision à partir d'un intervalle de fluctuation

La proportion de personnes du groupe sanguin A+ dans la population française est 0,39. Comme nous cherchons à savoir si cette proportion est respectée parmi les donneurs de sang, supposons que ce soit le cas. Autrement dit, supposons que la proportion p de donneurs de sang du groupe sanguin A+ parmi les donneurs de sang est 0,39. 183 donneurs ont été interrogés, la taille n de l'échantillon est donc 183.

Comme $n = 183 \geqslant 30$, $n \times p = 71{,}37 \geqslant 5$ et $n \times (1 - p) = 111{,}63 \geqslant 5$, l'intervalle de fluctuation asymptotique au seuil 0,95 est défini et donné par :

$$\left[p - 1{,}96 \times \frac{\sqrt{p(1-p)}}{\sqrt{n}}\ ;\ p + 1{,}96 \times \frac{\sqrt{p(1-p)}}{\sqrt{n}}\right] \approx [0{,}32\ ;\ 0{,}46].$$

Conclusion

Parmi les donneurs interrogés, 34 % sont du groupe sanguin A+. La fréquence observée f de personnes de groupe sanguin A+ dans l'échantillon est donc 0,34. Comme cette fréquence appartient à l'intervalle de fluctuation asymptotique, nous ne pouvons pas rejeter l'hypothèse selon laquelle la proportion de personnes du groupe sanguin A+ parmi les donneurs de sang est de 39 % comme dans l'ensemble de la population.

L'affirmation 5 est vraie.

SUJET 25

FRANCE MÉTROPOLITAINE • JUIN 2013

PROBABILITÉS CONDITIONNELLES

DURÉE : 50 MINUTES • 4 POINTS

Utilisation d'un arbre pondéré. Loi binomiale

Une jardinerie vend de jeunes plants d'arbres qui proviennent de trois horticulteurs : 35 % des plants proviennent de l'horticulteur H_1, 25 % de l'horticulteur H_2 et le reste de l'horticulteur H_3. Chaque horticulteur livre deux catégories d'arbres : des conifères et des arbres à feuilles. La livraison de l'horticulteur H_1 comporte 80 % de conifères alors que celle de l'horticulteur H_2 n'en comporte que 50 % et celle de l'horticulteur H_3 seulement 30 %.

▶ **1.** Le gérant de la jardinerie choisit un arbre au hasard dans son stock. On envisage les événements suivants :

H_1 : « l'arbre choisi a été acheté chez l'horticulteur H_1 » ;
H_2 : « l'arbre choisi a été acheté chez l'horticulteur H_2 » ;
H_3 : « l'arbre choisi a été acheté chez l'horticulteur H_3 » ;
C : « l'arbre choisi est un conifère » ;
F : « l'arbre choisi est un arbre feuillu ».

a) Construire un arbre pondéré traduisant la situation.

b) Calculer la probabilité que l'arbre choisi soit un conifère acheté chez l'horticulteur H_3.

c) Justifier que la probabilité de l'événement C est égale à 0,525.

d) L'arbre choisi est un conifère. Quelle est la probabilité qu'il ait été acheté chez l'horticulteur H_1 ? On arrondira à 10^{-3}.

▶ **2.** On choisit au hasard un échantillon de 10 arbres dans le stock de cette jardinerie. On suppose que ce stock est suffisamment important pour que ce choix puisse être assimilé à un tirage avec remise de 10 arbres dans le stock. On appelle X la variable aléatoire qui donne le nombre de conifères de l'échantillon choisi.

a) Justifier que X suit une loi binomiale dont on précisera les paramètres.

b) Quelle est la probabilité que l'échantillon prélevé comporte exactement 5 conifères ? On arrondira à 10^{-3}.

c) Quelle est la probabilité que cet échantillon comporte au moins deux arbres feuillus ? On arrondira à 10^{-3}.

MATHÉMATIQUES

LES CLÉS DU SUJET

Les thèmes clés

Arbre pondéré • Loi binomiale.

Les outils dont vous avez besoin

Les références en rouge renvoient à la boîte à outils en fin d'ouvrage.

- Probabilité et arbre pondéré E37 → **1. a)**, **1. b)** et **1. c)**
- Probabilité conditionnelle E35 → **1. d)**
- Probabilité et loi binomiale E39 → **2. a)**, **2. b)** et **2. c)**

Nos coups de pouce

▶ **1. a)** Commencez l'arbre par les événements H_1, H_2 et H_3. Relisez attentivement l'énoncé afin de pondérer l'arbre.

▶ **2. a)** Identifiez l'épreuve de Bernoulli sous-jacente, l'événement appelé « succès » ainsi que sa probabilité notée p. Précisez le nombre de répétitions, noté n, de cette épreuve. Concluez.

CORRIGÉ SUJET 25

▶ **1. a) Construire un arbre pondéré**

35 % des plants proviennent de l'horticulteur H_1 donc $P(H_1) = 0{,}35$.

25 % des plants proviennent de l'horticulteur H_2 donc $P(H_2) = 0{,}25$.

Le reste provient de l'horticulteur H_3 donc $100 - 35 - 25 = 40$ et $P(H_3) = 0{,}40$.

La livraison de l'horticulteur H_1 comporte 80 % de conifères donc

$$P_{H_1}(C) = 0{,}80.$$

Celle de l'horticulteur H_2 n'en comporte que 50 % donc

$$P_{H_2}(C) = 0{,}50.$$

Celle de l'horticulteur H_3 seulement 30 % donc $P_{H_3}(C) = 0{,}30$.

Comme la somme des probabilités des branches issues d'un même nœud est égale à 1, nous en déduisons que :

$P_{H_1}(F) = 1 - P_{H_1}(C) = 1 - 0{,}80 = 0{,}20$

$P_{H_2}(F) = 1 - P_{H_2}(C) = 1 - 0{,}50 = 0{,}50$

$P_{H_3}(F) = 1 - P_{H_3}(C) = 1 - 0{,}30 = 0{,}70$.

Ce qui se résume par l'arbre pondéré suivant :

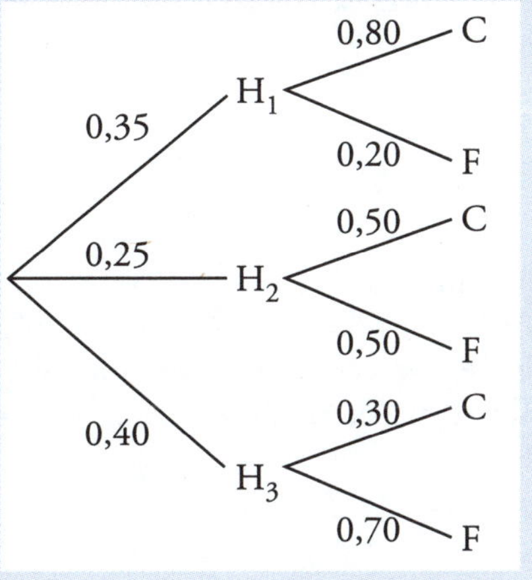

b) Calculer une probabilité à l'aide d'un arbre pondéré

La probabilité que l'arbre choisi soit un conifère acheté chez l'horticulteur H_3 est la probabilité de l'événement $H_3 \cap C$. À l'aide de l'arbre pondéré, nous avons :
$P(H_3 \cap C) = P(H_3) \times P_{H_3}(C) = 0{,}40 \times 0{,}30 = \mathbf{0{,}12}$.

c) Calculer une probabilité à l'aide d'un arbre pondéré

En suivant les chemins $H_1 \cap C$, $H_2 \cap C$ et $H_3 \cap C$ sur l'arbre pondéré (formule des probabilités totales), nous avons :

$$\begin{aligned} P(C) &= P(H_1 \cap C) + P(H_2 \cap C) + P(H_3 \cap C) \\ &= P(H_1) \times P_{H_1}(C) + P(H_2) \times P_{H_2}(C) + P(H_3) \times P_{H_3}(C) \\ &= 0{,}35 \times 0{,}80 + 0{,}25 \times 0{,}50 + 0{,}40 \times 0{,}30 \\ &= 0{,}525. \end{aligned}$$

d) Calculer une probabilité conditionnelle

La probabilité qu'il ait été acheté chez l'horticulteur H_1 sachant que l'arbre choisi est un conifère est la probabilité conditionnelle $P_C(H_1)$:

$$P_C(H_1) = \frac{P(H_1 \cap C)}{P(C)} = \frac{0{,}35 \times 0{,}80}{0{,}525} = \frac{0{,}28}{0{,}525} \approx \mathbf{0{,}533} \text{ (arrondi au millième).}$$

▶ 2. a) Justifier les paramètres d'une loi

L'expérience aléatoire consiste à choisir un arbre au hasard dans le stock de la jardinerie et à constater si cet arbre est un conifère ou non. Il s'agit donc d'une épreuve de Bernoulli dont le succès est l'événement C de probabilité $p = P(C) = 0{,}525$.

Cette épreuve de Bernoulli est répétée de manière identique 10 fois (échantillon de 10 arbres). Comme le stock est suffisamment important pour qu'un tel choix de 10 arbres puisse être assimilé à un tirage avec remise de 10 arbres, nous pouvons considérer que ces 10 épreuves sont indépendantes.

La variable aléatoire X suit donc la loi binomiale de paramètres $n = 10$ et $p = 0{,}525$.

b) Calculer une probabilité avec une loi binomiale

La probabilité pour que l'échantillon prélevé comporte exactement 5 conifères est la probabilité que la variable aléatoire X prenne la valeur 5 :

$$P(X=5)=\binom{10}{5}\times p^5\times(1-p)^5=252\times 0{,}525^5\times 0{,}475^5\approx \mathbf{0{,}243}$$

(arrondi au millième).

c) Calculer une probabilité avec une loi binomiale

Les événements « comporter au moins deux arbres feuillus » et « comporter au plus huit conifères » sont identiques. La probabilité que cet échantillon comporte au moins deux arbres feuillus est donc la probabilité que la variable aléatoire X prenne des valeurs inférieures ou égale à 8 : $P(X\leqslant 8)$.

Avec la calculatrice, nous avons :

$P(X\leqslant 8)\approx \mathbf{0{,}984}$ (arrondi au millième).

Info

TI 83+ : binomFRép(n, p, k) renvoie une valeur approchée de $P(X\leqslant k)$.

Casio Graph 35+ : BinominalCD(k, n, p) renvoie une valeur approchée de $P(X\leqslant k)$.

Info

TI 83+ : binomFdp(n, p, k) renvoie une valeur approchée de $P(X=k)$.

Casio Graph 35+ : BinominalPD(k, n, p) renvoie une valeur approchée de $P(X=k)$.

SUJET 26

PONDICHÉRY • AVRIL 2014

LOIS DE PROBABILITÉ À DENSITÉ

DURÉE : 55 MINUTES • 4 POINTS

Durée de vie et défectuosité d'un moteur

Dans cet exercice, sauf indication contraire, les résultats seront arrondis au centième.

▶ **1.** La durée de vie, exprimée en années, d'un moteur pour automatiser un portail fabriqué par une entreprise A est une variable aléatoire X qui suit une loi exponentielle de paramètre λ, où λ est un réel strictement positif.

On sait que $P(X\leqslant 2)=0{,}15$.

Déterminer la valeur exacte du réel λ.

Dans la suite de l'exercice on prendra 0,081 pour valeur de λ.

▶ **2. a)** Déterminer $P(X\geqslant 3)$.

b) Montrer que pour tous réels positifs t et h, $P_{(X\geqslant t)}(X\geqslant t+h)=P(X\geqslant h)$.

c) Le moteur a déjà fonctionné durant 3 ans. Quelle est la probabilité pour qu'il fonctionne encore 2 ans ?

d) Calculer l'espérance de la variable aléatoire X et donner une interprétation de ce résultat.

Dans la suite de cet exercice, on donnera des valeurs arrondies des résultats à 10^{-3}.

▶ **3.** L'entreprise A annonce que le pourcentage de moteurs défectueux dans la production est égal à 1 %. Afin de vérifier cette affirmation, 800 moteurs sont prélevés au hasard. On constate que 15 moteurs sont détectés défectueux.

Le résultat de ce test remet-il en question l'annonce de l'entreprise A ? Justifier.

On pourra s'aider d'un intervalle de fluctuation.

LES CLÉS DU SUJET

Les thèmes clés

Loi exponentielle • Intervalle de fluctuation • Fonction logarithme népérien et fonction exponentielle • Primitive.

Les outils dont vous avez besoin

Les références en rouge renvoient à la boîte à outils en fin d'ouvrage.

- Propriétés associées à une variable aléatoire suivant une loi exponentielle E40c • E41c • E42 → **1., 2. a), 2. b), 2. c)** et **2. d)**
- Probabilité conditionnelle E35 • E42 → **2. b)** et **2. c)**
- Prise de décision et intervalle de fluctuation E43 → **3.**
- Intégrales et équations liées aux fonctions exponentielles E9A • E11D • E13 → **1.** et **2. a)**

Nos coups de pouce

▶ **1.** Traduisez, à l'aide d'une intégrale, la probabilité que la variable aléatoire X prenne des valeurs inférieures ou égale à 2. Déduisez-en que l'affirmation $P(X \leqslant 2) = 0{,}15$ est équivalente à $e^{-2\lambda} = 0{,}85$. Déterminez le nombre réel λ qui vérifie cette égalité en utilisant la définition du logarithme népérien.

▶ **3.** Identifiez la proportion p de moteurs défectueux dans la production, proportion remise en cause. Précisez la taille n de l'échantillon étudié et la fréquence observée f de moteurs défectueux dans cet échantillon. Constatez que les conditions sur n et p sont vérifiées pour définir l'intervalle de fluctuation asymptotique. Concluez à partir de l'appartenance ou non de la fréquence observée f à cet intervalle.

CORRIGÉ SUJET 26

▶ 1. Déterminer le paramètre d'une loi exponentielle

• La densité associée à une loi exponentielle étant nulle sur l'intervalle $]-\infty\,;0[$, nous avons alors $P(X \leqslant 2) = P(0 \leqslant X \leqslant 2)$. Égalité somme toute logique, la durée de vie d'un moteur ne peut pas être négative.

• Par définition, $P(0 \leqslant X \leqslant 2)$ est l'aire en unités d'aire du domaine délimité par la courbe représentative de la densité associée à la loi exponentielle de paramètre λ, l'axe des abscisses et les droites d'équation $x = 0$ et $x = 2$. Ce qui se traduit à l'aide d'une intégrale par :

$$P(0 \leqslant X \leqslant 2) = \int_0^2 f(x)\,\mathrm{d}x = \int_0^2 \lambda e^{-\lambda x}\,\mathrm{d}x.$$

Une primitive de la fonction $f : x \mapsto \lambda e^{-\lambda x}$ (sur $\mathbb{R}$, donc sur $[0\,;2]$) étant $F : x \mapsto -e^{-\lambda x}$, nous en déduisons que :

$$P(0 \leqslant X \leqslant 2) = F(2) - F(0) = (-e^{-\lambda\times 2}) - (-e^{-\lambda\times 0}) = 1 - e^{-2\lambda}.$$

• Comme $P(0 \leqslant X \leqslant 2) = 0{,}15$ (égalité précisée dans l'énoncé), nous avons :

$$1-e^{-2\lambda}=0{,}15 \Leftrightarrow e^{-2\lambda}=1-0{,}15=0{,}85$$
$$\Leftrightarrow \ln(e^{-2\lambda})=\ln(0{,}85)$$
$$\Leftrightarrow -2\lambda=\ln(0{,}85)$$
$$\Leftrightarrow \lambda=-\frac{\ln(0{,}85)}{2}.$$

Notez bien
Pour tout réel x, pour tout réel $y > 0$, $e^x = y \quad x = \ln y$.

▸ 2. a) Calculer une probabilité dans le cadre d'une loi exponentielle

• L'événement contraire de l'événement $\{X \geqslant 3\}$ est l'événement $\{X < 3\}$. Par suite, $P(X \geqslant 3) = 1 - P(X < 3)$.

• La densité associée à une loi exponentielle étant nulle sur $]-\infty\,;0[$, nous avons $P(X<3)=P(0 \leqslant X < 3)$. Cette probabilité est l'aire en unités d'aire du domaine délimité par la courbe représentative de la densité associée à la loi exponentielle de paramètre $\lambda = 0{,}081$, l'axe des abscisses et les droites d'équation $x = 0$ et $x = 3$. Ce qui se traduit à l'aide d'une intégrale par :

$$P(X<3)=\int_0^3 0{,}081\ e^{-0{,}081x}\,dx$$
$$=(-e^{-0{,}081\times 3})-(-e^{-0{,}081\times 0})$$
$$=1-e^{-0{,}243}.$$

Notez bien
Une primitive de la fonction $f : x \mapsto \lambda\, e^{-\lambda x}$ sur $\mathbb{R}$ est $F : x \mapsto -e^{-\lambda x}$.

• Par conséquent, $P(X \geqslant 3) = 1 - P(X<3) = 1-(1-e^{-0{,}243}) = e^{-0{,}243} \approx \mathbf{0{,}78}$.

b) Vérifier une égalité (durée de vie sans vieillissement)

Soient t et h deux nombres réels positifs. Nous avons :

$$P_{(X\geqslant t)}(X \geqslant t+h)=\frac{P(\{X\geqslant t\}\cap\{X \geqslant t+h\})}{P(X\geqslant t)}$$
$$=\frac{P(X\geqslant t+h)}{P(X \geqslant t)}$$
$$=\frac{1-P(X\leqslant t+h)}{1-P(X\leqslant t)} \text{ (événements contraires)}$$
$$=\frac{1-(1-e^{-\lambda(t+h)})}{1-(1-e^{-\lambda\times t})} \text{ (raisonnement similaire à la question précédente)}$$
$$=e^{-\lambda(t+h-t)}$$
$$=e^{-\lambda h}$$
$$=\boldsymbol{P(X\geqslant h)}.$$

Notez bien
Pour tous réels a et b, $\frac{e^a}{e^b}=e^{a-b}$.

c) Calculer une probabilité dans le cadre d'une loi exponentielle

La probabilité qu'un moteur fonctionne encore deux ans sachant qu'il a déjà fonctionné trois ans est $P_{(X\geqslant 3)}(X \geqslant 3+2)$.

D'après la question précédente, en prenant $t = 3$ et $h = 2$, nous avons $P_{(X\geqslant 3)}(X\geqslant 3+2)=P(X\geqslant 2)$.

Mais d'après la première question $P(X \leqslant 2) = 0{,}15$.
Par conséquent, $P(X\geqslant 2) = 1-P(X<2) = 1-P(X\leqslant 2) = 1-0{,}15 = \mathbf{0{,}85}$.

d) Préciser et interpréter une espérance dans le cadre d'une loi exponentielle

Par propriété, l'espérance d'une variable aléatoire suivant une loi exponentielle de paramètre λ est $\frac{1}{\lambda}$. Il en découle que $E(X)=\frac{1}{\lambda}=\frac{1}{0{,}081}\approx 12{,}35$. **La durée de vie moyenne d'un moteur est approximativement de 12 ans et 4 mois.**

▶ 3. Prendre une décision à partir d'un intervalle de fluctuation

La proportion p de moteurs défectueux dans la production est supposée être égale à 0,01. 800 moteurs ont été prélevés dans la production, la taille n de l'échantillon est donc 800.

Comme $n = 800 \geqslant 30$, $n \times p = 8 \geqslant 5$ et $n \times (1-p) = 792 \geqslant 5$, l'intervalle de fluctuation asymptotique est défini et donné par :

$$\left[p - 1{,}96 \times \frac{\sqrt{p(1-p)}}{\sqrt{n}}\ ;\ p + 1{,}96 \times \frac{\sqrt{p(1-p)}}{\sqrt{n}}\right] \approx [0{,}003\ ;\ 0{,}017].$$

Parmi les moteurs prélevés au hasard, 15 s'avèrent être défectueux : la fréquence observée f de moteurs défectueux dans l'échantillon est donc : $\frac{15}{800} = 0{,}01875$. La fréquence observée f n'appartenant pas à l'intervalle de fluctuation asymptotique, **le résultat de ce test remet en cause l'annonce de cette entreprise.**

SUJET 27

LIBAN • AVRIL 2014

LOIS DE PROBABILITÉ À DENSITÉ

DURÉE : 60 MINUTES • 5 POINTS

Rendez-vous au lycée

Les trois parties A, B et C peuvent être traitées de façon indépendante.
Les probabilités seront arrondies au dix millième.

Un élève doit se rendre à son lycée chaque matin pour 8 h 00. Pour cela, il utilise, selon les jours, deux moyens de transport : le vélo ou le bus.

PARTIE A

L'élève part tous les jours à 7 h 40 de son domicile et doit arriver à 8 h 00 à son lycée. Il prend le vélo 7 jours sur 10 et le bus le reste du temps.

Les jours où il prend le vélo, il arrive à l'heure dans 99,4 % des cas et lorsqu'il prend le bus, il arrive en retard dans 5 % des cas.

On choisit une date au hasard en période scolaire et on note V l'événement « l'élève se rend au lycée à vélo », B l'événement « l'élève se rend au lycée en bus » et R l'événement « l'élève arrive en retard au lycée ».

▶ **1.** Traduire la situation par un arbre de probabilités.

▶ **2.** Déterminer la probabilité de l'événement $V \cap R$.

▶ **3.** Démontrer que la probabilité de l'événement R est 0,0192.

▶ **4.** Un jour donné, l'élève est arrivé en retard au lycée. Quelle est la probabilité qu'il s'y soit rendu en bus ?

PARTIE B : LE VÉLO

On suppose dans cette partie que l'élève utilise le vélo pour se rendre à son lycée. Lorsqu'il utilise le vélo, on modélise son temps de parcours, exprimé en minutes, entre son domicile et son lycée par une variable aléatoire T qui suit la loi normale d'espérance $\mu = 17$ et d'écart type $\sigma = 1,2$.

▶ **1.** Déterminer la probabilité que l'élève mette entre 15 et 20 minutes pour se rendre à son lycée.

▶ **2.** Il part de son domicile à vélo à 7 h 40. Quelle est la probabilité qu'il soit en retard au lycée ?

▶ **3.** L'élève part à vélo. Avant quelle heure doit-il partir pour arriver à l'heure au lycée avec une probabilité de 0,9 ? Arrondir le résultat à la minute près.

PARTIE C : LE BUS

Lorsque l'élève utilise le bus, on modélise son temps de parcours, exprimé en minutes, entre son domicile et son lycée par une variable aléatoire T' qui suit la loi normale d'espérance $\mu' = 15$ et d'écart type σ'. On sait que la probabilité qu'il mette plus de 20 minutes pour se rendre à son lycée en bus est de 0,05.

On note Z' la variable aléatoire égale à $\dfrac{T'-15}{\sigma'}$

▶ **1.** Quelle loi la variable aléatoire Z' suit-elle ?

▶ **2.** Déterminer une valeur approchée à 0,01 près de l'écart type σ' de la variable aléatoire T'.

LES CLÉS DU SUJET

■ Les thèmes clés

Arbre pondéré • Loi normale.

■ Les outils dont vous avez besoin

Les références en rouge renvoient à la boîte à outils en fin d'ouvrage.

• Propriétés associées à une variable aléatoire suivant une loi normale E40D • E40E → **Partie B**, **1.** à **3.** ; **partie C**, **1.** et **2.**

• Calculs de probabilités E34 • E35 • E37 • E40A → **Partie A, 2.** à **4.** ; **Partie B, 1.** à **3.**

■ Nos coups de pouce

Partie B

▶ **3.** Calculez $P(T \leqslant 20)$, puis $P(T \leqslant 19)$ et $P(T \leqslant 18)$. Interprétez ces probabilités et concluez.

Partie C

▶ **2.** Justifier que $P(T' > 20) = 0,05$ est équivalent à $P\left(0 \leqslant Z' \leqslant \dfrac{5}{\sigma'}\right) = 0,45$. Puis, utilisez une calculatrice pour conclure en prenant bien en compte la précision demandée pour la valeur approchée de l'écart type.

PARTIE A

▶ 1. Construire un arbre pondéré

• Premier niveau de l'arbre : « moyen de transport »

L'élève prend le vélo 7 jours sur 10. Par suite, la probabilité que l'événement V se réalise est 0,7.

Comme le reste du temps cet élève prend le bus, l'événement B est l'événement contraire de l'événement V et on a :

$$P(\text{B}) = 1 - P(\text{V}) = 1 - 0{,}7 = 0{,}3.$$

• Deuxième niveau de l'arbre : « arrivée au lycée »

Si l'élève prend le vélo, il arrive à l'heure dans 99,4 % des cas. Par suite, la probabilité que l'événement $\overline{\text{R}}$ se réalise sachant que l'événement V est réalisé est : $P_{\text{V}}(\overline{\text{R}}) = 0{,}994$.

Comme la somme des probabilités indiquées sur les branches issues d'un même nœud (ici, le nœud V) est égale à 1,

$$P_{\text{V}}(\text{R}) = 1 - P_{\text{V}}(\overline{\text{R}}) = 1 - 0{,}994 = 0{,}006.$$

Si l'élève prend le bus, il arrive en retard dans 5 % des cas. Par suite, la probabilité que l'événement R se réalise sachant que l'événement B est réalisé est : $P_{\text{B}}(\text{R}) = 0{,}05$.

Comme la somme des probabilités indiquées sur les branches issues d'un même nœud (ici, le nœud B) est égale à 1,

$$P_{\text{B}}(\overline{\text{R}}) = 1 - P_{\text{B}}(\text{R}) = 1 - 0{,}05 = 0{,}95.$$

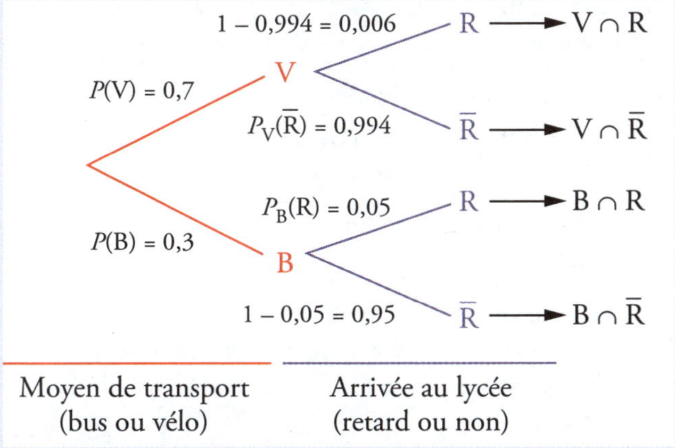

▶ 2. Calculer la probabilité d'une intersection

Par propriété (probabilité d'une feuille), la probabilité de l'événement $\text{V} \cap \text{R}$ est le produit des probabilités indiquées sur les branches du chemin qui aboutit à la feuille $\text{V} \cap \text{R}$. Ainsi, nous avons :

$$P(\text{V} \cap \text{R}) = P(\text{V}) \times P_{\text{V}}(\text{R}) = 0{,}7 \times 0{,}006 = 0{,}0042.$$

La probabilité que cet élève prenne le vélo et qu'il arrive en retard à son lycée est 0,0042.

▶ **3. Calculer la probabilité d'un événement**

L'événement R est associé à deux feuilles : $V \cap R$ et $B \cap R$. Par conséquent (formule des probabilités totales), la probabilité de l'événement R est la somme des probabilités de ces feuilles : $P(R) = P(V \cap R) + P(B \cap R)$

$$= 0{,}0042 + P(B) \times P_B(R) \text{ (probabilité d'une feuille)}$$
$$= 0{,}0042 + 0{,}3 \times 0{,}05$$
$$= 0{,}0042 + 0{,}015$$
$$= 0{,}0192.$$

La probabilité que cet élève arrive en retard à son lycée est 0,0192.

▶ **4. Calculer une probabilité conditionnelle**

La probabilité à déterminer est la probabilité que l'élève se soit rendu à son lycée en bus *sachant* qu'il est arrivé en retard à son lycée. Cette probabilité conditionnelle se note $P_R(B)$ et par définition :

$$P_R(B) = \frac{P(B \cap R)}{P(R)} = \frac{P(B) \times P_B(R)}{P(R)} = \frac{0{,}015}{0{,}0192} = 0{,}78125.$$

Les probabilités devant être arrondies au dix millième, nous avons : $\mathbf{P_R(B) \approx 0{,}7812}$.

Notez bien !
Un dix millième correspond à $\frac{1}{10\,000} = 0{,}0001$.

PARTIE B : LE VÉLO

▶ **1. Calculer une probabilité dans le cadre d'une loi normale**

La probabilité que cet élève mette entre 15 et 20 minutes pour se rendre à son lycée s'écrit à l'aide de la variable aléatoire T de la manière suivante : $P(15 \leqslant T \leqslant 20)$. Nous pouvons en déterminer directement une valeur approchée à l'aide d'une calculatrice :

CASIO Graph 75	TI-83 Plus.fr
NormCD(15,20,1.2,17) 0.9459999824	normalFRép(15,20 ,17,1.2) .9459999898

Les probabilités devant être arrondies au dix millième, nous avons :

$$\mathbf{P(15 \leqslant T \leqslant 20) \approx 0{,}9460.}$$

▶ **2. Calculer une probabilité dans le cadre d'une loi normale**

L'élève part de son domicile à vélo à 7 h 40 et doit arriver à 8 h 00 à son lycée. Il sera alors en retard si son temps de parcours à vélo est supérieur à 20 minutes. Par conséquent, la probabilité demandée est $P(T > 20)$.

Or $P(T > 20) = 1 - P(T \leqslant 20)$ (événement contraire)

$$= 1 - (0{,}5 + P(17 \leqslant T \leqslant 20)) \text{ (symétrie de la densité)}$$
$$= 0{,}5 - P(17 \leqslant T \leqslant 20).$$

Nous pouvons en déterminer une valeur approchée à l'aide d'une calculatrice :

CASIO Graph 75	TI-83 Plus.fr
0.5-NormCD(17,20,1.2▷ 6.209665326E-03	0.5-normalFRép(1 7,20,17,1.2) .0062096804

Les probabilités devant être arrondies au dix millième, nous avons :

$$P(T > 20) \approx \mathbf{0{,}0062}.$$

▶ 3. Déterminer une valeur sous contrainte

• Si l'élève part de son domicile à 7 h 40, la probabilité qu'il ne soit pas en retard à son lycée est la probabilité que son trajet n'excède pas 20 minutes :
$P(T \leqslant 20) = 0{,}5 + P(17 \leqslant T \leqslant 20) \approx 0{,}9938 > 0{,}9$.

• De même, si l'élève part de son domicile à 7 h 41, la probabilité qu'il ne soit pas en retard à son lycée est la probabilité que son trajet n'excède pas 19 minutes :
$P(T \leqslant 19) = 0{,}5 + P(17 \leqslant T \leqslant 19) \approx 0{,}9522 > 0{,}9$.

• De même, si l'élève part de son domicile à 7 h 42, la probabilité qu'il ne soit pas en retard à son lycée est la probabilité que son trajet n'excède pas 18 minutes :
$P(T \leqslant 18) = 0{,}5 + P(17 \leqslant T \leqslant 18) \approx 0{,}7977 < 0{,}9$.

L'élève doit partir entre 18 et 19 minutes avant 8 h afin d'arriver à l'heure à son lycée avec une probabilité de 0,9. Le résultat devant être donné à la minute près, **nous en concluons que cet élève doit partir avant 7 h 41.**

PARTIE C : LE BUS

▶ 1. Déterminer une loi de probabilité

Comme $15 = \mu'$ (espérance de la variable aléatoire T'), la variable aléatoire Z' s'écrit :

$$Z' = \frac{T' - 15}{\sigma'} = \frac{T' - \mu'}{\sigma'}.$$

Comme T' suit la loi normale d'espérance μ' et d'écart type σ', alors par définition, la variable aléatoire Z' suit la loi normale centrée réduite.

Notez bien
Pour la loi normale centrée réduite, $\mu = 0$ et $\sigma = 1$.

▶ 2. Déterminer un écart type

• D'après l'énoncé, la probabilité que l'élève mette plus de 20 minutes pour se rendre à son lycée en bus est de 0,05. Ce qui s'écrit à l'aide de la variable aléatoire T' : $P(T' > 20) = 0{,}05$. Or :

$$P(T' > 20) = 0{,}05 \Leftrightarrow P(T' \leqslant 20) = 1 - 0{,}05 = 0{,}95 \text{ (événement contraire)}$$

$$\Leftrightarrow P\left(\frac{T' - \mu'}{\sigma'} \leqslant \frac{20 - \mu'}{\sigma'}\right) = 0{,}95 \text{ (centrer et réduire)}$$

$$\Leftrightarrow P\left(Z' \leqslant \frac{5}{\sigma'}\right) = 0{,}95 \text{ (définition de la variable aléatoire } Z'\text{)}$$

$$\Leftrightarrow 0{,}5 + P\left(0 \leqslant Z' \leqslant \frac{5}{\sigma'}\right) = 0{,}95 \text{ (propriété de la loi normale)}$$

$$\Leftrightarrow P\left(0 \leqslant Z' \leqslant \frac{5}{\sigma'}\right) = 0{,}45.$$

• Déterminons une valeur approchée de l'écart type σ' à l'aide d'une calculatrice.

	CASIO Graph 75	TI-83 Plus.fr
Éditeur de fonctions	Table Func :Y= Y1=NormCD(0,5÷X,1,0)	Graph1 Graph2 Graph3 \Y1■normalFRép(0,5/X,0,1)
Réglage de la table (début de table, pas de table)	Table Setting X Start:0.01 End :5 Step :0.01	DEFINIR TABLE DébTbl=.01 Pas=.01 Valeurs:Auto Dem Calculs:Auto Dem
Lecture de la table	X Y1 3.02 0.4511 3.03 0.4505 3.04 0.4499 3.05 0.4494 3.04	X Y1 3.01 .45166 3.02 .4511 3.03 .45055 3.04 .44999 3.05 .44943 3.06 .44887 3.07 .44831 Y1=.44998796926

Une valeur approchée à 0,01 près de l'écart type σ' de la variable aléatoire T' est 3,04.

Notez bien
Un écart type est un nombre réel strictement positif.

SUJET 28

AMÉRIQUE DU NORD • MAI 2014

LOIS DE PROBABILITÉ À DENSITÉ

DURÉE : 60 MINUTES • 5 POINTS

Pots de crème

Dans cet exercice, tous les résultats demandés seront arrondis à 10^{-3} près.

Une grande enseigne de cosmétiques lance une nouvelle crème hydratante.

PARTIE A : CONDITIONNEMENT DES POTS

Cette enseigne souhaite vendre la nouvelle crème sous un conditionnement de 50 mL et dispose pour ceci de pots de contenance maximale 55 mL.
On dit qu'un pot de crème est non conforme s'il contient moins de 49 mL de crème.

▶ **1.** Plusieurs séries de tests conduisent à modéliser la quantité de crème, exprimée en mL, contenue dans chaque pot par une variable aléatoire X qui suit la loi normale d'espérance $\mu = 50$ et d'écart type $\sigma = 1,2$.
Calculer la probabilité qu'un pot de crème soit non conforme.

▶ **2.** La proportion de pots de crème non conformes est jugée trop importante. En modifiant la viscosité de la crème, on peut changer la valeur de l'écart type de la variable aléatoire X, sans modifier son espérance $\mu = 50$. On veut réduire à 0,06 la probabilité qu'un pot choisi au hasard soit non conforme.

On note σ' le nouvel écart type, et Z la variable aléatoire égale à $\dfrac{X-50}{\sigma'}$.

a) Préciser la loi que suit la variable aléatoire Z.

b) Déterminer une valeur approchée du réel u tel que $P(Z \leqslant u) = 0,06$.

c) En déduire la valeur attendue de σ'.

▶ **3.** Une boutique commande à son fournisseur 50 pots de cette nouvelle crème. On considère que le travail sur la viscosité de la crème a permis d'atteindre l'objectif fixé et donc que la proportion de pots non conformes dans l'échantillon est 0,06.
Soit Y la variable aléatoire égale au nombre de pots non conformes parmi les 50 pots reçus.
a) On admet que Y suit une loi binomiale. En donner les paramètres.
b) Calculer la probabilité que la boutique reçoive deux pots non conformes ou moins de deux pots non conformes.

PARTIE B : CAMPAGNE PUBLICITAIRE

Une association de consommateurs décide d'estimer la proportion de personnes satisfaites par l'utilisation de cette crème.
Elle réalise un sondage parmi les personnes utilisant ce produit. Sur 140 personnes interrogées, 99 se déclarent satisfaites.
Estimer, par intervalle de confiance au seuil de 95 %, la proportion de personnes satisfaites parmi les utilisateurs de la crème.

LES CLÉS DU SUJET

Les thèmes clés

Loi normale • Loi binomiale • Estimation et intervalle de confiance.

Les outils dont vous avez besoin

Les références en rouge renvoient à la boîte à outils en fin d'ouvrage.

• Propriétés associées à une variable aléatoire suivant une loi normale E40A • E40D • E40E → **Partie A, 1., 2. a), 2. b)** et **2. c)**
• Propriétés associées à une variable aléatoire suivant une loi binomiale E39 → **Partie A, 3. a)** et **3. b)**
• Intervalle de confiance pour estimer une proportion E44 → **Partie B**

Nos coups de pouce

Partie A

▶ **2. b)** Justifiez que le réel u est tel que $P(u \leqslant Z \leqslant 0) = 0{,}44$. Concluez en utilisant de manière efficace votre calculatrice (méthode par balayage).
▶ **2. c)** Exprimez l'écart type σ' en fonction du nombre réel u. Concluez en utilisant la question **2. b)** de la partie **A**.

Partie B

Précisez la taille n de l'échantillon et la fréquence observée f du caractère étudié dans cet échantillon. Constatez que les conditions sur n et f sont vérifiées pour définir l'intervalle de confiance demandé. Concluez.

PARTIE A : CONDITIONNEMENT DES POTS

▶ 1. Calculer une probabilité dans le cadre d'une loi normale

D'après l'énoncé, un pot de crème est non conforme s'il contient moins de 49 mL de crème. La probabilité qu'un pot de crème soit non conforme s'écrit alors à l'aide de la variable aléatoire X de la manière suivante : $P(X < 49)$.

Or $P(X < 49) = P(X \leqslant 49) = 0{,}5 - P(49 \leqslant X \leqslant 50)$ et, avec une calculatrice, nous avons :

CASIO Graph 75	TI-83 Plus.fr
0.5-NormCD(49,50,1.2,50) 0.202328381	0.5-normalFRép(49,50,50,1.2) .2023283241

La probabilité qu'un pot de crème soit non conforme est donc d'environ 0,202.

Notez bien
Si $X \sim \mathcal{N}(\mu\,;\,\sigma^2)$, alors pour tout réel $a \leqslant \mu$, $P(X \leqslant a) = 0{,}5 - P(a \leqslant X \leqslant \mu)$.

▶ 2. a) Déterminer la loi d'une variable aléatoire

Dans cette question, la variable aléatoire X ne suit plus la loi normale d'espérance $\mu = 50$ et d'écart type $1{,}2$ mais la loi normale d'espérance 50 (paramètre inchangé) et d'écart type σ'.

La variable aléatoire Z est définie par $Z = \dfrac{X-50}{\sigma'} = \dfrac{X-\mu}{\sigma'}$. Par définition, **la variable aléatoire Z suit donc la loi normale centrée réduite.**

Notez bien
Dans un tel cadre, l'espérance de Z est 0 et son écart type est 1.

b) Déterminer une valeur par balayage

Comme Z suit la loi normale centrée réduite, son espérance est nulle et par symétrie de la densité $P(Z \leqslant 0) = 0{,}5$. Or $P(Z \leqslant u) = 0{,}06 < 0{,}5$. Le nombre réel u à déterminer est donc négatif.

De plus, nous avons :

$$P(Z \leqslant u) + P(u \leqslant Z \leqslant 0) = 0{,}5 \Leftrightarrow 0{,}06 + P(u \leqslant Z \leqslant 0) = 0$$
$$\Leftrightarrow P(u \leqslant Z \leqslant 0) = 0{,}44.$$

À l'aide d'une calculatrice, recherchons une valeur approchée du nombre réel u (par balayage) qui vérifie l'égalité précédente.

Étapes	CASIO Graph 75	TI-83 Plus.fr	Conclusion
Éditeur de fonctions	Table Func :Y= Y1=NormCD(X,0,1,0)	Graph1 Graph2 Graph3 \Y1■normalFRép(X,0,0,1)	
Pas de la table : 0,1	X Y1 / -1.5 0.4331 / -1.6 0.4452	X Y1 / -1.5 .43319 / -1.6 .4452	$-1{,}6 \leqslant u \leqslant -1{,}5$
Pas de table : 0,01	X Y1 / -1.55 0.4394 / -1.56 0.4406	X Y1 / -1.55 .43943 / -1.56 .44062	$-1{,}56 \leqslant u \leqslant -1{,}55$
Pas de table : 0,001	X Y1 / -1.555 0.44 / -1.554 0.4399	X Y1 / -1.554 .43991 / -1.555 .44003	$-1{,}554 \leqslant u \leqslant -1{,}555$

Une valeur approchée du nombre réel u est ainsi $-1{,}555$.

c) Déterminer une valeur approchée d'un écart type

Un pot de crème étant non conforme s'il contient moins de 49 mL de crème, réduire la probabilité qu'un pot choisi au hasard soit non conforme à 0,06 signifie que $P(X \leqslant 49) = 0{,}06$. Or :

$$P(X \leqslant 49) = 0{,}06 \Leftrightarrow P\left(\frac{X-50}{\sigma'} \leqslant \frac{49-50}{\sigma'}\right) = 0{,}06 \text{ (centrer et réduire)}$$

$$\Leftrightarrow P\left(Z \leqslant -\frac{1}{\sigma'}\right) = 0{,}06 \text{ (définition de } Z\text{).}$$

Mais d'après la question précédente $P(Z \leqslant u) = 0{,}06$, ce qui implique par identification que :

$-\frac{1}{\sigma'} = u$ et par suite, $\sigma' = -\frac{1}{u} \approx 0{,}643$.

Une valeur approchée de l'écart type σ' est ainsi 0,643.

▶ **3. a) Préciser les paramètres d'une loi binomiale**

50 pots ont été commandés au fournisseur et ont été reçus par la boutique. Pour chaque pot, deux cas sont possibles : soit le pot est non conforme (moins de 49 mL de crème) soit le pot est conforme (plus de 49 mL de crème). La probabilité qu'un pot soit non conforme est de 0,06, proportion de pots non conformes dans la production suite à la modification de la viscosité. **La variable aléatoire Y suit ainsi la loi binomiale de paramètres 50 et 0,06.**

b) Calculer une probabilité dans le cadre d'une loi binomiale

La probabilité que la boutique reçoive deux pots non conformes ou moins de deux pots non conformes est $P(Y \leqslant 2)$. Grâce à la calculatrice, nous avons :

CASIO Graph 75	TI-83 Plus.fr
BinominalCD(2,50,0.06) 0.4162464724	binomFRép(50,0.0 6,2) .4162464756

Ainsi, $P(Y \leqslant 2) \approx 0{,}416$.

PARTIE B : CAMPAGNE PUBLICITAIRE

• Parmi les personnes qui utilisent ce produit, 140 personnes ont été interrogées. La taille de l'échantillon considéré est donc $n = 140$.

• Parmi les 140 personnes interrogées, 99 personnes se déclarent satisfaites. La fréquence observée dans cet échantillon de personnes satisfaites est donc $f = \frac{99}{140} \approx 0{,}707$.

• Comme $n = 140 \geqslant 30$, $n \times f = 99 \geqslant 5$ et $n \times (1-f) = 41 \geqslant 5$, les conditions sur n et f sont vérifiées et l'intervalle de confiance est défini par :

$$\left[f - \frac{1}{\sqrt{n}} ; f + \frac{1}{\sqrt{n}}\right] = \left[\frac{99}{140} - \frac{1}{\sqrt{140}} ; \frac{99}{140} + \frac{1}{\sqrt{140}}\right] \approx [0{,}622 ; 0{,}792].$$

Au niveau de confiance 0,95, la proportion de personnes satisfaites parmi les utilisateurs de la crème se situe entre 62,2 % et 79,2 %.

Conformité de boîtes surgelées

L'entreprise Stekegel produit des steaks surgelés. Elle les conditionne par boîte de 4 steaks pour une masse indiquée sur l'étiquette de 400 g. On admet que la variable aléatoire M qui, à toute boîte choisie au hasard dans la production de l'entreprise, associe sa masse en grammes, suit la loi normale d'espérance $\mu = 400$ g et d'écart type $\sigma = 2$ g.

▶ **1.** Une boîte est considérée non conforme pour la masse (événement C) si sa masse n'est pas comprise entre 395 g et 405 g. Déterminer la probabilité de l'événement C. *On arrondira le résultat à quatre décimales. (1 point)*

▶ **2.** L'entreprise Stekegel affirme que la proportion p de boîtes non conformes pour la masse dans sa production est égale à 0,0124. Un hypermarché commercialise les boîtes de l'entreprise Stekegel. Il effectue ponctuellement des tests pour contrôler la masse de ces boîtes. Un jour donné, il constate que sur 1 024 boîtes, 998 boîtes exactement sont conformes pour la masse.

a) Soit F la variable aléatoire qui, à tout échantillon de taille $n = 1\,024$, associe la fréquence de boîtes non conformes pour la masse. Déterminer l'intervalle de fluctuation asymptotique au seuil 0,95 de la variable aléatoire F. *On donnera les bornes de cet intervalle arrondies à 4 décimales. (1 point)*

b) Déterminer la fréquence f_e de boîtes non conformes pour la masse dans l'échantillon choisi par l'hypermarché. *(0,5 point)*

c) Au vu des résultats précédents, l'hypermarché doit-il remettre en question l'affirmation de l'entreprise Stekegel ? *(0,5 point)*

▶ **3.** L'entreprise Stekegel a tout récemment changé ses chaînes de production. Elle ne connaît pas pour l'instant la nouvelle proportion p de boîtes non conformes pour la masse dans sa production. Elle souhaite estimer cette nouvelle proportion p. Elle teste pour cela 625 boîtes issues des nouvelles chaînes de production : 40 boîtes ne sont pas conformes pour la masse.

a) Préciser, sur cet échantillon, la fréquence observée f de boîtes non conformes pour la masse. *(0,5 point)*

b) Déterminer l'intervalle de confiance correspondant à cet échantillon, au niveau de confiance 0,95, de la proportion p de boîtes non conformes pour la masse dans la production de l'entreprise Stekegel. *(1 point)*

c) Au vu des questions précédentes, les modifications apportées sur les chaînes de production vous semblent-elles utiles ? Justifier. *(0,5 point)*

LES CLÉS DU SUJET

Les thèmes clés

Loi normale • Intervalles de fluctuation et de confiance.

Les outils dont vous avez besoin

Les références en rouge renvoient à la boîte à outils en fin d'ouvrage.

- Probabilité d'un événement et loi normale E40A • E40E → **1.**
- Prise de décision et intervalle de fluctuation E43 → **2. a)**, **2. b)** et **2. c)**
- Estimation et intervalle de confiance E44 → **3. a)**, **3. b)** et **3. c)**

Nos coups de pouce

▶ **2. a)** Justifiez que les conditions sur les paramètres n et p sont vérifiées, puis déterminez l'intervalle de fluctuation asymptotique au seuil 0,95.

▶ **3. b)** Précisez la taille n de l'échantillon considéré. Justifiez que les conditions sur n et f sont vérifiées, puis déterminez l'intervalle de confiance correspondant.

MATHÉMATIQUES

CORRIGÉ SUJET 29

▶ 1. Calculer la probabilité d'un événement

Par définition, la probabilité de l'événement C est l'aire du domaine $\mathscr{D}_1$: ensemble des points du plan qui se situent dans la partie du plan délimitée par la courbe $\mathscr{C}_f$ de la densité associée à la variable aléatoire M, l'axe des abscisses et qui ont une abscisse strictement inférieure à 395 **ou** qui ont une abscisse strictement supérieure à 405.

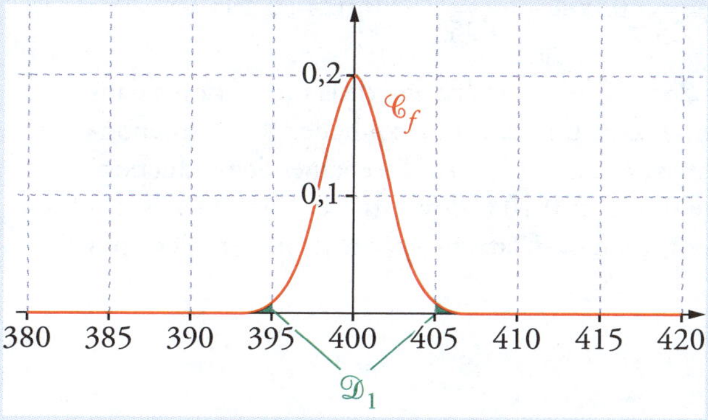

$P(\text{C}) = \text{Aire}(\mathscr{D}_1) = 1 - P(395 \leqslant M \leqslant 405)$, soit $\boldsymbol{P}(\textbf{C}) \approx \mathbf{0{,}0124}$ (avec une calculatrice).

▶ 2. Déterminer un intervalle de fluctuation

a) La taille de l'échantillon est $n = 1\,024$.

On a : $n \geqslant 30$, $n \times p = 12{,}6976 \geqslant 5$ et $n \times (1 - p) = 1\,011{,}3024 \geqslant 5$.

Les conditions sur n et p étant vérifiées, l'intervalle de fluctuation asymptotique au seuil 0,95 est donc :

$$\left[p-1{,}96\times\frac{\sqrt{p(1-p)}}{\sqrt{n}}\,;\,p+1{,}96\times\frac{\sqrt{p(1-p)}}{\sqrt{n}}\right]$$

$$=\left[0{,}0124-1{,}96\times\frac{\sqrt{0{,}0124\times(1-0{,}0124)}}{\sqrt{1\,024}}\,;\;0{,}0124+1{,}96\times\frac{\sqrt{0{,}0124\times(1-0{,}0124)}}{\sqrt{1\,024}}\right]$$

$\approx$ **[0,0056 ; 0,0192].**

b) La fréquence f_e de boîtes non conformes pour la masse dans l'échantillon choisi par l'hypermarché est : $f_e=\frac{1\,024-998}{1\,024}=\frac{26}{1\,024}\approx \mathbf{0{,}0254}$.

c) Comme la fréquence f_e n'appartient pas à l'intervalle de fluctuation asymptotique au seuil 0,95 déterminé à la question **2. a)**, **l'hypermarché, à partir de son échantillon, peut remettre en cause l'affirmation faite par l'entreprise Stekegel** à savoir : « *la proportion de boîtes non conformes pour la masse dans sa production est égale à 0,0124* ». En remettant en cause cette affirmation, le risque que l'hypermarché se trompe est de l'ordre de 5 %.

▶ 3. Déterminer un intervalle de confiance

a) La fréquence observée f de boîtes non conformes pour la masse dans cet échantillon est $f=\frac{40}{625}=\frac{8}{125}=\mathbf{0{,}064}$.

b) La taille de l'échantillon est $n = 25$. On a $n \geqslant 30$, $n\times f = 40 \geqslant 5$ et $n\times(1-f) = 585 \geqslant 5$. Les conditions sur n et f étant vérifiées, l'intervalle de confiance correspondant à cet échantillon, au niveau de confiance 0,95, de la proportion p de boîtes non conformes pour la masse dans la production de l'entreprise Stekegel est donc :

$$\left[f-\frac{1}{\sqrt{n}}\,;\,f+\frac{1}{\sqrt{n}}\right]=\left[0{,}064-\frac{1}{\sqrt{625}}\,;\,0{,}064+\frac{1}{\sqrt{625}}\right]=\mathbf{[0{,}024\,;\,0{,}104]}.$$

c) Aucune information ne peut être donnée sur la localisation de la proportion p dans l'intervalle [0,024 ; 0,104]. Par contre, avec un niveau de confiance 0,95, on énoncera à juste titre que, suite aux modifications apportées sur les chaînes de production, cette proportion est comprise entre 0,024 et 0,104, donc strictement supérieure à 0,0124 (question **1.**). **Par conséquent, les modifications apportées ne semblent pas être utiles.**

DURÉE : 25 MINUTES • 3,5 POINTS

Estimation d'un taux de grévistes

Sur les ondes d'une grande radio française, lors du journal de sept heures, le journaliste annonce que 96 des 256 professeurs des écoles contactés la veille par téléphone seront en grève demain pour protester contre les nouveaux rythmes scolaires.

▶ **1.** Préciser, sur cet échantillon, la fréquence observée f de professeurs des écoles qui seront en grève demain pour protester contre les nouveaux rythmes scolaires. *(0,5 point)*

▶ **2.** Déterminer l'intervalle de confiance correspondant à cet échantillon, au niveau de confiance 0,95, de la proportion p de professeurs des écoles qui seront en grève demain pour protester contre les nouveaux rythmes scolaires. *(1 point)*

▶ **3.** L'invité de ce journal, le secrétaire national du syndicat majoritaire, annonce qu'il est confiant pour cette journée de grève : « d'après votre sondage, nous pouvons espérer 43 % des professeurs des écoles en grève demain. Ce serait un score formidable ! ».
Le journaliste lui répond : « Oui, dans le meilleur des mondes. Mais 68 % des professeurs des écoles non grévistes demain, c'est également envisageable. ».
Justifier l'intervention de l'invité et la réponse du journaliste. *(1 point)*

▶ **4.** Suite à cet échange, la radio décide d'effectuer un autre sondage dans la journée.

a) Quelle est l'amplitude de l'intervalle de confiance déterminé à la question **2.** ? *(0,5 point)*

b) Lors de ce prochain sondage, quel est le nombre minimal de professeurs des écoles à interroger pour réduire cette amplitude de moitié ? *(0,5 point)*

LES CLÉS DU SUJET

■ Les thèmes clés

Estimation • Intervalles de confiance.

■ Les outils dont vous avez besoin

La référence en rouge renvoie à la boîte à outils en fin d'ouvrage.

• Intervalle de confiance E44 → **2.**, **3.** et **4.**

■ Nos coups de pouce

▶ **1.** Identifiez l'effectif des professeurs des écoles contactés qui seront en grève demain et l'effectif des professeurs des écoles contactés.

▶ **2.** Précisez la taille n de l'échantillon considéré. Justifiez que les conditions sur n et f sont vérifiées, puis déterminer l'intervalle de confiance correspondant.

▶ **3.** Pensez à l'éventuelle localisation de la proportion p dans un intervalle de confiance.

▶ **4.** Traduisez et écrivez la condition imposée sur l'amplitude de l'intervalle de confiance (du prochain sondage). Conclure.

▶ 1. Calculer une fréquence

La fréquence observée f de professeurs des écoles qui seront en grève demain pour protester contre les nouveaux rythmes scolaires est $f = \frac{96}{256} = 0{,}375$.

▶ 2. Déterminer un intervalle de confiance

La taille de l'échantillon est $n = 256$. On a $n \geqslant 30$, $n \times f = 256 \times 0{,}375 = 96 \geqslant 5$ et $n \times (1-f) = 256 \times (1-0{,}375) = 160 \geqslant 5$. Les conditions sur n et f étant vérifiées, l'intervalle de confiance au niveau de confiance 0,95 est donc :

$$\left[f - \frac{1}{\sqrt{n}} ; f + \frac{1}{\sqrt{n}}\right] = \left[0{,}375 - \frac{1}{\sqrt{256}} ; 0{,}375 + \frac{1}{\sqrt{256}}\right]$$

$$= \left[0{,}375 - \frac{1}{16} ; 0{,}375 + \frac{1}{16}\right]$$

$$= [\mathbf{0{,}3125 ; 0{,}4375}].$$

▶ 3. Interpréter un intervalle de confiance

Aucune information ne peut être donnée sur la localisation de la proportion p dans l'intervalle $[0{,}3125 ; 0{,}4375]$. La proportion p pourrait valoir 0,43, ce qui expliquerait l'intervention de l'invité : « d'après votre sondage, nous pouvons espérer 43 % des professeurs des écoles en grève demain. Ce serait un score formidable ! ». La proportion p pourrait valoir 0,32, ce qui expliquerait la réponse du journaliste : « Oui, dans le meilleur des mondes. Mais 68 % des professeurs des écoles non grévistes demain, c'est également envisageable. »

▶ 4. Calculer l'amplitude d'un intervalle de confiance

a) L'amplitude de l'intervalle de confiance est égale à :

$$\left(f + \frac{1}{\sqrt{n}}\right) - \left(f - \frac{1}{\sqrt{n}}\right) = \frac{2}{\sqrt{n}} = \frac{2}{\sqrt{256}} = \frac{1}{8} = \mathbf{0{,}125}.$$

b) On souhaite réduire l'amplitude de moitié. On doit donc avoir $\frac{2}{\sqrt{n}} \leqslant \frac{0{,}125}{2} = 0{,}062\,5$. Cette inéquation devient $\frac{2}{0{,}062\,5} \leqslant \sqrt{n}$ soit finalement

$n \geqslant 1\,024$.

Le nombre minimal de professeurs à interroger est donc 1 024.

SOMMAIRE

Cochez les sujets sur lesquels vous vous êtes entraîné.

Sujet complet

**Exercice de type « résolution de problème ».*

Sujets classés par thèmes

Structure et transformation de la matière

Énergie, matière et rayonnement

AGIR

Économiser les ressources et respecter l'environnement

Synthétiser des molécules, fabriquer de nouveaux matériaux

Transmettre et stocker de l'information

L'épreuve en questions-réponses

Le programme

1. Quels sont les thèmes de l'enseignement obligatoire ?

Les thèmes du programme de physique-chimie en terminale S sont définis dans le *Bulletin officiel spécial* n° 8 du 13 octobre 2011.

• Comme en classe de première, le programme d'enseignement obligatoire de terminale S s'articule autour de trois thèmes : **observer, comprendre et agir**.

• Pas plus qu'en première S, on ne fait de distinction nette entre la partie physique et la partie chimie. À l'intérieur de chaque thème, on rencontre donc des chapitres qui peuvent relever soit de la chimie, soit de la physique, soit des deux.

• Les domaines abordés sont les suivants :

Observer : Ondes et matière	Ondes et particules Caractéristiques et propriétés des ondes Analyse spectrale
Comprendre : Lois et modèles	Temps, mouvement et évolution Structure et transformation de la matière Énergie, matière et rayonnement
Agir : Défis du XXIe siècle	Économiser les ressources et respecter l'environnement Synthétiser des molécules, fabriquer de nouveaux matériaux Transmettre et stocker de l'information Créer et innover

▶ Quelles sont les difficultés de ce programme ?

• Le programme est ambitieux et balaie des domaines très différents. Il nécessite donc que vous y travailliez de façon très régulière au cours de l'année pour ne pas vous y « perdre ».

• L'évaluation finale se fera sur la maîtrise de compétences acquises tout au long de l'année. Vous devez donc vous efforcer de les mobiliser dès que possible afin d'acquérir des automatismes.

2. Quels sont les grands axes du programme de spécialité ?

• L'enseignement de spécialité s'organise autour de trois thèmes :
- **l'eau** (chimie) ;
- **son et musique** (physique) ;
- **les matériaux** (physique et chimie).

• Chaque thème est traité par des **mots clés** qui permettent de délimiter le domaine scientifique étudié.

Cependant, il s'agit moins d'acquérir des contenus nouveaux qu'une **méthode de raisonnement**. L'objectif est, tout au long de l'année, de vous confronter à un grand nombre de problématiques et de vous apprendre à élaborer un raisonnement scientifique.

• Lors de l'**épreuve écrite**, vous êtes amené à réinvestir cette méthode dans l'exercice de spécialité. Celle-ci vous présente une situation nouvelle et inconnue à travers plusieurs documents scientifiques.

L'épreuve

3. En quoi consiste l'épreuve écrite ?

• L'épreuve écrite est notée sur **20 points**. Elle comporte **3 exercices** :
– 2 exercices ont trait à l'enseignement spécifique ;
– le 3e exercice (sur 5 points) porte sur le programme de spécialité si l'on a suivi cet enseignement, ou de nouveau sur le programme spécifique si ce n'est pas le cas.

• L'épreuve dure **3 heures et 30 minutes**.

• Depuis la session 2013, les sujets de bac accordent une place croissante aux documents. Que faire de ces **documents** ? Il faut évidemment commencer par les lire, puis faire le **tri parmi les informations** données. Relisez calmement la question posée puis les documents, en surlignant les informations qui vous semblent pertinentes. Enfin, répondez, **de façon synthétique**, à la question posée.

> **▸ Quel usage peut-on faire de la calculatrice ?**
>
> • Avant l'épreuve, vous pouvez tout à fait saisir dans votre calculatrice les formules et les définitions du cours. Si la calculatrice est autorisée, cela vous permettra de pallier d'éventuels trous de mémoire liés au stress et facilitera, quoi qu'il en soit, les applications numériques.
>
> • Toutefois, la calculatrice n'est **pas toujours autorisée** et vous ne le saurez que lors de la distribution des sujets. Rappelez-vous par ailleurs qu'apprendre ses formules et définitions est toujours plus efficace et plus rapide !

4. Quels sont les critères d'évaluation ?

• Les sujets sont conçus par des professeurs de physique-chimie qui enseignent en terminale S. Ils s'appuient sur le programme officiel.

• Les correcteurs attendent du candidat qu'il soit capable de réinvestir le jour de l'examen les **compétences qu'il a acquises au cours de ses années de lycée**.

> **▸ Les trois principaux critères de l'évaluation**
>
> ❶ La maîtrise de la **démarche scientifique** : extraire et exploiter des informations, effectuer une analyse critique.
>
> ❷ La maîtrise de la **langue** : utiliser un vocabulaire scientifique adapté, s'exprimer clairement et correctement.
>
> ❸ La maîtrise des **outils mathématiques** : effectuer des applications numériques et des calculs algébriques.

5. Comment se déroule l'épreuve pratique d'évaluation des compétences expérimentales ?

• L'épreuve dure **1 heure**. Elle a lieu dans votre lycée et vous êtes évalué par des professeurs de votre établissement ou non.

• Elle est notée sur **20 points**. La note n'est pas communiquée au candidat.

• Au début de l'épreuve, le candidat tire au sort un sujet. Il a autant de chance de tomber sur **un TP de physique que sur un TP de chimie**. Pour les élèves qui suivent l'enseignement de spécialité, le TP tiré au sort peut être un **TP de spécialité**. C'est une épreuve difficile : vous vous trouvez seul face à une paillasse de travaux pratiques alors qu'un professeur note tout ce que vous faites.

• L'évaluation se fait sur la **manipulation** (environ 2/3 de la note) et sur le **compte-rendu** (environ 1/3) qui peut être oral.

• Le matériel utilisé ce jour-là a déjà été utilisé au cours de l'année et des modes d'emploi simplifiés de tous les appareils et tous les logiciels sont à mis à disposition.

6. En quoi consiste l'oral de rattrapage en physique-chimie ?

• Lorsqu'à l'issue des épreuves écrites, le candidat obtient entre 8 et 10 de moyenne, il est amené à passer les oraux de rattrapage. Il peut alors choisir la physique-chimie parmi les 2 oraux qu'il doit présenter.

• **L'oral dure 20 minutes.** Il est précédé de 20 minutes de préparation.

• Il s'agit souvent de deux exercices (un de physique et un de chimie) ou de plusieurs questions très courtes portant sur différentes parties du programme. Pour les élèves qui suivent l'enseignement de spécialité, l'un des exercices tiré au sort est un exercice de spécialité. En fonction de l'exercice tiré au sort par le candidat, l'examinateur décide si **la calculatrice est autorisée ou non**. Si c'est le cas, elle est fournie par l'examinateur. Cette épreuve a lieu dans une salle comportant du matériel de physique-chimie pour que des questions puissent être posées sur le matériel expérimental et son utilisation, mais le candidat ne manipule pas.

Conseils de méthode

7. Comment bien préparer l'épreuve écrite ?

• L'essentiel est de **travailler très régulièrement** tout au long de l'année. Il vous faut acquérir des automatismes de résolution d'exercices. Pour cela, vous devez donc, comme un sportif, **vous entraîner** !

• Les exercices qui vous sont donnés au cours de l'année sont à faire **sans vous décourager si vous ne parvenez pas à les réussir**. Utilisez alors la correction pour les refaire. Toutefois, refaire un exercice ne consiste pas à recopier le corrigé proposé ! Celui-ci est là pour que vous puissiez voir si ce que vous faites est correct.

• N'oubliez pas non plus, bien entendu, qu'avant de vous lancer dans la résolution d'exercices, vous devez **connaître votre cours**.

• Vous vous êtes laissé déborder pendant l'année ? Rassurez-vous, rien n'est perdu. La méthode reste la même, elle nécessite seulement beaucoup plus d'efforts sur un temps plus limité.

▶ Quel usage faire des Annabac ?

L'Annabac Physique-chimie comprend à la fois des sujets complets et des sujets classés par thème.

• **En cours d'année**, à la fin de chaque partie du programme, il est recommandé de travailler les exercices correspondant au thème étudié pour en avoir une vision globale. Ce travail vous aidera à **réussir les devoirs surveillés** – première étape avant l'examen.

• **En fin d'année**, quand les révisions commencent, vous avez intérêt à traiter des sujets complets en temps limité pour mieux vous rendre compte de la réalité de l'épreuve.

8. Comment rédiger et présenter au mieux sa copie ?

• D'un point de vue formel, l'essentiel repose sur **la qualité de votre écriture manuscrite** ! Ce jour-là, faites un vrai effort. Le correcteur ne doit avoir de doute ni sur les lettres, ni sur les chiffres inscrits sur votre copie.

• **Soignez également vos schémas.** L'utilisation de la règle est indispensable.

• De même, il est important d'aérer votre présentation. Utilisez une copie différente pour chaque exercice. Sautez des lignes et soulignez vos résultats.

• Sur votre copie, veillez à utiliser la même numérotation que celle utilisée sur le sujet et à utiliser les notations imposées par le sujet.

▶ Comment répartir son temps le jour de l'épreuve écrite ?

• Un sujet de physique-chimie est toujours très long (une bonne dizaine de pages). Commencez donc par les **parcourir rapidement** pour voir à quels domaines se rapportent chacun des 3 exercices. Ensuite, traitez **toujours** en premier l'**exercice qui vous semble le plus accessible**.

• Appuyez-vous sur le barème indiqué : comptez environ **10 minutes par point**, soit 1 heure pour un exercice sur 6 points.

• Quand une question vous semble **difficile**, ne perdez pas de temps à chercher en vain la réponse : laissez de la place sur votre copie et passez à la suivante. Vous y reviendrez à la fin de l'épreuve.

• Enfin, pensez à garder **10 minutes à la fin de l'épreuve pour relire** tranquillement votre copie. Vous pourrez alors vérifier si vous n'avez pas oublié d'indiquer les unités dans certaines réponses, si vous avez fait attention au nombre de chiffres significatifs, etc.

9. Comment préparer l'épreuve pratique d'évaluation des compétences expérimentales ?

• Pour réussir convenablement l'ECE en fin d'année, il faut avoir manipulé toute l'année. C'est de cette façon seulement que vous pourrez vous familiariser avec tout le matériel et les logiciels mis à votre disposition, et maîtriser leur utilisation. Car ne l'oubliez pas : le jour de l'épreuve pratique, vous serez seul !

• Les sujets présentés le jour de l'ECE ont tous été traités en classe lors des séances de TP. **L'assiduité et l'investissement** en classe sont donc fondamentaux.

DURÉE 3 HEURES 30 • COEFFICIENT : SPÉCIFIQUE 6, SPÉCIALITÉ 8

L'usage de la calculatrice est autorisé.
Ce sujet ne nécessite pas de feuille de papier milimétré.

SPÉCIFIQUE ET SPÉCIALITÉ • Thème : Synthétiser des molécules, fabriquer de nouveaux matériaux
EXERCICE 1 • 6 POINTS

Synthèse de la carvone à partir du limonène

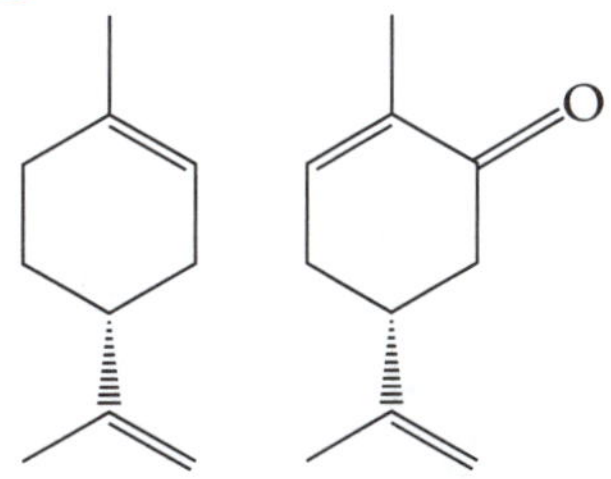

R-limonène R-carvone

La peau des oranges contient une huile essentielle constituée principalement d'un des énantiomères du limonène : le R-limonène, qui est responsable de leur odeur caractéristique. Le R-limonène sert de matière première pour produire des arômes dans l'industrie agroalimentaire, comme la R-carvone.

Dans cet exercice, on s'intéresse à la synthèse de la R-carvone à partir du R-limonène.

Données

• Caractéristiques physiques :

	Espèce chimique			
	R-limonène	**Nitrosochlorure de limonène**	**R-carvone**	**Eau**
Masse molaire moléculaire ($g \cdot mol^{-1}$)	136,0	201,5	150,0	18,0
Masse volumique ($g \cdot mL^{-1}$)	0,84	–	0,96	1,0

• Données de spectroscopie infrarouge :

Liaison	O – H	C – H	C = O	C = C
Nombre d'onde (cm^{-1})	3 200-3 400	2 900-3 200	1 660-1 725	1 640-1 660

1. EXTRACTION DU LIMONÈNE

L'extraction de cette huile essentielle peut se faire par hydrodistillation. À partir de l'écorce de six oranges, on recueille 3,0 mL d'huile essentielle que l'on analyse par spectrophotométrie.

PHYSIQUE - CHIMIE

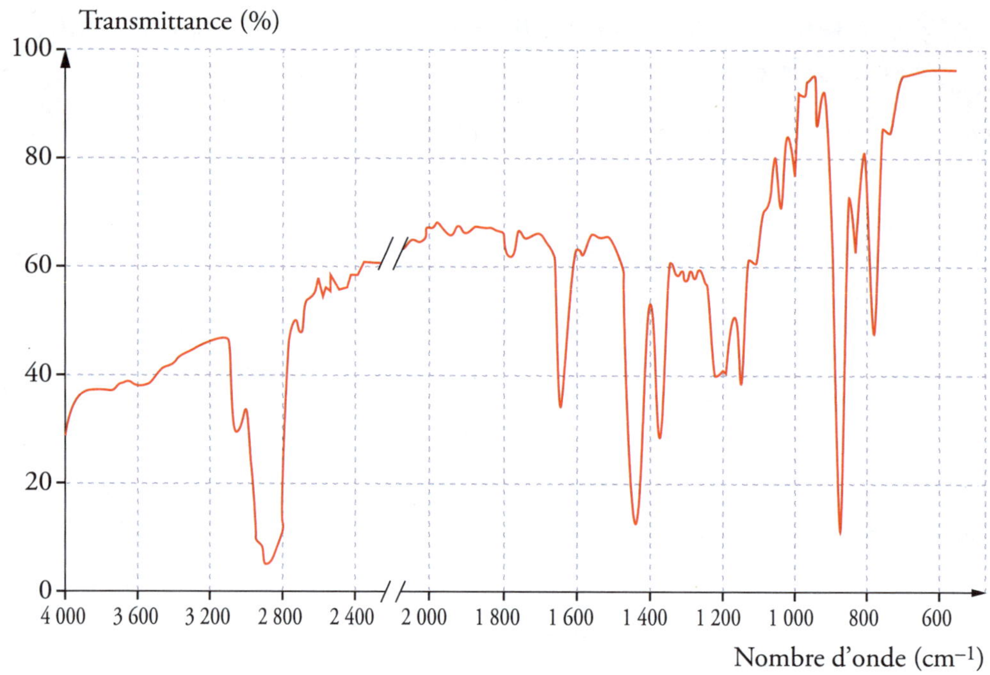

Spectre infrarouge de l'huile essentielle obtenue à partir des écorces d'orange

D'après Mady Capon, *Chimie des couleurs et des odeurs*, éd. Culture et techniques.

❶ Représenter la formule semi-développée du R-limonène. *(0,5 point)*

❷ Montrer que le spectre infrarouge de l'huile essentielle recueillie est compatible avec la structure du R-limonène. *(0,5 point)*

2. SYNTHÈSE DE LA R-CARVONE

La synthèse de la R-carvone s'effectue à partir du R-limonène en trois étapes schématisées ainsi :

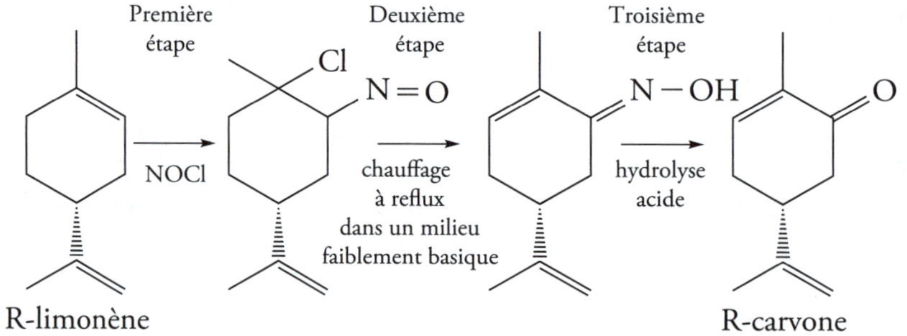

La première étape de cette synthèse est décrite ci-après.

La réaction entre le limonène et le chlorure de nitrosyle NOCl en excès permet, après filtration, de recueillir un produit sous forme solide : le nitrosochlorure de limonène.

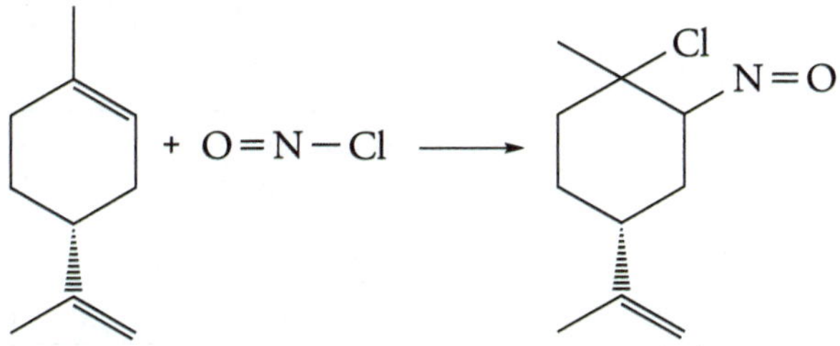

À l'issue de la synthèse, on recueille un mélange constitué de deux phases : une phase aqueuse et une phase organique constituée principalement de R-carvone. Cette phase organique est séparée de la phase aqueuse à l'aide d'une ampoule à décanter, puis la phase organique est séchée.

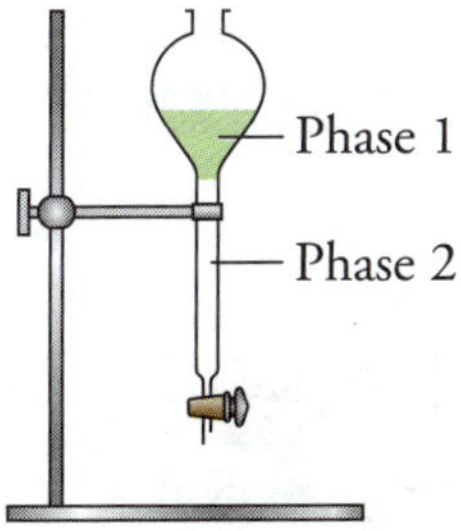

❶ La R-carvone est une molécule chirale. Justifier. *(0,5 point)*

❷ Indiquer la catégorie de la réaction mise en jeu lors de la première étape de la synthèse. Justifier. *(0,5 point)*

❸ Le schéma de l'ampoule à décanter utilisée à l'issue de l'étape 3 de la synthèse est donné ci-contre.

Identifier la phase (phase 1 ou phase 2) où se situe la R-carvone. Justifier. *(0,5 point)*

3. DES ORANGES À LA CARVONE

On fait l'hypothèse que l'huile essentielle recueillie par hydrodistillation (partie 1) est uniquement constituée de R-limonène. Le rendement de la synthèse effectuée (partie 2) est de 30 %.

❶ Vérifier que la quantité de matière de R-limonène nécessaire à la synthèse de 13 g de R-carvone est égale à 0,29 mol. *(0,75 point)*

❷ Estimer le nombre d'oranges nécessaires pour synthétiser 13 g de R-carvone à partir du R-limonène extrait des peaux d'orange. *(0,75 point)*

SPÉCIFIQUE ET SPÉCIALITÉ • Thème : Caractéristiques et propriétés des ondes
EXERCICE 2 • 11 POINTS

Son et lumière

Pour obtenir un feu d'artifice qui produit son, lumière et fumée, on procède à l'éclatement d'une pièce pyrotechnique. Bien que produisant des effets différents, toutes ces pièces sont conçues selon le même principe. Un dispositif permet de projeter la pièce pyrotechnique vers le haut. Une fois que ce projectile a atteint la hauteur prévue par l'artificier, il éclate, créant l'effet « son et lumière » souhaité.

Le but de cet exercice est d'étudier la couleur observée, la trajectoire du projectile et le son émis.

Les caractéristiques de deux pièces pyrotechniques nommées « crackling R100 » et « marron d'air » sont consignées dans le tableau ci-dessous.

Caractéristiques constructeur	**Crackling R100**	**Marron d'air**
Masse	$2{,}8 \times 10^2$ g	40 g
Vitesse initiale	$250 \text{ km} \cdot \text{h}^{-1}$	$200 \text{ km} \cdot \text{h}^{-1}$
Niveau d'intensité sonore estimé à 15 m du point d'éclatement	Non renseigné	120 dB
Hauteur atteinte à l'éclatement	120 m	70 m
Durée entre la mise à feu et l'éclatement	3,2 s	2,5 s
Couleur de la lumière émise	Rouge (intense)	Blanc (peu intense)
Distance de sécurité recommandée	130 m	95 m

Données

• Domaines de longueur d'onde de la lumière visible :

Couleur	Violet	Bleu	Vert	Jaune	Orange	Rouge
Domaine de longueurs d'ondes en nm	380-446	446-520	520-565	565-590	590-625	625-780

• Constante de Planck : $h = 6{,}63 \times 10^{-34}$ J · s.

• La valeur de la célérité de la lumière dans le vide est supposée connue du candidat.

• $1 \text{ eV} = 1{,}60 \times 10^{-19}$ J.

• Intensité du champ de pesanteur : $g = 9{,}81 \text{ m} \cdot \text{s}^{-2}$.

• Au cours de la propagation d'une onde et en l'absence d'atténuation, le niveau d'intensité sonore L diminue avec la distance d à la source S suivant la formule :

$$L_2 = L_1 + 20\log\left(\frac{d_1}{d_2}\right)$$

où L_2 est le niveau d'intensité sonore mesuré à la distance d_2 de la source et L_1 le niveau d'intensité sonore mesuré à la distance d_1 de la source (voir schéma ci-contre).

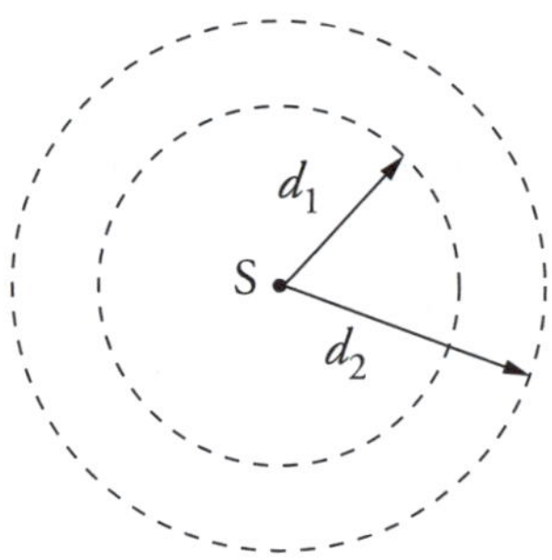

• Échelle des niveaux d'intensité sonore en décibel (dB) et risques auditifs associés :

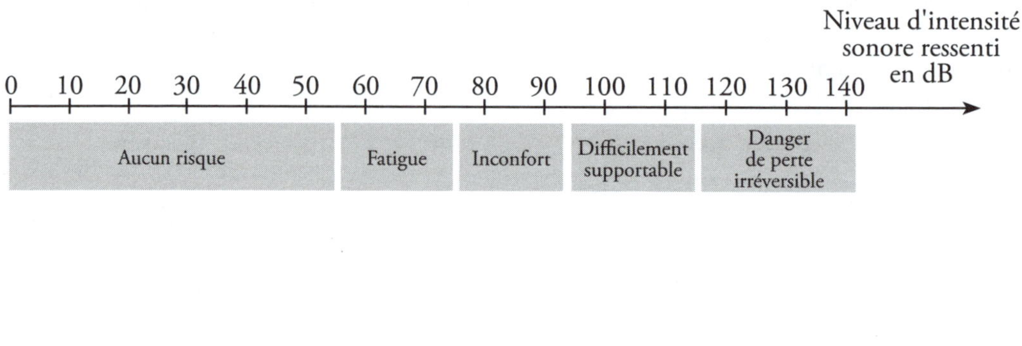

1. TOUT EN COULEUR

Les feux d'artifice émettent de la lumière. Les phénomènes mis en jeu sont notamment l'incandescence et l'émission atomique. Il y a tout d'abord l'incandescence des particules d'oxyde métallique, formées lors de la combustion, qui va du « blanc rouge » (aux alentours de 1 000 °C) au blanc éblouissant (vers 3 000 °C). Pour l'émission atomique, les électrons de l'atome sont excités thermiquement, ce qui leur permet de passer du niveau d'énergie fondamental à un niveau d'énergie supérieur ; au cours de leur retour vers le niveau d'énergie fondamental, l'énergie qu'ils avaient absorbée est émise sous forme de photons dont la longueur d'onde est caractéristique de l'atome.

http://www.ambafrance-cn.org/Feux-d-artifice-histoire-et-technologie

❶ Le texte fait référence à deux processus d'émission de lumière. Citer chacun de ces processus et préciser, dans chaque cas, si le spectre de la lumière émise est un spectre de raies ou un spectre continu. *(0,75 point)*

❷ Le « crackling R100 » est principalement composé de strontium. Les photons émis par le strontium sont responsables de la couleur perçue lors de l'éclatement du « crackling R100 ». Le tableau ci-dessous regroupe les énergies des photons émis par le strontium.

	Photon 1	**Photon 2**	**Photon 3**
Énergie des photons (eV)	1,753	1,802	1,825

Déterminer la couleur perçue lors de l'émission du photon 3. *(1,5 point)*

❸ Sans effectuer de calcul supplémentaire, montrer que l'émission de ces trois photons permet d'expliquer la couleur de la lumière émise par le « crackling R100 ». *(0,75 point)*

2. ÉTUDE DES TRAJECTOIRES DES PIÈCES PYROTECHNIQUES

On s'intéresse au mouvement de la pièce pyrotechnique jusqu'à son éclatement dans un référentiel terrestre supposé galiléen muni d'un repère (Ox, Oy). On étudie le mouvement d'un point M de la pièce « crackling R100 ». On prend l'instant du lancement comme origine des temps $t = 0$ s.

À cet instant, le vecteur vitesse initiale $\overrightarrow{V_0}$ de M fait un angle $\alpha = 80°$ par rapport à l'horizontale (schéma ci-contre).

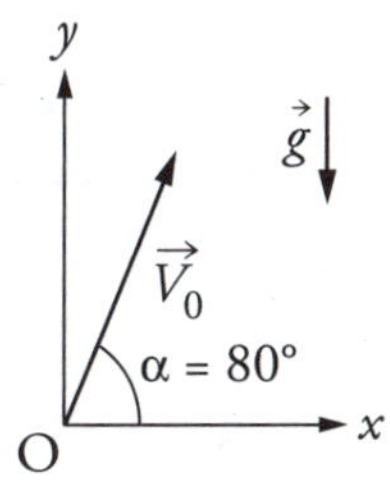

❶ Donner les expressions littérales des coordonnées du vecteur $\overrightarrow{V_0}$ en fonction de V_0 et α. *(0,5 point)*

❷ Montrer que, si on néglige toute action de l'air, le vecteur accélération de M noté $\overrightarrow{a_M}$ est égal au vecteur champ de pesanteur $\vec{g}$ dès que le projectile est lancé. *(1 point)*

❸ Montrer alors que les équations horaires du mouvement de M sont :

$x_M(t) = 12{,}1t$ et $y_M(t) = -4{,}91t^2 + 68{,}4t$

en exprimant $x_M(t)$ et $y_M(t)$ en mètres et le temps « t » en secondes. *(2,5 points)*

❹ Dans le cadre de ce modèle, déterminer, à l'aide des équations horaires, l'altitude théorique atteinte par le projectile à $t = 3{,}2$ s. *(0,5 point)*

❺ Sachant que l'éclatement se produit lors de la montée, expliquer l'écart entre cette valeur et celle annoncée par le constructeur. *(0,5 point)*

PHYSIQUE - CHIMIE

3. LE « MARRON D'AIR »

Au début et à la fin de chaque feu d'artifice, les artificiers utilisent une pièce pyrotechnique appelée « marron d'air » pour obtenir une détonation brève et puissante. Désireux de l'envoyer le plus haut possible, ils effectuent un tir vertical avec une vitesse initiale v_i. Par la suite, on suppose que la pièce n'éclate pas avant d'atteindre sa hauteur maximale h.

1 Dans l'hypothèse où l'énergie mécanique de la pièce pyrotechnique se conserve, montrer que la hauteur maximale h atteinte par cette pièce est donnée par la relation : *(1 point)*

$$h = \frac{v_i^2}{2g}$$

2 Déterminer la valeur de la hauteur maximale atteinte h. *(0,5 point)*

3 En réalité, arrivé à une hauteur H de 70 m, le « marron d'air » éclate au point E et le son émis se propage dans toutes les directions de l'espace. Un artificier A se trouve à la distance $\ell = 95$ m, recommandée par le constructeur, du point de tir T du « marron d'air ».

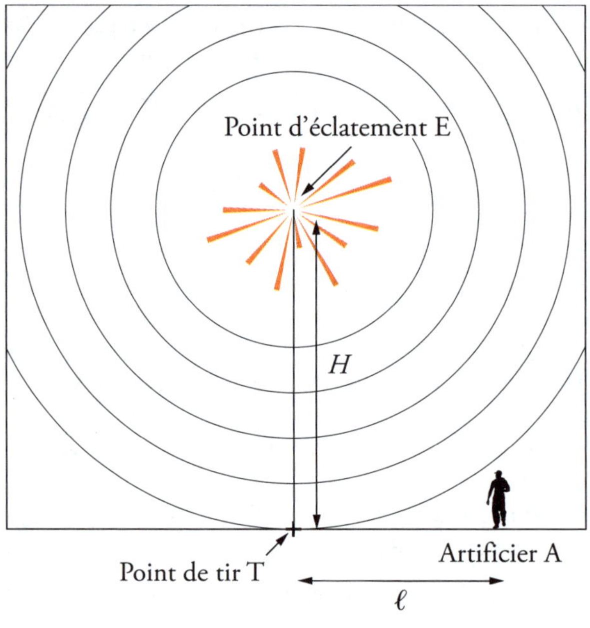

Doit-on recommander à l'artificier le port d'un dispositif de protection auditive (casque, bouchons d'oreille…) ? Justifier par un calcul. *(1,5 point)*

SPÉCIFIQUE • Thème : Structure et transformation de la matière
EXERCICE 3 • 5 POINTS

Éliminer le tartre

Dans nos maisons, les dépôts de tartre sont nombreux. Ils se forment sur les robinets, dans les baignoires, les lavabos, les éviers, les lave-linge… Ces dépôts de tartre sont constitués de carbonate de calcium, de formule $CaCO_{3(s)}$. Ils peuvent être dissous en utilisant des solutions acides telles que les solutions de détartrants commerciaux.

Données

- Masse volumique de la solution commerciale de détartrant : $\rho = 1{,}04 \times 10^3\ g \cdot L^{-1}$.
- Masse volumique du carbonate de calcium : $\rho = 2{,}65 \times 10^6\ g \cdot m^{-3}$.
- Masses molaires : $M(HCl) = 36{,}5\ g \cdot mol^{-1}$; $M(CaCO_3) = 100{,}1\ g \cdot mol^{-1}$.
- Aire de la surface extérieure totale d'un cylindre fermé de rayon R et de hauteur h : $2\pi R^2 + 2\pi Rh$.

1. DÉTERMINATION DE LA CONCENTRATION EN ACIDE CHLORHYDRIQUE D'UN DÉTARTRANT COMMERCIAL

L'étiquette d'un détartrant commercial indique « acide chlorhydrique à 9 % », ce qui correspond à 9,0 g de $HCl_{(g)}$ dissous dans de l'eau pour obtenir 100 g de solution détartrante. $HCl_{(g)}$ réagit totalement avec l'eau pour former une solution d'acide chlorhydrique :

$(H_3O^+_{(aq)} + Cl^-_{(aq)})$.

❶ Montrer que la concentration molaire en acide chlorhydrique de la solution commerciale est de l'ordre de $2{,}6\ mol \cdot L^{-1}$. *(0,75 point)*

❷ On souhaite vérifier ce résultat. Pour cela, on réalise le titrage de 10,0 mL de détartrant par une solution d'hydroxyde de sodium $(Na^+_{(aq)} + HO^-_{(aq)})$ de concentration molaire c_b égale à $1{,}0 \times 10^{-1}\ mol \cdot L^{-1}$.

L'équation support du titrage est :

$H_3O^+_{(aq)} + HO^-_{(aq)} \rightarrow 2\ H_2O_{(\ell)}$.

Identifier les couples mis en jeu dans cette réaction acido-basique. *(0,5 point)*

❸ Montrer que, dans ces conditions, le volume de solution d'hydroxyde de sodium qu'il faudrait verser pour atteindre l'équivalence est supérieur au volume de la burette graduée de 25,0 mL. *(1 point)*

❹ Lors d'une activité expérimentale réalisée en classe, les élèves préparent une solution S en diluant 20 fois le détartrant commercial. Ils réalisent le titrage conductimétrique d'un volume V_S = 10,0 mL de la solution S par une solution d'hydroxyde de sodium de concentration :

$c_b = 1{,}0 \times 10^{-1}\ mol \cdot L^{-1}$, après avoir ajouté de l'eau distillée à la solution S.

La courbe de suivi conductimétrique du titrage réalisé par un groupe d'élèves est donnée ci-dessous.

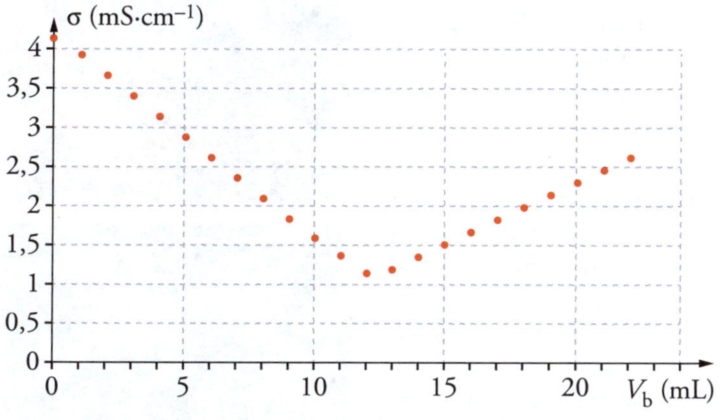

Figure 1. Variation de la conductivité σ
en fonction du volume d'hydroxyde de sodium versé

Comment les élèves ont-ils résolu le problème soulevé à la question ❸ ? *(0,5 point)*

5 Déterminer la concentration molaire en ions $H_3O^+_{(aq)}$ dans la solution diluée S. Ce résultat est-il compatible avec l'indication de l'étiquette du détartrant ? *(1 point)*

2. UTILISATION DOMESTIQUE DU DÉTARTRANT COMMERCIAL

L'acide chlorhydrique agit sur le tartre selon la réaction d'équation :

$2\ H_3O^+_{(aq)} + CaCO_{3(s)} \rightarrow Ca^{2+}_{(aq)} + CO_{2(g)} + 3\ H_2O_{(\ell)}$

On souhaite détartrer la surface extérieure du tambour cylindrique fermé d'un lave-linge recouvert d'une épaisseur de calcaire d'environ 10 µm. Le schéma légendé du tambour est fourni à la figure 2.

Étant donné la faible épaisseur de la couche de tartre, son volume est approximativement égal au produit de la surface extérieure du tambour par l'épaisseur de la couche de tartre.

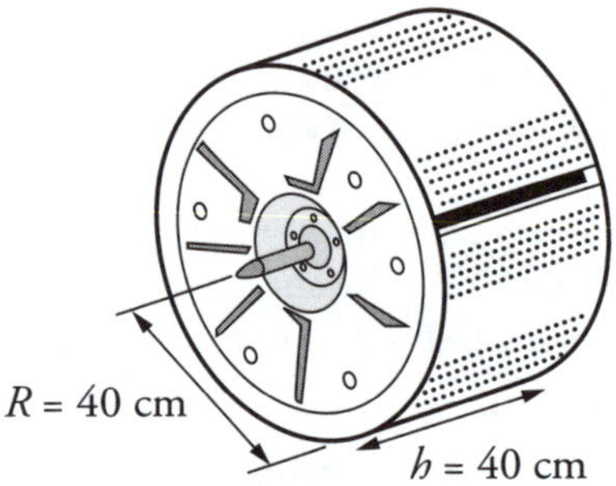

Figure 2

1 Estimer le volume total de tartre déposé sur la surface extérieure du tambour du lave-linge. *(0,5 point)*

2 Un flacon contient 750 mL de détartrant commercial de concentration molaire en ions $H_3O^+_{(aq)}$ égale à 2,4 mol · L^{-1}.

Ce flacon est-il suffisant pour détartrer totalement le tambour du lave-linge ? *(0,75 point)*

Le candidat est incité à prendre des initiatives et à présenter la démarche suivie, même si elle n'a pas abouti. La démarche est évaluée et nécessite d'être correctement présentée.

SPÉCIALITÉ • Thème : L'eau
EXERCICE 3 • 5 POINTS

Traitement de l'eau d'un bassin d'ornement

Comme tous les êtres vivants, les poissons ne sont pas à l'abri des maladies. Celle des « points blancs » se rencontre assez fréquemment dans les aquariums et bassins d'eau douce. Cette maladie, due à un parasite, se soigne avec du vert de malachite à condition de respecter rigoureusement les doses et les durées d'exposition préconisées.

Dans un parc zoologique, se trouve un bassin d'ornement dans lequel de nombreux poissons ont les symptômes de cette maladie : présence de petits points blancs, état amorphe et irritation. Un technicien introduit dans l'eau du bassin une solution de vert de malachite. À la fin du traitement des poissons, il souhaite éliminer le vert de malachite restant par ajout de charbon actif dans l'eau. Pour cela, le technicien réalise une analyse de l'eau du bassin afin de déterminer la concentration en vert de malachite.

Doc. Bettainfo.com

Doc. www.ahi.us

L'objectif de ce problème est de trouver la quantité de charbon actif nécessaire à l'élimination du vert de malachite restant dans le bassin.

Données

- Le vert de malachite est noté $(VM)^+$.
- Masse molaire du vert de malachite : $M((VM)^+) = 329\ g \cdot mol^{-1}$.
- On considère que seul le vert de malachite $(VM)^+$ absorbe dans le domaine du visible.
- Dimensions moyennes du bassin d'ornement contenant les poissons à traiter :

– profondeur : $h = 0{,}50$ m ;
– largeur : $\ell = 3{,}0$ m ;
– longueur : $L = 8{,}0$ m.

Document 1 Mesures d'absorbance

Protocole expérimental mis en œuvre par le technicien

- À partir d'une solution aqueuse S_0 de vert de malachite de concentration molaire égale à $2{,}2 \times 10^{-5}\ mol \cdot L^{-1}$, préparer des solutions diluées 5 fois, 2,5 fois et 2 fois, notées respectivement S_1, S_2 et S_3.
- Mesurer l'absorbance A des solutions aqueuses étalons de vert de malachite à la longueur d'onde du maximum d'absorption dans l'eau de cette espèce chimique : 617 nm.
- Mesurer l'absorbance de l'eau du bassin à la longueur d'onde 617 nm.

Résultats des mesures d'absorbance effectuées par le technicien :

Solution	S_1	S_2	S_3
Dilution de la solution S_0	S_0 diluée 5 fois	S_0 diluée 2,5 fois	S_0 diluée 2 fois
Absorbance A	0,35	0,72	0,90

L'absorbance de l'eau du bassin mesurée par le technicien est $A_{eau} = 0{,}67$.

Document 2 Le charbon actif en aquariophilie

Le charbon actif est un composé carboné qui est généralement fabriqué à partir de matières végétales (bois, houille). La structure microporeuse unique de ce charbon le rend idéal pour la filtration et le traitement de l'eau.

Chaque grain de charbon actif développe une surface de contact avec l'eau comprise entre 500 et 1 500 m² par gramme, ce qui est énorme au regard de son faible volume ! Il acquiert alors une forte capacité de fixation, notamment vis-à-vis des molécules organiques (pesticides, colorants, médicaments…).

Pour le traitement de l'eau, le charbon actif se présente en granulés ou en poudre.

On admet que 1 g de charbon actif peut ainsi retenir au minimum 10 mg de vert de malachite.

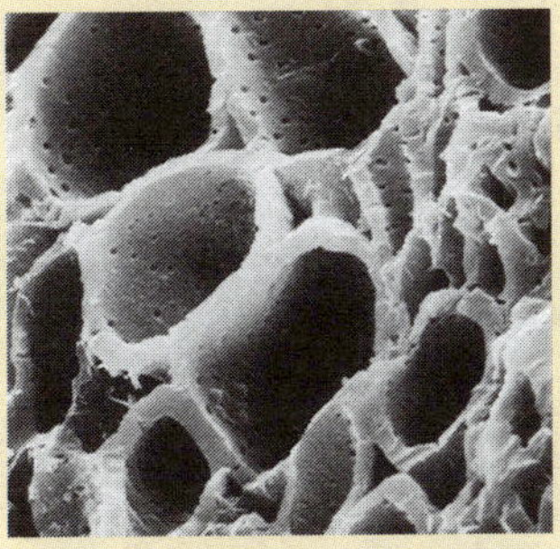

Doc. PICA France

Structure microporeuse du charbon actif

1. QUESTIONS PRÉLIMINAIRES

❶ Déterminer la valeur de la concentration massique en vert de malachite $(VM)^{+}_{(aq)}$ de la solution aqueuse S_0. *(0,75 point)*

❷ Montrer que la loi de Beer-Lambert est vérifiée avec la gamme étalon réalisée par le technicien. *(1,25 point)*

2. RÉSOLUTION DE PROBLÈME

▸ **Déterminer le nombre de sacs de charbon actif de 500 g que doit utiliser le technicien pour éliminer le vert de malachite restant dans l'eau du bassin d'ornement du parc.** *(3 points)*

Toutes les initiatives du candidat seront valorisées. La démarche suivie nécessite d'être correctement présentée

LES CLÉS DU SUJET

SPÉCIFIQUE ET SPÉCIALITÉ
EXERCICE 1

■ **Notions et compétences en jeu**

Synthèse organique • Rendement.

■ **Conseils du correcteur**

Partie 1

❷ Repérez les liaisons caractéristiques de la molécule de R-limonène puis utilisez le second tableau dans les données pour lire le spectre IR.

Partie 2

❶ Pour justifier la chiralité, cherchez les carbones asymétriques OU représentez la molécule puis son image dans un miroir (en Cram) OU cherchez les éléments de symétrie…

Partie 3

❷ D'après l'énoncé, 6 oranges produisent 3 mL d'huile essentielle de limonène. Calculez la quantité de limonène dans ces 3 mL et rappelez-vous le résultat trouvé en répondant à la question précédente : 0,29 mole de limonène.

SPÉCIFIQUE ET SPÉCIALITÉ
EXERCICE 2

■ **Notions et compétences en jeu**

Deuxième loi de Newton • Niveau d'intensité sonore.

■ Conseils du correcteur

Partie 1

❶ Revenez sur les notions de spectres lumineux continu ou discontinu étudiées en seconde et en première.

❷ Utilisez la relation : $E = \frac{h \times c}{\lambda}$

❸ Servez-vous de la relation $E = \frac{h \times c}{\lambda}$ mais sans faire de calculs numériques.

Partie 2

❶ Exprimez le cosinus de l'angle α à partir des côtés du triangle.

Partie 3

❶ Si l'énergie mécanique est conservée alors elle conserve la même valeur. Calculez cette valeur pour $t = 0$ et au moment de l'explosion.

❸ Calculez la distance entre l'artificier et le marron d'air au moment de l'explosion, puis utilisez la formule donnée entre la distance et le niveau sonore.
Sur le schéma, les échelles de distances ne sont pas respectées.

SPÉCIFIQUE EXERCICE 3

■ Notions et compétences en jeu

Réaction avec échange de proton • Titrage avec suivi conductimétrique.

■ Conseils du correcteur

Partie 1

❶ Ici $C = \frac{n(\text{HCl})}{V_{(\text{solution})}}$ mais pensez à la masse volumique du détartrant !

❸ Écrivez la relation déduite des coefficients de l'équation de réaction **à l'équivalence**.

❺ Déterminez le volume équivalent à l'aide du graphique de suivi du titrage, puis calculez la concentration de S et n'oubliez pas de multiplier par 20…

Partie 2

❶ Le volume du dépôt est calculable en multipliant sa surface par son épaisseur.

❷ Calculez la quantité d'ions H_3O^+ présente dans le flacon à l'aide de la concentration du détartrant.
Calculez la quantité d'ions H_3O^+ nécessaire pour détartrer complètement le tambour en utilisant les coefficients stœchiométriques de l'équation de réaction.
Concluez.

SPÉCIALITÉ EXERCICE 3

■ Notions et compétences en jeu

Surveillance et lutte physico-chimique contre les pollutions • Traitement des eaux • Loi de Beer-Lambert.

■ Conseils du correcteur

Partie 1

❶ $C_m = C \times M$ avec C, concentration molaire, et M, masse molaire.
❷ Construisez le graphique $A = f(C)$.

Partie 2

C'est une résolution de problème.

- Utilisez le graphique précédent (ou le coefficient directeur de la droite tracée) pour calculer la valeur de la concentration en vert de malachite de l'eau du bassin.
- Calculez le volume du bassin.
- Calculez la masse de vert de malachite dans le bassin.
- Utilisez le document 2 pour trouver la masse de charbon actif nécessaire au traitement.
- Un sac pèse 500 g !

Absorbance de l'eau du bassin
↓
Concentration massique en vert de malachite
+
Volume du bassin
=
Masse de vert de malachite
↓
Masse de charbon actif nécessaire
↓
Nombre de sac de charbon actifs

CORRIGÉ SUJET 1

SPÉCIFIQUE ET SPÉCIALITÉ
EXERCICE 1

1. EXTRACTION DU LIMONÈNE

❶ Représenter une formule semi-développée

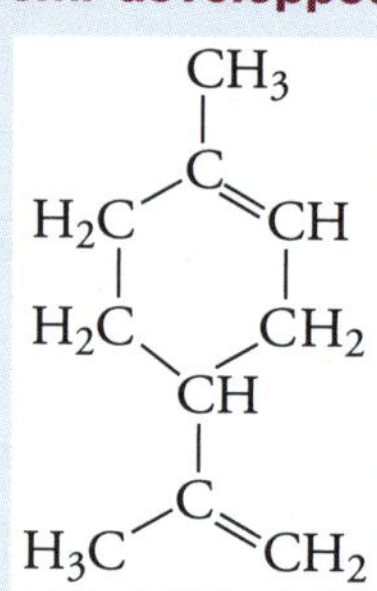

❷ Exploiter un spectre IR

Le spectre présente **deux bandes d'absorption** : une intense vers **2 800-3 000 cm^{-1}** et une moins intense vers **1 600-1 700 cm^{-1}**. Or ces valeurs de nombre d'onde correspondent respectivement aux **liaisons C – H** et aux **liaisons C = C** que la molécule de R-limonène possède effectivement. **Cela pourrait donc correspondre au spectre du limonène**.
On n'analysera pas la partie des nombres d'onde inférieurs à 1 500 cm^{-1}, car elle est difficilement et rarement exploitable.

Attention
On ne peut pas être sûr qu'il s'agisse du spectre du limonène car des centaines de molécules possèdent des liaisons C = C et C – H. Ici, on vous demande juste de constater que ce spectre est compatible avec les caractéristiques de la molécule du limonène.

2. SYNTHÈSE DE LA R-CARVONE

❶ Justifier la chiralité d'une molécule

La molécule de R-carvone est **chirale**, car elle ne possède **qu'un seul atome de carbone asymétrique** (atome de carbone lié à 4 groupes d'atomes différents). Cet atome est signalé par un astérisque rouge sur le schéma ci-contre.
Vous pouvez aussi justifier de la chiralité d'une molécule en arguant qu'elle ne possède ni centre, ni axe, ni plan de symétrie ou encore qu'elle n'est pas superposable à son image dans un miroir (en représentant cette molécule et son image en représentation de Cram).

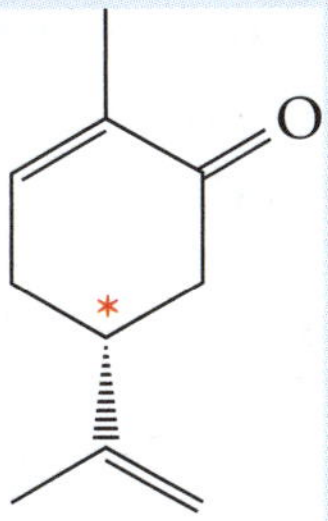

R-carvone

❷ Déterminer la catégorie d'une réaction de chimie organique

Il s'agit d'une **réaction d'addition** puisqu'elle se fait avec disparition d'une liaison double ; les deux parties de la molécule « additionnée » du chlorure de nitrosyle NOCl sont ajoutées sur chacun des atomes portant cette liaison double C = C.

❸ Identifier la phase dans laquelle se trouve une espèce chimique

L'énoncé précise que la R-carvone constitue l'essentiel de la phase organique, donc celle-ci doit être pure. On peut donc directement comparer sa masse volumique, 0,96 g/mL, à celle de la phase aqueuse, qui est proche de celle de l'eau 1 g/mL.
La phase organique ayant une masse volumique inférieure à celle de la phase aqueuse, elle se trouve au-dessus, donc la **R-carvone se trouve au-dessus**, autrement dit **dans la phase 1**, d'après le schéma.

À retenir
Dans une ampoule à décanter, une espèce chimique peut être liquide, si elle est pure dans sa phase comme ici ; il faut alors prendre sa masse volumique. Elle peut être dissoute dans un solvant ; il faut alors prendre la masse volumique du solvant pour savoir où se trouve cette phase.

3. DES ORANGES À LA CARVONE

❶ Déterminer la quantité nécessaire d'un réactif

Le rendement est, par définition, $R = \dfrac{\text{quantité obtenue réellement}}{\text{quantité théorique maximale}}$

Or, d'après l'équation de la réaction menant à la R-carvone (étant donné les coefficients stœchiométriques), on peut théoriquement obtenir une quantité de carvone égale à celle de limonène à l'état initial.
Donc la quantité de carvone théorique maximale est égale à la quantité de limonène initialement introduit :

$$n_{\text{(carvone théorique maximale)}} = n_{\text{i(limonène)}}$$

D'où :

$$n_{\text{i (limonène)}} = n_{\text{(carvone maximale théorique)}} = \frac{n_{\text{(carvone)}}}{R}$$

PHYSIQUE - CHIMIE

Enfin, si l'on veut obtenir 13 g de R-carvone cela correspond à une quantité de matière :

$$n_{(\text{carvone})} = \frac{m_{(\text{carvone})}}{M_{(\text{carvone})}} = \frac{13}{150} = 0{,}087\ \text{mol}$$

Le rendement étant de 30 % :

$$\boldsymbol{n}_{\text{i(limonène)}} = \frac{\dfrac{m_{(\text{carvone})}}{M_{(\text{carvone})}}}{R} = \frac{0{,}087}{0{,}30} = \mathbf{0{,}29\ mol}$$

Il faut utiliser **0,29 mol de limonène** pour obtenir la quantité de carvone désirée.

Remarque
Cette réaction n'a pas un rendement de 100 % mais de 30 %, il faudra donc mettre davantage de limonène pour pouvoir produire la carvone : au lieu de 0,087 mol, il en faut 0,29 mol.

❷ Résoudre un mini-problème

Pour synthétiser 13 g de R-carvone, il faut donc utiliser 0,29 mol de R-limonène. Combien cela fait-il d'oranges ?
Avec 6 oranges, on recueille 3,0 mL d'huile essentielle constituée principalement (on suppose même uniquement) de R-limonène.
Ces 3 mL correspondent à une quantité de matière égale à :

$$n = \frac{m}{M} = \frac{\rho V}{M} = \frac{0{,}84 \times 3}{136} = 1{,}9 \times 10^{-2}\ \text{mol}$$

- $1{,}9 \times 10^{-2}$ mol de limonène ⇔ 6 oranges
- 0,29 mol de limonène ⇔ nombre d'oranges nécessaires pour 13 g de carvone

D'où par simple règle de trois :

$$\frac{6 \times 0{,}29}{1{,}9 \times 10^{-2}} = \mathbf{92\ oranges}$$

Il faudra donc **92 oranges** pour obtenir la quantité de carvone désirée.

SPÉCIFIQUE ET SPÉCIALITÉ
EXERCICE 2

1. TOUT EN COULEUR

❶ Connaître les spectres lumineux

Ce texte fait référence à l'émission par **incandescence**, qui est l'émission de la lumière lorsqu'un objet est chauffé à plusieurs centaines de degrés Celsius. Il s'agit d'une émission continue et son **spectre est continu**.
À l'inverse, le spectre de la seconde émission est **discontinu**. C'est un spectre de raies et c'est **l'émission atomique**.

❷ Trouver la couleur d'une radiation

Le photon 3 possède une énergie égale à 1,825 eV, or l'énergie d'un photon est liée à sa longueur d'onde :

$$E = \frac{h \times c}{\lambda}$$

Donc $\lambda = \frac{h \times c}{E}$, où E doit être exprimée en joules, donc la longueur d'onde du photon 3 est :

$$\lambda = \frac{6{,}63 \times 10^{-34} \times 3{,}0 \times 10^{8}}{1{,}825 \times 1{,}6 \times 10^{-19}} = 6{,}81 \times 10^{-7} \text{ m} = 681 \text{ nm}$$

Or, d'après les documents fournis, une radiation de longueur d'onde comprise entre 625 nm et 780 nm est **rouge**.

3 Utiliser qualitativement une relation mathématique

Les photons 1 et 2 ont des énergies inférieures à celle du photon 3. Or, d'après la relation utilisée à la question précédente, la longueur d'onde de la radiation est **inversement proportionnelle** à l'énergie du photon.

Les longueurs d'onde des photons 1 et 2 sont donc supérieures à celle du photon 3, ce qui veut dire supérieures à 381 nm. L'émission des photons 1 et 2 correspond alors soit à une lumière rouge, soit à une lumière infrarouge.

Dans les deux cas, **l'ensemble des trois radiations produit une lumière rouge**.

Gagnez des points
Entraînez-vous à utiliser les formules mathématiques et les termes « proportionnel » et « inversement proportionnel ».

2. ÉTUDE DES TRAJECTOIRES DES PIÈCES PYROTECHNIQUES

1 Donner les coordonnées du vecteur vitesse

Dans un triangle rectangle, on peut calculer le cosinus et le sinus d'un angle α par les formules :

$$\cos\alpha = \frac{\text{côté adjacent}}{\text{hypoténuse}} \quad \text{et} \quad \sin\alpha = \frac{\text{côté opposé}}{\text{hypoténuse}}$$

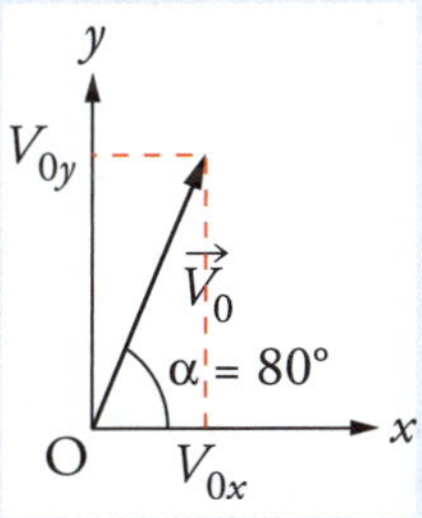

Donc, d'après le schéma ci-contre,

$$\cos\alpha = \frac{V_{0x}}{V_0} \quad \text{et} \quad \sin\alpha = \frac{V_{0y}}{V_0}$$

D'où on exprime les coordonnées du vecteur vitesse initiale : $\overrightarrow{V_0}\begin{pmatrix} V_{ox} = V_0 \cos\alpha \\ V_{oy} = V_0 \sin\alpha \end{pmatrix}$

2 Démontrer que $\vec{a} = \vec{g}$

On définit la pièce pyrotechnique comme système. D'après l'énoncé, les actions de l'air sont négligées, donc seul le poids s'applique sur le système. On applique alors la deuxième loi de Newton en supposant le référentiel d'étude galiléen :

$$\sum \vec{f}_{\text{ext}} = \frac{\mathrm{d}\vec{p}}{\mathrm{d}t} = \vec{P}$$

Or $\vec{P} = m\vec{g}$ donc $\frac{\mathrm{d}\vec{p}}{\mathrm{d}t} = m\vec{g}$

La masse de la pièce pyrotechnique étant constante :

$$\frac{\mathrm{d}\vec{p}}{\mathrm{d}t} = \frac{\mathrm{d}m\vec{v}}{\mathrm{d}t} = m\frac{\mathrm{d}\vec{v}}{\mathrm{d}t}$$

Donc $\frac{\mathrm{d}\vec{v}}{\mathrm{d}t} = \vec{g}$

Par définition, $\overrightarrow{a_M} = \frac{\mathrm{d}\vec{v}}{\mathrm{d}t}$ donc $\overrightarrow{a_M} = \vec{g}$.

Gagnez des points
Les démonstrations des questions 2 et 3 sont à connaître ! Elles valent beaucoup de points.

À retenir
$\vec{a} = \vec{g}$ correspond à la chute libre (système soumis uniquement à son poids).

❸ Démontrer les équations horaires de la position

Par définition, $\vec{a} = \dfrac{\mathrm{d}\vec{v}}{\mathrm{d}t}$ donc, par intégration, on trouve les équations horaires de la vitesse :

$$\begin{cases} v_x = C_1 \\ v_y = -gt + C_2 \end{cases}$$

Or $\overrightarrow{v(0)} = \vec{V_0}$ a pour composantes :

$$\begin{cases} v_{0x} = V_0 \cos\alpha \\ v_{0y} = V_0 \sin\alpha \end{cases}$$

Donc $C_1 = V_0 \cos \alpha$ et $C_2 = V_0 \sin \alpha$

De plus, le vecteur vitesse étant la dérivée du vecteur position par rapport au temps, on obtient, après intégration,

$$\begin{cases} x = (V_0 \cos\alpha)t + C_3 \\ y = -\dfrac{1}{2}gt^2 + (V_0 \sin\alpha)t + C_4 \end{cases}$$

Or la position du système à l'instant $t = 0$ est l'origine du repère, donc $C_3 = C_4 = 0$. D'où :

$$\begin{cases} x_{\mathrm{M}}(t) = (V_0 \cos\alpha)t \\ y_{\mathrm{M}}(t) = -\dfrac{1}{2}gt^2 + (V_0 \sin\alpha)t \end{cases}$$

Calculons maintenant les coefficients de ces 2 équations en utilisant les unités données dans l'énoncé :

$V_0 = 250 \text{ km/h} = \dfrac{250}{3{,}6} = 69{,}4 \text{ m/s}$

d'où $V_0 \cos \alpha = 69{,}4 \cos(80) = 12{,}1$

$V_0 \sin \alpha = 69{,}4 \sin(80) = 68{,}4$

On retrouve effectivement :

$\boldsymbol{x_{\mathrm{M}}(t) = 12{,}1t}$ **et** $\boldsymbol{y_{\mathrm{M}}(t) = -4{,}91t^2 + 68{,}4\,t}$.

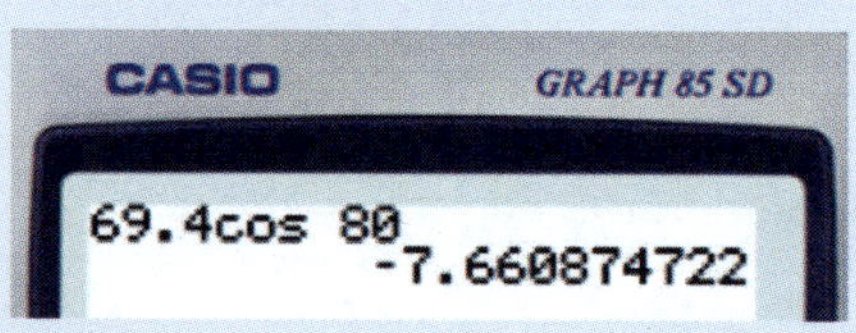

Attention
Mettez votre calculatrice en « degrés ». Le résultat montré ici est l'erreur commise si votre calculatrice est en radians :

❹ Calculer une position à l'aide d'équations horaires

D'après l'équation horaire de la position verticale, on obtient à $t = 3{,}2$ s :

$\boldsymbol{y_{\mathrm{M}}(3{,}2)} = -4{,}91 \times 3{,}2^2 + 68{,}4 \times 3{,}2 = \mathbf{1{,}7 \times 10^2\ m}$

❺ Critiquer un résultat de modélisation

La valeur annoncée par le constructeur (120 m) est nettement inférieure. Cela peut probablement s'expliquer par le fait d'avoir **négligé les forces de frottements** sur le système. Nous pouvons aussi remarquer que notre démonstration est vraie si la masse du système est constante or cela semble une hypothèse grossière pour une pièce pyrotechnique.

❶ Utiliser la conservation de l'énergie mécanique

Si l'énergie mécanique est conservée et si nous notons t_h comme la durée pour atteindre le sommet de la trajectoire (moment de l'explosion), alors :

$E_m(0) = E_m(t_h)$

Or l'énergie mécanique est la somme de l'énergie cinétique et de l'énergie potentielle donc on peut déduire :

$E_c(0) + E_{pp}(0) = E_c(t_h) + E_{pp}(t_h)$

En prenant l'altitude du point de lancement comme altitude à laquelle l'énergie potentielle de pesanteur est nulle, on obtient :

$$\frac{1}{2}m \times v_i^2 + 0 = \frac{1}{2}mv(t_h)^2 + mgh$$

De plus $v(t_h) = 0$ puisqu'au sommet de la trajectoire la vitesse du projectile est nulle. Nous avons alors :

$$\frac{1}{2}mv_i^2 + 0 = 0 + mgh$$

D'où la relation demandée, en isolant h « à gauche », $\boldsymbol{h = \frac{v_i^2}{2g}}$

À retenir
Lorsque les forces de frottement sont négligées, il y a conservation de l'énergie mécanique.

Conseil
Mémorisez ce développement, car il est très classique !

❷ Faire un calcul numérique

$$v_i = 200 \text{ km/h} = \frac{200}{3{,}6} = 55{,}6 \text{ m/s, d'où } h = \frac{v_i^2}{2g} = \frac{55{,}6^2}{2 \times 9{,}81} = 157 \text{ m}$$

La **hauteur maximale** est donc **157 mètres.**

Attention
L'unité officielle de la vitesse est le mètre par seconde.

❸ Résoudre un mini-problème sur le niveau sonore

Le problème ici est de calculer la valeur du niveau sonore entendu par l'artificier. Pour cela, il nous faut déterminer la distance d_2. Le schéma ci-dessous nous permet de la calculer facilement à l'aide du théorème de Pythagore.

Remarque
Sur ce schéma, les échelles de distances ne sont pas respectées.

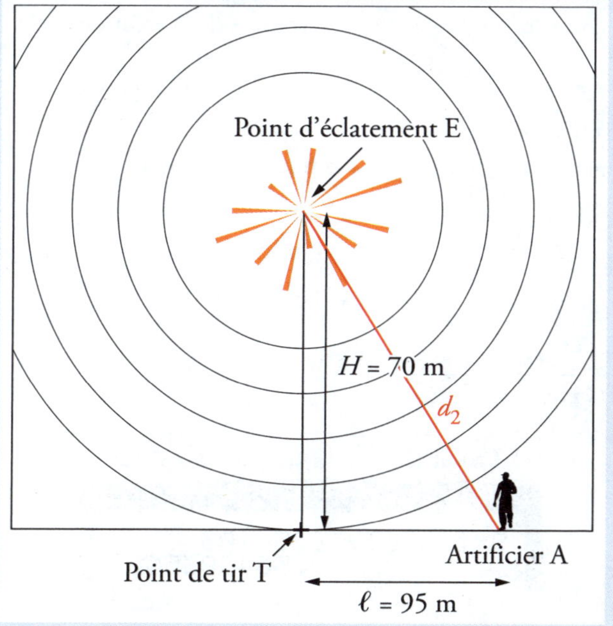

D'après ce théorème, on a :

$$d_2 = \sqrt{H^2 + \ell^2} = \sqrt{70^2 + 95^2} = 118\,\text{m}$$

Calculons, à l'aide de la relation donnée, le niveau sonore perçu à 118 m de l'éclatement du marron d'air :

$$L_2 = L_1 + 20\log\left(\frac{d_1}{d_2}\right)$$

Ici, d_1 = 15 m et L_1 = 120 dB, car le tableau de données précise que le niveau d'intensité sonore à 15 m du point d'éclatement est 120 dB. D'où le niveau d'intensité sonore perçu par l'artificier :

$$\boldsymbol{L_2} = 120 + 20\log\left(\frac{15}{118}\right) = \mathbf{102\,dB}$$

D'après l'échelle des niveaux sonores fournie, on peut conclure que le son perçu par l'artificier est difficilement supportable. **Il faut donc recommander fortement le port d'un casque antibruit ou de bouchons d'oreille efficaces.**

SPÉCIFIQUE
EXERCICE 3

1. DÉTERMINATION DE LA CONCENTRATION EN ACIDE CHLORHYDRIQUE D'UN DÉTARTRANT COMMERCIAL

1 Calculer la concentration molaire à partir de données commerciale

D'après l'énoncé, « l'étiquette de la solution commerciale indique « acide chlorhydrique à 9 % » ce qui correspond à 9,0 g de $HCl_{(g)}$ dissous dans de l'eau pour obtenir 100 g de solution détartrante ».

La concentration molaire étant donnée par la relation $C = \frac{n_{(\text{soluté})}}{V_{(\text{solution})}}$ il nous faut trouver la quantité du soluté, ici le chlorure d'hydrogène, et le volume de la solution.

- **1re méthode**

Pour n, nous avons : $n(\text{HCl}) = \frac{m(\text{HCl})}{M(\text{HCl})}$

Pour trouver le volume de la solution, nous faisons appel à la masse volumique :

$$\rho_{(\text{détartrant})} = \frac{m_{(\text{détartrant})}}{V_{(\text{détartrant})}} \quad \text{d'où} \quad V_{(\text{détartrant})} = \frac{m_{(\text{détartrant})}}{\rho_{(\text{détartrant})}}.$$

La concentration molaire est donc :

$$C = \frac{n(\text{HCl})}{V_{(\text{détartrant})}} = \frac{\frac{m(\text{HCl})}{M(\text{HCl})}}{\frac{m_{(\text{détartrant})}}{\rho_{(\text{détartrant})}}} = \frac{m(\text{HCl}) \times \rho_{(\text{détartrant})}}{M(\text{HCl}) \times m_{(\text{détartrant})}}$$

$$C = \frac{9 \times 1{,}04 \times 10^3}{36{,}5 \times 100} = 2{,}6\,\text{mol} \cdot \text{L}^{-1}$$

La **concentration molaire en acide chlorhydrique de la solution commerciale** est bien de l'ordre de **2,6 mol · L⁻¹**.

• 2e méthode

La formulation algébrique est toujours à privilégier, cependant ici, comme souvent, tous les points seront mis si vous passez par deux calculs intermédiaires numériques comme les suivants :

• $n(\text{HCl}) = \dfrac{m(\text{HCl})}{M(\text{HCl})} = \dfrac{9}{36{,}5} = 2{,}5 \times 10^{-1}$ mol

• $V_{(\text{détartrant})} = \dfrac{m_{(\text{détartrant})}}{\rho_{(\text{détartrant})}} = \dfrac{100}{1{,}04 \times 10^{3}} = 0{,}096$ L

D'où la concentration molaire :

$$C = \frac{2{,}5 \times 10^{-1}}{0{,}096} = 2{,}6 \text{ mol} \cdot \text{L}^{-1}$$

2 Identifier des couples acido-basiques

Ici, les **couples acido-basiques** sont ceux de l'eau : $\mathbf{H_3O^+/H_2O}$ et $\mathbf{H_2O/HO^-}$.

3 Prévoir le volume équivalent d'un titrage

Pour atteindre l'équivalence, il faut introduire autant du réactif titrant, ici l'ion hydroxyde OH^-, que la quantité de réactif titré, ici les ions oxonium H_3O^+. En effet, à l'équivalence, les réactifs sont dans les proportions stœchiométriques :

$n_{eq}(OH^-) = n_i(H_3O^+)$ d'où $c_b \times V_E = [H_3O^+] \times V_{titré}$.

On aurait donc un volume équivalent :

$$V_E = \frac{[H_3O^+] \times V_{titré}}{c_b} = \frac{2{,}6 \times 10{,}0 \times 10^{-3}}{1{,}0 \times 10^{-1}} = 2{,}6 \times 10^{-1} \text{ L} = \mathbf{260 \text{ mL}}$$

Le volume d'une burette de 25 mL est largement inférieur au volume à l'équivalence (260 mL).

4 Dégager l'intérêt d'un protocole

En diluant la solution commerciale à titrer, la quantité titrée est plus faible et donc le volume équivalent à atteindre est lui aussi plus faible. Étant donné les relations proportionnelles utilisées dans la question 3, la division par 20 de la concentration de la solution à titrer entraîne une division par 20 du volume équivalent : environ 13 mL.

5 Déterminer une concentration à partir d'un titrage

En utilisant la courbe du titrage donnée dans l'énoncé, nous pouvons déterminer le **volume équivalent** de ce titrage : **12,1 mL.**

Remarque
Pour le volume de la solution, nous l'approximerons à celui du solvant, c'est-à-dire de l'eau ici.

Gagnez des points
Vous devez connaître et reconnaître cette transformation entre hydroxyde et oxonium, appelée « autoprotolyse de l'eau ».

Remarque
La concentration en ions H_3O^+ est égale à la concentration en HCl de la solution, car l'énoncé précise « $HCl_{(g)}$ réagit totalement avec l'eau pour former une solution d'acide chlorhydrique ($H_3O^+_{(aq)} + Cl^-_{(aq)}$) ».

À retenir
Pour un titrage avec suivi conductimétrique, le volume équivalent est donné par l'abscisse de l'intersection entre les deux droites modélisant l'évolution de la conductivité au cours du titrage.

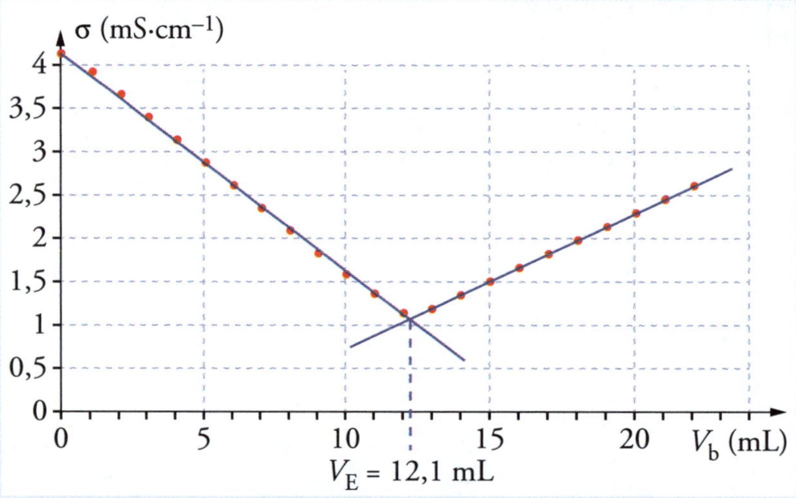

Figure 1. Variation de la conductivité σ en fonction du volume d'hydroxyde de sodium versé

Or, à l'équivalence, les réactifs ont été introduits dans les proportions stœchiométriques. Donc on a :

$n_{eq}(OH^-) = n_i(H_3O^+)$ d'où $c_b \times V_E = c_S \times V_{titré}$

La concentration de la solution S est donc :

$$c_S = \frac{c_b \times V_E}{V_{titré}} = \frac{\mathbf{1{,}0 \times 10^{-1} \times 12{,}1}}{\mathbf{10}} = \mathbf{1{,}21 \times 10^{-1}\ mol \cdot L^{-1}}$$

Mais cette concentration est celle de la solution S, c'est-à-dire la solution diluée par 20. La concentration de la solution de détartrant commercial est donc 20 fois plus grande :

$\boldsymbol{C} = 20 \times 1{,}21 \times 10^{-1} = \mathbf{2{,}42\ mol \cdot L^{-1}}$.

Ce résultat est tout à fait cohérent avec la valeur trouvée à la question ❶ donc avec la valeur indiquée sur l'étiquette.

2. UTILISATION DOMESTIQUE DU DÉTARTRANT COMMERCIAL

❶ Calculer le volume d'un dépôt solide

Le calcaire se dépose sur le tambour du lave-linge et celui-ci est cylindrique. Le volume du dépôt est donc le produit de la surface de ce tambour par l'épaisseur du dépôt :

$V = S \times e$

$V = (2\pi R^2 + 2\pi Rh) \times e = 2\pi \times (2R^2) \times e$ car $h = R = 40$ cm (figure 2).

$V = 2\pi \times (2 \times 0{,}40^2) \times 10 \times 10^{-6} = 2{,}0 \times 10^{-5}\ m^3$

Il s'agit ici d'une estimation et non d'un calcul exact puisque le cylindre du tambour n'est pas parfait (présence de nombreuses aspérités).

À retenir
Les calculs de volume de dépôts sont fréquents et ils reviennent très souvent à la relation :
V = surface × épaisseur.

❷ Résoudre un mini-problème

• Calculons tout d'abord la quantité d'ions H_3O^+ présente dans le flacon :
$n(H_3O^+) = C \times V = 2{,}4 \times 0{,}750 = 1{,}8$ mol

• Calculons ensuite la quantité d'ions H_3O^+ nécessaire pour détartrer complètement le tambour c'est-à-dire pour faire réagir la totalité du carbonate de calcium $CaCO_{3(s)}$. D'après l'équation de la réaction, il faut deux fois plus d'ions H_3O^+ que de $CaCO_3$. Or cette quantité est liée au volume de calcaire déposé estimé à la question précédente :

$$n(CaCO_3) = \frac{m(CaCO_3)}{M(CaCO_3)} = \frac{\rho(CaCO_3) \times V}{M(CaCO_3)} = \frac{2{,}65 \times 10^6 \times 2{,}0 \times 10^{-5}}{100{,}1} = 0{,}53 \text{ mol}$$

La quantité d'ions H_3O^+ nécessaire est donc égale à $2 \times 0{,}53 =$ **1,1 mol**, ce qui est inférieur aux 1,8 mol d'ions H_3O^+ présents dans le flacon.

La taille de ce flacon de détartrant est donc suffisante pour traiter entièrement le lave-linge.

SPÉCIALITÉ
EXERCICE 3

1. QUESTIONS PRÉLIMINAIRES

❶ Calculer une concentration massique

La concentration molaire de la solution S_0 est $2{,}2 \times 10^{-5}$ mol · L^{-1}, donc on peut calculer la concentration massique :

$\boldsymbol{C_m} = C \times M = 2{,}2 \times 10^{-5} \times 329 = \mathbf{7{,}2 \times 10^{-3}}$ **g/L**

❷ Vérifier la loi de Beer-Lambert

La loi de Beer-Lambert est une relation entre concentration d'une espèce colorée et absorbance d'une solution en contenant.

Calculons tout d'abord les concentrations des solutions-filles de S_0 :

• $C_{S1} = \dfrac{C_m}{5} = \dfrac{7{,}2 \times 10^{-3}}{5} = 1{,}4 \times 10^{-3}$ g / L

• $C_{S2} = \dfrac{C_m}{2{,}5} = \dfrac{7{,}2 \times 10^{-3}}{2{,}5} = 2{,}9 \times 10^{-3}$ g / L

• $C_{S3} = \dfrac{C_m}{2} = \dfrac{7{,}2 \times 10^{-3}}{2} = 3{,}6 \times 10^{-3}$ g / L

• **1re méthode**

Les absorbances de ces solutions ont été mesurées et données dans le tableau de l'énoncé. Nous pouvons alors faire un graphique représentant l'absorbance en fonction de la concentration.

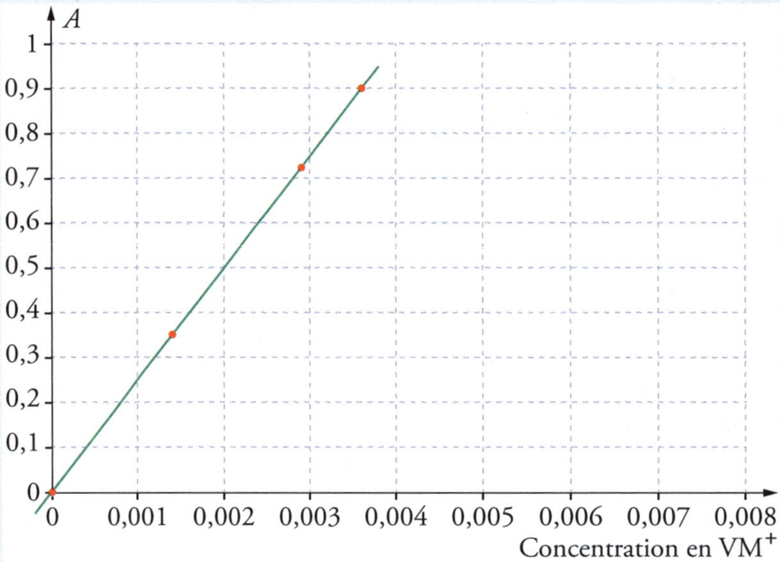

Nous pouvons modéliser ces résultats par une droite passant par zéro ; il y a donc proportionnalité entre l'absorbance et la concentration en vert de malachite : $A = kC$.

La loi de Beer-Lambert est donc bien respectée.

• 2e méthode

D'après la loi de Beer-Lambert, $A = kC$. Calculons les rapports de l'absorbance sur la concentration en vert de malachite pour chacune des solutions :

- $\dfrac{A_1}{C_{S1}} = \dfrac{0{,}35}{1{,}4 \times 10^{-3}} = 250 \text{ L/g}$
- $\dfrac{A_2}{C_{S2}} = \dfrac{0{,}72}{2{,}9 \times 10^{-3}} = 248 \text{ L/g}$
- $\dfrac{A_3}{C_{S3}} = \dfrac{0{,}90}{3{,}6 \times 10^{-3}} = 250 \text{ L/g}$

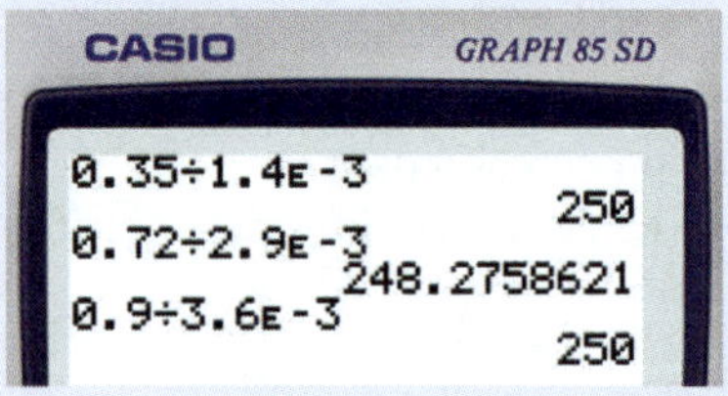

Nous pouvons considérer ce rapport comme constant (à $\dfrac{2}{250}$ près, c'est-à-dire moins de 1 %), ce qui vérifie bien la loi de Beer-Lambert.

• 3e méthode

Nous pouvons utiliser le mode statistique de la calculatrice pour faire une régression linéaire. Il faut alors éditer deux listes : l'une avec les valeurs de l'absorbance et l'autre avec celles de la concentration en vert de malachite.

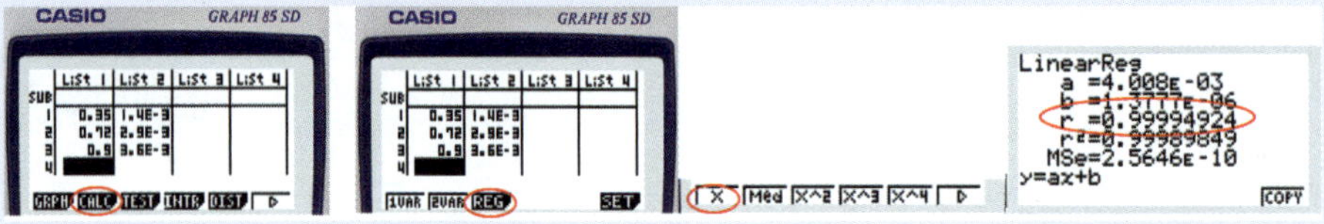

Le coefficient « r » calculé est appelé coefficient de régression linéaire : lorsqu'il est très proche de 1, on peut considérer que les grandeurs de la liste 1 sont proportionnelles à celle de la liste 2. C'est le cas ici, donc l'absorbance A est proportionnelle à la concentration C. La loi de Beer-Lambert est vérifiée.

2. RÉSOLUTION DE PROBLÈME

Le document 2 nous apprend que le charbon actif fixe le vert de malachite grâce à sa structure microporeuse : « 1 g de charbon actif peut ainsi retenir au minimum 10 mg de vert de malachite. »

Pour connaître le nombre de sacs de charbon actif nécessaires au traitement de l'eau du bassin, il faut connaître tout d'abord la masse de vert de malachite dans l'eau du bassin.

Nous avons la valeur de l'absorbance de cette eau : A = 0,67. Cela nous permet de déterminer la concentration massique de cette eau en vert de malachite :

$$C_{\text{bassin}} = \frac{A}{k} = \frac{0{,}67}{250} = 2{,}68 \times 10^{-3}\ \text{g/L}$$

On peut aussi utiliser la droite de modélisation trouvée à la question préliminaire (moins précis).

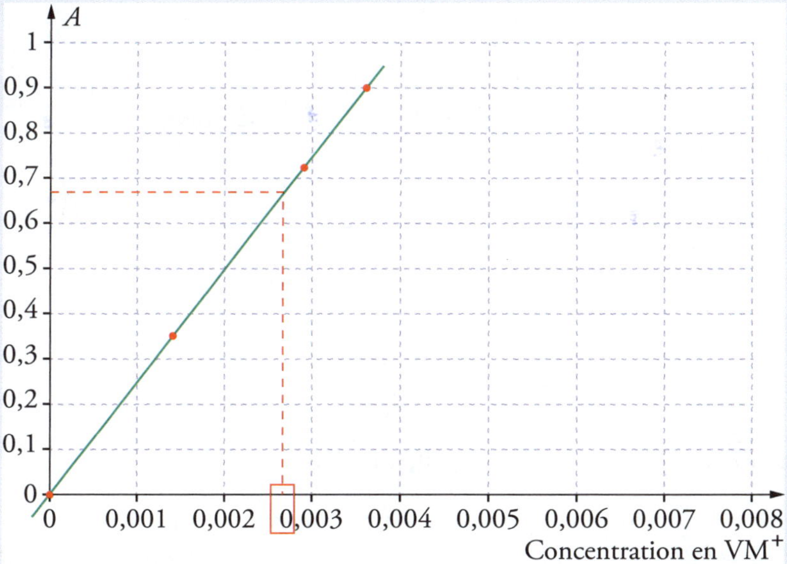

Il nous faut ensuite connaître le volume du bassin. Calculons-le en supposant qu'il est de forme parallélépipédique :

V = longueur × largeur × profondeur = $L \times \ell \times h = 8 \times 3 \times 0{,}5 = 12\ \text{m}^3 = 12 \times 10^3\ \text{L}$

Calculons la masse de vert de malachite présente dans le bassin :

$m = C_{\text{bassin}} \times V = 2{,}68 \times 10^{-3} \times 12 \times 10^3 = 32\ \text{g}$.

On sait d'autre part que 10 mg = 0,010 g de vert de malachite sont traités par 1 g de charbon actif. Ici on a 32 g de vert de malachite ; il faut donc x (en g) de charbon actif :

$$x = \frac{32 \times 1}{10^{-2}} = 3{,}2 \times 10^3\ \text{g} = 3{,}2\ \text{kg de charbon actif.}$$

Un sac contenant 0,5 kg de charbon actif, **il faut donc 7 sacs de charbon pour traiter la totalité du bassin** (on trouve « 6,4 sacs » donc 7).

En cas d'exposition au soleil

Le soleil est essentiel à la vie, cependant certaines précautions s'imposent lors d'une exposition. En effet une exposition répétée et excessive aux rayons ultraviolets (UV) du soleil peut provoquer des brûlures (coups de soleil), endommager la peau et augmenter le risque de cancer. Il est donc recommandé de porter des vêtements protecteurs et d'utiliser une crème solaire. Dans le cas où la protection n'a pas été suffisante, il existe des produits pour soulager les brûlures.

Données

Masses molaires atomiques :

$M(\text{H}) = 1{,}0\ \text{g}\cdot\text{mol}^{-1}$; $M(\text{C}) = 12{,}0\ \text{g}\cdot\text{mol}^{-1}$;

$M(\text{N}) = 14{,}0\ \text{g}\cdot\text{mol}^{-1}$; $M(\text{O}) = 16{,}0\ \text{g}\cdot\text{mol}^{-1}$.

1. UNE CRÈME POUR SOULAGER LES COUPS DE SOLEIL

Un coup de soleil ou érythème solaire est une brûlure superficielle de la peau liée à une protection insuffisante lors d'une exposition au soleil. La benzocaïne (4-aminobenzoate d'éthyle), de masse moléculaire 165 $\text{g}\cdot\text{mol}^{-1}$, est le principe actif d'un médicament pouvant soulager la douleur consécutive à cette brûlure. Elle peut être synthétisée avec un rendement de l'ordre de 60 % à partir de l'acide 4-aminobenzoïque en présence d'un faible ajout d'un catalyseur : l'acide sulfurique. L'équation de la réaction est la suivante :

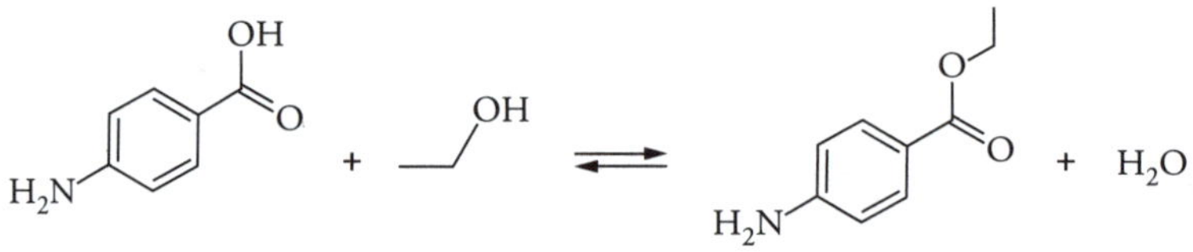

Acide 4-aminobenzoïque Éthanol Benzocaïne Eau

❶ Justifier, à partir de sa formule topologique, que l'acide 4-aminobenzoïque appartient à la famille des acides aminés. *(0,5 point)*

❷ Estimer la masse d'acide 4-aminobenzoïque minimale pour former 1,0 g de benzocaïne. *(1 point)*

❸ Préciser, en justifiant, si le rendement de la synthèse serait modifié par ajout d'une plus grande quantité d'acide sulfurique. *(0,5 point)*

2. UNE CRÈME POUR SE PROTÉGER DES COUPS DE SOLEIL

• **Composition de la crème solaire étudiée**

– Filtre solaire contenant du butyl-méthoxydibenzoylméthane

– Formulation à 3 % (pourcentage massique en principe actif : 3,0 g de butyl-méthoxydibenzoylméthane pour 100 g de produit)

• **Données concernant le butyl-méthoxydibenzoylméthane**

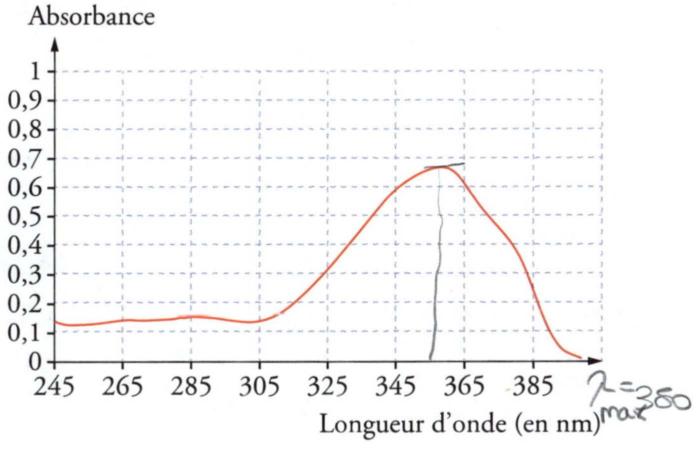

Figure 1. Spectre d'absorption du butyl-méthoxydibenzoylméthane

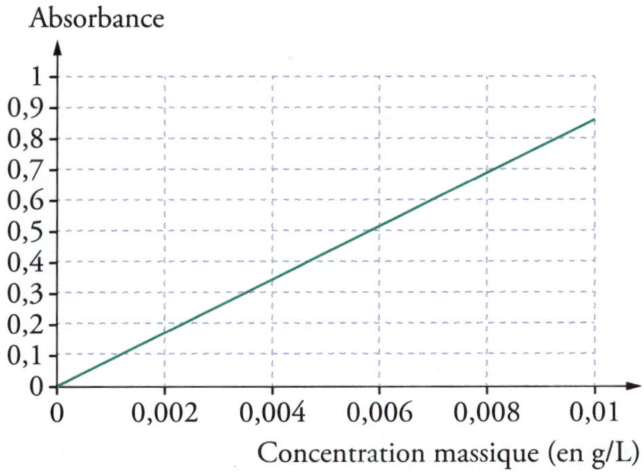

Figure 2. Absorbance à 360 nm d'une solution de butyl-méthoxydibenzoylméthane dans du méthanol en fonction de sa concentration massique

• **Absorbances de solutions réalisées avec la crème solaire étudiée**

On mesure l'absorbance de solutions réalisées avec 0,2 g de crème solaire dissoute dans 1 L de solution de méthanol :

– crème solaire à l'ouverture : A = 0,52 ;
– crème solaire ouverte depuis 3 mois : A = 0,52 ;
– crème solaire ouverte depuis 6 mois : A = 0,51 ;
– crème solaire ouverte depuis 9 mois : A = 0,43 ;
– crème solaire ouverte depuis 12 mois : A = 0,35 ;
– crème solaire ouverte depuis 15 mois : A = 0,25.

On considère comme négligeable l'absorption des espèces chimiques autres que le butyl-méthoxydibenzoylméthane.

• **Les trois types de rayonnements ultraviolets**
– les UV-a, dont la longueur d'onde est relativement grande, entre 315 nm et 400 nm;
– les UV-b, de longueur d'onde intermédiaire entre 280 nm et 315 nm;
– les UV-c, de courte longueur d'onde entre 100 nm et 280 nm.
Ces rayonnements UV sont plus ou moins absorbés par la couche d'ozone et l'atmosphère terrestre comme le montre la figure 3.

D'après les sites wikipedia et www.chemhume.co.uk

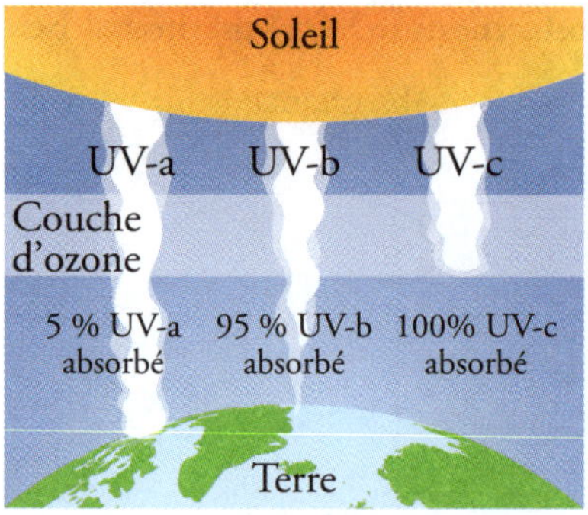

Figure 3. Absorption, par l'atmosphère, des rayonnements UV émis par le soleil

On considérera que la crème reste efficace tant que le pourcentage massique en principe actif est supérieur à 2,5 %, quelle que soit la longueur d'onde de la radiation absorbée.

▸ À partir des informations données dans l'énoncé et de vos connaissances, répondez aux questions suivantes.

1 Présenter un bilan des performances de la crème solaire étudiée concernant :
– sa capacité à protéger des différents types de rayonnements UV;
– sa durée de conservation après la première ouverture (on pourra étudier en particulier l'évolution du pourcentage massique en principe actif au cours du temps). *(2,5 points)*

2 Proposer des pistes afin d'améliorer les performances de la crème solaire étudiée. *(0,5 point)*

LES CLÉS DU SUJET

Notions et compétences en jeu

Caractéristiques et propriétés des ondes • Synthèse organique.

Conseils du correcteur

Partie 1

1 Le terme « acide aminé » fait référence à deux groupes fonctionnels de chimie organique.

2 Le rendement est : $R = \dfrac{\text{masse de benzocaïne formée}}{\text{masse de benzocaïne maximale envisageable}}$

Il y a dans cette question deux étapes à distinguer :
– prédire la masse de benzocaïne maximale sachant que le rendement est de 60 % et que l'on souhaite synthétiser 1 g de benzocaïne;
– déterminer la quantité de réactif qu'il faudra prévoir pour former cette masse maximale en s'appuyant sur les coefficients stœchiométriques.

Partie 2

1 Deux performances de la crème sont à analyser dans ce bilan.
• Pour analyser l'**efficacité de la crème**, il faut comparer les longueurs d'onde pour lesquelles l'absorption est importante (figure 1) avec celles des UV qui ne sont pas absorbés par la couche d'ozone (figure 3).
• Pour analyser la **durée de conservation de la crème**, calculez la concentration massique équivalente au pourcentage massique de 2,5 % (figure 2), puis, déterminez la date à partir de laquelle la crème est en dessous de cette concentration massique.

1. UNE CRÈME POUR SOULAGER LES COUPS DE SOLEIL

❶ Justifier la famille de composés organiques

La molécule d'acide 4-aminobenzoïque possède deux groupes fonctionnels : le groupe **carboxyle** (entouré en rouge sur la figure ci-contre) et caractéristique des acides carboxyliques, et le groupe **amine** (entouré en bleu), il s'agit donc bien d'un acide aminé.

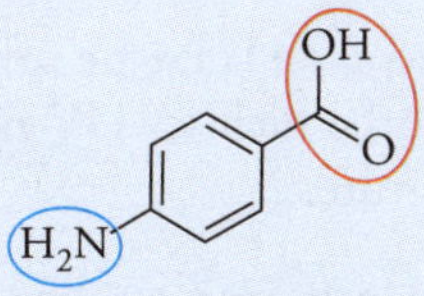

❷ Calculer la masse initiale d'un réactif lors d'une synthèse

La synthèse de la benzocaïne est faite à partir de la réaction d'équation suivante :

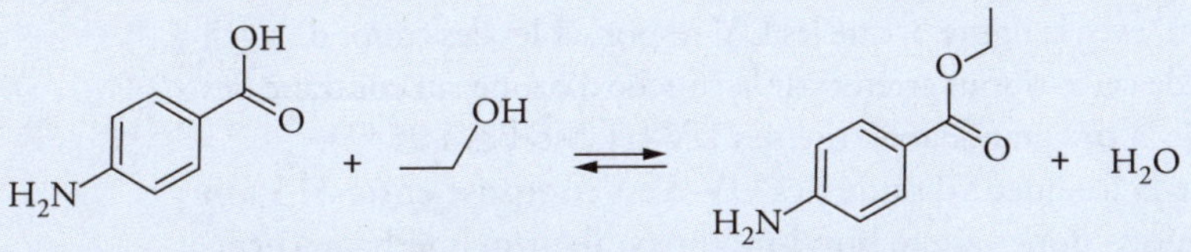

acide 4-aminobenzoïque éthanol benzocaïne eau

D'après l'énoncé, cette réaction n'a qu'un rendement de 60 %, donc il faut prévoir davantage de réactif – d'acide 4-aminobenzoïque – que si la réaction était complète. À partir de la relation donnant le rendement :

$$R = \frac{\text{masse de benzocaïne formée}}{\text{masse de benzocaïne maximale envisageable}}$$

nous pouvons calculer la masse théorique à envisager pour produire effectivement 1 gramme de benzocaïne avec un rendement de 60 % :

$$\text{masse maximale théorique à former} = \frac{\text{masse effective de benzocaïne formée}}{R} = \frac{1}{0{,}6} = 1{,}67 \text{ g}$$

D'après les coefficients stœchiométriques de cette équation, il faut prévoir le même nombre de moles d'acide 4-aminobenzoïque que le nombre de moles que l'on souhaite former de benzocaïne :

$$n_i(\text{acide 4-aminobenzoïque}) = n_f(\text{benzocaïne})$$

Or, selon la formule du cours, $n = \frac{m}{M}$. D'où :

$$\frac{m_i(\text{acide 4-aminobenzoïque})}{M(\text{acide 4-aminobenzoïque})} = \frac{m_{\text{maximale théorique}}(\text{benzocaïne})}{M(\text{benzocaïne})}$$

La masse d'acide 4-aminobenzoïque à utiliser est donc :

$$m_i(\text{acide 4-aminobenzoïque}) = \frac{1{,}67}{165} \times 137 = 1{,}38 \text{ g.}$$

Pour former 1 g de benzocaïne, il nous faut au minimum **1,38 g d'acide 4-aminobenzoïque**.

PHYSIQUE - CHIMIE

❸ Prévoir l'influence d'un ajout de catalyseur

L'acide sulfurique est un **catalyseur**, donc il n'a pas d'influence sur le rendement de la réaction.

À retenir
L'efficacité d'un catalyseur ne dépend pas de sa quantité. Il n'est ni consommé, ni produit lors de la réaction.

2. UNE CRÈME POUR SE PROTÉGER DES COUPS DE SOLEIL

❶ Pour juger de l'efficacité de la crème solaire, nous devons vérifier que le principe actif de cette crème absorbe bien les UV nocifs pour la peau et évaluer sa durée de conservation après ouverture.

Prouver l'efficacité de la crème solaire

Nous constatons, d'une part, avec la figure 1, que le principe actif de la crème solaire étudiée – le butyl-méthoxydibenzoylméthane – absorbe bien les rayonnements dont la longueur d'onde est comprise entre 325 nm et 385 nm.
Nous constatons, d'autre part, avec la figure 3, que les UV responsables des coups de soleil sont les UV-a, car seuls 5 % de ceux-ci sont arrêtés par la couche d'ozone, au contraire des UV-c absorbés à 100 % et de la très grande majorité des UV-b (absorbés à 95 %).
L'énoncé nous dit aussi que la longueur d'onde des UV-a est comprise entre 315 nm et 400 nm. Nous en concluons donc que le butyl-méthoxydibenzoylméthane (principe actif de cette crème) est bien **efficace dans sa protection contre les UV-a**.

Déterminer la durée de conservation de la crème solaire

Après la première ouverture, les données nous indiquent que, pour que la crème soit efficace, le pourcentage massique du butyl-méthoxydibenzoylméthane doit être supérieur à 2,5 %.
D'après les données, à l'ouverture, le pourcentage massique en principe actif est de 3 % et l'absorbance est égale à 0,52.
D'après la figure 2, une absorbance de 0,52 correspond à une concentration massique de 0,006 g/L.
La concentration massique dans la solution est proportionnelle au pourcentage massique. Par conséquent, si 3 % correspond à 0,006 g/L, alors 2,5 % correspond à **0,005 g/L**.
Le représentation graphique de la figure 2 est une droite, donc l'absorbance de la solution de butyl-méthoxydibenzoylméthane est proportionnelle à sa concentration massique.
On en déduit que l'absorbance quand la crème n'est plus efficace est l'ordonnée de 0,005 g/L c'est-à-dire **0,43**.
Enfin, d'après les données de l'énoncé, c'est 9 mois après son ouverture que l'absorbance de la crème solaire est de 0,43. Donc **la crème n'est plus efficace 9 mois après son ouverture**.

Notez bien
Les grandeurs (pourcentage massique en principe actif, concentration massique du principe actif et absorbance) sont liées par des relations de proportionnalité.

❷ Chercher des pistes d'amélioration

Voici plusieurs pistes pour améliorer les performances de la crème solaire :
– augmenter l'absorption des UV-a, soit en augmentant la proportion de principe actif, soit en changeant de principe actif ;
– proposer un principe actif qui absorbe les 5 % d'UV-b qui traversent la couche atmosphérique ;
– augmenter la longévité de la crème pour qu'elle reste efficace plus longtemps et permette par exemple un usage deux étés de suite.

SUJET 3 — **FRANCE MÉTROPOLITAINE • SEPTEMBRE 2016**

OBSERVER

SPÉCIFIQUE • 5,5 POINTS • 55 MINUTES

THÈME **Caractéristiques et propriétés des ondes**

Un son peut en masquer un autre

Les oreilles captent les sons et le cerveau les interprète. La psychoacoustique est la science qui étudie l'interprétation des sons par le cerveau. Un des effets psychoacoustiques, l'effet de masquage, est étudié dans cet exercice.

Données

- Débit binaire lors de la lecture d'une musique enregistrée sur CD : $1{,}41 \times 10^6$ bits · s^{-1}
- 1 octet correspond à 8 bits
- Intensité sonore de référence : $I_0 = 1{,}0 \times 10^{-12}$ W · m^{-2}

1. LA FONDAMENTALE MANQUANTE

Le cerveau a la capacité de reconstituer certaines informations manquantes pour construire une perception auditive interprétable. C'est le cas pour un son musical dont on perçoit la hauteur bien que sa fréquence fondamentale ait été supprimée. Un son joué par un piano est numérisé puis transmis. Son spectre après réception est donné ci-dessous. La composante spectrale correspondant à la fréquence fondamentale a été supprimée au cours d'un traitement spécifique du signal.

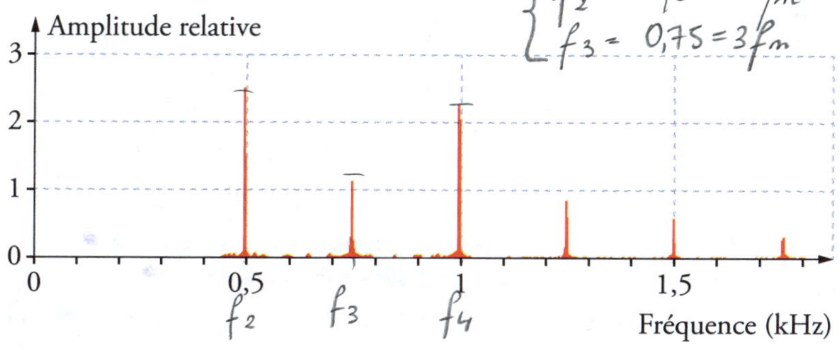

▶ **Déterminer la hauteur du son joué par le piano. Expliquer votre raisonnement.** ***(1 point)***

2. L'EFFET DE MASQUAGE

Si deux sons purs sont écoutés simultanément, le plus intense, appelé « son masquant », peut créer une gêne sur la perception du second, le son masqué. Il peut même le rendre inaudible. La comparaison des courbes des figures 1 et 2 permet de mettre en évidence ce phénomène psychoacoustique appelé « effet de masquage ».

• Le graphique suivant indique les valeurs minimales de niveau d'intensité sonore audible en fonction de la fréquence lorsque le son est écouté en environnement silencieux.

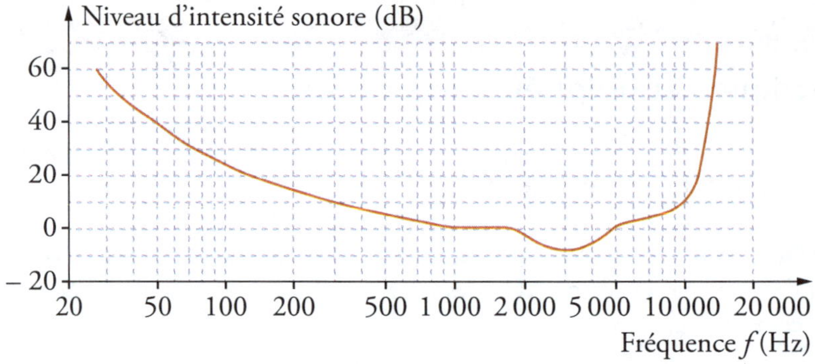

Figure 1. Seuil d'audibilité humaine en fonction de la fréquence

Exemple de lecture : un son de fréquence 80 Hz doit avoir un niveau sonore supérieur à 30 dB pour être audible.

• Le graphique suivant indique les valeurs minimales de niveau d'intensité sonore audible en fonction de la fréquence lorsque le son est écouté simultanément avec un son pur de fréquence 1 kHz et de niveau d'intensité sonore 55 dB.

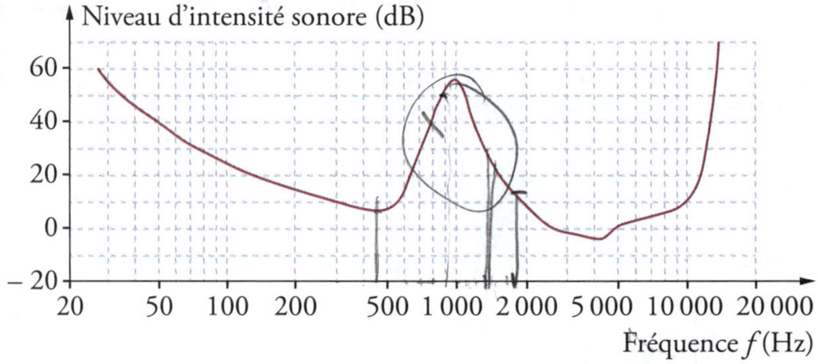

Figure 2. Seuil d'audibilité humaine d'un son en présence d'un son masquant de niveau d'intensité sonore 55 dB et de fréquence 1 kHz

❶ Déterminer le niveau d'intensité sonore minimal pour qu'un son de fréquence 800 Hz soit audible en présence d'un son masquant de fréquence 1 kHz et de niveau sonore 55 dB. *(0,5 point)*

❷ Le format MP3 exploite l'effet de masquage pour compresser l'enregistrement numérique d'un signal sonore. Cela consiste à réduire l'information à stocker sans trop dégrader la qualité sonore du signal. La compression de l'enregistrement permet donc de réduire le « poids » numérique (ou la taille du fichier) d'un enregistrement musical.

Le spectre fréquentiel de la note La3 jouée par une flûte traversière dans un environnement silencieux est donné dans la figure 3.

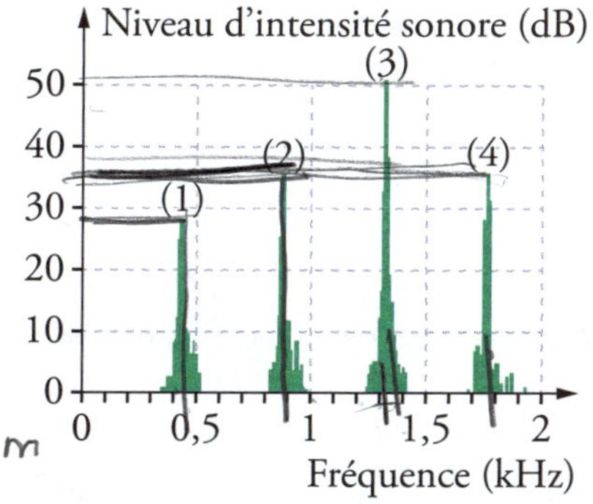

Figure 3. Spectre fréquentiel de la note La3 jouée par une flûte traversière

La flûte joue la note La3 en présence d'un son masquant de fréquence 1 kHz et de niveau d'intensité sonore de 55 dB qui correspond au cas de la figure 2. L'enregistrement numérique du signal sonore est compressé au format MP3.

En étudiant chaque pic du spectre de la figure 3, indiquer celui ou ceux qui seront éliminés par ce codage MP3. Justifier. *(1,5 point)*

3 Une chanson de 3 minutes est enregistrée sur un CD. Cet enregistrement est compressé au format MP3. Le « poids » numérique du fichier obtenu est alors égal à $2{,}88 \times 10^6$ octets. À l'aide des données, déterminer le facteur de compression du format MP3 après en avoir proposé une définition. *(1 point)*

4 Effet de masquage lors du passage d'un train

Dans une ambiance sonore calme, deux personnes conversent à un mètre l'une de l'autre. L'auditeur perçoit la parole de l'orateur avec un niveau d'intensité sonore égal à 50 dB. Un train passe. La parole de l'orateur est masquée par le bruit du train. On suppose que dans ces conditions le bruit du train masque toutes les fréquences audibles. On admettra que le niveau d'intensité sonore minimal audible de la parole, en présence du train, est égal à 60 dB quelle que soit la fréquence. Pour être entendu, l'orateur parlera plus fort ou se rapprochera de son auditeur.

1. L'orateur ne se rapproche pas mais parle plus fort. Là où se trouve l'auditeur, le niveau d'intensité sonore est de 70 dB, déterminer s'il perçoit le son. *(0,5 point)*

2. Pour une source isotrope (c'est-à-dire émettant de la même façon dans toutes les directions), l'intensité sonore en un point situé à une distance d de la source est inversement proportionnelle à d^2, c'est-à-dire que l'intensité sonore $I = \dfrac{k}{d^2}$ où k est une constante.

Si l'orateur ne parle pas plus fort mais se rapproche de l'auditeur, à quelle distance de l'auditeur devra-t-il se placer pour être audible ? Justifier les étapes de votre raisonnement. *(1 point)*

Toutes les initiatives du candidat seront valorisées. La démarche suivie nécessite d'être correctement présentée.

LES CLÉS DU SUJET

■ Notions et compétences en jeu

Caractéristiques et propriétés des ondes.

■ Conseils du correcteur

Partie 1

Les fréquences des harmoniques d'un son complexe sont toujours multiples de la fréquence de la fondamentale.

Partie 2

❶ Attention à l'échelle logarithmique de l'axe horizontal : lisez 1, 2, 3 jusqu'à 10, puis 10, 20, 30, jusqu'à 100, puis 200, 300 jusqu'à 1 000, et ainsi de suite.
❷ L'audibilité dépend de la fréquence, donc chaque pic doit être étudié : déterminez son niveau sonore à l'aide de la figure 3 et comparez-le à la valeur d'audibilité donnée par la figure 2.
❸ Le facteur de compression est le coefficient par lequel la taille du fichier numérique est divisée lors du codage MP3.
❹ **2.** À partir du niveau sonore à 1 mètre (50 dB), déterminez l'intensité du son émis I (en W/m²). Puis déterminez k et déduisez alors la distance pour laquelle le niveau sera le niveau sonore minimal d'audibilité (60 dB).

CORRIGÉ SUJET 3

1. LA FONDAMENTALE MANQUANTE

Il s'agit ici de trouver la hauteur d'un son alors que son spectre sonore est incomplet.

Définir la hauteur d'un son

La hauteur du son correspond à la fréquence de la fondamentale. Ici, l'énoncé indique que cette fréquence a été supprimée, elle n'apparaît donc pas sur le spectre sonore !

Analyser un spectre sonore

Sur la figure du spectre sonore de l'énoncé, les fréquences présentes sont celles de certaines harmoniques, et les harmoniques possèdent toujours une fréquence multiple de celle de la fondamentale. En analysant le spectre, on relève les 6 fréquences suivantes :
0,5 kHz • 0,75 kHz • 1 kHz • 1,25 kHz • 1,5 kHz • 1,75 kHz.

Conclure

Toutes ces valeurs sont multiples de 0,25 kHz. On a ainsi les 6 premières harmoniques (du rang 2 au rang 7) d'une fondamentale. On déduit donc que la hauteur du son (identifiée ici à la fréquence du fondamental) est :
f_0 **= 0,25 kHz = 250 Hz**

À retenir
Les harmoniques d'un son complexe ont des valeurs f_n qui vérifient :
$f_n = n \times f_0$
où n est entier et f_0 la fréquence du fondamental.

2. L'EFFET DE MASQUAGE

1 Analyser un diagramme d'audibilité

Le graphique de la figure 2 présente les valeurs minimales des niveaux d'intensités sonores audibles en présence d'un son masquant de fréquence 1 kHz et de niveau sonore 55 dB. Pour déterminer le niveau sonore minimal afin qu'un son de fréquence 800 Hz ne soit pas masqué, il faut donc lire la valeur de l'ordonnée correspondant à l'abscisse $f = 800$ Hz.
Sur le graphique, nous voyons que l'ordonnée correspondant à 800 Hz est égale à 40 dB. Le niveau d'intensité sonore minimal pour entendre un son de fréquence 800 Hz en présence du son masquant (1 kHz pour 55 dB) est donc de **40 dB**.

2 Exploiter un graphique de niveaux d'intensité sonore

La figure 3 est un spectre comportant 4 pics différents. Chacun de ces pics est un son ayant une fréquence et un niveau sonore particulier. Pour que le son masquant appliqué ici (1 kHz pour 55 dB) masque effectivement un pic, il faut que le niveau sonore du pic soit inférieur au niveau sonore minimal audible en présence d'un son masquant similaire (ce qui correspond à la figure 2).
Étudions donc chacun des pics. Le pic (1) est d'environ 28 dB et possède une fréquence d'environ 440 Hz (cela correspond bien à un La3). Or la figure 2 permet de déduire que, pour cette fréquence, le minimum audible est inférieur à 10 dB. Le son correspondant au **pic (1) n'est donc pas éliminé par la compression** : son niveau d'intensité sonore est plus élevé que le minimum audible.
De la même façon, **ni le pic (3), ni le pic (4) ne sont supprimés** car :
– pour le pic (3), le niveau sonore est d'environ 50 dB, donc supérieur au minimum audible à une fréquence d'environ 1 320 Hz. En effet, bien que ce minimum ne soit pas très facile à déterminer avec l'échelle de la figure, il est clairement en dessous de 40 dB ;
– pour le pic (4), la fréquence est d'environ 1 760 Hz, donc le minimum audible est inférieur à 20 dB, or le niveau de ce pic est à peu près de 34 dB donc supérieur à 20 dB.
Enfin, **le pic (2) est supprimé par le codage MP3**. Sa fréquence est proche de 900 Hz et, à cette fréquence, le minimum d'audibilité est 50 dB. Or le niveau d'intensité sonore du pic (2) est inférieur à 40 dB.

Gagnez des points
L'énoncé annonce explicitement « en étudiant chaque pic » donc il faut détailler votre raisonnement et ne pas vous contenter de justifier celui qui est éliminé.

3 Définir et calculer un facteur de compression binaire

On peut définir un facteur de compression F comme étant le **coefficient par lequel on divise le poids d'un fichier numérique** :

$$F = \frac{\textbf{taille du fichier non compressé}}{\textbf{taille du fichier compressé}}$$

Le poids du fichier compressé est donné dans la question : $2{,}88 \times 10^6$ octets. Nous savons par ailleurs que le fichier de départ est une chanson de 3 minutes. Or le débit binaire lors de la lecture d'un fichier musical est $1{,}41 \times 10^6$ bit · s^{-1} (une des données en tout début d'exercice).

Le fichier de 3 minutes a un poids :
$p = 3 \times 60 \times 1{,}41 \times 10^6 = 2{,}54 \times 10^8$ bits $= 3{,}2 \times 10^7$ octets car 1 octet = 8 bits.
La compression MP3 a donc permis de diminuer le poids du fichier de $3{,}2 \times 10^7$ octets à $2{,}88 \times 10^6$ octets.

Le facteur de compression MP3 est alors $\boldsymbol{F = \dfrac{3{,}2 \times 10^7}{2{,}88 \times 10^6} = 11.}$

❹ 1. Déterminer l'audibilité d'un son

L'énoncé indique que le minimum de niveau sonore audible en présence du train est de 60 dB quelle que soit la fréquence, or le niveau sonore à l'endroit où se trouve l'auditeur est égal à 70 dB, **il percevra donc le son.**

2. Déterminer la distance d'audibilité

D'après l'énoncé, l'orateur ne parle pas plus fort, donc son niveau sonore est 50 dB à un mètre. Nous pouvons alors calculer l'intensité sonore du son émis :

$$I = I_0 \times 10^{\frac{L}{10}} = 10^{-12} \times 10^{\frac{50}{10}} = 10^{-12} \times 10^5 = 10^{-7}\ \text{W/m}^2$$

De plus, nous connaissons la relation entre l'intensité sonore et la distance parcourue :

$$I = \frac{k}{d^2}$$

Nous pouvons donc déterminer k avec $d = 1$ m et $I = 10^{-7}$ W/m². Cela donne :
$k = I \times d^2 = 10^{-7} \times 1^2 = 10^{-7}$ W.
Ayant la valeur de k, nous pouvons dorénavant calculer la distance à laquelle le niveau d'intensité sonore est de 60 dB. À cette distance, l'intensité est :

$$I' = I_0 \times 10^{\frac{L'}{10}} = 10^{-12} \times 10^{\frac{60}{10}} = 10^{-12} \times 10^6 = 10^{-6}\ \text{W/m}^2$$

Alors : $d = \sqrt{\dfrac{k}{I}} = \sqrt{\dfrac{10^{-7}}{10^{-6}}} = \sqrt{0{,}1} = 0{,}32$ ms

L'auditeur et l'orateur doivent donc se rapprocher à **32 cm** l'un de l'autre.

SUJET 4 — **FRANCE MÉTROPOLITAINE • JUIN 2016**

OBSERVER

SPÉCIFIQUE • 6 POINTS • 1 HEURE

THÈME **Caractéristiques et propriétés des ondes**

De l'effet Doppler à ses applications

Christian Doppler (1803-1853)

Christoph Buys-Ballot (1817-1890)

Christian Doppler, savant autrichien, propose en 1842 une explication de la modification de la fréquence du son perçu par un observateur immobile lorsque la source sonore est en mouvement. Buys-Ballot, scientifique hollandais, vérifie expérimentalement la théorie de Doppler en 1845, en enregistrant le décalage en fréquence d'un son provenant d'un train en mouvement et perçu par un observateur immobile.

On se propose de présenter l'effet Doppler puis de l'illustrer au travers de deux applications.

1. MOUVEMENT RELATIF D'UNE SOURCE SONORE ET D'UN DÉTECTEUR

Nous nous intéressons dans un premier temps au changement de fréquence associé au mouvement relatif d'une source sonore S et d'un détecteur placé au point M (figure 1). Le référentiel d'étude est le référentiel terrestre dans lequel le détecteur est immobile. Une source S émet des « bips » sonores à intervalles de temps réguliers dont la période d'émission est notée T_0. Le signal sonore se propage à la célérité v_{son} par rapport au référentiel terrestre.

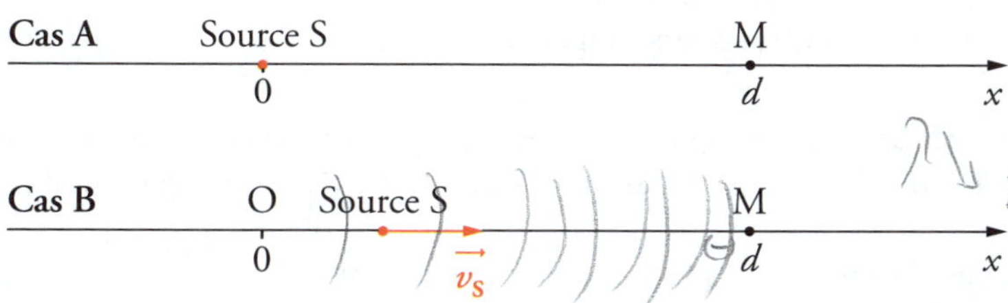

Figure 1. Schéma représentant une source sonore immobile (cas A), puis en mouvement (cas B)

1 Cas A. La source S est immobile en $x = 0$ et le détecteur M, situé à la distance d, perçoit chaque bip sonore avec un retard lié à la durée de propagation du signal.

1. Définir par une phrase, en utilisant l'expression « bips sonores », la fréquence f_0 de ce signal périodique. *(0,25 point)*

2. Comparer la période temporelle T des bips sonores perçus par le détecteur à la période d'émission T_0. *(0,5 point)*

❷ Cas B. La source S, initialement en $x = 0$, se déplace à une vitesse constante v_s suivant l'axe Ox en direction du détecteur immobile. La vitesse v_s est inférieure à la célérité v_{son}. On suppose que la source reste à gauche du détecteur.

Le détecteur perçoit alors les différents bips séparés d'une durée $T' = T_0\left(1 - \dfrac{v_S}{v_{son}}\right)$.

Indiquer si la fréquence f' des bips perçus par le détecteur est inférieure ou supérieure à la fréquence f_0 avec laquelle les bips sont émis par la source S. Justifier. *(0,75 point)*

2. LA VÉLOCIMÉTRIE DOPPLER EN MÉDECINE

La médecine fait appel à l'effet Doppler pour mesurer la vitesse d'écoulement du sang dans les vaisseaux sanguins (figure 2).

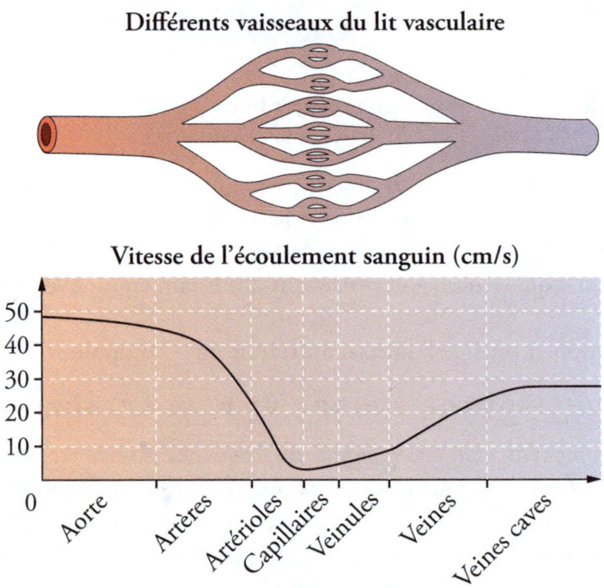

Figure 2. Vitesse moyenne du sang dans différents vaisseaux sanguins

Un émetteur produit des ondes ultrasonores qui traversent la paroi d'un vaisseau sanguin. Pour simplifier, on suppose que lorsque le faisceau ultrasonore traverse des tissus biologiques, il rencontre :

– des cibles fixes sur lesquelles il se réfléchit sans modification de la fréquence ;

– des cibles mobiles, comme les globules rouges du sang, sur lesquelles il se réfléchit avec une modification de la fréquence ultrasonore par effet Doppler (figure 3).

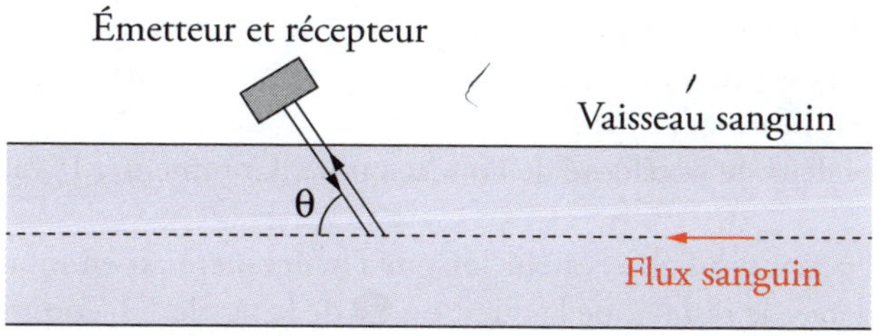

Figure 3. Principe de la mesure d'une vitesse d'écoulement sanguin par effet Doppler (échelle non respectée)

L'onde ultrasonore émise, de fréquence f_E = 10 MHz, se réfléchit sur les globules rouges qui sont animés d'une vitesse v. L'onde réfléchie est ensuite détectée par le récepteur. La vitesse v des globules rouges dans le vaisseau sanguin est donnée par la relation :

$v = \dfrac{v_{\text{ultrason}}}{2\cos\theta}.\dfrac{\Delta f}{f_E}$ où Δf est le décalage en fréquence entre l'onde émise et l'onde réfléchie, v_{ultrason} la célérité des ultrasons dans le sang et θ l'angle défini sur la figure 3.

On donne $v_{\text{ultrason}} = 1{,}57 \times 10^3\ \text{m}\cdot\text{s}^{-1}$ et $\theta = 45°$.

1 Le décalage en fréquence mesuré par le récepteur est de 1,5 kHz. Identifier le(s) type(s) de vaisseaux sanguins dont il pourrait s'agir. *(1,5 point)*

2 Pour les mêmes vaisseaux sanguins et dans les mêmes conditions de mesure, on augmente la fréquence des ultrasons émis f_E. Indiquer comment évolue le décalage en fréquence Δf. Justifier. *(0,75 point)*

3. DÉTERMINATION DE LA VITESSE D'UN HÉLICOPTÈRE PAR EFFET DOPPLER

On s'intéresse à un son émis par un hélicoptère et perçu par un observateur immobile. La valeur de la fréquence de l'onde sonore émise par l'hélicoptère est $f_0 = 8{,}1 \times 10^2$ Hz. On se place dans le référentiel terrestre pour toute la suite de cette partie.

Les portions de cercles des figures 4 et 5 ci-dessous donnent les maxima d'amplitude de l'onde sonore à un instant donné. Le point A schématise l'hélicoptère. Dans le cas de la figure 4, l'hélicoptère est immobile. Dans le cas de la figure 5, il se déplace à vitesse constante le long de l'axe et vers l'observateur placé au point O. La célérité du son dans l'air est indépendante de sa fréquence.

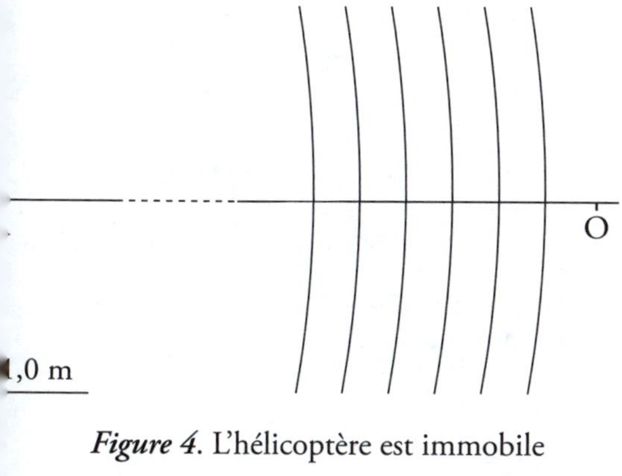

Figure 4. L'hélicoptère est immobile

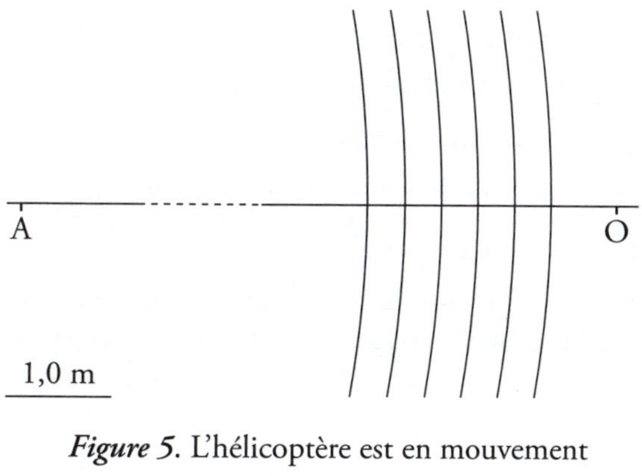

Figure 5. L'hélicoptère est en mouvement

❶ Déterminer, avec un maximum de précision, la longueur d'onde λ_0 de l'onde sonore perçue par l'observateur lorsque l'hélicoptère est immobile, puis la longueur d'onde λ' lorsque l'hélicoptère est en mouvement rectiligne uniforme. *(1 point)*
❷ En déduire une estimation de la valeur de la célérité de l'onde sonore. Commenter la valeur obtenue. *(0,5 point)*
❸ Déterminer la fréquence du son perçu par l'observateur lorsque l'hélicoptère est en mouvement. Cette valeur est-elle en accord avec le résultat de la question ❷ de la partie 1 ? Comment la perception du son est-elle modifiée ? *(0,5 point)*
❹ En déduire la valeur de la vitesse de l'hélicoptère. Cette valeur vous paraît-elle réaliste ? *(0,5 point)*

LES CLÉS DU SUJET

■ **Notions et compétences en jeu**

Propriétés des ondes et effet Doppler.

■ **Conseils du correcteur**

Partie 1

❷ Utilisez la relation donnée pour montrer que $f' > f_0$ (même procédé d'inégalité successive qu'en mathématiques).

Partie 2

❶ Calculez la vitesse à l'aide de la formule donnée puis utilisez la figure 2.

Partie 3

❶ Mesurez plusieurs longueurs d'onde à l'aide d'une règle puis utilisez l'échelle donnée sur le schéma.
❹ Réutilisez la relation de la première partie.

CORRIGÉ SUJET 4

1. MOUVEMENT RELATIF D'UNE SOURCE SONORE ET D'UN DÉTECTEUR

❶ 1. Définir la fréquence

La fréquence f_0 est le nombre de bips sonores par seconde.

2. Comparer deux périodes

Dans le cas A la source sonore est immobile par rapport au détecteur, par conséquent il n'y a pas d'effet Doppler et donc la période reçue est la même que celle émise : $T = T_0$.

Attention
Prêtez une attention particulière aux verbes des questions : « définir » signifie « donner une définition ».

❷ Comparer deux fréquences

L'énoncé donne la relation $T = T_0\left(1 - \frac{v_s}{v_{son}}\right)$

On a donc une relation entre T' et T_0.

De plus, la vitesse de la source v_s est inférieure à la vitesse du son v_{son}.

D'où $\frac{v_s}{v_{son}} < 1$

$1 - \frac{v_s}{v_{son}} < 1$ (car v_s et v_{son} sont positives)

$T_0\left(1 - \frac{v_s}{v_{son}}\right) < T_0$

D'où $T' < T_0$

On obtient :

$\frac{1}{T'} > \frac{1}{T_0}$ car la fonction inverse est décroissante.

D'où $f' > f_0$. La fréquence f' des bips perçus par le détecteur est supérieure à la fréquence avec laquelle les bips sont émis par la source.

Notez bien
Lorsque émetteur et récepteur se rapprochent, la fréquence perçue est toujours supérieure à la fréquence émise.

2. LA VÉLOCIMÉTRIE DOPPLER EN MÉDECINE

❶ Utiliser l'effet Doppler pour déterminer une vitesse

D'après l'énoncé, la vitesse des globules rouges est donnée par la relation :

$$v = \frac{v_{ultrason}}{2\cos\theta} \cdot \frac{\Delta f}{f_E}$$

On peut donc déterminer cette vitesse : $v = \frac{1{,}57 \times 10^3}{2\cos 45} \times \frac{1{,}5 \times 10^3}{10 \times 10^6} = 0{,}17\ \text{m/s}$

En utilisant la figure 2 des documents, on peut déduire que deux types de vaisseaux peuvent correspondre à cette vitesse : **les artérioles et les veines.**

Attention
Lorsque vous avez des calculs avec fonctions trigonométriques, il faut vérifier que votre calculatrice est bien en degré ou en radian suivant les données.

❷ Déduire une évolution en modifiant un paramètre dans une formule algébrique

De la relation précédente, nous pouvons déduire :

$$\Delta f = v \times \frac{2\cos\theta}{v_{ultrason}} \times f_E$$

Or seule la fréquence d'émission varie dans cette formule ($v \times \frac{2\cos\theta}{v_{ultrason}}$ est constant)

donc Δf et f_E sont proportionnels avec un cœfficient de proportionnalité positif. L'augmentation de la fréquence des ultrasons provoque l'**augmentation du décalage en fréquence**.

3. DÉTERMINATION DE LA VITESSE D'UN HÉLICOPTÈRE PAR EFFET DOPPLER

❶ Déterminer par mesure une longueur d'onde

Pour déterminer avec un maximum de précision la longueur d'onde, nous devons en mesurer un maximum, ici $5\lambda_0$ = 2,6 cm = 26 mm.

PHYSIQUE - CHIMIE

D'où $\lambda_0 = \dfrac{26}{5} = 5{,}2$ mm sur le schéma. Mais le schéma possède une échelle de représentation dont il faut se servir. 12 mm représentent 1,0 m d'où 5,2 mm représentent $\dfrac{1}{0{,}012} \times 0{,}0052 = 0{,}43 \text{ m} = 43 \text{ cm} = \lambda_0$

De même, on mesure 5 longueurs d'onde pour $\lambda' = 2{,}1$ cm sur le schéma d'où $\lambda' = 35$ cm après utilisation de l'échelle.

Attention
Ne comptez pas les traits d'onde (il y en a 6) mais les espaces entre deux traits, c'est cela qui correspond à la longueur d'onde (il y en a 5).

❷ Déterminer une vitesse de propagation

$\lambda_0 = \dfrac{v_{son}}{f_0}$ donc $v_{son} = \lambda_0 \times f_0 = 0{,}43 \times 8{,}1 \times 10^2 \simeq 348$ m/s

Cette valeur est effectivement proche de la vitesse du son (à connaître).

❸ Utiliser une formule de l'effet Doppler

Pour f', on utilisera la relation $f' = \dfrac{v_{son}}{\lambda'}$ dans laquelle la valeur de la vitesse de l'onde sonore est celle que l'on a calculée à la question précédente car l'énoncé précise que cette vitesse ne dépend pas, dans ce cas, de la fréquence.

$f' = \dfrac{348}{0{,}35} = 9{,}9 \times 10^2$ Hz

$f' > f_0$ nous avons un cas identique à celui de la question ❷ de la partie 1 car la source sonore se rapproche du récepteur donc la fréquence augmente. **Le son perçu paraît donc plus aigu que le son émis** (sa fréquence est plus élevée).

❹ Déterminer une vitesse de déplacement

D'après la relation de la première partie :

$$T' = T_0 \times \left(1 - \frac{v_s}{v_{son}}\right)$$

Donc $\dfrac{T'}{T_0} = 1 - \dfrac{v_s}{v_{son}}$

La vitesse de l'hélicoptère est donnée par :

$$v_s = v_{son} \times \left(1 - \frac{T'}{T_0}\right) = v_{son} \times \left(1 - \frac{f_0}{f'}\right)$$

$$v_s = 348 \times \left(1 - \frac{8{,}1 \times 10^2}{9{,}9 \times 10^2}\right)$$

$v_s = 62{,}6$ m/s.

Cette vitesse paraît possible pour un hélicoptère puisque cela correspond à :

$$v_s = \frac{62{,}6 \times 60 \times 60}{1\,000} = 225 \text{ km/h}$$

THÈME **Analyse spectrale**

De la betterave sucrière aux carburants

Le sucre produit dans les feuilles de betteraves sucrières grâce à la photosynthèse s'accumule dans la racine sous forme de saccharose.

Le bioéthanol – éthanol issu de l'agriculture – peut notamment être obtenu par fermentation du sucre extrait des racines de betterave sucrière. Le bioéthanol peut être incorporé à l'essence utilisée par un grand nombre de moteurs de voiture.

Dans cet exercice, on s'intéresse au saccharose présent dans la betterave sucrière, à la production d'éthanol par fermentation du saccharose et à l'utilisation du bioéthanol dans les carburants.

Betterave sucrière

Données

• Économie betteravière en France pour la récolte 2009 :
– rendement de la culture de betterave sucrière : 74,8 tonnes par hectare ;
– pourcentage massique moyen de saccharose dans la betterave : 19,5 %.
• Surface agricole française cultivée : environ 10 millions d'hectares.
• Masse volumique de l'éthanol : $\rho = 789 \times 10^3\ g \cdot m^{-3}$.
• Masses molaires moléculaires : M(éthanol) = $46{,}0\ g \cdot mol^{-1}$; M(saccharose) = $342{,}0\ g \cdot mol^{-1}$.
• Électronégativités comparées χ de quelques éléments : $\chi(O) > \chi(C)$, $\chi(C)$ environ égale à $\chi(H)$.
• Données de spectroscopie infrarouge :

Liaison	O – H libre	O – H lié	N – H	C – H	C = O	C = C
Nombre d'onde σ (en cm^{-1})	3 600 Bande fine	3 200-3 400 Bande large	3 100-3 500	2 700-3 100	1 650-1 750	1 625-1 685

• Formules topologiques de quelques sucres :

Formes linéaires		Formes cycliques	
		D-Glucose	**D-Fructose**
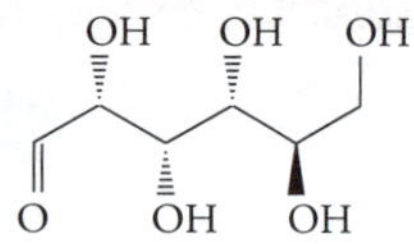 D-Glucose	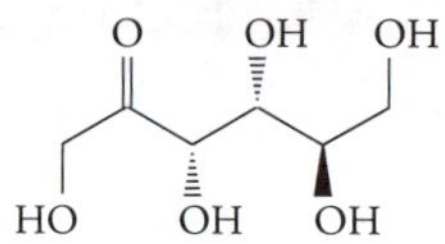 D-Fructose	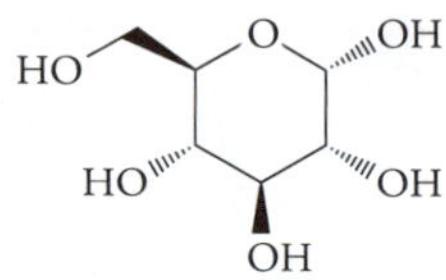 α-(D)-Glucose	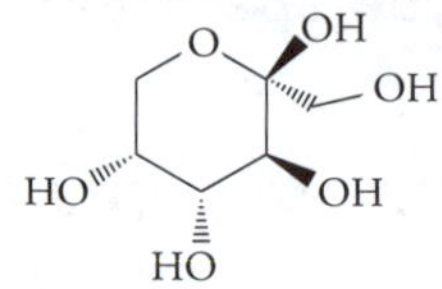 β-(D)-Fructopyranose
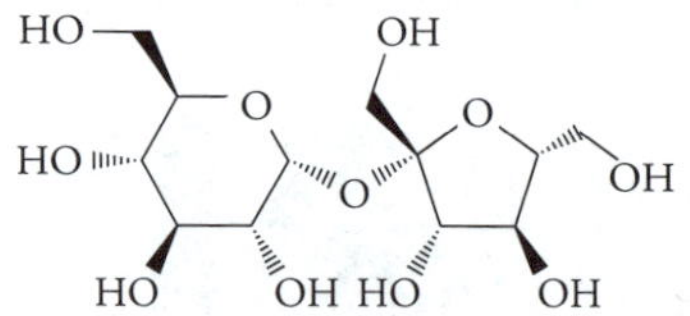 Saccharose		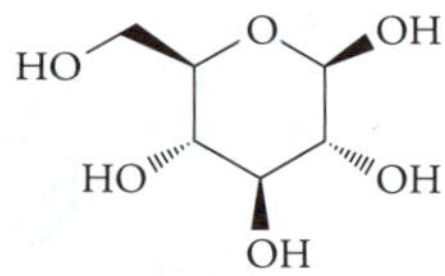 β-(D)-Glucose	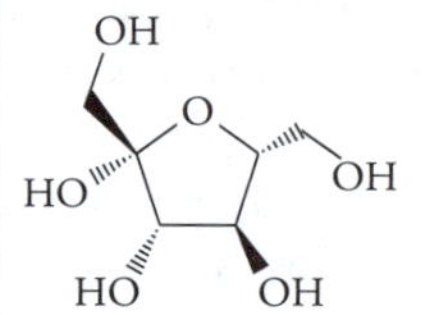 β-(D)-Fructofuranose

1. ÉTUDE DE LA STRUCTURE DU SACCHAROSE

Le saccharose est formé à partir du D-glucose et du D-fructose.

❶ Écrire la formule développée de la forme linéaire du D-glucose, puis identifier par un astérisque les atomes de carbone asymétriques. *(1,25 point)*

❷ Par réaction entre deux de ses groupes caractéristiques, la forme linéaire du D-glucose peut se transformer en l'une ou l'autre de ses formes cycliques lors d'une réaction de cyclisation. En solution aqueuse à 25 °C, il s'établit un équilibre entre les différentes formes du glucose avec les proportions suivantes : 65 % de β-(D)-glucose, 35 % de α-(D)-glucose et environ 0,01 % de forme linéaire de D-glucose. Le mécanisme de la cyclisation est proposé en annexe, il peut conduire à l'un ou l'autre des stéréoisomères cycliques.
Dans un mécanisme réactionnel apparaissent usuellement des flèches courbes ; que représentent-elles ? Compléter les trois étapes du mécanisme de cyclisation du D-glucose figurant en **annexe** avec les flèches courbes nécessaires. *(0,75 point)*

❸ Le spectre infrarouge obtenu par analyse d'un échantillon de glucose est fourni ci-dessous. Ce spectre confirme-t-il la très faible proportion de la forme linéaire dans le glucose ? Justifier. *(0,75 point)*

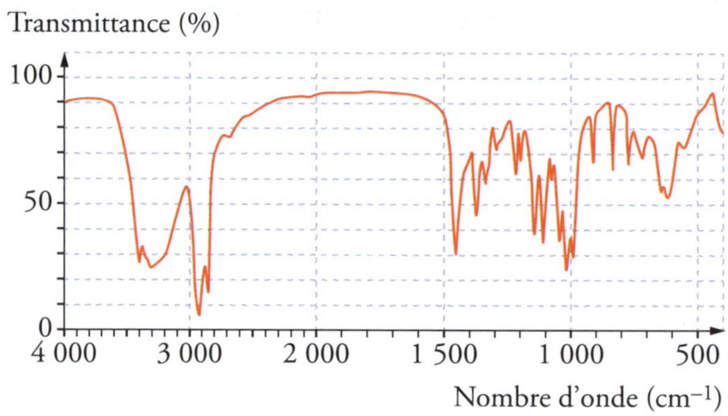

Source : National Institute of Advanced Industrial Science and Technology – http://sdbs.db.aist.go.jp

❹ Les formes linéaires du D-glucose et du D-fructose sont-elles stéréoisomères ? Justifier. *(0,25 point)*

❺ À partir de quelles formes cycliques du D-glucose et du D-fructose le saccharose est-il formé ? *(0,5 point)*

❻ Le saccharose contenu dans 30 g de betterave sucrière est extrait avec de l'eau grâce à un montage à reflux. À la fin de l'extraction, on recueille une solution aqueuse S qui contient 5,8 g de saccharose.

L'eau est un solvant adapté à cette extraction. Proposer une explication à la grande solubilité du saccharose dans ce solvant. *(0,5 point)*

❼ On hydrolyse ensuite, en milieu acide, le saccharose contenu dans la solution S. L'hydrolyse peut être modélisée par une réaction d'équation :

$$\underset{\text{saccharose}}{C_{12}H_{22}O_{11}\,(aq)} + \underset{\text{eau}}{H_2O\,(\ell)} \rightarrow \underset{\text{glucose}}{C_6H_{12}O_6\,(aq)} + \underset{\text{fructose}}{C_6H_{12}O_6\,(aq)}$$

On suppose que la transformation est totale, que l'eau est en excès et qu'initialement la betterave ne contenait ni glucose ni fructose.

Émettre une hypothèse sur le rôle de l'acide utilisé lors de cette hydrolyse et proposer une expérience simple permettant de la tester. *(0,5 point)*

❽ On a réalisé la chromatographie du saccharose, du D-glucose et du D-fructose. Le chromatogramme obtenu est donné et schématisé en annexe. Tous les chromatogrammes de **l'annexe** sont supposés réalisés dans les mêmes conditions expérimentales que celui qui est photographié.

Représenter, sur l'annexe, l'allure du chromatogramme obtenu après élution et révélation, sachant que : *(0,5 point)*

– le dépôt A est un échantillon du milieu réactionnel avant hydrolyse du saccharose ;
– le dépôt B est un échantillon du milieu réactionnel au cours de l'hydrolyse du saccharose ;
– le dépôt C est un échantillon du milieu réactionnel après hydrolyse complète du saccharose.

2. DU SACCHAROSE AU BIOÉTHANOL

La fermentation alcoolique des jus sucrés sous l'action de micro-organismes est une source de production d'alcools. Dans le cas de la betterave sucrière, la solution de saccharose (jus sucré) extrait de la betterave fermente pour produire de l'éthanol (bioéthanol) et du dioxyde de carbone selon la réaction supposée totale d'équation :

$$C_{12}H_{22}O_{11}\,(aq) + H_2O\,(\ell) \rightarrow 4\,C_2H_6O\,(aq) + 4\,CO_2(aq)$$

❶ Écrire la formule semi-développée de l'éthanol. *(1 point)*

❷ Attribuer à la molécule d'éthanol l'un des deux spectres de RMN proposés ci-contre. Justifier. *(1,5 point)*

❸ Déterminer la masse d'éthanol obtenu par la fermentation du saccharose contenu dans une betterave sucrière de masse 1,25 kg. *(0,75 point)*

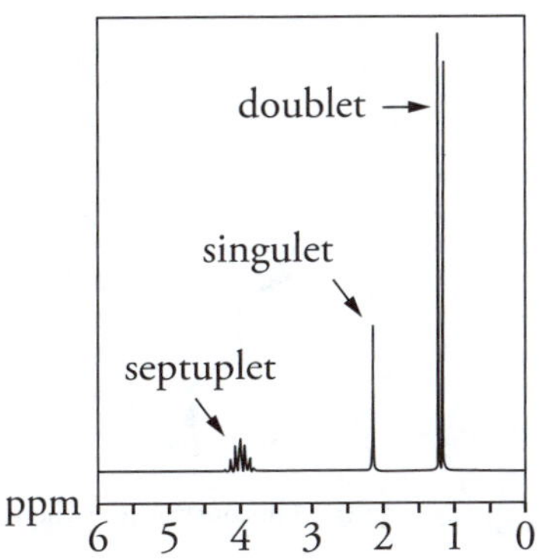

Spectre 1

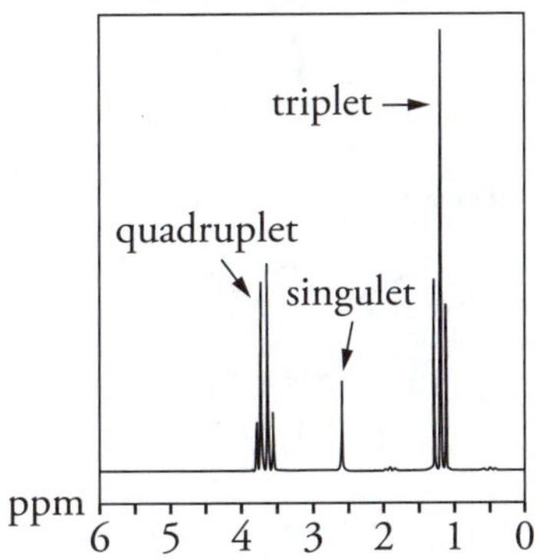

Spectre 2

L'objectif de cette partie est de déterminer la surface agricole à mettre en culture avec de la betterave sucrière pour que la France devienne autosuffisante en bioéthanol.
On fait l'hypothèse que la totalité du parc automobile utilise du carburant contenant du bioéthanol obtenu à partir du saccharose extrait de la betterave. Dans cette hypothèse, on estime que le volume de bioéthanol nécessaire au fonctionnement du parc automobile pendant un an est de l'ordre de 3×10^6 m³.

ph© Jacqui Hurst/Alamy Stock Photo – © Yulia Gapeenko/dreamstime.com

▸ Montrer que la masse de betteraves sucrières qu'il faut pour produire ce volume de bioéthanol est de l'ordre de 2×10^7 tonnes. En déduire l'ordre de grandeur de la surface agricole nécessaire à cette production de betteraves sucrières. Comparer avec la surface agricole française cultivée de 2009. ***(0,75 point)***

Le candidat est invité à prendre des initiatives et à présenter la démarche suivie, même si elle n'a pas abouti. La démarche est évaluée et nécessite d'être correctement présentée.

Annexe

Partie 1, question ❷

Mécanisme réactionnel de cyclisation du D-glucose :

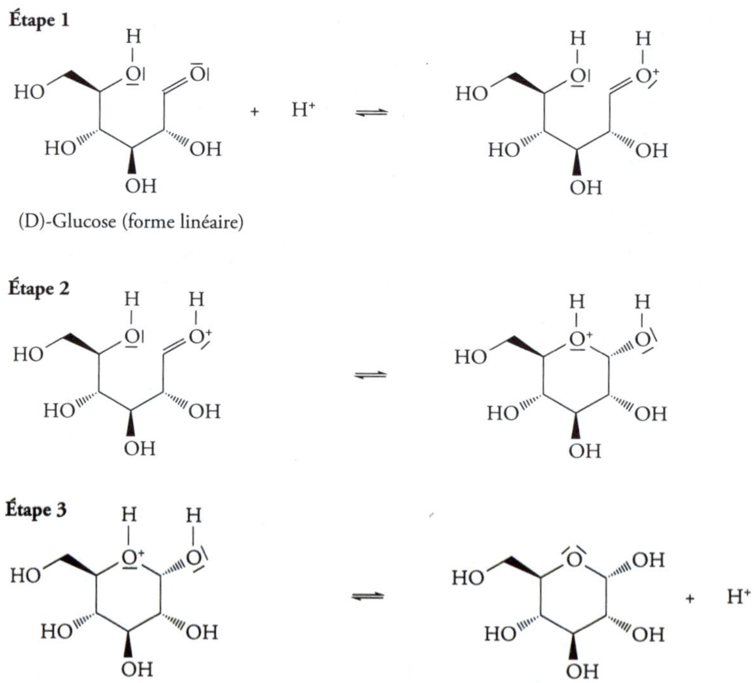

α-(D)-Glucose (forme cyclique)

Partie 1, question ❽

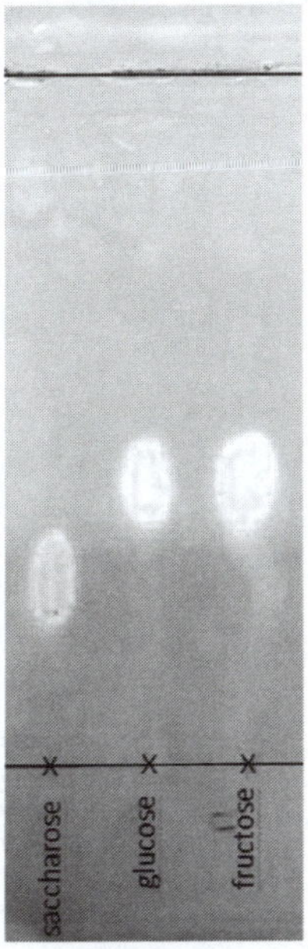

Photographie du chromatogramme

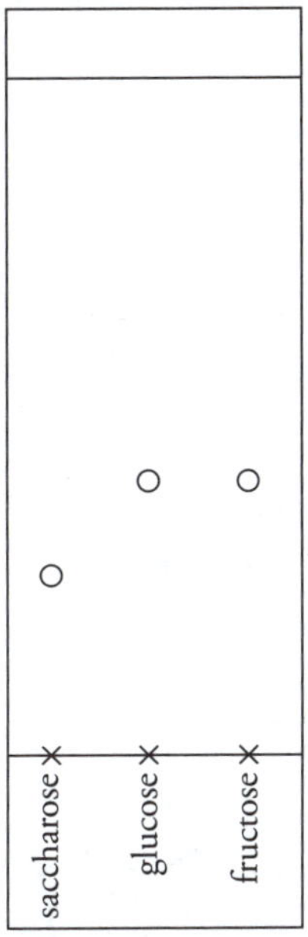

Schématisation du chromatogramme

Schéma à compléter

LES CLÉS DU SUJET

■ Notions et compétences en jeu

Économiser les ressources • Représentation spatiale des molécules.

■ Conseils du correcteur

Partie 1

❶ Un carbone asymétrique est un atome de carbone qui est lié à quatre groupes d'atomes différents.

❷ Comparer les réactifs et les produits, notamment les changements dans les doublets électroniques, liants et non liants.

❸ Attention : ici l'absorption des liaisons O-H et C-H est peu intéressante puisque la forme linéaire et les formes cycliques en possèdent tous deux.

❻ Étudiez la polarité de la molécule et pensez au caractère polaire de l'eau.

Partie 2

❷ Déterminez les groupes de protons équivalents puis leur multiplicité puis comparez avec les deux spectres proposés.

❸ Il s'agit d'un calcul en plusieurs étapes : calculez la masse de saccharose dans la betterave. Calculez ensuite la quantité de saccharose correspondante puis, à l'aide de l'équation de réaction de fermentation, trouvez la quantité d'éthanol produite (tableau d'avancement possible) et enfin retrouvez la masse d'éthanol à partir de cette quantité.

1. ÉTUDE DE LA STRUCTURE DU SACCHAROSE

❶ Écrire une formule développée et reconnaître les carbones asymétriques

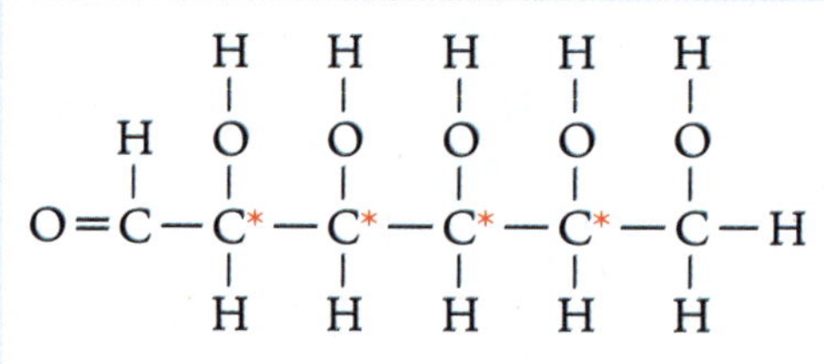

Attention
Dans la formule développée, toutes les liaisons sont à représenter (même les O-H ici !).

❷ Envisager un mécanisme réactionnel

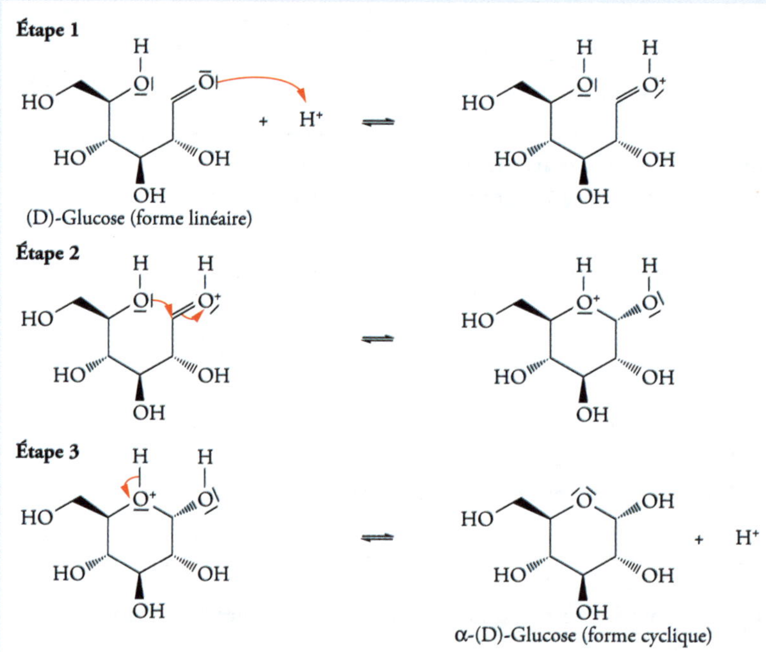

Mécanisme réactionnel de cyclisation du D-glucose

Notez bien
Les flèches courbes partent toujours d'un doublet d'électrons pour pointer un site électrophile.

❸ Interpréter un spectre IR

Dans la forme linéaire du glucose, il y a un groupe carbonyle et donc une liaison C = O qu'il n'y a pas dans les formes cycliques. Or **le spectre infrarouge de l'échantillon ne présente pas de pic d'absorption entre 1 650 cm^{-1} et 1 750 cm^{-1}**, le pic caractéristique de l'absorption de la liaison C = O. On en déduit donc que cet échantillon ne contient pas ou peu de la forme linéaire du glucose. La faible proportion de cette forme est donc confirmée.

❹ Identifier une isomérie

Les stéréoisomères ont la même formule développée. Le D-glucose et le D-fructose n'ont pas la même, ce **ne sont** donc **pas des stéréoisomères.**

Notez bien
Ce sont des isomères de constitution.

❺ Identifier les réactifs possibles d'une réaction de synthèse

D'après la répartition spatiale de chaque atome, il s'agit de l'**α-(D)-glucose** et du **β-(D)-fructofuranose.**

❻ Justifier une solubilité

L'eau est un **solvant polaire.**

De plus, les molécules de saccharose possèdent de nombreux atomes d'oxygène liés à des atomes moins électronégatifs que l'oxygène (carbone et hydrogène). Il y a donc dans le **saccharose** de nombreuses liaisons polarisées ce qui fait de la molécule dans sa globalité une **molécule polaire.**

Les molécules polaires sont très solubles dans les solvants polaires tels que l'eau.

Notez bien
La solubilité dans un solvant est presque toujours à justifier par la polarité des espèces en présence.

❼ Imaginer une expérience pour vérifier une hypothèse

H^+ doit jouer le rôle d'un **catalyseur.**

Si c'est le cas, il suffit d'effectuer la même réaction chimique en n'introduisant pas l'acide dans le milieu réactionnel et de mesurer le temps de réaction pour pouvoir le comparer avec celui de cette expérience (avec acide).

S'il s'agit bien d'un catalyseur, l'expérience sans acide sera plus lente à se réaliser.

❽ Prévoir un chromatogramme

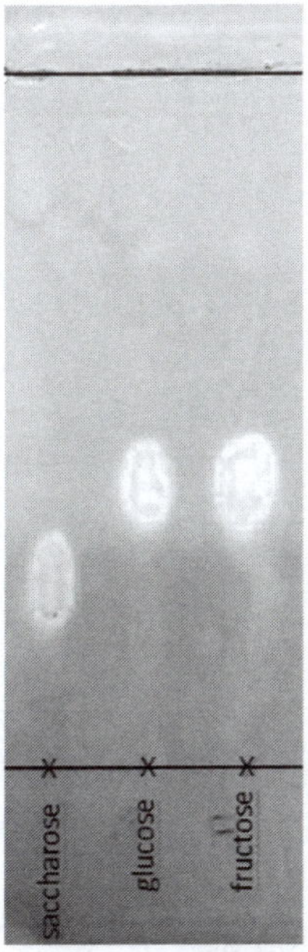

Photographie du chromatogramme

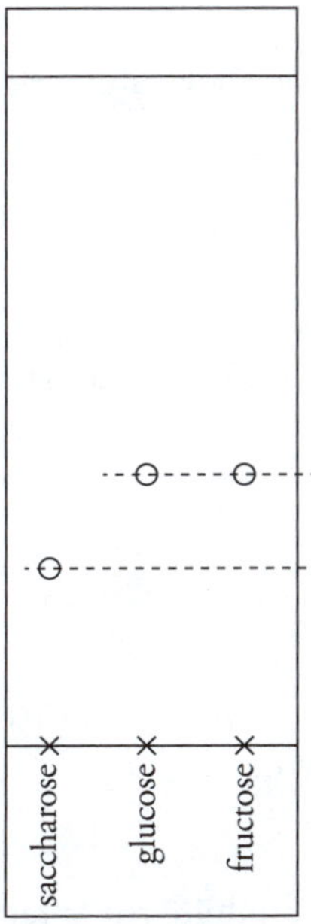

Schématisation du chromatogramme

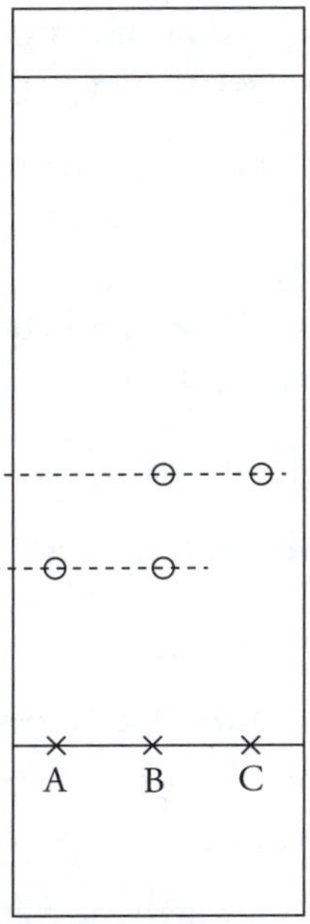

Schéma complété

PHYSIQUE - CHIMIE

L'explication n'était pas demandée :
Avant réaction, il n'y a encore que du saccharose (parmi les trois espèces testées).
En cours de réaction : réactifs et produits sont présents.
Après réaction : il n'y a plus de saccharose car l'eau était en excès et la réaction supposée totale.

2. DU SACCHAROSE AU BIOÉTHANOL

❶ Écrire une formule semi-développée

$$H_3C-CH_2-OH$$

Attention
Dans la formule semi-développée, seules les liaisons concernant les atomes d'hydrogène ne sont pas représentées.

❷ Justifier l'allure d'un spectre RMN

Il existe plusieurs méthodes pour justifier que le spectre d'éthanol est le spectre n° 2.

1re méthode
Le spectre n° 1 contient un septuplet, cela correspond à un groupe de protons équivalents ayant 6 protons voisins, d'après la règle des $(n+1)$-uplets. Or, dans l'éthanol, aucun des trois groupes de protons équivalents n'est dans ce cas puisqu'ils ont soit deux, soit trois, soit aucun proton voisin.

2e méthode
Dans cette molécule, il y a trois groupes de protons équivalents différents :

$$H_3C-CH_2-OH$$

Le groupe entouré en rouge possède 2 voisins et sera donc un triplet ; celui entouré en bleu possède 3 voisins et sera donc un quadruplet et l'atome d'hydrogène lié à l'oxygène n'a aucun voisin, c'est donc un singulet.
On retrouve ainsi l'allure du **spectre n° 2** (triplet, quadruplet, singulet).

❸ Déterminer la masse d'un produit de réaction

Déterminons tout d'abord la masse de saccharose dans la betterave.

1re méthode
Dans les données de l'énoncé, il est signalé que le pourcentage massique moyen de saccharose dans la betterave est égal à 19,5 %. Donc 19,5 % de la masse de la betterave est due au saccharose.
Pour une betterave de 1,25 kg on a donc :
$\frac{19,5}{100} \times 1,25 = 0,244$ kg = **244 g de saccharose.**

2e méthode
Il est indiqué dans l'énoncé que 30 g de betterave permettait de récupérer 5,8 g de saccharose donc on déduit qu'avec une betterave de 1,25 kg on pourra obtenir $\frac{5,8 \times 1\,250}{30} = 242$ g de saccharose.
Il nous reste ensuite à déterminer la masse d'éthanol produite par la fermentation de ces 244 (ou 242) g de saccharose.
D'après l'équation de la réaction chimique de fermentation :

$$C_{12}H_{22}O_{11}(aq) + H_2O(\ell) \rightarrow 4C_2H_6O(aq) + 4CO_2(aq)$$

On voit que lorsqu'une mole de saccharose est consommée, il se forme quatre moles d'éthanol, donc la quantité d'éthanol formée est quatre fois celle de saccharose consommée :

$$\boldsymbol{n_{\text{formé}}\text{(éthanol)} = 4 \times n_{\text{consommé}}\text{(saccharose)}}$$

En supposant la réaction de fermentation comme étant totale, et étant donné que l'eau est en excès, alors tout le saccharose de la betterave est consommé. La quantité de saccharose consommée est donc la quantité initiale c'est-à-dire :

$$n_{\text{i}}(\text{saccharose}) = \frac{m_{\text{i}}(\text{saccharose})}{M(\text{saccharose})}$$

Enfin pour obtenir la masse d'éthanol on utilise la relation $m = n \times M$:

$$\boldsymbol{m_{\text{formée}}}\textbf{(éthanol)} = 4 \times n_{\text{consommé(saccharose)}} \times M(\text{éthanol}) = \frac{4 \times 244 \times 46}{342} = \mathbf{131\ g}$$

3. ET SI ON ROULAIT TOUS AU BIOCARBURANT ?

Déterminer une surface d'exploitation

Pour subvenir aux besoins du parc automobile pour un an, il faudrait un volume d'éthanol égal à $V = 3 \times 10^6$ m^3.

La masse correspondante est donnée par :

$\boldsymbol{m}$**(éthanol) = ρ(éthanol) ×** $\boldsymbol{V}$ $= 789 \times 10^3 \times 3 \times 10^6 = \mathbf{2{,}4 \times 10^{12}\ g}$.

Nous savons de plus, que 1,25 kg de betterave produit 131 g d'éthanol, nous pouvons alors déduire la masse de betterave qu'il faudrait pour ces $2{,}4 \times 10^{12}$ g :

$$\boldsymbol{m}\textbf{(betterave)} = \frac{1{,}25 \times 2{,}4 \times 10^{12}}{131} = 2{,}3 \times 10^{10}\,\text{kg} = \mathbf{2{,}3 \times 10^7\ tonnes}.$$

Nous avons bien une masse de betterave de l'ordre de 2×10^7 tonnes.

Le rendement de la culture de la betterave est donné : 74,8 tonnes par hectare cultivé, or nous souhaitons en produire 2×10^7 tonnes donc il faudrait une surface cultivée d'environ :

$$\boldsymbol{S} = \frac{2 \times 10^7}{74{,}8} = 3{,}1 \times 10^5\,\text{ha} = \textbf{0,31 million d'hectares.}$$

Cela représente un peu plus de **3 %** de la surface agricole totale de la France (10 millions d'hectares). Nous pourrions donc l'envisager.

THÈME **Analyse spectrale**

La chimie au service de la conservation du foin

La production de foin sec peut être rendue difficile quand les pluies sont fréquentes et que le foin est conditionné encore humide.

L'acide propionique peut servir d'agent de conservation en protégeant le foin de la moisissure quand il est mis en balles à des teneurs en eau trop élevées. C'est un fongicide inhibant la croissance des micro-organismes aérobies qui peuvent provoquer l'échauffement et la moisissure. On pulvérise sur le foin une solution contenant de l'acide propionique à son entrée dans la presse à foin, avant la mise en forme des balles.

Conseil d'utilisation : pulvériser la quantité d'acide adaptée à la teneur en eau pour que le traitement soit efficace. Attention, la concentration en acide propionique diffère selon le conditionnement.

ph © rsooll/Fotlia

Dans cet exercice on s'intéresse :
– dans la partie 1 à l'identification de l'acide propionique ;
– dans la partie 2 à l'utilisation de ce produit pour la conservation du foin.

Données

- Masse molaire moléculaire de l'acide propionique : $M = 74{,}0\ \text{g} \cdot \text{mol}^{-1}$.
- Masses molaires atomiques : $M(\text{H}) = 1{,}0\ \text{g} \cdot \text{mol}^{-1}$; $M(\text{C}) = 12{,}0\ \text{g} \cdot \text{mol}^{-1}$; $M(\text{O}) = 16{,}0\ \text{g} \cdot \text{mol}^{-1}$.
- Doses moyennes conseillées d'application de l'acide propionique :

Taux d'humidité du foin	Masse d'acide par tonne de foin (en $\text{kg} \cdot \text{tonne}^{-1}$)
Entre 20 % et 25 %	5
Entre 25 % et 30 %	7

- 1 ha = 10 000 m^2.

1. IDENTIFICATION DE L'ACIDE PROPIONIQUE

Pour identifier l'acide propionique, on exploite les spectres IR et de RMN représentés ci-dessous.

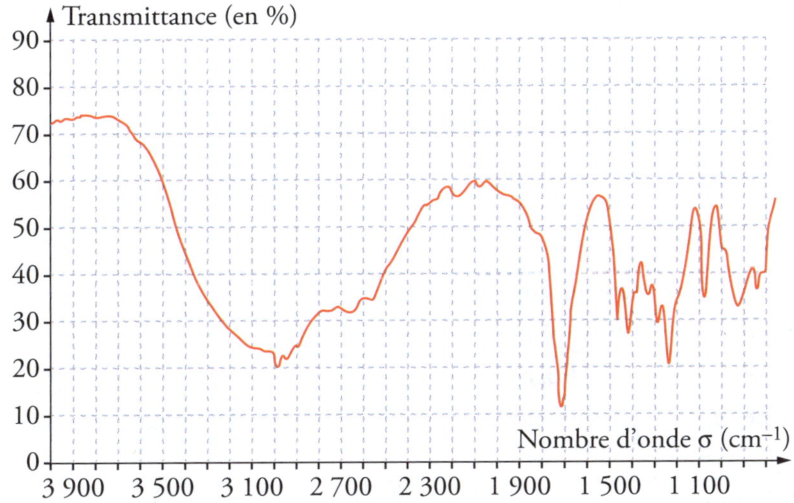

Spectre IR de l'acide propionique

Famille	Liaison	Nombres d'onde (cm^{-1})	Largeur de bandes d'absorption
Cétone	C=O	1 705-1 725	fine
Aldéhyde	C—H C=O	2 700-2 900 1 720-1 740	fine fine
Acide carboxylique	O—H C=O	2 500-3 200 1 700-1 730	large fine
Ester	C=O	1 730-1 750	fine
Alcool	O—H	3 200-3 450	large

Table de données pour la spectroscopie IR

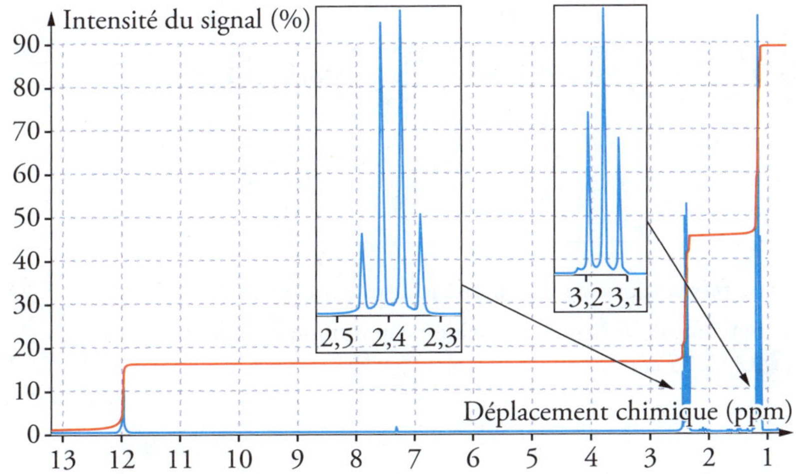

Spectre simulé de RMN du proton de l'acide propionique (d'après une simulation)

❶ Pour déterminer la structure de l'acide propionique, choisir la (ou les) bonne(s) réponse(s) parmi les affirmations ci-dessous. Justifier à l'aide de vos connaissances et des données.

1. L'acide propionique appartient à la famille des : *(0,5 point)*

a) cétones ;

b) aldéhydes ;

c) acides carboxyliques ;

d) esters ;

e) alcools.

2. L'acide propionique contient : *(0,5 point)*

a) deux atomes ou groupes d'atomes d'hydrogène équivalents ;

b) trois atomes ou groupes d'atomes d'hydrogène équivalents ;

c) quatre atomes ou groupes d'atomes d'hydrogène équivalents.

3. Dans la molécule d'acide propionique, un atome ou groupe d'atomes d'hydrogène équivalents : *(0,5 point)*

a) n'a pas d'hydrogène voisin ;

b) a un hydrogène voisin ;

c) a deux hydrogènes voisins ;

d) a trois hydrogènes voisins.

4. Une molécule d'acide propionique contient : *(0,5 point)*

a) cinq atomes d'hydrogène ;

b) six atomes d'hydrogène ;

c) sept atomes d'hydrogène.

❷ Identifier, en justifiant la réponse, la molécule d'acide propionique parmi les molécules suivantes. *(0,5 point)*

Molécule A	**Molécule B**	**Molécule C**
H_3C-CH_2-CH ‖ O	$H_3C-CH_2-C-CH_3$ ‖ O	$H_3C-CH_2-CH_2$ | OH
Molécule D	**Molécule E**	**Molécule F**
H_3C-CH_2-C (—OH, =O)	$H_3C-CH-CH_3$ | OH	$H_3C-CH-C$ (—OH, =O) | CH_3

❸ Donner le nom de l'acide propionique dans la nomenclature officielle. *(0,25 point)*

❹ La valeur de la masse molaire moléculaire de l'acide propionique est-elle compatible avec votre choix à la question **❷** ? *(0,25 point)*

2. UTILISATION DE L'ACIDE PROPIONIQUE

Une agricultrice rentre le foin produit sur une de ses parcelles rectangulaires de 100 m sur 500 m. Elle doit le traiter à l'acide propionique car son taux d'humidité est de 23 %. Elle dispose en réserve d'un volume de 150 L de solution d'acide propionique. On suppose que l'utilisation de cette solution ne modifie pas le degré d'humidité du foin.

Pour savoir quelle quantité de solution pulvériser, il est nécessaire de connaître la concentration de cette dernière en acide propionique. On dose un volume de 10 mL de cette solution diluée cent fois par une solution d'hydroxyde de sodium de concentration molaire 0,10 $mol \cdot L^{-1}$. La courbe obtenue lors du dosage par suivi pH-métrique est présentée ci-dessous.

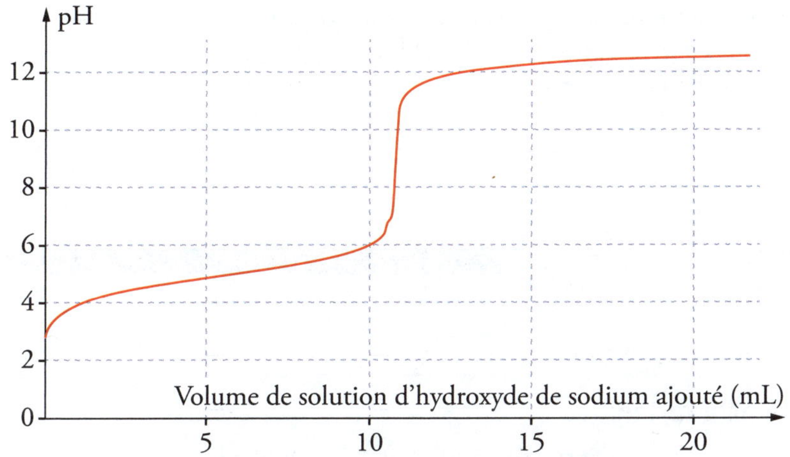

Courbe de dosage par suivi pH-métrique

En notant l'acide propionique HA et sa base conjuguée A^-, la réaction support du titrage a pour équation :

$$HA_{(aq)} + HO^-_{(aq)} \rightarrow A^-_{(aq)} + H_2O_{(\ell)}$$

❶ Déterminer la concentration massique en acide propionique de la solution pulvérisée en explicitant la démarche suivie. *(0,75 point)*

❷ Le rendement de production du foin est de 7 tonnes par hectare. L'agricultrice a-t-elle assez de solution pour traiter le foin produit par cette parcelle ? *(1,25 point)*

Le candidat est invité à prendre des initiatives et à présenter la démarche suivie même si elle n'a pas abouti. La démarche suivie est évaluée et nécessite d'être correctement présentée.

LES CLÉS DU SUJET

■ Notions et compétences en jeu

RMN • Titrage acido-basique.

■ Conseils du correcteur

Partie 1

❶ **2.** Le nombre d'atomes ou de groupes d'atomes d'hydrogène équivalents correspond au nombre de signaux présents dans le spectre RMN.

PHYSIQUE - CHIMIE

3. Utilisez la règle des (n + 1)-uplets.

4. Mesurez la hauteur de chacun des sauts de cette courbe puis trouvez le nombre de protons.

Partie 2

❶ À l'équivalence du titrage, on a $n_i(A) = n_v(HO^-)$. Exprimez donc ces deux quantités de matière pour en déduire la concentration massique de la solution titrée. Enfin n'oubliez pas que la solution de départ a été diluée.

❷ Question de type « résolution de problème ».

- À partir de la concentration massique trouvée à la question ❶, déterminez la masse d'acide dont l'agricultrice dispose.
- Calculez la surface de la parcelle cultivée.
- Déduisez la masse de foin produite à l'aide du rendement de la parcelle.
- Déterminez la masse d'acide qu'il faut pour la quantité de foin produite.
- Comparez les deux masses d'acide trouvées.

CORRIGÉ SUJET 6

1. IDENTIFICATION DE L'ACIDE PROPIONIQUE

❶ 1. Identifier une famille organique

Réponse c). Il s'agit de la famille des acides carboxyliques comme le montre le spectre infrarouge fourni. On peut constater le pic d'absorption autour de 1 700 cm^{-1} caractéristique de la liaison C=O ainsi que la large bande d'absorption entre 2 500 et 3 200 cm^{-1} caractéristique de la liaison O—H du groupe carboxyle.

Attention
Ici le nom n'est pas un nom officiel de la nomenclature « acide propionique » vous ne pouvez donc pas en tirer une information sur la famille ou le groupe caractéristique correspondant. Les acides carboxyliques s'écrivent avec la terminaison « oïque ».

2. Déterminer les groupes de protons équivalents

Réponse b). Le nombre de groupes de protons équivalents est égal au nombre de signaux (c'est-à-dire de multiplets) du spectre RMN. Ici il y a 3 signaux (un singulet, un triplet et un quadruplet) donc il y a 3 groupes de protons équivalents différents dans la molécule.

3. Déterminer les hydrogènes voisins

Réponses a), c) et d). D'après la règle des (n + 1)-uplets, le singulet est dû à un proton qui n'a pas de voisin), le triplet, à un proton ayant deux voisins, et le quadruplet, à un proton ayant trois voisins.

4. Interpréter la courbe d'intégration

Réponse b). La hauteur des sauts de la courbe d'intégration est proportionnelle au nombre de protons participant au signal correspondant. Les hauteurs des trois sauts sont respectivement 15, 30 et 45 donc sont dans un rapport 1/2 et 1/3. La somme des trois groupes de protons participants est forcément divisible par 2 et par 3. La seule proposition possible est donc la **b**. On a alors 1 atome d'hydrogène dans le premier signal (saut de 15), 2 atomes d'hydrogène dans le deuxième signal (saut de 30) et 3 atomes d'hydrogène dans le troisième signal (saut de 45).

❷ Identifier une molécule organique

Il s'agit de la **molécule D**. En effet, nous avons justifié en ❶ **1** que la molécule d'acide propionique appartient à la famille des acides carboxyliques ; seules les molécules D et F font partie de cette famille. Enfin, c'est le critère du nombre de groupes de protons équivalents qui nous permet d'identifier la molécule D comme la bonne car la molécule F n'offre que deux groupes différents (on n'aurait alors que deux signaux dans le spectre au lieu de trois).
On peut remarquer que les autres caractéristiques de la molécule D correspondent : de gauche à droite, le premier groupe d'atomes d'hydrogène correspond au triplet, le deuxième au quadruplet et l'atome d'hydrogène du groupe carboxyle correspond au singulet.

❸ Nommer une molécule organique

Il s'agit de **l'acide propanoïque**.

❹ Déterminer la masse molaire d'une espèce

La formule brute de la molécule D est C_3H_6O. On a donc sa masse molaire :
$M = 3M(C) + 6M(H) + M(O) =$ **$74\ g \cdot mol^{-1}$** qui est bien la valeur demandée.

Gagnez des points
Justifiez la valeur numérique en mettant la formule de calcul.

2. UTILISATION DE L'ACIDE PROPIONIQUE

❶ Calculer une concentration à partir d'un titrage

On réalise ici un dosage de l'acide propionique avec une solution d'hydroxyde de sodium. À l'équivalence, les réactifs sont introduits dans les proportions stœchiométriques et on a : $n_i(A) = n_v(HO^-)$.

$$\frac{C_{mA} \times V_A}{M_A} = [HO^-] \times V_E(HO^-)$$

$$C_{mA} = \frac{[HO^-] \times V_E(HO^-) \times M_A}{V_A}$$

dans lequel C_{mA} est ici la concentration massique de la solution A.

Application numérique : $C_{mA} = \dfrac{0{,}10 \times 10{,}5 \times 10^{-3} \times 74}{10 \times 10^{-3}} = 7{,}8$ g/L.

Or la solution a été diluée 100 fois donc sa concentration massique initiale est :
$C^{i}_{mA} = 100 \times \mu_A =$ **780 g/L.**

❷ Déterminer la quantité de réactif chimique nécessaire

L'agricultrice dispose d'un volume de 150 L de solution d'acide propionique, de concentration massique égale à 780 g/L. Elle dispose donc d'une masse d'acide propionique : $m_A = C^{i}_{mA} \times V = 780 \times 10^{-3} \times 150 = 117$ kg.
Le taux d'humidité de son foin étant de 23 %, elle doit utiliser 5 kg d'acide par tonne de foin. La parcelle de production a une surface de 100 m sur 500 m, soit 50 000 m² = 5 ha.
On sait que le rendement de production du foin est de 7 tonnes par hectare, l'agricultrice possède alors 35 tonnes de foin. Pour traiter ces 35 tonnes du foin, l'agricultrice doit donc utiliser 5 × 35 = 175 kg d'acide propionique.
Or elle n'en possède que 117 kg, par conséquent **elle n'a pas assez de solution pour traiter le foin** produit sur sa parcelle de 100 m sur 500 m.

Gagnez des points
Il y a ici plusieurs façons correctes de répondre. Justifiez bien les étapes de votre raisonnement pour que le correcteur puisse comprendre votre démarche facilement.

THÈME Temps, mouvement et évolution

Les rayons X, outil d'investigation

Les rayons X, découverts en 1895 par le physicien allemand Wilhelm Röntgen, sont des rayonnements électromagnétiques utilisés principalement en imagerie médicale (radiologie) et en cristallographie (étude des substances cristallines).

L'objectif de cet exercice est d'étudier la production des rayons X et leur utilisation dans l'analyse de la structure des cristaux.

1. ACCÉLÉRATION D'UN FAISCEAU D'ÉLECTRONS

Les rayons X sont produits dans des dispositifs appelés tubes de Coolidge (W. D. Coolidge, physicien américain, 1873-1975).
Dans ce dispositif, des électrons émis par un filament chauffé par effet Joule sont accélérés sous l'effet d'un champ électrique uniforme $\vec{E}$. Ce champ est créé par une tension électrique U d'environ 100 kV. Les électrons se dirigent vers une cible de molybdène, métal de symbole Mo, avec laquelle ils interagissent pour produire les rayons X. Se déplaçant à une vitesse très élevée, ces électrons peuvent acquérir une énergie cinétique suffisante pour perturber les couches électroniques internes des atomes de la cible. Ces atomes, dans un état excité, vont alors émettre des rayons X en retournant à leur état fondamental.
La figure 1 reprend de manière simplifiée le principe du tube de Coolidge.

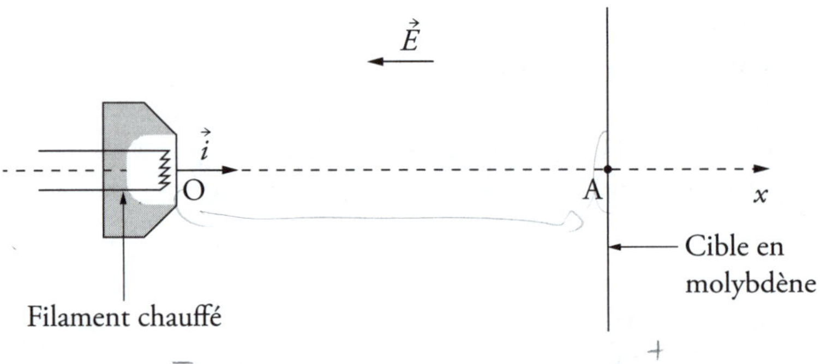

Figure 1

Données

- Entre le filament et la cible, séparés d'une distance OA = L = 2 cm, règne un champ électrique uniforme $\vec{E}$ dont la valeur est donnée par la relation : $E = \frac{U}{L}$.
- Célérité de la lumière dans le vide : $c = 3{,}00 \times 10^8\ \text{m} \cdot \text{s}^{-1}$
- Charge électrique élémentaire : $e = 1{,}60 \times 10^{-19}$ C
- Masse de l'électron : $m_e = 9{,}11 \times 10^{-31}$ kg
- Intensité de la pesanteur : $g = 9{,}81\ \text{N} \cdot \text{kg}^{-1}$

• Durée propre et durée mesurée dans le référentiel d'étude. Si le référentiel d'étude est galiléen et si le référentiel propre est en mouvement à vitesse constante par rapport à lui, alors la durée mesurée dans le référentiel d'étude vaut : $\Delta t_m = \gamma \times \Delta t_p$ avec Δt_p, durée propre entre les deux événements considérés, et Δt_m, durée mesurée dans le référentiel d'étude supposé galiléen.

γ est appelé coefficient de Lorentz et s'écrit :

$$\gamma = \frac{1}{\sqrt{1 - \frac{v^2}{c^2}}}$$

avec v, vitesse du référentiel propre par rapport au référentiel d'étude, et c, vitesse de la lumière dans le vide.

On se propose d'évaluer l'ordre de grandeur de la vitesse atteinte par les électrons lorsqu'ils arrivent sur la cible en molybdène. On suppose pour cela qu'un électron est émis au point O avec une vitesse nulle à t = 0 s. Il arrive au point A avec une vitesse $\vec{v}$. On considère qu'il est soumis à la force électrique $\overrightarrow{F_e}$.

❶ Donner l'expression vectorielle de la force électrique $\overrightarrow{F_e}$ subie par un électron. Comparer la direction et le sens de la force électrique $\overrightarrow{F_e}$ à ceux du champ électrique $\vec{E}$. *(0,5 point)*

❷ Montrer que, dans le cas où la tension électrique U appliquée entre le filament et la cible vaut 100 kV, on peut négliger le poids de l'électron devant la force électrique. *(0,5 point)*

❸ Montrer que l'expression de la vitesse de l'électron lorsqu'il arrive au point A est : *(1,5 point)*

$$v_A = \sqrt{\frac{2eU}{m_e}}$$

Tout élément de la démarche sera valorisé, même si celle-ci n'aboutit pas.

❹ Calculer la vitesse de l'électron lorsqu'il arrive au point A dans le cas où la tension électrique U appliquée entre le filament et la cible vaut 100 kV. *(0,25 point)*

❺ Un graphe représentant l'évolution du coefficient de Lorentz en fonction de la vitesse est fourni ci-après. Pensez-vous qu'un modèle relativiste conviendrait mieux à l'étude mécanique du mouvement de l'électron ? Justifier votre réponse. *(0,5 point)*

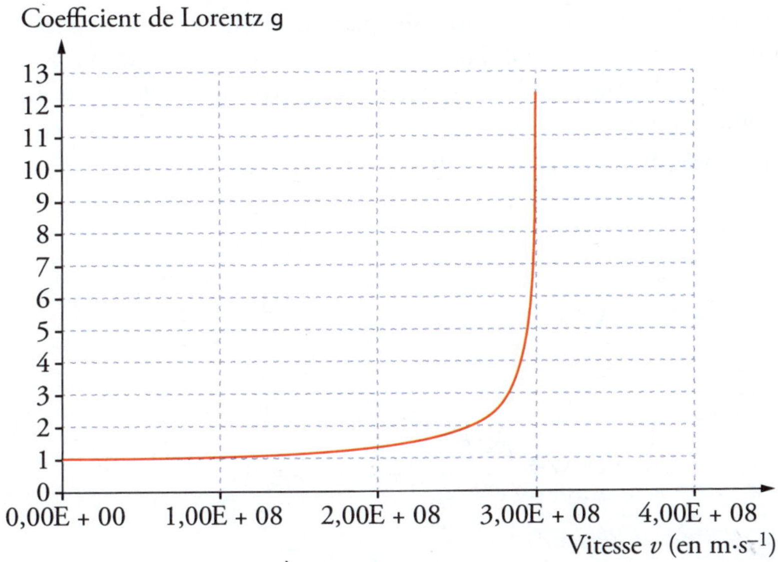

Figure 2. Évolution du coefficient de Lorentz en fonction de la vitesse

2. ÉMISSION DE RAYONS X

Si l'électron libéré par le filament a une énergie suffisante lorsqu'il arrive sur la cible en molybdène, il peut exciter certains atomes de la cible en perturbant leurs couches électroniques internes. Ces atomes excités émettent des rayons X en revenant à leur état fondamental.

Données

- Constante de Planck : $h = 6{,}63 \times 10^{-34}$ J.s
- 1 eV = $1{,}602 \times 10^{-19}$ J
- Diagramme simplifié des niveaux d'énergie du molybdène :

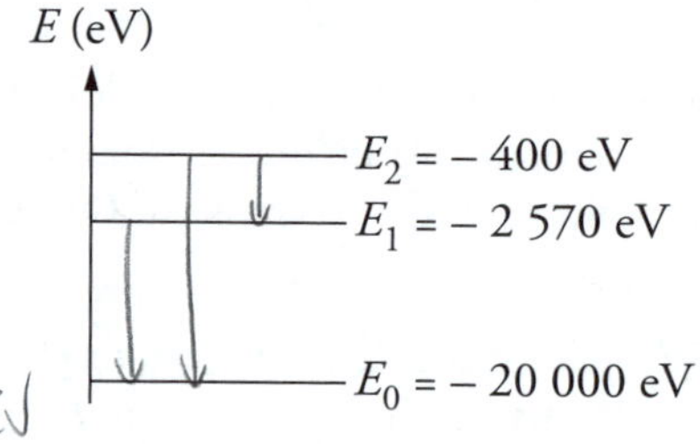

- Spectre des ondes électromagnétiques (échelle non respectée) :

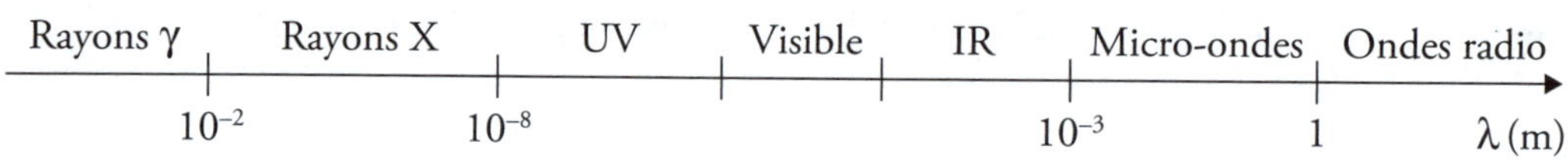

❶ Reproduire sur votre copie le diagramme d'énergie du molybdène, et y représenter par des flèches toutes les transitions électroniques de l'atome pouvant s'accompagner de l'émission d'un rayonnement. *(0,75 point)*

❷ Déterminer le domaine des ondes émises correspondant à ces transitions. *(0,75 point)*

3. APPLICATION À L'ÉTUDE DES STRUCTURES CRISTALLINES

Les rayons X sont utilisés pour explorer la matière et par exemple pour évaluer la distance *d* entre deux plans 1 et 2 voisins d'atomes dans un cristal. Lorsqu'on envoie un faisceau de rayons X de longueur d'onde λ sur un cristal, ils sont réfléchis par les atomes qui constituent le cristal. Les ondes réfléchies par les atomes interfèrent.

On peut représenter de façon très simplifiée cette situation par la figure 3.

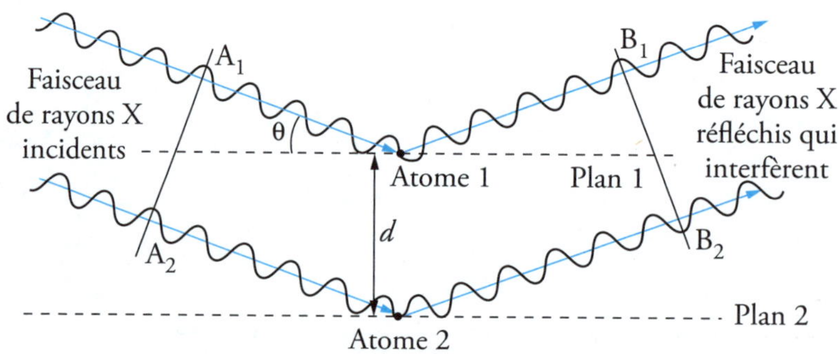

Figure 3

Données

- La différence de parcours entre deux ondes incidentes qui se réfléchissent sur deux plans successifs est donnée par la relation : $\delta = 2d\sin\theta$, où d est la distance entre deux atomes voisins et θ l'angle entre le rayon et le plan.
- Dans le cas d'interférences constructives, la différence de parcours vaut : $\delta = k\lambda$.
- Dans le cas d'interférences destructives, la différence de parcours vaut : $\delta = \left(k + \frac{1}{2}\right)\lambda$.

où k est un nombre entier positif ou négatif et λ la longueur d'onde des ondes qui interfèrent.

❶ En exploitant la figure 3, préciser : *(0,75 point)*

– si, lorsque les deux rayons incidents interfèrent avec les états vibratoires représentés en A_1 et A_2, on obtient des interférences constructives ou destructives ;

– si, lorsque les deux rayons réfléchis interfèrent avec les états vibratoires représentés en B_1 et B_2, on obtient des interférences constructives ou destructives ;

– pourquoi les interférences ne sont pas de même nature entre A_1/A_2 et B_1/B_2.

❷ Pour un angle θ de 10,4° et une longueur d'onde de 0,154 nm, déterminer la valeur de d dans le cristal, dans le cas où l'on obtient des interférences constructives pour une différence de parcours minimale. *(0,5 point)*

LES CLÉS DU SUJET

■ Notions et compétences en jeu

Mécanique newtonienne • Caractéristiques et propriétés des ondes • Relativité.

■ Conseils du correcteur

Partie 1

❶ Pour pouvoir négliger une grandeur par rapport à une autre, il faut qu'elle soit beaucoup plus petite que cette dernière. Ici, calculez les valeurs des deux forces : la force électrique appliquée sur l'électron et son poids.

❷ Plusieurs étapes doivent être suivies pour répondre à cette question.

- Appliquez la deuxième loi de Newton sur l'électron (en ne prenant en compte que la force électrique) pour prouver la relation $\vec{a} = \frac{-e}{m}\vec{E}$.
- Projetez cette relation sur les deux axes Ox et Oy.
- Déduisez les équations horaires de la vitesse en intégrant l'accélération puis déduisez les équations horaires de la position en intégrant la vitesse.
- Trouvez alors l'instant de l'impact sur la cible (c'est-à-dire lorsque $x = L$).
- Calculez la vitesse de l'électron à cet instant.

Partie 2

❶ Toutes les transitions d'énergie « descendantes » seront accompagnées de l'émission d'un photon.

Partie 3

❷ Utilisez le sinus de l'angle θ pour déterminer la distance d.

1. ACCÉLÉRATION D'UN FAISCEAU D'ÉLECTRONS

1 Donner la formule de la force électrique

$\overrightarrow{F_e} = q\vec{E} = -e\vec{E}$

Le signe « – » entre le champ électrique $\vec{E}$ et la force électrique $\overrightarrow{F_e}$ a pour conséquence que ces deux vecteurs ont la même direction mais des sens opposés.

Attention !
La formule de la valeur de la force électrique est à connaître (acquis de classe de première). Elle sert régulièrement : ne bloquez pas dessus !

2 Comparer deux forces

On peut calculer la valeur des deux forces :

$P = m \times g = m_e \times g = 9{,}11 \times 10^{-31} \times 9{,}81 = 8{,}94 \times 10^{-30}$ N

$F_e = q \times E = q \times \dfrac{U}{L} = 1{,}60 \times 10^{-19} \times \dfrac{100 \times 10^3}{2 \times 10^{-2}} = 8 \times 10^{-13}$ N

Calculons alors le rapport entre ces deux forces :

$$\frac{P}{F_e} = \frac{8{,}94 \times 10^{-30}}{8 \times 10^{-13}} = 1 \times 10^{-17} << 1 \text{ d'où } P << F_e$$

Le **poids est donc très inférieur à la force électrique**, il est donc négligeable par rapport à la force électrique.

3 Appliquer la deuxième loi de Newton

• **1re méthode.** On applique la 2e loi de Newton. Le système est l'électron. Le référentiel, supposé galiléen, est celui du laboratoire. Puisque le poids est négligeable, seule la force électrique s'applique à l'électron. On a alors :

$$\sum \vec{f}_{ext} = \frac{d\vec{p}}{dt}$$

$$\vec{F}_e = \frac{d\vec{p}}{dt} = \frac{d(m\vec{v})}{dt}, \text{ or } m \text{ est constante donc :}$$

$$\frac{d(m\vec{v})}{dt} = m\frac{d\vec{v}}{dt} = m\vec{a} \quad \text{d'où} \quad m\vec{a} = -e\vec{E} \quad \text{et} \quad \vec{a} = \frac{-e}{m} \times \vec{E}.$$

En projetant sur les axes du repère, on obtient alors :

$$\vec{a}\begin{cases} a_x = -\dfrac{e}{m}E_x \\ a_y = \dfrac{e}{m}E_y = 0 \\ a_z = \dfrac{e}{m}E_z = 0 \end{cases} \quad \text{car } \vec{E} = \begin{pmatrix} -E \\ 0 \\ 0 \end{pmatrix}$$

Or $\frac{d\vec{v}}{dt} = \vec{a}$ (l'accélération est la dérivée de la vitesse), donc, en intégrant les relations précédentes, on obtient les coordonnées de la vitesse :

$$\overrightarrow{v(t)}\begin{cases} v_x(t) = \frac{eE}{m} \times t + C_1 \\ v_y(t) = C_2 \\ v_z(t) = C_3 \end{cases}$$

Or à $t = 0$ comme $\overrightarrow{v(0)} = \begin{pmatrix} 0 \\ 0 \\ 0 \end{pmatrix}$ on a $C_1 = C_2 = C_3 = 0$.

D'où le vecteur vitesse est purement horizontal ($v_y = v_z = 0$) et la valeur de la vitesse est donnée par la relation :

$$v = |v_x| = \frac{eE}{m} \times t \quad (1)$$

Pour déterminer cette valeur au point A, nous devons réintégrer la vitesse afin de trouver les coordonnées de la position de l'électron :

$$\frac{d\overrightarrow{OM}}{dt} = \vec{v} \quad \text{d'où} \quad \overrightarrow{OM(t)}\begin{cases} x(t) = \frac{eE}{2m} \times t^2 + C_4 \\ y(t) = C_5 \\ z(t) = C_6 \end{cases}$$

Or à $t = 0$ on a $\overrightarrow{OM(0)} = \begin{pmatrix} 0 \\ 0 \\ 0 \end{pmatrix}$ donc $C_4 = C_5 = C_6 = 0$ d'où $x(t) = \frac{eE}{2m} \times t^2$.

Or, lorsque l'électron arrive au point A, son abscisse est égale à $x_A = L = 2$ cm.
On a alors :

$L = \frac{eE}{2m} \times t_A^2$ où t_A est l'instant auquel l'électron touche la cible en molybdène.

Donc $t_A = \sqrt{\frac{2mL}{eE}} = \sqrt{\frac{2mL^2}{eU}}$ car $E = \frac{U}{L}$

On peut enfin substituer ce temps t_A dans l'expression de la vitesse (relation (1)) pour trouver l'expression de la vitesse de l'électron au point A :

$$v_A = \frac{eE}{m} \times t_A$$

$$v_A = \frac{eU}{mL} \times \sqrt{\frac{2mL^2}{eU}}$$

$$v_A = \sqrt{\frac{e^2U^2}{m^2L^2} \times \frac{2mL^2}{eU}}$$

On a donc $\boldsymbol{v_A = \sqrt{\frac{2eU}{m}}}$ qui est bien l'expression demandée.

• **2de méthode.** On applique le théorème de l'énergie cinétique entre l'instant initial (O) et l'instant auquel l'électron touche la cible (A) : « La variation de l'énergie cinétique est égale à la somme des travaux des forces. » Ici cela donne :

$E_c(A) - E_c(O) = \sum W_{OA}(\vec{F})$

Entre ces deux instants, seule la force électrique s'exerce sur l'électron (car on néglige l'action du poids), seul le travail de la force électrique est à prendre en compte dans la somme des travaux des forces :

$W_{OA}(\vec{F_e}) = \vec{F_e} \cdot \overrightarrow{OA}$

$W_{OA}(\vec{F_e}) = F_e \times OA \times \cos(\vec{F_e}, \overrightarrow{OA})$

Or $\vec{F_e}$ et $\overrightarrow{OA}$ sont colinéaires donc $\cos(\vec{F_e}, \overrightarrow{OA}) = 1$ d'où :

$W_{OA}(\vec{F_e}) = e \times E \times L$

De son côté, la variation de l'énergie cinétique est :

$E_c(A) - E_c(O) = \frac{1}{2} m v_A^2 - \frac{1}{2} m v_O^2 = \frac{1}{2} m v_A^2$

puisque la vitesse en O est nulle.

On a alors :

$\frac{1}{2} m v_A^2 = e \times E \times L = e \times U$ (car $U = E \times L$)

On obtient donc $\boldsymbol{v_A = \sqrt{\frac{2eU}{m}}}$ qui est l'expression demandée.

Gagnez des points
Le théorème de l'énergie cinétique utilisé dans cette 2e méthode est beaucoup moins connu des élèves que la seconde loi de Newton. Pourtant, si vous l'utilisez, vous gagnez du temps !

4 Calculer une vitesse

On a : $v_A = \sqrt{\frac{2 \times 1{,}6 \times 10^{-19} \times 100 \times 10^3}{9{,}11 \times 10^{-31}}} = 1{,}87 \times 10^8$ m/s.

5 Justifier l'utilisation de la mécanique relativiste

On peut constater (figure 2) qu'à la valeur de la vitesse de l'électron, le coefficient de Lorentz n'est plus sur la valeur « 1 » correspondant au cas « mécanique classique, newtonienne ». À cette vitesse ($1{,}87 \times 10^8$ m/s), les **effets relativistes ne seront certainement plus négligeables** et il conviendrait de faire une étude en mécanique relativiste.

Autre méthode

Vous auriez aussi pu argumenter avec la valeur du coefficient de Lorentz. Calculons ce coefficient associé pour la valeur de la vitesse de l'électron :

$$\gamma = \frac{1}{\sqrt{1 - \frac{(v_A)^2}{c^2}}} = \frac{1}{\sqrt{1 - \frac{(1{,}87 \times 10^8)^2}{(3 \times 10^8)^2}}} = 1{,}28 \neq 1$$

Il est donc sensiblement différent de 1 : les effets relativistes doivent vraisemblablement être sensibles. Il conviendrait mieux de faire une étude relativiste plutôt que newtonienne classique.

2. ÉMISSION DE RAYONS X

1 Schématiser une émission spontanée sur un diagramme énergétique

Il y a trois transitions électroniques possibles pouvant s'accompagner d'un rayonnement : toutes celles qui font passer le molybdène à un niveau d'énergie inférieur, comme on le constate en reprenant le diagramme simplifié des niveaux d'énergie du molybdène donné dans l'énoncé.

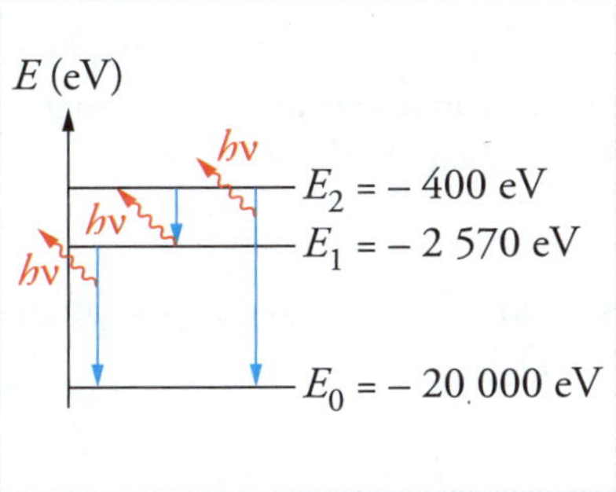

2 Déterminer un domaine d'ondes électromagnétiques

Les énergies correspondant aux trois transitions précédentes sont :

$E_2 - E_1 = -400 - (-2\ 570) = 2\ 170$ eV $= 2\ 170 \times 1{,}602 \times 10^{-19} = 3{,}4 \times 10^{-16}$ J

$E_2 - E_0 = -400 - (-20\ 000) = 19\ 600$ eV $= 19\ 600 \times 1{,}602 \times 10^{-19} = 3{,}1 \times 10^{-15}$ J

$E_1 - E_0 = -2\ 570 - (-20\ 000) = 17\ 430$ eV $= 17\ 430 \times 1{,}602 \times 10^{-19} = 2{,}79 \times 10^{-15}$ J

On détermine alors les longueurs d'onde de ces rayonnements $\left(\lambda = \dfrac{hc}{E}\right)$:

- $\lambda_1 = \dfrac{hc}{E_2 - E_1} = 5{,}72 \times 10^{-10}$ m
- $\lambda_2 = \dfrac{hc}{E_2 - E_0} = 6{,}34 \times 10^{-11}$ m
- $\lambda_3 = \dfrac{hc}{E_1 - E_0} = 7{,}12 \times 10^{-11}$ m

Gagnez des points
Les résultats doivent ici comporter 3 chiffres significatifs.

D'après le spectre des ondes électromagnétiques donné, ces trois longueurs d'onde sont comprises dans le domaine des rayons X.

PHYSIQUE - CHIMIE

❶ Prévoir le type d'interférences obtenues selon le parcours des ondes

Les états vibratoires représentés en A_1 et en A_2 sont visiblement **en phase**. Les interférences obtenues seront donc **constructives.** On a $\delta = 0 \times \lambda = 0$.

Les états vibratoires représentés en B_1 et en B_2 sont visiblement en **opposition de phase**. Les interférences obtenues seront donc **destructives.** On a $\delta = (k + ½) \times \lambda$ avec $k \in \mathbb{Z}$.

Les interférences entre ces deux situations ne sont pas de même nature car, entre ces deux instants, les deux rayons **n'ont pas parcouru le même trajet**. Le premier a été réfléchi sur le plan 1 et le second a été réfléchi sur le plan 2, plus éloigné.

Info
Cette différence de parcours » est souvent appelée « différence de marche » et est notée δ.

❷ Déduire une longueur à partir d'un phénomène d'interférences

Sur la figure 3 de l'énoncé, on peut définir les points C_1, C_2, D_2 et E_2. La différence de parcours entre les deux rayons est $\delta = \mathbf{C_2D_2 + D_2E_2}$.

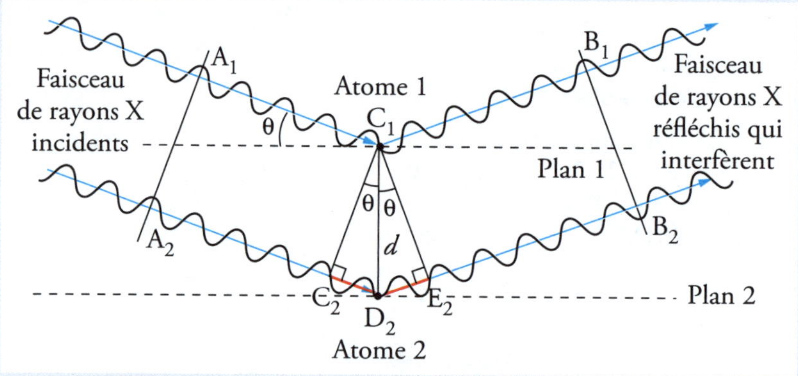

En regardant la figure (angles alternes-internes), nous trouvons que :

$$\sin\theta = \frac{C_2D_2}{d} = \frac{D_2E_2}{d}$$

Nous retrouvons la relation donnée dans l'énoncé de la différence de parcours entre deux rayons :

$\delta = C_2D_2 + D_2E_2 = 2d\sin\theta$

De plus, l'énoncé indique que l'on obtient des interférences constructives, donc :

$C_2D_2 + D_2E_2 = k\lambda$

Il s'agit de la **différence de parcours minimale**, d'où :

$k = 1$ et $C_2D_2 + D_2E_2 = \lambda$

On déduit alors que $2d\sin\theta = \lambda$

$$d = \frac{\lambda}{2\sin\theta} = \frac{0{,}154 \times 10^{-9}}{2\sin(10{,}4)} = 4{,}3 \times 10^{-10} \text{ m}$$

D'où $\boldsymbol{d} = \mathbf{0{,}43}$ **nm.**

Ce résultat semble cohérent pour une distance entre atomes.

THÈME **Temps, mouvement et évolution**

Coucher de soleils sur Tatooine

Dans la saga *Star Wars*, deux héros, Luke et Anakin Skywalker, ont passé leur enfance sur la planète Tatooine. Cette planète désertique a la particularité d'être en orbite autour de deux étoiles : Tatoo 1 et Tatoo 2.
On se propose de déterminer quelques caractéristiques de cette planète et de ses deux étoiles à partir de données extraites du film.

Image du film *Star Wars Episode IV : A new hope.*
Luke Skywalker marchant au coucher de soleils.

Données

• Masse et rayon du Soleil et de la Terre :

	Soleil	Terre
Masse (kg)	$2{,}0 \times 10^{30}$	$6{,}0 \times 10^{24}$
Rayon (km)	$7{,}0 \times 10^{5}$	$6{,}4 \times 10^{3}$

• Constante gravitationnelle : $G = 6{,}67 \times 10^{-11}\ \text{m}^3 \cdot \text{s}^{-2} \cdot \text{kg}^{-1}$;

• Volume d'une sphère de rayon r : $V = \frac{4}{3}\pi r^3$.

Document L'orbite de Tatooine

Impossible d'évoquer la célèbre planète Tatooine, repère de brigands galactiques sur lequel règne le fameux Jabba le Hutt, sans parler de ses deux soleils (ou étoiles).

Cette particularité n'est pas si étonnante quand on considère que les deux tiers des étoiles visibles à l'œil nu font partie d'un système multiple. Le problème n'est donc pas de trouver une étoile double, mais de comprendre comment une planète peut évoluer dans un tel système.

[...] L'orbite de Tatooine pourrait englober ses deux soleils à la fois. Ce type d'orbite n'est stable que si la distance qui sépare la planète de ses soleils est au moins quatre fois plus grande que celle qui sépare les étoiles. Du point de vue de la planète, tout se passe comme si les étoiles ne faisaient qu'une. Peut-on estimer le rayon de l'orbite de Tatooine ? Oui, bien sûr !

[...] Remarquons d'abord que les deux étoiles sont assez semblables à notre Soleil : l'une est jaune et l'autre est orange, laissant supposer qu'elle est un peu plus froide. Si ces deux étoiles étaient trop proches l'une de l'autre, elles devraient être déformées par leur gravité mutuelle. Comme aucune déformation n'est perceptible dans la scène du coucher des soleils, on peut calculer que leur distance est légèrement supérieure à 10 millions de kilomètres. Pour avoir une orbite stable Tatooine doit donc être distante de ces deux étoiles d'au moins 40 millions de kilomètres. En fait, elle ne doit pas être si près, sous peine d'être vraiment trop chaude et totalement inhabitable. Deux cent millions de kilomètres est une bonne position : à cette distance Tatooine reçoit une énergie lumineuse un peu supérieure à celle qui frappe la Terre, ce qui expliquerait son aspect désertique.

D'après « Carte blanche à Roland Lehoucq », astrophysicien,
http://www.knowtex.com/nav/les-secrets-de-star-wars_26418

1. LES ÉTOILES TATOO 1 ET TATOO 2

❶ En supposant que Tatoo 1 et Tatoo 2 ne sont pas déformées et sont à égale distance de Tatooine, montrer, en s'appuyant sur la photo et sur le texte, que la valeur du rayon de chacune des deux étoiles est environ égale à deux millions de kilomètres. Justifier avec soin la démarche utilisée. *(1 point)*

❷ On adoptera pour la suite de l'exercice cette valeur commune pour le rayon des deux étoiles. En supposant que les deux étoiles ont la même masse volumique moyenne que le Soleil, évaluer l'ordre de grandeur de la masse M_{Tatoo} de Tatoo (1 ou 2). Commenter le résultat obtenu. *(0,75 point)*

2. TATOOINE EN ORBITE

Du point de vue de Tatooine, tout se passe comme si les étoiles ne faisaient qu'une, l'étoile unique équivalente sera appelée Tatoo 1-2 ; sa masse sera prise égale à $9{,}5 \times 10^{31}$ kg.

❶ Justifier la phrase précédente à l'aide d'informations données dans le texte. *(0,5 point)*

❷ Faire un schéma du système Tatooine-Tatoo 1-2 et représenter sans souci d'échelle la force d'attraction gravitationnelle exercée par Tatoo 1-2 sur Tatooine ainsi que le vecteur accélération de la planète Tatooine dans le référentiel lié à Tatoo 1-2 considéré comme galiléen. *(1 point)*

❸ Montrer que le mouvement, supposé circulaire, de la planète dans ce référentiel est uniforme. *(0,75 point)*

❹ Déduire des résultats précédents et du texte, la valeur de la période de révolution de Tatooine. Comparer cette valeur à la période de révolution de la Terre autour du Soleil. *(1 point)*

LES CLÉS DU SUJET

■ Notions et compétences en jeu

Mécanique céleste.

■ Conseils du correcteur

Partie 1

❶ Déterminez l'échelle de la photo en mesurant la distance entre les deux étoiles sur la photo, puis faites un produit en croix.
❷ La masse volumique du système Tatoo 1-2 est la même que celle de la Terre. Exprimez algébriquement ces deux masses volumiques.

Partie 2

❸ Pensez à la deuxième loi de Kepler.
❹ Pensez à la deuxième loi de Newton.

CORRIGÉ SUJET 8

1. LES ÉTOILES TATOO 1 ET TATOO 2

❶ Évaluer une distance à partir d'un document photo

© Lucasfilm / 20th Century Fox / The Kobal Collection / Aurimages

Nous savons d'après le texte que la distance d entre les deux étoiles est d'environ 10 millions de kilomètres (10^7 km) or sur l'image cette distance mesure 19 mm. Mesurons alors le rayon r d'une des étoiles sur l'image : 3,5 mm. Pour davantage de précision, on mesure le diamètre (7 mm) que l'on divise par deux ensuite.

On déduit donc le rayon des étoiles : $r = \dfrac{10^7 \times 3{,}5}{19} \simeq 1{,}8 \times 10^6$ km.

Ce qui est bien de l'ordre de 2 millions de kilomètres annoncé dans la question.

Remarque
On pouvait aussi se servir du théorème de Thalès en estimant la taille de Luke Skywalker (environ 1,80 m) et la distance à laquelle la photo de la scène a été prise (20 m).

PHYSIQUE - CHIMIE

② Calculer la masse à partir de la masse volumique

Si la masse volumique des étoiles est identique à celle du Soleil, on peut écrire :

$$\rho_{\text{soleil}} = \rho_{\text{Tatoo}} \Leftrightarrow \frac{M_{\text{soleil}}}{V_{\text{soleil}}} = \frac{M_{\text{Tatoo}}}{V_{\text{Tatoo}}}$$

D'où la masse de Tatoo (1 ou 2) : $M_{\text{Tatoo}} = \dfrac{M_{\text{soleil}}}{V_{\text{soleil}}} \times V_{\text{Tatoo}}$

Le Soleil comme Tatoo étant des sphères, leurs volumes s'expriment par $\frac{4}{3}\pi r^3$. D'où :

$$M_{\text{Tatoo}} = \frac{M_{\text{soleil}}}{\frac{4}{3}\pi r^3_{\text{soleil}}} \times \frac{4}{3}\pi r^3_{\text{Tatoo}} = \frac{r^3_{Tatoo}}{r^3_{soleil}} \times M_{soleil} = \left(\frac{2 \times 10^6}{7 \times 10^5}\right)^3 \times 2 \times 10^{30}$$

$\boldsymbol{M_{\text{Tatoo}} = 4{,}7 \times 10^{31}\,\text{kg}}$

La masse du Soleil étant de 2×10^{30} kg les étoiles de Tatooine sont environ 23 fois plus massives $\left(\dfrac{4{,}7 \times 10^{31}}{2 \times 10^{30}} \simeq 23\right)$.

Gagnez des points
Répondez à ces questions en utilisant les relations algébriques.

2. TATOOINE EN ORBITE

① Expliciter une phrase à partir d'informations données

Nous savons que la distance entre les étoiles est d'environ 10 millions de kilomètres, or la distance entre la planète Tatooine et ces étoiles est de 200 millions de kilomètres. La distance entre les étoiles est donc très inférieure à la distance étoiles-planète. Pour la planète, c'est comme si les étoiles ne formaient qu'une seule étoile.

② Faire un schéma représentant un satellite et son astre attracteur

$\vec{F}$ représente la force d'attraction gravitationnelle du système Tatoo 1-2 sur la planète Tatooine et $\vec{a}$ l'accélération de la planète.

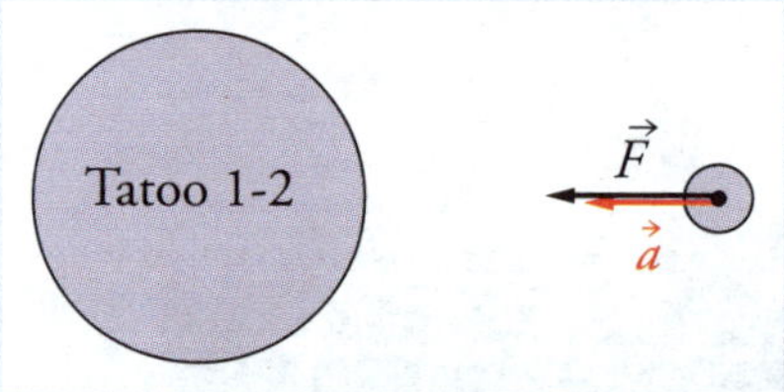

Attention
L'accélération n'est pas orientée selon la tangente à la trajectoire contrairement à la vitesse !

Les deux vecteurs sont colinéaires et dans le même sens puisque $m_{\text{tatooine}}\vec{a} = \vec{F}$; il s'agit d'un mouvement à accélération centrale (dirigée vers le centre). On parle aussi d'une accélération centripète.

③ Montrer que le mouvement circulaire d'un satellite est uniforme

Pour montrer que le mouvement du satellite est uniforme, il faut démontrer qu'il s'effectue à la même vitesse.

Le schéma ci-dessous représente l'orbite de Tatooine.

On peut alors exprimer la vitesse v_1 de Tatooine pour aller de A à B et la vitesse v_2 pour aller de C à D :

$v_1 = \dfrac{\overset{\frown}{AB}}{\Delta t}$ et $v_2 = \dfrac{\overset{\frown}{CD}}{\Delta t}$

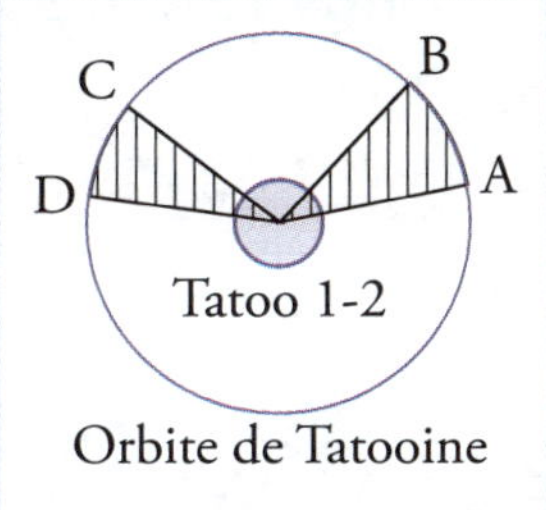

Or, d'après la deuxième loi de Kepler, ces deux surfaces sont égales si les intervalles de temps sont égaux.
Donc si les aires de ces segments de cercle sont égales, les arcs de cercle $\overset{\frown}{AB}$ et $\overset{\frown}{CD}$ sont égaux et par conséquent $v_1 = v_2$.
Le mouvement est donc **uniforme**.

4 Déterminer la période de révolution d'une planète

On sait que, pour un mouvement circulaire uniforme, l'accélération a pour valeur : $a = \frac{v^2}{R}$ (avec R le rayon de son orbite).

De plus, d'après la deuxième loi de Newton, $m \times a = G \times \frac{mM}{R^2}$ (après projection de la relation vectorielle sur un axe radial).

Donc $a = G \times \frac{M}{R^2}$ où M est la masse du système Tatoo 1-2.

On a alors $G \times \frac{M}{R^2} = \frac{v^2}{R}$ d'où $v = \sqrt{\frac{GM}{R}}$.

Pour obtenir la période de révolution, on exprime la vitesse comme étant égale au périmètre sur la période : $v = \frac{2\pi R}{T}$

Donc $T = \frac{2\pi R}{v} = \sqrt{\frac{4\pi^2 R^3}{GM}} = \sqrt{\frac{4\pi^2 \times (200 \times 10^6 \times 10^3)}{6{,}67 \times 10^{-11} \times 9{,}5 \times 10^{31}}} = 7{,}1 \times 10^6$ s.

Ce qui correspond à un peu moins de 82 jours (calculatrice ci-dessous).

Attention
Apprenez à bien vous servir de votre calculatrice. Un calcul comme celui-ci amène plus de 40 % de réponses fausses pour les candidats du bac uniquement à cause d'utilisations hasardeuses de la calculatrice !

La période de révolution de la Terre autour du Soleil étant de 365 jours, celle de Tatouine représente $\frac{82}{365} = 0{,}22$ soit un peu moins du quart de celle de la Terre autour du Soleil.

THÈME **Temps, mouvement et évolution**

Quelques aspects de la physique du vol avec l'A380

ph © rsum/iStock photo

Dans cet exercice, on s'intéresse à quelques forces mises en jeu dans la physique du vol d'un avion telles que la force de poussée, la portance et la traînée.

L'A380 est le plus gros avion civil jamais conçu et le troisième plus gros avion de l'Histoire. Surnommé « Super Jumbo », il possède un double pont qui s'étend sur toute la longueur du fuselage, lui permettant d'accueillir 555 passagers. D'une masse au décollage de 560 tonnes et emportant jusqu'à 310 000 L de carburant, ce quadriréacteur offre une autonomie record de 15 200 km (grâce en particulier à l'usage massif de matériaux composites). La force de poussée maximale d'un réacteur d'A380 vaut 310 kN.

Modélisation de la physique du vol d'un avion à réaction

Dans le référentiel terrestre supposé galiléen, en vol, l'avion à réaction est soumis essentiellement à l'action de quatre forces :

- $\vec{P}$, le poids de l'avion ;
- $\overrightarrow{F_{\text{portance}}}$, la portance, générée par l'écoulement de l'air autour de l'avion, de direction perpendiculaire à la direction du mouvement et orientée vers le haut ;
- $\overrightarrow{F_{\text{traînée}}}$, la traînée, générée également par l'écoulement de l'air autour de l'avion, de même direction que celle du mouvement de l'avion et de sens opposé ;
- $\overrightarrow{F_{\text{poussée}}}$, la force de poussée exercée par les gaz éjectés à la sortie des réacteurs. On se limite à des situations où la direction et le sens de cette force sont les mêmes que ceux du mouvement de l'avion.

Forces aérodynamiques

La portance et la traînée sont deux forces dites aérodynamiques car elles résultent de l'action exercée par l'air en mouvement relatif sur la surface de l'avion (essentiellement les ailes).

Des expériences effectuées en soufflerie utilisant un écoulement d'air de vitesse variable permettent d'établir les lois suivantes pour des forces aérodynamiques :

$$F_{\text{portance}} = \frac{1}{2}\rho v^2 C_z S \qquad F_{\text{traînée}} = \frac{1}{2}\rho v^2 C_x S$$

avec :

- ρ, masse volumique de l'air ($\text{kg} \cdot \text{m}^{-3}$) ;
- v, vitesse d'écoulement de l'air par rapport à l'avion ($\text{m} \cdot \text{s}^{-1}$) ;
- C_z, coefficient de portance (sans unité) ;
- C_x, coefficient de traînée (sans unité) ;
- S, surface utile (en m^2).

1. PLEIN GAZ AU DÉCOLLAGE !

Caroline est une élève de terminale S curieuse et passionnée d'aviation. Elle se demande si le fonctionnement des quatre réacteurs est nécessaire lors de la phase de roulage, c'est-à-dire lorsque l'avion accélère sur la piste avant de décoller.
En lisant un article spécialisé décrivant la phase de roulage de l'A380, elle relève les données techniques suivantes :
- distance parcourue sur la piste horizontale : AB = 1,8 km ;
- vitesse au début de la phase de roulage (point A) : 0 km · h^{-1} ;
- vitesse de l'avion à la fin de la phase de roulage (point B) : 320 km · h^{-1}.

Caroline choisit de faire trois hypothèses valables pendant la phase de roulage :
- la force de poussée $\overrightarrow{F_{\text{poussée}}}$ est considérée constante ;
- la force de traînée est négligeable par rapport à la force de poussée ;
- on ne prendra pas en compte les forces de frottement exercées par le sol sur les roues.

1 Calculer la variation d'énergie cinétique E_C de l'avion entre le début et la fin de la phase de roulage. *(0,5 point)*

2 La variation d'énergie cinétique de l'avion pendant la phase de roulage est égale à la somme du travail des différentes forces qu'il subit sur ce trajet :

$$E_c(B) - E_c(A) = \sum_i W_{AB}(\overrightarrow{F_i})$$

Dans le cadre des hypothèses choisies par Caroline, calculer la valeur de la force de poussée $F_{\text{poussée}}$ lors de la phase de roulage et justifier la nécessité ou non du fonctionnement des quatre réacteurs lors de la phase de roulage. *(1 point)*

2. LE VOL DE CROISIÈRE

En vol de croisière entre New York et Hong Kong, l'A380 possède les caractéristiques suivantes :
- vitesse de croisière dans le référentiel terrestre : 945 km · h^{-1} ;
- altitude constante : 10 km ;
- surface utile : 845 m^2 ;
- coefficient de portance C_z = 0,32 ;
- coefficient de traînée C_x = 0,020 ;
- intensité de la pesanteur : g = 9,8 m · s^{-2}.

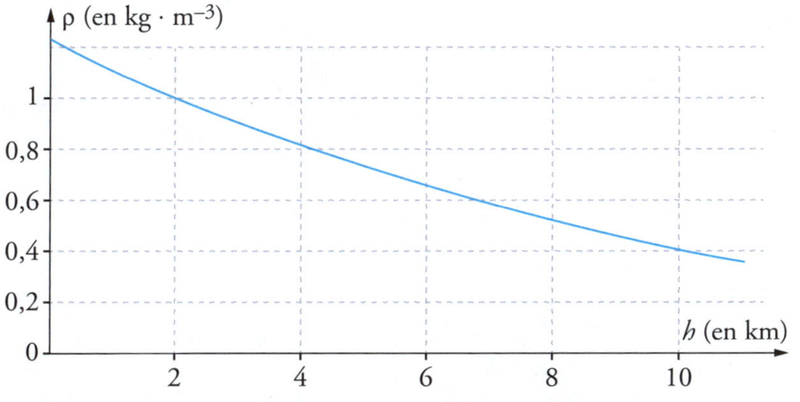

Évolution de la masse volumique de l'air ρ en fonction de l'altitude *h*
(Modèle de l'atmosphère type internationale ISA, norme ISO2533 : 1975)

Durant le vol de croisière sur une durée suffisamment courte, on considère que :
– l'A380 est animé d'un mouvement rectiligne horizontal uniforme ;
– sa masse est constante ;
– l'atmosphère est supposée immobile dans le référentiel terrestre.

L'étude suivante se fera dans ces conditions. On assimilera l'avion à un point qui sera considéré comme le point d'application des forces auxquelles il est soumis.

❶ Représenter sans souci d'échelle mais en tenant compte de la réalité physique, et en justifiant votre tracé, les forces appliquées sur l'avion en vol de croisière. Indiquer le sens de déplacement de l'avion. *(0,5 point)*

❷ Déterminer la valeur de la force de poussée et la comparer à la valeur de la force de poussée maximale des quatre réacteurs. *(1 point)*

❸ Pourquoi est-il pertinent de voler à haute altitude en vol de croisière ? *(0,5 point)*

❹ Calculer la masse de l'Airbus A380 sur cette portion de vol et commenter la valeur obtenue. *(1,5 point)*

LES CLÉS DU SUJET

■ Notions et compétences en jeu

Énergie, travail et forces • Première loi de Newton

■ Conseils du correcteur

Partie 1

❶ L'énergie cinétique est donnée par $E_c = \frac{1}{2}mV^2$.

❷ Utilisez la relation donnée dans l'énoncé entre la variation d'énergie cinétique et le travail des forces s'appliquant sur l'avion. Faites le bilan des forces. N'oubliez pas que le travail d'une force perpendiculaire au déplacement est nul car le cosinus est nul.

Partie 2

❶ Pensez au principe d'inertie : l'avion est en mouvement rectiligne uniforme.

❷ La force de traînée est égale à celle de poussée. Utilisez le graphique de l'énoncé pour trouver la masse volumique.

❸ Il faut encore utiliser le principe d'inertie (la première loi de Newton) : le poids a la même valeur que la portance de l'avion (car le mouvement est rectiligne et uniforme). Déterminez donc la portance, puis le poids et enfin la masse de l'avion.

1. PLEIN GAZ AU DÉCOLLAGE !

❶ Calculer une variation d'énergie cinétique

La variation d'énergie cinétique est donnée par la relation :

$$\Delta E_c = E_c(\text{B}) - E_c(\text{A}) = \frac{1}{2}\, m(V_B^2 - V_A^2)$$

Or, au début de la phase de roulage, la vitesse de l'avion est nulle ($V_A = 0\ \text{m}\cdot\text{s}^{-1}$) ; à la fin de cette phase, la vitesse est :

$$V_B = 320\ \text{km}\cdot\text{h}^{-1} = 320 \times \frac{1\,000}{60 \times 60} = \frac{320}{3{,}6}\ \ \text{m}\cdot\text{s}^{-1}.$$

On a donc :

$$\boldsymbol{\Delta E_c = \frac{1}{2} m V_B^2} = \frac{560 \times 10^3 \times \left(\dfrac{320}{3{,}6}\right)^2}{2} \simeq \mathbf{2{,}2 \times 10^9\ J \simeq 2{,}2\ GJ.}$$

Notez bien
La variation d'une grandeur en physique est toujours la différence entre la valeur finale et la valeur initiale.

❷ Déterminer la valeur d'une force à partir de son travail

On sait que cette variation d'énergie cinétique est égale à la somme du travail des forces s'exerçant sur l'avion pendant ce trajet. En respectant les hypothèses choisies par Caroline (forces de frottements du sol sur les roues et force de traînée négligeables), on peut dénombrer trois forces que subit l'avion lors du roulage :
- son poids ;
- la réaction du sol ;
- la force de poussée.

Le travail d'une force est donné par la relation : $W_{AB}(\vec{F}) = \vec{F} \cdot \overrightarrow{AB}$.
On trouve tout de suite que le travail du poids et celui de la réaction du sol sont nuls !

En effet, le déplacement $\overrightarrow{AB}$ est toujours perpendiculaire à ces deux forces : elles ne travaillent donc pas sur la phase de roulage. On a alors :

$$\begin{aligned} E_c &= W_{AB}\left(\overrightarrow{F_{\text{poussée}}}\right) \\ &= \overrightarrow{F_{\text{poussée}}} \lozenge \overrightarrow{AB} \\ &= \left\|\overrightarrow{F_{\text{poussée}}}\right\| \times \left\|\overrightarrow{AB}\right\| \times \cos\left(\overrightarrow{F_{\text{poussée}}}, \overrightarrow{AB}\right) \end{aligned}$$

Or, d'après l'énoncé, force de poussée et déplacement ont même sens et même direction. Donc l'angle entre ces vecteurs est nul, d'où :

$$\Delta E_c = \left\|\overrightarrow{F_{\text{poussée}}}\right\| \times \left\|\overrightarrow{AB}\right\| \quad \text{soit} \quad \Delta E_c = F_{\text{poussée}} \times \text{AB}.$$

$$\text{D'où } F_{\text{poussée}} = \frac{\Delta E_c}{\text{AB}} = \frac{2{,}212\,345\,6 \times 10^9}{1800} \simeq 1{,}2 \times 10^6\ \text{N}$$

$\boldsymbol{F_{\text{poussée}} \simeq 1{,}2 \times 10^3\ \text{kN}.}$

L'énoncé nous enseigne que la poussée maximale d'un seul réacteur est de 310 kN. Comme il faut une poussée totale de 1 230 kN au décollage, les quatre réacteurs doivent être utilisés, poussés quasiment au maximum.

Gagnez des points
Pour effectuer le calcul de la force de poussée, ne reprenez pas le résultat arrondi de ΔE_c présenté à la question précédente, mais le résultat donné par votre calculatrice.

PHYSIQUE - CHIMIE

2. LE VOL DE CROISIÈRE

❶ Représenter les forces appliquées sur un système

Le mouvement lors du vol de croisière est un mouvement rectiligne uniforme (vitesse constante et trajectoire rectiligne) donc, d'après la première loi de Newton, les forces s'appliquant sur l'avion se compensent.
La portance compense le poids et la portée compense la traînée.

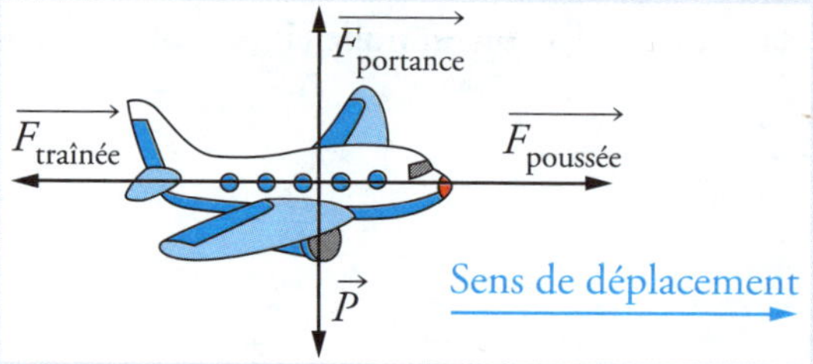

❷ Calculer la valeur d'une force à l'aide du principe d'inertie

D'après la question précédente, on sait que la force de poussée et celle de traînée doivent être de valeur égale (pour pouvoir avoir une vitesse constante). Or la valeur de la force de traînée est $F_{\text{traînée}} = \frac{1}{2}\rho v^2 C_x S$.

Nous avons, grâce aux données :
– la surface utile $S = 845\ \text{m}^2$;
– le coefficient de traînée $C_x = 0{,}020$;
– la vitesse d'écoulement de l'air par rapport à l'avion possède la même valeur que la valeur de la vitesse de l'avion dans le référentiel terrestre donc :
$v = 945\ \text{km} \cdot \text{h}^{-1} = 2{,}62 \times 10^2\ \text{m} \cdot \text{s}^{-1}$.

Quant à la valeur de la masse volumique, elle nous est fournie en utilisant le graphique de sa valeur en fonction de l'altitude (énoncé). Le vol de croisière se produit à une altitude de 10 000 mètres donc la valeur de la masse volumique est 0,40 kg/m³.

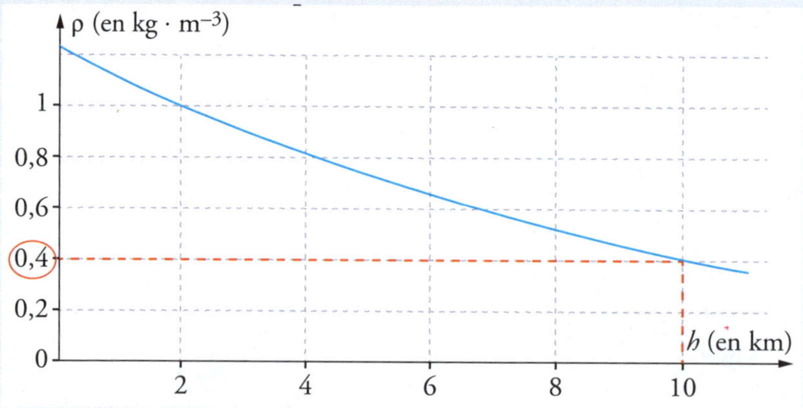

Évolution de la masse volumique de l'air ρ en fonction de l'altitude *h*

On calcule alors la valeur de la force de poussée :

$$F_{\text{poussée}} = F_{\text{traînée}} = \frac{1}{2}\rho v^2 C_x S$$

$$= \frac{0{,}40 \times 262{,}5^2 \times 0{,}020 \times 845}{2}$$

$$= 2{,}6 \times 10^5\ \text{N}$$

Donc $\boldsymbol{F_{\text{poussée}}}$ **= 260 kN**.

Cette force est très largement obtenue à l'aide des quatre réacteurs puisque chacun possède une poussée maximale de 310 kN (donc une poussée maximale de $4 \times 310 = 1\ 240$ kN).

❸ Avoir une analyse critique sur une condition d'utilisation

Le fait de voler à haute altitude permet de voler dans un milieu ayant une masse volumique plus faible. C'est ce qu'indique le graphique de l'énoncé, la masse volumique de l'air est décroissante avec l'altitude. Or la force de traînée est proportionnelle à cette masse volumique.

Plus l'avion vole haut, plus la masse volumique de l'air est faible. Plus la masse volumique de l'air est faible, plus la force de traînée est faible. Plus la force de traînée est faible, plus la force de poussée peut diminuer donc moins les réacteurs ont besoin d'être utilisés.

On gagnera donc en énergie à voler à haute altitude : conception et utilisation de moteurs moins puissants.

Notez bien
L'immobilité et le mouvement rectiligne et uniforme sont toujours des situations intéressantes en mécanique car on peut y appliquer la première loi de Newton.

❹ Calculer la masse d'un avion en vol

La masse de l'avion est très dépendante du carburant restant. N'ayant pas cette information, nous devons réfléchir à un moyen indirect pour déterminer cette masse.

Sachant que $P = mg$, la masse est donc directement liée au poids (ici le champ de pesanteur est supposé constant) et, de la même façon que nous avons utilisé la valeur de la force de traînée pour déterminer celle de la force de poussée, pour trouver la valeur du poids, nous allons calculer celle de la portance ! En effet, lors de la phase « vol de croisière », le mouvement est rectiligne et uniforme donc la force de poussée compense parfaitement le poids. Leurs valeurs sont donc égales. D'où :

$$m = \frac{P}{g} = \frac{F_{\text{portance}}}{g} = \frac{\rho v^2 C_x S}{2g} = 3{,}8 \times 10^5\ \text{kg}.$$

Donc $\boldsymbol{m}$ **= 380 t**.

Cette masse est très inférieure à celle du décollage mais cela semble possible en constatant l'énorme volume de carburant embarqué au décollage et donc perdu petit à petit pendant le vol.

PHYSIQUE - CHIMIE

THÈME **Temps, mouvement et évolution**

Les trois records de Félix Baumgartner

Le 14 octobre 2012, Félix Baumgartner a réalisé un saut historique en inscrivant trois records à son tableau de chasse : celui de la plus haute altitude atteinte par un homme en ballon soit 39 045 m d'altitude, le record du plus haut saut en chute libre, et le record de vitesse en chute libre soit 1 341,9 $km \cdot h^{-1}$. Après une ascension dans un ballon gonflé à l'hélium, il a sauté vers la Terre, vêtu d'une combinaison spécifique en ouvrant son parachute au bout de 4 min et 20 s. Le saut a duré en totalité 9 min et 3 s.

ph © Roth Sanford/AFP

Document 1 **Ascension du ballon**

Il a fallu concevoir un ballon déformable gigantesque, faisant 100 m de hauteur et 130 m de diamètre lors de son extension maximale. En raison de la diminution de la densité de l'air avec l'altitude, le volume du ballon augmente lors de l'ascension de façon à ce que la poussée d'Archimède reste constante.

« Pour assurer une vitesse d'ascension suffisante, le volume initial d'hélium utilisé était de 5 100 mètres cubes, c'est-à-dire le double du nécessaire pour la sustentation[1]. En pratique, si l'on ajoute à la masse de l'équipage celle du ballon et de l'hélium, c'est environ 3 tonnes qu'il a fallu soulever. »

D'après un article de *Pour la Science*, janvier 2013.

1. *Sustentation* : état d'un corps maintenu à faible distance au-dessus d'une surface, sans contact avec celle-ci.

Document 2 Étude du saut de Félix Baumgartner

La masse de Félix Baumgartner et de son équipement est $m = 120$ kg. La date $t = 0$ correspond au début du saut de Félix Baumgartner.

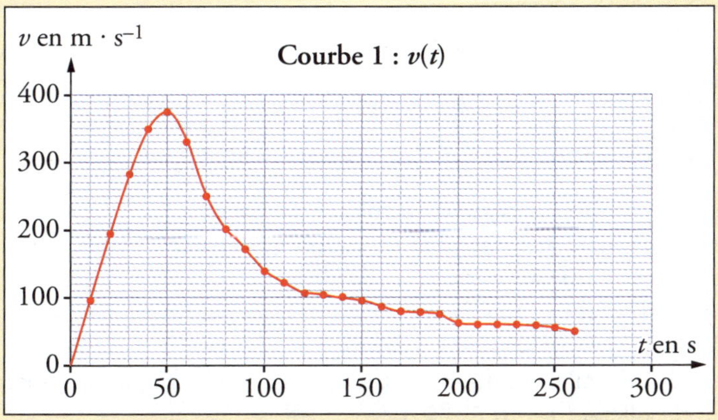

Courbe 1. Évolution temporelle de la vitesse v de Félix Baumgartner, dans le référentiel terrestre, jusqu'à l'ouverture du parachute.

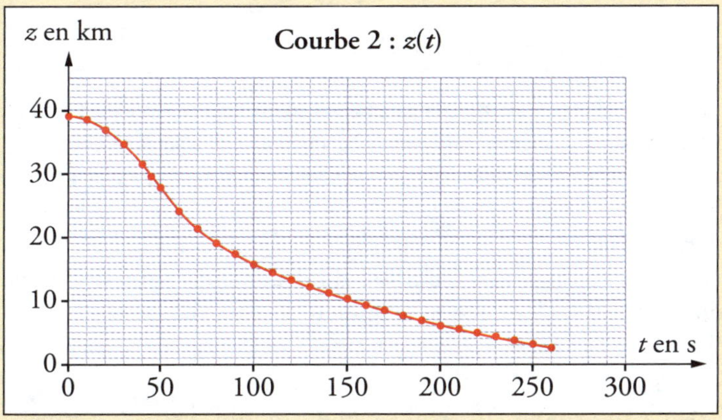

Courbe 2. Évolution temporelle de l'altitude z par rapport au sol de Félix Baumgartner, jusqu'à l'ouverture du parachute.

D'après www.dailymotion.com/video/x15z8eh_the-full-red-bull-stratos-mission-multi-angle-cameras_sport

Données

- L'expression de la poussée d'Archimède exercée par l'air sur un corps est la suivante :

$\overrightarrow{F_A} = \rho_{air} V g \, \overrightarrow{u_z}$

avec $\overrightarrow{u_z}$ vecteur unitaire vertical vers le haut, ρ_{air} (kg · m^{-3}) masse volumique de l'air dans lequel est plongé le corps, V (m^3) volume du corps placé dans l'air et g intensité du champ de pesanteur.
- L'intensité du champ de pesanteur est considérée comme constante entre le niveau de la mer et l'altitude de 39 km : $g = 9{,}8$ m · s^{-2}.
- La stratosphère est la couche de l'atmosphère qui s'étend de 10 à 50 km d'altitude environ.
- La masse volumique de la partie supérieure de la stratosphère est de l'ordre de 0,015 kg · m^{-3}, celle de la troposphère au niveau du sol est 1,22 kg · m^{-3}.

• La célérité du son dans l'air en fonction de l'altitude est donnée dans le tableau ci-dessous.

Altitude (km)	10	20	30	40
Célérité du son ($m \cdot s^{-1}$)	305	297	301	318

• La vitesse d'un mobile dans un fluide est dite supersonique si elle est supérieure à la célérité du son dans ce fluide.

1. ASCENSION EN BALLON SONDE DE FÉLIX BAUMGARTNER

Le volume de l'équipage est négligeable par rapport au volume du ballon.

❶ Indiquer la force qui est responsable de l'ascension du ballon. *(0,5 point)*

❷ Faire le bilan des forces qui s'exercent sur le système {ballon ; équipage} juste après le décollage, en négligeant les forces de frottement. Illustrer ce bilan de forces par un schéma, sans souci d'échelle mais cohérent avec la situation physique. *(1 point)*

❸ En utilisant les données, les informations du texte et les connaissances acquises, vérifier par un calcul que le ballon peut décoller. *(1 point)*

❹ Après quelques minutes d'ascension, le mouvement du système {ballon ; équipage} est considéré comme rectiligne uniforme. Déterminer alors la valeur de la force de frottement de l'air. *(0,5 point)*

2. SAUT DE FÉLIX BAUMGARTNER

On étudie maintenant le système {Félix Baumgartner et son équipement} en chute verticale dans le référentiel terrestre considéré comme galiléen. On choisit un axe (Oz) vertical vers le haut dont l'origine O est prise au niveau du sol. Le système étudié, noté S, a une vitesse initiale nulle.

On négligera la poussée d'Archimède.

❶ Utiliser l'étude du saut de Félix Baumgartner (courbe 1 du document 2) afin de déterminer la valeur de son accélération si $t < 20$ s. Commenter le résultat obtenu. *(0,5 point)*

❷ Lors de son saut, Félix Baumgartner a-t-il atteint une vitesse supersonique ? Justifier. *(0,5 point)*

❸ Calculer la variation d'énergie mécanique ΔE_m entre le moment où Félix Baumgartner saute et le moment où il atteint sa vitesse maximale. Interpréter le résultat. *(1 point)*

❹ Les schémas ci-dessous représentent à trois instants les forces appliquées au système S lors du saut : le poids $\vec{P}$ et la force $\vec{f}$ modélisant les frottements. Affecter un schéma à chacune des dates : $t_1 = 40$ s, $t_2 = 50$ s et $t_3 = 60$ s. *(1 point)*

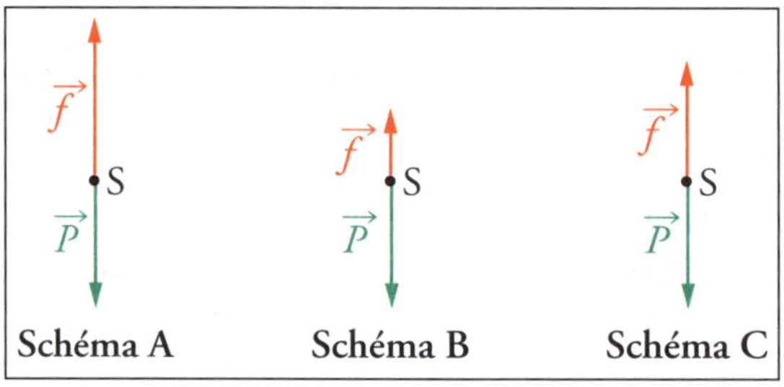

❺ Déterminer l'altitude à laquelle Félix Baumgartner ouvre son parachute. En supposant que le système a un mouvement rectiligne et uniforme après l'ouverture du parachute et jusqu'à l'arrivée au sol, déterminer la valeur de la vitesse du système durant cette phase du mouvement. On rappelle que le saut a duré en totalité 9 min et 3 s. *(0,5 point)*

6 Pour acquérir la même vitesse à l'arrivée au sol, de quel étage d'un immeuble Félix Baumgartner aurait-il dû sauter ? Commenter. *(1 point)*

LES CLÉS DU SUJET

■ Notions et compétences en jeu

Cinématique et dynamique newtonienne.

■ Conseils du correcteur

Pour calculer la poussée d'Archimède, prenez la valeur de *g* de la troposphère car on est au décollage donc au sol. Puis comparez-la à la valeur du poids.

CORRIGÉ SUJET 10

1. ASCENSION EN BALLON SONDE DE FÉLIX BAUMGARTNER

1 Identifier une force

La seule force qui puisse être responsable de l'ascension du ballon est la poussée d'Archimède qui s'exerce sur lui.

2 Dresser le bilan des forces

Le système étudié est l'ensemble {ballon ; équipage}. Sachant que les forces de frottement doivent être négligées, il n'y a que deux forces s'exerçant sur le système :

- son **poids** $\vec{P}$ (vertical, descendant et de valeur mg) ;
- la **poussée d'Archimède** $\overrightarrow{F_A}$ (verticale, ascendante et de valeur $\rho_{air}Vg$.)

Notez bien
En terminale S on considère que la poussée d'Archimède est souvent négligeable sauf dans deux cas : si l'objet est dans un liquide et/ou si l'objet a un grand volume et une petite masse (type montgolfière).

3 Comparer la poussée d'Archimède au poids

Étant immobile avant décollage (par rapport à un référentiel terrestre), les forces qui s'appliquent sur le système doivent lui permettre de décoller. Donc la résultante (la somme) de ces forces est orientée vers le haut. Étant donné que les deux forces appliquées sont verticales, cela signifie que celle qui est orientée vers le haut (la poussée d'Archimède) est plus forte que celle orientée vers le bas (le poids).

Vérifions-le :

Valeur du poids		**Valeur de la poussée d'Archimède**
$P = mg$		$F_A = \rho_{air}Vg$
$= 3 \times 10^3 \times 9{,}8$		$= 1{,}22 \times 5100 \times 9{,}8$
$= 2{,}94 \times 10^4$	c'est le résultat « calculatrice »	$= 6{,}075\,6 \times 10^4$
$= \mathbf{3 \times 10^4}$ **N**	**c'est le bon résultat selon les données**	$= \mathbf{6{,}1 \times 10^4}$ **N**

Gagnez des points
S'il n'y a pas de calcul d'incertitudes, vous devez mettre le « bon » nombre de chiffres significatifs à vos résultat. C'est-à-dire pas plus que la moins bonne des valeurs utilisées dans le calcul.

Ici la masse est donnée avec un seul chiffre significatif et g avec deux chiffres significatifs donc le résultat du poids est avec un seul chiffre significatif (arrondi au plus près), et le résultat de la poussée est avec deux chiffres significatifs (car les autres données sont plus précises : 3 et 4 chiffres significatifs).

Conclusion : La poussée d'Archimède est supérieure au poids donc le système peut décoller.

On retrouve la relation suggérée dans le document 1, « le volume… était… le double du nécessaire à la sustentation » : $F_A \approx 2P$.

❹ Raisonner pour obtenir la valeur d'une force

Si on a un mouvement rectiligne et uniforme alors, d'après le principe d'inertie, les forces appliquées sur le système se compensent. Ces forces sont son poids $\vec{P}$ et la poussée d'Archimède $\overrightarrow{F_A}$ mais aussi les forces de frottement $\vec{f}$. Donc on peut dire que la poussée d'Archimède est maintenant compensée par la somme $(\vec{P} + \vec{f})$, le poids et les frottements. D'où :

$F_A = P + f$ soit $\boldsymbol{f = F_A - P} = (6{,}1 - 3) \times 10^4 = \mathbf{3 \times 10^4\ N}$.

Autre méthode

Pour un mouvement rectiligne et uniforme, les forces appliquées au système se compensent :

$$\sum \vec{F}_{\text{extérieure}} = \vec{0} \text{ donc } \overrightarrow{F_A} + \vec{P} + \vec{f} = \vec{0}$$

Il faut alors projeter cette relation vectorielle sur un axe vertical pour obtenir (en valeur et non plus en vecteur) : $F_A - P - f = 0$ d'où $f = F_A - P = 3 \times 10^4$ N.

Attention
Lorsque l'énoncé précise que l'on se trouve dans un mouvement rectiligne et uniforme alors le principe d'inertie (1re loi de Newton) est toujours une piste intéressante !

2. SAUT DE FÉLIX BAUMGARTNER

❶ Déduire l'accélération à partir d'un graphique expérimental

La courbe 1 du document 2 donne l'évolution temporelle de la vitesse du système. Or ici on a la valeur de l'accélération qui est donnée par $a = \dfrac{dv}{dt}$ donc, pour un instant donné, a est égale à la valeur du coefficient directeur de la tangente à la courbe 1. Pour $t < 20$ s, la courbe est quasiment rectiligne et la tangente passe par les points A(0 ; 0) et B(20 ; 195) en s et m/s. Le coefficient directeur est donc :

$$\frac{\Delta v}{\Delta t} = \frac{195}{20} = 9{,}8 \text{ m/s}^2$$

La valeur est quasi égale à celle de g (même si l'on prend la valeur 200 m/s pour la lecture graphique).

Il est normal que l'accélération soit égale à l'accélération de la pesanteur g puisque les frottements à cette hauteur sont très faibles. On est donc en chute libre.

❷ Déterminer la vitesse d'un système

La vitesse de Felix Baumgartner est donnée dans le texte introductif 1341,9 km/h c'est-à-dire :

$$\frac{1\,341{,}9 \times 1\,000}{3\,600} = \mathbf{372{,}75\ m/s}.$$

D'après les données du sujet, la célérité du son est toujours inférieure à cette valeur, et ce quelle que soit l'altitude puisqu'elle est inférieure à 318 m/s. Felix Baumgartner a donc bien atteint une vitesse supersonique.

❸ Calculer une variation d'énergie mécanique

L'énergie mécanique est la somme de l'énergie cinétique et de l'énergie potentielle :
$\Delta E_m = \Delta E_c + \Delta E_p = [E_c(\text{après}) - E_c(\text{avant})] + [E_p(\text{après}) - E_p(\text{avant})]$.
Les notations « avant » et « après » désignent respectivement le moment du saut et le moment où il atteint sa vitesse maximale. On a donc :

$$\Delta E_m = \frac{1}{2}m(v_{max}^2 - v_0^2) + mg(z_{max} - z_0)$$

dans laquelle on appelle z_{max} l'altitude à laquelle il se trouve lorsque la vitesse maximale est atteinte et z_0 l'altitude à laquelle il saute.
On déduit de la courbe 1 le temps de 50 s pour atteindre v_{max} et on utilise la courbe 2 pour déduire : $z_{max} = z(50\text{ s}) - 28$ km. Donc :

$$\boldsymbol{\Delta E_m} = \frac{1}{2} \times 120 \times (372{,}75^2 - 0) + 120 \times 9{,}8 \times (28 \times 10^3 - 39 \times 10^3) = \mathbf{-4{,}7 \times 10^6\ J}$$

Nous pouvons interpréter ce résultat de la façon suivante.
• La variation étant négative, le système **perd donc de l'énergie mécanique**.
• La variation n'étant pas nulle alors **l'énergie mécanique n'est pas conservée**, c'est donc qu'il existe au moins une **force non conservative** appliquée au système.
• D'après le bilan des forces, on peut en déduire que les **forces de frottements ne sont pas négligeables** et qu'elles sont responsables de cette perte d'énergie mécanique du système.

❹ Interpréter un schéma représentatif de forces

On constate que la flèche représentant le poids du système est inchangée entre les trois situations représentées donc les schémas sont faits à la même échelle. D'après le document 1, on sait qu'à $t_2 = 50$ s les forces se compensent. En effet, la tangente à la courbe 1 est horizontale, donc le coefficient de cette droite est nul. Or ce dernier est égal à la valeur de l'accélération à cet instant (l'accélération est la dérivée de la vitesse). D'après la seconde loi de Newton, la somme des forces est proportionnelle à l'accélération. Il s'agit donc du cas **C** (les deux forces sont égales et opposées).
À $t_1 = 40$ s, la pente de la tangente à la courbe 1 est positive (Félix accélère toujours) donc le poids est supérieur aux frottements : cas **B**.
À $t_3 = 60$ s, la pente de la tangente à la courbe 1 est négative (Félix décélère) donc les frottements sont supérieurs au poids : cas **A**.

❺ Déterminer la vitesse de chute

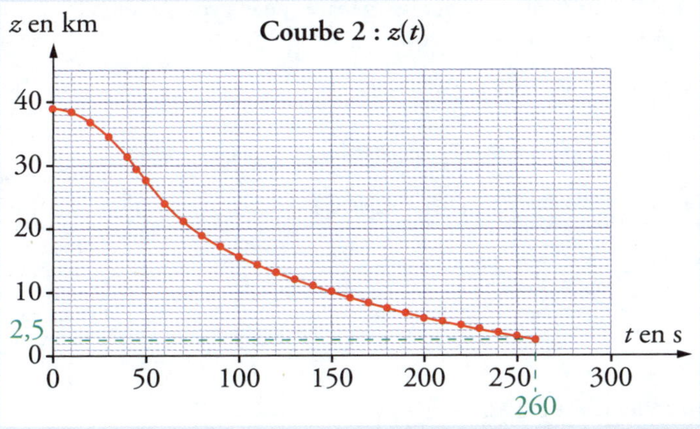

D'après le texte introductif, il a ouvert son parachute au bout de 4 min et 20 s de chute. À l'aide de la courbe 2, on détermine alors son altitude : 2,5 km. Si l'on suppose que le système a alors un mouvement rectiligne et uniforme, on peut calculer sa vitesse à l'aide de la relation :

$$v = \frac{\text{distance parcourue}}{\text{durée du parcours}} = \frac{2\,500}{543 - 260} = \mathbf{8{,}8\ m/s}$$

Attention
Cette formule facile $\frac{\text{distance parcourue}}{\text{durée du parcours}}$ n'est valable que lorsque la vitesse est constante !

6 Raisonner sur la hauteur d'une chute

Pour faire le raisonnement de la chute du haut d'un immeuble, on considèrera qu'elle s'effectue avec une force de frottement négligeable en plus de la poussée d'Archimède (négligeable selon l'énoncé).

• 1re méthode : à l'aide des équations horaires

On suppose les forces de frottement négligeables donc la seule force appliquée au système est son poids. L'étude est faite dans un référentiel terrestre supposé galiléen, on applique la 2e loi de Newton :

$$\sum \vec{F}_{\text{extérieure}} = \frac{d\vec{p}}{dt} = m\vec{a}$$

car m est constante.

D'où on arrive à $\vec{a} = \vec{g}$.

Notez bien
$\vec{a} = \vec{g}$ correspond à la chute libre (système soumis uniquement à son poids).

Or $\vec{a} = \frac{d\vec{v}}{dt}$ et $\vec{v} = \frac{d\overrightarrow{OM}}{dt}$

donc par deux intégrations successives et, en tenant compte des conditions initiales, on obtient :

$$z(t) = -\frac{1}{2}gt^2 + H \quad \text{et} \quad v = -gt$$

d'où $t = \frac{-v}{g}$ et $z(t) = H - \frac{v^2}{2g}$ (H étant la hauteur à laquelle le saut serait effectué).

Lorsque l'objet touche le sol, on a alors $z = 0$ et une vitesse $V = 8{,}8$ m/s d'où :

$$H = \frac{V^2}{2g} = \frac{8{,}8^2}{2 \times 9{,}8} = 4{,}0 \text{ m.}$$

Cette hauteur correspond à la **hauteur d'un étage.**

• 2e méthode : à l'aide de la conservation de l'énergie mécanique

Si l'on considère les frottements negligeables alors l'énergie mécanique est conservée durant cette chute. Donc : $\Delta E_m = \Delta E_c + \Delta E_p = 0$.

Or on connaît les vitesses initiale et finale de cette chute imaginaire :

$v_{\text{initiale}} = 0$ m/s et $v_{\text{finale}} = 8{,}8$ m/s.

On peut écrire $[E_c(\text{initiale}) - E_c(\text{finale})] + [E_p(\text{initiale}) - E_p(\text{finale})] = 0$

$$E_p(\text{finale}) - E_p(\text{initiale}) = \frac{1}{2}m \times (v^2_{\text{finale}} - v^2_{\text{initiale}}) \text{ or } E_p = mgz$$

$$\text{donc } mgH = \frac{1}{2}m \times (v^2_{\text{finale}} - v^2_{\text{initiale}}) = \frac{1}{2}mv^2_{\text{finale}}$$

$$H = \frac{v^2}{2g} = \frac{8{,}8^2}{2 \times 9{,}8} = 4{,}0 \text{ m.}$$

Cette hauteur correspond à la **hauteur d'un étage.**

Info
Cette dernière question était la plus délicate et les deux méthodes ont leur difficulté. Pour la première il fallait bien connaître son cours et le développement des équations horaires dans le cas de la chute libre. Pour la seconde, Il fallait bien connaître son cours et la conservation de l'énergie mécanique. Dans les deux cas, il faut bien connaître son cours !

THÈME **Structure et transformation de la matière**

À propos de l'acide fumarique

L'acide fumarique est un composé synthétisé normalement par la peau lorsque celle-ci est exposée au soleil. Lorsque ce processus est déficient, l'être humain développe une maladie de la peau : le psoriasis. Le psoriasis touche près de 5 % de la population, il n'existe malheureusement aucun traitement pharmaceutique réellement efficace. Cependant, l'acide fumarique et certains de ses dérivés ont été utilisés avec un succès mesurable, en Europe du Nord et aux États-Unis, depuis plus de 30 ans, pour calmer les démangeaisons, la desquamation et l'inconfort caractéristiques du psoriasis. Des gélules contenant de l'acide fumarique peuvent être ingérées quotidiennement.

L'objectif de cet exercice est d'étudier quelques caractéristiques physico-chimiques de l'acide fumarique et d'effectuer un contrôle qualité des gélules vendues pour le traitement nutritionnel du psoriasis.

1. CARACTÉRISTIQUES PHYSIQUES DE L'ACIDE FUMARIQUE

Voici la formule topologique de l'acide fumarique.

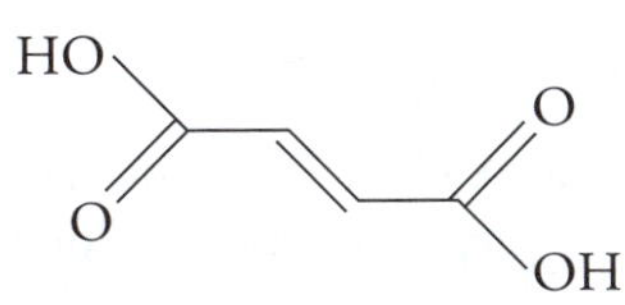

L'acide fumarique a un stéréoisomère, l'acide maléique. Les propriétés de ces deux stéréoisomères sont données dans le tableau ci-dessous.

	Acide maléique	**Acide fumarique**
Nom officiel	Acide(Z)-but-2-ène-1,4-dioique	Acide(E)-but-2-ène-1,4-dioique
Aspect	Solide blanc	Solide blanc
Utilisations	• Synthèse de polyesters • Présent dans certains détergents	• Traitement du psoriasis • Additif alimentaire en tant qu'acidifiant
Masse molaire ($g . mol^{-1}$)	116	116

PHYSIQUE - CHIMIE

	Acide maléique	Acide fumarique
Solubilité avec l'eau à 25 °C (La solubilité est la masse maximale d'un composé que l'on peut dissoudre par litre de solvant.)	Très grande : 780 $g \cdot L^{-1}$	Très faible : 6,3 $g \cdot L^{-1}$
Température de fusion	131 °C	287 °C
Masse volumique	1,59 $g \cdot cm^{-3}$	1,63 $g \cdot cm^{-3}$
Pictogramme de sécurité	 **Irritant**	 **Irritant**
pK_a	pK_{a1} (AH_2/AH^-) = 1,83 pK_{a2} (AH^-/A^{2-}) = 6,59	pK_{a1} (AH_2/AH^-) = 3 pK_{a2} (AH^-/A^{2-}) = 4,4

1 Représenter les formules topologiques de l'acide fumarique et de l'acide maléique en faisant apparaître ce qui les distingue. *(0,25 point)*

2 Ces deux stéréoisomères sont-ils des énantiomères ou des diastéréoisomères ? Justifier votre réponse. *(0,25 point)*

3 Peut-on différencier expérimentalement les deux stéréoisomères dans un laboratoire de lycée ? Justifier et décrire une expérience possible. *(0,5 point)*

4 Les différences de propriétés physiques et chimiques entre l'acide fumarique et l'acide maléique peuvent s'interpréter, au niveau microscopique, à l'aide des liaisons hydrogène. Une liaison hydrogène se forme lorsqu'un atome d'hydrogène H est lié à un atome A, très électronégatif, et interagit avec un atome B, également très électronégatif et porteur d'un ou plusieurs doublets d'électrons non liants.

Pour que ces liaisons puissent s'établir, les atomes doivent être proches. On les représente par un trait pointillé comme sur la figure ci-contre.

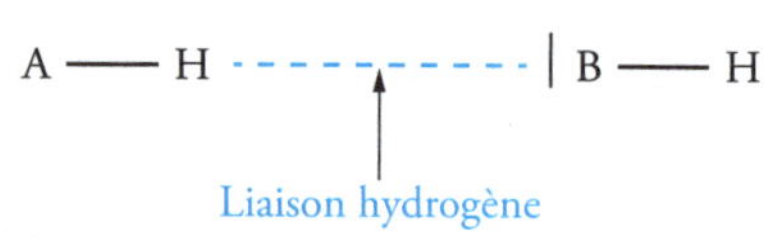

On donne l'électronégativité de quelques atomes : H : 2,2 ; C : 2,6 ; O : 3,4. On considère qu'une liaison est polarisée dès lors que la différence d'électronégativité entre les deux atomes est supérieure à 0,5.

1. Expliquer, à l'aide de schémas, pourquoi l'acide fumarique ne donne que des liaisons hydrogène intermoléculaires, alors que l'acide maléique peut donner des liaisons hydrogène intermoléculaires et intramoléculaires. *(0,5 point)*

2. En déduire pourquoi les températures de fusion des deux acides sont différentes. *(0,5 point)*

5 Indiquer, en le justifiant, si l'eau est un solvant polaire ou apolaire. *(0,5 point)*

6 Sachant que l'acide maléique est polaire tandis que l'acide fumarique est apolaire, proposer une explication à la différence de solubilité dans l'eau de ces deux stéréoisomères. *(0,25 point)*

2. PROPRIÉTÉS CHIMIQUES DE L'ACIDE FUMARIQUE

Pour étudier les propriétés acides de l'acide fumarique en solution aqueuse, on dissout 500 mg d'acide fumarique du laboratoire dans de l'eau distillée pour obtenir une solution de volume 100,0 mL.
La mesure du pH de la solution donne pH = 2,4.

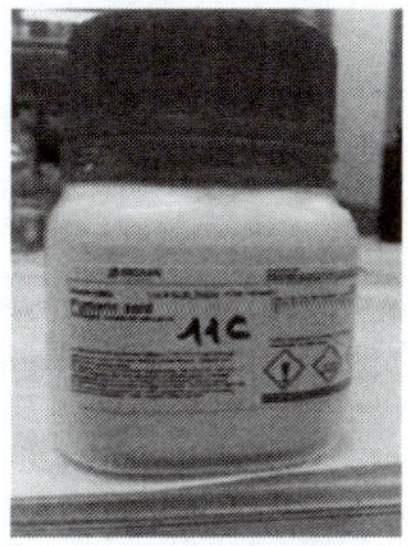

❶ Décrire précisément le protocole pour réaliser cette solution. *(0,75 point)*

❷ Rappeler la définition d'un acide au sens de Brönsted. *(0,25 point)*

❸ L'acide fumarique possède des propriétés acido-basiques en solution aqueuse. Expliquer pourquoi cette molécule est qualifiée de diacide. *(0,5 point)*

❹ Calculer la concentration molaire C_A apportée de l'acide fumarique dans la solution préparée. *(0,25 point)*

❺ Un diacide fort de concentration molaire C a un pH = – log (2C). L'acide fumarique est-il un diacide fort ? *(0,5 point)*

❻ Durant la digestion, le pH de l'estomac est voisin de 2. En déduire sous quelle forme se trouve l'acide fumarique dans l'estomac. *(1 point)*

3. CONTRÔLE QUALITÉ D'UN TRAITEMENT NUTRITIONNEL À BASE D'ACIDE FUMARIQUE

On se propose de vérifier l'indication portée sur l'étiquette d'un traitement du psoriasis, à l'aide d'un titrage acido-basique, selon le protocole suivant :

- À l'aide d'un mortier, réduire en poudre le contenu d'une gélule.
- Dissoudre la poudre obtenue dans de l'eau distillée de manière à obtenir un volume V = 100,0 ml de solution.
- Effectuer une prise d'essai de volume V_A = 10,0 ml de la solution.
- Titrer par une solution d'hydroxyde de sodium ($Na^+_{(aq)} + HO^-_{(aq)}$) de concentration molaire $C_B = 1{,}0 \times 10^{-1}\ mol \cdot L^{-1}$.
- Suivre l'évolution du pH en fonction du volume versé.

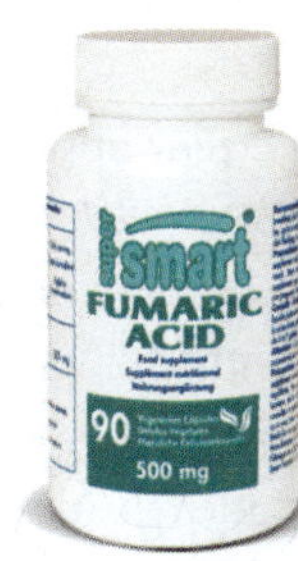

Vitamin Research Products®

L'équation de la réaction, support du titrage, est la suivante :

$$AH_{2(aq)} + 2\ HO^-_{(aq)} \rightarrow A^{2-}_{(aq)} + 2\ H_2O_{(\ell)}$$

La courbe d'évolution du pH en fonction du volume de solution versé est donnée ci-dessous.

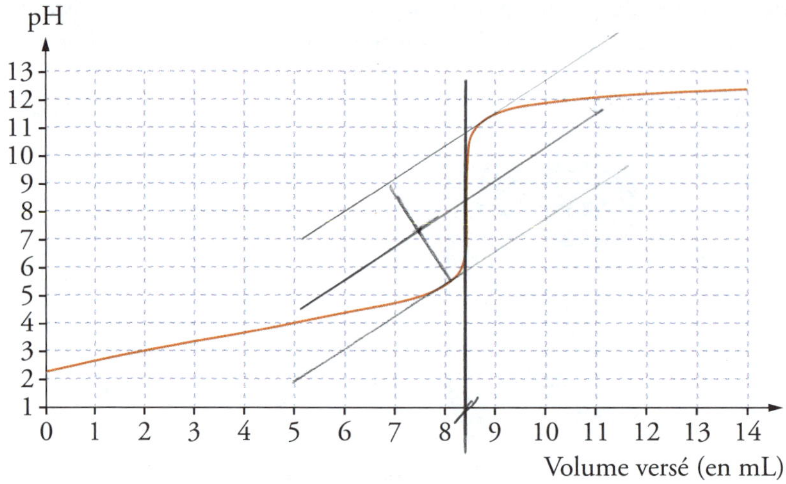

❶ Avec quelle verrerie doit-on effectuer le prélèvement de la solution titrée ? *(0,5 point)*

❷ Schématiser et légender le dispositif expérimental réalisé. *(1 point)*

❸ Déterminer, en explicitant votre démarche, la valeur expérimentale m_{exp} de la masse d'acide fumarique contenu dans une gélule. *(1 point)*

❹ L'incertitude relative $\left(\frac{U(m_{exp})}{m_{exp}}\right)$ dans les conditions de l'expérience est donnée par la relation :

$$\left(\frac{U(m_{exp})}{m_{exp}}\right)^2 = \left(\frac{U(V_A)}{V_A}\right)^2 + \left(\frac{U(V_E)}{V_E}\right)^2 + \left(\frac{U(C_B)}{C_B}\right)^2$$

- Incertitude sur un volume mesuré à la burette graduée : $\pm 0,1$ ml
- Incertitude sur un volume mesuré à la pipette jaugée : $\pm 0,1$ ml
- Incertitude sur un volume mesuré à la pipette graduée : $\pm 0,2$ ml
- Incertitude sur la concentration de la solution d'hydroxyde de sodium : $\pm 0,3 \times 10^{-2}$ mol · L^{-1}.

Quelle source d'erreur apporte la plus grande contribution à l'incertitude associée au résultat expérimental ? *(0,5 point)*

❺ Donner un encadrement de la masse m_{exp} d'acide fumarique contenu dans une gélule dans le cas d'un prélèvement à la pipette jaugée. Commenter. *(0,5 point)*

❻ Parmi les trois indicateurs colorés suivants, quel est le plus approprié pour effectuer le titrage de l'acide fumarique ? Justifier la réponse. *(0,5 point)*

Indicateur coloré	**Teinte acide**	**Zone de virage**	**Teinte basique**
Hélianthine	Rouge	3,1 – 4,4	Jaune
Rouge de crésol	Jaune	7,2 – 8,8	Rouge
Jaune d'alizarine R	Jaune	10,1 – 12,1	Violet

LES CLÉS DU SUJET

Notions et compétences en jeu

Structure et transformation de la matière • Réaction avec transfert de proton • Incertitudes.

Conseils du correcteur

Partie 1

❶ L'isomérie Z/E est souvent faite en 1re S et reprise en terminale ; elle distingue deux façons de disposer la chaîne carbonée de part et d'autre d'une liaison double C = C.

❷ Pensez à utiliser les températures de fusion ou les valeurs des solubilités données dans le tableau sur l'acide fumarique et maléique.

❹ **2.** La température de fusion dépend du nombre de liaisons intermoléculaires à rompre. Vous devez donc étudier le nombre de liaisons intermoléculaires faites par chacun des acides.

Partie 2

❹ Il s'agit de la concentration apportée en acide fumarique (non de la concentration effective), donc il s'agit de raisonner uniquement sur ce qui a été introduit dans la solution quelle que soit la suite.

❻ Faites un diagramme de prédominance (cela vous aidera à trouver la réponse et servira de justification).

Partie 3

❸ Calculez la quantité d'acide titré, à partir de la propriété à l'équivalence :

$$\frac{n(\text{titré})}{\text{coefficient stœchiométrique du titré}} = \frac{n(\text{titrant})}{\text{coefficient stœchiométrique du titrant}}$$

Déduisez ensuite la masse d'acide titré et n'oubliez pas enfin que l'on n'a pas titré toute la gélule mais une partie seulement.

❹ Calculez les incertitudes relatives $\frac{U(X)}{X}$ correspondant aux trois grandeurs V_A, V_E et C_B puis comparez les valeurs obtenues.

❺ Calculez $\frac{U(m_{exp})}{m_{exp}}$ puis $U(m_{exp})$, avec un seul chiffre significatif. Enfin, présentez votre réponse sous la forme $m_{exp} - U(m_{exp}) \leq m_{exp} \leq m_{exp} + U(m_{exp})$.

1. CARACTÉRISTIQUES PHYSIQUES DE L'ACIDE FUMARIQUE

❶ Écrire une formule topologique d'après le nom officiel

L'acide fumarique est donné dans l'énoncé et, d'après les noms officiels donnés, l'acide maléique est l'isomère Z de la même molécule. Nous pouvons alors déduire sa formule topologique :

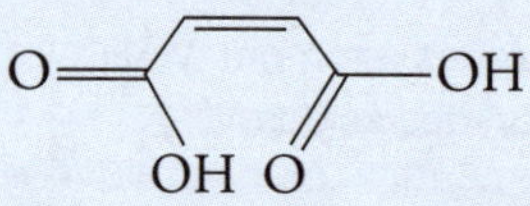

Isomère Z (acide maléique)

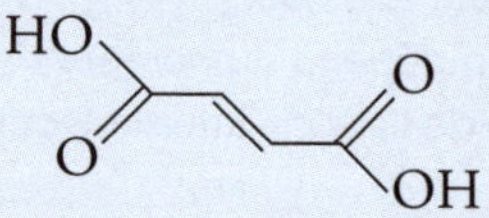

Isomère E (acide fumarique)

❷ Identifier une isomérie

Comme le montrent les formules topologiques ci-dessus, ces deux acides se distinguent par leur **configuration spatiale**. L'acide fumarique est l'isomère E alors que l'acide maléique est l'isomère Z. Il s'agit donc de deux **diastéréoisomères.** On peut notamment remarquer qu'ils ne sont pas image l'un de l'autre dans un miroir.

❸ Utiliser une caractéristique physico-chimique

Il est possible de différencier ces deux acides au laboratoire. Nous pourrions par exemple utiliser la grande différence entre les valeurs de leur solubilité dans l'eau. En introduisant 10 g de l'acide dans un litre d'eau, s'il se dissout totalement, il s'agit de l'acide maléique (puisque sa solubilité est de 780 g par litre) et s'il ne se dissout pas entièrement, il s'agit de l'acide fumarique (qui ne se dissout qu'à hauteur de 6,3 g par litre).

❹ 1. Justifier la formation de liaisons inter- et intra-moléculaires

En ce qui concerne les **liaisons intramoléculaires** :

– l'éloignement à l'opposé de la double liaison C = C empêche l'acide fumarique de faire une liaison intramoléculaire. L'atome d'oxygène lié par une liaison double est « trop loin » de celui d'hydrogène du second groupe carboxyle ;

– l'acide maléique, lui, peut faire plusieurs de ces liaisons intramoléculaires puisque les deux atomes concernés sont proches.

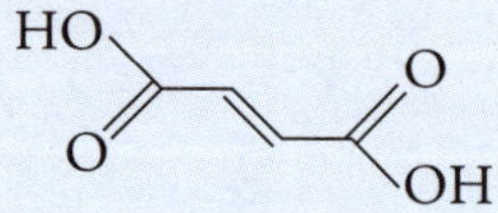

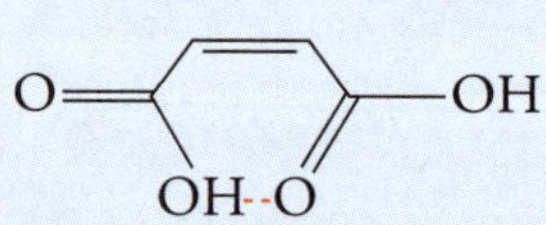

Pour les **liaisons intermoléculaires**, les deux molécules peuvent en faire, comme nous l'observons ci-dessous :

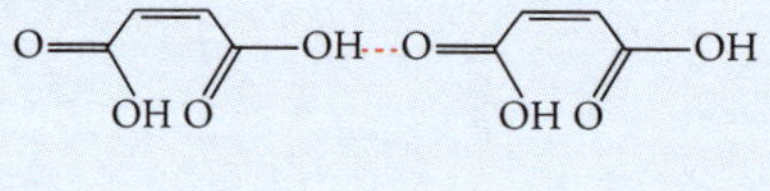

et

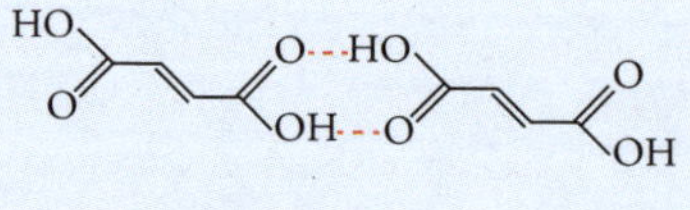

2. Justifier la température de fusion du point de vue microscopique

Lors de la fusion d'un solide, ce sont les liaisons intermoléculaires qui se rompent. Or l'acide fumarique peut former jusqu'à quatre liaisons intermoléculaires par molécule, alors que l'acide maléique ne peut en former qu'une ou deux. La fusion de l'acide maléique nécessite donc moins d'énergie (moins de liaisons à casser) : sa température de fusion est plus basse que celle de l'acide fumarique.

5 Justifier la polarité de l'eau

L'eau est un solvant polaire car :

– chacune de ses **liaisons covalentes** est **polarisée**, car la différence d'électronégativité entre l'atome d'oxygène et celui d'hydrogène est égale à 1,2 (donc supérieure à 0,5) ;

– ces deux liaisons covalentes ne sont pas diamétralement opposées : l'angle entre les deux liaisons O – H n'est pas égal à 180°, car la molécule d'eau est coudée.

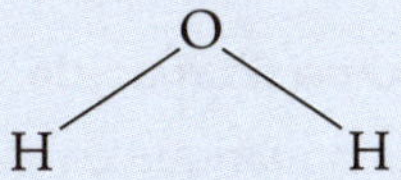

Remarque

On peut aussi justifier de la polarité par le fait que la localisation moyenne des charges positives est différente de celle des charges négatives.

6 Justifier la solubilité du point de vue microscopique

L'aspect polaire de l'acide maléique lui permet d'être facilement soluble dans l'eau qui est un **solvant polaire**. À l'inverse, une molécule apolaire comme l'acide fumarique est très peu soluble dans l'eau.

À retenir
Les molécules polaires et composés ioniques sont généralement solubles dans l'eau.

2. PROPRIÉTÉS CHIMIQUES DE L'ACIDE FUMARIQUE

1 Écrire un protocole de dissolution

• Commencer par prélever 500 mg d'acide fumarique. Pour cela, il faut disposer d'une balance très précise, au milligramme près, et avoir correctement taré cette balance.

• Introduire un peu d'eau distillée dans une fiole jaugée de 100 ml (environ un tiers de la fiole).

• Introduire l'acide fumarique pesé dans la fiole en faisant attention à minimiser les pertes de solide dans la capsule de pesée et l'entonnoir. Passer, pour cela, de l'eau distillée à l'aide de la pissette pour récupérer au mieux le solide.

• Boucher la fiole jaugée et agiter afin de solubiliser la totalité de l'acide en ajoutant de l'eau distillée si nécessaire.

• Compléter enfin le niveau de la solution avec de l'eau distillée jusqu'au trait de jauge de la fiole. Homogénéiser la solution en la remuant.

Gagnez des points
Apprenez les protocoles de dissolution et de dilution par cœur pour gagner du temps et ne pas oublier d'étape. C'est une question classique de l'écrit et de l'épreuve expérimentale !

Remarque 1

On peut utiliser un agitateur magnétique pour remuer.

Remarque 2

Si on ne dispose que d'une balance précise au centième de gramme et non au milligramme, on peut peser 5,00 g et faire la dilution dans une fiole d'un litre. Il suffit à la fin de prélever 100 ml de cette solution.

PHYSIQUE - CHIMIE

❷ Donner la définition d'un acide selon Brönsted

Un **acide** au sens de Brönsted est une **espèce chimique capable de céder un ou plusieurs ions H^+** (proton).

❸ Expliquer le terme « diacide »

L'acide fumarique possède **deux groupes carboxyle**. Chaque molécule peut donc céder deux protons H^+, on parle donc de « **di**acide ».

❹ Calculer la concentration apportée

La **concentration apportée** en acide fumarique est

$$C_A = \frac{n_A}{V} = \frac{m_A}{M_A \times V} = \frac{0,5}{116 \times 0,1} = 4,31 \times 10^{-2} \text{ mol} \cdot \text{L}^{-1}$$

Attention
Respectez le nombre de chiffres significatifs. Ici le résultat est en trois chiffres significatifs, car les données en comportaient 3 et 4.

❺ Conclure sur la force d'un acide

Ici, la solution d'acide fumarique est de concentration C_A, or $-\log(2C_A) = 1,1$ ce qui est différent du pH de l'acide fumarique en solution aqueuse (2,4). Donc l'acide fumarique ne vérifie pas la relation donnée pour les acides forts. L'acide fumarique n'est donc pas un acide fort.

Remarque
La formule logarithmique rend la « règle » des chiffres significatifs inopérante. Retenez que le dixième de pH est déjà une excellente précision.

❻ Prévoir l'espèce prédominante dans une solution

Pour prévoir l'espèce prédominante, on peut tracer le **diagramme de prédominance** des deux couples.

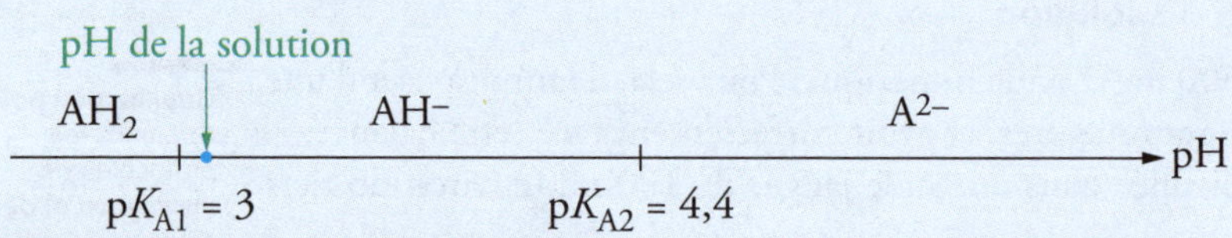

On peut déduire de ce diagramme que, dans l'estomac, ce sera l'espèce **AH_2 (acide fumarique) qui prédominera.**

Remarque
Il n'était pas obligatoire de faire un diagramme de prédominance ici. On pouvait répondre à la question en argumentant que, le pH de l'estomac étant inférieur à la valeur des deux pK_A des couples considérés, ce serait la forme acide du couple de plus petit pK_A qui prédominerait.

3. CONTRÔLE QUALITÉ D'UN TRAITEMENT NUTRITIONNEL À BASE D'ACIDE FUMARIQUE

❶ Déterminer la verrerie à utiliser

Un titrage est une technique de précision, donc il faut prélever avec une verrerie précise.
Il faut prendre ici une pipette jaugée de 10 ml.

❷ Effectuer un schéma de titrage

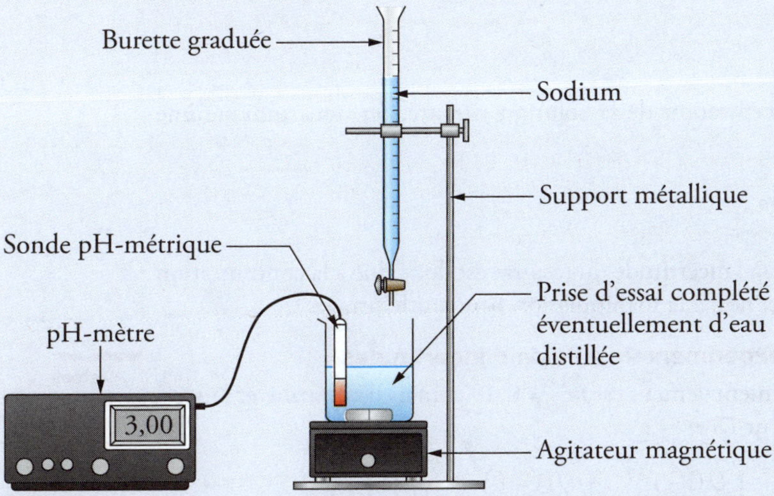

❸ Détermination d'une masse à partir d'un titrage

Pour déterminer la masse d'acide fumarique contenue dans une gélule, on utilise le résultat du titrage effectué. On détermine le **volume équivalent** à l'aide de la méthode des tangentes : on obtient $V_E = 8,4$ mL. Or, à l'équivalence, les réactifs ont été introduits dans les proportions stœchiométriques, on a donc :

$$\frac{n_{\text{titrée}}(AH_2)}{1} = \frac{n_{\text{versée à l'équivalence}}(HO^-)}{2}$$

D'où la masse d'acide fumarique titrée (c'est-à-dire pour la prise d'essai) est :

$$m_{\text{titrée}}(AH_2) = M(AH_2) \times \frac{n_{\text{versée à l'équivalence}}(HO^-)}{2}$$

$$m_{\text{titrée}}(AH_2) = \frac{M(AH_2) \times C_B \times V_E}{2}$$

$$m_{\text{titrée}}(AH_2) = \frac{116 \times 0,1 \times 8,4 \times 10^{-3}}{2} \quad \text{soit } m_{\text{titrée}}(AH_2) = 4,9 \times 10^{-2} \text{ g.}$$

Cependant, cette masse est celle contenue dans la prise d'essai titrée, ce qui correspond à 10 mL. Or la gélule a été dissoute dans 100 mL, donc **il faut multiplier par 10** cette valeur pour retrouver m_{exp}, la valeur expérimentale de la masse d'acide fumarique dans une gélule entière :

$$\boldsymbol{m_{exp} = 10 \times m_{\text{titrée}}(AH_2) = 0,49 \text{ g}}$$

❹ Déterminer des valeurs d'incertitude relatives

Pour pouvoir comparer des sources d'incertitudes entre elles, il faut calculer les **incertitudes relatives** $\frac{U(X)}{X}$ correspondantes.

• Pour les mesures de volume ajouté, on utilise une burette graduée. L'incertitude relative est :

$$\frac{U(V_E)}{V_E} = \frac{0,1}{8,4} = \mathbf{1,2\ \%}$$

À retenir
Pour comparer des incertitudes, il ne faut pas se fier aux incertitudes absolues $U(X)$, mais il faut comparer les incertitudes relatives $\frac{U(X)}{X}$.

• Pour la mesure du volume prélevé de la prise d'essai, on a utilisé une pipette jaugée. L'incertitude relative est :

$$\frac{U(V_A)}{V_A} = \frac{0{,}1}{10} = \mathbf{1\ \%}$$

• Pour la valeur de la concentration de la solution titrante, on nous indique une incertitude relative égale à :

$$\frac{U(C_B)}{C_B} = \frac{0{,}3 \times 10^{-2}}{1 \times 10^{-1}} = \mathbf{3\ \%}$$

La plus grande contribution à l'incertitude du résultat est donc due à la concentration de l'hydroxyde de sodium et non à la manipulation pendant le titrage.

5 Encadrer une valeur expérimentale à l'aide d'incertitudes

La valeur déterminée expérimentalement est $m_{exp} = 0{,}49$ g, mais il faut trouver l'incertitude absolue sur cette valeur $U(m_{exp})$:

$$\left(\frac{U(m_{exp})}{m_{exp}}\right)^2 = \left(\frac{U(V_A)}{V_A}\right)^2 + \left(\frac{U(V_E)}{V_E}\right)^2 + \left(\frac{U(C_B)}{C_B}\right)^2$$

Donc $U(m_{exp}) = m_{exp} \times \sqrt{\left(\frac{U(V_A)}{V_A}\right)^2 + \left(\frac{U(V_E)}{V_E}\right)^2 + \left(\frac{U(C_B)}{C_B}\right)^2}$

$$U(m_{exp}) = 0{,}49 \times \sqrt{\left(\frac{0{,}1}{10}\right)^2 + \left(\frac{0{,}1}{8{,}4}\right)^2 + \left(\frac{0{,}3 \times 10^{-2}}{1 \times 10^{-1}}\right)^2}$$

$U(m_{exp}) = 0{,}016\ 556\ 804$ g (résultat donné par la calculatrice)

Ici on obtient donc $\boldsymbol{U(m_{exp}) = 0{,}02}$ **g.**

L'encadrement de la valeur de la masse d'acide fumarique dans une gélule est donc :

$$\mathbf{0{,}47\ g \leq m_{exp} \leq 0{,}51\ g}$$

La valeur indiquée sur l'étiquette du flacon de gélules est donc correcte et elle est validée par le titrage effectué puisqu'elle se trouve dans l'encadrement trouvé.

À retenir
Par convention, on arrondit toujours par excès la valeur de l'incertitude absolue et on ne retient toujours qu'un seul chiffre significatif.

6 Choisir un indicateur coloré

Pour le choix d'un indicateur coloré, il faut s'assurer que la zone de virage de l'indicateur coloré soit comprise dans le saut de pH du titrage. Ici, seul le **rouge de crésol** permet un changement de teinte « au bon moment ».

Remarque

Il y a un second critère pour choisir un indicateur coloré : le pH à l'équivalence du titrage doit être compris dans le saut de pH.

THÈME **Structure et transformation de la matière**

Adaptation du pH de l'eau d'un aquarium

Un aquarium et tout ce qu'il contient forment un système complexe à l'équilibre fragile. De nombreux facteurs peuvent provoquer un déséquilibre dangereux pour la vie et la santé des poissons. En particulier, le pH de l'eau est une grandeur à mesurer régulièrement et à réguler si nécessaire. Il ne doit pas varier de plus de 0,5 unité de pH.

Un aquariophile débutant n'arrive pas à réguler le pH de son aquarium qui contient des plantes et des poissons (scalaires, néons cardinal et guppys). Le matin, le pH de l'eau est d'environ 6,7 et le soir de 7,5.

Paramètres optimaux de vie pour différents poissons :

Poisson	pH	Température (°C)
Néon cardinal	5,0 à 7,0	25 à 30
Scalaire	4,5 à 7,0	27 à 30
Guppy	6,0 à 8,0	18 à 30

Cet exercice a pour but d'aider l'aquariophile à réguler le fonctionnement de son aquarium.

Sur les forums d'aquariophilie on peut trouver quatre techniques d'ajustement du pH.

Technique n° 1 : Ajouter un peu d'acide sulfurique, commercialisé, par exemple, sous la dénomination « pH minus ». Il s'agit d'un acide fort, la variation du pH sera rapide et peut-être plus importante que souhaitée.

Technique n° 2 : Injecter du dioxyde de carbone dans l'eau.

Pour injecter du dioxyde de carbone dans un aquarium, le plus simple est d'utiliser un kit comprenant un bulleur, un détendeur et une bouteille pressurisée. Ce système peut être couplé à une électrovanne programmable permettant de choisir les horaires des périodes d'injection du dioxyde de carbone. Le système peut encore être optimisé en combinant un pH-mètre à l'installation, permettant une gestion automatisée de la régulation du pH.

Technique n° 3 : Ajouter une solution contenant des ions hydroxyde de formule HO^-. L'ajout doit être modéré car si l'eau devient trop basique, les ions ammonium présents dans l'eau pourraient se transformer en ammoniac, un gaz dissous particulièrement toxique pour les poissons.

Technique n° 4 : Ajouter de la craie dans l'eau de l'aquarium.

Données

- Les craies traditionnelles sont composées presque exclusivement de carbonate de calcium, un solide ionique constitué d'ions calcium Ca^{2+} et carbonate CO_3^{2-}.
- Masse molaire du carbonate de calcium : $M(CaCO_3) = 100\ g \cdot mol^{-1}$.
- Masse d'un bâton de craie : environ 10 g.

Couples acide/base	pK_a
H_2CO_3/HCO_3^-	6,3
HCO_3^-/CO_3^{2-}	10,3

Consommation et production de dioxyde de carbone et de dioxygène par les plantes aquatiques et les poissons

De jour comme de nuit, les poissons respirent ; ils absorbent donc du dioxygène et rejettent du dioxyde de carbone.

En ce qui concerne les plantes, deux phénomènes sont à prendre en compte :

– de jour comme de nuit, elles respirent ;

– de jour, lorsqu'elles reçoivent de la lumière, les plantes réalisent la photosynthèse : elles captent du dioxyde de carbone et produisent du glucose. La photosynthèse est modélisée par la réaction d'équation suivante :

$$6CO_2 + 6H_2O \xrightarrow{hv} C_6H_{12}O_6 + 6O_2$$

Globalement, lorsqu'elle reçoit suffisamment de lumière, une plante absorbe plus de dioxyde de carbone par la photosynthèse qu'elle n'en rejette par la respiration.

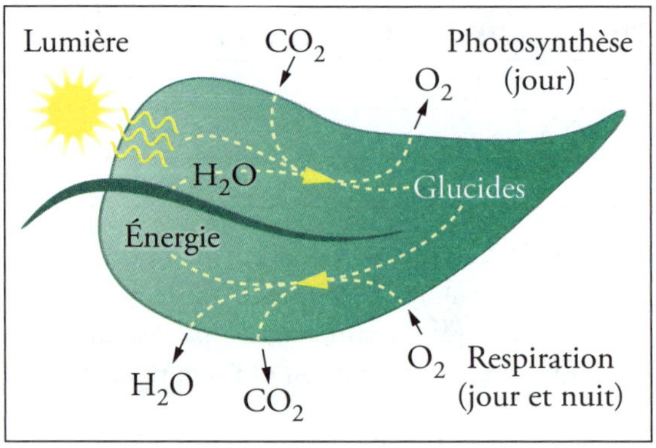

1 Une solution « pH minus » vendue pour faire baisser le pH dans un aquarium contient des ions H_3O^+ à la concentration de 3,0 mol·L⁻¹. Pour mettre en œuvre une des techniques, un aquariophile conseille sur un forum de prélever de l'eau de l'aquarium dans un récipient propre afin de diluer 50 fois la solution de pH « minus » avant de l'introduire dans l'aquarium. Déterminer la valeur du pH de la solution versée dans l'aquarium. *(0,5 point)*

2 Une des techniques propose d'injecter du dioxyde de carbone. Le dioxyde de carbone se dissout dans l'eau et y forme l'acide carbonique H_2CO_3 selon la réaction d'équation suivante :

$$CO_{2(aq)} + H_2O_{(\ell)} \rightleftarrows H_2CO_{3(aq)}$$

1. À l'aide des couples acide/base mis en jeu, écrire l'équation de la réaction intervenant entre l'acide carbonique et l'eau. *(0,5 point)*

2. Quel est l'effet de cette injection de dioxyde de carbone sur la valeur du pH de l'eau de l'aquarium ? Cette injection est-elle à conseiller à l'aquariophile débutant ? *(0,5 point)*

3. Tracer, sur un axe gradué, les domaines de prédominance des espèces acido-basiques H_2CO_3, HCO_3^- et CO_3^{2-}. Déterminer l'espèce prédominante le matin et le soir dans l'eau de l'aquarium étudié. *(0,75 point)*

3 On considère un aquarium de volume 100 L dont l'eau a une valeur de pH égale à 3,0. On se propose d'étudier l'effet de l'ajout de craie dans l'eau comme proposé dans l'une des techniques.

1. L'ajout d'un quart de bâton de craie permettra-t-il d'obtenir une solution neutre ? *(1 point)*

Pour répondre à cette question, on modélisera la transformation par la réaction intervenant entre les ions carbonate CO_3^{2-} présents dans la craie et les ions oxonium H_3O^+ de l'aquarium formant de l'acide carbonique et de l'eau. On considérera cette réaction comme totale.

2. Déterminer l'espèce prédominante après traitement. La modélisation choisie est-elle pertinente ? *(0,5 point)*

4 Compléter le tableau donné en annexe en indiquant les numéros des techniques proposées sur Internet permettant de faire diminuer ou augmenter le pH. *(0,5 point)*

5 Synthèse. *(0,75 point)*

En s'appuyant, entre autres, sur les équilibres acides/bases mis en jeu, rédiger un paragraphe expliquant :

– la variation de pH de 6,7 à 7,5 observée en journée ;

– laquelle des quatre techniques convient pour réguler le pH dans l'aquarium considéré.

Annexe

Techniques permettant de diminuer le pH de l'eau	1 2
Techniques permettant d'augmenter le pH de l'eau	3 4

LES CLÉS DU SUJET

Notions et compétences en jeu

Réaction chimique avec transfert de proton.

Conseils du correcteur

1 « Diluer 50 fois » signifie que la concentration a été divisée par 50.

2 Se souvenir que CO_2 en présence d'eau se comporte en acide.

3 **1.** Pour obtenir la neutralisation de l'aquarium, il faut ajouter une base puisqu'il est acide. C'est le rôle des ions carbonate. Déterminez les quantités des ions CO_3^{2-} et H_3O^+ dans l'aquarium puis faites le tableau d'avancement de la réaction chimique.

$$CO_{3(aq)}^{2-} + 2\,H_3O_{(aq)}^+ \rightarrow H_2CO_{3(aq)} + 2H_2O_{(\ell)}$$

Calculez alors la quantité d'ion H_3O^+ après la réaction et déduisez-en le pH de l'aquarium.

5 Le pH de l'aquarium a tendance à augmenter donc vous devez trouver une méthode pour le diminuer. Utilisez la réponse à la question **2**.

❶ Déterminer le pH d'une solution

On peut déduire le pH d'une solution aqueuse par la concentration en ion oxonium à partir de la relation :

$$pH = -\log[H_3O^+].$$

Or la solution initiale a une concentration en ion oxonium H_3O^+ égale à $C = 3{,}0\ \text{mol}\cdot\text{L}^{-1}$. On a dilué 50 fois la solution, on a donc divisé la concentration initiale par 50. La concentration de la solution fille est alors :

$[H_3O^+] = \dfrac{C}{50} = 6{,}0 \times 10^{-2}\ \text{mol}\cdot\text{L}^{-1}$.

D'où **pH** = $-\log[H_3O^+] = -\log(6{,}0 \times 10^{-2})$ = **1,2.**

Notez bien
Pour les pH, la précision se limite quasiment toujours au dixième d'unité (un seul chiffre après la virgule). On ne marque quasiment jamais le centième d'unité pH.

❷ 1. Écrire une équation de réaction

L'acide carbonique H_2CO_3 est l'acide du couple H_2CO_3/HCO_3^- donc sa réaction avec l'eau est modélisée par l'équation :

$$H_2CO_{3(aq)} + H_2O_{(\ell)} \rightleftarrows HCO^-_{3(aq)}H_3O^+_{(aq)}$$

2. Déduire les conséquences de l'ajout d'un réactif

L'ajout de dioxyde de carbone forme du gaz carbonique qui est un acide donc réagit avec l'eau selon la réaction précédente, ce qui libère des ions H_3O^+ dans l'aquarium. Or la concentration de ces ions est directement liée au pH : plus il y en a, plus le pH est faible. Donc, **l'ajout de CO_2 dans l'aquarium diminue le pH de ce dernier**.

Pour l'aquariophile débutant, l'injection de dioxyde de carbone est peut-être délicate à régler cependant s'il utilise un système automatisé avec mesure du pH et régulation automatique, nous pouvons le conseiller.

3. Prédire l'espèce prédominante en solution

Voici le **diagramme de prédominance** des deux couples de l'hydrogénocarbonate HCO_3^- :

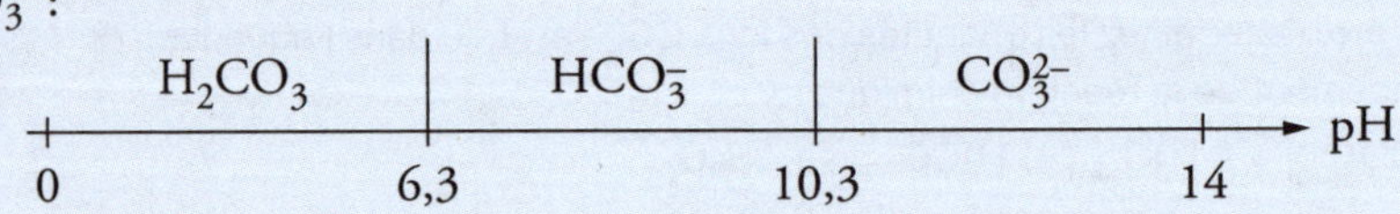

D'après ce diagramme de prédominance, l'espèce prédominante, le matin comme le soir, dans l'aquarium est **l'ion hydrogénocarbonate HCO_3^-** puisque le pH de l'aquarium est entre les deux pK_a.

❸ 1. Produire un raisonnement aboutissant au pH d'une solution

Le bâton de craie est composé de carbonate de calcium et l'ion carbonate est la base conjuguée du couple HCO_3^-/CO_3^{2-}. Une fois que le carbonate de calcium est dissous dans l'eau de l'aquarium, les ions réagissent avec les ions H_3O^+ et augmentent ainsi la valeur du pH.

Gagnez des points
Pour une réaction de dissolution, vous pouvez ajouter « eau » au-dessus de la flèche de l'équation.

Il faut tout d'abord connaître la quantité de carbonate formée par la dissolution de la craie :

$$CaCO_3 \rightarrow Ca^{2+}_{(aq)} + CO^{2-}_{3(aq)}$$

En considérant cette réaction comme étant totale on aura après dissolution **d'un quart de bâton** de craie :

$$n(CO_3^{2-}) = \frac{m(CaCO_3)}{M(CaCO_3)} = \frac{2,5}{100} = 2,5 \times 10^{-2} \text{ mol.}$$

Ces ions vont ensuite réagir selon la réaction d'équation :

$$CO_{3\ (aq)}^{2-} + 2\ H_3O^+_{(aq)} \rightarrow H_2CO_{3(aq)} + 2H_2O_{(\ell)}$$

La quantité initiale d'ion H_3O^+ est donnée par :

$$n_i(H_3O^+) = [H_3O^+] \times V_{aquarium}$$
$$= 10^{-pH} \times V_{aquarium}$$
$$= 0,10 \text{ mol.}$$

On peut alors prévoir l'évolution de la réaction chimique avec le tableau d'avancement ci-dessous.

Avancement	$n(CO_3^{2-})$	$n(H_3O^+)$	$n(H_2CO_3)$	$n(H_2O)$
• État initial $x = 0$	$2,5 \times 10^{-2}$	0,10	0	Solvant
• État intermédiaire x	$2,5 \times 10^{-2} - x$	$0,10 - 2x$	x	Solvant
• État final maximal x_{max}	0	$5,0 \times 10^{-2}$	$x_{max} = 2,5 \times 10^{-2}$	Solvant

Remarque
Le tableau d'avancement n'est pas obligatoire. Vous pouvez déterminer la quantité restante d'ions H_3O^+ sans le faire.

Ici le réactif limitant est l'ion carbonate et il reste $5,0 \times 10^{-2}$ mol d'ion oxonium H_3O^+. On peut ainsi déduire le pH de l'aquarium :

$$pH = -\log [H_3O^+]$$

$$pH = -\log \frac{n(H_3O^+)}{V_{aquarium}}$$

$$pH = -\log \frac{5,0 \times 10^{-2}}{100}$$

pH = 3,3.

Nous pouvons alors conclure qu'ajouter un quart de bâton de craie n'est **pas suffisant pour neutraliser l'aquarium** (il fait passer le pH de 3 à 3,3).

2. Déterminer l'espèce chimique prédominante

Après traitement, le pH est de 3,3 donc **l'espèce prédominante est l'acide carbonique H_2CO_3** comme nous pouvons le constater sur le diagramme de prédominance donné en ❷ **3.** La modélisation de la transformation chimique est donc cohérente puisque nous avons considéré la réaction chimique qui forme l'acide carbonique. Par contre, un pH égal à 3 pour un aquarium est très faible (aucun poisson cité dans les documents n'y survit) donc la valeur du pH ne semble pas appropriée.

❹ Déduire la conséquence d'un protocole expérimental

Techniques permettant de diminuer le pH de l'eau	**1 et 2**
Techniques permettant d'augmenter le pH de l'eau	**3 et 4**

PHYSIQUE - CHIMIE

5 Faire une synthèse du problème proposé

Pour comprendre l'élévation du pH en journée, il faut considérer les deux sources de modification de ce pH : les poissons et les plantes.

Les poissons absorbent du O_2 et rejettent du CO_2 qui forme de l'acide carbonique H_2CO_3 et font ainsi diminuer le pH (vu à la question 2). Cependant les plantes absorbent davantage de CO_2 qu'elles n'en produisent donc si le pH de l'aquarium augmente pendant la journée, c'est que la photosynthèse due aux plantes est suffisante pour aussi absorber le CO_2 produit par les poissons. En somme, pendant la journée, la consommation de CO_2 par les plantes est supérieure à sa production, ce qui entraîne une augmentation de pH (puisqu'on a consommation d'une espèce acide).

Le pH de l'aquarium considéré a tendance à augmenter trop vite, il faut donc le diminuer régulièrement pour éviter une basification de l'aquarium qui pourrait engendrer la formation d'ammoniaque qui est un poison pour les poissons.

Des deux premières techniques, la plus adaptée semble être la seconde, l'injection de dioxyde de carbone, puisque la première peut engendrer des variations trop brusques du pH.

THÈME **Structure et transformation de la matière**

L'huile d'olive, matière première et aliment

Ph © MaxRiesgo/Fotolia

C'est par pression de la pulpe d'olive provenant du broyage des olives, et par extraction de la fraction huileuse des autres composants solides et liquides, que sont produites les huiles d'olive.

Les huiles d'olive « vierges » sont des huiles obtenues par procédés mécaniques ou d'autres procédés physiques, dans des conditions, thermiques notamment, qui n'entraînent pas d'altération de l'huile ; elles n'ont subi aucun traitement autre que lavage, décantation, centrifugation et filtration.

Ph © illustrez-vous/Fotolia

Différentes catégories d'huile d'olive « vierge » existent en fonction de leur taux en acide oléïque ; par exemple l'huile d'olive « vierge » extra, considérée comme la meilleure, comporte au maximum 0,8 g d'acide oléïque pour 100 g d'huile. La qualité nutritionnelle et organoleptique dépend de la catégorie.

Les principaux constituants des huiles végétales et des graisses animales sont des triglycérides d'acides gras (notés TAG). L'acide gras, majoritairement présent dans les TAG de l'huile d'olive, est l'acide oléique ; il est formé lors de la dégradation de l'huile par hydrolyse. C'est l'acide gras, c'est-à-dire à longue chaîne, le plus abondant de l'organisme ; son nom vient de l'huile d'olive, mais il est aussi abondant dans les TAG des huiles végétales et de certaines graisses animales (graisses d'oie, de canard…). Il fait partie de la famille des acides gras oméga 9, acides mono-insaturés qui ont des effets bénéfiques reconnus contre les maladies cardio-vasculaires.

L'huile d'olive peut être consommée à froid ou en friture et être utilisée pour la fabrication des savons.

Données

• Formule topologique de l'acide oléique :

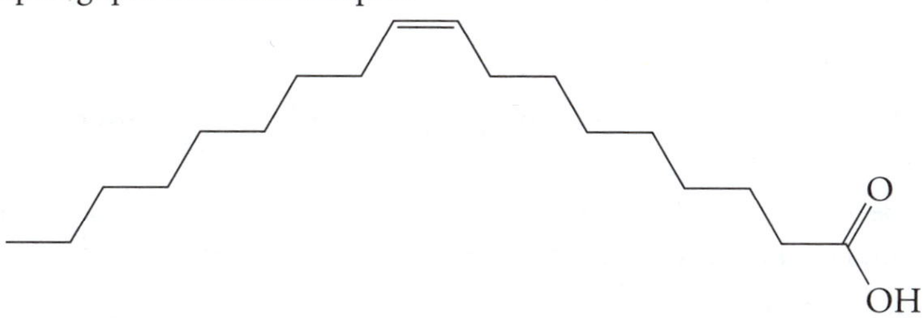

• Masses molaires moléculaires :

$M_{\text{acide oléique}} = 282\ \text{g}\cdot\text{mol}^{-1}$; $M_{\text{oléine}} = 884\ \text{g}\cdot\text{mol}^{-1}$; $M_{\text{savon}} = 304\ \text{g}\cdot\text{mol}^{-1}$.

• Masse volumique de l'huile d'olive :

$\rho_{\text{huile d'olive}} = 0{,}92\ \text{g}\cdot\text{mL}^{-1}$.

• L'huile d'olive est miscible à un mélange d'éthanol et d'éther et elle est non miscible à l'eau.
• Le taux d'acidité libre représente la proportion d'acides gras libres qui apparaissent lorsque les triglycérides de l'huile d'olive sont dégradés par hydrolyse. Ce taux est exprimé en « grammes d'acide libre pour 100 g d'huile ».

Type d'huile d'olive	Taux d'acidité
Huile d'olive extra vierge	⩽ 0,8 %
Huile d'olive vierge	⩽ 2 %
Huile d'olive vierge courante	⩽ 3 %
Huile d'olive raffinée	⩽ 0,3 %

1. DE L'HUILE D'OLIVE AU SAVON

À partir des triglycérides d'acides gras (TAG) présents dans les huiles, il est possible de synthétiser des savons. Le savon de Marseille® est fabriqué à partir d'huile d'olive et de soude ; ce savon est constitué d'oléate de sodium.

Le protocole de synthèse de ce savon au laboratoire est décrit ci-dessous :
– verser 13,6 g d'huile d'olive (oléine) et 20 mL d'éthanol dans un ballon ;
– ajouter 20 mL de soude à 10 mol·L^{-1} (en excès) ;
– chauffer à reflux le mélange réactionnel durant 15 minutes environ ;
– verser le mélange obtenu dans un bécher contenant 100 mL de solution aqueuse de chlorure de sodium : le précipité obtenu est l'oléate de sodium.

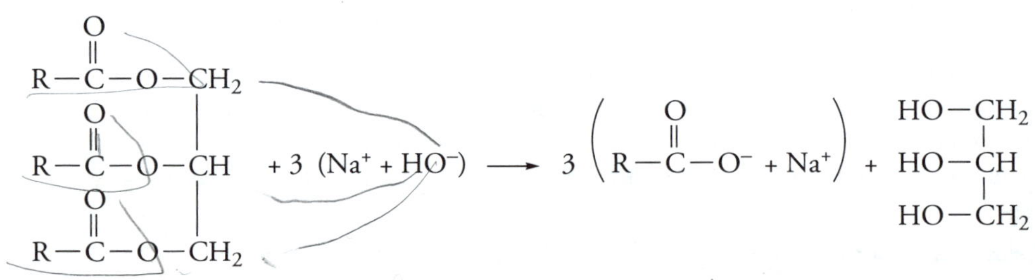

Oléine (TAG) Soude Oléate de sodium Glycérol

Équation de la réaction de synthèse de l'oléate de sodium

❶ À quelle famille de fonction appartiennent les TAG ?

❷ Compléter le protocole avec les étapes permettant d'obtenir un « pain » de savon utilisable en cosmétique.

❸ Quel est le rendement de la réaction de synthèse du savon de Marseille® au laboratoire sachant que 6,6 g de savon ont été obtenus en mettant en œuvre le protocole décrit ci-dessus ?

❹ Mécanisme réactionnel de la synthèse d'un savon.

Un mécanisme simplifié de la réaction de synthèse d'un savon est proposé en annexe.

1. Représenter les flèches courbes rendant compte du mécanisme des trois étapes. Justifier précisément l'orientation de ces flèches.

2. Pour chacune des trois étapes, indiquer la catégorie de la réaction.

2. BÉNÉFIQUE POUR LA SANTÉ, L'HUILE D'OLIVE ?

Des études réalisées par l'université de Bari (ville située au sud de l'Italie) sur des populations âgées ont montré qu'une alimentation riche en acides gras mono-insaturés (tel que l'acide oléique) prévenait la dégradation de la mémoire et des fonctions cognitives. Selon sa catégorie, l'huile d'olive peut en être plus ou moins riche. Les qualités nutritionnelles et diététiques ne sont toutefois avérées que pour des huiles d'appellation « vierge » ou « extra vierge ».

Le technicien d'un laboratoire d'analyse cherche à déterminer la catégorie d'une huile d'olive. Pour cela, il effectue les opérations décrites ci-après.

Dans un erlenmeyer de 250 mL, il verse un volume $V_{ethanol} = (40 \pm 1)$ mL d'éthanol et un volume $V_{ether} = (40 \pm 1)$ mL d'éther éthylique. Ce mélange sert de solvant.

Il ajoute dans l'erlenmeyer un volume $V_{huile} = (20{,}0 \pm 0{,}1)$ mL d'huile d'olive, puis quelques gouttes d'indicateur coloré.

Il agite pour homogénéiser le mélange.

Il ajoute progressivement au mélange contenu dans l'erlenmeyer une solution S de potasse alcoolique (hydroxyde de potassium, $K^+_{(aq)} + HO^-_{(aq)}$, en solution dans l'éthanol) de concentration molaire $C_b = (1{,}00 \pm 0{,}02) \times 10^{-1}$ $mol \cdot L^{-1}$, contenue dans une burette.

Il observe un virage de l'indicateur coloré pour un volume V de solution S d'hydroxyde de potassium versé égal à $(10{,}4 \pm 0{,}1)$ mL.

1 Analyse des opérations réalisées par le technicien

1. Pourquoi utilise-t-il comme solvant un mélange d'éthanol et d'éther alors qu'aucune de ces espèces n'intervient dans la réaction du titrage ?

2. Les volumes d'huile et d'éthanol ont-ils été prélevés avec la même verrerie ? Justifier.

3. Le technicien du laboratoire doit-il prendre des mesures de précautions particulières ?

4. Quel type d'analyse le technicien a-t-il mis en œuvre ?

2 Exploitation de l'analyse

L'équation de la réaction intervenant entre l'acide oléique présent dans l'huile et les ions hydroxyde contenus dans la solution S est la suivante :

$$RCOOH + OH^- \rightarrow RCOO^- + H_2O$$

1. Déterminer la masse m_a d'acide oléique contenu dans le volume d'huile prélevé.

2. Donner un encadrement de la masse m_a d'acide oléique contenu dans l'huile sachant que la valeur de l'incertitude $U(m_a)$ sur la masse est donnée par la relation :

$$\left(\frac{U(m_a)}{m_a}\right)^2 = \left(\frac{U(V_e)}{V_e}\right)^2 + \left(\frac{U(C_b)}{C_b}\right)^2$$

3. En admettant que l'ordre de grandeur de la masse m_a soit égal à 0,3 g, déterminer à quelle catégorie d'huile d'olive cette huile appartient. Présente-t-elle des atouts nutritionnels et diététiques ?

Annexe

Étape a

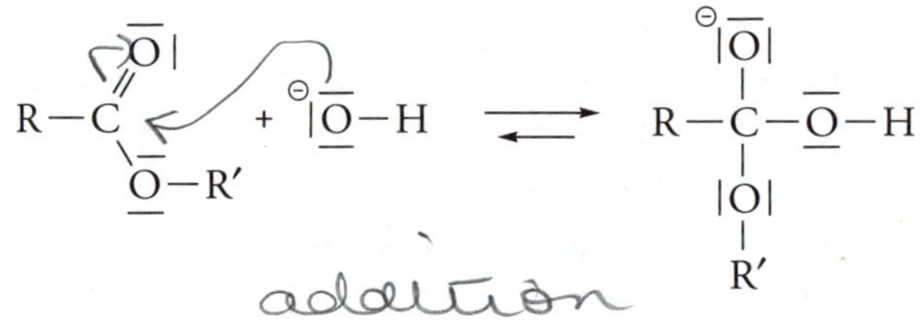

Étape b

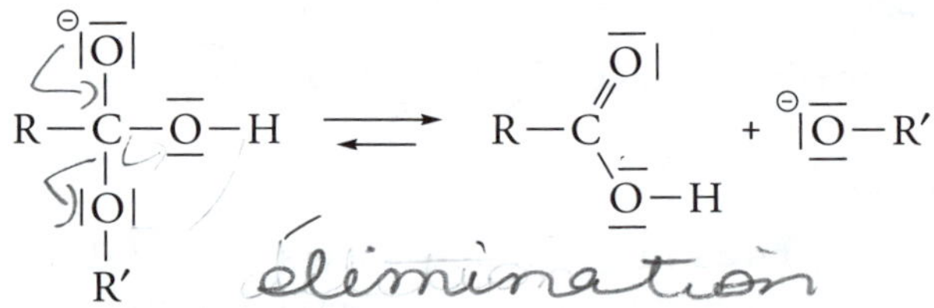

Étape c

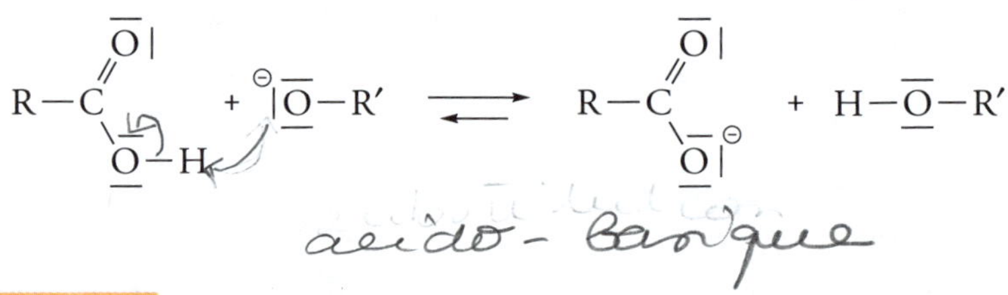

LES CLÉS DU SUJET

■ Notions et compétences en jeu

Transformations en chimie organique.

■ Conseils du correcteur

Partie 1

❶ Repérez le (ou les) groupe(s) caractéristique(s) présent(s) sur la molécule TAG.

❸ Le rendement est le rapport $\frac{m_{\text{obtenue}}}{m_{\text{théorique maximale}}}$. La masse obtenue est dans les données de l'énoncé. Donc, il vous faut déterminer la masse théorique maximale que l'on peut faire avec les quantités utilisées (vous pouvez faire un tableau d'avancement).

Partie 2

❶ **1.** Cherchez dans les données la particularité de l'huile d'olive par rapport à l'eau et au mélange éthanol/éther.

❷ **1.** L'acide oléique a été titré par les ions HO^- donc utilisez la définition de l'équivalence : les réactifs sont dans les proportions stœchiométriques. Vous pouvez trouver la quantité d'acide oléique dans les 20 mL d'huile d'olive et il faut alors calculer sa masse.

Les incertitudes $U(V_e)$ et $U(C_b)$ sont données dans l'énoncé : « à côté » des valeurs de V_e et de C_b ! Faites attention aux unités !

3. Relisez la définition du taux d'acidité donnée : « Ce taux est exprimé en grammes d'acide libre pour 100 g d'huile. » Ici l'acide libre est l'acide oléique. Il vous faut donc calculer la masse d'huile de 20 mL d'huile puis la masse d'acide contenue dans 100 g d'huile et enfin exprimer le rapport des deux (le taux) en pourcentage.

CORRIGÉ SUJET 13

1. DE L'HUILE D'OLIVE AU SAVON

❶ Reconnaître une famille organique

Il s'agit de la famille des **esters** puisque l'on remarque le groupe fonctionnel R-CO-O-R′ caractéristique des esters.

❷ Écrire un protocole approprié

Le savon a précipité c'est-à-dire qu'il est maintenant sous forme solide mais il se trouve encore dans le milieu réactionnel avec toutes les espèces restantes de la réaction (produits, réactifs en excès, solvant et espèces spectatrices).
Il faut donc l'extraire de ce milieu. La technique appropriée est la filtration et la plus efficace des filtrations est la filtration sous vide (dite aussi « sous Buchner »). De cette façon, on pourra récupérer le solide formé séparé du reste des espèces liquide et solubilisées. Pour réussir cette filtration, il faudra certainement un peu d'eau distillée pour arroser les parois du bécher et de l'entonnoir pour ne pas perdre de savon. On essayera de faire le moins d'ajout d'eau possible pour ne pas trop en solubiliser et donc en perdre.

Remarque
Le savon obtenu contient très certainement des impuretés et donc une ou plusieurs étapes de purification sont certainement aussi à prévoir. Notamment l'élimination de la soude puisqu'elle est corrosive et qu'il s'agit de la synthèse d'un produit cosmétique.

❸ Calculer un rendement

La formule d'un rendement est par définition :

$$r = \frac{m_{\text{obtenue}}}{m_{\text{théorique maximale}}}$$

Info
Le rendement aurait aussi pu être calculé à partir des quantités de matière de savon et non des masses.

Pour obtenir le rendement, il faut non seulement connaître la masse qui a été réellement fabriquée (ici 6,6 g) mais aussi ce qui aurait pu être fabriqué dans les conditions optimales et de façon théorique (notamment en supposant la réaction totale). Pour cela, il faut calculer la quantité maximale théorique synthétisable à partir des quantités de réactifs introduites.
On a effectué la réaction dont le bilan est :

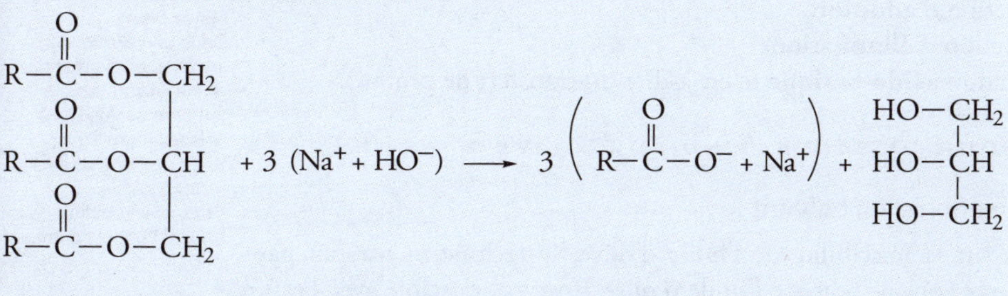

Oléine (TAG) **Soude** **Oléate de sodium** **Glycérol**

avec 13,6 g d'oléine et un excès de soude.

L'oléine est alors le réactif en défaut et donc, d'après les coefficients stœchiométriques de l'équation, on peut écrire : $n_{\text{oléate de sodium}} = 3n_{\text{oléine}}$

or $n_{\text{oléine}} = \dfrac{m_{\text{oléine}}}{M_{\text{oléine}}} = \dfrac{13{,}6}{884} = 15{,}4 \times 10^{-3}$ mol

La masse maximale synthétisable de savon (olétate de sodium) est donc :
$m_{\text{savon}} = n_{\text{oléate de sodium}} \times M_{\text{savon}} = 3 \times 15{,}4 \times 10^{-3} \times 304 = 14{,}0$ g.
Le rendement r de la réaction de synthèse est donc :

$$r = \frac{m_{\text{obtenue}}}{m_{\text{théorique maximale}}} = \frac{m_{\text{obtenue}}}{m_{\text{savon}}} = \frac{6{,}6}{14} = 0{,}47 = \mathbf{47\%}.$$

❹ 1. Proposer un mécanisme réactionnel

Étape a

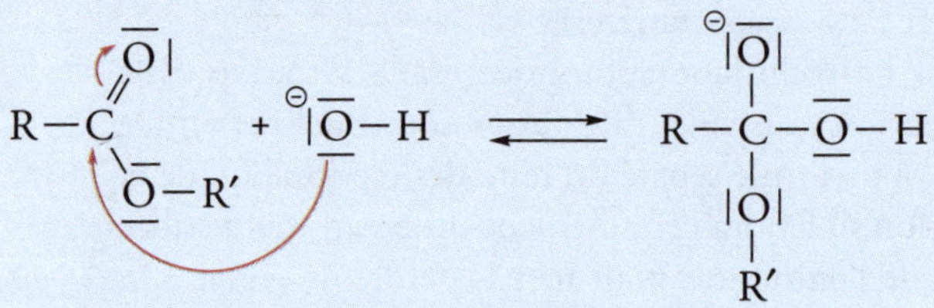

Attention
Les flèches courbes partent toujours d'un doublet d'électrons.

Étape b

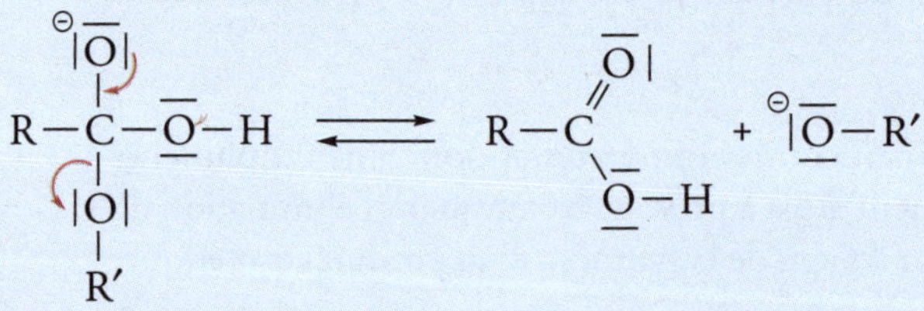

Étape c

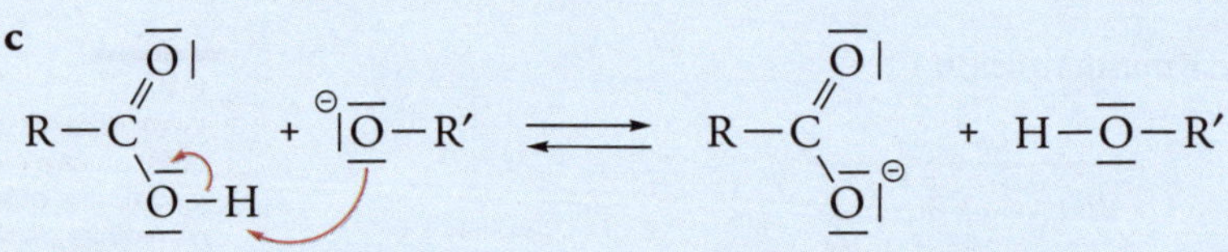

Dans la première étape l'atome d'oxygène de l'ion hydroxyde est donneur d'électrons (3 doublets non liants et une charge négative) or l'atome de carbone du groupe ester est déficitaire en électrons puisqu'il est lié à deux atomes d'oxygène plus électronégatifs que lui.

2. Identifier les catégories de réaction chimique

L'**étape a** est une réaction d'**addition.**
L'**étape b** est une réaction d'**élimination.**
L'**étape c** est une réaction **acido-basique** (c'est-à-dire un transfert de proton).

Notez bien
Dans une élimination, il y a toujours création d'une liaison double (ou d'un cycle). Dans une addition, il y a toujours perte d'une liaison double.
Dans une substitution, il y a ni l'un, ni l'autre.

2. BÉNÉFIQUE POUR LA SANTÉ, L'HUILE D'OLIVE ?

❶ 1. Justifier l'utilisation d'un solvant

D'après les données sur la miscibilité de l'huile d'olive, le technicien n'aurait pas pu utiliser l'eau comme solvant puisque l'huile d'olive n'est pas miscible avec l'eau, contrairement au mélange éthanol/éther. Pour la réaction, cela permet d'avoir un milieu dans lequel les deux réactifs (huile et ions hydroxyde) sont au moins partiellement présents.

2. Déterminer la précision de la verrerie

Le volume d'éthanol prélevé est (40 ± 1) mL alors que celui d'huile d'olive est (20,0 ± 0,1) mL. La précision sur le second volume est dix fois plus grande : par conséquent il ne peut s'agir de la même verrerie.

3. Prévoir des mesures de sécurité au laboratoire

En laboratoire, et en présence d'espèces liquide à transvaser, on doit porter une blouse et des lunettes de protection. L'hydroxyde de potassium est, tout comme l'hydroxyde de sodium, corrosif donc il faut porter des gants pour se protéger. Enfin, l'éther et l'éthanol étant assez volatiles, il vaudrait mieux travailler sous une hotte aspirante.

4. Identifier une analyse chimique

Le technicien a effectué un titrage avec un suivi colorimétrique, avec indicateur coloré. Il s'agit d'une analyse quantitative.

2 1. Calculer la masse d'un réactif à l'aide d'un titrage

La masse d'huile d'olive prélevée est :

$m_a = n_a \times M_{\text{acide oléique}}$ d'où $m_a = C_b \times V_e \times M_{\text{acide oléique}}$

En effet, à l'équivalence du titrage, les réactifs (acide oléique et ion hydroxyde) ont été introduits en proportion stœchiométrique ; d'où :

$n_a = n(HO^-) = C_b \times V_e$.

On a donc : $\boldsymbol{m_a} = 1{,}00 \times 10^{-1} \times 10{,}4 \times 10^{-3} \times 282 = 0{,}293$ g = **293 mg.**

2. Écrire une valeur encadrée avec incertitude

$$\text{On a } \left(\frac{U(m_a)}{m_a}\right)^2 = \left(\frac{U(V_e)}{V_e}\right)^2 + \left(\frac{U(C_b)}{C_b}\right)^2$$

$$U(m_a) = m_a \times \sqrt{\left(\frac{U(V_e)}{V_e}\right)^2 + \left(\frac{U(C_b)}{C_b}\right)^2} = 293 \times \sqrt{\left(\frac{0{,}1}{10{,}4}\right)^2 + \left(\frac{0{,}002}{0{,}1}\right)^2}$$

$U(m_a) = 6{,}5$ mg $\simeq 7$ mg. On a alors $m_a = 293 \pm 7$ mg et l'encadrement de la masse d'acide oléique est donc : **286 mg ⩽ $\boldsymbol{m_a}$ ⩽ 300 mg.**

> **Gagnez des points**
> Les résultats des incertitudes absolues sont toujours à écrire avec un seul chiffre significatif (ici 7 mg).

> **Attention**
> Le chiffre de l'incertitude absolue doit coïncider avec le dernier chiffre significatif de la valeur associée. Ici la masse est au milligramme près : 0,293 g et non 0,293 4 g ou 0,29 g et l'incertitude porte bien sur le milligramme.

3. Conclure sur un critère de pureté d'un produit commercial

La catégorie d'huile d'olive est déterminée à partir du taux d'acidité et, d'après la définition donnée, il s'agit de la masse d'acide oléique pour 100 g d'huile.

Ici, on a déterminé cette masse, 0,3 g, pour un prélèvement de 20 mL d'huile d'olive. Cela correspond à une masse d'huile d'olive égale à :

$m_{\text{huile}} = \rho \times V_{\text{huile}} = 0{,}92 \times 20 = 18{,}4$ g.

Calculons le taux d'acidité correspondant à 0,3 g d'acide oléique pour 18,4 g d'huile d'olive. On obtient $\frac{0{,}3}{18{,}4} = 0{,}016 = 1{,}6\,\%$.

L'huile d'olive analysée a un **taux d'acidité égal à 1,6 %**. Ce taux est compris entre 0,8 et 2 % donc cette huile est de catégorie « **huile d'olive vierge** ». D'après les études décrites dans l'énoncé, elle possède des atouts nutritionnels et diététiques.

THÈME Énergie, matière et rayonnement

Se chauffer avec le numérique

Un centre de données (*data center*, en anglais) est un lieu où se trouvent regroupés les équipements constituant le système d'information de l'entreprise (ordinateurs centraux, serveurs, baies de stockage, équipements réseaux et de télécommunications, etc.). Les plus connus sont ceux de Google, Facebook, Apple…

Ph © Google/Connie Zhou

Centre de données de Google

Au Val d'Europe, en Seine-et-Marne, le centre de données de Natixis permet de chauffer le nouveau centre aquatique et une pépinière d'entreprises.
Piscine et pépinière d'entreprises (près de 6 000 m² au total) sont pourtant loin d'utiliser toute l'énergie disponible. Selon Dalkia, la filiale commune de Veolia et d'EDF qui exploite le réseau de chauffage, le centre de données peut chauffer jusqu'à 600 000 m².
Un centre de données de cette importance, avec de telles batteries de serveurs à alimenter et à refroidir en permanence, consomme une énergie électrique considérable : autant qu'une ville moyenne de 50 000 habitants. 30 % de cette énergie est utilisée pour le refroidissement des serveurs. Plutôt que de gaspiller en pure perte cette énergie, autant récupérer la chaleur que dégage la climatisation.

D'après le site www.alliancy.fr

Données numériques

Matériau	Laine de verre	Polystyrène	Laine de roche	Béton armé	Polymère
Conductivité thermique λ ($W \cdot K^{-1} \cdot m^{-1}$)	0,032	0, 038	0,034	2,2	0,18

1 kWh = $3{,}6 \times 10^6$ J

Données

• Conditions d'obtention du label HQE (haute qualité environnementale) :
On note Z la résistance thermique d'une paroi ayant une surface de 1 m². Pour obtenir le label HQE, la valeur de Z doit avoir une valeur minimale notée Z_{HQE}. Cette valeur minimale dépend de la paroi étudiée. Les valeurs minimales sont données sur le schéma ci-après.

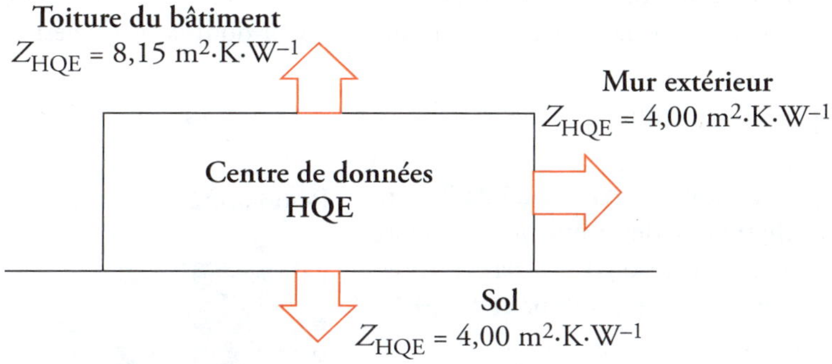

• L'énergie thermique transférée à un système par un flux thermique φ pendant la durée Δt est :

$Q = \varphi \, \Delta t$

avec :
Q, énergie thermique transférée (J) ;
φ, flux thermique (W) ;
Δt, durée du transfert (s).

• Lorsque les températures extérieure T_{ext} et intérieure T_{int} sont constantes au cours du temps, avec $T_{int} > T_{ext}$, le flux thermique φ à travers une paroi s'exprime par :

$$\varphi = \frac{T_{int} - T_{ext}}{R_{th}}$$

avec :
φ, flux thermique (W) ;
R_{th}, résistance thermique de la paroi considérée ($K \cdot W^{-1}$).

• La résistance thermique R_{th} d'une paroi plane est définie par la relation :

$$R_{th} = \frac{Z}{S} \quad \text{avec} \quad Z = \frac{e}{\lambda}$$

avec :
e, épaisseur de la paroi (m) ;
λ, conductivité thermique (en unité du système international USI) ;
S, surface de la paroi (m^2) ;
Z, résistance thermique d'une paroi ayant une surface égale à 1 m^2.

• Les résistances thermiques de plusieurs matériaux superposés s'ajoutent.

1. ISOLATION THERMIQUE DES MURS DU CENTRE DE DONNÉES

Lors de l'élaboration des plans du centre de données, l'objectif était d'obtenir le label HQE pour le bâtiment. Dans toute cette partie, on raisonnera sur un mur extérieur dont la surface est de 1,0 m².

❶ Quelle devrait être l'épaisseur du mur extérieur si celui-ci n'était constitué que de béton armé ? *(0,5 point)*

❷ L'épaisseur des murs en béton armé est en réalité de 20 cm. Pour améliorer la résistance thermique des murs, on se propose d'ajouter une couche d'isolant et de la recouvrir de panneaux en polymère de 5,0 cm d'épaisseur afin de réaliser une étanchéité à l'eau et à l'air (schéma ci-contre).
L'isolant choisi est la laine de verre. Justifier ce choix. *(0,5 point)*

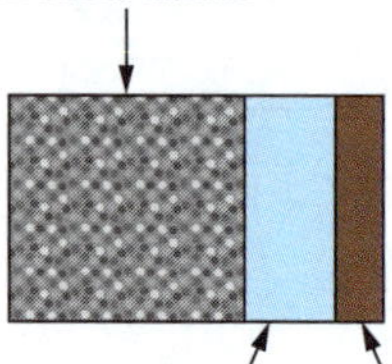

❸ Déterminer l'épaisseur minimale de laine de verre nécessaire pour que la condition d'obtention du label HQE soit vérifiée. *(1 point)*

2. BILAN THERMIQUE DU CENTRE DE DONNÉES

Un bâtiment contenant 20 000 serveurs a une longueur de 80 m, une largeur de 50 m et une hauteur de 10 m. Le reste du bâtiment contient des bureaux et des locaux techniques qui ne seront pas pris en compte. Le bâtiment respecte les normes HQE. La puissance électrique consommée par un serveur est de 480 W.

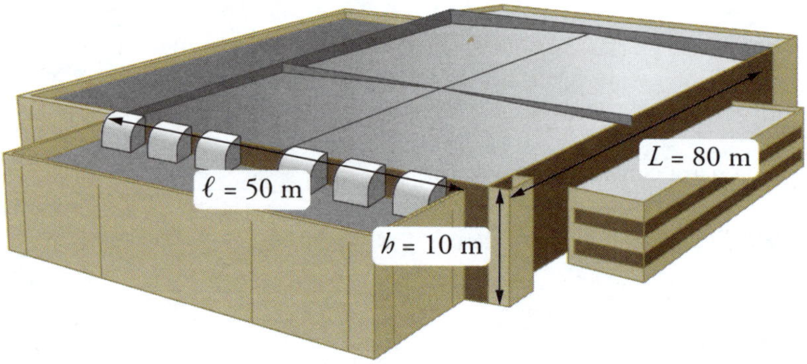

D'après le site www.econovista.blogspot.fr

On admettra que toute l'énergie électrique consommée par les 20 000 serveurs est transformée en énergie thermique. On se placera dans la situation où la valeur de la résistance thermique de chaque paroi de surface de 1,0 m² est égale à la valeur minimale Z_{HQE}.

❶ Citer les trois modes de transfert qui permettent aux ordinateurs de céder de l'énergie thermique à la pièce où ils sont stockés. *(0,75 point)*

❷ Montrer, dans le cadre des hypothèses faites, que l'énergie thermique $Q_{serveurs}$ libérée en une journée par les serveurs est égale à $8{,}3 \times 10^{11}$ J. *(0,75 point)*

❸ Les températures moyennes au Val d'Europe au cours d'une journée d'hiver sont rassemblées dans le tableau ci-dessous.

	Air extérieur	Sol	Intérieur
Température (°C)	7,0	11	23

1. Calculer le transfert thermique Q_{sol} à travers le sol pour une journée d'hiver. *(0,75 point)*

2. Sachant que les transferts thermiques à travers les murs et la toiture, pour une journée d'hiver, sont respectivement $Q_{murs} = 9{,}0 \times 10^8$ J et $Q_{toiture} = 6{,}8 \times 10^8$ J, déterminer l'énergie thermique totale perdue par l'ensemble des parois du centre de données au cours d'une journée d'hiver. *(0,5 point)*

❹ Que risque-t-il de se passer au niveau du bâtiment du centre de données si rien n'est fait ? *(0,5 point)*

3. VALORISATION DE L'ÉNERGIE PRODUITE PAR LES SERVEURS

❶ L'énergie thermique libérée en six mois par les serveurs est égale à $1{,}5 \times 10^{14}$ J. On estime qu'il faut 50 kWh pour chauffer 1 m² de logement récent durant les six mois de l'année où le chauffage est en fonctionnement.

Quelle surface de logement ce système permet-il de chauffer, durant ces six mois, grâce au centre de données ? La valeur annoncée dans le texte introductif est-elle réaliste ? *(0,75 point)*

❷ Plutôt que de rejeter de l'air chaud à l'extérieur, il est possible d'utiliser l'énergie thermique libérée pour chauffer des bureaux ou des logements voisins. Une machine thermique, aussi appelée climatiseur, refroidit l'air du centre de données et chauffe l'eau d'un circuit d'eau chaude primaire. Le circuit d'eau chaude primaire permet ensuite de chauffer l'eau des différents bâtiments par l'intermédiaire d'un échangeur.

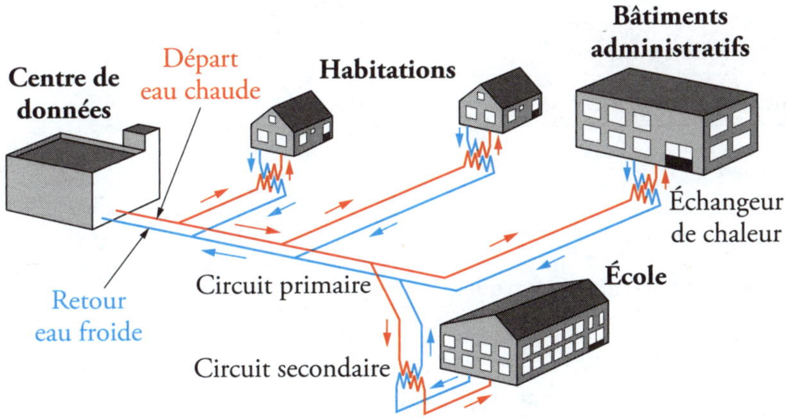

La machine thermique est installée dans le centre de données.

Dans le cadre d'un modèle simplifié, les échanges énergétiques au niveau de la machine thermique peuvent être représentés sur le schéma ci-dessous :

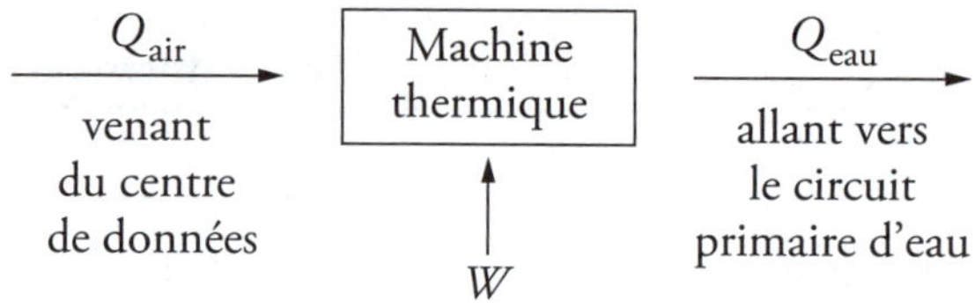

- Q_{air} est l'énergie thermique fournie par l'air en une journée : $Q_{air} = 5{,}2 \times 10^{11}$ J
- Q_{eau} est l'énergie thermique reçue par l'eau en une journée.
- W est l'énergie électrique reçue par la machine thermique en une journée : $W = 1{,}0 \times 10^5$ kWh

Sachant que la machine thermique ne fait que convertir sans perdre l'énergie qu'elle reçoit, donner la relation entre Q_{eau}, Q_{air} et W. *(0,5 point)*

3 Sachant que dans le circuit primaire l'eau entre dans la machine thermique à la température moyenne de 10 °C pendant les six mois de fonctionnement du chauffage des logements et bureaux, avec un débit de 2×10^2 m³ · h⁻¹, quel mode de chauffage peut-on envisager pour chauffer les logements voisins ? *(1,5 point)*

Toute démarche de résolution, même partielle, sera valorisée.

Données

Mode de chauffage	Radiateur	Plancher chauffant
Température de l'eau	50 °C à 65 °C	25 °C à 30 °C

	Eau
Capacité calorifique ($J \cdot kg^{-1} \cdot K^{-1}$)	4 185
Masse volumique ($kg \cdot m^{-3}$)	$1{,}0 \times 10^3$

LES CLÉS DU SUJET

Notions et compétences en jeu

Énergie, matière et rayonnement • Transfert thermique.

Conseils du correcteur

Partie 1

1 Utilisez la valeur de la résistance minimale d'un mur HQE.

2 Pensez à faire les calculs pour une surface égale à 1 m². La résistance totale d'un mur est la somme de chacune des résistances des parois. Vous devez donc additionner la résistance de la paroi en béton, celle de la laine de verre et celle du polymère avec la formule $R_{th} = \frac{e}{\lambda}$

Partie 2

2 Pensez à la relation Énergie = Puissance × Durée

3 **1.** Utilisez la relation $Q = \varphi \, \Delta t = \frac{T_{int} - T_{ext}}{R_{th}} \Delta t$

1. ISOLATION THERMIQUE DES MURS DU CENTRE DE DONNÉES

1 Déterminer l'épaisseur d'un isolant

On prend une surface extérieure de 1,0 m². Pour obtenir le label HQE, la valeur de la résistance d'un mur extérieur doit être supérieure à 4,00 $m^2 \cdot K \cdot W^{-1}$.

Or cette résistance vérifie la relation $Z = \dfrac{e}{\lambda}$.

L'épaisseur minimale du mur est donc $e = \lambda Z$. En prenant la valeur de la conductivité thermique du béton armé, on obtient l'épaisseur minimale d'un mur de béton armé :
$e_{\text{béton}} = \lambda_{\text{béton}} \times Z$ d'où $\boldsymbol{e_{\text{béton}} = 2{,}2 \times 4 = 8{,}8\ \text{m}}$.

2 Justifier le choix d'un matériau

D'après les relations données, une paroi est d'autant plus isolante que sa résistance thermique est faible puisque $\varphi = \dfrac{T_{\text{int}} - T_{\text{ext}}}{R_{\text{th}}}$ (plus le flux est grand, moins la paroi est isolante). Or la résistance thermique d'une paroi est inversement proportionnelle à sa conductivité thermique puisque $Z = \dfrac{e}{\lambda}$.

Donc, parmi les matériaux proposés, le plus isolant est la **laine de verre**, car sa conductivité est la plus faible. L'intérêt de choisir le meilleur isolant est de minimiser l'épaisseur du matériau à prévoir. Cela permet de moins diminuer la surface de la pièce et de dépenser moins en matières premières.

Info
Comprenez bien le terme de « flux thermique » ; il y a une notion de fuite (à travers une paroi) quand on pense au caractère isolant de la paroi : un flux important signifie que la paroi est peu isolante, sa résistance thermique est donc faible.

3 Déterminer l'épaisseur d'un isolant

Les résistances thermiques de plusieurs matériaux superposés s'ajoutent et la résistance thermique globale devant être inférieure à 4,00 $m^2 \cdot K \cdot W^{-1}$, on peut donc écrire :

$$R_{\text{th}} = Z = Z_{\text{béton}} + Z_{\text{laine de verre}} + Z_{\text{polymère}}$$

$$R_{\text{th}} = \frac{e_{\text{béton}}}{\lambda_{\text{béton}}} + \frac{e_{\text{laine de verre}}}{\lambda_{\text{laine de verre}}} + \frac{e_{\text{polymère}}}{\lambda_{\text{polymère}}}$$

D'où :

$$\frac{e_{\text{laine de verre}}}{\lambda_{\text{laine de verre}}} = R_{\text{th}} - \frac{e_{\text{béton}}}{\lambda_{\text{béton}}} - \frac{e_{\text{polymère}}}{\lambda_{\text{polymère}}}$$

Soit : $e_{\text{laine de verre}} = \lambda_{\text{laine de verre}}\left(R_{\text{th}} - \dfrac{e_{\text{béton}}}{\lambda_{\text{béton}}} - \dfrac{e_{\text{polymère}}}{\lambda_{\text{polymère}}}\right)$

$$e_{\text{laine de verre}} = 0{,}032 \times \left(4 - \frac{20 \times 10^{-2}}{2{,}2} - \frac{5 \times 10^{-2}}{0{,}18}\right)$$

$\boldsymbol{e_{\text{laine de verre}}} = 0{,}116\ \text{m} = \mathbf{11{,}6\ cm}$

2. BILAN THERMIQUE DU CENTRE DE DONNÉES

1 Connaître les modes de transmission de la chaleur

Les trois modes de transfert thermique sont la **convection**, la **conduction** et le **rayonnement**.

Notez bien
Les trois modes de transfert (transmission) thermique : conduction convection et rayonnement. Il s'agit d'une question très fréquente.

2 Calculer une énergie thermique

L'énergie dégagée en une journée par un serveur est :

$Q_{serveur} = P_{serveur} \times \Delta t$

$Q_{serveur} = 480 \times 60 \times 60 \times 24 = 4{,}15 \times 10^7$ J

Donc la chaleur dégagée par l'ensemble des serveurs est :

$\boldsymbol{Q_{serveurs}} = 20\,000 \times Q_{serveur} = \mathbf{8{,}3 \times 10^{11}\ J}$

3 1. Calculer une énergie thermique

Le transfert thermique est donné par la relation :

$$Q_{sol} = \varphi \times \Delta t = \frac{T_{int} - T_{ext}}{R_{th}} \times \Delta t$$

Avec R_{th}, la résistance thermique du sol ($R_{th} = \frac{Z}{S}$) et la surface du sol égale à $S = L \times \ell$, on obtient :

$$Q = \frac{(T_{int} - T_{ext})L\ell}{Z} \times \Delta t$$

$$Q = \frac{(23 - 11) \times 50 \times 80}{4} \times 60 \times 60 \times 24$$

$\boldsymbol{Q} = 1{,}0 \times 10^9 = \mathbf{1{,}0\ GJ}$

2. Calculer une énergie thermique

L'énergie thermique totale perdue sur une journée sur l'ensemble des parois du bâtiment est la somme des énergies perdues à travers le sol mais aussi par les murs et la toiture :

$Q_{parois} = Q_{sol} + Q_{toiture} + Q_{murs}$

$Q_{parois} = 1{,}0 \times 10^9 + 6{,}8 \times 10^8 + 9{,}0 \times 10^8$

$\boldsymbol{Q_{parois}} = \mathbf{2{,}6\ GJ}$

4 Déduire la conséquence d'un dégagement de chaleur excessif

Au cours d'une journée, les serveurs dégagent une énergie égale à $8{,}3 \times 10^{11}$ J et les parois en dissipent $2{,}6 \times 10^9$ J. Il y a donc très peu de chaleur perdue à travers les parois par rapport à l'ensemble dégagé par les serveurs. Si rien n'est fait, **la chaleur va donc s'accumuler** dans la pièce et la température augmentera fortement. En plus du problème de confort humain, **l'élévation de température** risque de diminuer les performances des serveurs.

3. VALORISATION DE L'ÉNERGIE PRODUITE PAR LES SERVEURS

❶ Calculer la surface chauffée à partir d'une quantité de chaleur

Il faut une quantité de 50 kWh pour chauffer 1 m² de logement. Calculons la quantité de chaleur disponible en kWh. Sur six mois, l'énergie libérée par les serveurs est $1{,}5 \times 10^{14}$ J, ce qui correspond à : $\dfrac{1{,}5 \times 10^{14}}{3{,}6 \times 10^{6}} = 4{,}2 \times 10^{7}$ kWh

La surface qu'il sera possible de chauffer sera donc :

$$\textbf{surface} = \frac{4{,}2 \times 10^{7}}{50} = \mathbf{8{,}3 \times 10^{5}\ m^{2}}$$

La valeur annoncée dans le texte introductif est 600 000 m² est donc tout à fait cohérente puisque du même ordre de grandeur que celle calculée.

❷ Trouver la relation entre les gains et les pertes de chaleur

Le schéma énergétique proposé dans l'énoncé nous permet d'écrire la relation entre les trois énergies : $\boldsymbol{Q_{air} + W = Q_{eau}}$

À retenir
Si l'on modélise toutes les énergies (apports et pertes), on peut écrire que la somme des énergies « perdues » est égale à la somme des énergies « apportées ».

❸ Choisir de façon argumentée un mode de chauffage

Pour choisir entre les deux modes de chauffage, il faut déterminer la température à laquelle l'eau sort de la machine thermique. On a :

$Q_{eau} = Q_{air} + W$ et $Q_{eau} = m_{eau} \times C_{eau} \times (T_{après} - T_{avant})$

dans laquelle m_{eau} est la masse d'eau chauffée dans le circuit primaire de la machine thermique. D'où :

$$T_{après} - T_{avant} = \frac{Q_{eau}}{m_{eau} \times C_{eau}}$$

$$T_{après} = \frac{Q_{eau}}{m_{eau} \times C_{eau}} + T_{avant}$$

Gagnez des points
Préférez toujours les résolutions algébriques plutôt que les résolutions numériques.

De plus, $m_{eau} = \mu_{eau} \times V = \mu_{eau} \times D \times t$, ce qui permet d'écrire la relation :

$$T_{après} = \frac{Q_{eau}}{\mu_{eau} \times D \times \Delta t \times C_{eau}} + T_{avant}$$

$$T_{après} = \frac{Q_{air} + W}{\mu_{eau} \times D \times \Delta t \times C_{eau}} + T_{avant}$$

$$T_{après} = \frac{5{,}2 \times 10^{11} + 1{,}0 \times 10^{5} \times 3{,}6 \times 10^{6}}{10^{3} \times 200 \times 24 \times 4\,185} + 10$$

$$\boldsymbol{T_{après} = 54\ °C}$$

L'eau sort donc du dispositif à **54 °C** et, à cette température, le plancher chauffant n'est pas envisageable. Il faudra donc choisir **le radiateur** comme mode de chauffage, puisque celui-ci est possible avec une température comprise entre 50 °C et 65 °C.

THÈME **Énergie, matière et rayonnement**

Micro-texturation de surface par un laser femtoseconde

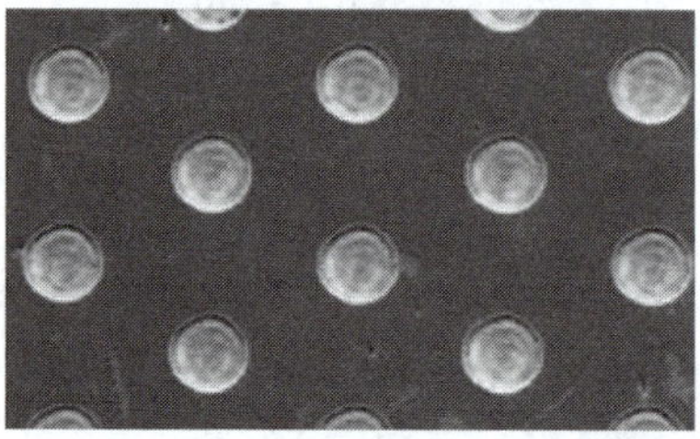

La microtexturation de surface est une technologie qui permet d'optimiser la lubrification des pièces métalliques en contact, par exemple dans les moteurs employés dans les sports mécaniques (formule 1, moto grand prix, etc.). Cette microtexturation est réalisée sur des matériaux appelés DLC (Diamond Like Carbon) déposés en fines couches sur les pièces à lubrifier. Grâce à l'utilisation d'un laser à impulsions ultra brèves, on crée à la surface des pièces mécaniques un réseau de motifs (cavités, rainures, etc.) ayant des dimensions de quelques dizaines de micromètres qui se comportent comme des microréservoirs d'huile (après lubrification).

D'après *MAG'MAT,* n° 31, juillet-décembre 2009

Document 1 Les lasers pulsés

À la différence d'un laser conventionnel qui produit un rayonnement continu, les lasers pulsés émettent des flashs lumineux très brefs qu'on appelle des impulsions. La durée τ et la cadence (fréquence) f de ces impulsions sont réglables. Un laser pulsé est dit « femtoseconde » si la durée τ est de l'ordre d'une à quelques centaines de femtosecondes. Contrairement aux lasers continus qui produisent un rayonnement monochromatique, les lasers pulsés émettent un rayonnement polychromatique dans une bande de fréquence de largeur $\Delta\nu$ centrée sur une fréquence ν_0 (voir schéma). Les énergies des impulsions femtosecondes peuvent paraître faibles (de l'ordre du mJ à $f = 1$ kHz) mais leur brièveté fait que la puissance instantanée du laser durant une impulsion (puissance de crête) peut atteindre plusieurs gigawatts dans le domaine industriel.

	Laser continu	**Laser pulsé de période de répétition T**
Évolution de la puissance au cours du temps	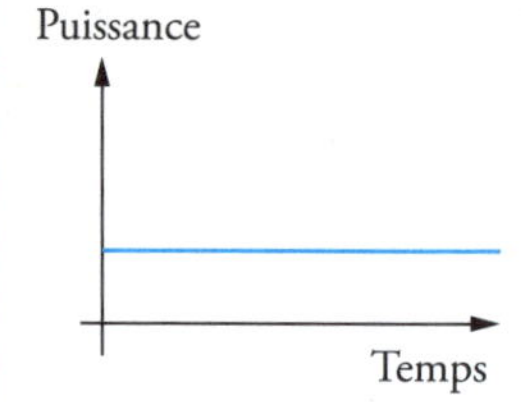	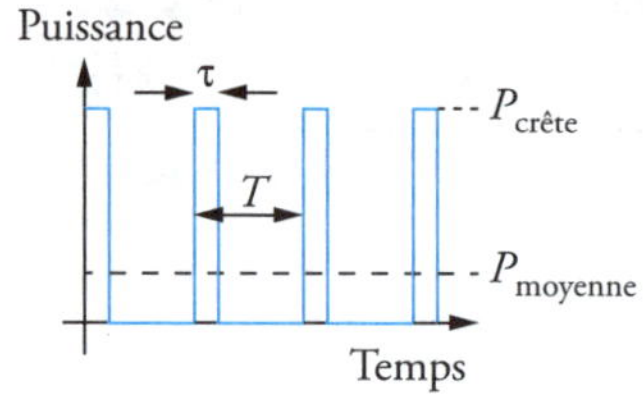
Spectre en fréquence	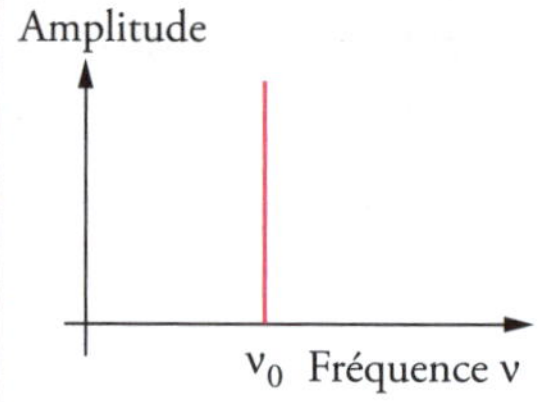	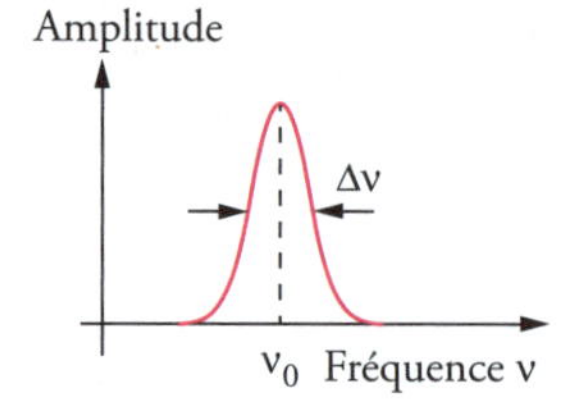

Document 2 Caractéristiques techniques d'un « laser femtoseconde » infrarouge

Fréquence centrale du rayonnement émis	ν_0 = 375 THz
Largeur de la bande de fréquence d'émission	$\Delta\nu$ = 100 THz
Cadence (fréquence) des impulsions	f = 1,0 kHz
Durée d'une impulsion	τ = 150 fs
Puissance de crête atteinte durant une impulsion	$P_{\text{crête}}$ = 1,0 GW
Diamètre de la section circulaire du faisceau	D = 98 µm

Document 3 Cavité de diamètre *D* et de profondeur *p* dans une couche de DLC

Lorsqu'on dirige un faisceau laser pulsé femtoseconde vers une surface recouverte de DLC, chaque impulsion laser apporte suffisamment d'énergie pour graver (creuser) une cavité cylindrique dans la couche de DLC. On admet que le diamètre de la cavité gravée correspond au diamètre *D* du faisceau laser utilisé.

On a tracé ci-dessous la courbe donnant le taux d'ablation du DLC par impulsion, c'est-à-dire la profondeur de la cavité gravée par une seule impulsion laser, en fonction de la fluence *F* du laser utilisé. La fluence est obtenue en divisant l'énergie d'une impulsion laser (en J) par la surface circulaire gravée (en cm^2).

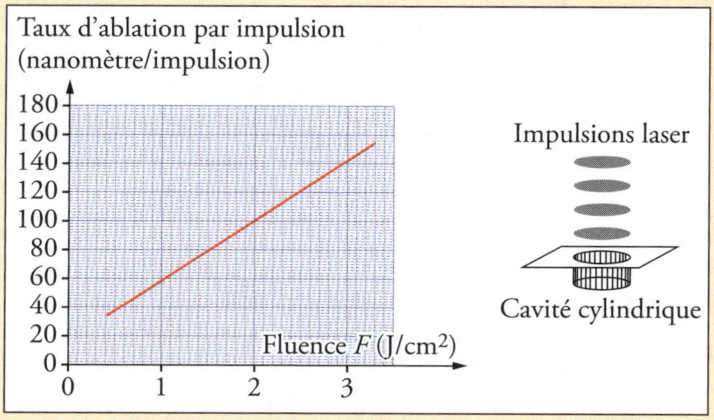

On admettra, comme le montre le schéma ci-dessous, que la profondeur totale *p* de la cavité gravée est proportionnelle au nombre d'impulsions reçues et donc à la durée Δt de la gravure.

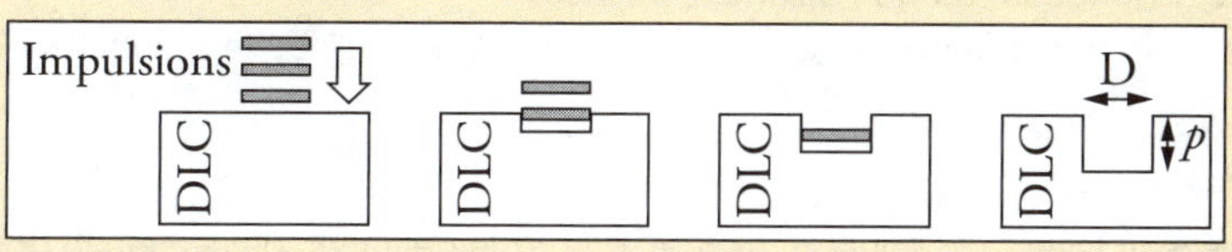

Données

- Gamme de longueurs d'onde correspondant aux radiations visibles « rouges » : [620 nm - 780 nm].
- Préfixes utilisés dans le système international d'unités :

Préfixe	tera	femto
Abréviation	T	f
Puissance de 10	10^{12}	10^{-15}

- La valeur de la célérité de la lumière dans le vide (ou dans l'air) doit être connue par le candidat.
- Constante de Planck : $h = 6{,}63 \times 10^{-34}$ J · s.

1. DOMAINE D'ÉMISSION DU LASER FEMTOSECONDE

❶ Le laser femtoseconde présenté est dit « infrarouge ». Justifier. *(0,5 point)*
❷ Ce laser apparaît rouge à l'observateur. Justifier. *(0,75 point)*

2. CARACTÉRISTIQUES D'UNE IMPULSION DU LASER FEMTOSECONDE

❶ Montrer que l'énergie transportée par une seule impulsion du laser précédent est égale à 0,15 mJ. *(0,5 point)*
❷ Évaluer le nombre de photons produits par le laser durant une seule impulsion. *(0,75 point)*

3. GRAVURE PAR LE LASER FEMTOSECONDE

On utilise le laser femtoseconde pour graver une cavité dans une couche de DLC.
Déterminer la fluence du laser étudié, puis la durée Δt nécessaire à la gravure d'une cavité circulaire cylindrique de 98 µm de diamètre et de 6 µm de profondeur. *(2,5 point)*

Le candidat est invité à prendre des initiatives et à présenter la démarche suivie même si elle n'a pas abouti. La démarche suivie est évaluée et nécessite donc d'être correctement présentée.

LES CLÉS DU SUJET

■ Notions et compétences en jeu

Ondes et particules • Transfert d'énergie.

■ Conseils du correcteur

Partie 2

Calculez la longueur de l'émission centrale du laser.
On vient de montrer qu'il s'agissait d'infrarouge, donc il faut rechercher une subtilité dans l'émission de ce rayonnement… Utilisez la largeur spectrale $\Delta\nu$ donnée dans les caractéristiques techniques pour recalculer la longueur d'onde minimale du laser.
❷ Utilisez la formule $E = h\nu$ pour trouver l'énergie d'un photon puis utilisez le résultat de la question ❶.

Partie 3

Calculez la surface du faisceau laser (πR^2 pour un disque). Prenez la définition de la fluence donnée par l'énoncé. Utilisez le graphique pour trouver le taux d'ablation par impulsion. Il s'agit de la profondeur creusée par chaque impulsion du laser lors de la gravure. Calculez alors le nombre d'impulsions qu'il faut pour creuser 6 µm. Enfin calculez le temps qu'il faut pour émettre toutes ces impulsions d'après sa cadence de « tir ».

1. DOMAINE D'ÉMISSION DU LASER FEMTOSECONDE

① Connaître le domaine infrarouge

D'après les documents, la fréquence centrale du rayonnement produit par ce laser est ν_0 = 375 THz. On calcule la longueur d'onde de ce rayonnement :

$$\lambda = \frac{c}{\nu} = \frac{3 \times 10^8}{375 \times 10^{12}} = 8{,}0 \times 10^{-7} = \mathbf{800\ nm}$$

Or, d'après les données, le domaine du « rouge » est de 620 nm à 780 nm. Donc la longueur d'onde produite par cette fréquence centrale est bien dans l'infrarouge.

② Utiliser la largeur spectrale d'un rayonnement

Les documents indiquent que ce laser ne produit pas un rayonnement réellement monochromatique ν_0 mais que la fréquence d'émission s'étale. On a donc une fréquence $\nu_0 \pm \frac{\Delta\nu}{2}$.

Par conséquent la fréquence d'émission de ce laser n'est pas 375 THz, mais 375 ± 50 THz.

Le rayonnement produit va donc jusqu'à 425 THz. Le calcul précédent nous donne maintenant la longueur d'onde :

$$\lambda_{min} = \frac{c}{\nu_{max}} = \frac{3 \times 10^8}{425 \times 10^{12}} = 7{,}058\,823\,52 \times 10^{-7} = \mathbf{706\ nm}$$

Cette longueur d'onde est bien effectivement dans le domaine du rayonnement visible « rouge » donc le laser apparaît rouge à l'observateur.

Remarque : Vous auriez pu calculer les deux bornes de l'intervalle d'émission. Cependant, seule la valeur basse en longueur d'onde nous intéressait.

> **Attention**
> Ici il fallait penser à diviser la largeur spectrale en 2 : « ± 50 THz » et non « ± 100 THz ». On le voit bien sur le schéma d'émission.

> **Attention**
> La fréquence et la longueur d'onde sont inversement proportionnelles donc étant donné que l'on souhaite la plus petite valeur de longueur d'onde λ_{min}, il faut prendre la plus grande valeur de fréquence possible ν_{max}.

2. CARACTÉRISTIQUE D'UNE IMPULSION DU LASER FEMTOSECONDE

① Calculer l'énergie d'une impulsion laser

Les données techniques du laser nous donne la puissance atteinte lors d'une impulsion : $P_{crête}$ = 1,0 GW.

Or nous avons la relation $P = \frac{E}{\Delta t}$ donc nous pouvons calculer l'énergie d'une impulsion en connaissant la durée de cette impulsion. Durée qui est aussi dans les données techniques : τ = 150 fs.

D'où $\boldsymbol{E}_{\mathbf{impulsion}} = P_{crête} \times \tau = 1{,}0 \times 10^9 \times 150 \times 10^{-15} = \mathbf{1{,}5 \times 10^{-4}\ J}$.

On obtient effectivement une énergie égale à 0,15 mJ par impulsion.

> **Notez bien**
> Formule de 1re S très importante :
> $\text{Puissance} = \frac{\text{Énergie}}{\text{Temps}}$.

② Déterminer le nombre de photons dans un rayonnement

Pour déterminer le nombre de photons par impulsion, il nous faut calculer l'énergie d'un seul photon lors de cette impulsion. Nous avons la fréquence émise ; or l'énergie d'un rayonnement électromagnétique est $E = h\nu$.

D'où $E_{photon} = h\nu_0$
$= 6{,}63 \times 10^{-34} \times 375 \times 10^{12}$
$= 2{,}486\ 25 \times 10^{-19}$ (résultat calculatrice)
$= 2{,}49 \times 10^{-19}$ J (résultat correct selon les 3 chiffres significatifs des données du calcul)

Avec le résultat de la question ❶ nous pouvons évaluer le nombre de photons lors d'une impulsion :

$$N_{\text{photon}} = \frac{\text{Énergie d'une impulsion}}{\text{Énergie d'un photon}} = \frac{1{,}5 \times 10^{-4}}{2{,}486\ 25 \times 10^{-19}} = \mathbf{6{,}0 \times 10^{14}}$$

Gagnez des points
Dans un calcul, vous devez reprendre le résultat « exact » (c'est-à-dire le plus précis) donné par les calculs faits avant. Il ne faut pas reprendre le résultat approximé avec les chiffres significatifs.

3. GRAVURE PAR LE LASER FEMTOSECONDE

La fluence F d'un laser est décrite dans l'énoncé et revient à la relation suivante :

$$F = \frac{\text{Énergie d'une impulsion (J)}}{\text{Surface circulaire gravée (cm}^2\text{)}}$$

Or on admet que le diamètre de la cavité gravée correspond au diamètre du faisceau laser $D = 98$ µm.
La surface d'un disque étant donnée par la relation $S = \pi R^2 = \frac{\pi D^2}{4}$ la fluence est donc :

$$F = \frac{0{,}15 \times 10^{-3}}{\frac{\pi \times (98 \times 10^{-4})^2}{4}} = 1{,}988\ 608 = 2{,}0 \text{ J/cm}^2.$$

À l'aide du graphique du document 3, on détermine le taux d'ablation T de ce laser : $T = 100$ nm/impulsion.

Attention
Cette question est une « résolution de problème ». Présentez un raisonnement en plusieurs étapes et justifiez chacune d'entre elles.

Gagnez des points
La surface doit être en cm² donc il faut mettre le diamètre en cm dans la formule $\pi D^2/4$ d'où 98 µm = 98.10⁻⁴ cm.

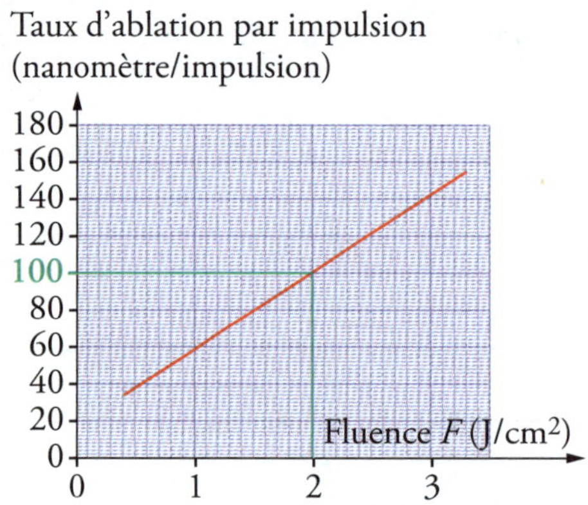

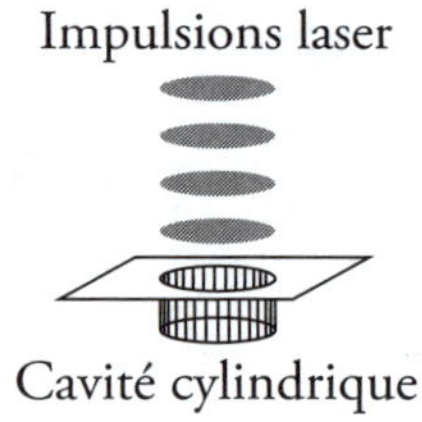

D'après cette valeur, chaque impulsion envoyée enlève une épaisseur de 100 nm or il faut atteindre une profondeur égale à 6 µm. Il faut donc effectuer N impulsions pour que la gravure ait la bonne profondeur :

$$N = \frac{\text{profondeur à graver}}{\text{ablation par impulsion}} = \frac{6 \times 10^{-6}}{100 \times 10^{-9}} = 60$$

Enfin, il nous reste à calculer la durée de fonctionnement pour envoyer 60 impulsions. D'après les caractéristiques techniques, la cadence du laser est $f = 1$ kHz. Cela signifie qu'il y a 1 000 impulsions par seconde, donc pour 60 impulsions, il faudra une durée :

$$\boldsymbol{\Delta t} = \frac{N}{f} = \frac{60}{1\ 000} = \mathbf{60\ ms}.$$

Gagnez des points
Faire des formules algébriques n'est pas obligatoire mais cela aidera le correcteur à comprendre votre raisonnement.

THÈME **Économiser les ressources et respecter l'environnement**

Le Diester

Un agrocarburant est un carburant obtenu à partir de ressources issues de l'agriculture, par opposition aux carburants issus de ressources fossiles. Il vient en complément ou en substitution du combustible fossile.

Développé dans les années 1980, le Diester (marque déposée provenant de la contraction de (« DIESel » et « esTER ») est le nom donné au premier agrocarburant issu essentiellement de la transformation des huiles de colza et de tournesol, végétaux cultivés en France.

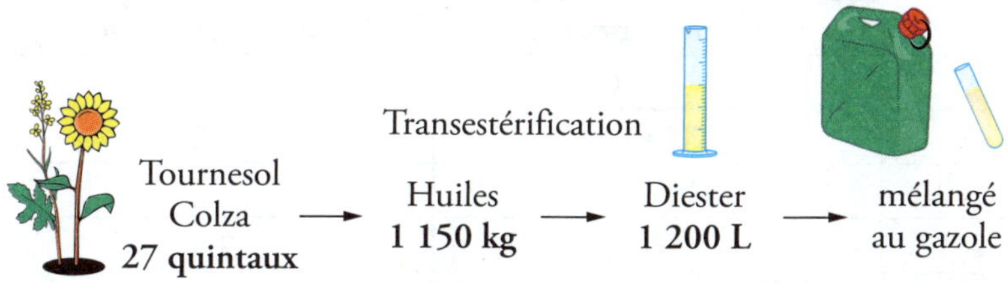

Schéma de la chaîne de fabrication d'un carburant à base de Diester

Au-delà de sa teneur quasi nulle en soufre, le Diester contribue à la lutte contre le réchauffement climatique avec un bilan carbone réputé plus favorable que le gazole fossile. Néanmoins, ces agrocarburants de première génération ont un bilan controversé du fait de l'occupation de terres cultivables et de la remise en cause de leur neutralité environnementale.

L'objet de cet exercice est l'étude de la synthèse du Diester à partir de l'huile de colza.

La transformation de l'huile de colza

L'huile de colza est un mélange d'esters d'acide gras. Dans un souci de simplification, on l'assimilera à son constituant majoritaire, le trioléate de glycéryle.

La modification de cette huile est nécessaire pour le fonctionnement d'un moteur diesel. Elle va donc subir une transformation appelée transestérification en présente d'un excès de méthanol et d'hydroxyde de potassium de formule KOH. On obtient l'oléate de méthyle qui sera assimilé au Diester ainsi qu'un produit dérivé, la glycérine. L'équation chimique de la réaction modélisant cette transformation est écrite ci-dessous.

$$\begin{array}{l} H_2C-O-CO-C_{17}H_{33} \\ \quad | \\ HC-O-CO-C_{17}H_{33} \\ \quad | \\ H_2C-O-CO-C_{17}H_{33} \end{array} + H_3C-OH \longrightarrow 3\ H_3C-O-CO-C_{17}H_{33} + \begin{array}{l} H_2C-OH \\ \quad | \\ HC-OH \\ \quad | \\ H_2C-OH \end{array}$$

Trioléate de glycéryle assimilé à l'huile de colza	Méthanol	Oléate de méthyle assimilé au Diester	Glycérine

Données

Caractéristiques physico-chimiques	Gazole	Huile de colza	Diester
Masse volumique (kg/m^3 à 15 °C)	820-860	920	880
Viscosité à 40 °C (en mm/s)	2-4,5	30,2	4,5
Indice de cétane	51	35	49-51
Teneur en souffre (mg/kg)	350	≈ 0	≈ 0

L'indice de cétane évalue la capacité d'un carburant à s'enflammer sur une échelle de 0 à 100. Il est particulièrement important pour les moteurs diesel dans lesquels le carburant doit s'auto-enflammer sous l'effet de la compression. Un carburant à haut indice de cétane est caractérisé par sa facilité à s'auto-allumer.

	Formule brute	Masse molaire ($g \cdot mol^{-1}$)
Trioléate de glycéryle	$C_{57}H_{104}O_6$	884
Méthanol	CH_3OH	32
Glycérine	$C_3H_8O_3$	92
Oléate de méthyle	$C_{19}H_{36}O_2$	296
Hydroxyde de potassium	KOH	56

1 Entourer les groupes caractéristiques présents dans le méthanol et l'oléate de méthyle et nommer les fonctions associées, sur l'annexe. *(0,5 point)*

2 Choisir le nom, en nomenclature systématique, de la glycérine parmi les trois propositions suivantes : propan-1,2,3-trione ; propan-1,2,3-trial ; propan-1,2,3-triol.
Justifier votre choix. *(0,25 point)*

3 Pour simplifier l'écriture d'étapes du mécanisme réactionnel de cette transestérification d'un triester, on donne en annexe les étapes d'une transestérification analogue sur l'exemple d'un ester simple. Dans le cas de l'huile de colza, le changement de groupe caractéristique s'applique aux trois groupes présents dans le triolate de glycéryle. Compléter sur l'annexe l'étape 2 à l'aide de flèches courbes. *(0,5 point)*

4 Justifier le terme de catalyse basique associée à la transestérification et préciser l'espèce chimique qui en est à l'origine. *(0,5 point)*

5 Justifier le fait qu'une transestérification de l'huile de colza soit nécessaire avant son incorporation au gazole. *(0,5 point)*

6 Le schéma de la chaîne de fabrication d'un carburant à base de Diester suggère que 1 150 kg de colza permettent d'obtenir environ 1 200 L de Diester. Déterminer le volume de Diester obtenu théoriquement si la transestérification est totale. Proposer une explication pour rendre compte d'un éventuel écart entre la valeur du volume de Diester trouvée et la valeur annoncée dans le schéma. *(1,25 point)*

Toute démarche de résolution entreprise sera valorisée même si elle n'a pas abouti.

7 Citer un avantage et un inconvénient à l'ajout d'un agrocarburant comme le Diester dans la gazole. *(0,5 point)*

Annexe

Formules

Méthanol : CH_3-OH

Oléate de méthyle :

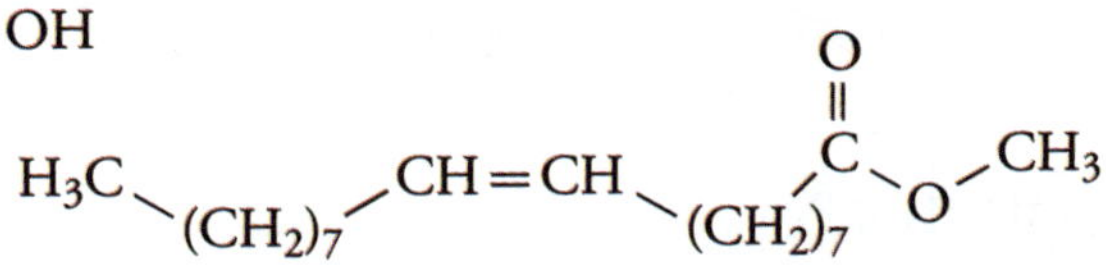

Mécanisme réactionnel d'une transestérification en milieu basique

Étape 1 :

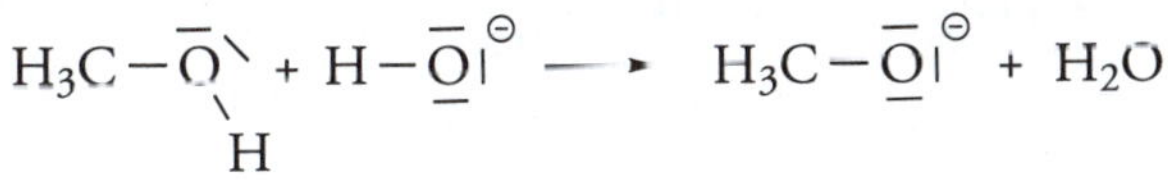

Étape 2 :

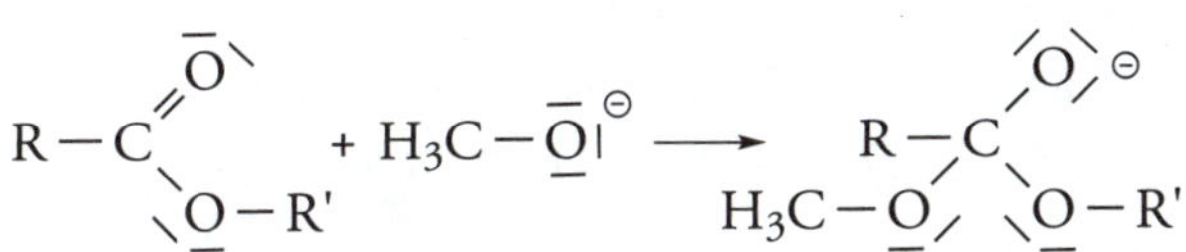

Étape 3 :

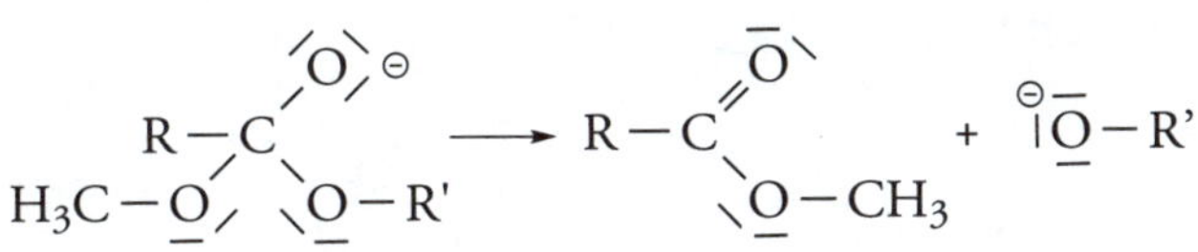

Étape 4 :

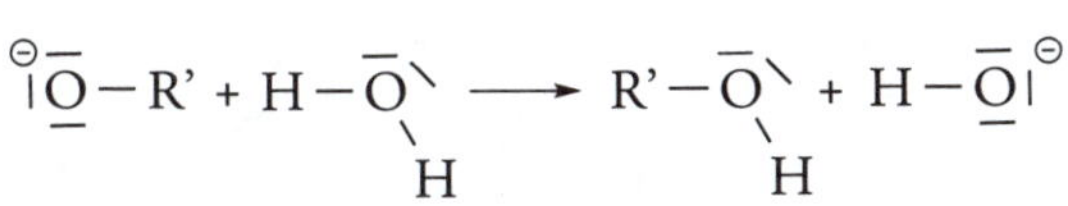

LES CLÉS DU SUJET

■ Notions et compétences en jeu

Économiser les ressources et respecter l'environnement.

■ Conseils du correcteur

❶ Le nom des fonctions organiques est le même que celui des familles associées.
❸ Les flèches courbes symbolisent le mouvement des électrons, donc partent d'un site excédentaire (site nucléophile) et se dirigent vers un site déficitaire en électrons (site électrophile).
❺ Calculez d'abord la quantité du réactif puis faites un tableau d'avancement pour déterminer la quantité de Diester fabriqué et enfin utilisez la masse volumique pour trouver le volume de Diester.
❻ Dans les questions « énergies et ressources », pensez toujours au dégagement de CO_2 et à l'aspect environnemental.

CORRIGÉ SUJET 16

❶ Identifier les groupes caractéristiques

Méthanol : CH_3–OH Fonction alcool (groupe hydroxyle)

Oléate de méthyle :

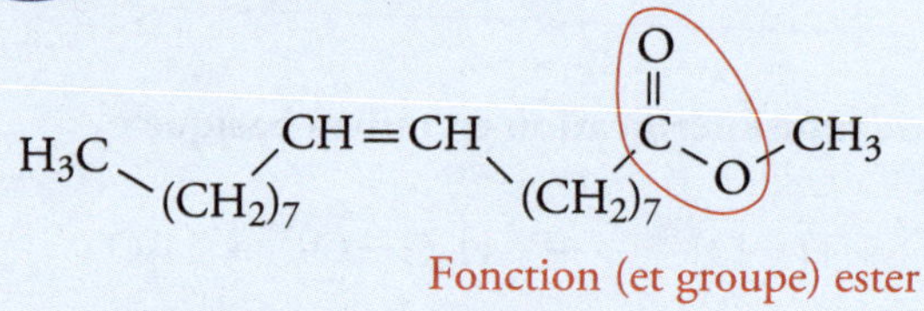

❷ Retrouver le nom d'une molécule polyfonctionnelle

Il s'agit du **propan-1,2,3-triol**. On peut en effet observer, dans cette molécule, trois groupes hydroxyle (-OH) liés aux carbones 1, 2 et 3, d'où la terminaison en triol : il y a 3 fonctions alcool.

❸ Proposer un mécanisme réactionnel

Étape 2 :

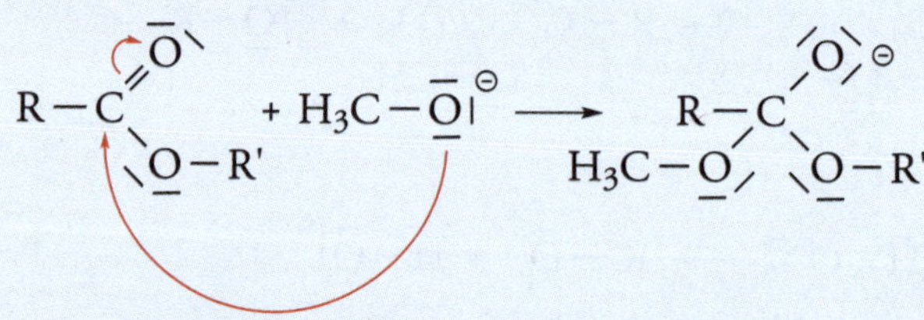

Notez bien
Les flèches courbes partent toujours d'un doublet d'électrons.

❹ Justifier l'appellation « catalyse basique »

Les ions hydroxyde sont consommés dans la première étape de réaction et formés dans la dernière étape. Globalement ils ne sont ni consommés, ni produits par la réaction, et ne font donc pas partie du bilan de la transestérification. Ils facilitent donc le mécanisme de la réaction et accélèrent cette dernière. En ce sens, ils agissent en tant que catalyseur.
Or ces ions sont caractéristiques des milieux basiques en solution aqueuse. Il s'agit de la base conjuguée de l'eau, d'où le terme de **catalyse basique** : cette réaction est catalysée en milieu basique (milieu aqueux dans lequel les ions hydroxyde sont majoritaires).

❺ Savoir analyser les données

En regardant le tableau des propriétés physico-chimiques du gazole, de l'huile de colza et du Diester, on se rend vite compte que l'**indice de cétane de l'huile de colza est beaucoup plus faible que celui du gazole**. Comme il est expliqué juste en dessous, cet indice (de 0 à 100) évalue la capacité d'un carburant à s'enflammer, ce qui est une qualité très importante pour un carburant. Le mélange gazole-huile de colza n'est donc pas intéressant. En revanche, en effectuant une transestérification, on obtient du Diester qui, lui, a un indice presque identique au gazole : les deux composés vont donc s'auto-enflammer de façon très similaire.

6 Déterminer le volume d'une espèce chimique produite par une réaction

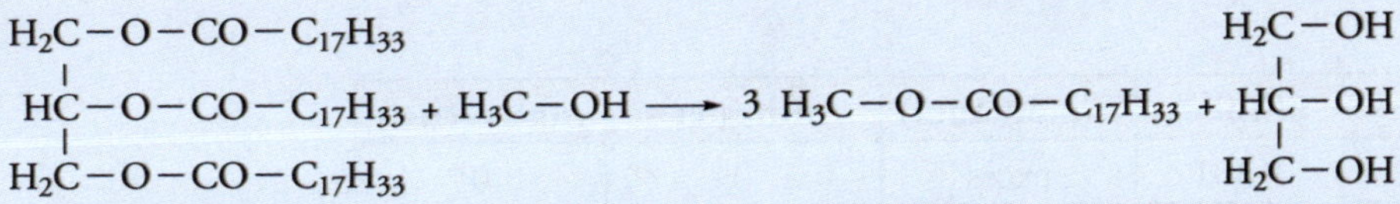

Trioléate de glycéryle assimilé à l'huile de colza — **Méthanol** — **Oléate de méthyle assimilé au Diester** — **Glycérine**

D'après l'équation de la réaction ci-dessus, une mole de triolate de glycéryle permet de former trois moles d'oléate de méthyle donc :

$n_{\text{diester}} = 3 \times n_{\text{huile}}$

Calculons la quantité de triolate de glycérile qui réagit. Nous avons 1 150 kg d'huile végétale (assimilé à l'huile de colza) ce qui correspond à une quantité :

$$n_{\text{huile}} = \frac{m_{\text{H}}}{M(C_{57}H_{104}O_6)} = \frac{1\,150}{0{,}884} = 1\,301 \text{ mol.}$$

Donc on pourra produire trois fois cette quantité de Diester c'est-à-dire :

$n_{\text{diester}} = 3n_{\text{huile}} = 3\,903$ moles.

Le volume correspondant de Diester théoriquement formé est donné par la relation de la masse volumique :

$$V = \frac{m_{\text{diester}}}{\rho_{\text{diester}}} = \frac{n_{\text{diester}} \times M_{\text{diester}}}{\rho_{\text{diester}}} = \frac{3\,903 \times 296}{880 \times 10^3} = 1{,}31 \text{ m}^3 = 1{,}31 \times 10^3 \text{ L}$$

Notez bien
Pour un liquide pur on a la relation entre nombre de mole et masse volumique :
$n = \frac{\rho \times V}{M}$

Tout ceci est calculé en considérant la réaction totale.

Les documents donnent 1 200 L, c'est-à-dire un volume inférieur d'environ 10 % à celui que l'on a déterminé. Il y a plusieurs explications. D'une part, on peut supposer que la réaction n'est pas totale, contrairement à l'hypothèse de départ. D'autre part, comme il est précisé dans l'énoncé, l'huile de colza n'est pas composée que de trioléate de glycéryle mais d'un « mélange d'acides gras ».

Utilisation d'une calculatrice

- Reprendre tous les chiffres significatifs d'un résultat intermédiaire en utilisant la touche « Ans » de votre calculatrice.
- Utiliser la touche $\times 10^x$ (ou EE sur Texas instrument) pour l'écriture scientifique.

Autre méthode : Vous pouviez aussi faire un tableau d'avancement en considérant que le méthanol est en quantité suffisante pour consommer entièrement toute l'huile de colza.

Avancement	*n*(huile)	*n*(méthanol)	*n*(diester)	*n*(glycérine)
• État initial $x = 0$	1 301	excès	0	0
• État intermédiaire x	$1\ 301 - x$	excès	$3x$	x
• État final maximal x_{ax}	0	excès	$3x_{max} = 3\ 903$	$x_{max} = 1\ 301$

On obtient la quantité de Diester formée et on continue suivant la première méthode pour déterminer le volume correspondant.

7 Trouver les avantages et inconvénients d'une méthode

Avantages : Le Diester est une ressource renouvelable, contrairement au carburant fossile qu'il remplace en partie, le gazole. Son utilisation dégage aussi moins de dioxyde de carbone que celle du gazole.
Inconvénients : L'utilisation d'un produit agricole comme carburant diminue la surface de terres agricoles dédiées aux cultures pour l'alimentation humaine ou animale. Dans un contexte mondial où une grande partie de la population ne mange pas à sa faim, il ne semble pas cohérent sur le plan éthique de baisser la production de denrées alimentaires, ce qui risque en plus de faire monter les prix de ces mêmes denrées.

THÈME **Économiser les ressources et respecter l'environnement**

Une piscine naturelle chauffée

Les piscines naturelles ont une structure de construction habituelle mais, contrairement aux piscines classiques, l'eau ne subit pas de traitement chimique. Le système de filtration est assuré par une zone réservée à la végétation, dont la surface est au moins égale à la zone de baignade pour un meilleur équilibre écologique.

Doc.piscine-comprendrechoisir.com

D'après www.piscine.comprendrechoisir.com

1. ÉTUDE DU FLUIDE CALOPORTEUR D'UN CHAUFFE-EAU SOLAIRE

La baignade est plus confortable si l'eau de la piscine est chauffée. L'une des solutions possibles est d'installer un chauffe-eau solaire, système qui permet de produire de l'eau chaude grâce à l'énergie solaire.

Le fluide caloporteur qui circule dans le capteur solaire est un mélange d'eau et de mono-propylène-glycol, c'est un antigel, dont le nom en nomenclature officielle est propane-1,2-diol et dont la formule topologique est la suivante :

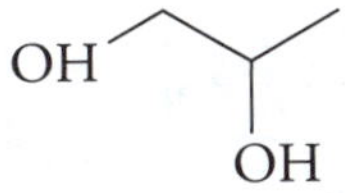

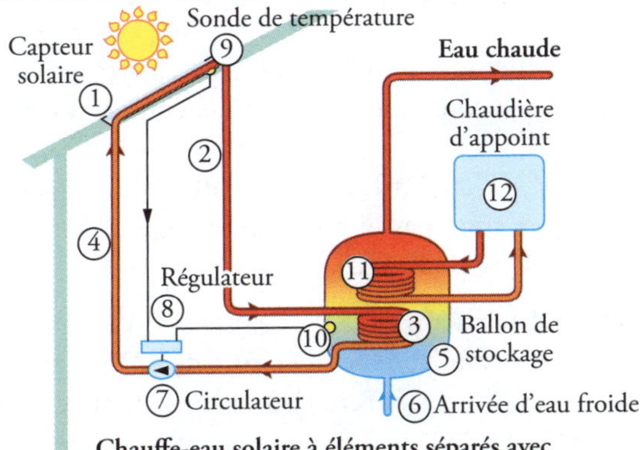

Chauffe-eau solaire à éléments séparés avec chauffage d'appoint (modèle avec circulation forcée)

D'après le site www.vertener.fr

Schéma de fonctionnement du chauffe-eau solaire

❶ Quel est le mode principal de transfert thermique mis en jeu entre le capteur solaire ① et le milieu extérieur ?
En déduire la fonction de la chaudière d'appoint.

❷ Quel est l'intérêt pour le chauffe-eau solaire d'intégrer du mono-propylène-glycol dans la composition du fluide caloporteur ?

❸ Justifier le nom donné, en nomenclature officielle, au mono-propylène-glycol.

❹ Justifier le fait que la molécule de mono-propylène-glycol possède plusieurs stéréoisomères.
Donner la représentation de Cram de ces stéréoisomères et préciser le type de stéréoisomérie qui les lie. Ces stéréoisomères sont-ils chiraux ?
Comment réaliser un mélange racémique ?

❺ Déterminer le nombre de signaux que cette molécule présenterait en spectroscopie RMN du proton, ainsi que la multiplicité de ces signaux.
On admettra que les protons des groupes −OH donnent le même signal et ne se couplent pas avec les autres protons de la molécule.

2. TRAITEMENT DE L'EAU DE LA PISCINE

La technique de traitement de l'eau de piscine naturelle utilise les bactéries présentes dans le système racinaire des plantes pour épurer l'eau ; il s'agit d'une phyto-épuration. Les espèces végétales sont ainsi soigneusement sélectionnées pour absorber des polluants tels que les ions nitrate et phosphate. Une pompe de circulation assure le déplacement de l'eau à travers la zone de filtration naturelle.

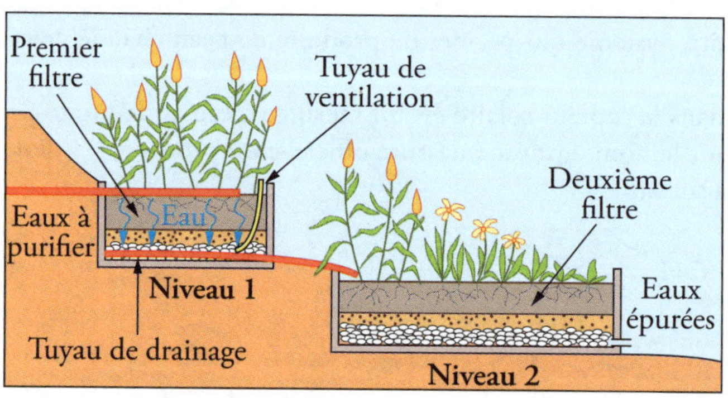

D'après le site www.bleu-vert.fr

Schéma d'un système de phyto-épuration

On se propose de tester l'efficacité d'un système de phyto-épuration de ce type, en réalisant un dosage de l'azote total de la matière organique contenue dans les eaux épurées à la sortie du dernier bassin.
On prélève un échantillon d'eau de volume $V_{ech} = 20{,}0$ mL à la sortie du dernier bassin et on met en œuvre le protocole de dosage de l'azote total par la méthode de Kjehldal. Le volume d'acide chlorhydrique versé à l'équivalence est $V_E = 10{,}3$ mL.

Protocole simplifié de dosage de l'azote total Kjeldahl
• **Minéralisation :** La transformation chimique se fait à une température de 421 °C en présence de sulfate de cuivre avec un excès d'acide sulfurique. L'azote contenu dans la matière organique test dégradé sous forme d'ions ammonium $NH_{4\,(aq)}^{+}$.

• **Distillation :** Un excès de soude est introduit dans le mélange obtenu après minéralisation pour amener le pH de la solution à 12 et transformer les ions ammonium $NH_4^+{}_{(aq)}$ en molécules d'ammoniac $NH_{3(aq)}$, qui sont entraînées par la vapeur d'eau lors d'une distillation.

• **Titrage :** Le titrage de l'ammoniac $NH_{3(aq)}$ présent dans le distillat est réalisé par une solution d'acide chlorhydrique ($H_3O^+{}_{(aq)}$ + $Cl^-{}_{(aq)}$), de concentration molaire C_{ac} égale à $2,0 \times 10^{-3}$ mol · L^{-1}, jusqu'au virage d'un indicateur coloré bien choisi.

Données

• Numéros et masses molaires atomiques de quelques atomes :

	H	N	O
Z	1	7	8
M (g · mol^{-1})	1,0	14	16

• pK_a de quelques couples acido-basiques à 25 °C :
$H_2O_{(l)}/HO^-{}_{(aq)}$: 14 ; $H_3O^+{}_{(aq)}/H_2O_{(l)}$: 0 ; $NH_4^+{}_{(aq)}/NH_{3(aq)}$: 9,2.

• Zones de virage de quelques indicateurs colorés :

Indicateur	pK_a	Couleur acide	Zone de virage	Couleur basique
Orange de méthyle	3,7	rouge	3,2 – 4,4	jaune
Vert de bromocrésol	4,4	jaune	3,8 – 5,4	bleu
Rouge de méthyle	5,1	jaune	4,8 – 6,0	rouge
Bleu de bromothymol	7,0	jaune	6,0 – 7,6	bleu
Rouge de phénol	7,9	jaune	6,8 – 8,4	rouge
Phénolphtaléine	9,4	incolore	8,2 – 10,0	violet

• Normes européennes de rejets pour les eaux résiduaires :
– matière en suspension (MES) < 35 mg · L^{-1} ;
– demande chimique en oxygène (DCO) < 125 mg d'oxygène dissous ;
– demande biologique en oxygène sous 5 jours (DBO5) < 25 mg d'oxygène dissous au bout de 5 jours ;
– l'azote total Kjeldahl (NtK) : masse totale d'azote N < 20 mg · L^{-1}.

D'après le sitewww.recycleau.fr

1 Quelle propriété les transformations chimiques mises en jeu dans la méthode de Kjeldhal doivent-elles toutes avoir pour que l'on puisse doser l'intégralité de l'azote présent dans l'échantillon ?

2 Justifier le fait que $NH_4^+{}_{(aq)}$ et $NH_{3(aq)}$ forment un couple acide-base et préciser quelle est la forme acide et quelle est la forme basique.

3 Lors de l'étape de distillation du protocole simplifié de dosage de l'azote total Kjeldahl, pourquoi un pH égal à 8 pourrait-il ne pas convenir ?

❹ Le suivi pH-métrique du titrage de l'ammoniac par l'acide chlorhydrique, dans des conditions analogues, conduit au tracé du graphe représenté ci-après.

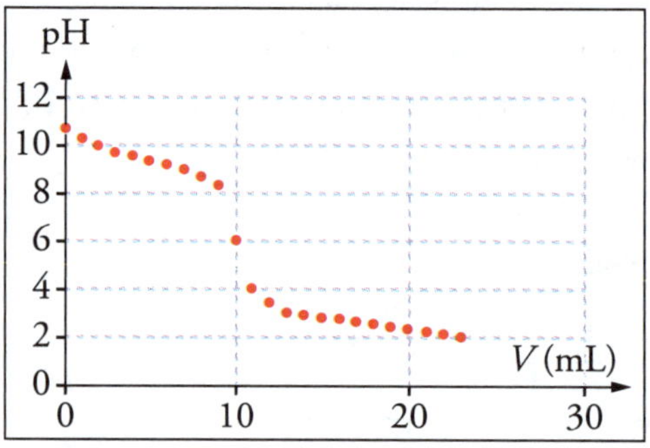

1. Quelle est l'espèce majoritaire dans le bécher au début du titrage ?
Même question à la fin du titrage.

2. En déduire l'équation de la réaction chimique support du titrage.

3. Citer un indicateur coloré à utiliser dans la méthode de Kjeldahl.
Justifier.

❺ L'eau résiduaire est-elle conforme aux normes européennes en ce qui concerne l'azote total Kjeldahl ?

Le candidat est évalué sur ses capacités à concevoir et à mettre en œuvre une démarche de résolution.

LES CLÉS DU SUJET

■ Notions et compétences en jeu

Réaction chimique par échange de proton • Respecter l'environnement.

■ Conseils du correcteur

Partie 1

❷ Trouvez dans l'énoncé la (ou les) particularité(s) du mono-propylène-glycol.

❹ Cherchez les atomes de carbone asymétriques dans la molécule. S'il y en a un, il y aura 2 énantiomères.

❺ Pour prévoir le spectre RMN :

1. déterminez les groupes de proton équivalents pour trouver le nombre de signaux du spectre ;

2. déterminez les protons voisins de chaque groupe pour trouver la multiplicité des signaux.

Partie 2

❶ Dans les connaissances de cours, il n'y a pas beaucoup de particularités pour une réaction chimique : totale ou limitée, lente ou rapide. Trouvez laquelle de ces particularités est ici obligatoire pour que la méthode de Kjeldhal fonctionne.

❷ Un acide est une espèce chimique capable de donner un ion H^+.

❺ Déterminez la quantité d'ammoniac titrée. Déduisez la quantité d'azote totale et enfin calculez la masse d'azote présente dans l'échantillon. Comparez la concentration obtenue à celle des normes européennes.

CORRIGÉ SUJET 17

1. ÉTUDE DU FLUIDE CALOPORTEUR D'UN CHAUFFE-EAU SOLAIRE

1 Identifier un mode de transfert thermique

Le capteur reçoit de l'énergie principalement sous forme de rayonnement. Ce rayonnement étant lié à l'ensoleillement, la chaudière d'appoint peut servir la nuit et les jours peu ou pas assez ensoleillés. Elle fournit alors l'énergie nécessaire pour chauffer l'eau du ballon de stockage.

2 Tirer des informations des documents

Le mono-propylène-glycol est un antigel (d'après l'énoncé). Cela signifie qu'il empêche le fluide caloporteur de geler et donc de se solidifier lorsque la température est trop basse (jusqu'à une certaine limite évidemment). En effet, si le fluide se solidifie, il ne peut plus permettre de transfert thermique et cela pourrait endommager les canalisations dans lesquelles il circule.

Remarque
Pour répondre à cette question, il faut bien connaître son cours, et avoir repéré dans l'énoncé que le mono-propylène-glycol est un antigel…

3 Connaître la nomenclature de chimie organique

On remarque dans la formule topologique du mono-propylène-glycol deux groupes hydroxyle, caractéristiques de la famille des alcools d'où la terminaison en –ol du nom officiel. Étant donné qu'il y a deux groupes hydroxyle, on a indiqué « –diol ». Les numéros indiquent les positions de ces deux groupes hydroxyle. Enfin, la chaîne carbonée possède 3 atomes de carbone donc c'est bien le préfixe prop- qui convient.

4 Utiliser la représentation de Cram

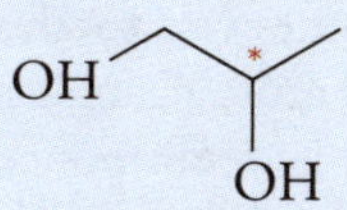

Cette molécule ne possède qu'un seul atome de carbone asymétrique (identifié par un astérisque rouge) et par conséquent il en existe deux stéréoisomères possibles :

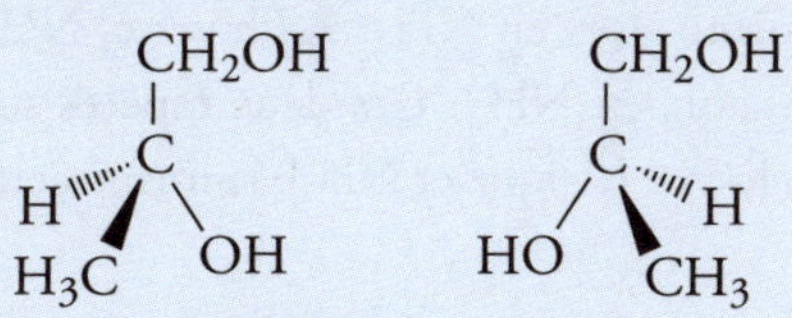

Notez bien
Un carbone asymétrique est un atome de carbone lié à quatre atomes ou groupes d'atomes différents.

Ces stéréoisomères sont des énantiomères puisqu'ils sont images l'un de l'autre dans un miroir. Comme ils ne se superposent pas, ce sont deux molécules chirales : non superposable à leur image dans un miroir.
Pour obtenir un mélange racémique, il faudrait avoir un mélange équimolaire de ces deux énantiomères, c'est-à-dire composé à 50 % de chacun des deux.

❺ Prévoir et décrire un spectre RMN à partir de la molécule

Représentons la molécule en visualisant tous les atomes d'hydrogène. L'énoncé nous indique que les deux atomes d'hydrogène des groupes hydroxyle forment un seul signal. Alors comme ils ne possèdent pas de proton voisin, ce signal est un singulet.

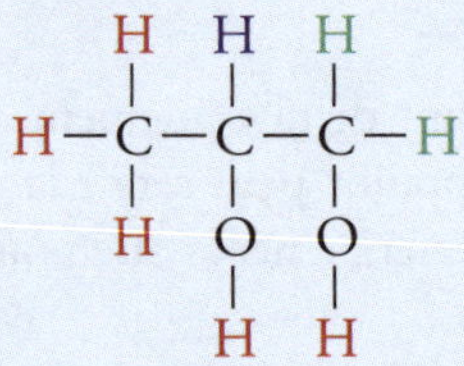

Hormis ces deux atomes, nous avons trois autres groupes de protons équivalents (signalés en rouge, bleu et vert). Les atomes d'hydrogène du groupe CH_3 (en rouge) sont équivalents et possèdent un seul proton voisin (l'hydrogène « bleu »). D'après la règle des (n+1)-uplets, Ils forment un doublet.
L'atome d'hydrogène du groupe CH (en bleu) possède cinq protons voisins (les atomes d'hydrogène « bleu » et « vert »). D'après la règle des (n+1)-uplets, ils forment un sextuplet.
Enfin, les atomes d'hydrogène du groupe CH_2 (en vert) sont équivalents et possèdent un seul proton voisin (l'hydrogène « bleu »). D'après la règle des (n+1)-uplets, ils forment un doublet. Nous avons donc quatre signaux différents dans le spectre RMN du mono-propylène-glycol.

2. TRAITEMENT DE L'EAU DE LA PISCINE

❶ Comprendre un protocole d'opération chimique

Les transformations chimiques du processus doivent toutes être **totales**. En effet, si ce n'était pas le cas, certaines molécules contenant de l'azote n'aurait pas été transformées en ammoniac et donc la quantité d'ammoniac ne serait pas celle de l'azote initial. On ne pourrait alors pas déterminer cette quantité d'azote total (avant ces transformations).

❷ Connaître la définition d'un acide et d'une base selon Bronsted

NH_4^+ peut donner un proton H^+, il se transforme alors en NH_3. À l'inverse, NH_3 peut accepter un proton H^+, il se transforme alors en NH_4^+. Ces deux espèces sont donc des **acide et base conjugués**. NH_3 est la forme basique et NH_4^+ la forme acide.

❸ Justifier le choix d'un pH de réaction

Lors de l'étape de distillation, on souhaite entraîner les molécules d'ammoniac à l'aide des molécules d'eau pour les titrer ensuite avec un acide fort. Si le pH n'est que de 8, alors l'**espèce prédominante** du couple qui nous intéresse est $\mathbf{NH_4^+}$. NH_4^+ est un acide et ne peut donc pas être titré par un autre acide. Il faut forcément un pH clairement au-dessus du pK_a du couple NH_4^+ / NH_3 pour que ce soit l'ammoniac réellement prédominant.

Conseil
Vous pouvez utiliser un diagramme de prédominance.

❹ 1. Déterminer l'espèce prédominante dans un mélange donné

Le pH en début de titrage est entre 10 et 11 donc au-dessus de 9,2, le pK_a du couple NH_4^+ / NH_3, donc c'est l'espèce basique (NH_3) qui prédomine. À la fin du titrage, le pH est d'environ 2, donc en-dessous du pK_a, c'est la forme acide (NH_4^+) qui prédomine.

2. Écrire l'équation d'une réaction de titrage

$$NH_{3(aq)} + H_3O^+{}_{(aq)} \rightarrow NH_{4(aq)}^+ + H_2O_{(\ell)}$$

Gagnez des points
Une flèche simple car c'est une réaction de titrage donc une réaction totale.

3. Choisir un indicateur coloré

La **zone de virage** d'un indicateur coloré doit être **comprise dans le saut de pH du titrage et doit contenir le pH à l'équivalence**. D'après le premier critère, il n'y a que deux indicateurs colorés qui correspondent : le rouge de méthyle et le bleu de bromothymol. Je choisis donc ici le rouge de méthyle car le pH à l'équivalence semble plutôt inférieur à 6.

❺ Déterminer une quantité à partir d'un titrage

D'après les normes européennes données, il faut que la masse totale d'azote soit inférieure à 20 mg/L. Déterminons la masse d'azote totale contenue dans l'échantillon testé. La réaction de titrage est écrite dans la réponse à la question ❹ **2** et nous pouvons en déduire la relation suivante :

$n_{\text{après distillation}}(NH_3) = n_{\text{versé}}(H_3O^+)$

Info
Ici il s'agit non pas d'une masse comme l'indique le texte mais d'une concentration massique (en mg/L).

De plus les molécules d'ammoniac ont été formées à partir des ions ammonium avec des coefficients stœchiométriques identiques donc on a aussi :

$n_{\text{après distillation}}(NH_3) = n_{\text{minéralisé}}(NH_4^+)$

car les ions ammonium sont les réactifs en défaut.

De la même façon, les ions ammonium proviennent des atomes d'azote contenus dans la matière organique donc :

$n_{\text{total}}(N) = n_{\text{minéralisé}}(NH_4^+)$

car l'azote était le réactif limitant.

On a donc : $n_{\text{après distillation}}(NH_3) = n_{\text{total}}(N) = n_{\text{versé}}(H_3O^+)$;

d'où : $n_{\text{total}}(N) = C_{ac} \times V_E = 2{,}0 \times 10^{-3} \times 10{,}3 \times 10^{-3} = 2{,}1 \times 10^{-5}$ mol.

Cette quantité correspond à une masse :

$m_{\text{total}}(N) = n_{\text{total}}(N) \times M(N) = 2{,}9 \times 10^{-4}$ g = 0,29 mg.

Enfin cette masse est présente dans un échantillon d'eau de 20,0 mL, d'où la concentration massique en azote de cette eau :

$$\boldsymbol{C_m} = \frac{m}{V} = \frac{0{,}29 \times 10^{-3}}{20 \times 10^{-3}} = \mathbf{1{,}4 \times 10^{-2}\ g/L.}$$

La norme étant un maximum de 20 mg/L, cet échantillon est en dessous (14 mg/L) donc l'eau résiduaire (filtrée par les bassins) est conforme à la norme européenne concernant l'azote total.

THÈME **Synthétiser des molécules, fabriquer de nouveaux matériaux**

L'éthanoate de linalyle et le linalol

Le linalol et l'éthanoate de linalyle sont des composés odorants principalement utilisés pour les parfums, cosmétiques, savons... Principales espèces chimiques présentes dans la lavande fine (*Lavandula officinalis*) et du lavandin (*Lavandula hybrida*), elles peuvent être extraites de ces fleurs par hydrodistillation.
Elles peuvent aussi être synthétisées. Le linalol est obtenu à partir de la propanone et l'éthanoate de linalyle est obtenu à partir du linalol.

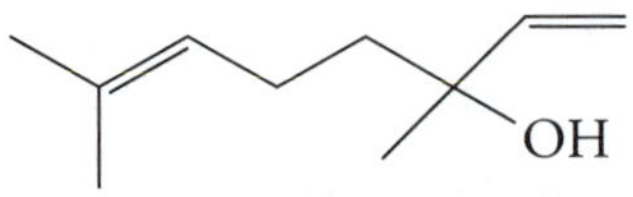

linalol

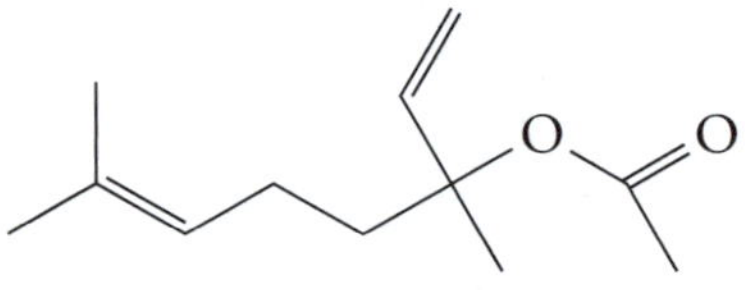

éthanoate de linalyle

1. LES MOLÉCULES D'ÉTHANOATE DE LINALYLE ET DE LINALOL

1 Sur la formule topologique de la molécule d'éthanoate de linalyle, donnée en annexe, entourer le(s) groupe(s) caractéristique(s) et nommer la (ou les) famille(s) chimique(s) correspondante(s). *(0,5 point)*

2 Lors de la synthèse de l'éthanoate de linalyle à partir du linalol racémique, on obtient un mélange de plusieurs stéréoisomères.

1. La molécule d'éthanoate de linalyle possède-t-elle des carbones asymétriques ? Justifier et les indiquer, à l'aide d'un astérisque, sur la formule topologique donnée en annexe. *(0,25 point)*

2. La molécule d'éthanoate de linalyle présente-t-elle une diastéréoisomérie de type Z/E ? Justifier la réponse. *(0,25 point)*

3. Donner, en conclusion, le type de stéréoisomérie présent dans le mélange obtenu lors de la synthèse. *(0,5 point)*

3 Le linalol a pour nom systématique : 3,7-diméthylocta-1,6-dièn-3-ol.

1. Justifier ce nom en précisant le raisonnement suivi. *(0,5 point)*

2. Identifier le groupement R qui apparaît dans la formule simplifiée du linalol ci-contre. *(0,25 point)*

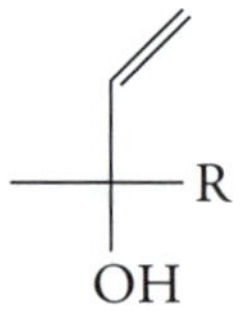

3. La molécule de linalol présente deux énantiomères. Donner la représentation de Cram de ces deux énantiomères en utilisant la formule simplifiée ci-contre. *(0,5 point)*

2. SYNTHÈSE DU LINALOL

La synthèse du linalol s'effectue en six étapes décrites ci-dessous.

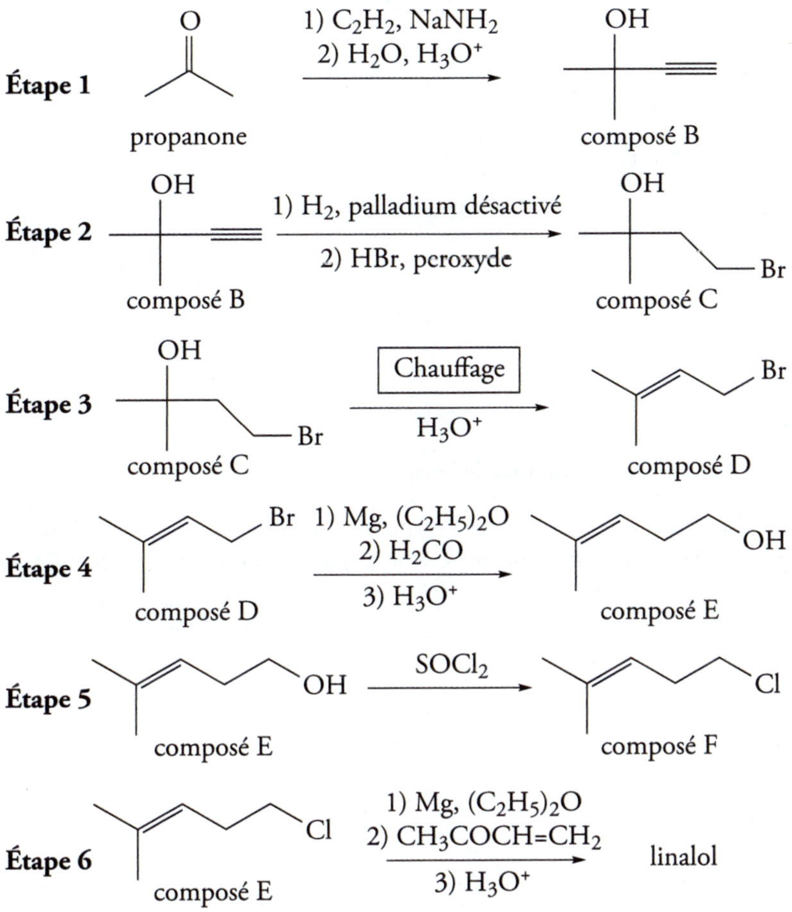

❶ Associer aux étapes 3 et 5 de la synthèse, en justifiant votre choix, une catégorie de réaction parmi les catégories suivantes : élimination, addition, substitution. *(0,5 point)*

❷ Pour les étapes 4 et 5 de la synthèse, indiquer s'il s'agit d'une modification de chaîne et/ou d'une modification de groupe caractéristique. *(0,5 point)*

❸ Le mécanisme réactionnel de l'étape 1 est donné en annexe. Compléter le mécanisme des sous-étapes (a) et (b) avec les flèches courbes et les doublets non liants. Indiquer les produits formés manquants dans la sous-étape (c). *(1 point)*

Annexe

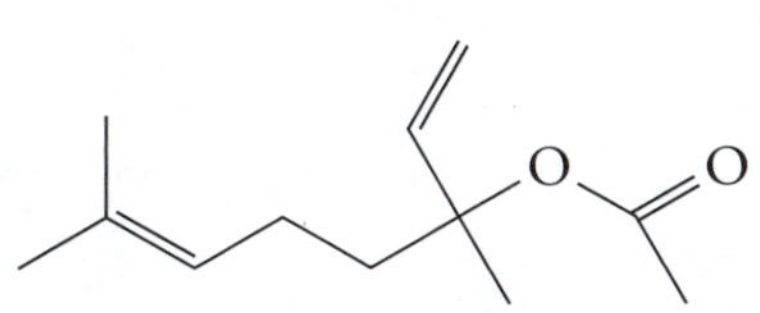

Formule topologique de la molécule d'éthanoate de linalyle

Sous-étape (a)

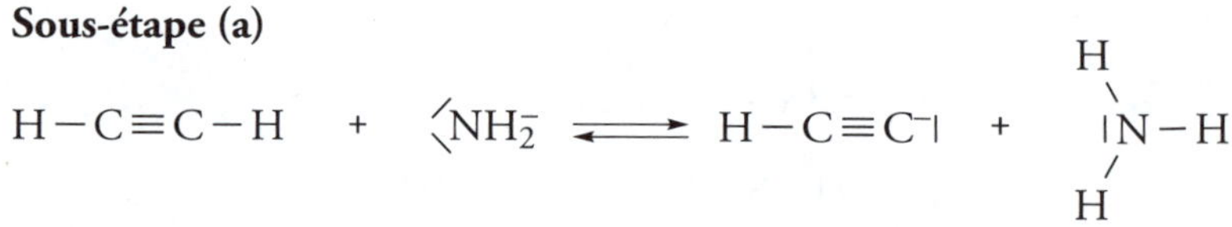

Sous-étape (b)

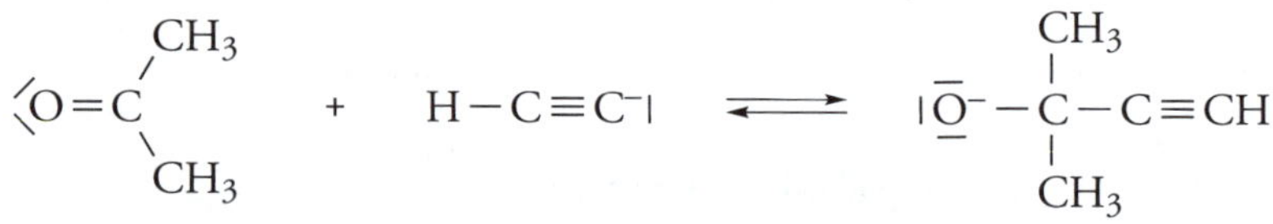

Sous-étape (c)

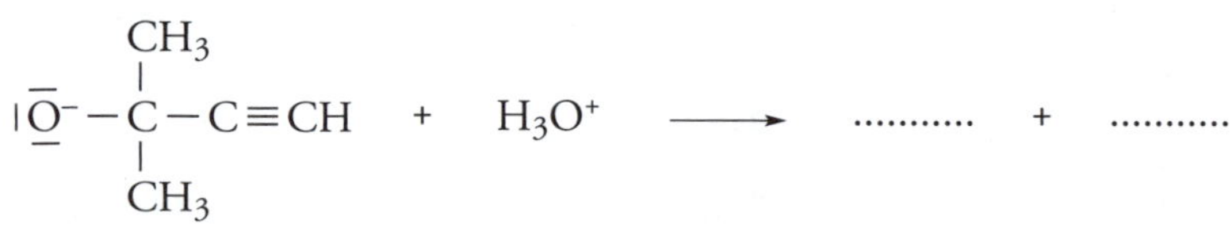

Mécanisme réactionnel de l'étape 1

❹ Le spectre infrarouge du produit obtenu lors de l'étape 6 est représenté ci-dessous. Quel(s) élément(s), dans ce spectre, permet(tent) de montrer sans ambiguïté, qu'il y a bien eu formation de linalol lors de cette étape ? *(0,5 point)*

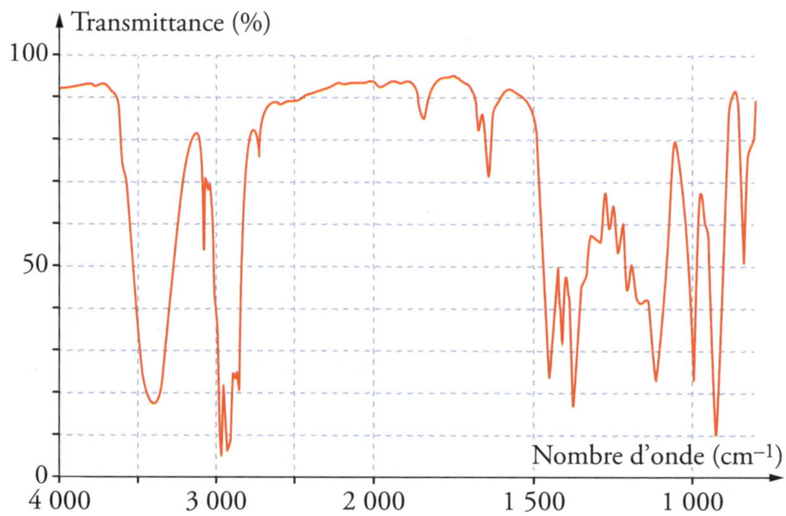

Extrait d'une table de données de spectroscopie IR

Liaison	C═C	ester C═O	cétone C═O	CO—H	C—O
Nombre d'onde (cm^{-1})	1 620-1 680	1 730-1 750	1 705-1 725	3 200-3 500	1 050-1 450

3. DIFFÉRENTES MÉTHODES POUR SYNTHÉTISER L'ÉTHANOATE DE LINALYLE

Il existe plusieurs méthodes pour synthétiser l'éthanoate de linalyle. On peut faire réagir le linalol soit avec un acide carboxylique soit avec un anhydride d'acide.

Données

Nom de l'espèce chimique	**Éthanoate de linalyle**	**Linalol**	**Acide éthanoïque**	**Anhydride éthanoïque**	**Acide sulfurique**
Densité	0,89	0,87	1,05	1,08	1,83
Température d'ébullition (°C) sous pression atmosphérique	220	199	118	139	337
Masse molaire ($g \cdot mol^{-1}$)	196	154	60	102	98
Pictogrammes de sécurité			 	  	
Mentions de danger	H315 H319	H315 H319 H335	H226 H314	H226 H302 H314 H332	H 290 H 314

- Masse volumique de l'eau : $\rho_{eau} = 1{,}0\ g \cdot mL^{-1}$.
- Quelques mentions de danger :

H226 : liquide et vapeurs inflammables ;
H290 : peut être corrosif pour les métaux ;
H302 : nocif en cas d'ingestion ;
H314 : provoque des brûlures de la peau et lésions oculaires graves ;
H315 : provoque une irritation cutanée ;
H319 : provoque une sévère irritation des yeux ;
H332 : nocif par inhalation ;
H335 : peut irriter les voies respiratoires.

1 Première méthode : obtention de l'éthanoate de linalyle à partir de l'acide éthanoïque.
Pour obtenir de l'éthanoate de linalyle, on chauffe à reflux du linalol avec un excès d'acide éthanoïque, en présence d'acide sulfurique. On obtient, après séparation, rinçage et séchage, l'éthanoate de linalyle.

Le rendement de cette synthèse, modélisée ci-dessous, est de 5 %.

$$\text{linalol} + \text{acide éthanoïque} \xrightleftharpoons[\text{}]{\text{chauffage, acide sulfurique}} \text{éthanoate de linalyle} + \text{eau}$$

1. Écrire l'équation de la réaction de synthèse. *(0,5 point)*

2. Quel est le rôle d'un chauffage à reflux ? *(0,25 point)*

3. L'acide sulfurique joue le rôle de catalyseur. Parmi les caractéristiques d'une transformation chimique, proposées ci-après, indiquer celle(s) qui est (sont) modifiée(s) par ajout d'un catalyseur : la cinétique, la composition finale du mélange, le mécanisme réactionnel. *(0,25 point)*

2 Deuxième méthode : obtention de l'éthanoate de linalyle à partir de l'anhydride éthanoïque. On réalise le chauffage à reflux de 10,0 mL de linalol et d'un excès d'anhydride éthanoïque. On obtient, après séparation, rinçage et séchage, 8,4 g d'éthanoate de linalyle. Cette transformation, modélisée ci-dessous, est rapide.

linalol + anhydride éthanoïque ⟶ acide éthanoïque + 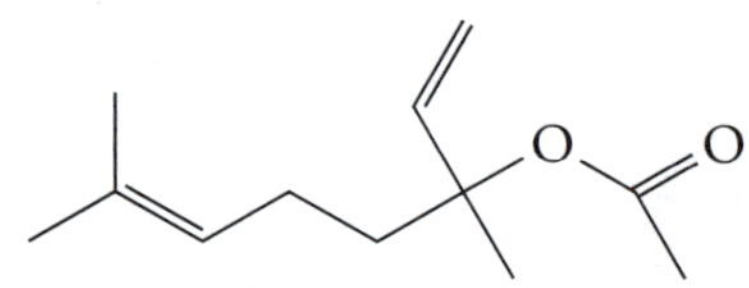

1. Indiquer les précautions à prendre lors de cette synthèse. Justifier. *(0,5 point)*

2. Déterminer le rendement de cette synthèse. *(1 point)*

3. En fin de synthèse, on réalise le spectre RMN du proton du produit obtenu, afin de s'assurer qu'il s'agit bien de l'éthanoate de linalyle. Quel(s) changement(s) (nombre et multiplicité des signaux, courbe d'intégration) va-t-on observer sur le spectre du produit obtenu par rapport à celui du linalol ? *(0,75 point)*

4. D'après les informations fournies, comparer les deux méthodes proposées pour synthétiser l'éthanoate de linalyle. *(0,5 point)*

LES CLÉS DU SUJET

■ Notions et compétences en jeu

Synthèse organique • Stéréoisomérie.

■ Conseils du correcteur

Partie 2

1 Un carbone asymétrique est un atome de carbone lié à quatre groupes d'atomes différents.

Partie 3

1 Partez de la fin du nom en le découpant : le suffixe pour la fonction principale, le corps pour le nombre de carbone dans la chaîne principale et les préfixes pour les groupes attachés sur la chaîne.

Partie 3

2 **2.** Ici le rendement est donné par $R = \dfrac{\text{masse d'éthanoate de linalyle formée}}{\text{masse théorique maximale}}$

Dressez le tableau d'avancement de la réaction pour trouver la quantité d'éthanoate formée si la réaction est totale.

1. LES MOLÉCULES D'ÉTHANOATE DE LINALYLE ET DE LINALOL

❶ Identifier les groupes caractéristiques et les familles organiques

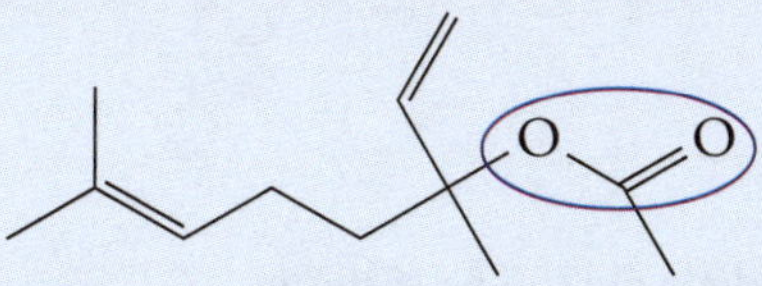

Groupe ester caractéristique de la famille des esters

❷ 1. Identifier un carbone asymétrique

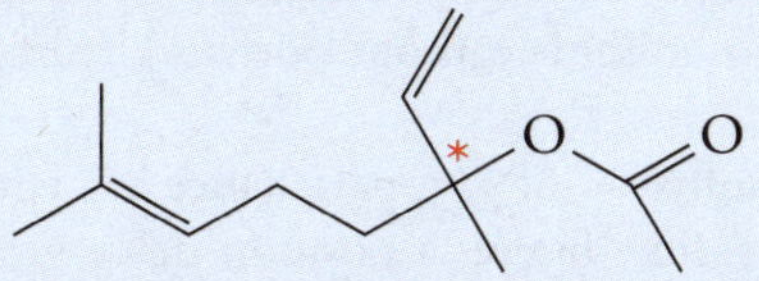

Un carbone asymétrique est un atome de carbone lié à quatre groupes d'atomes différents. Un seul atome de carbone est asymétrique dans la molécule d'éthanoate de linalyle (identifié par un astérisque).

2. Identifier une diastéréoisomérie

La diastéréoisomérie Z/E est caractéristique d'une liaison double C=C. Or la molécule envisagée a effectivement deux liaisons doubles C=C. Cependant, pour pouvoir avoir une diastéréoisomérie Z/E il faut que les deux atomes de carbone portant la double liaison soient liés à deux groupes d'atomes différents entre eux et différents deux à deux. Ici ce n'est pas le cas. Sur la représentation ci-dessous, nous voyons que l'atome de carbone (1) est lié à deux groupes identiques « $-CH_3$ » et que l'atome de carbone (2) est lié à deux atomes d'hydrogène.

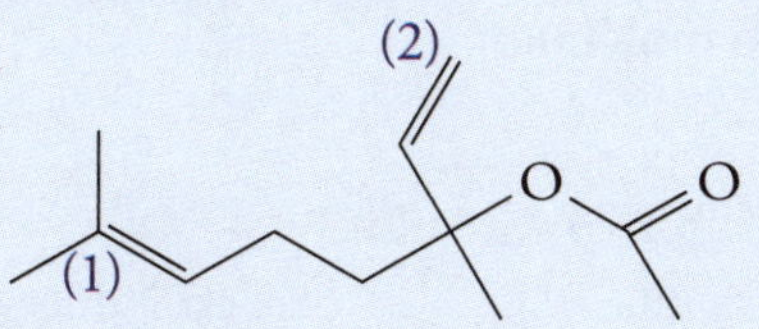

3. Déterminer l'isomérie d'une molécule

Le document nous apprend que l'on obtient dans la synthèse plusieurs stéréoisomères, or nous avons écarté la possibilité d'isomérie Z/E et n'avons trouvé qu'un seul carbone asymétrique. La présence d'un unique atome de carbone asymétrique ne permet d'avoir qu'une énantiomérie. Cette molécule présente deux énantiomères possibles.

Notez bien
Lorsqu'une molécule ne possède qu'un unique carbone asymétrique elle est forcément chirale. Attention, ce n'est plus vrai s'il y en a plusieurs !

❸ 1. Justifier le nom d'une molécule à l'aide de la nomenclature organique

Le linalol a pour nom officiel 3,7-diméthylocta-1,6-dièn-3-ol.
Sa molécule est représentée en formule topologique :

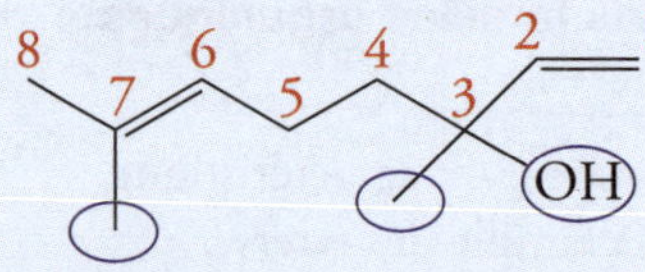

Il faut tout d'abord déterminer la chaîne principale : il s'agit de la chaîne de carbone la plus longue portant le carbone fonctionnel principal. Ici il y a une chaîne de huit atomes de carbone (en rouge), ce qui justifie le préfixe « oct- » du nom officiel.
On numérote cette chaîne carbonée afin de minimiser le carbone portant l'hydroxyle (fonction principale de la molécule).
La présence d'un groupe hydroxyle justifie le suffixe « -ol » (appartenance à la famille des alcools) dans le nom officiel. Devant ce suffixe figure la position de ce groupe hydroxyle sur la chaîne carbonée principale, en position 3 : on a donc la terminaison « -3-ol ».
La molécule comportant deux liaisons double C=C, on remplace le « an » des alcanes (liaison simple C—C) par un « èn » des alcènes mais ici précisément par un « dièn » car il y a deux liaisons doubles C=C. On précise aussi leur position sur la chaîne (sur le carbone 1 et sur le carbone 6) : « -1,6-dièn- ».
Il ne reste que deux caractéristiques à décrire sur cette molécule : les deux groupes ramifiés sur la chaîne principale. Il s'agit de deux groupes méthyle « $-CH_3$ » positionnés sur les atomes 3 et 7. On a donc un préfixe (en début de nom) « 3,7-diméthyl », le « di » précisant qu'il y a deux groupes méthyle.
On obtient donc bien le « 3,7-diméthyl » « octa » « -1,6-dièn » « -3-ol », c'est-à-dire le **3,7-diméthylocta-1,6-dièn-3-ol.**

2. Identifier un groupe d'atomes dans une molécule

Si le linalol est représenté par 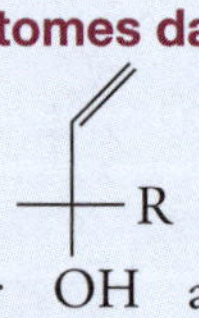

alors R signifie 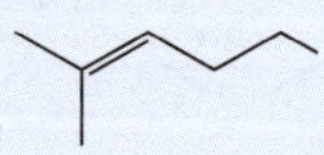 c'est-à-dire $-CH_2-CH_2-CH=C-(CH_3)_2$.

3. Représenter deux énantiomères

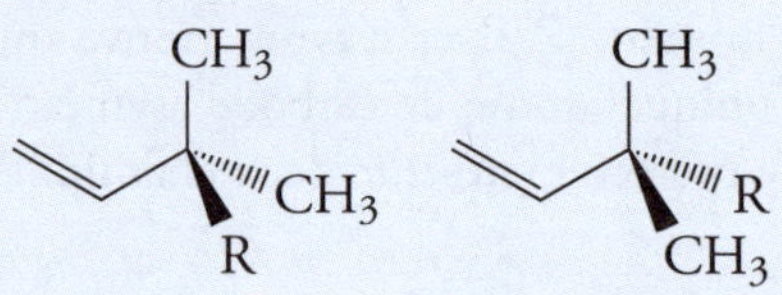

Gagnez des points
Pour représenter l'énantiomère d'une molécule possédant un unique atome de carbone asymétrique, il est plus rapide de refaire la même représentation mais en permutant juste deux des groupes liés au carbone que de faire l'image dans un miroir imaginaire.

2. SYNTHÈSE DU LINALOL

1 Identifier la catégorie d'une réaction

L'étape 3 est une **élimination** car il y a création d'une liaison double à partir d'une liaison simple.
L'étape 5 est une **substitution** : un groupe hydroxyle a été remplacé par un atome de chlore.

2 Identifier la catégorie d'une réaction

L'étape 4 se fait avec modification de la chaîne carbonée puisque le produit possède un atome de carbone supplémentaire dans sa chaîne principale. De plus le groupe fonctionnel est, lui aussi, modifié lors de cette étape : on avait un composé halogéné (présence d'un atome de brome) et on obtient un composé de la famille des alcools (présence d'un groupe hydroxyle).
Dans l'étape 5, on a une modification du groupe fonctionnel puisque l'on passe d'un groupe hydroxyle (un alcool) à un atome de chlore (composé halogéné). La chaîne carbonée, elle, n'est pas modifiée.

3 Compléter le mécanisme réactionnel

Remarque : Les flèches de mécanismes réactionnels représentent toujours des déplacements d'électrons donc elles partent toujours d'un doublet électronique.

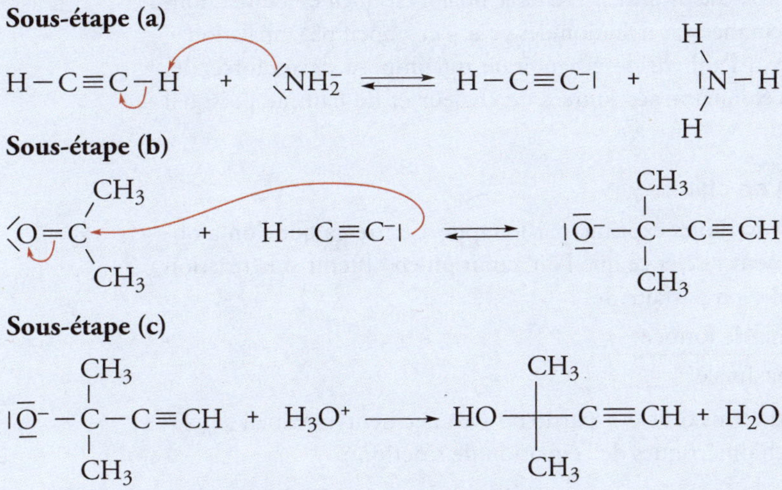

Mécanisme réactionnel de l'étape 1

4 Interpréter un spectre IR

On peut remarquer sur ce spectre une bande d'absorption comprise entre 3 200 et 3 500 cm^{-1}, or cette bande est caractéristique de la liaison O-H d'un groupe hydroxyle, ici le groupe hydroxyle du linalol. De plus, dans cette étape 7, il n'y a que le linalol qui possède cette liaison. La présence de cette bande dans le spectre du produit obtenu permet donc de montrer sans ambiguïté qu'il y a bien formation de linalol dans cette étape.

3. DIFFÉRENTES MÉTHODES POUR SYNTHÉTISER L'ÉTHANOATE DE LINALYLE

❶ 1. Écrire une équation de réaction

$$C_{10}H_{18}O + C_2H_4O_2 \rightleftharpoons C_{12}H_{20}O_2 + H_2O$$

Il est préférable ici d'écrire les formules brutes des composés plutôt que les formules topologiques.

2. Justifier un choix de protocole

Le chauffage à reflux permet de chauffer le milieu réactionnel sans perdre de produit ni de réactif. Cela permet d'accélérer la réaction chimique.

Notez bien
Cette question est classique et la réponse est toujours la même. Un chauffage à reflux sert à accélérer la réaction sans perdre ni les produits, ni les réactifs.

3. Connaître les propriétés d'un catalyseur

La cinétique est évidemment modifiée par l'ajout d'un catalyseur puisqu'il va accélérer cette réaction. De même, le mécanisme réactionnel est modifié. Par contre la composition finale du mélange ne change pas puisque le catalyseur ne fait partie ni des réactifs, ni des produits de réaction.

❷ 1. Déterminer les précautions à prendre lors d'une réaction chimique

À cause de l'utilisation du linalol, il **faut utiliser des gants, des lunettes de sécurité et faire la manipulation sous hotte aspirante**. En effet le linalol est nocif et les mentions de danger sont : « irritation cutanée », « irritation des yeux » et « nocif par inhalation ». Plus dangereux encore, il y a l'anhydride éthanoïque qui impose de renforcer les mesures de précaution en s'éloignant des sources de chaleur et de flamme puisqu'il est inflammable.

2. Calcul d'un rendement en chimie

Le rendement en chimie est toujours exprimé par le rapport entre ce que l'on a obtenu du produit principalement visé et ce que l'on aurait pu en obtenir si la réaction avait été totale et la manipulation parfaite. Ici :

$$R = \frac{\text{masse d'éthanoate de linalyle formée}}{\text{masse théorique maximale}}$$

On trouve la masse théorique maximale à partir de l'avancement maximal x_{max}. D'après les coefficients stœchiométriques de l'équation de réaction :

$$n_{\text{acétate}}^{\text{finale}} = n_{\text{linalol}}^{\text{initial}} = x_{\text{max}}$$

car l'anhydride est en excès donc le linalol est en défaut.

Notons la masse théorique maximale $m_{\text{théorique}}^{\text{max}}$. On trouve alors :

$$m_{\text{théorique}}^{\text{max}} = n_{\text{acétate}}^{\text{max}} \times M_{\text{acétate de linalyle}}$$

$$= n_{\text{linalol}}^{\text{initiale}} \times M_{\text{acétate de linalyle}}$$

$$= \frac{d_{\text{linalol}} \times \rho_{\text{eau}} \times V_{\text{linalol}}^{\text{initial}}}{M_{\text{linalol}}} \times M_{\text{acétate de linalyle}}$$

$$= \frac{0{,}87 \times 1{,}0 \times 10{,}0}{154} \times 196$$

$$m_{\text{théorique}}^{\text{max}} = 11\ \text{g}.$$

Notez bien
Pour un liquide pur on a le nombre de moles grâce à : $n = \frac{d \times \mu_{\text{eau}} \times V}{M}$ ou $n = \frac{\mu \times V}{M}$.
Attention, ces formules ne sont pas valables pour une espèce en solution ! À ce moment-là on revient à $n = C \times V$.

On a alors : $\boldsymbol{R} = \dfrac{\text{masse d'éthanoate de linalyle formée}}{\text{masse théorique maximale}} = \dfrac{8{,}4}{11} = 0{,}76 = \mathbf{76\ \%}.$

Remarque : On aurait pu aussi faire un tableau d'avancement pour trouver la masse théorique maximale.

3 Prévoir et comparer deux spectres RMN

Les deux espèces ne se différencient que par les deux parties non entourées sur les représentations suivantes.

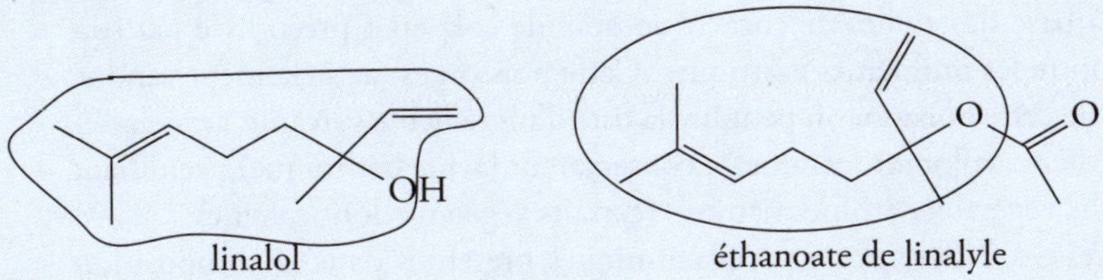

linalol éthanoate de linalyle

Leurs spectres RMN sont donc identiques sauf pour les atomes d'hydrogène des deux parties non entourées. Or ces parties contiennent respectivement un seul atome d'hydrogène lié à un atome d'oxygène, pour le linalol, et un groupe $—CH_3$ pour l'éthanoate de linalyle. Ces deux groupes émettent donc un signal (en plus de ceux de la partie entourée). Pour ces deux molécules, il s'agit d'un singulet car les deux groupes n'ont aucun proton voisin.
Par contre le saut de la courbe d'intégration de ce signal est trois fois plus grand sur le spectre de l'éthanoate de linalyle que sur celui du linalol puisque trois atomes y participent pour le premier alors qu'il n'y en a qu'un seul pour le second. On peut ajouter aussi que les déplacements chimiques (l'abscisse sur le spectre RMN) de ces deux singulets devraient être différents.
En complément, le spectre RMN de la partie entourée est composé de sept signaux :

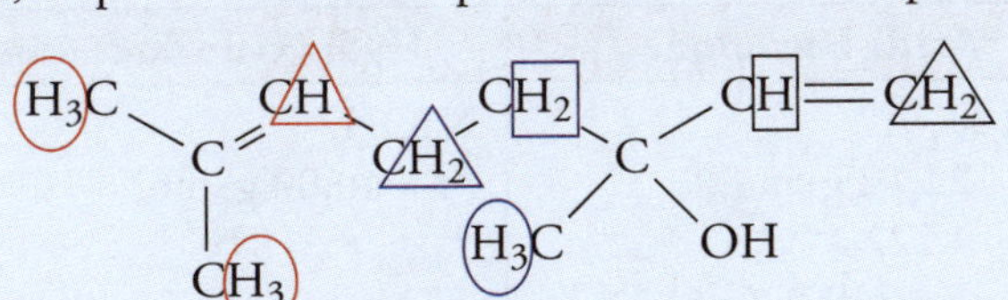

4 Comparer deux synthèses chimiques

Trois points peuvent être comparés entre ces deux synthèses.
- La **dangerosité** des réactifs et des produits : la première méthode est sur ce point moins dangereuse que la deuxième (pas d'anhydride éthanoïque à utiliser, espèce chimique à manier avec beaucoup de précautions, et, dans les produits de la réaction, l'eau est beaucoup moins gênante que l'acide éthanoïque !).
- Le **rendement** est très différent. La première méthode a un rendement très faible (5 %) alors que la seconde a un bon rendement (76 %).
- La **vitesse de réaction** : d'après les données nous savons que la première réaction semble lente alors que la seconde est rapide.

PHYSIQUE - CHIMIE

De la composition d'un soda à sa consommation

Au XIXe siècle, une boisson à base de feuilles de coca et de noix de cola était préconisée par son inventeur comme remède contre les problèmes gastriques. Cette boisson est actuellement vendue comme soda. Sur l'étiquette de cette boisson, on peut lire la liste d'ingrédients suivante : eau gazéifiée au dioxyde de carbone ; sucre ; colorant (caramel) ; conservateur (acide benzoïque) ; acidifiant (acide phosphorique) ; extraits végétaux ; arômes naturels (extraits végétaux dont caféine).
Dans cet exercice on s'intéresse à différentes espèces chimiques présentes dans la composition de cette boisson.

Données

- pH de la boisson étudiée : 2,5.
- Masse molaire de la caféine : $M = 194{,}0 \text{ g} \cdot \text{mol}^{-1}$.
- Numéros atomiques et masses molaires atomiques :

	H	**C**	**N**	**O**	**P**
Z	1	6	7	8	15
M (en $\text{g} \cdot \text{mol}^{-1}$)	1,0	12,0	14,0	16,0	31,0

- Informations sur des réactifs et des produits de la synthèse de l'acide benzoïque :

Benzonitrile	**Acide benzoïque**	**Hydroxyde de sodium**
C_7H_5N $M = 103{,}04 \text{ g} \cdot \text{mol}^{-1}$ $T_{\text{fusion}} = -12{,}8$ °C $T_{\text{ébullition}} = 190{,}7$ °C Masse volumique : $\rho = 1{,}01 \text{ g} \cdot \text{mL}^{-1}$	$C_7H_6O_2$ $M = 122{,}12 \text{ g} \cdot \text{mol}^{-1}$ $T_{\text{fusion}} = 122{,}4$ °C $T_{\text{ébullition}} = 249{,}9$ °C $pK_A(C_7H_6O_2 / C_7H_5O_2^-) = 4{,}2$	NaOH $M = 40{,}00 \text{ g} \cdot \text{mol}^{-1}$ $T_{\text{fusion}} = 318$ °C
Pictogramme de danger : 	Pictogramme de danger : 	Pictogramme de danger : 

- La dose journalière admissible (DJA) est la dose maximale d'une substance (exprimée en mg par kg de masse corporelle et par jour) à laquelle on peut être exposé de façon répétée sans risque pour la santé. Le tableau ci-après indique la DJA de quelques substances du soda.

	Acide phosphorique	**Acide benzoïque**	**Ion benzoate**	**Caféine**
DJA adulte ($\text{mg} \cdot \text{kg}^{-1} \cdot \text{jour}^{-1}$)	70	5		5

	Acide phosphorique	Acide benzoïque		Ion benzoate	Caféine
Solubilité dans l'eau ($g \cdot L^{-1}$)		à 0 °C	à 25 °C	à 25 °C	
		1,7	3,4	650	

• Pour un enfant de 30 kg, l'apport quotidien de caféine ne doit pas dépasser 75 mg, ce qui correspond environ à deux canettes de soda de 33 cL.

1. LA CAFÉINE

La formule topologique de la molécule de caféine est représentée ci-contre.

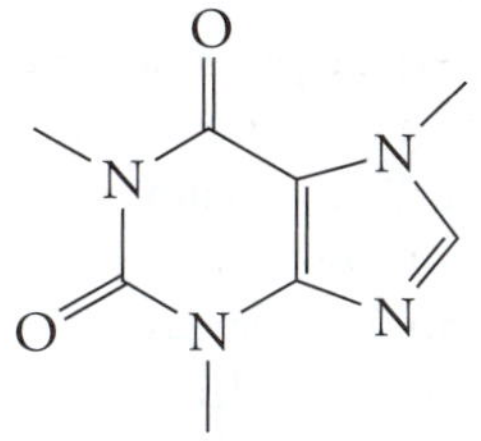

❶ Recopier et compléter la formule topologique de la molécule de caféine en faisant figurer les doublets non liants. *(0,5 point)*
❷ Déterminer la formule brute de la caféine. *(0,5 point)*
❸ À l'aide des données fournies, évaluer la concentration molaire approximative de la caféine dans le soda. *(0,5 point)*

2. L'ACIDE BENZOÏQUE

L'acide benzoïque est un conservateur alimentaire souvent présent dans les sodas. Une méthode de synthèse de l'acide benzoïque peut s'effectuer en deux étapes au laboratoire.

• **Étape a** : obtention de l'ion benzoate à partir du benzonitrile

$$C_7H_5N_{(\ell)} + H_2O_{(\ell)} + HO^-_{(aq)} \rightarrow C_7H_5O^-_{2(aq)} + NH_{3(aq)}$$

• **Étape b** : obtention de l'acide benzoïque par réaction de l'ion benzoate avec l'ion oxonium

$$C_7H_5O^-_{2(aq)} + H_3O^+_{(aq)} \rightarrow C_7H_6O_{2(s)} + H_2O_{(\ell)}$$

Le but de cette partie est d'analyser un protocole mis en œuvre pour effectuer cette synthèse au laboratoire ; la description des opérations successives figure ci-dessous.

① Dans un ballon de 100 mL, introduire un volume de 2,0 mL de benzonitrile, un volume de 24 mL d'une solution aqueuse d'hydroxyde de sodium à 100 $g \cdot L^{-1}$ et quelques grains de pierre ponce.
② Adapter un réfrigérant à eau, puis porter à ébullition pendant plusieurs dizaines de minutes.
③ Une fois la réaction terminée, verser le contenu du ballon dans un bécher, puis le refroidir à l'aide d'un bain de glace.
④ Ajouter de l'acide chlorhydrique froid en excès.
⑤ Filtrer sur Buchner (penser à laver les cristaux avec une solution froide acidifiée).
⑥ Placer les cristaux à l'étuve (enceinte chauffante thermostatée) pendant une heure.
⑦ Peser le produit obtenu.

❶ Dans l'opération ① peut-on remplacer la solution aqueuse d'hydroxyde de sodium par des pastilles d'hydroxyde de sodium solide pour réaliser la synthèse ? Justifier. *(0,5 point)*
❷ Quelles opérations correspondent à l'**étape a** de la synthèse de l'acide benzoïque ? *(0,5 point)*
❸ Donner deux raisons qui justifient l'utilisation du chauffage à reflux. *(0,5 point)*
❹ Donner les rôles de chacune des opérations ④, ⑤ et ⑥ décrites dans le protocole. *(1 point)*
❺ Quel critère doit-on choisir pour régler une température de l'étuve adaptée à l'opération ⑥ ? Justifier votre choix. *(0,5 point)*
❻ Citer deux méthodes permettant de vérifier la nature du produit obtenu. *(0,5 point)*

7 Quelle masse maximale d'acide benzoïque peut être obtenue par la mise en œuvre de ce protocole ? *(1 point)*

8 L'étiquette sur la bouteille de soda indique la présence d'acide benzoïque comme conservateur. Est-ce bien sous cette forme que l'espèce prédomine dans cette boisson ? Justifier. *(0,5 point)*

3. L'ACIDE PHOSPHORIQUE

Des études récentes laissent penser que l'acide phosphorique, H_3PO_4, contenu dans certains sodas au cola est responsable d'un accroissement des risques d'insuffisance rénale et d'ostéoporose s'il est consommé en quantités trop importantes. Cette partie vise à évaluer la consommation maximale de soda sans que l'acide phosphorique présente un risque pour la santé.

Dosage de l'acide phosphorique dans le soda étudié

Pour déterminer la concentration en acide phosphorique dans le soda, on dégaze un volume $V = 10{,}0$ mL de soda afin d'éliminer le dioxyde de carbone dissous. On réalise ensuite le titrage de la boisson dégazée par une solution aqueuse d'hydroxyde de sodium ($Na^+_{(aq)}$; $HO^-_{(aq)}$) de concentration molaire $C = 1{,}0 \times 10^{-2}$ mol·L^{-1}. Le titrage est suivi par pH-métrie.

On donne dans le tableau ci-dessous les mesures effectuées lors de ce titrage, V étant le volume de solution d'hydroxyde de sodium versé.

V (mL)	0	1,0	2,0	3,0	4,0	5,0	6,0	7,0	8,0	9,0	10,0
pH	2,9	3,1	3,2	3,3	3,6	4,5	5,8	6,2	6,3	6,4	6,4

On admet ici que seul le couple $H_3PO_{4(aq)}/H_2PO^-_{4(aq)}$ intervient et que l'acide benzoïque étant en faible quantité, sa présence influe très peu sur le dosage de l'acide phosphorique.

▸ **Combien de bouteilles de soda de 1,5 L une personne adulte peut-elle consommer par jour, sans que l'acide phosphorique ne présente un risque pour sa santé ?** ***(2 points)***

Le candidat est invité à prendre des initiatives et à présenter la démarche suivie, même si elle n'a pas abouti. La démarche est évaluée et nécessite d'être correctement présentée.

LES CLÉS DU SUJET

■ Notions et compétences en jeu

Synthétiser des molécules • Réaction par échange de protons.

■ Conseils du correcteur

Partie 2

1 Vérifiez l'équation de la réaction et l'état physique du benzonitrile.

3 Ce sont les avantages que possède toujours le chauffage à reflux : regardez dans votre cours.

5 Il s'agit de faire évaporer l'eau mais si l'on chauffe trop il y a un risque sur le produit de la réaction. Vérifiez et concluez sur les températures d'ébullition.

7 Faites un tableau d'avancement pour prévoir la quantité maximale (avec x_{max}) d'acide formé. Commencez par calculer les quantités initiales des réactifs.

8 Dressez le diagramme de prédominance du couple acide benzoïque/benzoate.

Partie 3

C'est une question longue. Commencez par faire le graphique pH = $f(V_{ajouté})$. Déterminez le volume équivalent du titrage avec la méthode des tangentes. Calculez alors la concentration du soda puis la masse d'acide contenue dans une bouteille de soda.

1. LA CAFÉINE

❶ Déduire les positions des doublets non liants

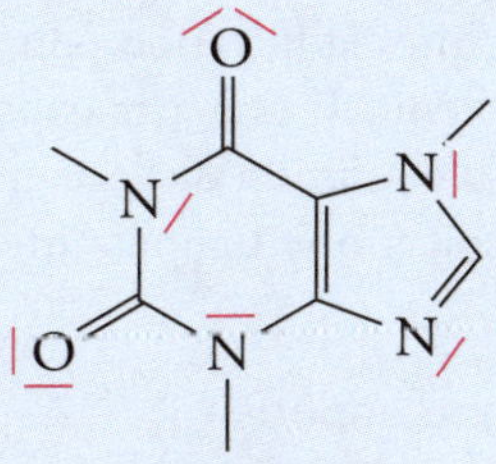

Notez bien
Dans les configurations « classiques » c'est-à-dire sans charge ajoutée, les atomes d'oxygène ont 2 doublets non liants, les atomes d'azote en ont un seul et aucun pour les atomes de carbone et d'hydrogène.

❷ Donner la formule brute d'une molécule

On trouve la formule brute suivante : $\mathbf{C_8H_{10}O_2N_4}$.
Remarque : On retrouve bien la valeur de la masse molaire de l'énoncé.

❸ Évaluer une concentration à partir de documents

L'énoncé précise que deux cannettes de 33 cL contiennent « environ » 75 mg de caféine. Donc, on peut évaluer la concentration massique de la caféine dans le soda :

$$C_{\mathrm{m}} = \frac{m}{V} = \frac{75}{2 \times 0{,}33} = 114 \text{ mg/L}$$

ce qui correspond à la concentration molaire de la caféine dans le soda :

$$\boldsymbol{C} = \frac{C_{\mathrm{m}}}{M} = \frac{114 \times 10^{-3}}{194} = \mathbf{0{,}59 \times 10^{-3}\ mol \cdot L^{-1}}.$$

Attention
Portez une attention particulière aux verbes des questions. Ici « Évaluer » signifie qu'il s'agit d'un calcul approximatif ou qu'il y a une donnée qui sera fournie avec un « environ ».

2. L'ACIDE BENZOÏQUE

❶ Étudier un protocole expérimental

L'équation de la réaction de l'**étape a** comporte l'eau en tant que réactif. Or les deux autres réactifs sont le benzonitrile qui est liquide – donc pas en solution aqueuse – et les ions hydroxyde. Si ces deux derniers réactifs sont en pastilles solides, les molécules d'eau ne seront pas présentes : ni apportées par le benzonitrile, ni avec les ions hydroxyle. Par conséquent, on ne peut pas remplacer la solution d'hydroxyde de sodium par des pastilles d'hydroxyde de sodium pour réaliser cette étape.

❷ Identifier les étapes d'une synthèse

Ce sont les opérations de ① à ③ qui correspondent à l'**étape a** de la synthèse. En effet, durant ces 3 opérations, on ne réalise que la réaction de cette étape puis on recueille et refroidit le mélange réactionnel. L'opération ④, par contre, correspond à l'ajout d'acide donc à l'**étape b**.

❸ Connaître les avantages d'un chauffage à reflux

L'utilisation du chauffage à reflux permet d'accélérer la réaction chimique (car la température est un facteur cinétique) sans perdre de réactifs ni de produits de cette réaction.

❹ Identifier les étapes d'un protocole expérimental

L'opération ④ correspond à la **synthèse** de l'acide benzoïque par une réaction **acido-basique**.

PHYSIQUE - CHIMIE

L'opération ⑤ est une **filtration** donc une étape de **séparation** du produit, solide, synthétisé du reste du mélange réactionnel.
L'opération ⑥ permet quant à elle le **séchage**, donc l'élimination d'eau du solide récupéré. Il s'agit donc d'une **purification** du produit obtenu.

5 Déterminer le critère déterminant lors d'un séchage

L'opération ⑥ consiste à chauffer le solide récupéré après la filtration pour faire évaporer l'eau sans faire évaporer l'acide benzoïque obtenu. Il faut par conséquent se situer à une température supérieure à la température d'ébullition de l'eau et inférieure à celle de l'acide benzoïque. Ici il faut que l'étuve soit à une température comprise **entre 100 °C et 122,4 °C**.

6 Connaître des méthodes d'identification d'une espèce

Pour vérifier la nature du produit obtenu, on peut réaliser une **chromatographie sur couche mince** (CCM) ou bien encore utiliser un **banc de Kofler**.

Notez bien
Pour un liquide pur on a le nombre de moles grâce à :
$n = \dfrac{d \times \mu_{eau} \times V}{M}$ ou
$n = \dfrac{\mu \times V}{M}$
Pour une espèce en solution ! on revient sur $n = C \times V$

7 Calculer la masse maximale possible lors d'une réaction

Il faut déterminer les quantités initiales des réactifs lors des étapes de la synthèse.
Pour l'**étape a**, on utilise 2,0 mL de benzonitrile et 24 mL de la solution d'hydroxyde de sodium. On a d'une part :

$$n_{i(benzonitrile)} = \frac{m}{M} = \frac{\rho V}{M} = \frac{1{,}01 \times 2{,}0}{103{,}04} = 1{,}960\ 403\ 726 \times 10^{-2} \text{ mol (résultat calculatrice)}$$

$n_{i(benzonitrile)}$ **= 2,0 × 10⁻² mol (bon résultat selon les données)**.

$$\text{D'autre part : } n_i(HO^-) = CV = \frac{C_m}{M} \times V = \frac{100}{40} \times 24 \times 10^{-3} = 0{,}06 \text{ mol} = \mathbf{6{,}0 \times 10^{-2}} \text{ mol.}$$

Info
Ici le calcul donne « exactement » 6×10^{-2} donc il faut ajouter le nombre de zéro suffisant par rapport aux chiffres significatifs souhaités. Habituellement, on réduit le nombre de chiffres donné par la calculatrice, ici on doit l'augmenter.

On a donc $n_i(HO^-) > n_i$(benzonitrile) et les coefficients stœchiométriques sont égaux donc ce sont les ions hydroxyde qui sont en excès et le benzonitrile qui est en défaut. On obtient au maximum à la fin de cette étape $2{,}0 \times 10^{-2}$ mol d'ions benzoate.
Or ces ions réagissent dans l'**étape b**. Le protocole précise néanmoins que l'acide chlorhydrique est en excès d'où les ions benzoate en défaut. Par conséquent, d'après les coefficients stœchiométriques de l'équation, on forme $2{,}0 \times 10^{-2}$ mol d'acide benzoïque. La masse maximale que l'on peut obtenir est donc :
$\boldsymbol{m_{max}} = n_{max} \times M$(acide benzoïque) $= 2{,}0 \times 10^{-2} \times 122{,}12$ **= 2,4 g.**

8 Prévoir l'espèce prédominante d'un couple A/B

Les données indiquent que le pH du soda est 2,5 donc, d'après le diagramme de prédominance du couple acide benzoïque / ion benzoate ci-dessous, c'est bien l'acide benzoïque qui est présent dans cette boisson.

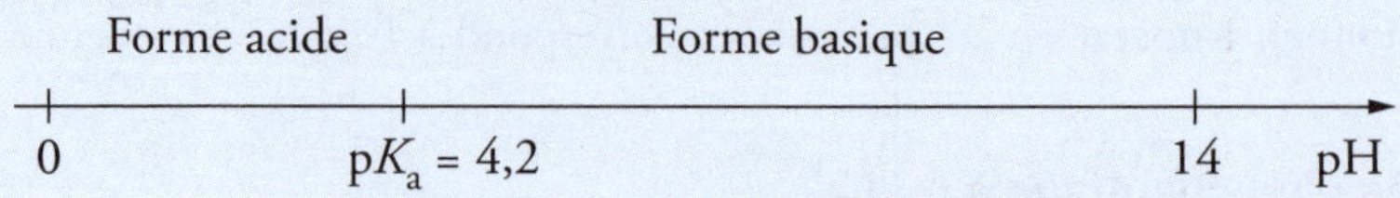

3. DÉTERMINER LA QUANTITÉ D'UNE ESPÈCE

Pour connaître le volume journalier de soda qu'un homme peut consommer sans que la quantité d'acide phosphorique ingérée soit un risque, il faut connaître la concentration de cet acide dans le soda. Or le titrage décrit dans l'énoncé nous permet de déterminer cette concentration. Il s'agit du **titrage de l'acide phosphorique par les ions hydroxyde.** Il est précisé que seul l'acide phosphorique réagit lors de cet ajout d'ion hydroxyde, donc la réaction support de ce titrage a pour équation :

$$H_3PO_{4(aq)} + HO^-_{(aq)} \rightarrow H_2PO^-_{4(aq)} + H_2O_{(\ell)}$$

À l'équivalence de ce titrage, la quantité d'ions hydroxyde versée n'est égale à celle de l'acide phosphorique initialement présent dans l'échantillon de soda titré. Pour déterminer le volume équivalent V_E, il nous faut faire le graphique du pH en fonction du volume de soude ajouté à l'aide du tableau de mesures donné dans l'énoncé.

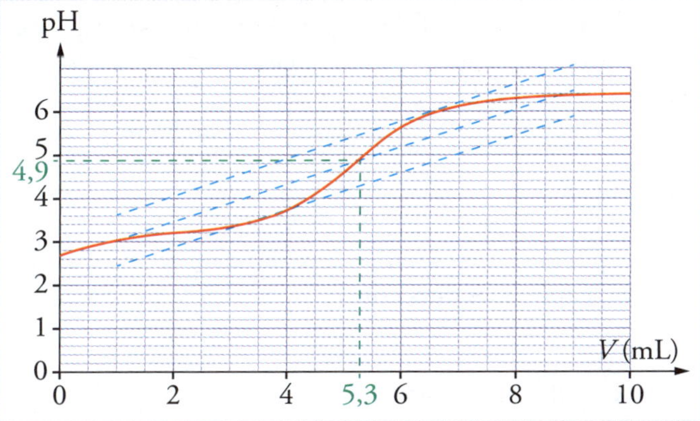

On utilise alors la **méthode des tangentes** pour déterminer V_E. On lit sur le graphique que V_E = 5,3 mL et l'on a n_i(acide phosphorique) = $n_{ajouté}(HO^-)$.

En notant C_A la concentration en acide phosphorique de l'échantillon titré, on a :

$$C_A V = C\,V_E \quad \text{soit} \quad C_A = \frac{CV_E}{V} = \frac{1{,}0 \times 10^{-2} \times 5{,}3 \times 10^{-3}}{10{,}0 \times 10^{-3}} = 5{,}3 \times 10^{-3}\ \text{mol} \cdot \text{L}^{-1}$$

Le soda a une **concentration** égale à **5,3 mmol · L^{-1} en acide phosphorique**.

La dose journalière admissible (DJA) pour l'acide phosphorique est 70 mg · kg^{-1} · jour^{-1} d'après les données. Pour la masse, nous prendrons l'exemple d'une personne adulte mais de petite corpulence pour obtenir la plus petite dose admissible.

Si nous prenons 50 kg, alors la masse d'acide phosphorique à ne pas dépasser par jour est de 70 × 50 = 3 500 mg = 3,5 g.

Il faut donc absorber moins de 3,5 g de cet acide par jour (une personne de masse supérieure à 50 kg pourra en absorber davantage).

Or la concentration molaire de cet acide dans le soda est C = 5,3 mmol × L^{-1} donc la concentration molaire est $C_m = CM = 5{,}3 \times 10^{-3} \times 98 = 0{,}5194 = 5{,}2 \times 10^{-1}$ g/L. On déduit donc le **volume maximal de soda** qu'une personne peut consommer par jour :

$$V_{max} = \frac{3{,}5}{5{,}2 \times 10^{-1}} = 6{,}738\,544\,47 = \mathbf{6{,}7\ L}$$ (2 chiffres significatifs car la masse molaire n'est connue qu'avec 2 chiffres significatifs).

Cela correspond donc à **4 à 5 bouteilles d'1,5 L de soda par jour**. On peut en déduire que la consommation « classique » de ce soda, même deux litres par jour, ne pose pas un problème en ce qui concerne l'acide phosphorique et ses conséquences sur les reins et les os.

Gagnez des points
Cette question est une « mini-résolution de problème ». Pour y répondre, présentez un raisonnement en plusieurs étapes. Rédigez de façon la plus claire possible pour que votre correcteur comprenne votre démarche. Justifiez chaque étape de votre raisonnement pour montrer votre but.

Gagnez des points
Même si vous n'arrivez pas au bout de la question, il y a des points à partir du moment où votre raisonnement est logique. Ici écrire l'équation du titrage, faire le graphique et le V_E donne des points même si vous ne concluez pas après.

THÈME **Transmettre et stocker de l'information**

Les caractéristiques d'un home cinéma

Depuis une vingtaine d'années, les systèmes home cinéma sont de plus en plus utilisés à domicile. L'objectif est de reproduire le plus fidèlement possible l'image et le son du cinéma à la maison. Le choix pour le consommateur est parfois difficile, perdu au milieu de sigles et autres arguments commerciaux : HD, full HD, UHD, 4K, OLED, LCD, son 2.0, 5.1, TV connectée, etc. Dans cet exercice, on se propose d'étudier les principales caractéristiques d'un home cinéma.

1. L'INSTALLATION SONORE

Les cinémas ont été les premiers à être équipés de sons multicanaux afin d'offrir une spatialisation des effets sonores (le son vient alors de toutes les directions).

Document 1 Caractéristiques d'une installation sonore 5.1

Un équipement 5.1 signifie que « 5 » haut-parleurs (enceintes) sont utilisés pour retranscrire les voix, les musiques et les effets sonores (alimentés par 5 signaux différents) et que « 1 » caisson de graves est utilisé pour retranscrire les sons très graves (explosions dans un film par exemple).

Les enceintes sont disposées comme sur le schéma ci-après. Le caisson de graves (*subwoofer*) peut être placé n'importe où.

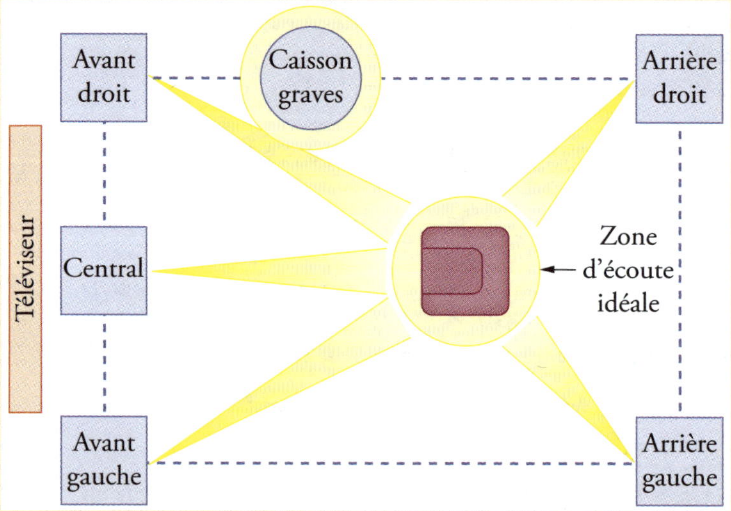

D'après http://www.bienchoisirmonelectromenager.com/

Document 2 Niveaux sonores restitués par les enceintes avant, arrière et par le *subwoofer*

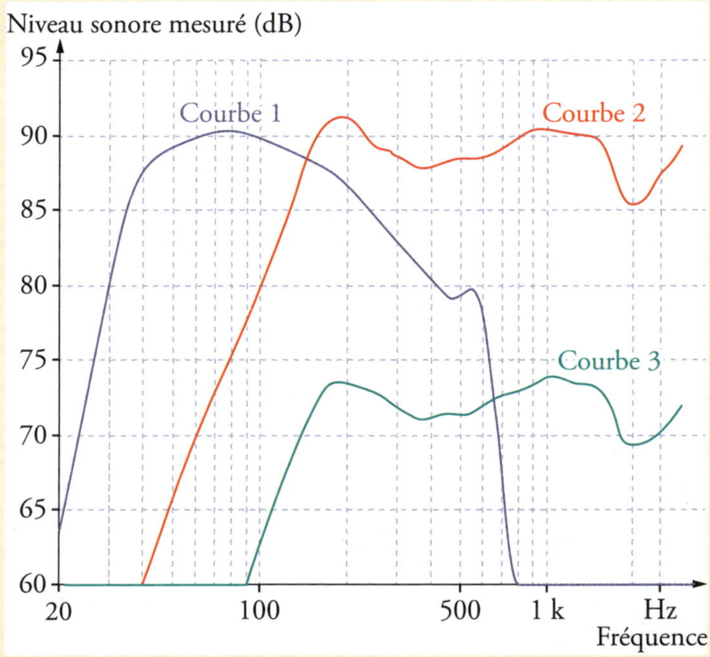

D'après http://forumhardware.fr

Document 3 Échelle des niveaux sonores

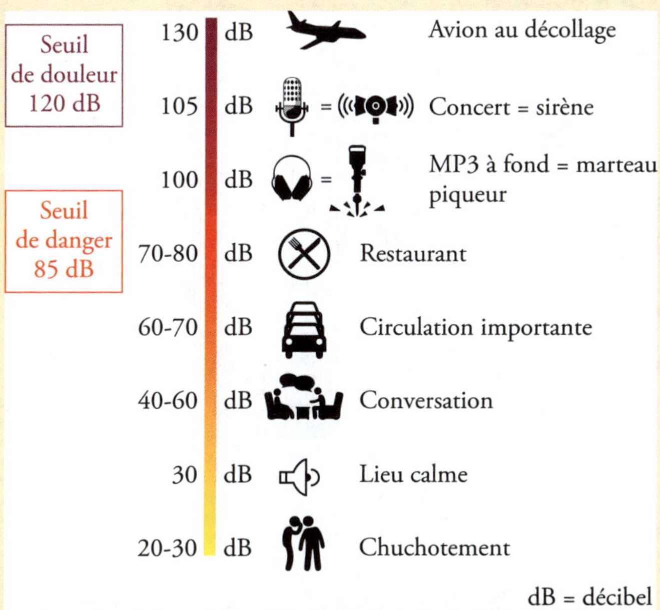

L'intensité sonore de référence pour le calcul d'un niveau sonore vaut :
$I_0 = 1{,}0 \times 10^{-12}\ \mathrm{W \cdot m^{-2}}$

D'après http://www.pass-santejeunes-bourgogne.org/

❶ À quelle grandeur physique est liée la hauteur d'un son ? *(0,25 point)*

❷ Laquelle des trois courbes représentées dans le document 2 correspond au caisson de graves ? Justifier. *(0,25 point)*

❸ Un technicien souhaite calibrer correctement une installation home cinéma. Équipé d'un sonomètre, il se place sur le canapé. À l'aide de la télécommande, il déclenche un son sur l'enceinte centrale uniquement et règle son niveau sonore pour que le sonomètre indique 70 dB. Il répète l'opération pour chacune des quatre autres enceintes. L'installation est alors parfaitement équilibrée. Pour finaliser ses réglages, il met en marche simultanément les cinq enceintes (le caisson de graves restant éteint). Le son produit présente-t-il un danger pour l'audition du technicien ? *(0,5 point)*

2. LA TÉLÉCOMMANDE

Pour piloter les différents appareils d'un home cinéma, on utilise une ou plusieurs télécommandes équipées de diodes qui émettent des ondes électromagnétiques dans l'infrarouge.

Document 4 Notice technique de la diode de la télécommande

Modèle LTE5228A		
	Angle d'ouverture	40°
	Tension	1,2 V
	Fréquence émise	$3{,}10 \times 10^{14}$ Hz
	Intensité lumineuse	5 mW/Sr
	Dimension de l'optique	5 mm

Document 5 Signal émis par la télécommande

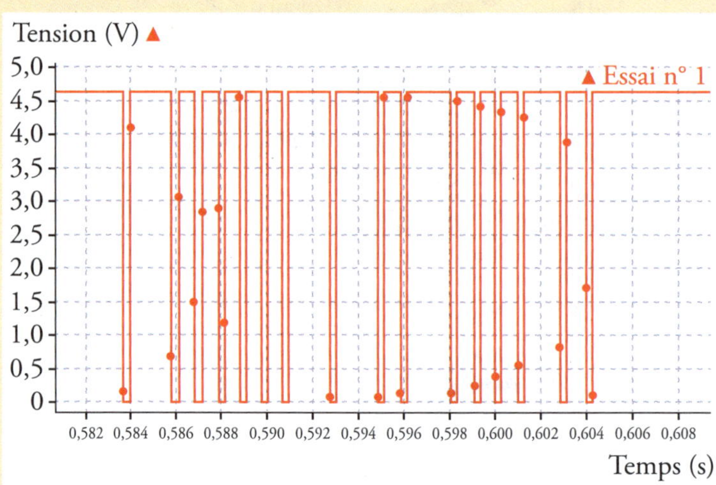

Donnée

La valeur de la célérité de la lumière dans le vide est supposée être connue du candidat.

❶ Définir ce qu'est une onde progressive. *(0,25 point)*

❷ Quelle est la principale différence entre une onde mécanique et une onde électromagnétique ? *(0,25 point)*

❸ Justifier, à l'aide des documents 4 et 5 fournis, que le rayonnement émis par la télécommande correspond bien à un rayonnement infrarouge. *(0,25 point)*

❹ Le signal émis par la télécommande est-il de nature analogique ou numérique ? Justifier. *(0,25 point)*

3. DÉFINITION DE L'IMAGE

La taille moyenne des écrans de télévision n'a cessé de progresser. À la fin du XXe siècle, les plus grosses télévisions à tube cathodique avaient un écran mesurant 92 cm de diagonale.

Depuis l'arrivée des écrans plats (à technologie plasma, LCD ou actuellement OLED), cette diagonale peut atteindre plusieurs mètres.

Document 6 Caractéristiques d'un écran numérique

Les deux principales caractéristiques d'une télévision sont la taille et la définition de son écran.

Commercialement, on utilise la diagonale de l'écran (exprimée en cm ou en pouce) pour mesurer et comparer la taille des écrans de télévision.

Quant à la définition de l'écran, qui correspond au nombre total de pixels qui le composent, elle dépend des normes instaurées par les fabricants : SD, HD, Full HD et à présent Ultra HD (UHD) parfois appelé à tort « écran 4K » (la 4K étant une norme issue du cinéma). Chacune de ces normes correspond à un nombre bien déterminé de pixels sur la largeur et la hauteur de l'écran.

Normes des définitions d'écran

Normes commerciales	Nombre de pixels en largeur	Nombre de pixels en hauteur	Distance minimale du spectateur à l'écran
SD	720	576	4,5 × la diagonale
HD	1 280	720	3,9 × la diagonale
Full HD	1 920	1 080	2,6 × la diagonale
UHD	3 840	2 160	1,3 × la diagonale

Le codage RVB

Le codage RVB consiste à représenter les couleurs à partir de trois couleurs de base : le rouge, le vert et le bleu. Chaque pixel est codé sur 3 octets, un par composante de couleur.

Données

- 1 octet = 8 bits
- 1 pouce = 2,54 cm

Multiples de l'octet	1 ko	1 Mo	1 Go	1 To
Conversion en octet	10^3	10^6	10^9	10^{12}

❶ Un client décide d'acheter une télévision de 65 pouces de diagonale et de placer son canapé à environ 2,50 m de la TV.
Si l'achat d'une TV UHD est retenu, les conditions d'utilisation recommandées par le constructeur sont-elles respectées ? *(0,25 point)*

PHYSIQUE - CHIMIE

❷ Si le téléspectateur s'approche de l'écran, quel défaut apparaîtra sur l'image ? *(0,25 point)*

❸ Calculer la définition de l'écran de la TV UHD. *(0,25 point)*

❹ Calculer le nombre de couleurs différentes que peut générer un pixel de l'écran. *(0,25 point)*

❺ Vérifier que la taille d'une image au format UHD est d'environ 25 Mo. *(0,25 point)*

❻ Un film d'une durée de 1 h 30 est numérisé au format UHD. Il est composé de 25 images par seconde et le fichier audio attaché au film est de 10 Go.
Montrer que le fichier de ce film ne peut théoriquement pas tenir sur un seul Blu-ray (double couche) de capacité totale 50 Go. *(0,5 point)*

4. TÉLÉCHARGEMENT DU FILM EN STREAMING PAR INTERNET

On peut visionner les films au format UHD en streaming (lecture d'un flux vidéo à mesure de sa diffusion, ne nécessitant pas le téléchargement). Ce service est directement accessible depuis les TV connectées à Internet ou les appareils mobiles. Cependant, pour « streamer » au format UHD, il faut un débit minimum d'au moins 25 Mbit . s^{-1} pour un visionnage confortable (sans saccades).

Débits moyens des différents modes de transmission de l'information

	Téléphonie mobile (propagation hertzienne)			Internet à domicile	
Modes	3G+	H+	4G	ADSL	Fibre optique
Débit (Mbit·s^{-1})	3,6	5	40	20	100

La compression de données

La compression de données ou codage de source est l'opération informatique consistant à transformer une suite de bits A en une suite de bits B plus courte pouvant restituer les mêmes informations en utilisant un algorithme particulier.

❶ Parmi les modes de transmission évoqués dans les documents à disposition, quels sont ceux qui mettent en œuvre une propagation guidée ? *(0,25 point)*

❷ Quel est le mode de transmission à privilégier si on souhaite « streamer » un film au format UHD sur un home cinéma ? Argumenter votre réponse. *(0,25 point)*

❸ Montrer que les débits actuels ne permettent pas de regarder en streaming un film UHD de 3,385 To et d'une durée de 1 h 30 sans compression d'images. *(0,50 point)*

❹ Pourquoi est-il nécessaire de compresser les fichiers lors de leur transmission ? *(0,25 point)*

LES CLÉS DU SUJET

■ Notions et compétences en jeu

Transmettre et stocker l'information • Caractéristiques et propriétés des ondes.

■ Conseils du correcteur

Partie 1

❸ L'intensité sonore des cinq enceintes vaut cinq fois celle d'une seule. Calculez l'intensité d'une seule enceinte puis multipliez-la par cinq et calculez enfin le niveau sonore correspondant.

Partie 2

❷ Pensez aux milieux de propagation des deux types d'onde.

❸ Calculez la longueur d'onde de la lumière émise par la diode.

Partie 3

❶ Convertissez en mètre la longueur de la diagonale.

❹ Pour n bits, on peut coder 2^n valeurs différentes.

Partie 4

❸ Calculez le débit (bits par seconde) nécessaire pour transmettre le film en streaming :

$$\frac{\text{nombre de bits du film}}{\text{durée du film}}$$

CORRIGÉ SUJET 20

1. L'INSTALLATION SONORE

❶ Connaître le lien entre hauteur et fréquence d'un son

La hauteur d'un son est liée à sa fréquence (c'est-à-dire la fréquence de son fondamental).

❷ Identifier un audiogramme

La **courbe 1** correspond au son diffusé par le caisson de graves puisque c'est cette enceinte qui délivre les **sons de basse fréquence** (les plus graves).

❸ Calculer le niveau sonore provenant de plusieurs sources

Appelons L le niveau sonore dû à une seule source, L' le niveau sonore dû aux cinq sources, I l'intensité d'une seule source et I' l'intensité sonore des cinq sources. Les intensités sonores s'additionnant, si on a cinq sources de niveaux identiques, on obtient une intensité cinq fois plus grande (égale à $5I$). On peut alors écrire :

$$L' = 10\log\left(\frac{I'}{I_0}\right) \quad \text{soit} \quad L' = 10\log\left(\frac{5I}{I_0}\right)$$

$$L' = 10\log(5) + 10\log\left(\frac{I}{I_0}\right) \quad \text{d'où} \quad \boldsymbol{L' = 7 + L}$$

D'après l'énoncé, le niveau d'une enceinte est égal à 70 dB, donc le niveau sonore des cinq enceintes est égal à 77 dB, ce qui ne présente **aucun danger** pour le technicien puisque le seuil de danger est 85 dB.

Autre méthode

On aurait pu aussi calculer l'intensité sonore correspondant au niveau de 70 dB (10^{-5} W/m^2) puis multiplier cette intensité sonore par 5 pour ensuite calculer le niveau sonore de cinq enceintes.

Notez bien
Cette démonstration rappelle celle qu'il est bon de connaître celle du niveau sonore délivré par deux haut-parleurs au lieu d'un. Le niveau sonore est $L + 3$ (dB).

2. LA TÉLÉCOMMANDE

❶ Définir une onde progressive

Une onde progressive est la **propagation d'une perturbation**.

❷ Différencier onde mécanique et onde électromagnétique

Une onde électromagnétique peut se déplacer dans le vide alors qu'une onde mécanique a besoin de matière pour se déplacer.

❸ Justifier un domaine d'onde électromagnétique

On peut relever dans le document 4 que la fréquence d'émission de la diode est $f = 3{,}10 \times 10^{14}$ Hz, ce qui correspond à une longueur d'onde :

$$\lambda = \frac{c}{f} = \frac{3 \times 10^8}{3{,}1 \times 10^{14}} = 9{,}68 \times 10^{-7} \text{ m} = 968 \text{ nm}$$

Le domaine visible étant compris entre 400 nm et 800 nm, la longueur d'onde de **968 nm** est juste au-dessus : il s'agit bien d'**infrarouge**.

❹ Identifier un signal numérique

Le signal émis par la télécommande est **numérique** puisqu'il s'agit d'un signal discontinu (document 5).

3. DÉFINITION DE L'IMAGE

❶ Utiliser les données des documents

Le téléviseur de diagonale 65 pouces correspond à une longueur égale à :
$65 \times 2{,}54 = 165$ cm $= 1{,}65$ m
Or le constructeur préconise une distance supérieure à « 1,3 fois la diagonale », donc supérieure à :
$1{,}3 \times 1{,}65 = 2{,}15$ m.
Le client compte placer son canapé à 2,5 m, donc l'installation respecte les conditions d'utilisation recommandées.

❷ Connaître l'inconvénient des pixels

En s'approchant du téléviseur, le spectateur distinguera les pixels de l'image. On parle de « **pixellisation** » de l'image.

❸ Calculer la définition d'une image

La définition correspond au nombre total de pixels, or, sur une TV UHD, on a :
$3\,840 \times 2\,160 = 8\,294\,400$ pixels.
On pourra dire que la **définition** est d'environ **8,3 Mpixel**.

❹ Calculer le nombre de couleurs codées sur 3 octets

Un pixel est codé sur trois octets (un pour le rouge, un pour le bleu, un pour le vert). Un octet correspond à huit bits et peut prendre $2^8 = 256$ valeurs différentes.
Donc, sur trois octets, on peut coder jusqu'à $256^3 = \mathbf{2^{24}} = 16\,777\,216$ valeurs différentes donc **plus de 16 millions de couleurs**.

Notez bien
Pour *n* bits, on peut coder 2^n valeurs différentes.

❺ Calculer la taille d'une image

Chaque pixel occupe trois octets et une image en contient 8 294 400 d'après la réponse à la question 3 de cette partie. La taille d'une image est donc :
$3 \times 8\,294\,400 = 24\,883\,200$ octets.

6 Calculer la taille d'un fichier numérique

Pour un film, on a 25 images par seconde et le film dure 1 h 30, donc on a :
$25 \times 60 \times 90$ =**135 000 images** dans le film.
Chaque image a une taille d'environ 25 millions d'octets, donc le film entier aura une taille d'environ :
$135\,000 \times 24\,883\,200 = 3{,}4 \times 10^{12}$ octets = **3,4 To**
Il n'est pas nécessaire d'ajouter les 10 Go de la bande-son pour constater que le fichier est déjà très supérieur à la capacité maximale d'un seul Blu-ray (50 Go).

4. TÉLÉCHARGEMENT DU FILM EN STREAMING PAR INTERNET

1 Différencier propagation libre et propagation guidée

L'**ADSL** et la **fibre optique**, sont les deux modes de **propagation guidée** parmi ceux proposés.

Remarque
La propagation hertzienne est une propagation libre.

2 Choisir un mode de transmission

Pour un streaming UHD, l'énoncé indique qu'il faut un débit minimum d'au moins 25 Mbit/s, or les modes de transmission qui permettent ce débit sont la **fibre optique** puisque cette dernière permet un débit de 100 Mbit/s (alors que l'ADSL ne permet qu'un maximum de 20 Mbit/s) et la norme 4G qui permet un débit de 40 Mbit/s. Étant donné qu'il s'agit d'un streaming « à la maison », il convient plutôt de privilégier la fibre optique pour deux raisons :
– le débit de la 4G est juste un peu supérieur au minimum alors que la fibre permet bien plus et donc offre une marge de sécurité (par exemple pour permettre à d'autres utilisateurs de se servir de la connexion sans que le streaming en pâtisse) ;
– le prix : généralement les forfaits de téléchargement en 4G sont limités ou même payants alors que ceux sur fibre sont compris dans l'abonnement.

3 Calculer un débit de transmission

Le « nombre d'informations » peut notamment être en bits, ou en octets.
La taille du film est 3,385 To et sa durée est 1 h 30, c'est-à-dire 90 minutes soit 5 400 secondes. Le débit nécessaire est donc :

$$\frac{3{,}385 \times 10^{12}}{5400} = 6{,}269 \times 108 = 627 \times 106 = 627 \text{ Mo/s}$$

Or 1 octet = 8 bits, donc le débit est 627×8 = **5 014 Mbit/s.** C'est 50 fois plus grand que le débit de la fibre optique, actuellement le plus grand débit possible. Pour regarder ce film en streaming UHD, il faut donc recourir à une compression d'images.

Notez bien
Le débit D d'une transmission est calculé par une relation du type : $D = \frac{\text{nombre d'informations}}{\text{durée de la transmission}}$.

4 Conclure sur l'intérêt d'une compression numérique

La compression des images lors de leur transmission est nécessaire pour deux raisons :
– les **fichiers** compressés seront **moins gros** et donc ils pourront être transmis à l'aide d'un moyen de transmission de débit plus faible que s'ils n'étaient pas compressés ;
– la taille du fichier à transmettre sera plus petite donc la **durée de transmission sera plus courte**.

SOMMAIRE

Cochez les sujets sur lesquels vous vous êtes entraîné.

CORPS HUMAIN ET SANTÉ

Quelques aspects de la réaction immunitaire

La communication nerveuse

ENSEIGNEMENT DE SPÉCIALITÉ

Énergie et cellule vivante

SVT

Atmosphère, hydrosphère, climat : du passé à l'avenir

Glycémie et diabète

L'épreuve en questions-réponses

Le programme

Le programme de SVT en terminale S est défini dans le *Bulletin officiel spécial* n° 8 du 13 octobre 2011.

1. Quels sont les grands axes du programme ?

• Le programme de l'enseignement obligatoire est découpé en trois grands thèmes :
– la Terre dans l'Univers, la vie, l'évolution du vivant (**thème 1**) ;
– les enjeux planétaires contemporains (**thème 2**) ;
– le corps humain et santé (**thème 3**).

Ce découpage n'est pas fondamental lors de l'épreuve du bac car une question peut mêler les notions de **thèmes différents**. Néanmoins, l'intitulé de ces thèmes montre que l'accent est mis sur les questions d'actualité : les approches scientifiques proposées permettent de les aborder de façon rigoureuse, notamment dans l'exercice 2 de la partie 2.

• Dans le **thème 1**, une partie importante du programme est consacrée aux mécanismes génétiques de diversification du vivant, et donc à l'évolution. Cela implique de maîtriser les notions essentielles sur l'**expression des gènes** vues en première et sur les **mutations** et leurs conséquences. Quant au regard sur l'évolution humaine, il nécessite la maîtrise de notions vues en classe de troisième et de seconde, en particulier la façon de traduire les relations de parenté entre les êtres vivants.

• Dans ce **thème 1**, une place importante est consacrée à la **géologie**. En classe de première, l'accent a été mis sur la dynamique de la lithosphère océanique. En terminale, on aborde celle de la lithosphère continentale, notamment la formation des chaînes de montagnes, ce qui nécessite de maîtriser les idées fondamentales sur la **tectonique des plaques**.

• Cette partie géologie est complétée dans le **thème 2** par l'étude de la Terre en tant que machine thermique et par l'exploitation par l'Homme de l'énergie interne du globe (**géothermie**).

• L'étude de la biologie des **plantes à fleurs** dans une perspective évolutive est une nouveauté du programme. Il s'agit de découvrir les caractéristiques de la structure et de la reproduction des plantes qui sont acquises au cours de l'évolution. Ainsi, dans le **thème 2**, on envisage le principe des techniques qui permettent à l'Homme de transformer une plante sauvage en une plante cultivée aux caractères avantageux pour lui.

• Les sujets se rapportant à la santé (**thème 3**) ont pour support, d'une part l'**immunologie** (immunités innée et adaptive) et, d'autre part, la **neurophysiologie** qui mobilise les notions de base sur les éléments d'un réflexe vues en classe de seconde.

> **▸ Qu'est-ce qui est difficile dans ce programme ?**
>
> • Chaque thème du programme contient des difficultés qui lui sont spécifiques, mais le plus difficile est dû à la variété des sujets abordés. De plus, comme l'étude du programme s'effectue à travers des activités pratiques et des analyses de documents divers et parfois complexes, il peut être difficile de bien s'y retrouver et de bien s'approprier les **notions fondamentales de chaque thème**.
>
> • La difficulté est donc de bien **hiérarchiser les connaissances** (distinguer ce qui est fondamental ou non) et repérer les **types de raisonnement** spécifiques à chaque sujet.

2. Que font les élèves en spécialité ?

• Le programme de spécialité est organisé autour des mêmes thèmes que le programme obligatoire. Mais les sujets abordés changent :
- l'énergie et la cellule vivante (thème 1) ;
- l'atmosphère, l'hydrosphère, les climats : du passé à l'avenir (thème 2) ;
- la glycémie et le diabète (thème 3).

• L'évaluation de cet enseignement s'effectue uniquement à travers l'exercice de type 2 de la partie 2 et l'évaluation des compétences expérimentales.
Par conséquent, les activités pratiques et le travail en autonomie sont davantage privilégiés qu'en enseignement obligatoire.

L'épreuve

L'épreuve de SVT au baccalauréat est définie dans le *Bulletin officiel spécial* n° 7 du 6 octobre 2011.

3. En quoi consiste l'épreuve ?

• L'épreuve comporte deux parties :
- une partie écrite (3 h 30), comptant pour 16 points sur 20 ;
- une partie pratique d'évaluation des compétences expérimentales (1 h), comptant pour 4 points sur 20. Cette épreuve a lieu au cours du troisième trimestre, dans votre lycée.

• L'épreuve écrite est divisée en deux parties :
- la partie I, notée sur 8 points, permet d'évaluer la maîtrise des connaissances acquises ;
- la partie II permet d'évaluer la pratique du raisonnement scientifique et de l'argumentation ; elle est subdivisée en deux exercices, le premier (II-1) noté sur 3 points et le second (II-2), sur 5 points.

• L'épreuve est notée sur un total de 20 points. Elle est affectée d'un coefficient 8 pour les élèves en enseignement de spécialité et d'un coefficient 6 pour les autres.

4. Quels types de questions sont posés dans la partie I de l'épreuve écrite ?

• Le questionnement peut prendre des formes différentes :
- celle d'une question de synthèse unique ;
- celle d'une question de synthèse associée à un QCM ;
- celle d'un QCM seul.

• Quelle que soit la forme, il peut s'appuyer ou non sur un ou plusieurs documents.

▶ Quelques précisions sur les QCM de la partie I

• Ces QCM sont axés sur les connaissances. Ils se présentent :
- soit comme un **complément à la question de synthèse** ;
- soit comme **constituant unique** de la partie I.

• Un QCM est constitué d'une ou plusieurs questions appelées items.

• Chacun des items comprend une consigne, par exemple « Cochez uniquement la proposition exacte » ou « Pour chaque proposition, dites si elle est vraie ou si elle est fausse ».

• Un item débute toujours par une **amorce** qui conduit à des **propositions** relatives à cette amorce, indépendantes les unes des autres et, généralement, en nombre réduit (4 le plus souvent). L'ordre des propositions ne préjuge en aucun cas de la bonne réponse.

• Si l'amorce s'appuie sur un document, celui-ci est obligatoirement le support des propositions qui portent directement sur les éléments de ce document.

• Les propositions sont généralement sans ambiguïté, en particulier lorsqu'il n'y a qu'une réponse exacte. Les réponses fausses (appelées distracteurs) peuvent paraître plausibles, mais il y a toujours dans leur libellé quelque chose d'inexact. Pour être quasi sûr de faire le bon choix, **commencez par éliminer les affirmations dans lesquelles vous avez repéré une erreur**, et qui sont donc fausses.

• Soyez attentif à la formulation (présence de mots tels que « **toujours** », « **la seule** », etc.) et à la précision du vocabulaire, et méfiez-vous des évidences apparentes.

5. Quelles sont les caractéristiques du premier exercice de la partie II ?

• Il est conçu dans le but d'évaluer votre **capacité à raisonner** à partir d'un nombre réduit de documents (le plus souvent un seul), dans le cadre d'un problème scientifique.

• Il peut se présenter sous la forme d'une **question ouverte** (c'est-à-dire sans **guide** pour l'exploitation du document) : c'est à vous d'en extraire les informations nécessaires à la résolution du problème.

• Il peut également se présenter sous la forme d'un **QCM**, qui sera construit suivant les mêmes modalités que dans la première partie (1 amorce et 4 propositions) mais toujours en lien avec le ou les documents, et **avec une part de raisonnement plus importante**. Vous ne pourrez en effet valider les propositions en faisant seulement appel à vos connaissances comme dans la partie I.

6. En quoi consiste le deuxième exercice de la partie II ?

• Si vous n'avez suivi que l'enseignement obligatoire, il peut porter sur la même partie du programme que l'exercice II-1. Si vous êtes en enseignement de spécialité, cet exercice porte sur l'une des trois parties du programme de spécialité.

• Il permet d'évaluer votre capacité à pratiquer une démarche dans le cadre d'un **problème scientifique** à partir de l'exploitation d'un ensemble de documents et de vos connaissances. Le questionnement vous conduit à choisir et à exposer une **démarche personnelle**, à élaborer une **argumentation** et à proposer une **conclusion**.

• Contrairement au premier exercice de la partie II, cet exercice II-2 ne peut jamais se présenter sous la forme d'un QCM, et il est **basé obligatoirement sur plusieurs documents** (en général trois). Ces documents peuvent s'éloigner des choses vues en classe mais impliquent la mobilisation de connaissances acquises durant l'année de terminale.

▶ Peut-on faire une impasse dans ses révisions ?

• Évidemment, non. En premier lieu, parce qu'un **même exercice** peut porter sur **plusieurs parties du programme**. Par exemple, un exercice peut porter à la fois sur les caractères liés à la vie fixée des plantes et sur la plante domestiquée.

• Même si vous n'aimez pas la **géologie**, ne sacrifiez pas cette partie du programme dans vos révisions. Un sujet comprend en général une question se rapportant à l'un des deux thèmes de géologie du programme.

7. Comment se déroule l'épreuve pratique d'évaluation des compétences expérimentales ?

• Durant l'année, vous réalisez avec votre professeur toute une série d'activités pratiques qui comportent **l'apprentissage de diverses techniques** : utilisation du microscope, dissections, utilisation de logiciels…

• Au **début du troisième trimestre**, les professeurs de votre lycée choisissent un certain nombre de sujets d'évaluation parmi les 25 proposés, à cette date, par le ministère de l'Éducation nationale. Ces sujets peuvent être différents de ceux réalisés en classe durant l'année mais feront appel aux techniques que vous aurez acquises.

• Ce ne sont donc pas les travaux réalisés en classe qu'il importe de retenir mais leur intérêt pratique et les techniques acquises grâce à eux.

Tous les sujets proposés comportent quatre rubriques :

▶ **1. Comprendre ou proposer une démarche de résolution** : avant toute manipulation vous devez indiquer, à partir des éléments qui vous sont fournis, la démarche expérimentale que vous pensez suivre ou comprendre celle qui vous est proposée.

▶ **2. Utiliser des techniques et gérer le poste de travail** : vous devez suivre le protocole expérimental proposé en **1.** en respectant les règles de sécurité, les précautions de manipulation du matériel et le soin général. Attention ! Vous serez jugé sur la manière de gérer votre manipulation. À la fin de celle-ci, n'oubliez pas de ranger avec soin le matériel et de laisser, dans la mesure du possible, le poste de travail dans l'état où vous l'avez trouvé.

▶ **3. Communiquer à l'aide de modes de représentation** : ceux-ci varient selon les sujets. Vous pourrez utiliser une rédaction, un schéma, un graphe…

▶ **4. Appliquer une démarche explicative** : vous devez exploiter vos résultats expérimentaux dans un exposé aboutissant à la réponse à la question qui a motivé votre démarche.

8. En quoi consiste l'épreuve orale de contrôle ?

• C'est une épreuve de « rattrapage » que vous ne passerez que si votre moyenne générale à la fin des épreuves écrites et pratiques est **égale ou supérieure à 8 et inférieure à 10**.

• Si vous avez choisi l'épreuve orale de SVT c'est pour avoir une meilleure note qu'à l'écrit (la note obtenue à l'oral remplace, si elle est meilleure, celle de l'écrit). Le coefficient est intéressant car tout point gagné est multiplié par 6 ou 8 ; mais il faut bien réfléchir avant de vous décider : si vous avez eu une note correcte à l'écrit il vous sera peut-être difficile de faire mieux (il est plus facile de passer de 6 à 10 que de 14 à 15) !

• L'épreuve qui dure **20 minutes** est précédée d'un temps de préparation de 20 minutes. Vous tirerez au sort un sujet comportant deux questions, relatives à deux parties différentes du programme et vous devrez traiter les **deux questions**. Ces questions portent exclusivement sur le programme du tronc commun si vous n'avez pas choisi l'enseignement de spécialité. Dans le cas contraire, l'une des deux questions porte sur l'un des trois thèmes de spécialité.

• Les sujets comportent des documents choisis parmi ceux que les professeurs utilisent durant l'année. Une importance égale est attribuée à l'évaluation des connaissances et à celle des capacités mises en jeu (réflexion, raisonnement…).

Nos conseils de méthode

9. Comment bien se préparer à l'épreuve tout au long de l'année ?

• Le moyen le plus simple est bien sûr de fournir un travail régulier, afin qu'au moment des révisions, vous n'ayez qu'à vous remettre en tête les notions déjà maîtrisées au cours de l'année. Pour cela, il est bon de faire le point la veille de chaque cours afin de suivre avec profit ce dernier.

• À la fin d'un thème, faites une liste des mots clés, en vérifiant avec le lexique de l'Annabac leur signification. Traitez également les sujets de l'Annabac qui se rapportent au thème en question.

• Dans la rubrique « Trois parcours pour réussir », vous trouvez des propositions pour réviser efficacement en fin d'année.

▶ Comment utiliser cet ouvrage ?

• Bien entendu, vous ne devez pas vous contenter de lire le corrigé d'un sujet, ni essayer de l'apprendre par cœur afin de pouvoir le reproduire si une question semblable est posée le jour de l'examen.

• Lisez attentivement la rubrique **« Les clés du sujet »**, qui vous aide à bien cibler les questions posées, et essayez de les traiter comme si vous étiez à l'examen. Notez les points où vous avez éprouvé des difficultés. Ensuite, comparez votre réponse au corrigé, en repérant les points semblables et **les idées que vous n'avez pas développées.**

• Pour une question de type 1, repérez aussi les développements que vous avez faits et qui ne sont pas dans le corrigé : il y a alors de fortes chances que ce soit du hors-sujet.

• Quant aux **QCM**, ne vous limitez pas à identifier la réponse exacte. Rechercher aussi pourquoi les autres sont fausses : c'est un moyen de s'approprier au mieux le thème qui s'y rapporte.

10. Comment bien utiliser le temps de l'épreuve ?

• Vous disposez de 3 h 30. Cela paraît beaucoup, mais ce n'est pas le cas : les sujets comportent souvent des textes assez longs d'où vous devez extraire les informations utiles, ce qui exige du temps.

• La situation est d'ailleurs différente suivant que l'épreuve comporte ou non des QCM. Commencez par ceux-ci si le sujet en contient. Sous prétexte que les réponses sont rapides à faire, on a tendance à y répondre vers la fin de l'épreuve. C'est une erreur. Vous avez plus de chances de répondre correctement si vous prenez le temps de les aborder en suivant la méthode indiquée précédemment.

• Si la question de la partie 1 est une synthèse, prenez le temps de la préparer au brouillon. Ne la rédigez pas entièrement sur votre brouillon, mais prévoyez l'introduction, les titres, l'idée directrice des différents paragraphes et la conclusion. Si on vous demande des schémas, réalisez-les avec soin, et n'oubliez pas de leur donner un titre et une légende. Globalement, il faut consacrer un peu plus d'1 h 30 à la question de synthèse, et ce d'autant plus qu'elle est notée sur 8 points, alors que les exercices de la deuxième partie sont sur 3 et 5 points.

• Le deuxième exercice de la partie II comprend plusieurs documents, dont certains sont parfois assez longs à analyser. Commencer par cet exercice serait une erreur : vous risquez d'y consacrer trop de temps. Il est plus judicieux de le **traiter en dernier** : même si vous n'exploitez pas complètement les documents, vous pourrez assez facilement assurer un minimum de 2 ou 3 points sur 5.

11. Comment traiter la question de synthèse dans la partie I ?

• Il s'agit de faire un exposé de connaissances qui doit comporter :

– une introduction ;

– un **développement structuré** en un petit nombre de paragraphes, chacun matérialisé par un titre ;

– enfin une conclusion-bilan.

• La question vous précise si un ou plusieurs **schémas** sont exigés. Il faut alors prendre le temps de les réaliser avec soin afin de montrer visuellement au correcteur que vous avez compris, même si votre exposé écrit présente, par ailleurs, des déficiences. Si on ne vous demande pas de schémas, vous pouvez en faire malgré tout ; cela sera apprécié… s'ils apportent quelque chose à votre démonstration et révèlent une compréhension correcte du sujet.

• Il s'agit donc de présenter un enchaînement logique de vos connaissances aboutissant à une **réponse argumentée à la question posée**. Il ne vous est pas demandé de refaire les démonstrations, expérimentales ou non, qui ont permis d'établir ces connaissances.

12. Comment réussir l'exercice II-2 ?

• L'exercice 2 de la partie II propose en général une **réflexion sur un problème de société** et s'appuie sur un **dossier de plusieurs documents**, au minimum trois. Le support de ces documents vous est assez souvent inconnu : il peut s'agir aussi bien de résultats expérimentaux de chercheurs que d'articles de vulgarisation scientifique, mais les notions sous-jacentes sont relatives à votre programme.

• Sans être guidé par un questionnement précis, vous devez **extraire de chaque document les informations utiles** pour résoudre la problématique de l'exercice, les exploiter grâce à vos connaissances et les relier entre elles en une **synthèse cohérente** débouchant sur la résolution du problème posé.

• Soyez vigilants : les documents, en particulier lorsqu'il s'agit d'articles de presse, contiennent souvent des informations sans relation directe avec la problématique. Or le sujet précise toujours qu'« **aucune étude exhaustive des documents n'est attendue** » : n'utilisez que les éléments qui vous aident à résoudre le problème.

• Pour aborder cet exercice, la première chose à faire est de bien vous imprégner de la **problématique**, puis de **lire l'ensemble des documents** afin de vous faire une idée globale de la façon dont vous allez les exploiter. Cela est particulièrement nécessaire lorsque le support vous est inconnu. Analysez les documents un par un et notez au **brouillon** les informations pertinentes ainsi que les conclusions que vous tirez de chacun d'eux.

• Réfléchissez alors à la façon logique dont ces conclusions s'articulent, en pensant aux aspects sur lesquels vous avez besoin d'introduire des connaissances pour les compléter. Cela constituera alors le **plan de votre exposé**. Il ne vous reste plus qu'à rédiger votre devoir, sans oublier la conclusion qui répond à la problématique de l'exercice et peut se traduire par un schéma bilan.

▶ Les critères de l'évaluation

Ils sont sensiblement les mêmes pour la question de synthèse et pour l'exercice 2 de la partie II.

• La problématique doit être clairement présentée et montrer que le sujet a été compris.

• Les éléments scientifiques issus de vos connaissances personnelles ou des documents doivent être complets et pertinents.

• Le raisonnement scientifique doit apparaître clairement. Il doit témoigner d'une réflexion logique et cohérente et mettre en évidence les relations entre les différents arguments utilisés.

• Une attention est apportée à l'expression écrite (rédaction, syntaxe, orthographe, connecteurs logiques, etc.) et à la réalisation d'éventuels schémas (clarté, présence d'un titre et d'une légende, etc.).

DURÉE : 3 HEURES 30 • COEFFICIENT : SPÉCIFIQUE 6, SPÉCIALITÉ 8

SPÉCIFIQUE ET SPÉCIALITÉ • Thème : La communication nerveuse
PARTIE I • 8 POINTS

Mécanismes nerveux impliqués dans un mouvement volontaire

▸ **Expliquez les mécanismes nerveux aboutissant à un mouvement volontaire, incluant le fonctionnement de la synapse neuromusculaire.**

La réponse prendra la forme d'un texte illustré de schémas.

SPÉCIFIQUE ET SPÉCIALITÉ • Thème : Génétique et évolution
PARTIE II • EXERCICE 1 • 3 POINTS

Transpiration et croissance des feuilles chez *Arabidopsis thaliana*

Document 1 Photographie d'une rosette d'*Arabidopsis thaliana*

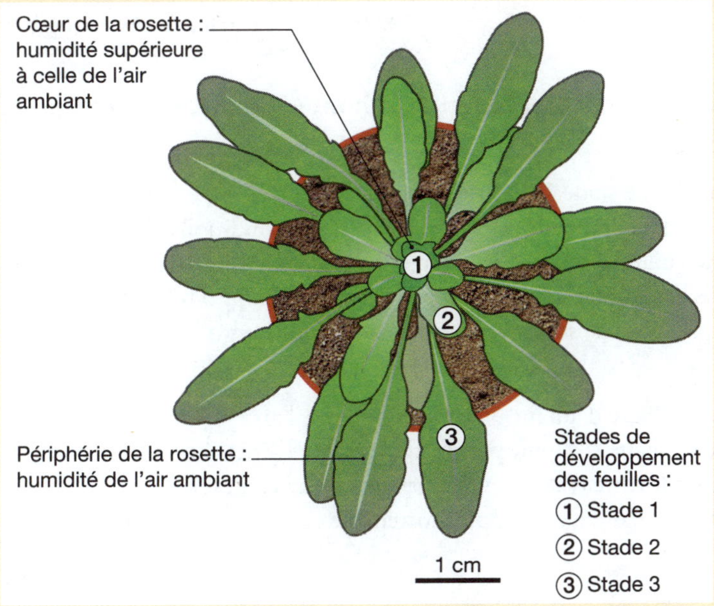

Document 2 Mesures de la transpiration foliaire en réponse à des conditions d'humidité variables

Conditions expérimentales

- **Conditions d'humidité de l'air durant les 24 heures précédant les mesures :**
  HRnorm : la plante est soumise à l'humidité de l'air ambiant.
  HRfaible : la plante est soumise à un air sec soufflé au centre de la rosette.
- **Ajout ou non d'acide abscissique** (= ABA, molécule synthétisée par les végétaux) **:**
  ☐ Sans ajout d'ABA
  ■ Avec ajout d'ABA

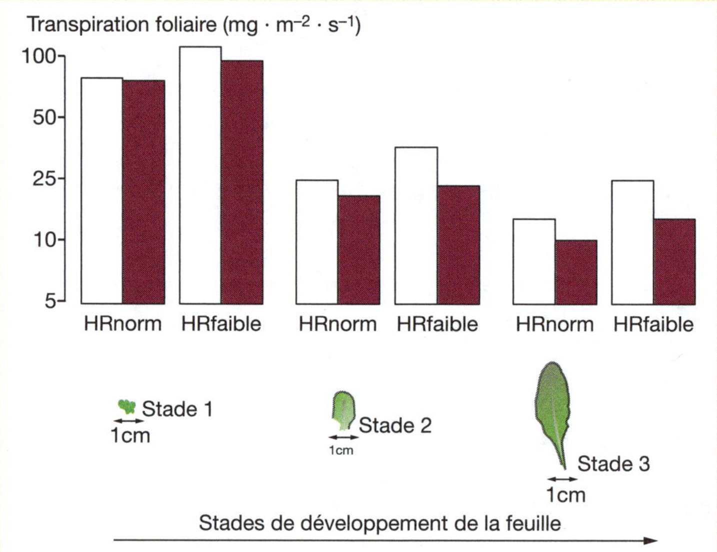

D'après Pantin et *al.*, *Current Biology*, 2013

▸ À partir de l'étude des documents, indiquez la bonne réponse dans chaque série de propositions du QCM.

1. La transpiration des feuilles de stade 1 d'*Arabidopsis thaliana :*

a) est supérieure à celle des feuilles de stade 3 et indépendante des conditions d'humidité de l'air.

b) est inférieure à celle des feuilles de stade 3 et indépendante des conditions d'humidité de l'air.

c) est supérieure à celle des feuilles de stade 3 et dépend des conditions d'humidité de l'air.

d) est inférieure à celle des feuilles de stade 3 et dépend des conditions d'humidité de l'air.

2. L'acide abscissique :

a) diminue la transpiration foliaire d'autant plus fortement que l'air est sec.

b) diminue la transpiration foliaire d'autant plus fortement que l'air est humide.

c) augmente la transpiration foliaire d'autant plus fortement que l'air est sec.

d) augmente la transpiration foliaire d'autant plus fortement que l'air est humide.

3. En se développant, les feuilles d'*Arabidopsis thaliana* :

a) sont soumises à un air plus sec et deviennent plus sensibles à l'acide abscissique, réduisant ainsi leur transpiration foliaire.

b) sont soumises à un air plus sec et deviennent plus sensibles à l'acide abscissique, augmentant ainsi leur transpiration foliaire.

c) sont soumises à un air plus sec et deviennent moins sensibles à l'acide abscissique, augmentant ainsi leur transpiration foliaire.

d) sont soumises à un air moins sec et deviennent moins sensibles à l'acide abscissique, réduisant ainsi leur transpiration foliaire.

SPÉCIFIQUE • Thème : Le domaine continental et sa dynamique
PARTIE II • EXERCICE 2 • 5 POINTS

Métamorphisme et magmatisme des roches de la région de Gavarnie

Document 1 Carte simplifiée du métamorphisme de la région de Gavarnie

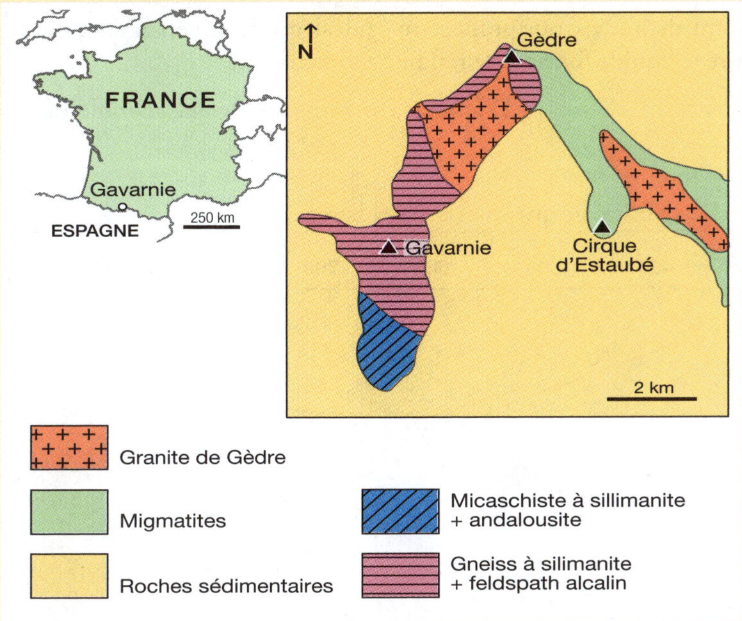

D'après *Synthèse géologique des Pyrénées,* BRGM, ITGE, 1998

Document 2 Migmatide d'Estaubé

Photographie d'une migmatide d'Estaubé

Intérprétation minéralogique

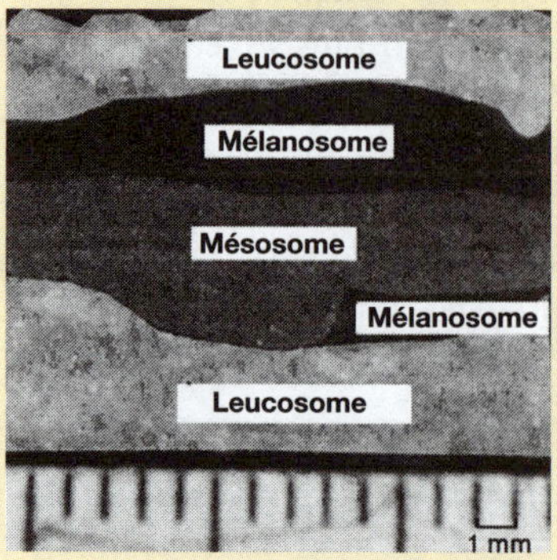

Leucosome : niveau dont la proportion en minéraux clairs (quartz, feldspaths) est plus importante que celle en minéraux sombres (biotite, cordiérite). Il résulte de la cristallisation d'un liquide produit par fusion partielle. Les cristaux sont de grande taille et non déformés.

Mélanosome : niveau enrichi en minéraux sombres (biotite, cordiérite). Il correspond au résidu non fondu après une fusion partielle. Des traces de déformation sont présentes.

Mésosome : niveau intermédiaire avec une proportion équivalente de minéraux sombres et clairs. La séparation entre le liquide formé et le résidu est incomplète.

D'après le site http://pedagogie.ac-toulouse.fr/svt

Document 3 Domaines de stabilité de quelques minéraux repères

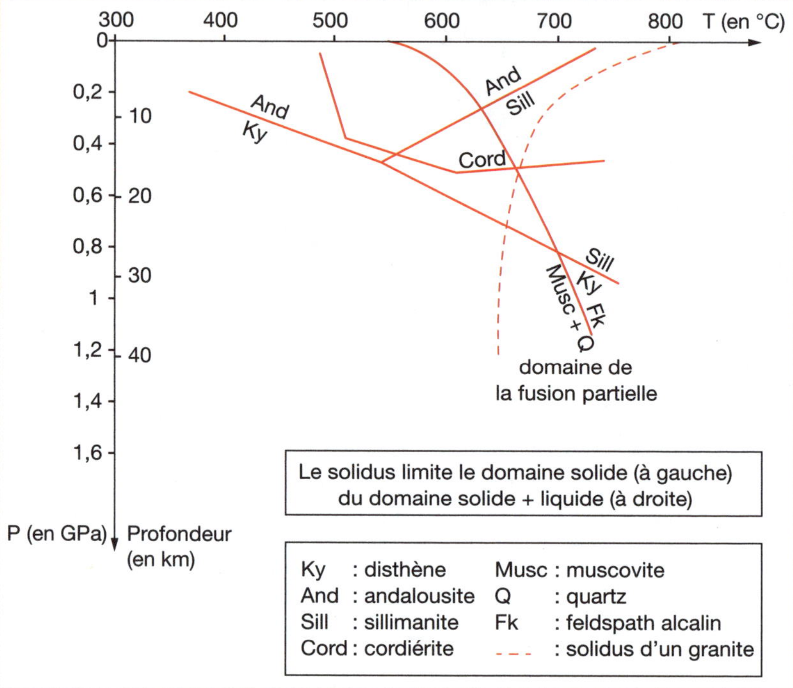

D'après le site http://disciplines.ac-montpellier.fr/svt

Document 4 Photographie d'une lame mince du granite de Gèdre observée au microscope polarisant en LPA

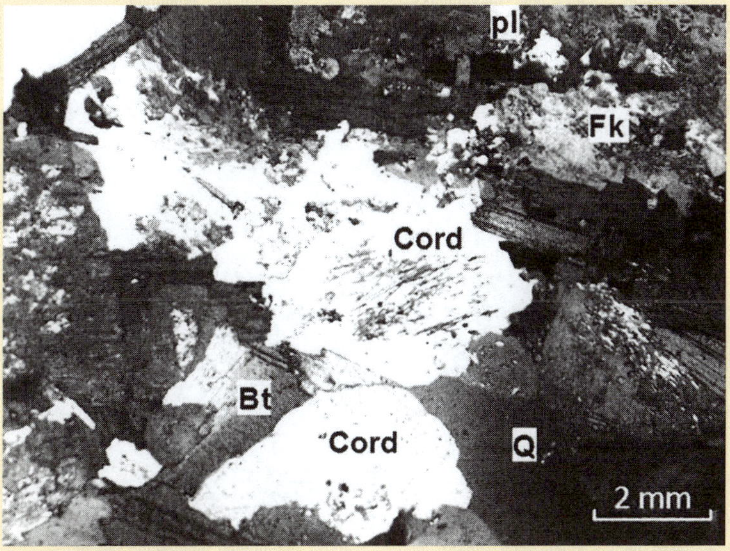

Q : Quartz
pl : feldspath plagioclase
Bt : Biotite
Cord : cordiérite
Fk : feldspath alcalin

D'après le site http://pedagogie.ac-toulouse.fr/svt

Document 5 Composition minéralogique des granites en fonction de l'origine du magma

Composition minéralogique	**Muscovite ± Biotite**	**Biotite ± Cordiérite**	**Feldspath alcalin ± Biotite**	**Amphibole calcique ± Pyroxène calcique**	**Amphibole ± Pyroxène**	**Amphibole sodique ± Pyroxène sodique**
Origine du magma	**ORIGINE CRUSTALE**			**ORIGINE MANTELLIQUE**		

D'après Barbarin B., Lithos, 1999

▸ **En utilisant les informations des documents et les connaissances, montrez que les roches de la région de Gavarnie témoignent de transformations en profondeur et expliquez l'origine du granite de Gèdre.**

Des climats anciens en Afrique intertropicale

Le musée Testut-Latarjet et le musée des Confluences de Lyon ont mis à la disposition des chercheurs des fragments d'os et des dents de momies égyptiennes datées entre 5 500 ans BP (*Before Present* = avant 1951) et 1 500 ans BP, afin qu'ils recherchent des indices sur le climat africain de cette période.

Document de référence Localisation géographique des sites étudiés

Document 1 **Variation du $\delta^{18}O$ des os et des dents des momies égyptiennes**

L'apatite (phosphate de calcium), constituant de l'os, et l'hydroxyapatite (phosphate de calcium hydraté), constituant de l'émail des dents, contiennent de l'oxygène dans le groupement phosphate.

Des chercheurs ont ainsi pu mesurer le $\delta^{18}O$ des fragments d'os et des dents de momies égyptiennes ($\delta^{18}Op$) couvrant une époque entre 5 500 ans BP et 1 500 ans BP.

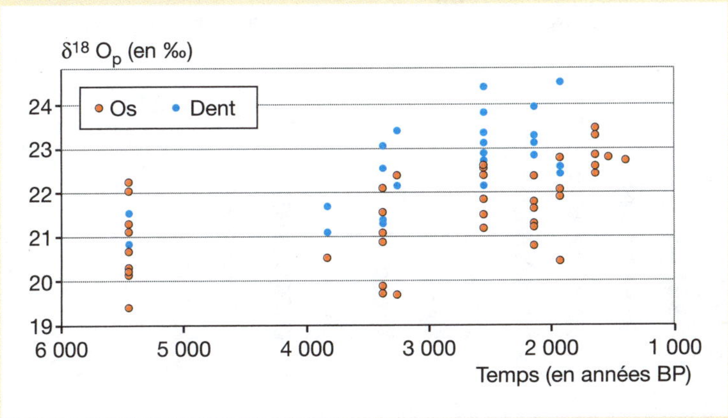

D'après Touzeau *et al.*, 2013 (modifié)

Document 2 **Corrélation entre le $\delta^{18}O_p$ des os et des dents det le le $\delta^{18}O_w$ de l'eau de boisson**

Le $\delta^{18}O$ mesuré dans les os et les dents des êtres humains ($\delta^{18}O_p$) est corrélé au δ18O de l'eau de boisson ($\delta^{18}O_w$) par l'équation simplifiée suivante :

$$(\delta^{18}O_w) = 1{,}54\ (\delta^{18}O_p) - 33{,}72$$

SVT

Document 3 **Relation entre les précipitations mensuelles (histogramme) et le $\delta^{18}O$ moyen mensuel de l'eau de pluie (courbe reliant les carrés) à Entebbe en Ouganda et Addis-Abeba en Éthiopie**

En zone intertropicale, le facteur majeur contrôlant la composition du $\delta^{18}O$ des eaux de pluie est la quantité de précipitations et non la température.

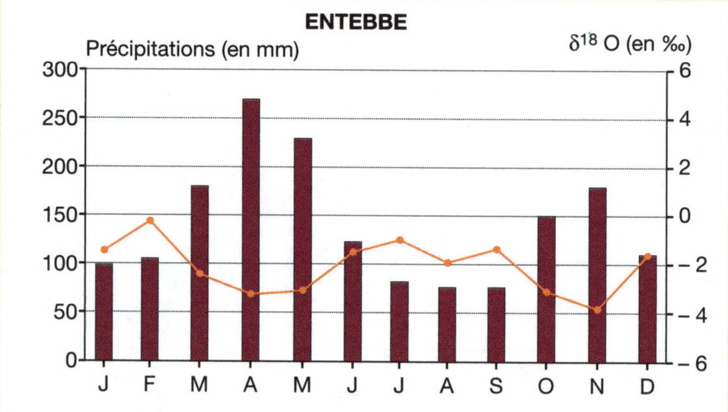

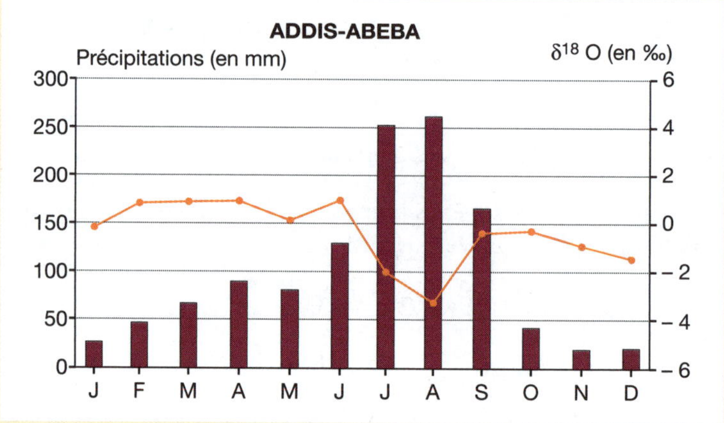

D'après les données IAEA (*International Atomic Energy Agency*) et WMO (*World Meteorological Organization*)

Dans le cas des Égyptiens, on peut considérer que l'eau de boisson est l'eau du Nil, eau tombée sous forme de pluie au-dessus des régions sources du Nil.

Document 4 Variations des flux sédimentaires détritiques dans les lacs Sinnda et Kitina (République du Congo)

Durant la période étudiée, ces lacs étaient situés en milieu forestier. Dans les milieux forestiers intertropicaux, les particules solides transportées par les cours d'eau proviennent surtout de l'érosion des berges. Ainsi, la charge solide des cours d'eau est directement corrélée aux crues, et donc aux précipitations.

Un assèchement complet du lac provoque une interruption de la sédimentation (hiatus).

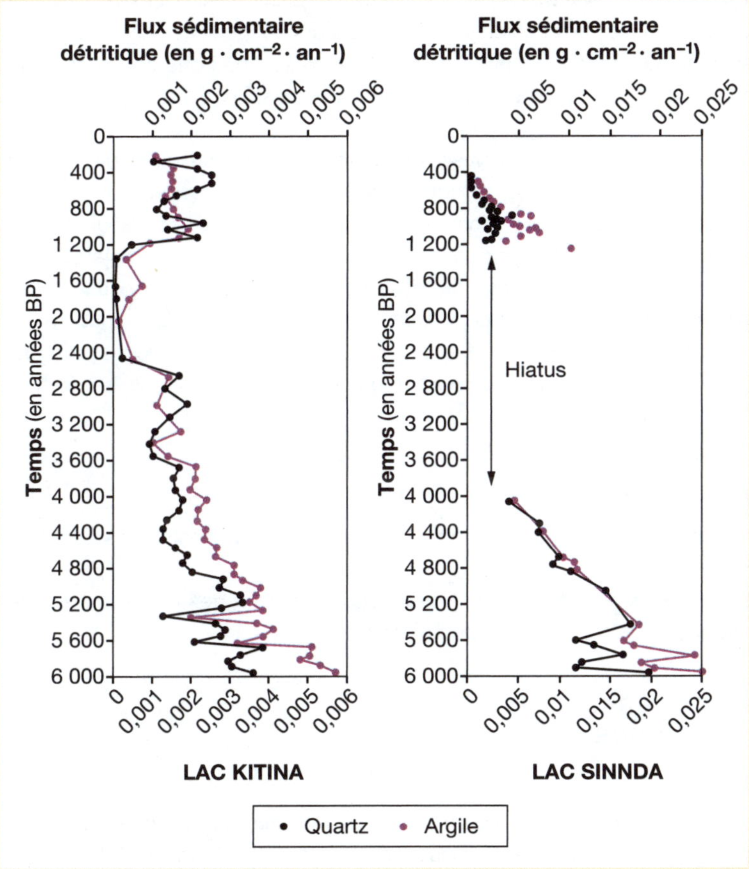

D'après J. Bertaux, cnrs.fr

▶ En utilisant les informations des documents et les connaissances :

– expliquez comment les études isotopiques menées sur des momies égyptiennes ont permis de reconstituer l'évolution des précipitations en Afrique intertropicale entre 5 500 ans BP et 1 500 ans BP ;

– montrez que les résultats de cette étude sont en accord avec les données sédimentaires.

SPÉCIFIQUE ET SPÉCIALITÉ
PARTIE I

Comprendre le sujet

• Il s'agit d'un sujet global sur le mouvement involontaire. En effet, en dehors de la demande explicite sur le fonctionnement de la synapse neuromusculaire, le libellé n'en fixe pas précisément les limites. Il est donc judicieux de mettre l'accent sur les notions essentielles.
• Avant d'aborder les mécanismes nerveux de ce type de mouvement, il est nécessaire de préciser les éléments nerveux et musculaires mis en jeu ainsi que leurs connexions ; l'illustration par un schéma est indispensable. On peut se limiter à représenter un seul neurone de chaque type en précisant que des milliers de neurones et de fibres musculaires sont en réalité impliqués dans un mouvement volontaire.
• Veillez à vous limiter aux caractéristiques essentielles des messages nerveux émis par les neurones : l'invariabilité du potentiel d'action et le codage en fréquence du message.
• S'il vous est demandé de développer le fonctionnement de la synapse neuromusculaire, cela ne signifie pas pour autant passer entièrement sous silence le fonctionnement de la synapse interneuronique entre l'axone du neurone pyramidal et le motoneurone. En effet, cela permet d'introduire la conversion du message nerveux électrique en message nerveux chimique. Mais il faut le faire succinctement, puisque les caractéristiques majeures du fonctionnement synaptique se retrouvent dans le fonctionnement de la synapse neuromusculaire. Là encore, un schéma est nécessaire.

Mobiliser ses connaissances

• L'exploration du cortex cérébral permet de découvrir les aires motrices spécialisées à l'origine des mouvements volontaires.
• Les messages nerveux moteurs qui partent du cerveau cheminent par des faisceaux de neurones qui descendent dans la moelle épinière jusqu'aux motoneurones.

SPÉCIFIQUE ET SPÉCIALITÉ
PARTIE II • EXERCICE 1

Comprendre le sujet

• C'est une question classique d'un QCM de type II.1 (partie « Pratique du raisonnement scientifique », Exercice 1) ne reposant sur aucune connaissance en particulier. Toutes les informations nécessaires pour apprécier la validité des propositions sont à extraire des documents. Il faut donc bien repérer le ou les documents à exploiter pour chaque série de propositions : le **document 2** pour les deux premières séries de propositions, les **documents 1** et **2** pour la troisième série.
• Il faut veiller à ne pas considérer les propositions une par une et bien tenir compte de la façon dont chaque série est construite.
• Les deux premières séries sont construites suivant le même modèle. Deux éléments sont considérés, avec chacun deux possibilités. Par exemple, pour la première série, le premier élément est l'importance de la transpiration des feuilles de stade 1 par rapport aux feuilles de stade 3 avec deux possibilités : la transpiration est supérieure ou inférieure. Il faut confronter ces deux possibilités aux données du document pour éliminer deux propositions. Il reste alors à utiliser le deuxième élément (l'humidité de l'air) pour éliminer l'une des deux propositions restantes, et donc trouver la proposition exacte.
• Pour la troisième série, c'est un peu plus complexe dans la mesure où l'on considère trois éléments, mais le principe d'exploitation est le même. Il faut d'abord considérer le premier élément

pour éliminer au moins une proposition, puis un second élément et enfin le troisième élément pour arriver à la proposition exacte.

Mobiliser ses connaissances

Aucune connaissance précise n'est requise, mais la compréhension des termes utilisés est mobilisée. En revanche, la capacité à tirer des informations d'un ensemble d'histogrammes est en jeu.

SPÉCIFIQUE
PARTIE II • EXERCICE 2

Comprendre le sujet

• Les roches de la région de Gavarnie résultent de la transformation de roches préexistantes, qui leur ont fait acquérir des caractéristiques structurales et minéralogiques. Il s'agit, à partir de ces caractéristiques, de montrer que les transformations qu'elles ont subies ont eu lieu en profondeur.

• Pour interpréter les caractéristiques de ces roches, le document 3 sur les domaines de stabilité de quelques minéraux repères est indispensable. Il ne faut pas l'analyser pour lui-même, mais l'utiliser comme un outil permettant d'établir les conditions de température et de pression qui ont permis à ces roches d'acquérir leurs caractéristiques.

Il faut bien entendu relier cela au fait que la température et la pression dans la croûte continentale augmentent avec la profondeur.

• Vous devez savoir que les roches qui se forment en profondeur sont les roches métamorphiques et les roches magmatiques plutoniques comme le granite. Il vous faut identifier, parmi les roches de Gavarnie, celles qui sont métamorphiques et celles qui sont plutoniques. Une roche magmatique se forme toujours à partir de la fusion partielle ou totale d'une roche préexistante.

• Expliquer l'origine du granite de Gèdre revient donc à indiquer quelle roche a subi la fusion conduisant à la formation d'une quantité importante de magma qui, en se refroidissant, a donné le granite. Les informations sur la migmatite d'Estaubé sont à exploiter pour conduire à cette explication.

• Enfin, il faut bien saisir que les différences entre ces roches de Gavarnie sont dues au fait qu'elles ont été placées dans des conditions différentes, essentiellement de température, et donc que, des micaschistes au granite, on observe une gradation dans l'intensité des transformations subies.

Mobiliser ses connaissances

• L'épaisseur de la croûte d'une chaîne de montagnes résulte d'un épaississement lié à un raccourcissement et à un empilement. On en trouve des indices pétrographiques (métamorphiques, traces de fusion partielle).

• Par « métamorphisme », on entend les transformations à l'état solide subies par les roches lorsqu'elles sont placées dans des conditions de température et (ou) de pression différentes de celles existant au cours de leur formation initiale.

• Le magma à l'origine d'une roche magmatique provient de la fusion partielle ou totale d'une roche préexistante.

SPÉCIALITÉ
PARTIE II • EXERCICE 2

Comprendre le sujet

• Le libellé du sujet est sans ambigüité et indique le plan à suivre. Cela conduit à utiliser les documents suivant l'ordre fourni.

• Le premier point à établir est l'évolution du delta isotopique de l'oxygène dans les os et les dents durant les quatre milliers d'années considérés. Il ne faut pas faire une analyse **pointilliste** des valeurs fournies, mais relever des valeurs **significatives** qui permettent de dégager une **évolution générale,** c'est-à-dire une augmentation du delta isotopique de l'oxygène durant cette période.
• Il faut comprendre que le document 2 est fourni pour traduire, sous forme d'évolution des précipitations, l'évolution du delta isotopique des os et des dents. La formule indique que les variations du delta isotopique de l'oxygène de l'eau de boisson suivent celles des os. Cela est dû au fait que le delta isotopique des os dépend de l'eau bue.
• Il faut établir le rapport entre les variations du delta isotopique de l'eau et les précipitations. Cela est réalisé grâce au document 3. Il ne reste plus qu'à conclure et confirmer les conclusions dégagées par les données sédimentaires.

■ Mobiliser ses connaissances

Malgré le libellé du sujet (« en utilisant les informations des documents et les connaissances »), aucune connaissance précise n'est requise. Il est plutôt fait appel à la familiarisation avec la donnée qu'est le delta isotopique de l'oxygène. Ce sujet implique surtout les capacités à extraire des informations pertinentes des documents par rapport à la question posée et à les mettre en relation.

CORRIGÉ SUJET 1

SPÉCIFIQUE ET SPÉCIALITÉ
PARTIE I

Introduction

Un accident vasculaire cérébral peut entraîner une paralysie (incapacité à effectuer des mouvements volontaires) plus ou moins étendue. En cas de paralysie d'origine cérébrale, c'est une région bien définie du cortex, spécialisée dans la motricité volontaire (aire motrice), qui est touchée.
Nous allons étudier les mécanismes par lesquels le cortex moteur déclenche la contraction des muscles effecteurs du mouvement.

I. Les éléments impliqués dans un mouvement volontaire

La figure 1 ci-après indique les types de cellules impliquées dans la réalisation de mouvements volontaires :
– les neurones du cortex moteur (neurones pyramidaux) ;
– les motoneurones de la moelle épinière ;
– les fibres musculaires.
Sont également indiqués les lieux de connexion entre ces différents éléments, les synapses interneuroniques et les synapses neuromusculaires.

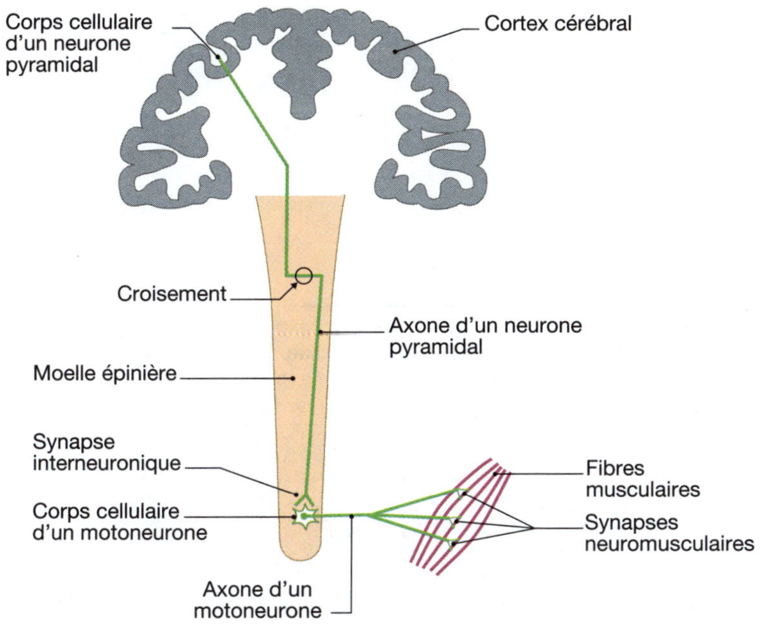

Figure 1. Éléments nerveux et musculaires impliqués dans le mouvement volontaire

Ce schéma ne représente qu'un seul neurone de chaque catégorie alors qu'il s'agit en réalité de populations de neurones.

En outre, suivant le mouvement volontaire réalisé, ce sont les neurones d'une zone précise du cortex moteur qui seront en relation avec les motoneurones et les muscles déterminés.

II. Les messages nerveux impliqués

Les neurones pyramidaux et les motoneurones de la moelle épinière émettent des messages nerveux présentant les mêmes caractéristiques. Ces messages sont véhiculés par les axones de ces neurones jusqu'à la connexion avec un autre élément de la voie motrice volontaire (**synapse interneuronique et synapse neuromusculaire**).

A. Messages nerveux électriques (figure 2)

• Ces messages sont constitués de trains de **potentiels d'action.** Un potentiel d'action est un signal électrique élémentaire dont **l'amplitude est constante** quelle que soit l'intensité du stimulus, et cette amplitude reste la même tout au long de sa propagation.

• En revanche, **la fréquence des potentiels d'action est variable**.

• Les messages nerveux électriques sont codés en fréquence de potentiels d'action en fonction de l'intensité de la commande par le cortex moteur.

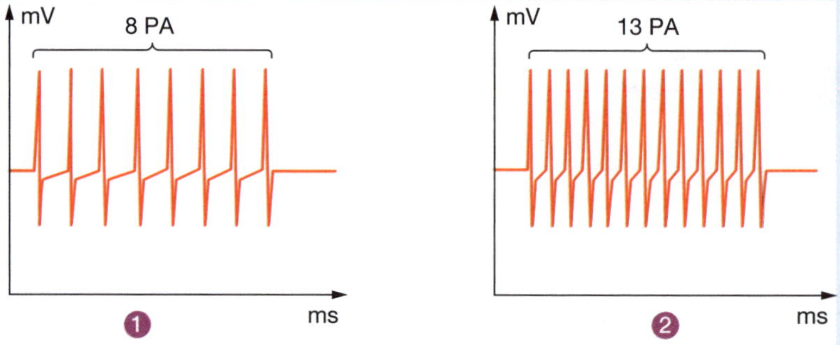

❶ Message nerveux émis par un neurone pyramidal et parcourant l'axone de ce neurone au cours d'une commande volontaire de faible intensité.
❷ Message nerveux émis par un neurone pyramidal et parcourant l'axone de ce neurone au cours d'une commande volontaire de plus forte intensité.

Figure 2. Messages nerveux électriques émis au cours d'un mouvement volontaire

B. L'activation du motoneurone médullaire par les messages nerveux du neurone pyramidal

• Il n'y a pas continuité, mais **contiguïté** entre l'extrémité de l'axone du neurone pyramidal et le corps cellulaire du motoneurone.
• L'arrivée du message nerveux à l'extrémité de l'axone du neurone pyramidal entraîne la libération d'une substance chimique (**neuromédiateur**). Ce neuromédiateur est le stimulus du motoneurone. Ce dernier répond en émettant alors à son tour un message nerveux de nature électrique. La fréquence des potentiels d'action est d'autant plus élevée que la concentration de neuromédiateur est importante.
• Le message nerveux électrique présynaptique codé en fréquence de potentiels d'action est transmis dans la synapse sous la forme d'un **message chimique codé en concentration de neuromédiateur**. Il entraîne l'émission par le motoneurone d'un message codé en fréquence de potentiels d'action.

III. Le fonctionnement de la synapse neuromusculaire

• Au niveau de la synapse neuromusculaire (figure 3), il y a également contiguïté et non-continuité entre l'extrémité de l'axone du motoneurone (région présynaptique) et la fibre musculaire (région postsynaptique).
• La région présynaptique est caractérisée par la présence de vésicules synaptiques contenant un neuromédiateur, l'acétylcholine. La région postsynaptique musculaire ne possède pas de vésicules synaptiques, mais la membrane de la fibre musculaire possède des récepteurs capables de fixer spécifiquement les molécules d'acétylcholine.
• La succession des événements intervenant dans le fonctionnement de la synapse neuromusculaire est :
❶ Arrivée d'un message nerveux de nature électrique
❷ Arrimage de vésicules synaptiques sur la membrane présynaptique
❸ Exocytose des vésicules synaptiques et libération de l'acétylcholine dans la fente synaptique
❹ Fixation des molécules d'acétylcholine sur les récepteurs postsynaptiques
❺ Naissance d'un potentiel d'action musculaire à l'origine de la contraction de la fibre musculaire

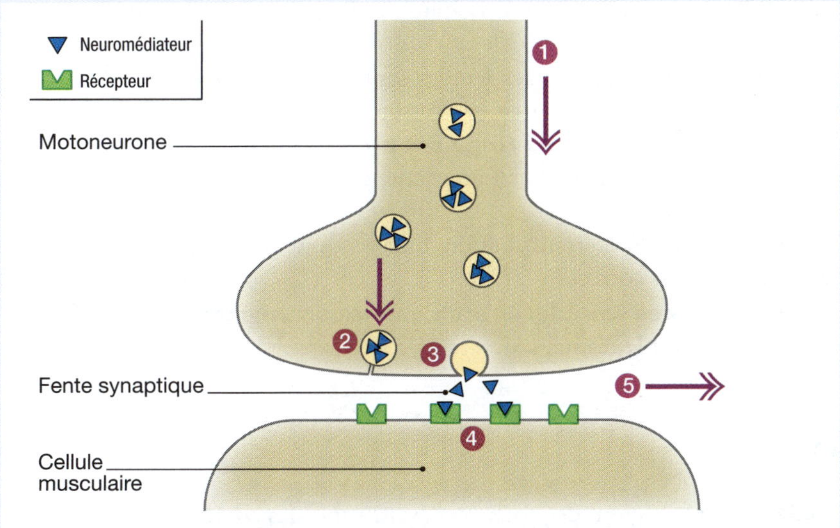

Figure 3. La synapse neuromusculaire

Conclusion

L'étude a été centrée sur les mécanismes nerveux fondamentaux aboutissant à un mouvement volontaire. D'autres mécanismes interviennent, en particulier des mécanismes d'intégration au niveau des neurones postsynaptiques (motoneurones).
Cette étude permet aussi de comprendre les diverses causes possibles de perturbation des mouvements volontaires :
– une atteinte de certaines régions du cortex moteur, dont le dysfonctionnement peut être atténué grâce à la plasticité cérébrale ;
– une section de la moelle épinière, interrompant la transmission des messages nerveux des neurones pyramidaux aux motoneurones ;
– des maladies, comme la myasthénie, qui se traduit par une réponse plus ou moins défaillante des fibres musculaires à leur commande motrice à la suite d'un dysfonctionnement des synapses neuromusculaires. Cette défaillance est due à une diminution du nombre des récepteurs membranaires à l'acétylcholine des fibres musculaires (diminution due à une maladie auto-immune).

SPÉCIFIQUE ET SPÉCIALITÉ
PARTIE I • EXCERCICE 1

1. c) Exact.
b) et **d) Faux.** La transpiration de la feuille au stade 1 est supérieure à celle de la feuille au stade 3 (et non inférieure).
a) Faux. La transpiration des feuilles au stade 1 est bien supérieure à celle des feuilles au stade 3, mais elle est un peu plus importante lorsque la plante est soumise à un air sec soufflé (HRfaible) que lorsque l'air ambiant est plus humide (HRnorm).

2. a) Exact. Les histogrammes montrent que la diminution de la transpiration sous l'action d'ABA est plus importante lorsque l'air est sec (HRfaible). En conséquence, la proposition **b)** est **fausse.**

c) et **d) Faux.** La présence d'ABA entraîne une baisse de la transpiration. et non une augmentation.

3. a) Exact. Le document 1 indique qu'au stade 1, les feuilles sont soumises à une humidité supérieure à celle de l'air ambiant, contrairement au stade 3 où elles sont soumises à l'humidité de l'air ambiant, plus sec. Cela **élimine la proposition d).** La baisse de la transpiration sous l'action d'ABA est plus importante au stade 3 qu'au stade 2 et, surtout, qu'au stade 1 (document 2).

b) Faux. L'expression « l'augmentation de la transpiration foliaire » est inexacte, même si tout le reste de la proposition est correct.

c) Faux. L'affirmation « deviennent **moins sensibles** à l'acide abscissique, **augmentant** ainsi la transpiration » est contraire à la réalité.

SPÉCIFIQUE
PARTIE II • EXCERCICE 2

Au cours de l'histoire géologique d'une région, des roches peuvent subir des conditions variables de température et de pression, d'où résultent des transformations. C'est le cas des roches affleurant actuellement dans la région de Gavarnie, pour lesquelles on va déterminer que les indices de transformations qu'elles présentent indiquent des conditions de température et de pression qui n'existent qu'en profondeur.

I. Les roches métamorphiques de la région de Gavarnie

• Le titre du document 1 indique que les roches de Gavarnie illustrent le métamorphisme. Par métamorphisme, on entend les transformations **à l'état solide** subies par les roches lorsque des phénomènes géologiques, comme la subduction ou la collision, les conduisent à être soumises à des conditions de température et/ou de pression différentes de celles de leur formation initiale.

• Les roches strictement métamorphiques de Gavarnie sont **les micaschistes et les gneiss**. Les transformations subies ont fait apparaître dans ces roches des **minéraux repères** : sillimanite et andalousite pour les micaschistes, sillimanite et feldspath alcalin pour le gneiss.

• Le document 3 renseigne sur les domaines de stabilité de ces minéraux repères, donc sur les conditions de température et de pression que ces roches ont subies pour être le siège des transformations conduisant à ces minéraux.

• La présence de **sillimanite** dans les micaschistes témoigne que les transformations de cette roche ont eu lieu à une température **au moins égale à 540 °C**, température minimale pour que ce minéral soit stable. Normalement, dans le domaine de stabilité de la sillimanite, l'andalousite n'est pas stable puisque la sillimanite est un minéral qui provient de la transformation de l'andalousite. Bien qu'étant dans le domaine de la sillimanite, la roche a préservé des cristaux d'andalousite. La transformation d'andalousite en sillimanite n'a pas été complète, ce qui peut s'interpréter comme une roche qui a été soumise à des conditions proches de la frontière entre les domaines de stabilité de l'andalousite et de la sillimanite.

• Le gneiss, contrairement au micaschiste, possède des feldspaths alcalins. Sur le diagramme du document 3, le **domaine de formation de cette roche** est situé à droite de l'intersection de la droite « **And-Sill** » et de la courbe « **Fk – Musc + Q** ». Ce domaine de formation est limité à droite par le solidus du granite. Cela signifie que la roche a été conduite à une température minimale de **630 °C** environ. En ce qui concerne la pression maximale à laquelle a été soumis ce gneiss, elle correspond à celle existant à une profondeur de 15 km environ.

• Les températures de transformation du micaschiste et du gneiss ne peuvent exister qu'en profondeur, ce qui confirme l'affirmation énoncée dans le libellé du sujet.

La roche à l'origine du gneiss a été portée à une température supérieure à celle à l'origine du micaschiste, ce qui traduit un métamorphisme plus fort.

Info
Le sujet ne précise pas quelles roches sont à l'origine de ces roches métamorphiques. Il s'agit probablement dans les deux cas d'une roche sédimentaire plus ou moins argileuse.

II. La migmatite d'Estaubé

• Le **leucosome** de la migmatite résulte de la cristallisation d'un liquide, donc d'un magma. Il est entièrement cristallisé, et sa richesse en quartz et en feldspath indique qu'il est de nature granitique. Cela signifie que la roche qui est devenue une migmatite **a fondu à certains endroits** et que le liquide de fusion a cristallisé sur place, donnant le leucosome. Le **mésosome** donne une idée de la roche ayant subi cette fusion partielle, probablement proche d'un **gneiss**.

Notez bien
Le leucosome a une structure grenue, ce qui indique qu'il s'est cristallisé en profondeur.

• On peut estimer que **le solidus de ce gneiss** est quasi identique à celui du granite. En conséquence, pour subir une fusion partielle, la roche a été entraînée dans un domaine où les conditions le permettent. Cela implique une température plus élevée et correspondant à des valeurs situées un peu à droite du solidus.

• Le **mélanosome** correspond à des minéraux non fondus du gneiss, dont la **cordiérite**. Ce minéral permet de limiter en profondeur la pression à laquelle a été soumis le gneiss. Elle correspond à une profondeur qui ne dépasse guère une quinzaine de kilomètres.

Par rapport au gneiss à sillimanite et feldspath alcalin, la roche devenue migmatite a subi un **métamorphisme plus fort** aboutissant à un début de fusion partielle, donc à la genèse d'îlots de roche magmatique granitique.

Info
Dès qu'il y a fusion partielle, on quitte le domaine du métamorphisme pour celui du magmatisme.

III. Origine du granite de Gèdre

• Le document 1 montre que, dans la région de Gavarnie, le granite de Gèdre est associé à la migmatite. Cela suggère une relation entre les mécanismes à l'origine de ces deux roches. Le granite de Gèdre évoque le leucosome de la migmatite. Il résulterait d'une roche passée par le stade migmatite, mais ayant subi une fusion beaucoup plus généralisée et ayant produit une grande quantité de magma qui, en se refroidissant, a donné le granite. Cela implique que la roche a été soumise à des températures plus élevées pouvant aller jusqu'à plus de 700 °C. Suivant cette interprétation, le granite de Gèdre provient de la fusion en profondeur de roches de la croûte continentale (origine crustale). On dit que c'est un granite d'anatexie.

• Le document 5 confirme cette interprétation. Le granite de Gèdre ne possède pas de minéraux comme les amphiboles et les pyroxènes, qui sont marqueurs d'une origine mantellique. En revanche, il possède biotite et cordiérite, minéraux de granites provenant de la solidification d'un magma d'origine crustale.

Bilan

• Les roches de la région de Gavarnie illustrent **les diverses étapes** que les roches crustales en profondeur subissent, sous l'action d'une augmentation de température surtout, transformations métamorphiques aboutissant finalement à une fusion généralisée et productrice d'un magma à l'origine d'un granite.

• **La collision** marquée par un épaississement de la croûte continentale crée les conditions favorables à cette évolution.

Des chercheurs ont pu établir de manière indirecte la succession de climats en Afrique intertropicale. Nous allons voir comment la mise en relation de mesures du delta ^{18}O effectuées dans des restes osseux et des dents de momies égyptiennes avec les précipitations a permis d'établir une histoire des climats entre 5 500 ans BP et 1 500 ans BP dans cette région. Nous verrons comment des observations sédimentaires sont en accord avec les résultats obtenus.

I. Évolution du $\delta^{18}O_p$ de dents et d'os de momies égyptiennes de 5 500 ans BP à 1 500 ans BP (document 1)

• À 5 500 ans BP, le $\delta^{18}O$ des os et des dents est au plus égal à 22 ‰ et généralement inférieur. À 1 500 ans BP, ce delta est toujours supérieur à 22 ‰. On constate donc une **augmentation du $\delta^{18}O$ en 4 000 ans.**

• Cette augmentation globale sur 4 000 ans reflète une tendance générale, qui s'amorce à partir d'environ 3 300 ans BP et devient nette à partir de 2 500 ans BP. Par contre, le document 1 n'apporte pas d'informations sur la signification de l'augmentation du $\delta^{18}O_p$ au cours du temps.

II. Signification climatique de l'augmentation du $\delta^{18}O_p$

• On peut considérer que, depuis 5 500 ans BP au moins, l'eau de boisson des Égyptiens est l'eau de pluie qui alimente le Nil (document 3).

• Le document 2 indique une corrélation entre le $\delta^{18}O_p$ et le $\delta^{18}O_w$ de l'eau de boisson. La formule proposée montre que **le $\delta^{18}O_w$ évolue de la même façon que le $\delta^{18}O_p$**. Ainsi, la valeur « 20 » du $\delta^{18}O_p$ correspond à « – 2,92 » pour le $\delta^{18}O_w$ et, lorsque le $\delta^{18}O_p$ vaut 23, le $\delta^{18}O_w$ de l'eau est 1,7. On peut donc en conclure que, comme le $\delta^{18}O_p$ des os et des dents a augmenté entre 5 500 ans BP et 1 500 ans BP, le $\delta^{18}O_w$ de l'eau de boisson a lui aussi augmenté.

Notez bien
Ces calculs permettent de comprendre pourquoi l'échelle des deltas isotopiques est différente entre les documents 1 et 3.

• Les graphes du document 3 permettent de déterminer la signification d'une augmentation du $\delta^{18}O_w$ de l'eau de boisson. Les histogrammes montrent comment la quantité de précipitations influe sur le $\delta^{18}O_w$ de l'eau de pluie.

• On reconnaît deux saisons de pluie à Entebbe (avril-mai et octobre-novembre) et une seule saison de pluie à Addis-Abeba (juillet à septembre) : **dans les deux cas, le $\delta^{18}O_w$ de l'eau de pluie chute**.

• Inversement, une augmentation du $\delta^{18}O_w$ correspond à une diminution des précipitations, donc à une période plus sèche.

• Puisque le $\delta^{18}O_w$ de l'eau de pluie a augmenté entre 5 500 ans BP et 1 500 ans BP, cela signifie une diminution de la quantité des précipitations dans les régions voisines des sources du Nil au cours de cette période.

Entre 5 500 ans BP et 1 500 ans BP, plus particulièrement à partir de 3 000 ans BP, le climat de la région des sources du Nil devient plus sec, moins pluvieux.

III. Climat et données sédimentaires

• La sédimentation a été étudiée dans des lacs situés à une latitude voisine de celle des sources du Nil blanc (région d'Entebbe), mais plus à l'ouest.

• Au lac Kitina, le flux sédimentaire détritique était important il y a 5 500 ans BP. Il a diminué régulièrement jusqu'à 2 500 ans BP, et de 2 500 ans BP jusqu'à 1 500 ans BP, ce flux sédimentaire est devenu très faible, quasiment nul.

Cela indique une diminution importante des précipitations durant cette période.

• Les données sur le lac Sinnda confirment celles du lac Kitina, mais de façon encore plus frappante. En particulier, l'assèchement complet entre 4 000 ans BP et 1 200 ans BP indique des **précipitations très faibles**.

Bilan

• Les données sédimentaires confirment donc l'existence d'un climat relativement pluvieux il y a environ 5 500 ans BP, une diminution de la pluviosité de 5 500 ans BP à environ 3 000 ans BP et enfin une période de sécheresse qui se termine à 1 500 ans BP.

• Les données sédimentaires **renseignent directement** sur la pluviosité intertropicale au cours du temps. Le fait qu'elles soient en accord avec les données isotopiques ($\delta^{18}O$) sur les os et les dents montre que ces dernières peuvent **renseigner indirectement** mais de façon fiable sur l'évolution climatique.

THÈME Génétique et évolution

Diversité génétique : méiose et fécondation

On s'intéresse à la diversité des génotypes des descendants de deux parents.

On considérera deux couples d'allèles (A, a) et (B, b) situés sur deux paires différentes de chromosomes. Les deux parents sont hétérozygotes (A//a, B//b).

▸ **Montrez comment le brassage génétique au cours de la méiose et de la fécondation permet d'obtenir une diversité des génotypes des descendants du couple.**

Votre réponse inclura une introduction, un développement structuré et une conclusion. Un schéma de cellules illustrant le brassage interchromosomique lors de la formation des gamètes et un tableau de croisement sont attendus.

LES CLÉS DU SUJET

Comprendre le sujet

- Il ne s'agit pas de décrire de façon exhaustive la méiose et la fécondation mais de cibler sur les aspects de ces deux phénomènes qui assurent un brassage génétique et, par là, la diversité des descendants du couple.
- Le support servant de base à l'exposé est imposé : il s'agit de deux gènes pour lesquels les individus sont hétérozygotes et qui sont situés sur deux paires différentes de chromosomes. Il ne faut donc pas envisager le brassage intrachromosomique (crossing-over) et se limiter au brassage interchromosomique, comme il est précisé dans le libellé du sujet.

Mobiliser ses connaissances

- Le brassage interchromosomique est dû à la migration indépendante des chromosomes homologues de chaque paire lors de l'anaphase de la première division. La variabilité génétique est accrue par la réunion au hasard des gamètes lors de la fécondation.

Introduction

Les modes de reproduction sexuée sont divers mais on retrouve toujours les phénomènes fondamentaux : méiose et fécondation. Ces phénomènes assurent la **conservation, la permanence du caryotype** de génération en génération mais font également que les individus d'une génération sont **différents de leurs parents et les uns des autres**.

Nous allons envisager les caractéristiques de la méiose puis de la fécondation à l'origine de la diversité des génotypes et phénotypes des descendants d'un couple. On envisagera seulement le cas de deux gènes situés sur deux chromosomes différents et pour lesquels les parents sont hétérozygotes (figure 1).

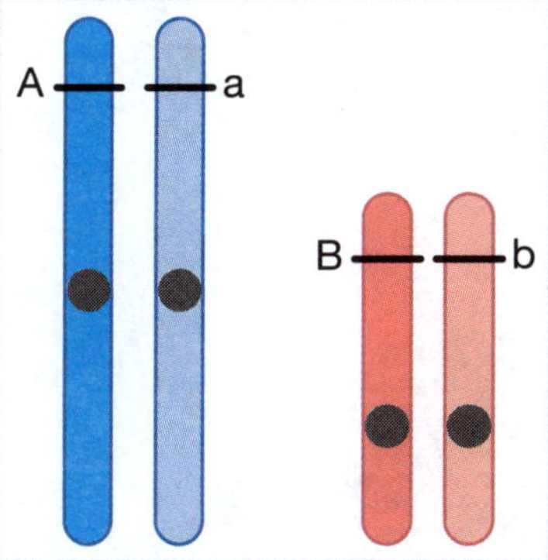

Figure 1

I. Méiose et brassage interchromosomique

Il concerne deux gènes situés sur deux chromosomes différents ; il est dû au comportement indépendant des paires de chromosomes homologues durant la métaphase – anaphase de la première division de la méiose. Les chromosomes d'une paire se placent de manière aléatoire de part et d'autre de l'équateur de la cellule et de façon indépendante par rapport à l'autre paire. En considérant les résultats de plusieurs méioses, et en ne considérant que ces deux paires de chromosomes, chaque parent produit quatre types de gamètes génétiquement différents par suite du brassage interchromosomique :

– 50 % de gamètes parentaux, AB et ab ;
– 50 % de gamètes recombinés, Ab et aB (figure 2).

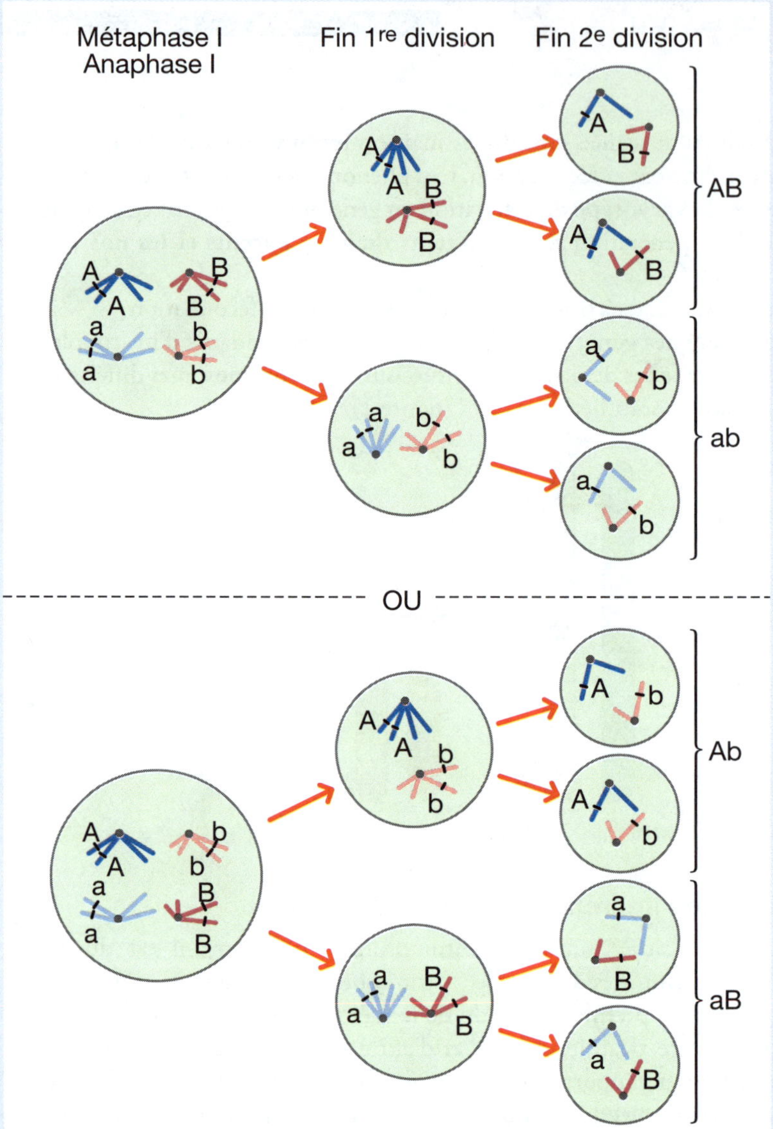

Figure 2. Les quatre types de gamètes produits par le brassage interchromosomique
En foncé : les chromosomes d'origine paternelle. En clair : les chromosomes d'origine maternelle, chez l'individu qui produit les gamètes.

II. Fécondation et rétablissement de la diploïdie

Au cours de la fécondation, il y a rétablissement de la diploïdie par suite de la réunion, au sein du noyau de l'œuf ou zygote, des chromosomes de chaque gamète. La rencontre des gamètes se faisant au hasard, chaque type de gamète mâle est susceptible de s'unir à chacun des types de gamètes femelles ainsi que le montre l'échiquier de croisement (figure 3) qui indique qualitativement tous les génotypes possibles.
Neuf génotypes sont possibles dont celui des parents A//a, B//b. Les descendants peuvent donc posséder un de ces neuf génotypes.

Gamètes mâles Gamètes femelles	**AB**	**Ab**	**aB**	**ab**
AB	A//A, B//B	A//A, B//b	A//a, B//B	A//a, B//b
Ab	A//A, B//b	A//A, b//b	A//a, B//b	A//a, b//b
aB	A//a, B//B	A//a, B//b	a//a, B//B	a//a, B//b
ab	A//a, B//b	A//a, b//b	a//a, B//b	a//a, b//b

Figure 3

Conclusion

Dans l'exemple choisi, les parents sont hétérozygotes donc possèdent deux allèles différents de chaque gène. C'est d'abord cela qui permet le brassage génétique. Si les deux parents avaient le même génotype et étaient homozygotes, il n'y aurait pas de brassage génétique.

Suite au brassage interchromosomique au cours de la méiose, chacun des parents produit des gamètes ayant quatre génotypes possibles ; à la suite de la fécondation, les descendants ont un des neuf génotypes possibles.

La fécondation amplifie donc le brassage génétique dû à la méiose : **un génotype parental donne**, dans l'exemple choisi, **quatre génotypes de gamètes** par la méiose et **neuf génotypes possibles** par la fécondation.

Le brassage interchromosomique est en réalité dans l'espèce humaine beaucoup plus élevé. La diversité des gamètes est de 22 dans l'exemple considéré ; elle serait de 223 si l'on considère le nombre de paires de chromosomes humains.

En réalité, ce brassage interchromosomique est précédé d'un brassage intrachromosomique qui fait que le nombre de gamètes possibles est encore plus important et que chaque individu est unique.

SVT

SUJET 3

FRANCE MÉTROPOLITAINE • JUIN 2010

PRATIQUE DU RAISONNEMENT SCIENTIFIQUE • EXERCICE 1

SPÉCIFIQUE • 3 POINTS

THÈME Génétique et évolution

Déterminisme génétique de la forme de la crête chez la poule

▸ **On formule l'hypothèse que chez la poule la forme de la crête est gouvernée par un seul couple d'allèles. Interprétez les croisements présentés dans le document et indiquez si les résultats obtenus permettent de valider cette hypothèse.**

Document **Résultats de croisements effectués chez la poule**

Dans les croisements réalisés, les résultats sont les mêmes en inversant le sexe des parents.

document 1

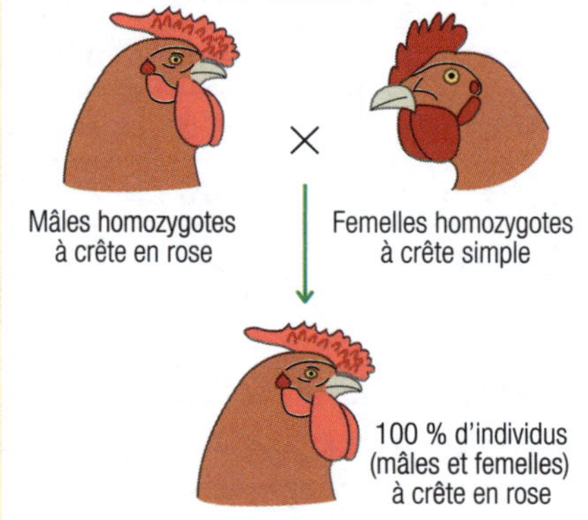

document 2

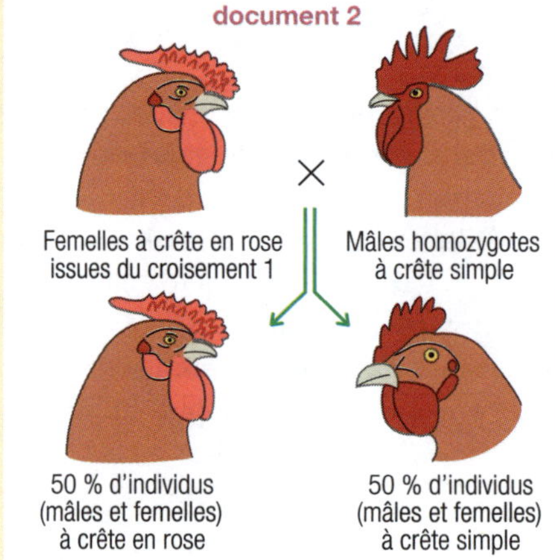

D'après G. Coquerelle, *Les Poules, diversité génétique visible*, INRA éditions, 2000.

LES CLÉS DU SUJET

■ Comprendre le sujet

On vous demande de valider ou non une hypothèse. Le plus simple est de **se placer dans la situation où cette hypothèse est valable et d'en déduire les résultats qu'on devrait obtenir au cours des croisements indiqués.** Il faut ensuite confronter ces résultats théoriques avec ceux réellement obtenus. S'ils sont identiques, l'hypothèse est confirmée ; s'ils sont différents, l'hypothèse est infirmée.

■ Mobiliser ses connaissances

L'analyse des résultats de croisements expérimentaux (première génération et test-cross) permet de discuter du nombre de gènes impliqués dans le déterminisme de la différence phénotypique étudiée.

Étude du croisement 1

Admettons que l'hypothèse soit correcte. Désignons alors par **r** et **s** les deux allèles du gène en cause.
Les **génotypes** des coqs parentaux de phénotype « crête en rose » sont **r//r** puisqu'ils sont homozygotes. De même les génotypes des poules parentales à crête simple sont **s//s** puisqu'elles sont homozygotes.
Les spermatozoïdes produits par les coqs possèdent tous l'allèle **r** et les ovules produits par les poules l'allèle **s**. Les individus de première génération ont donc tous le **génotype r//s.**
Le document précise que ces hybrides F1 ont le phénotype « crête en rose », ce qui indique que ce phénotype est dominant et donc que le phénotype « crête simple » est récessif. Pour traduire cette dominance, on peut alors écrire le génotype des F1 : **R//s.**

Étude du croisement 2

Les coqs à crête simple homozygotes ont le phénotype récessif et ont donc le génotype **s//s.** Ils ne produisent que des spermatozoïdes possédant l'allèle s récessif. Le croisement 2 est un **croisement test** (test-cross) qui permet de déterminer les types de gamètes produits par les hybrides F1.
Si l'hypothèse est valable, les poules F1, de génotype **R//s**, produisent deux types de gamètes en quantité égale, les uns porteurs de l'allèle **R**, les autres de l'allèle **s**. En conséquence on s'attend à obtenir dans la descendance 50 % d'oiseaux de **génotype R//s** donc de phénotype « **crête en rose** » et 50 % d'oiseaux de **génotype s//s** donc de phénotype « **à crête simple** », ainsi que le montre l'échiquier prévisionnel de croisement ci-dessous.

Ovules (poules R//s) Spermatozoïdes (coqs s//s)	1/2 R	1/2 s
s	1/2 R//s [crête en rose]	1/2 s//s [crête simple]

Ce sont les résultats statistiques effectivement obtenus dans la descendance du deuxième croisement. **L'hypothèse est donc validée.**

Cela ne veut pas dire que le caractère « forme de la crête » dépende de l'expression d'un seul gène. Plusieurs gènes interviennent dans le développement de la crête.
Cela signifie seulement que les deux variétés parentales croisées ne diffèrent que par un seul gène parmi l'ensemble des gènes qui gouvernent la forme de la crête.

SVT

THÈME Génétique et évolution

Transmission de deux caractères chez la drosophile

▸ **À partir des informations des documents 1, 2 et 3, mises en relation avec vos connaissances, expliquez les résultats phénotypiques obtenus lors du deuxième croisement.**

Des schémas d'interprétation au niveau chromosomique sont attendus.

Document 1 Premier croisement

On étudie chez la drosophile la transmission de deux couples d'allèles codant pour deux caractères : la couleur des yeux et la longueur des ailes.

Les parents sont homozygotes pour les deux gènes étudiés.

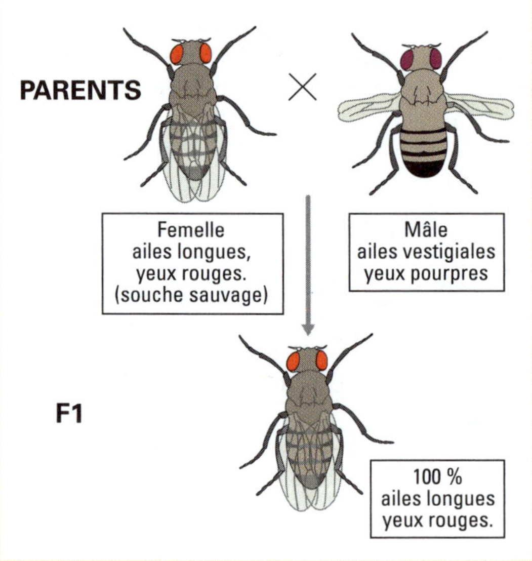

D'après *Biologie*, Tle, Nathan, 1983.

Document 2 Deuxième croisement

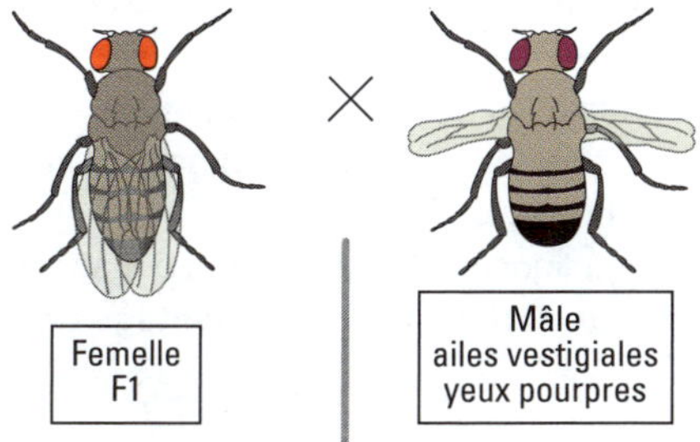

Quatre phénotypes différents :
- 43,5 % ailes longues, yeux rouges
- 43,5 % ailes vestigiales, yeux pourpres
- 6,5 % ailes vestigiales, yeux rouges
- 6,5 % ailes longues, yeux pourpres

D'après *Biologie*, Tle, Nathan, 1983.

Document 3 Paire de chromosomes en prophase I de méiose

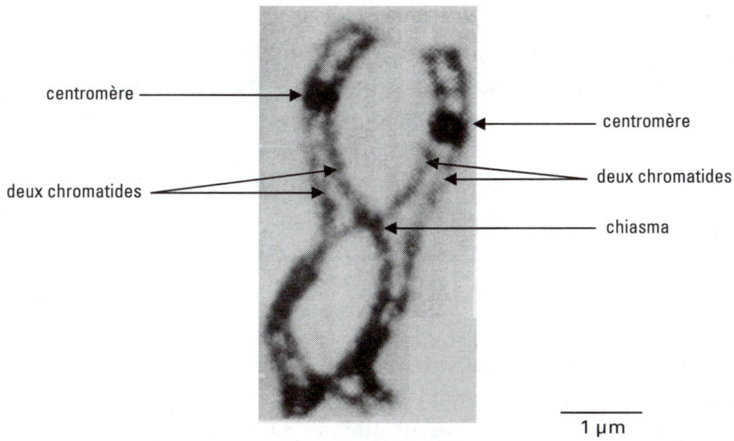

D'après *Biologie*, Tle S spécialité SVT, Hatier, 2002.

LES CLÉS DU SUJET

■ Comprendre le sujet

• Implicitement, on admet que le la différence phénotypique entre les mouches parentales est due à **un seul gène pour chaque caractère envisagé.**

• Le résultat du premier croisement permet d'établir les relations entre les allèles des deux gènes : dominance et récessivité, puis d'en déduire que le deuxième croisement est un test-cross.

• Le test-cross permet de déterminer les types de gamètes fabriqués par les individus hétérozygotes F1 et leurs proportions respectives puis d'en déduire si les gènes concernés sont liés ou non (4 types de gamètes avec, chacun, une fréquence de l'ordre de 25 % = gènes non liés ; 4 types de gamètes dans des proportions différentes = gènes liés.)

• Il faut déduire ici des proportions expérimentales que les gènes sont liés et expliquer le mécanisme à l'origine de gamètes recombinés. Donc ne pas traiter le brassage interchromosomique et **se limiter au brassage intrachromosomique.**

• Bien voir que deux choses doivent être expliquées : le mécanisme qui aboutit à la production de gamètes recombinés d'une part, et d'autre part, le **faible pourcentage de ces gamètes** par rapport aux gamètes parentaux.

■ Mobiliser ses connaissances

Le brassage intrachomosomique, ou recombinaison homologue appariés, lors de la première division méiose.

CORRIGÉ SUJET 4

Exploitation du document 1

On admet que la différence phénotypique entre les parents est due à un seul gène pour chaque caractère (longueur des ailes et couleur des yeux). Pour
écrire les génotypes des mouches, on utilise le symbolisme suivant pour les allèles : vg+ = aile longue, vg = aile vestigiale et pu+ = œil rouge, pu = œil pourpre.

Les parents étant homozygotes, ils ont pour génotypes : **vg+vg+, pu+pu+** pour la femelle à ailes longues et yeux rouges et **vgvg, pupu** pour le mâle à ailes vestigiales et yeux pourpres.

Le génotype de la **descendance homogène (F1)** est donc : **vg+vg, pu+pu**. Le phénotype de ces F1 étant « ailes longues, yeux rouges », vg+ et pu+ sont des allèles dominants, vg et pu des allèles récessifs.

À ce stade, on ne peut écrire les génotypes sous forme de fractions car on ne sait pas si les gènes concernés sont liés ou non.

Exploitation du document 2

Les femelles F1 étant croisées avec des mâles double récessifs, il s'agit donc d'un **croisement test (test-cross)**. Puisque les mâles présentent les deux phénotypes récessifs, ils sont obligatoirement homozygotes et ne produisent que des gamètes vg, pu. En conséquence, les phénotypes de la descendance traduisent les génotypes et les proportions des gamètes produits par les mouches F1, soit :

vg+, pu+ = 43,5 %   vg, pu+ = 6,5 %
vg, pu = 43,5 %   vg+, pu = 6,5 %

Les femelles hybrides F1 ont donc produit beaucoup plus de gamètes parentaux (87 %) que de gamètes recombinés (13 %). Cela signifie que les allèles des deux gènes fournis par chaque parent de l'hybride F1 tendent à rester associés lors des méioses de l'hybride. Cela ne s'explique que si les deux gènes sont situés sur le même chromosome. **Le génotype des F1 peut alors s'écrire : vg+pu+//vg pu.**

Exploitation du document 3

Le document montre des chromosomes homologues formés chacun de deux chromatides, appariés en prophase de la première division de la méiose. Ils tendent à se séparer sauf au niveau des chiasmas, au nombre de deux sur le cliché et sur la *figure 1a* ci-après. Le chiasma du milieu montre clairement qu'il peut être une zone d'échanges entre chromatides non sœurs homologues (figures 1b et 1c).

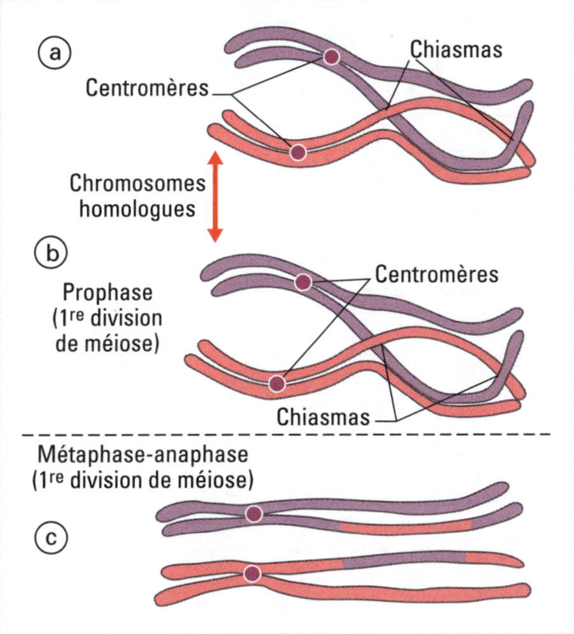

Figure 1

Bilan : explication des résultats en F2

La production au cours de méioses de gamètes recombinés ne peut s'expliquer que si les loci des deux gènes sont situés de part et d'autre d'un chiasma, comme le montre le schéma théorique de la figure 2 ci-après ; les échanges se font alors par crossing-over. Une telle méiose conduit à deux gamètes parentaux et deux gamètes recombinés. Si un tel crossing-over avait lieu à chaque méiose, cela conduirait globalement à la production de 50 % de gamètes parentaux et 50 % de gamètes recombinés : cela ne correspond pas aux résultats expérimentaux. Cela est dû au fait que la position des chiasmas varie d'une méiose à l'autre. Pour un certain nombre de méioses, il n'y a pas de chiasma entre les loci des deux gènes et de telles méioses ne produisent pas de gamètes recombinés pour les deux gènes en jeu.

Puisque le pourcentage de gamètes recombinés est faible, c'est que la fréquence des crossing-over (donc des chiasmas) entre les deux gènes est faible, ce qui conduit à penser que les deux gènes sont proches l'un de l'autre sur le chromosome.

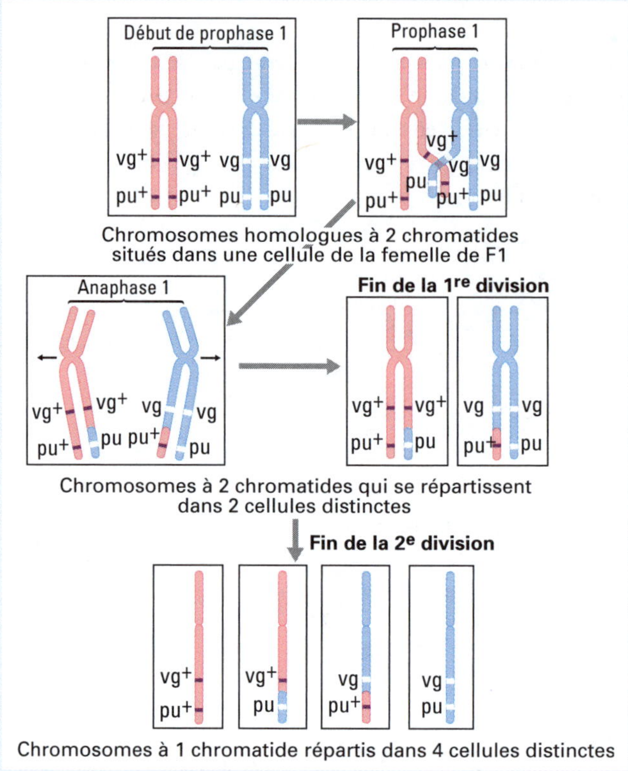

Figure 2. Une méiose conduisant à la formation de gamètes recombinés

SUJET 5

SUJET INÉDIT

PRATIQUE DU RAISONNEMENT SCIENTIFIQUE • EXERCICE 2

SPÉCIFIQUE • 5 POINTS

THÈME Génétique et évolution

Diversité génétique et reproduction sexuée

▸ Tous les descendants d'un couple sont différents des parents et différents les uns des autres. À partir des informations extraites des documents, interprétées à l'aide de vos connaissances, précisez les mécanismes créateurs de la diversité génétique révélée par la descendance du deuxième croisement.

Aucun schéma sur le comportement des chromosomes au cours de la méiose n'est demandé.

Document 1

On a croisé des drosophiles de race pure, les unes aux ailes longues et au corps gris, les autres aux ailes vestigiales et au corps ébène. Les mouches F1 ont toutes les ailes longues et le corps gris. On a démontré que les deux lignées diffèrent pour chaque caractère par un seul gène.

Document 2

On a croisé les hybrides F1 entre eux et, dans la descendance de ces croisements, on a obtenu :

– 33 drosophiles aux ailes vestigiales et au corps ébène,
– 100 drosophiles aux ailes vestigiales et au corps gris,
– 97 drosophiles aux ailes longues et au corps ~~gris~~, ébène
– 300 drosophiles aux ailes longues et au corps gris.

LES CLÉS DU SUJET

Comprendre le sujet

• Pour découvrir les mécanismes génétiques en jeu, il faut calculer les proportions (au pourcentage) des différents phénotypes de la descendance du deuxième croisement.

• Pour interpréter ces proportions, il faut alors faire une hypothèse sur la localisation chromosomique des deux gènes en cause. L'hypothèse qui permet de prévoir qualitativement et **quantitativement** la descendance d'un croisement entre hybrides F1 est celle où les deux gènes sont situés sur deux chromosomes différents.

• Il faut alors voir si les résultats réellement obtenus sont conformes à ceux prévus d'après l'hypothèse.

Mobiliser ses connaissances

• Le brassage interchromosomique est dû à la migration indépendante des chromosomes homologues de chaque paire lors de l'anaphase de la première division. La variabilité génétique est accrue par la réunion au hasard des gamètes lors de la fécondation.

• Lorsque deux gènes sont situés sur deux chromosomes différents, l'hybride F1 produit quatre sortes de gamètes en quantités égales.

• Lorsque deux gènes sont situés sur le même chromosome, l'hybride produit quatre sortes de gamètes en quantités inégales.

CORRIGÉ SUJET 5

La diversité phénotypique qualitative de la génération F2

• On part de deux souches parentales de lignée pure, donc de deux phénotypes et de deux génotypes.

• Désignons par **vg** l'allèle « ailes vestigiales » et par **vg+** l'allèle « ailes longues » ; **e** désigne l'allèle « ébène » du gène intervenant dans la couleur du corps et **e+** l'allèle « corps gris ».

• Utilisons le même symbolisme pour désigner les phénotypes. La génération F2 est constituée de 4 phénotypes : [vg+ e+] ; [vg+ e] ; [vg e+] ; [vg e].
Deux des phénotypes [vg+ e] et [vg e+] présentent une nouvelle association des caractères présents dans les lignées parentales. Ce sont des phénotypes recombinés, qui témoignent de la diversité phénotypique engendrée par la reproduction sexuée. Pour identifier les mécanismes créateurs de cette diversité, il faut quantifier les proportions des quatre phénotypes de la génération F2.

Un phénotype peut avoir un sens étroit ou un sens large. Au sens étroit, il se rapporte à un seul caractère (par exemple, phénotype « ailes vestigiales ») ; au sens large (le plus commun), il concerne un ou plusieurs caractères (phénotype « ailes longues » et « corps gris »). Ce corrigé fait appel à ces deux définitions du phénotype.

Les proportions des différents phénotypes en F2

• La F1 est homogène et le phénotype de cette génération F1 indique que les phénotypes « ailes longues » et « corps gris » sont dominants et les phénotypes « ailes vestigiales » et « corps ébène » récessifs.
• La génération F2, résultat du croisement entre F1, n'est pas homogène : elle est constituée de 4 phénotypes en proportions différentes.
• Le phénotype le moins fréquent est celui où les mouches possèdent les deux phénotypes récessifs : « ailes vestigiales » et « corps ébène » (33 mouches). On constate que les mouches possédant un phénotype dominant et un phénotype récessif sont approximativement **trois fois** plus nombreuses que les mouches ayant les deux phénotypes récessifs (100 et 97 contre 33).
Les mouches de la F2 présentant les deux phénotypes dominants (« ailes longues », « corps gris ») sont les plus nombreuses, approximativement **neuf fois plus nombreuses** que les mouches aux deux phénotypes récessifs (300 contre 33).
La génération F2 est donc constituée par 9/16 de *Drosophilis* [vg+ e+], 3/16 [vg+ e], 3/16 [vg e+] et 1/16 [vg e].

Pour quantifier les phénotypes de la F2, la technique choisie dans le corrigé consiste à partir du phénotype le moins répandu et à rechercher des rapports simples avec les autres phénotypes. On pourrait aussi calculer les pourcentages des quatre phénotypes et arriver à partir d'eux aux proportions 9-3-3-1.

L'hypothèse « gènes sur deux chromosomes différents » est-elle compatible avec les proportions des phénotypes en F2 ?

• Si les gènes sont sur deux chromosomes différents, les génotypes des deux souches parentales peuvent s'écrire : vg+//vg+, e+//e+ et vg//vg, e//e.
Les F1 ont donc pour génotype vg+//vg ; e+//e.
• Puisque les deux gènes sont sur deux chromosomes différents, et du fait du comportement indépendant des paires de chromosomes en métaphase-anaphase de la première division de la méiose, chaque F1 produit 4 sortes de gamètes en quantités égales : vg+ e+ ; vg+ e, vg e+ et vg e. Au cours de la fécondation, la rencontre des gamètes s'effectue au hasard, ce qui permet de construire l'échiquier prévisionnel de la génération F2.

Tableau de la génération F2

Spermatozoïdes Ovules	**1/4 vg+ e+**	**1/4 vg+ e**	**1/4 vg e+**	**1/4 vg e**
1/4 vg+ e+	vg+//vg+, e+//e+ **[vg+ e+]**	vg+//vg+, e+//e **[vg+ e+]**	vg+//vg, e+//e+ **[vg+ e+]**	vg+//vg, e+//e **[vg+ e+]**
1/4 vg+ e	vg+//vg+, e+//e **[vg+ e+]**	vg+//vg+, e//e **[vg+ e]**	vg+//vg, e+//e **[vg+ e+]**	vg+//vg, e//e **[vg+ e]**

1/4 vg e+	vg+//vg, e+//e+ **[vg+ e+]**	vg+//vg, e+//e **[vg+ e+]**	vg//vg, e+//e+ **[vg e+]**	vg//vg, e+//e **[vg e+]**
1/4 vg e	vg+//vg, e+//e **[vg+ e+]**	vg+//vg, e//e **[vg+ e]**	vg//vg, e+//e **[vg e+]**	vg//vg, e//e **[vg e]**

• Chaque case correspond à une probabilité de 1/16. D'après l'hypothèse de deux gènes situés sur deux chromosomes différents, on doit donc obtenir 9/16 de [vg+ e+], 3/16 de [vg+ e], 3/16 de [vg e+] et 1/16 de [vg e]. Cela est en accord avec les proportions obtenues dans la génération F2. **Les résultats valident l'hypothèse émise.**

Bilan : les mécanismes créateurs de diversité génétique

Si on examine le tableau prévisionnel de la génération F2, on découvre qu'il y a **9 génotypes**, alors qu'au départ il n'y en avait que deux. En deux générations, et en ne considérant que deux gènes, on voit que la reproduction sexuée a considérablement accru la diversité des génotypes.

Les deux mécanismes en jeu dans cet exemple sont :

– le comportement indépendant des paires de chromosomes à la métaphase-anaphase de la première division de la méiose, à l'origine de la diversité génétique des gamètes (brassage interchromosomique) ;

– la rencontre par hasard des gamètes au cours de la fécondation.

Remarquer l'importance de bien indiquer les proportions des gamètes dans l'échiquier de croisement. Si les deux gènes étaient situés sur le même chromosome, les hybrides F1 auraient aussi produit 4 sortes de gamètes (brassage intrachromosomique), mais en quantité inégale (sans qu'on puisse d'ailleurs les quantifier *a priori*). On n'aurait pas obtenu les proportions 9-3-3-1. Donc, si dans une génération F2 les résultats s'écartent nettement des proportions 9-3-3-1, cela signifie que les deux gènes sont sur le même chromosome.

SUJET 6

SUJET INÉDIT

PRATIQUE DU RAISONNEMENT SCIENTIFIQUE • EXERCICE 2

SPÉCIFIQUE • 5 POINTS

THÈME Génétique et évolution

L'aile de la chauve-souris

La chauve-souris fait partie d'un groupe de mammifères caractérisés par la transformation de leurs membres antérieurs (document 1a) en ailes. Cela est dû, en particulier, à l'allongement de l'avant-bras et de quatre doigts. La souris fait partie d'un autre groupe qui a gardé l'aspect ancestral des membres antérieurs des mammifères (document 1b).

▸ À partir des informations extraites des documents 1 et 2, et en utilisant vos connaissances, précisez certains des mécanismes de diversification du vivant qui sont intervenus lors de l'évolution des membres antérieurs des chauves-souris.

Document 1 Aile de chauve-souris (a) et patte avant de souris (b)

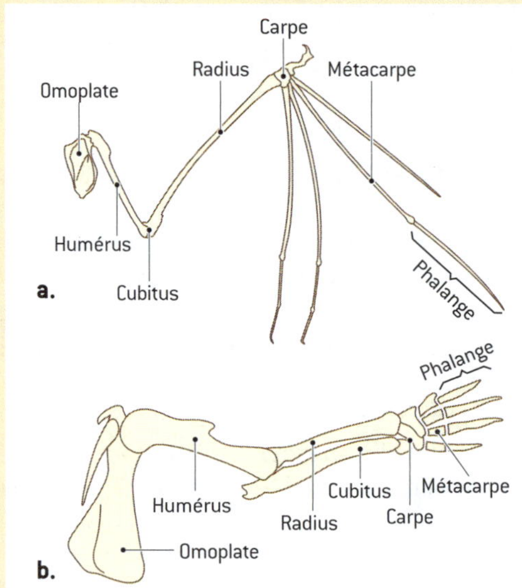

Le gène *Prx1* est un gène du développement qui s'exprime notamment au cours du développement de l'avant-bras des mammifères. Les protéines Prx1 de la chauve-souris et de la souris, qui sont des facteurs de transcription, sont quasi identiques (seulement deux acides aminés de différence) et jouent le même rôle chez ces deux mammifères. On a mis en évidence une région régulatrice, en amont du gène *Prx1*, qui contrôle l'expression de ce gène. Les séquences régulatrices de *Prx1* de la souris et de la chauve-souris présentent 94 % d'identité.

Des chercheurs ont réussi à créer des souris transgéniques associant la région régulatrice du gène *Prx1* de la chauve-souris et la séquence transcrite du même gène de la souris. Sans atteindre la taille de l'avant-bras de la chauve-souris, on constate que ces souris transgéniques avaient un avant-bras plus long que celui des souris non transgéniques de la même souche.

Document 2 Aspect du membre antérieur de la souris (a) et de la chauve-souris (b) à un stade précoce du développement embryonnaire (stade correspondant pour les deux mammifères)

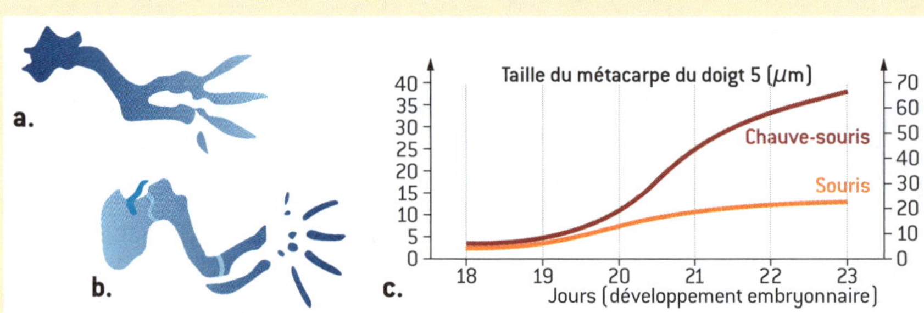

Le graphique (c) illustre la croissance du métacarpe de chauve-souris et celle du métacarpe de souris au cours du développement fœtal. Le gène *Bmp2* s'exprime dans le territoire de la main aussi bien chez la souris que chez la chauve-souris et joue un rôle majeur dans la croissance des doigts. Les chercheurs ont étudié l'expression de ce gène (ARN messager et protéine Bmp2) dans les embryons de souris et de chauve-souris. Alors qu'au stade correspondant au document 2 la quantité d'ARNm est la même dans le territoire des doigts, elle est beaucoup plus importante par la suite chez la chauve-souris que chez la souris.

LES CLÉS DU SUJET

Comprendre le sujet

- Comprendre à travers le texte de présentation que les ancêtres de la chauve-souris avaient un membre antérieur de type patte (comme la souris et d'autres mammifères).
- Le but est de reconnaître, à travers l'exploitation des documents, certains mécanismes génétiques qui, au cours de l'histoire évolutive des chauves-souris, ont contribué à l'allongement du membre.
- Noter que le document 1 se rapporte à l'allongement de l'avant-bras alors que le document 2 concerne celui de la main.
- Prendre en compte dans l'expérience de transgenèse que chez les souris transgéniques sont associés la région régulatrice du gène *Prx1* de la chauve-souris et le gène *Prx1* de la souris. Il s'agit d'une construction génétique hybride.

Mobiliser ses connaissances

S'agissant des gènes impliqués dans le développement, des formes vivantes très différentes peuvent résulter de variations dans la chronologie et l'intensité d'expression de gènes communs. Ces variations étant souvent liées à des mutations affectant les régions régulatrices de ces gènes.

SVT

CORRIGÉ SUJET 6

Exploitation du document 1

- Puisque la protéine Prx1 est quasi identique chez la chauve-souris et la souris et a la même action sur l'allongement du membre, on peut penser qu'elle n'explique pas l'allongement de l'avant-bras chez la chauve-souris. En revanche, il existe plus de différences dans la séquence régulatrice du gène, ce qui laisse supposer que c'est là que réside une des différences moléculaires pouvant expliquer la croissance de l'avant-bras chez la chauve-souris.
- L'expérience de transgenèse teste cette idée, dans la mesure où elle permet de voir l'effet d'associer la séquence régulatrice de *Prx1* de la chauve-souris à la séquence transcrite de la souris. Puisque cela entraîne une croissance significativement plus forte de l'avant-bras de la souris par rapport à des souris témoins, cela confirme dans une certaine mesure l'hypothèse émise. On peut penser qu'au cours de l'histoire évolutive des chauves-souris à partir de leurs ancêtres, des mutations ont modifié la séquence régulatrice du gène avec pour effet une augmentation de son expression, à l'origine de l'allongement du membre chez les ancêtres de la chauve-souris. Rien ne dit toutefois que ce soit le seul processus qui ait été en jeu : l'expérience de transgenèse ne transforme pas un avant-bras de souris en un avant-bras de chauve-souris !

Exploitation du document 2

• À un stade précoce du développement embryonnaire, les ébauches des membres, y compris les ébauches des doigts, sont voisines chez la chauve-souris et la souris. C'est un héritage de leur ancêtre commun (et de celui des autres mammifères).
• Par la suite, on voit que le métacarpe se développe beaucoup plus chez la chauve-souris que chez la souris.
• Cela est corrélé avec une expression beaucoup plus forte du gène *Bmp2* dans les ébauches des doigts de la chauve-souris que dans celles de la souris au cours de la phase plus tardive du développement fœtal. Comme le gène *Bmp2* est connu pour activer la croissance des doigts, on peut penser que l'allongement des doigts chez la chauve-souris est dû à une surexpression de ce gène chez la chauve-souris par rapport à son ancêtre.

Bilan

L'allongement de l'avant-bras et celui des doigts de la chauve-souris, innovations morphologiques apparues au cours de l'évolution, ne semblent pas dus à des mutations affectant les séquences transcrites des gènes, ni à l'apparition de gènes nouveaux. Ces innovations semblent dues à des mutations ayant affecté les régions régulatrices de gènes de développement, entraînant une modification dans l'intensité de leur expression.

SUJET 7 — SUJET INÉDIT — RESTITUTION DES CONNAISSANCES

SPÉCIFIQUE • 8 POINTS

THÈME Génétique et évolution

Diversification des êtres vivants

Cette partie I se présente sous la forme d'une question de synthèse complétée par un QCM.

QUESTION DE SYNTHÈSE

▶ **Un processus de diversification est la symbiose. Après avoir défini ce terme, montrez, sur un exemple, son importance dans l'histoire évolutive du monde vivant.**

QCM

Les documents 1 et 2 sont relatifs à l'histoire des blés. On désigne respectivement par A, B et D le stock haploïde de chromosomes des blés *Triticum monococcum*, *Triticum speltoïdes* et *Triticum tauschii* qui sont tous des espèces diploïdes.

Document 1 **Le blé cultivé**

Les deux espèces de blé cultivées actuellement sont le blé tendre, *Triticum aestivum*, et le blé dur, *Triticum turgidum*. Les données archéologiques indiquent que, dans les premiers millénaires de la domestication du blé (10 000 – 6 000 ans), une autre espèce de blé a été domestiquée, le *Triticum monococcum*.

Document 2 **L'origine des espèces de blé cultivé**

Les études cytologiques et moléculaires ont permis d'établir l'origine des espèces de blé cultivées à partir des espèces sauvages. Le document ci-après indique le nombre total de chromosomes de chacune des espèces impliquées.

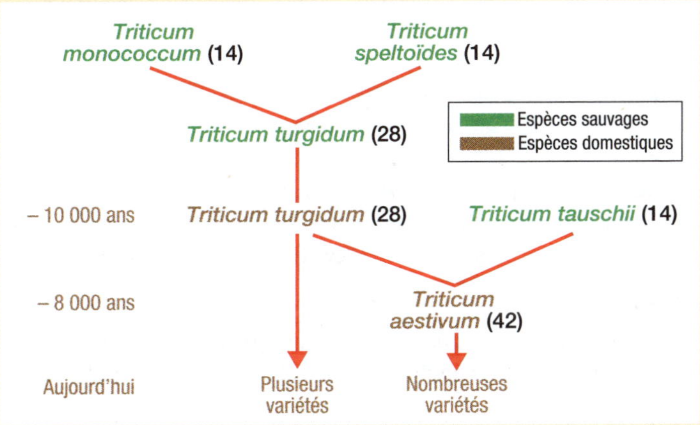

▸ À partir des informations extraites des documents 1 et 2, indiquez, pour chaque question, la seule proposition fausse.

1. Le stock chromosomique des espèces de blé peut s'écrire :
a) AA pour *Triticum monococcum*.
b) DD pour *Triticum tauschii*.
c) AADD pour *Triticum turgidum*.
d) AABBDD pour *Triticum aestivum*.

2. Au cours de la première division de la méiose, on voit :
a) 7 paires de chromosomes appariés chez *Triticum speltoïdes*.
b) 14 paires de chromosomes appariés chez *Triticum aestivum*.
c) 14 paires de chromosomes appariés chez *Triticum turgidum*.
d) 7 paires de chromosomes appariés chez *Triticum tauschii*.

3. L'histoire des blés indique que le blé tendre *Triticum aestivum* :
a) pourrait provenir de l'union de deux gamètes produits par deux espèces, l'un à 14 chromosomes, l'autre à 28 chromosomes.
b) pourrait provenir de l'union de deux gamètes, l'un à 7 chromosomes, l'autre à 14 chromosomes, suivie d'un doublement du nombre de chromosomes chez l'hybride formé.
c) peut posséder, pour certains de ces gènes, six exemplaires de ce gène.
d) ne possède aucun chromosome issu de l'espèce *Triticum speltoïdes*.

LES CLÉS DU SUJET

Question de synthèse

Comprendre le sujet

• Choisir un exemple permettant de reconstituer la naissance de la symbiose et de dégager l'importance évolutive de celle-ci.
• Préciser les caractéristiques principales des organismes impliqués.
• Montrer en quoi cette association est à bénéfice réciproque donc correspond bien à la définition de la symbiose.

Mobiliser ses connaissances

Une diversification des êtres vivants est possible sans modification des génomes : association (dont symbiose) par exemple.

QCM

Comprendre le sujet

• Analyser avec soin les documents afin d'envisager l'ensemble du processus.
• Noter quel est le nombre de chromosomes des blés initiaux et bien voir que les blés à 28 ou 42 chromosomes sont polyploïdes.
• Repérer les hybridations et leur résultat du point de vue du nombre de chromosomes.
• S'interroger sur la polyploïdisation : existence d'espèces intermédiaires, non figurées ici, subissant une polyploïdisation ou fécondation impliquant des gamètes diploïdes chez les espèces parentales.

Mobiliser ses connaissances

Une espèce cultivée peut provenir d'hybridations naturelles ou de l'application de techniques de croisement permettant d'obtenir de nouvelles plantes qui n'existaient pas dans la nature.

CORRIGÉ SUJET 7

QUESTION DE SYNTHÈSE

I. Définition

• Une source de diversification des êtres vivants sans modification des génomes est constituée par l'association permanente entre organismes ou symbiose.
• Une **symbiose** est une **association à bénéfice réciproque**, étroite et durable, entre deux organismes.

II. Importance évolutive de la symbiose

Elle peut être mise en évidence en étudiant l'origine des mitochondries présentes dans la cellule eucaryote.

1. Les mitochondries

• Ce sont des organites limités par une double membrane : une membrane externe et une membrane interne présentant des replis (crêtes). Elles sont le **siège de la respiration cellulaire** : oxydation de matières organiques avec utilisation du dioxygène. Cette respiration cellulaire assure la conversion de l'énergie des matières organiques venues du cytoplasme en énergie chimique sous forme d'ATP (Adénosine triphosphate) utilisable, hors de la mitochondrie, pour les diverses activités cellulaires.

• Les mitochondries **se multiplient** à l'intérieur de la cellule, de manière autonome, en dehors de la mitose.
• Contrairement aux autres organites cellulaires (mis à part le noyau), elles **possèdent leur propre ADN**. Il s'agit d'un ADN circulaire comme celui des bactéries. Il comprend un certain nombre de gènes qui codent pour des protéines mitochondriales, dont celles qui sont impliquées dans la respiration. Elles possèdent des ribosomes, ce qui traduit une synthèse protéique active.

2. La symbiose mitochondries – cellules eucaryotes

• Par tous leurs **caractères morphologiques et physiologiques**, les mitochondries apparaissent comme très proches des **cellules procaryotes actuelles.**
• **L'hypothèse de la symbiose**, suivant laquelle les mitochondries seraient d'anciennes bactéries « capturées » par des cellules préexistantes, rend compte de l'ensemble de ces caractéristiques.
• En ne considérant que les mitochondries (et non les autres organites), on peut dire que la cellule eucaryote résulte d'une association symbiotique. La cellule fournit à la mitochondrie les matières organiques nécessaires à son métabolisme et les mitochondries fournissent, sous forme d'ATP, l'énergie nécessaire aux activités de la cellule.

3. La naissance de la symbiose mitochondriale

• Il est nécessaire de revenir sur les formes vivantes qui existaient il y a des milliards d'années.
• Les premières formes de vie sont datées d'il y a environ 3,5 milliards d'années. Ce sont des cyanobactéries autotrophes grâce à des pigments chlorophylliens et des bactéries hétérotrophes. L'activité photosynthétique des cyanobactéries a eu pour effet d'oxygéner leur milieu de vie (aquatique).
• Les bactéries capables de respirer sont apparues il y a 2 milliards d'années environ. Ces bactéries capables de respirer **ont été englobées (endocytose) par des cellules hétérotrophes**, eucaryotes primitives ou procaryotes, incapables de respirer. Ces bactéries n'ont pas été digérées par les cellules hôtes et ont donné les mitochondries.
• Il semble que toutes les mitochondries actuelles résultent d'un seul événement d'endocytose : elles dérivent toutes de cette bactérie ancestrale capable de respirer.
• La **naissance de cette endosymbiose** a donc considérablement modifié l'histoire de la vie puisque tous les eucaryotes actuels, animaux ou végétaux, **dérivent de cette association**.

Conclusion

La mise en place de la symbiose mitochondriale il y a 2 milliards d'années a été un événement considérable, à l'origine d'une diversification fondamentale du monde vivant. Ainsi, certaines cellules eucaryotes, contenant déjà des bactéries qui étaient devenues leurs mitochondries, ont incorporé des cyanobactéries, capables de photosynthèse, qui sont devenues les chloroplastes. Cette nouvelle symbiose a été à l'origine des eucaryotes autotrophes d'abord unicellulaires puis pluricellulaires.

QCM

1. La proposition fausse est la **c)** (AABB et non AADD).
2. La proposition fausse est la **b)** (21 paires de chromosomes et non 14).
3. La proposition fausse est la **d)** (car à l'origine du blé tendre il y a une première hybridation qui implique *Triticum speltoïdes*).

THÈME Génétique et évolution

Comparaisons d'ADN mitochondrial

Les mitochondries sont des organites cellulaires qui possèdent de l'ADN.
L'ADN mitochondrial est circulaire et comprend un peu plus de 16 000 paires de bases. Durant les dix dernières années, on a déchiffré la séquence complète de l'ADN mitochondrial d'un grand nombre d'*Homo sapiens*, ainsi que de six néandertaliens.
On a également séquencé l'ADN mitochondrial extrait d'une phalange trouvée en Sibérie du Sud, à Denisova, dans des sédiments dont l'âge est compris entre 50 000 et 30 000 ans.
Près de Denisova, on a trouvé dans des sédiments de même âge des restes de néandertaliens et d'*Homo sapiens* (homme de Kostenki).
L'ADN mitochondrial de plusieurs chimpanzés a aussi été séquencé. La comparaison de ces séquences d'ADN a permis d'établir les arbres phylogénétiques du document.
Pour de nombreux chercheurs, la comparaison des séquences d'ADN mitochondrial confirme que *Homo sapiens* et *Homo neandertalensis* appartiennent à deux espèces différentes et que la phalange de Denisova devait appartenir à une troisième espèce d'*Homo*.

▸ Quelles informations extraites du document sont en accord avec ces interprétations et quelles informations les nuancent ?

Document Arbre phylogénétique établi à partir de l'ADN mitochondrial

Pan paniscus (le bonobo) et *Pan troglodytes* (le chimpanzé) appartiennent à deux espèces différentes. Les *Pan troglodytes* appartiennent à la même espèce

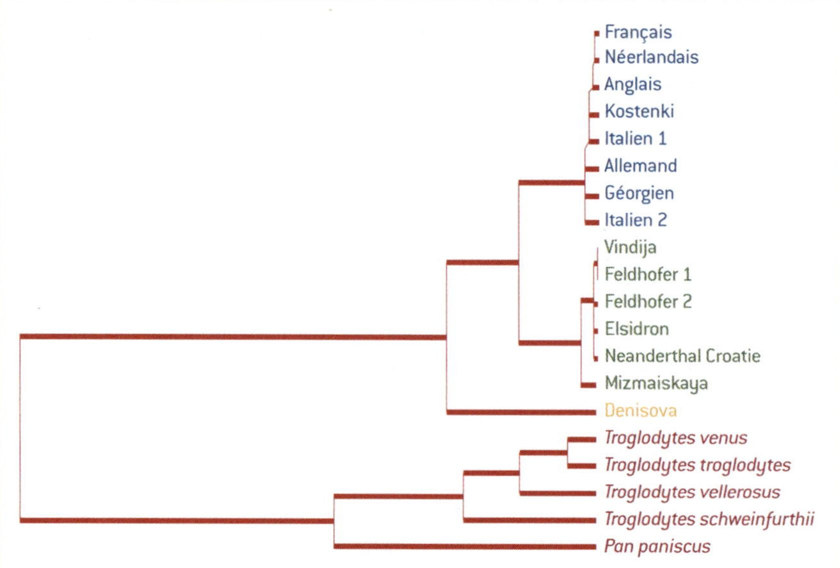

LES CLÉS DU SUJET

Comprendre le sujet

- Ne surtout pas faire d'étude exhaustive de l'arbre phylogénétique mais chercher à en tirer des informations globales puis vérifier si ces informations globales sont en accord avec l'hypothèse formulée.
- Attention ! La longueur des branches renseigne, ainsi qu'il est dit dans le document, sur l'importance des différences entre les ADN mitochondriaux.
- Le but est de répondre au problème suivant : l'importance des différences entre *Homo sapiens* et l'homme de Neandertal est-elle suffisante pour affirmer qu'il s'agit de deux espèces distinctes ?

Mobiliser ses connaissances

Être capable d'analyser des informations relatives à la définition des limites d'une espèce.

CORRIGÉ SUJET 8

Homo sapiens et *Homo neandertalensis* : deux espèces ?

- L'arbre du document a été construit à partir d'une matrice des distances indiquant le nombre de différences entre les séquences des ADN mitochondriaux prises deux à deux.
- En ne considérant que les séquences des *Homo sapiens* et des néandertaliens (« branches » du haut), on constate qu'elles se répartissent en deux ensembles : toutes les séquences des néandertaliens d'une part, toutes les séquences d'*Homo sapiens* d'autre part. Les différences entre les néandertaliens sont toujours nettement inférieures à celles d'un néandertalien avec un *Homo sapiens* (et *vice versa*). Si *Homo sapiens* et *Homo neandertalensis* appartenaient à la même espèce, il y aurait pu avoir une hybridation entre eux pendant la période où ils ont coexisté. Dans ce cas, on pourrait avoir un héritage néandertalien chez certains humains européens actuels, et donc certaines séquences d'*Homo sapiens* proches de celles de l'homme de Neandertal. Ce n'est pas le cas, même chez un *Homo sapiens* de 30 000 ans. Les données de l'ADN mitochondrial ne confirment donc pas l'hypothèse que *sapiens* et *neandertalensis* appartiennent à la même espèce. On ne peut affirmer cependant qu'elles l'infirment, vu le petit nombre de séquences d'ADN mitochondrial de néandertaliens étudiées.

Denisova, une nouvelle espèce d'*Homo* ?

- La séquence d'ADN mitochondrial extraite de la phalange trouvée à Denisova est nettement plus proche de celle des *Homo sapiens* et des néandertaliens que ne l'est la séquence du chimpanzé. Cela indique que l'individu possédant cette phalange appartient à la lignée humaine. Vu son âge (30 000 à 50 000 ans), il devait appartenir au genre *Homo*. L'arbre indique que Denisova est également distant des *Homo sapiens* que des néandertaliens. Cela montre qu'il y a eu un dernier ancêtre commun (DAC) aux néandertaliens, à *Homo sapiens* et à Denisova, ce DAC ayant donné naissance à deux branches, celle de Denisova d'une part, celle des néandertaliens et des *Homo sapiens* d'autre part. Ces seules données sur l'ADN mitochondrial suggèrent qu'il a existé une autre espèce d'*Homo* en Asie.

• Comme la longueur des branches de l'arbre est proportionnelle au nombre de différences entre les différents groupes, on constate que la différence entre Denisova et l'ensemble *Homo sapiens* – néandertaliens est environ double de celle entre *Homo sapiens* et néandertaliens. Si on estime à 500 000 ans la séparation de la branche des *Homo sapiens* de celle des néandertaliens, cela donne un âge d'environ 1 million d'années au dernier ancêtre commun aux trois espèces.

Une remise en cause des conclusions précédentes

• L'arbre fournit, en plus, des informations sur les séquences d'ADN mitochondrial de *Pan troglodytes* (le chimpanzé) et de *Pan paniscus* (le bonobo) qui appartiennent à deux espèces différentes, et sur quatre sous-espèces de chimpanzé. Cela fournit une référence du nombre de différences pouvant exister entre deux espèces étroitement apparentées ou au sein de populations nettement différenciées d'une même espèce.
• On constate que le nombre de différences entre les séquences d'ADN mitochondrial des populations de chimpanzés appartenant à la même espèce est plus grande qu'entre celles des néandertaliens et des *Homo sapiens*. Ainsi, la distinction nette entre séquences des néandertaliens et des *Homo sapiens* ne prouve pas obligatoirement qu'il s'agit de deux espèces différentes.
• Comme la différence entre la séquence de Denisova avec celles des néandertaliens et des *Homo sapiens* est inférieure à celle existant entre les espèces chimpanzés et bonobos, tout en étant à peine supérieure à celle entre les différentes sous-espèces de chimpanzés, cela remet un peu en question l'idée que Denisova appartient à une espèce distincte.

Remarque : Des études sur l'ADN nucléaire parues en 2011 n'ont pas totalement confirmé les conclusions tirées de l'ADN mitochondrial. En effet, l'ADN nucléaire de Denisova est plus proche de celui des néandertaliens que de celui des *Homo sapiens*. Denisoviens et néandertaliens partageraient un ancêtre commun qui n'est pas celui de Denisova (donc une phylogénie différente de l'arbre obtenu avec l'ADN mitochondrial). La paléoanthropologie est une science vivante dont les modèles s'affinent avec l'acquisition de données nouvelles.

THÈME **Génétique et évolution**

Un nouveau fossile d'hominidé

En septembre 2011, un fossile appelé *sediba* a été trouvé dans une grotte d'Afrique du Sud et on a pu le dater de façon très précise : 1,977 millions d'années. Il devait mesurer 1,30 m environ et sa capacité crânienne était de 420 cm^3. Les documents 1 et 2 apportent quelques caractères supplémentaires sur son anatomie.

▸ À partir des informations extraites des documents 1 et 2, indiquez pour chacune des affirmations a), b), c), d) et e) si elle est vraie ou fausse.

Document 1 Main de *sediba* (c) comparée avec celle du chimpanzé (a) et celle de l'Homme (b)

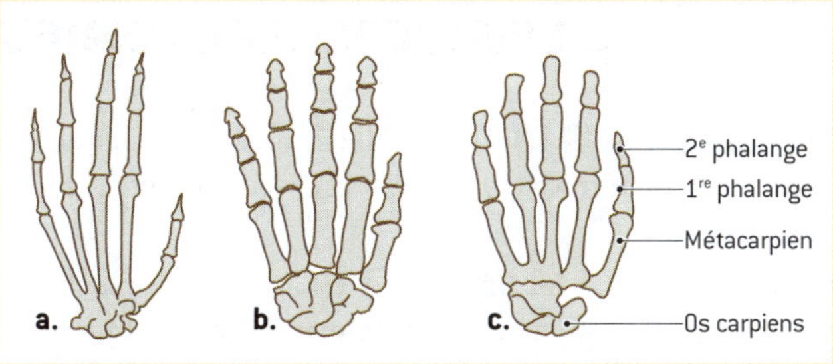

En outre, les membres antérieurs de *sebida* sont plus longs que les membres postérieurs.

Document 2 Bassin de *sediba*

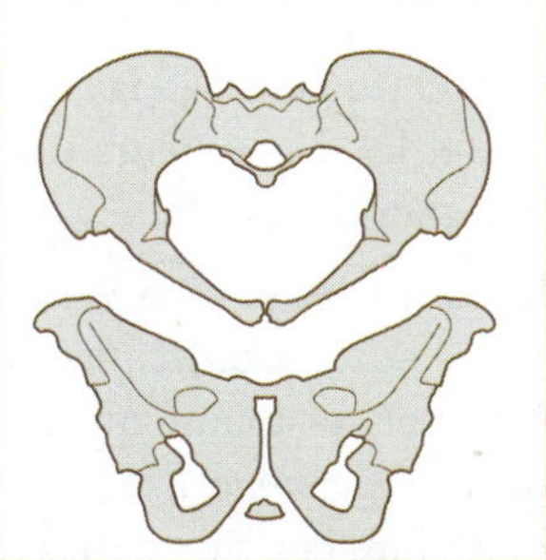

a) Le volume crânien de ce fossile indique qu'on ne le range pas dans le genre *Homo*.

b) Ce fossile devait avoir une démarche bipède très affirmée, ce qui incite à le ranger dans le genre *Homo*.

c) Les mains de ce fossile ont plus de traits comparables à ceux de la main du chimpanzé qu'à ceux de la main de l'Homme.

d) Il pourrait être rangé parmi les australopithèques.
e) Ce fossile renseigne sur les caractéristiques du DAC (Dernier ancêtre commun) à l'Homme et au chimpanzé.

LES CLÉS DU SUJET

Comprendre le sujet

- S'appuyer sur les caractéristiques fondamentales du genre *Homo* et des australopithèques : bipédie et donc forme du bassin, volume crânien…
- Le document 1 doit être analysé avec, comme référence, les caractéristiques de la main de l'Homme actuel.

Mobiliser ses connaissances

- Homme et chimpanzé partagent un ancêtre commun récent. Aucun fossile ne peut être considéré à coup sûr comme un ancêtre de l'Homme ou du chimpanzé.
- Le genre *Homo* regroupe l'Homme actuel et certains fossiles qui se caractérisent notamment par une capacité crânienne supérieure à 600 cm^3, un style particulier de bipédie, la production d'outils complexes…

CORRIGÉ SUJET 9

a) Vrai. La capacité crânienne de ce fossile est de l'ordre de celle du chimpanzé et des australopithèques comme Lucy, et nettement inférieure à celle des premiers véritables *Homo* (*Homo ergaster*).

À l'examen, on ne vous demande pas de justifier vos réponses.

b) Vrai. La principale information fournie par les documents est relative au bassin. Celui de *sediba* est large, court évasé, ce qui est en accord avec une démarche bipède affirmée. Pour pouvoir conclure à une bipédie exclusive, il faudrait des informations sur la position du trou occipital, sur les longueurs relatives des membres antérieurs et postérieurs, sur le fémur et sur le pied (les découvreurs de ce fossile estiment qu'il pouvait grimper aux arbres).

c) Faux. La main de ce fossile ressemble davantage à celle de l'Homme qu'à celle du chimpanzé, avec notamment un pouce relativement allongé par rapport aux autres doigts comme chez l'Homme et contrairement au chimpanzé. Cela suggère qu'il pouvait faire facilement pince avec les autres doigts (et les découvreurs vont jusqu'à dire que cela laisse supposer qu'il devait pouvoir fabriquer des outils).

d) Vrai. Ses caractéristiques en rapport avec la bipédie et sa capacité crânienne d'un peu plus de 400 cm^3 sont partagées par les autres australopithèques. Toutefois, son bassin, plus large que celui des australopithèques et ses mains qui permettent une manipulation aisée des objets sont proches du genre *Homo*. Il est révélateur d'une évolution en mosaïque avec certains caractères évolués et d'autres qui le sont moins. En tout cas, on le range dans les australopithèques et son nom est *Australopithecus sediba.*

e) Faux. D'une part, ce fossile est âgé de 2 millions d'années environ alors que l'âge du DAC est compris entre 6 et 8 millions d'années. D'autre part, les caractères du bassin et de la main, proches de ceux des *Homo*, indiquent qu'il ne peut renseigner sur les caractéristiques du DAC.

THÈME Génétique et évolution

Le devenir des produits de la photosynthèse

▶ **À partir des informations extraites des documents et de vos connaissances, montrez le devenir des produits de la photosynthèse lors de la formation des grains d'un plant de maïs.**

Votre conclusion sera complétée par un schéma bilan prenant en compte les notions de source, de puits et les relations entre les deux.

Document 1 Évolution de la concentration en glucides totaux, saccharose, amidon et sucres réducteurs (glucose, fructose) des feuilles de maïs

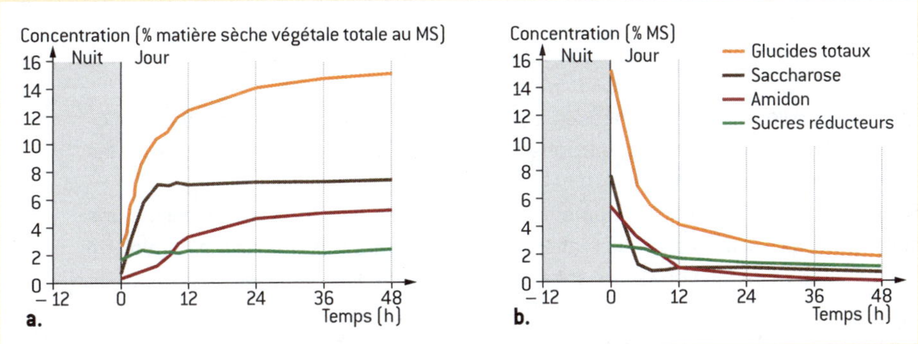

Saccharose et amidon sont des formes de réserves des glucides.

Document 2 Évolution de la concentration en glucides : saccharose, amidon et sucres réducteurs (glucose, fructose, maltose) d'un grain de maïs en croissance

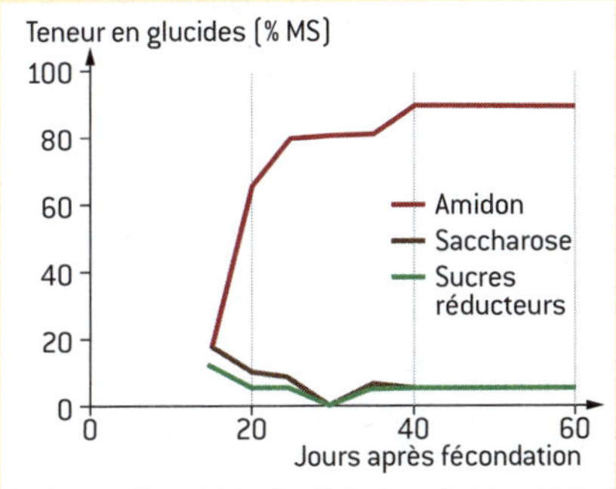

Document 3 Évolution de la teneur en sucres solubles circulant dans une tige de maïs

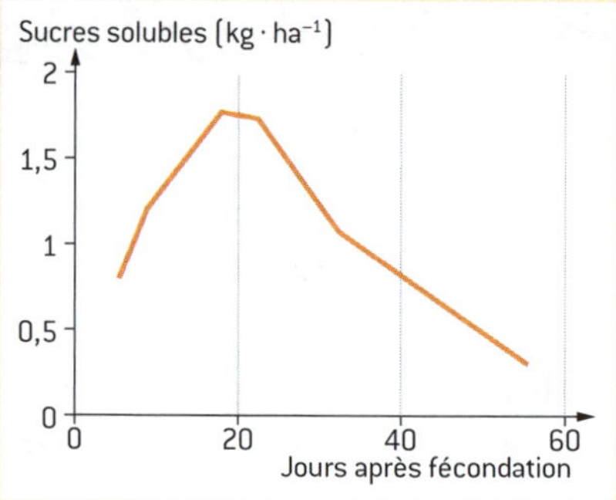

On ne met pas en évidence d'amidon dans la tige.
Saccharose, glucose, fructose et maltose sont des sucres solubles.

LES CLÉS DU SUJET

Comprendre le sujet

Bien avoir en tête :
– qu'une plante verte possède des organes autotrophes (feuilles) et hétérotrophes (tige, racines, graines…).
– que les composés glucidiques sont synthétisés à partir de matières minérales dans les chloroplastes des cellules chlorophylliennes autotrophes et transférés, en grande partie, dans les organes hétérotrophes non chlorophylliens.
Avec ces repères, il s'agit d'exploiter les documents pour mettre en évidence la succession des phénomènes conduisant à l'accumulation de matières glucidiques de réserve dans les grains de Maïs à partir des matières minérales puisées par les plants de Maïs dans le milieu.

Mobiliser ses connaissances

• Les organes « sources » sont les organes où a lieu la photosynthèse à l'origine des matières organiques qui peuvent être stockées. Les ions minéraux et l'eau nécessaire à la photosynthèse sont apportés par les vaisseaux du xylème. Les matières organiques synthétisées sont exportées vers des organes « puits » grâce aux vaisseaux du phloème où elles peuvent à nouveau être stockées.
• Les systèmes conducteurs permettent la circulation de matière dans la plante, notamment entre système aérien et souterrain.

Exploitation du document 1 a

• La concentration en glucides totaux augmente rapidement (de 3 à 12 % MS) durant les 12 premières heures d'exposition à la lumière, puis très faiblement (de 12 à 15 % MS) dans les heures qui suivent. Les feuilles à la lumière synthétisent donc des glucides. Durant ces 12 heures, c'est essentiellement du saccharose (1 à 7 % MS) et de l'amidon (1 à 4 % MS) qui sont produits. Durant les 36 heures qui suivent, les feuilles fabriquent seulement un peu d'amidon.
• Pendant 48 heures, les sucres réducteurs gardent une concentration à peu près constante (2 % MS). Cette concentration constante traduit un équilibre entre leur synthèse, leur utilisation par la feuille et leur conversion en glucides de réserve (amidon, saccharose).
• À la lumière, dans la feuille chlorophyllienne, les sucres réducteurs synthétisés par photosynthèse sont **régulièrement stockés sous forme d'amidon et surtout de saccharose**.

Exploitation du document 1 b

• Dans les 12 heures qui suivent le passage à l'obscurité, la concentration en glucides totaux baisse rapidement (de 15 à 4 % MS), puis plus lentement ensuite.
• Cette chute est due à la disparition du saccharose (de 7 à 1 % MS) en 12 heures et de l'amidon (de 5 à 0 % MS en 24 heures). La quasi-disparition des glucides de réserve est liée à l'arrêt des synthèses glucidiques en raison de l'obscurité et à leur utilisation (en partie dans la feuille et, pour la partie la plus importante, par exportation vers les cellules non chlorophylliennes).

Exploitation du document 2

• 15 à 16 jours après la fécondation, le grain de maïs contient, en quantités à peu près égales (de l'ordre de 10 % de MS), du saccharose, des sucres réducteurs et de l'amidon. Le grain de maïs n'étant pas chlorophyllien, ces glucides ne peuvent provenir que d'une autre partie du plant de maïs.
• Après le 15e jour, les concentrations de saccharose et de sucres réducteurs baissent jusqu'à s'annuler, alors que celle d'amidon augmente fortement pour atteindre 80 % de MS. Dans le grain, il y a donc synthèse d'amidon, qui est un glucide de réserve. On peut supposer, étant donnée leur disparition, que le saccharose et les sucres réducteurs ont été utilisés en grande partie pour la synthèse d'amidon.

Exploitation du document 3

• Le document renseigne sur la nature et l'importance quantitative des glucides présents dans la tige du maïs et arrivant aux grains : ils sont donc transportés dans la sève élaborée.
• L'amidon est absent dans la tige et donc dans la sève élaborée. L'amidon du grain a donc été synthétisé à partir du saccharose et des sucres réducteurs présents dans la sève élaborée. Cela est confirmé par le fait que la période pendant laquelle la synthèse d'amidon est la plus forte dans le grain (entre le 15e et le 20e jour après la fécondation) est aussi celle où la teneur en sucres de la sève élaborée est la plus importante.

Il faut lire avec beaucoup d'attention les textes qui accompagnent les documents. Ainsi, dans le document 3, le terme « circulant » a une grande importance, car il permet d'exploiter le document de manière efficace.

SVT

Bilan

Au moment de la croissance des grains, les sucres réducteurs formés par photosynthèse dans les chloroplastes sont provisoirement stockés, le jour, dans les cellules chlorophylliennes des feuilles, sous forme d'amidon et de saccharose. Sucres réducteurs et saccharose sont également transportés le jour dans la sève élaborée vers les grains de maïs (organes « puits »), mais ce transport a aussi lieu à l'obscurité, la nuit ; l'amidon stocké dans les feuilles est alors converti en sucres solubles et disparaît donc des organes « source », les feuilles.
À partir des sucres réducteurs et du saccharose qui leur parviennent, les grains de maïs synthétisent de l'amidon, glucide de réserve qui s'accumule.

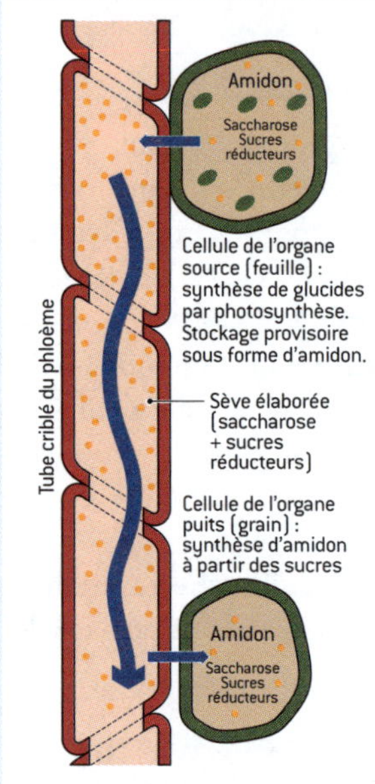

Schéma bilan

SUJET 11 — SUJET INÉDIT — RESTITUTION DES CONNAISSANCES

SPÉCIFIQUE • 8 POINTS

THÈME Génétique et évolution

Organisation et aspects de la physiologie des plantes

QCM

▸ Indiquez, pour chacun des items, la proposition exacte.

Document 1 Divers aspects des stomates

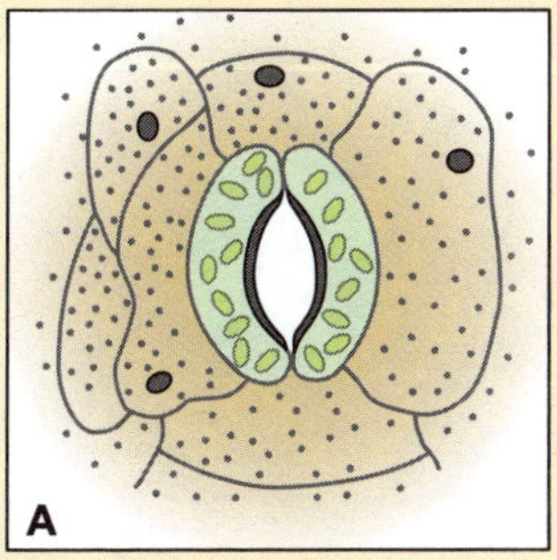

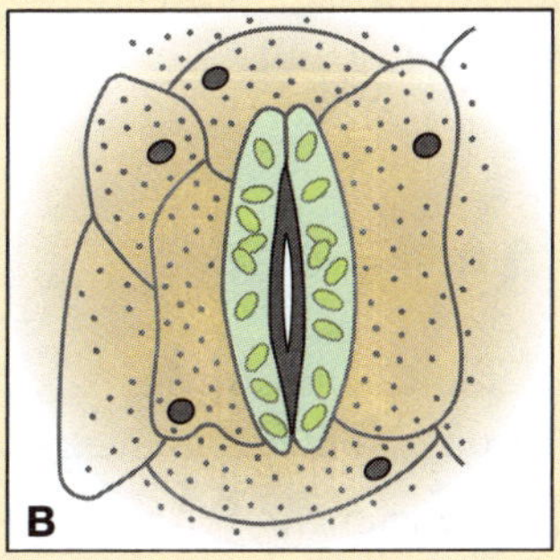

Document 2 Diagramme floral de la fleur de tomate

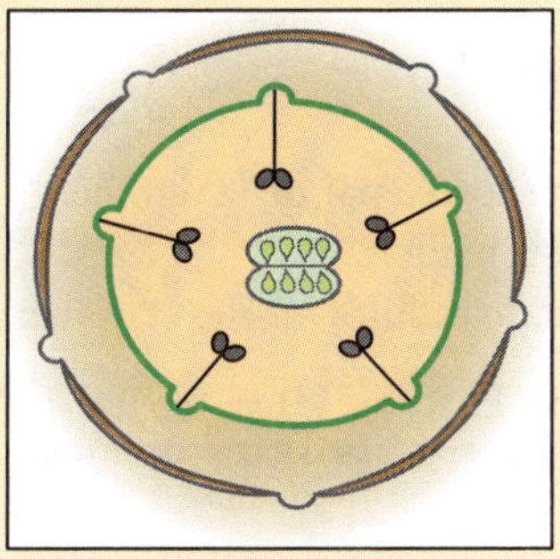

Document 3 Caractéristiques de la fleur de tomate

Les étamines forment un tube à l'intérieur duquel se trouvent le style et les stigmates du pistil. Pour voir ce dernier, il faut donc enlever les étamines.

Document 4 Une tomate en coupe

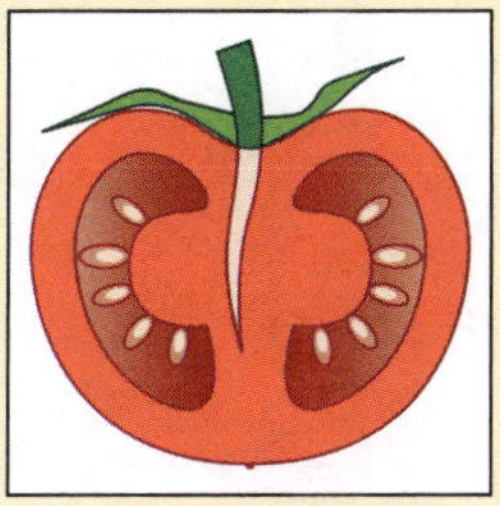

1. Le passage des stomates de la forme A à la forme B (document 1) :
a) entraîne une diminution de la transpiration.
b) provoque une augmentation de la photosynthèse.
c) n'affecte pas la croissance de la plante.
d) s'observe en période humide.

2. La fleur de tomate :
a) possède 5 sépales soudés entre eux.
b) a des étamines libres.
c) possède un pistil formé d'une seule carpelle.
d) est telle que la pollinisation est obligatoirement croisée.

3. L'organe schématisé sur le document 4 :
a) est un fruit.
b) provient du développement d'un ovule.
c) ne contient aucun élément jouant un rôle dans la reproduction.
d) sera suivi par une fécondation.

4. Les éléments des tissus conducteurs des plantes :
a) sont tous conducteurs de la sève brute.
b) sont tous des vaisseaux dont la paroi est renforcée par de la lignine.
c) sont présents dans les racines, les tiges et les feuilles.
d) sont tous des tubes constitués par des files de cellules mortes réduites à leur paroi.

5. Considérons une plante dont certains pieds possèdent uniquement des fleurs à étamines sans pistil alors que d'autres pieds n'ont que des fleurs à pistil sans étamines. D'une telle plante, on peut dire :
a) que tous les pieds peuvent avoir des fruits.
b) qu'il peut y avoir une autopollinisation.
c) que la fécondation n'a lieu que sur certains pieds.
d) que chaque pied est bisexué.

6. Chez les plantes à fleurs :
a) l'ovule est le gamète femelle.
b) le grain de pollen est le gamète mâle.
c) la fécondation a lieu sur le stigmate du pistil.
d) les graines appartiennent à une autre génération que le fruit qui les contient.

7. Les feuilles des plantes :
a) ne comprennent que des cellules autotrophes.
b) rejettent constamment du dioxygène dans l'atmosphère.
c) exportent les matières organiques résultant de leur photosynthèse uniquement vers l'appareil souterrain.
d) ont une atmosphère interne qui réalise une surface d'échanges considérable avec leurs cellules.

8. La collaboration animal – plante :
a) n'intervient que dans la pollinisation des plantes.
b) peut être le résultat d'une coévolution.
c) n'existe qu'avec les insectes.
d) est indispensable à la pollinisation de toutes les plantes.

LES CLÉS DU SUJET

Comprendre le sujet

- Il s'agit d'un ensemble qui fait appel à vos connaissances sur l'organisation de la plante et sa physiologie.
- Avoir en tête la notion de « cellules sources », cellules chlorophylliennes et « cellules puits », toutes les cellules non chlorophylliennes de la plante et les relations entre source et puits par les systèmes conducteurs.
- Penser au double rôle des stomates : siège de la transpiration (moteur de la circulation de la sève brute) et lieu de pénétration du CO_2 nécessaire à la photosynthèse.
- Maîtriser la lecture d'un diagramme floral, quel que soit le mode de représentation.
- Être capable de préciser les modalités de la fécondation chez les plantes et le devenir des différentes parties de la fleur après celle-ci.

Mobiliser ses connaissances

- Des systèmes conducteurs permettent les circulations de matières dans la plante, notamment entre systèmes aérien et souterrain.
- La plante possède des structures et des mécanismes de défense contre les agressions du milieu.
- L'organisation florale et le fonctionnement de la fleur permettent le rapprochement des gamètes entre plantes fixées.
- À l'issue de la fécondation, la fleur se transforme en un fruit contenant des graines.

CORRIGÉ SUJET 11

SVT

QCM

1. a) Vrai.
b) Faux. Elle diminue en raison d'une moindre entrée de CO_2.
c) Faux. La diminution des synthèses photosynthétiques retentit sur la croissance de la plante.
d) Faux. Il limite la perte d'eau.

2. a) Vrai. **b) Faux.** Elles sont soudées aux pétales. **c) Faux.**
d) Faux. Le pistil étant masqué par les étamines, le pollen étranger ne peut atteindre les stigmates.

3. a) Vrai.
b) Faux. Il provient du développement de l'ovaire.
c) Faux. Il contient des graines qui possèdent chacune un embryon de plante provenant du développement d'une cellule œuf.
d) Faux. Sa mise en place fait suite à une fécondation.

4. La réponse exacte est la **c)**.
Les autres propositions sont fausses car seuls les vaisseaux du xylème transportent la sève brute, ont leurs parois renforcées par de la lignine et sont des cellules mortes.

5. La proposition exacte est la **c)**.
Les autres propositions sont fausses. En effet, les pieds qui n'ont que des fleurs à étamines ne peuvent avoir des fruits, la pollinisation est obligatoirement croisée car chaque pied est unisexué.

6. La proposition exacte est la **d)**.
Les autres propositions sont fausses car l'ovule n'est pas le gamète femelle mais contient le gamète femelle. De même, le grain de pollen et le tube pollinique provenant de sa germination contient le noyau du gamète mâle. Enfin, la fécondation a lieu dans l'ovule.

7. La proposition exacte est la **d)**.
Les autres sont fausses car la feuille comprend les cellules des tissus conducteurs qui ne sont pas autotrophes, ne rejette du dioxygène qu'à la lumière et exporte aussi des matières organiques vers des organes aériens (fruits avec leurs graines, par exemple).

8. La proposition exacte est la **b)**.
Les autres réponses sont fausses car la collaboration animal – plante joue aussi dans la dissémination des graines, fait intervenir des oiseaux et des mammifères (dans la dissémination des graines) et il y a des plantes dont la pollinisation est assurée par le vent.

SUJET 12

SUJET INÉDIT

PRATIQUE DU RAISONNEMENT SCIENTIFIQUE • EXERCICE 2

SPÉCIFIQUE • 5 POINTS

THÈME Le domaine continental et sa dynamique

Croûte continentale, croûte océanique, manteau

Le document 1 indique la teneur en éléments de la croûte continentale, de la croûte océanique et du manteau.
Le document 2 fournit des renseignements sur la composition chimique de quelques minéraux.

▸ **À partir de l'analyse des documents 1 et 2 et à l'aide de vos connaissances, comparez les compositions chimiques des croûtes et du manteau et établissez un lien avec les minéraux du document 2.**

Indiquez ensuite ce qui prouve que la fusion du manteau à l'origine du magma, dont le refroidissement engendre la croûte océanique, n'a pas été totale.

Document 1

Croûte				Manteau supérieur	
Continentale		Océanique			
O	41,2	O	43,7	O	44,7
Si	28	Si	23	Si	21,1
Al	14,3	Fe	8,5	Mg	24,7
Fe	4,7	Mg	7,6	Fe	5,6
Ca	3,9	Al	7,5	Al	1,9
K	2,3	Ca	7,1	Ca	1,4
Na	2,2	Na	1,6	Na	0,15
Mg	1,9	K	0,33	K	0,08

Document 2

Quartz	SiO_2
Olivine	$SiO_4(Fe, Mg)_2$
Pyroxènes	$SiO_3(Fe, Mg)$
Felsdpaths alcalins	$Si_3AlO_8(K, Na)$
Feldspaths plagioclases	$Si_2Al_2O_8Ca$

La croûte océanique se forme à la dorsale à partir de la fusion du manteau asthénosphérique.

LES CLÉS DU SUJET

Comprendre le sujet

• Éviter absolument de paraphraser le document 1 en comparant les teneurs en chacun des éléments dans les trois cas, mais essayer de dégager des idées générales.
• Faire appel aux connaissances sur les minéraux caractéristiques des croûtes et du manteau et, à partir des données fournies sur la composition des minéraux (document 2), justifier les compositions chimiques des croûtes et du manteau données dans le document 1.

Mobiliser ses connaissances

Caractéristiques pétrographiques de la lithosphère océanique, de la lithosphère continentale et de l'asthénosphère.

SVT

CORRIGÉ SUJET 12

Comparaison des compositions chimiques des croûtes et du manteau : document 1

• Les éléments oxygène et silicium sont, en masse, les éléments les plus abondants dans les croûtes et le manteau.
• Dans les trois cas, on retrouve les mêmes éléments mais dans des proportions différentes.
• La croûte continentale est caractérisée par rapport aux deux autres par sa richesse relative en Al, K et Na. Le manteau est caractérisé par rapport aux croûtes par sa richesse relative en Fe et Mg et sa faible teneur en Al.
• La croûte océanique a des caractères intermédiaires : riche en Al comme la croûte continentale et en Fe et Mg comme le manteau. On peut en outre remarquer sa richesse en Ca.

Rapport entre composition chimique et composition minéralogique

• La croûte continentale est de type granitique et les minéraux essentiels en sont le quartz et les feldspaths alcalins (orthose) : la composition chimique de ces minéraux rend compte de la richesse de la croûte continentale en Al, K et Na.
• L'olivine, et à un moindre degré les pyroxènes, sont les minéraux majeurs de la péridotite, roche constitutive du manteau : la composition chimique de ces minéraux rend compte de la richesse du manteau en Fe et Mg.

• Les minéraux les plus importants de la croûte océanique sont les pyroxènes, les feldspaths plagioclases et, à un moindre degré, l'olivine. La composition chimique des pyroxènes et de l'olivine explique que la croûte océanique soit plus riche en Fe et Mg que la croûte continentale et la composition chimique des plagioclases explique la richesse en Ca.

La fusion partielle

• Si la fusion du manteau à l'origine de la croûte océanique au niveau des dorsales était totale, elle engendrerait un magma dont la composition serait celle de la péridotite. En refroidissant, ce magma donnerait une croûte de même composition que la péridotite. Or, ce n'est pas le cas : la croûte océanique a une composition différente de celle du manteau (basalte et non péridotite).

• La fusion de la péridotite du manteau n'a pas été totale mais partielle, engendrant un magma de composition différente de celle de la péridotite.

SUJET 13 — SUJET INÉDIT

PRATIQUE DU RAISONNEMENT SCIENTIFIQUE • EXERCICE 1

SPÉCIFIQUE • 3 POINTS

THÈME **Le domaine continental et sa dynamique**

Datation d'une roche par la méthode rubidium-strontium

Certains minéraux du granite, comme l'orthose (feldspath potassique) et les micas (noir et blanc) incorporent lors de leur formation du ^{87}Rb, un isotope radioactif du rubidium, ainsi que du ^{87}Sr et du ^{86}Sr, isotopes stables du strontium. Le ^{87}Rb se désintègre spontanément en ^{87}Sr. En utilisant un spectromètre de masse, on a pu mesurer les rapports $^{87}Sr/^{86}Sr$ et $^{87}Rb/^{86}Sr$ dans trois minéraux d'un granite. La droite isochrone (document 1) indique les résultats obtenus.

▸ À partir des informations extraites du document 1, indiquez comment évoluent les rapports isotopiques $^{87}Sr/^{86}Sr$ et $^{87}Rb/^{86}Sr$ au cours du temps. Déduisez-en l'évolution du coefficient directeur de la droite, puis calculez, à l'aide du document 2, l'âge du granite étudié.

Document 1 Méthode des isochrones : $^{87}Sr/^{86}Sr = f(^{87}Rb/^{86}Sr)$

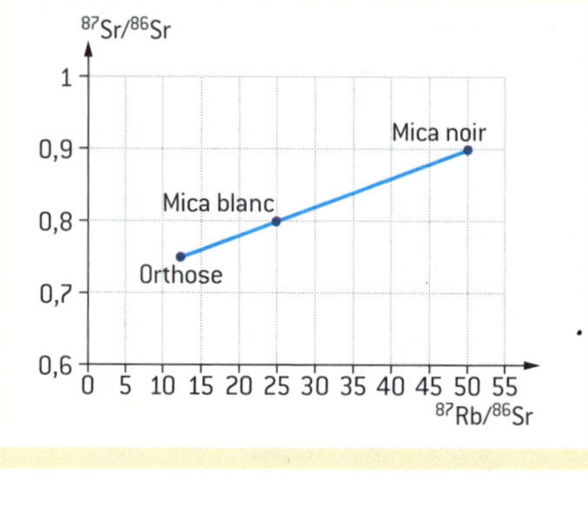

Document 2 Correspondance âge du granite (t) – coefficient directeur de l'isochrone (a)

Coefficient directeur de l'isochrone	Âge du granite en millions d'années
0,001	70,4
0,002	141
0,003	211
0,004	281
0,005	351
0,006	421
0,007	491
0,008	561
0,009	631
0,01	701

LES CLÉS DU SUJET

Comprendre le sujet

- Établir le rapport $^{87}Sr/^{86}Sr$ initial.
- Indiquer à partir des valeurs extraites du graphe comment a varié ce rapport au cours du temps et en déduire comment a varié le rapport $^{87}Rb/^{86}Sr$. Montrer alors que le coefficient directeur de la droite augmente au cours du temps
- Calculer le coefficient directeur de la droite et, à l'aide du tableau, en déduire l'âge du granite.

Mobiliser ses connaissances

- La croûte continentale est essentiellement formée de roches voisines du granite.
- L'âge d'un granite d'une région donnée est déterminé par radiochronologie, notamment en utilisant la méthode de la droite isochrone.

CORRIGÉ SUJET 13

• Les points relatifs aux trois minéraux du granite sont disposés suivant une droite isochrone qui recoupe l'axe des ordonnées en un point où la valeur du rapport $^{87}Sr/^{86}Sr$ est de 0,70. Cela correspond à un minéral qui n'aurait incorporé, lors de sa formation, que les deux isotopes du strontium et pas de ^{87}Rb ($^{87}Rb/^{86}Sr = 0$). Cela indique aussi le rapport initial $^{87}Sr/^{86}Sr$ dans tous les minéraux. Toutes les valeurs actuelles de ce rapport dans les minéraux sont plus élevées : cela est dû au fait qu'au cours du temps le ^{87}Rb se désintègre en ^{87}Sr et donc que la quantité de cet isotope augmente, alors que celle du ^{86}Sr reste la même. Puisqu'au cours du temps le ^{87}Rb se désintègre en ^{87}Sr, la quantité de ^{87}Rb diminue, ainsi que le rapport $^{87}Rb/^{86}Sr$.

• Pour chaque minéral, le rapport $^{87}Sr/^{86}Sr$ augmente et le rapport $^{87}Rb/^{86}Sr$ diminue au cours du temps, mais les variations de ces rapports sont d'autant plus grandes que le minéral est riche en ^{87}Rb et que le temps écoulé est long. Il en résulte que le coefficient directeur de la droite augmente au cours du temps.

• Calculons le coefficient directeur à partir des données pour les deux micas :
$a = y/x$ d'où $a = (0{,}90 - 0{,}80) / (50 - 25) = 0{,}10 / 25 = 0{,}004$.
Le tableau indique que cela correspond à un âge de 281 millions d'années.

THÈME Le domaine continental et sa dynamique

La lithosphère continentale

On a prélevé dans une région des échantillons de granite dans deux massifs A et B afin de déterminer leur âge. Pour chaque échantillon, on a établi les rapports $^{87}Sr/^{86}Sr$ et $^{87}Rb/^{86}Sr$ pour plusieurs minéraux (document).

Document

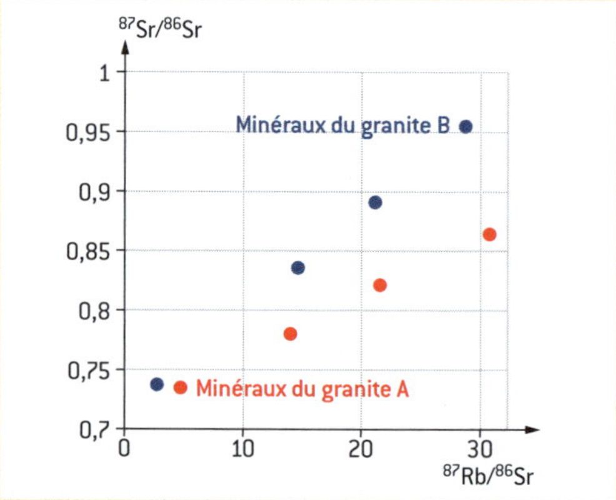

▸ À partir des informations extraites du document, indiquez pour chaque item la proposition exacte.

1. Le ^{87}Sr contenu dans les minéraux des granites A et B :

a) est un isotope radioactif du strontium.

b) était absent des deux granites au moment de leur formation.

c) est devenu, au cours du temps, de plus en plus abondant dans tous les minéraux.

d) est en même quantité dans tous les minéraux du granite B.

2. Le ^{87}Rb contenu dans les minéraux des granites A et B :

a) est un isotope stable du rubidium.

b) était initialement en même quantité dans tous les minéraux du granite A.

c) diminue, au cours du temps, dans tous les minéraux.

d) diminue en même temps que la quantité de ^{86}Sr augmente dans chaque minéral.

3. D'après ce graphique :

a) le rapport $^{87}Sr/^{86}Sr$ des deux granites était très différent au moment de leur formation.

b) le granite B s'est formé après le granite A.

c) le rapport $^{87}Rb/^{86}Sr$ est plus élevé dans tous les minéraux du granite B que dans ceux du granite A.

d) au moment de la formation du granite B, les points représentatifs des divers minéraux se plaçaient sur une ligne parallèle à l'axe des abscisses.

LES CLÉS DU SUJET

Comprendre le sujet

- Cet exercice se rapporte aux granites et à une méthode permettant de les dater.
- Bien voir que les points représentatifs des minéraux de chaque granite sont disposés suivant des droites (droites isochrones) qui recoupent l'axe des ordonnées en un point qui donne le rapport $^{87}Rb/^{86}Sr$ initial.
- Au moment de la solidification du magma, les différents points se répartissaient sur des droites horizontales (tous les minéraux ont le même rapport initial $^{87}Sr/^{86}Sr$ mais des rapports initiaux $^{87}Sr/^{86}Sr$ différents). Par la suite, la pente de chaque droite augmente avec l'âge du granite.

Mobiliser ses connaissances

- La croûte continentale est essentiellement formée de roches voisines du granite.
- L'âge d'un granite d'une région donnée est déterminé par radiochronologie, notamment en utilisant la méthode de la droite isochrone.

CORRIGÉ SUJET 14

1. L'affirmation **c)** est exacte.

a) Faux car le ^{87}Sr est un isotope stable.

b) Faux : en prolongeant les droites isochrones, on constate qu'elles recoupent l'axe des ordonnées en un point pour lequel le rapport $^{87}Sr/^{86}Sr$ est de 0,72 environ.

d) Faux car les rapports $^{87}Sr/^{86}Sr$ sont différents.

Notez bien
Au bac, aucune justification n'est demandée.

2. L'affirmation **c)** est exacte.

a) Faux car le ^{87}Rb est un isotope radioactif dont la désintégration engendre du ^{87}Sr.

b) Faux : les minéraux contenaient des quantités différentes de ^{87}Rb.

c) Exact car le ^{87}Rb se désintègre en ^{87}Sr.

d) Faux, c'est la quantité de ^{87}Sr qui augmente.

3. L'affirmation **d)** est exacte.

a) Faux : les deux droites isochrones recoupent l'axe des ordonnées à peu près au même point.

b) Faux : la pente de la droite B est plus forte que celle de la droite A, donc le granite B est le plus âgé.

c) Faux : trois des minéraux du granite A ont un rapport plus élevé qu'un des minéraux du granite B.

d) Exact : ligne horizontale recoupant l'axe des ordonnées en un point où le rapport $^{87}Sr/^{86}Sr$ est de 0,72.

THÈME **Le domaine continental et sa dynamique**

Forages au large de la Bretagne

Quatre forages réalisés à l'ouest de la Bretagne (document 1) ont rencontré les formations indiquées à partir du niveau de la mer dans le tableau du document 2.
On a pu, grâce à des profils sismiques, localiser la limite croûte – manteau (Moho) à 15 km de profondeur au forage 548 et 11 km au forage 550.

Document 1 Localisation des forages de la marge de l'éperon du Goban

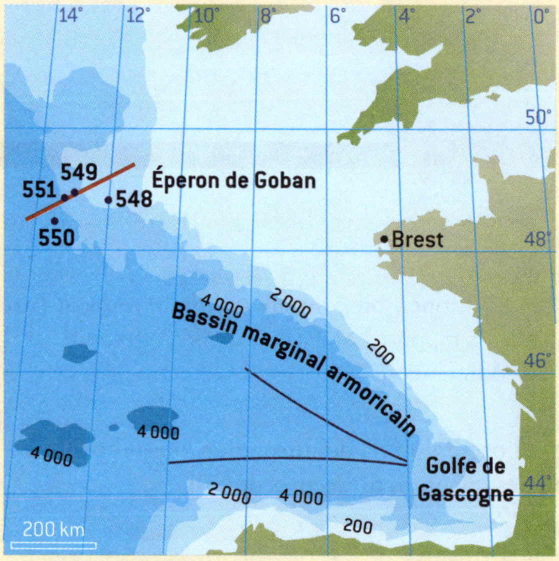

Document 2 Résultat des forages sous-marins

Forage n°	**550**	**551**	**549**	**548**
Quaternaire et Tertiaire	–4 800 m	–2 500 m	–1 000 m	–1 000 m
Crétacé supérieur	–5 000 m	–3 700 m	–2 600 m	–1 300 m
Crétacé inférieur	Absent	Absent	–3 200 m	Absent
Socle	Basalte –5 400 m	Basalte –4 000 m	Granite –3 600 m	Granite –1 600 m

▶ **Indiquez si cette région immergée appartient au domaine océanique ou au domaine continental.**

LES CLÉS DU SUJET

Comprendre le sujet

- Il s'agit de déterminer la nature de la croûte, à l'endroit de chaque forage, à partir de ses caractéristiques pétrographiques et dans une certaine mesure de son épaisseur.
- Relier les informations données à vos connaissances sur la distinction entre la croûte océanique et la croûte continentale.
- Ne pas oublier que le socle, qu'il soit océanique ou continental, est surmonté par des sédiments.

Mobiliser ses connaissances

- La croûte continentale est essentiellement formée de granite.
- La croûte océanique (sous les sédiments) est constituée de basaltes en coussin.
- La croûte continentale est d'épaisseur plus grande que la croûte océanique.

CORRIGÉ SUJET 15

- Les forages 550 et 551 rencontrent du **basalte**, roche caractéristique de la partie supérieure de la croûte océanique. Les deux autres forages ne rencontrent pas de basalte mais du **granite**, roche caractéristique de la croûte continentale.
- Le fait que l'on trouve de la croûte océanique au forage 550 est confirmé par sa faible épaisseur. Le toit du basalte est situé à 5,4 km et sa limite inférieure (Moho) à 11 km, soit une épaisseur de la croûte de 11 – 5,4 = 5,6 km. La croûte continentale est nettement plus épaisse en 548 : 15 – 1,6 = 13,4 km.
- Le domaine océanique est défini par sa lithosphère et non par le fait d'être immergé. En conséquence, dans la région étudiée, une partie du domaine immergé appartient au domaine continental avec une croûte amincie (marge passive) et l'autre partie au domaine océanique.

SUJET 16

POLYNÉSIE FRANÇAISE • SEPTEMBRE 2010

PRATIQUE DU RAISONNEMENT SCIENTIFIQUE • EXERCICE 1

SPÉCIFIQUE • 3 POINTS

THÈME Le domaine continental et sa dynamique

Les marqueurs de la zone de subduction japonaise

L'arc insulaire du Japon résulte de l'activité d'une marge active.

▸ **Par l'exploitation des documents proposés, identifiez les marqueurs de cette zone de subduction.**

Document de référence Marge passive de la côte ouest de l'Europe

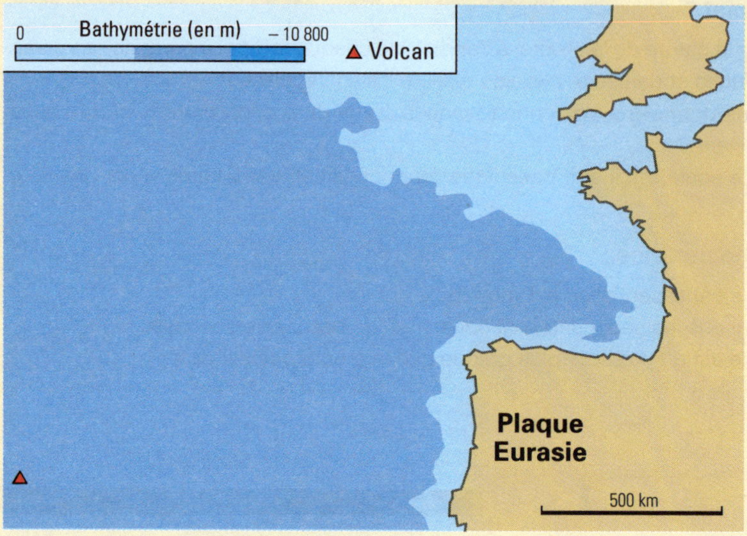

Document Marge active de la côte est du Japon

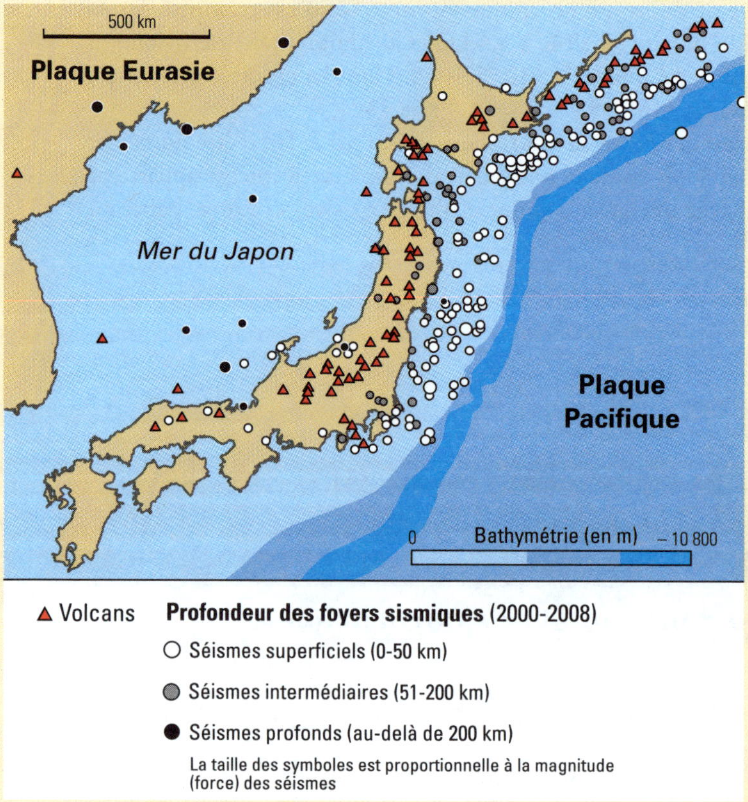

D'après les données du logiciel EduCarte version 31-12-2008.

LES CLÉS DU SUJET

Comprendre le sujet

• Vous devez connaître les marqueurs d'une zone de subduction, de sorte que vous pourriez répondre sans utiliser le document. La difficulté justement est de **ne pas réciter** vos connaissances et d'appuyer votre exposé sur des **informations extraites du document**.

• On vous donne un document de référence qu'il faut utiliser. Comme on vous parle de marges passive et active, le meilleur moyen est d'appliquer la méthode comparative pour dégager les caractères d'une marge active.

Mobiliser ses connaissances

Les caractéristiques principales des zones de subduction sont : la présence de reliefs particuliers (positifs et négatifs) ; une activité magmatique importante ; une distribution géométrique des séismes matérialisant le plongement d'une portion rigide de lithosphère à l'intérieur du manteau ; une répartition particulière des flux de chaleur.

CORRIGÉ SUJET 16

Analyse du document

• Au niveau de la marge passive de l'Europe, zone de transition entre le continent européen et l'océan Atlantique, on n'enregistre pas, d'après le document de référence, de séismes et il n'y a quasiment pas d'activité volcanique. En outre, il n'y a pas de fosse au niveau de cette marge.

• Par opposition, la marge de la côte est du Japon, dite active, est marquée sur toute sa longueur par un grisé sombre indiquant des fonds bathymétriques profonds, donc une fosse.

• De plus, les séismes y sont fréquents et de nombreux volcans sont en activité. De cette comparaison, on peut conclure que l'existence d'une **fosse océanique**, d'une forte **séismicité** et d'une **activité volcanique** représente les **marqueurs** d'une marge active.

• Pour la marge du Japon, le document indique l'existence de séismes superficiels, intermédiaires et profonds ; en outre les séismes sont d'autant plus profonds qu'on s'éloigne de la fosse. Cela est caractéristique (marqueur) d'une subduction, ici de la plongée de la lithosphère de la plaque Pacifique sous l'arc japonais. Cette marge active est une frontière de plaques.

• Les volcans de la marge active du Japon sont situés d'après l'échelle fournie à 250-300 km de la fosse, dans une zone soulignée par l'apparition de séismes intermédiaires, zone où la profondeur de la plaque subduite est donc au voisinage d'une centaine de kilomètres. Cela est aussi un marqueur d'une zone de subduction.

Conclusion

Présence d'une fosse, séismes dont la profondeur augmente en s'éloignant de la fosse, volcans situés à distance de la fosse sur la plaque chevauchante sont des marqueurs d'une zone de subduction.

THÈME Le domaine continental et sa dynamique

Densité de la lithosphère et subduction

▶ À partir de l'étude du document 1 et de vos connaissances, expliquez comment la modification de la densité de la lithosphère océanique peut lui permettre d'entrer en subduction.

À partir de l'étude des documents 2 et 3 et de vos connaissances, expliquez comment les transformations de la croûte océanique entretiennent la subduction.

Document 1 Structure et densité d'une plaque de la dorsale à la marge

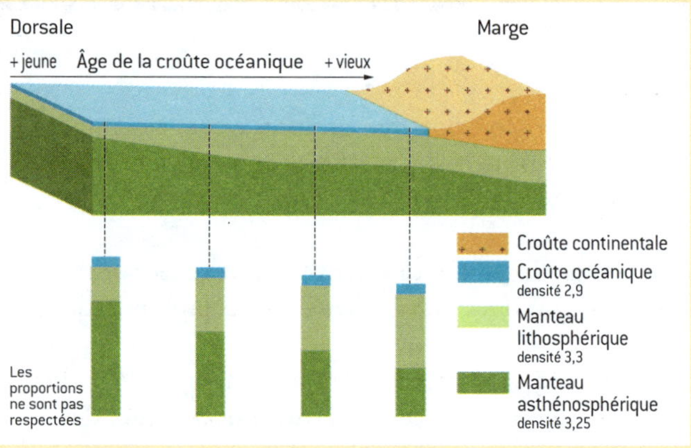

Document 2 Domaines de stabilité de quelques associations de minéraux de la croûte océanique

On précise que des minéraux formés dans un domaine de température et de pression donné peuvent être encore présents, même si la roche n'est plus dans ce domaine (minéraux reliques).

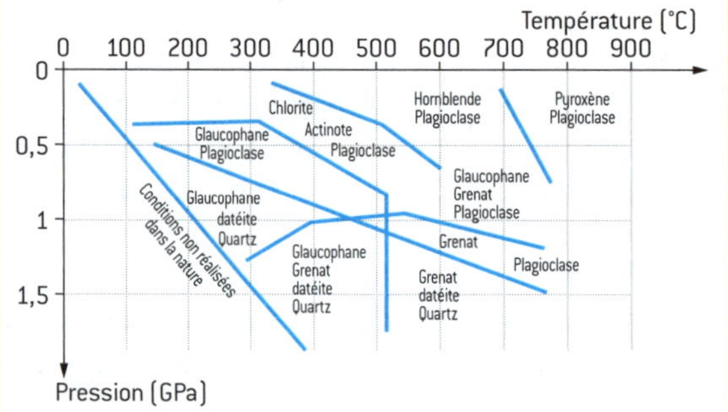

Document 3 **Caractéristiques de trois métagabbros de la lithosphère océanique**

Roches	Composition minéralogique	Densité
1	Plagioclase, pyroxènes reliques, chlorite, actinote	2,9
2	Plagioclase, pyroxènes reliques, glaucophane	3,1
3	Grenat, jadéite, plagioclase, quartz	3,5

LES CLÉS DU SUJET

■ Comprendre le sujet

• Repérer le mot « densité » de façon à orienter l'exploitation du document 1 et à montrer pourquoi la densité de la lithosphère devient supérieure à celle de l'asthénosphère.

• Saisir que les trois métagabbros correspondent à des stades successifs de la subduction d'une croûte océanique.

• Repérer qu'il y a deux aspects à envisager : l'entrée en subduction (document 1) et l'entretien de la subduction (documents 2 et 3).

■ Mobiliser ses connaissances

• La différence de densité entre l'asthénosphère et la lithosphère océanique est l'un des principaux moteurs de la subduction.

• La lithosphère qui s'éloigne de la dorsale se refroidit et s'épaissit. L'augmentation de sa densité jusqu'à dépasser celle de l'asthénosphère explique son plongeon dans l'asthénosphère.

SVT

CORRIGÉ SUJET 17

Densité de la lithosphère océanique et subduction (exploitation du document 1)

• La lithosphère océanique est formée par la croûte océanique et le manteau lithosphérique. Étant donné la faible épaisseur du manteau lithosphérique à proximité de la dorsale, la **densité moyenne** de la lithosphère océanique est inférieure à celle de l'asthénosphère (la lithosphère « flotte » sur l'asthénosphère).

• Au fur et à mesure que la lithosphère s'éloigne de la dorsale où elle s'est formée, elle **s'épaissit**. En réalité, la croûte garde la même épaisseur alors que celle du manteau lithosphérique augmente.

Ce manteau lithosphérique supplémentaire provient de la transformation du manteau asthénosphérique lié à son refroidissement.

Le manteau lithosphérique qui a la même composition que le manteau asthénosphérique, mais est plus froid, a une densité supérieure à celle de celui-ci (3,3 contre 3,25).

• À partir d'une certaine distance de la dorsale, l'ensemble croûte plus manteau lithosphérique atteint une densité supérieure à celle du manteau asthénosphérique. L'asthénosphère étant plastique, la **lithosphère rigide tend à s'enfoncer dans l'asthénosphère** par gravité.

L'entretien de la subduction (exploitation des documents 2 et 3)

- Le document 2 permet de situer les gabbros dans l'histoire de la lithosphère océanique depuis sa formation à l'axe de la dorsale jusqu'à son devenir au cours de la subduction.
- **Le métagabbro 1,** d'après sa composition minéralogique, correspond à un gabbro dont la température est de 400 °C et qui subit une pression inférieure à 0,5 GPa, donc localisé à une faible profondeur. Il a, de plus, la même densité que la croûte océanique : il s'agit donc d'un **métagabbro d'une croûte qui n'a pas subducté**.
- Le **métagabbro 2** correspond, du fait de la présence de glaucophane, à un gabbro situé dans une région de plus forte pression (supérieure à 0,5 GPa) que le métagabbro 1 : c'est **un métagabbro d'une croûte entrée en subduction.**
- L'association minérale du **métagabbro 3** indique qu'il est situé à plus grande profondeur que les métagabbros 1 et 2, dans une région où la pression est supérieure à 1 GPa.
- Les métagabbros 1, 2 et 3 traduisent, par leurs caractères minéralogiques, l'évolution des gabbros de la croûte océanique au cours d'une subduction.
- Les indications de densité montrent que les transformations métamorphiques de la croûte océanique au cours de la subduction s'accompagnent d'une **augmentation de densité** de 2,9 à 3,5. La lithosphère océanique devient donc de plus en plus dense au fur et à mesure qu'elle s'enfonce dans l'asthénophère, ce qui entretient la subduction.

Conclusion

L'entrée en **subduction est amorcée** par la transformation du manteau asthénosphérique en manteau lithosphérique de plus forte densité au fur et à mesure que la lithosphère océanique s'éloigne de la dorsale.
La **subduction est ensuite entretenue** par le métamorphisme du matériau constitutif de la croûte océanique.

SUJET 18

SUJET INÉDIT

PRATIQUE DU RAISONNEMENT SCIENTIFIQUE • EXERCICE 2

SPÉCIFIQUE • 5 POINTS

THÈME Le domaine continental et sa dynamique

La chaîne de montagnes située à la frontière des plaques Arabie et Eurasie

▶ **Exploitez l'ensemble des documents afin de retrouver les grandes étapes géologiques ayant donné naissance à la chaîne de montagnes située à la frontière des plaques Arabie et Eurasie.**

Document 1 Répartition des reliefs, des séismes et des vecteurs de déplacement GPS

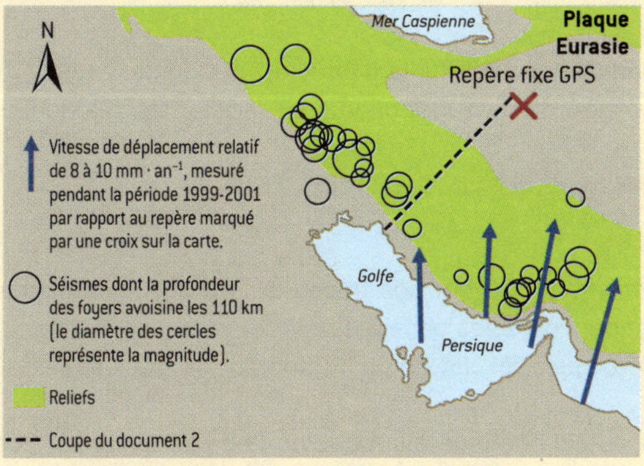

Document 2 Coupe géologique localisée sur le document 1

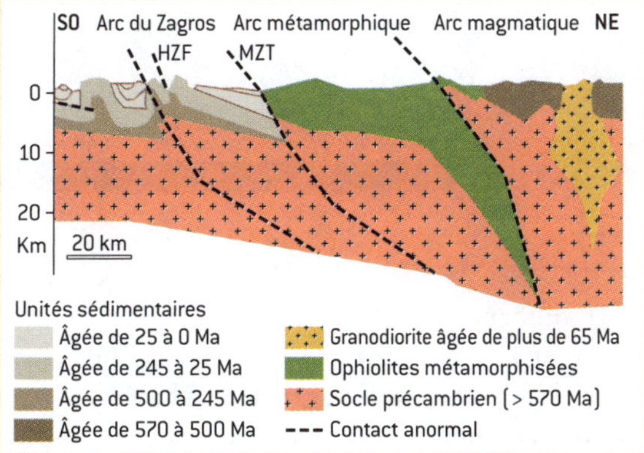

Document 3 Minéraux des métagabbros des ophiolites du Zagros

a. Lame mince d'un échantillon de métagabbro

Les métagabbros des aphiolites du Zagros montrent l'association des deux principaux minéraux : glaucophane et jadéite.

b. Diagramme pression – température montrant les domaines de stabilité de quelques associations minérales

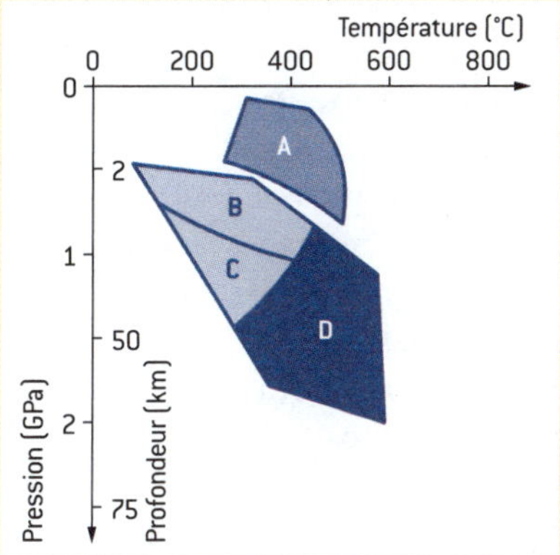

A : domaine de stabilité de l'association à chlorite + actinote + plagioclase.
B : domaine de stabilité de l'association à glaucophane + plagioclase.
C : domaine de stabilité de l'association à glaucophone + jadéite.
D : domaine de stabilité de l'association à grenat + jadéite + glaucophone.

SVT

LES CLÉS DU SUJET

Comprendre le sujet

- Repérer les deux plaques, reconnaître et délimiter la plaque qui subducte.
- La collision actuelle a été précédée d'une subduction : en repérer les marqueurs dans les documents fournis.
- Rechercher de la même façon les marqueurs de la collision.

Mobiliser ses connaissances

- Les chaînes de montagnes présentent souvent des traces d'un domaine océanique disparu (ophiolites) et d'anciennes marges continentales passives.
- La « suture » des matériaux océaniques résulte de l'affrontement de deux lithosphères continentales (collision).
- Tandis que la lithosphère continentale continue à subducter, la partie supérieure de la croûte s'épaissit par empilement de nappes dans la zone de contact entre les deux plaques.
- Les matériaux océaniques et continentaux montrent les traces d'une transformation minéralogique à grande profondeur au cours de la subduction.

CORRIGÉ SUJET 18

Une chaîne de collision (exploitation du document 1)

• La carte indique que la chaîne de montagnes est située globalement à la frontière entre deux plaques, la plaque Eurasie et la plaque Arabie. Les vecteurs indiquent qu'actuellement la plaque Arabie se déplace vers le nord par rapport à la plaque Eurasie. Il s'agit donc d'une **frontière de convergence** active entre deux plaques continentales : on peut parler de **collision** entre les deux plaques.

• La fréquence des séismes, en particulier dans la région nord-ouest, renforce l'idée d'une frontière active et la profondeur des séismes (110 km) semble indiquer que la lithosphère continentale de la plaque Arabie s'enfonce profondément sous celle de la plaque Eurasie.

• On peut penser que la chaîne de montagnes résulte de la **collision** entre les deux plaques continentales, collision qui se poursuit aujourd'hui.

Vos connaissances sur les marqueurs géologiques des diverses étapes de la formation d'une chaîne de collision doivent vous servir pour exploiter les documents fournis.

La zone de suture entre les deux plaques et les témoins d'une subduction (exploitation des documents 2 et 3)

• Sur la coupe du document 2, on voit un affleurement important **d'ophiolites métamorphisées.** Les ophiolites sont des lambeaux de lithosphère océanique charriés sur de la lithosphère continentale. Le document 3 permet de préciser le **métamorphisme** de ces ophiolites. Les gabbros sont des roches de la croûte océanique. Les métagabbros des ophiolites du Zagros sont caractérisés par l'association des minéraux glaucophane et jadéite. Le document 3 a indique que cette association est stable dans le domaine C correspondant à des profondeurs de 25 à 50 km. Comme la croûte océanique n'est épaisse que de quelques kilomètres, cela signifie que les métagabbros de la croûte océanique ont été entraînés en profondeur : ils sont donc les **témoins** ramenés en surface d'une **ancienne lithosphère océanique subduite**.

• Les ophiolites du Zagros métamorphisées représentent une suture entre la plaque Arabie située plus au sud des ophiolites et la plaque Eurasie située plus au nord.
• Une autre manifestation de la subduction passée d'une lithosphère océanique est l'existence **d'un pluton de granodiorite** dont l'âge minimal est de 65 millions d'années dans la croûte continentale de la plaque eurasienne chevauchante. En effet, une des caractéristiques des zones de subduction est d'être le siège d'une activité magmatique importante dans la plaque chevauchante.

Exploitation du document 2

• Le socle de la croûte continentale de la plaque Arabie est débité en écailles qui se chevauchent : cela traduit une déformation de la croûte continentale de la plaque Arabie lors de la collision entre les deux lithosphères continentales. Il en résulte un raccourcissement et un épaississement de la croûte continentale de la plaque Arabie : formation d'une racine crustale (épaisseur plus forte de la croûte) à laquelle sont associés des reliefs élevés (chaîne de montagnes).
• Les plis qui affectent la couverture sédimentaire de la croûte arabique témoignent aussi d'une tectonique en compression. Les manifestations les plus récentes des déformations de la couverture sédimentaire sont situées au sud-ouest.

Bilan : grandes étapes de la formation de la chaîne de montagnes de Zagros

À partir des données des documents, on est conduit à reconnaître trois étapes ayant conduit à la chaîne de montagnes :
– une **étape océanique**, où un océan sépare les lithosphères continentales arabique et eurasienne ;
– une **étape de fermeture** de cet océan par subduction de la lithosphère océanique sous la plaque eurasienne ;
– une **étape de collision** où, après disparition de la lithosphère océanique, les deux lithosphères continentales entrent en collision ; la subduction de la lithosphère continentale arabique, du moins de sa croûte, est plus ou moins bloquée. Il en résulte des déformations de la croûte continentale arabique à l'origine de la chaîne de montagnes.

THÈME Le domaine continental et sa dynamique

Les rochers de Leschaux

Document Les rochers de Leschaux (massif des Bornes, Haute-Savoie)

a.

www.bivouack.net/2007

b.

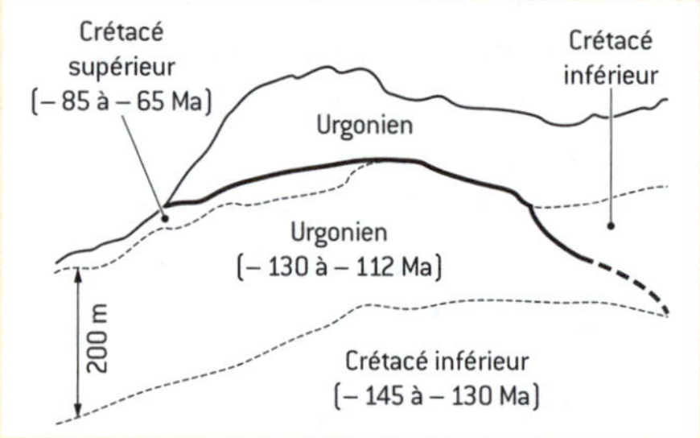

▸ À partir des informations extraites du document, relevez parmi ces propositions celles qui sont inexactes.

Ce document :

1. montre que l'épaississement de la croûte continentale dans une chaîne de montagnes est dû à la superposition d'écailles du socle.

2. montre une ligne foncée sur le schéma d'interprétation qui est une limite entre deux couches du calcaire urgonien.

3. révèle un raccourcissement de la couverture sédimentaire dans cette région.

4. révèle un chevauchement des terrains situés à gauche du document sur ceux situés à droite.

LES CLÉS DU SUJET

■ Comprendre le sujet

- Bien voir que le socle n'est pas concerné : il s'agit de déformations de couches sédimentaires.
- Maîtriser les critères caractérisant une chaîne de collision.
- Repérer un contact anormal et un épaississement traduisant une tectonique en compression.

■ Mobiliser ses connaissances

Dans les chaînes de montagnes, l'épaisseur de la croûte résulte d'un épaississement lié à un raccourcissement et un empilement. On en trouve des indices tectoniques (plis, failles, nappes) et des indices pétrographiques (métamorphisme, traces de fusion partielle).

CORRIGÉ SUJET 19

1. **Faux**, car le document ne montre que des déformations de la couverture sédimentaire.

2. **Faux**, c'est un contact anormal puisque du Crétacé inférieur (Urgonien), à gauche, surmonte du Crétacé supérieur : une formation ancienne recouvre une formation plus jeune.

3. **Vrai.**

4. **Faux**, c'est l'inverse.

SUJET 20

SUJET INÉDIT

PRATIQUE DU RAISONNEMENT SCIENTIFIQUE • EXERCICE 1

SPÉCIFIQUE • 3 POINTS

THÈME **Le domaine continental et sa dynamique**

Photographie d'une carrière

Document

ph© Oriane Marte-Talliez

▸ À partir des informations extraites du document, indiquez pour chaque item la proposition exacte.

1. Les roches visibles sur la photographie :

a) sont des roches magmatiques à structure grenue.

b) résultent d'une sédimentation qui a été continue.

c) ont toutes été fortement déformées.

d) forment deux ensembles séparés par une discordance.

2. Cette photographie :
a) a été prise dans une chaîne de montagnes récente.
b) illustre une seule étape de l'histoire d'une chaîne de montagnes.
c) illustre le raccourcissement subi par la couverture sédimentaire.
d) montre une superposition d'écailles du socle de la croûte continentale.

3. Parmi les déformations subies par les roches de cette photographie, on reconnaît :
a) une nappe de charriage.
b) une faille inverse.
c) un pli couché.
d) un anticlinal et un synclinal.

LES CLÉS DU SUJET

■ Comprendre le sujet

Raisonner à partir d'une analyse simple : présence de terrains sédimentaires horizontaux recouvrant des terrains plissés et érodés.

■ Mobiliser ses connaissances

Connaître les différents moments de l'histoire d'une région : dépôt de sédiments, plissement, érosion puis nouveau dépôt de sédiments…

CORRIGÉ SUJET 20

1. L'affirmation **d)** est exacte.
a) Un massif de roches plutoniques (par exemple le granite) ne montre pas un empilement de couches.
b) La sédimentation n'a pas été continue.
c) Les roches du haut sont quasi horizontales.

Au bac, aucune justification n'est demandée.

2. L'affirmation **c)** est exacte.
a) La discordance montre qu'il y a eu pénéplénation de la chaîne.
b) Elle illustre plusieurs étapes : au moins plissement et érosion.
d) Cette photographie ne se rapporte qu'à la couverture sédimentaire.

3. L'affirmation **d)** est exacte.
a) On ne voit aucune indication de contact anormal entre deux formations rocheuses (ne pas confondre avec la discordance).
b) Il n'y a pas de cassure visible avec déplacement de terrain de part et d'autre.
c) On reconnaît des plis mais ils ne sont pas couchés.

THÈME Géothermie et propriétés thermiques de la Terre

Géothermie en Islande

▶ **À partir des informations extraites des documents 2 et 3 exploitées grâce à vos connaissances, indiquez les caractéristiques géologiques de l'Islande pouvant expliquer les données extraites du document 1 sur la géothermie en Islande.**

Document 1 Utilisation de l'énergie géothermique en Islande

a. Évolution des sources d'énergie utilisées dans le chauffage urbain

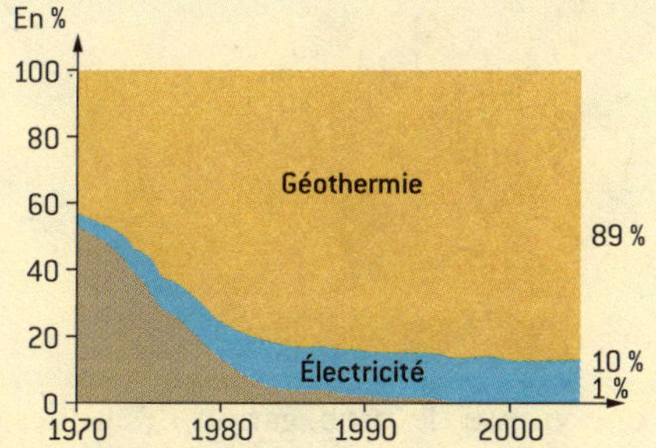

b. Production d'électricité par les centrales géothermiques

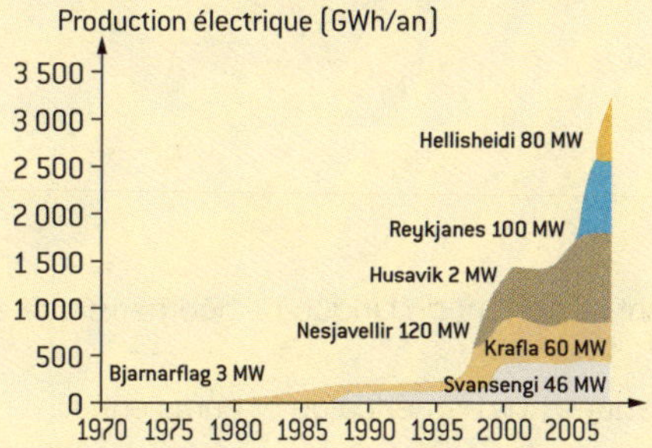

Document 2

a. Situation de l'Islande dans le cadre de la tectonique des plaques

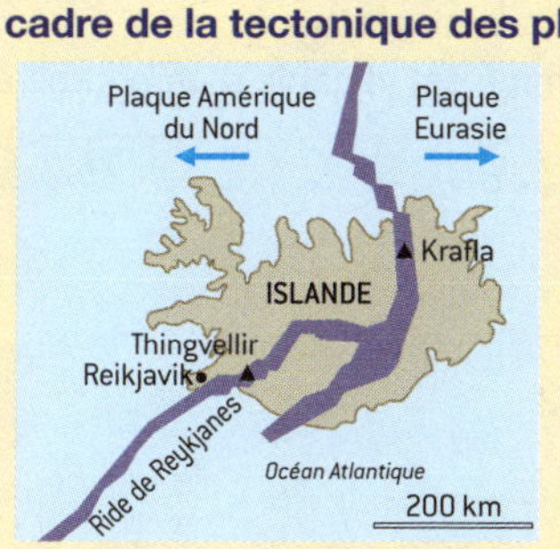

b. Épaisseur de la croûte de l'Islande (courbes de niveau)

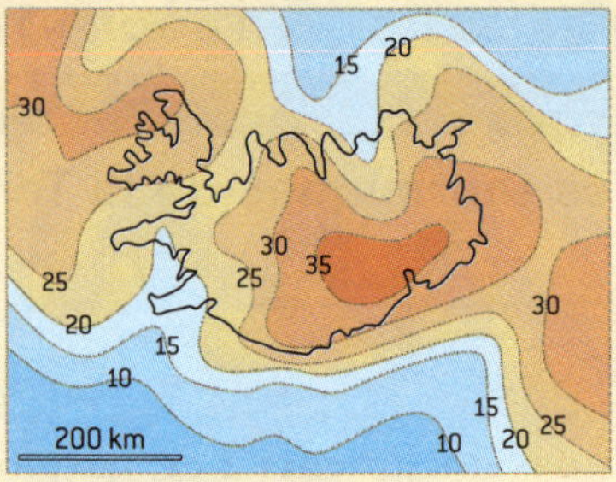

Document 3 Coupe tomographique sous l'Islande

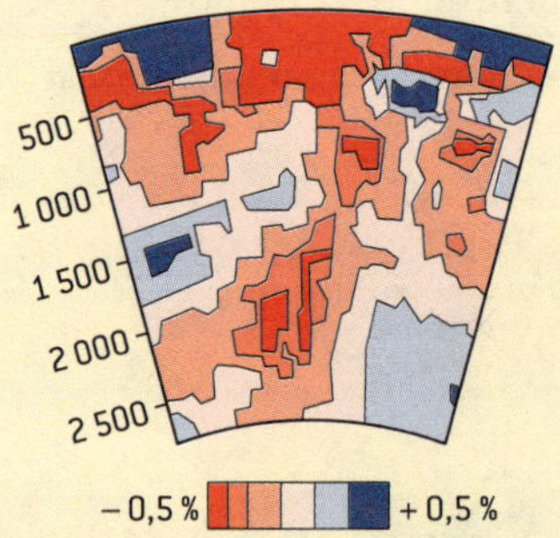

Une anomalie positive correspond à une vitesse de propagation des ondes sismiques supérieure à la valeur moyenne, à une profondeur donnée ; une anomalie négative à une valeur plus faible. Les zones « lentes » correspondent à des régions plus chaudes du manteau.

LES CLÉS DU SUJET

Comprendre le sujet

- Faire la relation entre le développement important de l'industrie géothermique en Islande et ses caractéristiques géologiques.
- Localiser l'Islande par rapport aux plaques nord-américaine et eurasienne.
- Bien noter les anomalies de l'épaisseur de la croûte océanique en Islande et dans son voisinage, épaisseur qui dénote une activité volcanique intense.

Mobiliser ses connaissances

- La température croît avec la profondeur (gradient géothermique).
- L'énergie géothermique utilisable par l'Homme est variable d'un endroit à l'autre.

Exploitation du document 1

• **Document 1 a.** Entre 1970 et 2008, la part de la géothermie pour assurer le chauffage urbain est passée de 55 % à 90 % environ. Presque toutes les habitations d'Islande sont chauffées grâce à la géothermie.

• **Document 1 b.** Entre 1995 et 2008, la production d'électricité d'origine géothermique (géothermie de haute énergie) a été multipliée par plus de 10.

La géothermie fournit un tiers de la production électrique de l'Islande ; le reste est fourni par l'énergie hydroélectrique. L'Islande est donc un pays où l'exploitation de l'énergie géothermique est très importante sous ces diverses formes.

Exploitation du document 2

• **Document 2 a.** On constate que l'axe de la dorsale atlantique, frontière entre les plaques nord-américaine et eurasienne, traverse l'Islande. Celle-ci est donc une partie **émergée** de la dorsale, qui est généralement située entre 2 000 et 3 000 m de profondeur.

• **Document 2 b.** La croûte océanique de l'Islande a une épaisseur allant de 20 à 40 km, donc très nettement supérieure à celle d'une croûte océanique normale (moins de 10 km). L'Islande a une croûte océanique épaissie, ce qui explique qu'elle soit un segment émergé de la dorsale.

Exploitation du document 3

• La coupe tomographique montre, à l'aplomb de l'Islande, une région d'anomalies négatives de la vitesse des ondes sismiques qui s'étend depuis la surface jusqu'à plus de 2 500 km, c'est-à-dire pratiquement jusqu'à la limite inférieure du manteau (interface manteau – noyau). Interprétée en termes de températures cela signifie l'existence d'une colonne mantellique où la température est plus élevée que la normale, de la base du manteau à la surface.

• Or, à l'axe des dorsales, le manteau asténosphérique provient de zones superficielles (300 à 400 km) et non d'un panache provenant de la base du manteau. En revanche, au niveau d'un point chaud, le panache mantellique qui monte peut provenir du manteau inférieur. Cela amène à penser que l'Islande, en plus d'être située à l'axe d'une dorsale, est aussi **un point chaud**. On peut d'ailleurs penser que l'anomalie négative très puissante et large dans les 500 premiers kilomètres peut s'expliquer par la conjonction d'une double convection mantellique, celle correspondant à l'activité de la dorsale et à celle du point chaud.

Bilan

L'Islande est une île volcanique puisque située sur la dorsale atlantique. C'est une région émergée de la dorsale par suite d'une **très forte activité magmatique** qui se traduit notamment par une croûte 2 à 4 fois plus épaisse que la croûte océanique normale. Cette production magmatique considérable s'explique parce que la montée d'un panache mantellique profond s'ajoute à la montée du manteau asthénosphérique à l'axe de la dorsale.

Il en résulte que le gradient géothermique est très fort en Islande, permettant une géothermie de basse énergie pour le chauffage urbain et une géothermie de haute énergie pour la production d'électricité.

THÈME Géothermie et propriétés thermiques de la Terre

Des géothermies différentes

Le document 1 illustre de façon très schématique des environnements géologiques où existent des installations géothermiques et France et dans les départements d'Outre-mer.
Le document 2 fournit des informations sur le géotherme de plusieurs régions où des installations géothermiques de haute énergie sont exploitées (ou en projet) pour obtenir de l'électricité.

Document 1 Sites d'exploitation géothermique

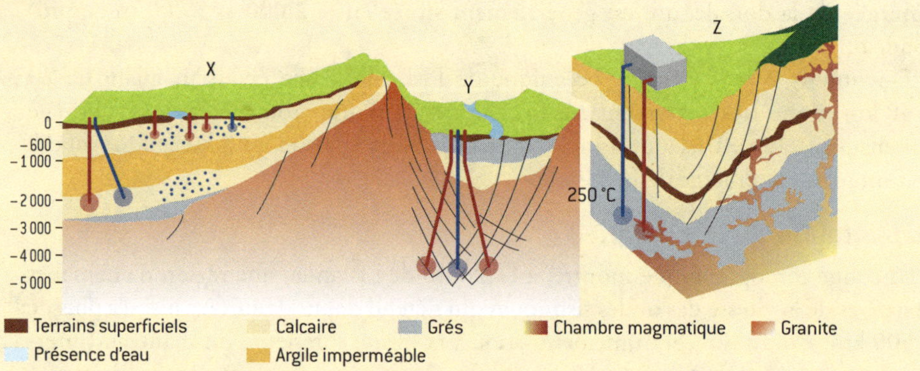

Document 2 Géothermes de quelques sites remarquables

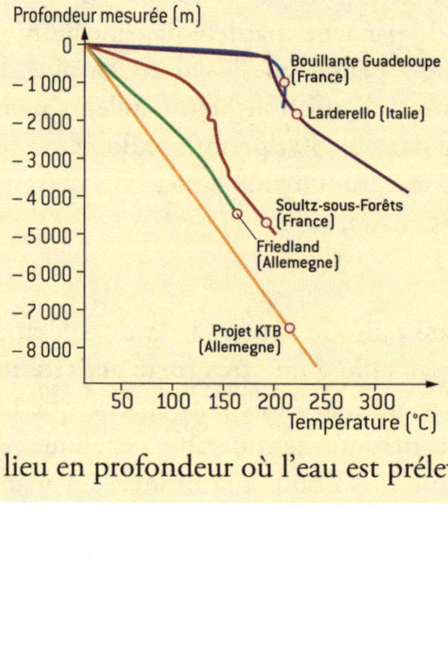

Les cercles indiquent le lieu en profondeur où l'eau est prélevée.

▸ À partir des informations extraites des documents, indiquez pour chaque item la proposition exacte.

1. D'après les géothermes du document 2, le gradient géothermique :
a) est égal à 30 °C par kilomètre pour les premiers mille mètres à Soultz.
b) est plus faible à Larderello qu'à Friedland.
c) est tel qu'à tous les sites, la température de l'eau prélevée permet la conversion en énergie électrique.
d) garde la même valeur sur les cinq premiers kilomètres à Soultz.

2. Aux sites géothermiques de la région X (document 1) :
a) l'eau prélevée a partout la même température.
b) la température de l'eau prélevée atteint 200 °C.
c) l'eau prélevée est contenue dans une nappe aquifère.
d) l'eau prélevée au site A est de l'eau de pluie tombée en A et qui s'est infiltrée.

3. La géothermie des régions Y et Z :
a) est de la géothermie basse énergie.
b) repose sur les mêmes principes d'exploitation.
c) est exploitée pour produire de l'électricité.
d) est caractéristique des bassins sédimentaires.

LES CLÉS DU SUJET

■ Comprendre le sujet

- Repérer les différences entre les trois localisations de géothermie : X = géothermie en bassin sédimentaire, Y = géothermie profonde de roches fracturées, Z = géothermie en région volcanique.
- Se rappeler que plus l'eau est prélevée en profondeur dans une région donnée plus elle est chaude.
- Se rappeler les trois types de géothermie : très basse énergie (température inférieure à 30 °C), basse énergie (température entre 30 et 90 °C), haute énergie (température supérieure à 150 °C).

■ Mobiliser ses connaissances

- La température croît avec la profondeur (gradient géothermique).
- L'énergie géothermique utilisable par l'Homme est variable d'un endroit à l'autre.

CORRIGÉ SUJET 22

1. L'affirmation **c)** est exacte.

a) À mille mètres, la température est voisine de 100 °C, ce qui correspond à un gradient de 100 °C par kilomètre.

b) Attention à l'interprétation de la pente du géotherme : elle est plus faible à Larderello, ce qui indique que la température augmente plus rapidement avec la profondeur.

d) La rupture de pente du géotherme indique que le gradient est plus faible à partir de 1 kilomètre que durant les mille premiers mètres.

Notez bien
Au bac, aucune justification n'est demandée.

2. L'affirmation **c)** est exacte.

a) L'eau de la nappe la plus profonde est plus chaude que celle des nappes superficielles.

b) L'eau de la nappe la plus profonde est à une profondeur comprise entre 0 et 3 000 mètres. Avec un gradient moyen de 30 °C par kilomètre, cela fait une température comprise entre 60 et 90 °C.

d) La couche d'argile imperméable s'y oppose.

3. L'affirmation **c)** est exacte.

a) C'est de la géothermie haute énergie.

b) En Y, on injecte de l'eau à grande profondeur où elle se réchauffe en circulant dans les fractures du granite ; en Z, il s'agit d'une exploitation en zone volcanique.

d) Il s'agit de géothermie profonde dans le socle granitique en Y ; de géothermie en zone volcanique pour Z.

SUJET 23

SUJET INÉDIT

PRATIQUE DU RAISONNEMENT SCIENTIFIQUE • EXERCICE 1

SPÉCIFIQUE • 3 POINTS

THÈME Géothermie et propriétés thermiques de la Terre

Vitesse des plaques et subduction

On estime actuellement que les plaques sont davantage tractées aux zones de subduction que poussées aux dorsales.

Document

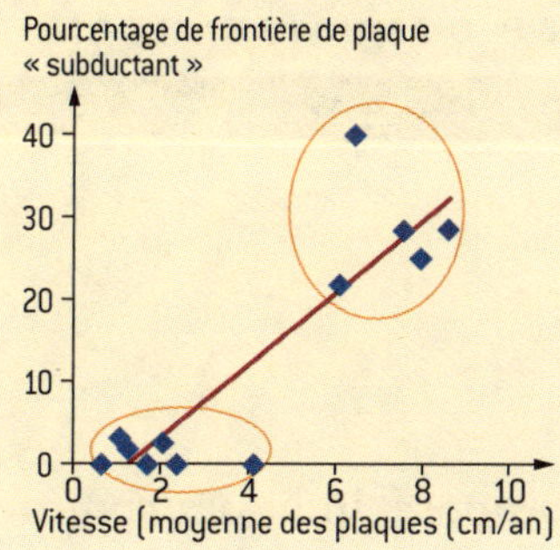

▸ Indiquez si les données extraites du document confirment ou infirment cette conception.

LES CLÉS DU SUJET

■ Comprendre le sujet

- Saisir qu'il s'agit d'un document permettant de conforter une des deux hypothèses : les plaques sont poussées à l'axe de la dorsale ou bien tractées dans les zones de subduction.
- Tirer une implication de l'hypothèse proposée par le libellé du sujet et voir si elle est confortée par le document.

■ Mobiliser ses connaissances

Il y a production de lithosphère nouvelle à l'axe des dorsales et disparition de lithosphère dans les zones de subduction.

CORRIGÉ SUJET 23

Les plaques dont la vitesse de déplacement est élevée (supérieure à 6 cm/an) sont celles dont l'étendue des frontières en subduction est importante (supérieure à 20 % de l'étendue totale des frontières de la plaque). Inversement les plaques se déplaçant lentement n'ont pas ou peu de zones de subduction à leurs frontières.
Cette corrélation entre vitesse de déplacement des plaques et longueur des frontières en subduction est en accord avec l'hypothèse suivant laquelle la subduction joue un rôle moteur dans le déplacement des plaques en « tirant » sur celles-ci.

THÈME **La plante domestiquée**

Pratiques agricoles et maïs

▶ **En vous appuyant sur le document proposé, indiquez comment se fait la fécondation chez le maïs, puis exposez les opérations qui permettent de réaliser une autofécondation ou d'obtenir des grains de maïs hybrides issus du croisement de deux variétés A et B.**

Document Le pied de maïs et ses inflorescences

Un pied de maïs présente deux types d'inflorescences (groupes de fleurs), les unes situées à l'extrémité de la tige, les autres (les épis) à l'aisselle des feuilles.

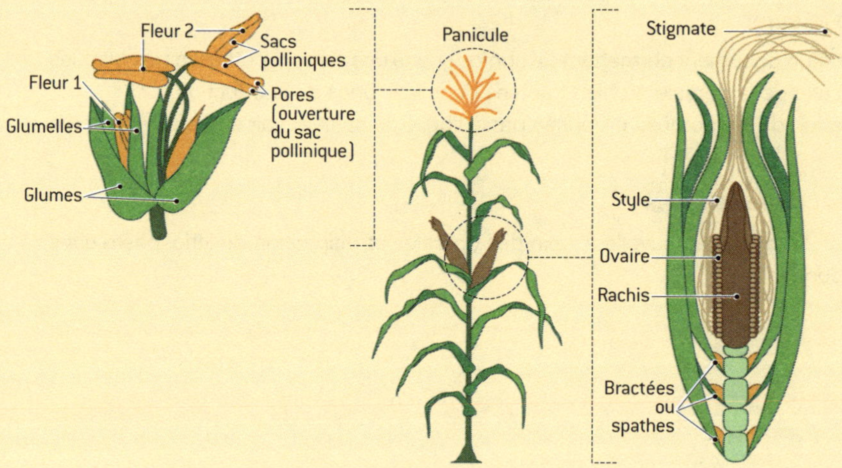

LES CLÉS DU SUJET

■ Comprendre le sujet

- Analyser les données sur les inflorescences pour arriver à préciser le **sexe des fleurs** et aboutir à l'idée que la **fécondation** peut être **croisée** (cas le plus fréquent) **ou non** (autofécondation).
- Ce sont les conclusions qui permettent d'expliquer l'intérêt des opérations pratiquées : comment empêcher la fécondation croisée si l'on veut que la plante s'autoféconde ? Comment faire pour que les fleurs d'une lignée soient uniquement fécondées par le pollen d'une autre lignée ?

■ Mobiliser ses connaissances

Les techniques de croisement permettent d'obtenir de nouvelles plantes qui n'existent pas dans la nature (nouvelles variétés, hybrides…).

I. La fécondation chez le maïs

• Les fleurs de l'inflorescence situées à l'extrémité de la tige possèdent uniquement des étamines. Ce sont donc des **fleurs mâles**.
• Les fleurs de l'épi, ne possédant qu'un pistil, sont des **fleurs femelles**.
• Le pollen émis par les fleurs mâles mûres d'un plant, transporté par le vent, peut féconder des plants situés à distance dont les fleurs femelles sont à maturité. Un grain de pollen arrivé sur le stigmate d'une fleur femelle germe, donnant un tube pollinique qui véhicule un gamète mâle qui féconde le gamète femelle située à l'intérieur de l'ovule.
• L'œuf résultant de cette fécondation se développe en un embryon et l'ovule se transforme en grain. Chaque grain de l'épi se forme de cette façon.
• Dans les conditions naturelles, la **fécondation** du maïs est **croisée** mais **l'autofécondation n'est pas impossible**.

II. La réalisation artificielle de l'autofécondation

• Pour réaliser l'autofécondation d'une plante, il faut donc rendre impossible la fécondation croisée.
• En recouvrant d'un sachet l'épi de maïs d'un pied, on empêche l'arrivée de pollen étranger. En recouvrant d'un sachet la panicule de fleurs mâles, on recueille le pollen produit par les fleurs du pied. En répandant le seul pollen produit par le pied sur les styles des fleurs femelles du même pied, on s'assure de l'autofécondation.
• Le replacement du sachet sur l'épi après la **pollinisation artificielle** réalisée par l'Homme empêche toute arrivée de pollen produit par un autre plant.

III. La réalisation artificielle de l'hybridation

• Pour réaliser une **hybridation** entre deux lignées pures sélectionnées, il faut interdire tout apport de pollen n'appartenant pas à ces lignées, d'où l'importance de l'isolement de la parcelle où elles sont cultivées.
• En étêtant tous les pieds d'une lignée (A par exemple), on supprime la production de pollen par ces plantes (castration) ; elles se comportent donc comme **des plantes uniquement femelles**. Le seul pollen produit dans la parcelle est celui de la lignée B, et l'alternance des rangées des deux lignées fait que le pollen atteint facilement les épis des plantes de la lignée A.
• Seules les plantes de la lignée femelle A produiront des épis contenant uniquement des **semences hybrides**. Les épis de la lignée B ne posséderont pas de semences hybrides : les fleurs femelles auront été fécondées par du pollen appartenant à la même lignée.

THÈME La plante domestiquée

Obtention d'une nouvelle variété de tomate

Dans une région au climat propice, on cultive deux variétés de tomates : l'une (A) à gros fruits, l'autre (B) à petits fruits.

Les plants de la variété A sont sensibles à un champignon parasite, le *Fusarium*, qui entraîne une baisse importante de production. En revanche, les plants de la variété B sont résistants à ce champignon.

On demande à des agronomes de **créer une nouvelle variété** de tomates à gros fruits et résistante au *Fusarium*. Cette variété doit être de **lignée pure**, c'est-à-dire homozygote pour les gènes considérés. Pour cela, ils ont réalisé les croisements indiqués dans les documents 1 et 2.

▶ **Indiquez les mécanismes génétiques qui ont permis aux agronomes d'obtenir des plantes au phénotype recherché. Montrez qu'ils n'ont toutefois pas abouti exactement à ce qui était demandé et précisez ce qu'ils devraient faire pour y parvenir.**

Document 1 Premier croisement

Les chercheurs réalisent une série de croisements entre les plants de tomate des variétés A et B. À la première génération F1, ils n'obtiennent que des plants résistants au *Fusarium* et qui produisent de petits fruits.

Note : on précise que, pour chaque caractère, les deux variétés ne diffèrent que par les allèles d'un seul gène.

Document 2 Deuxième croisement

Les chercheurs réalisent alors un croisement d'individus de la génération F1 avec des plans de la variété A.

Ils obtiennent à la deuxième génération F2 les résultats suivant pour 1 000 plants :

- 251 plants à petits fruits et résistant au *Fusarium* ;
- 234 plants à petits fruits et sensibles au *Fusarium* ;
- 270 plants à gros fruits et résistant au *Fusarium* ;
- 245 plants à gros fruits et sensibles au *Fusarium*.

LES CLÉS DU SUJET

■ Comprendre le sujet

• Tirer du premier croisement les informations nécessaires pour établir la dominance ou la récessivité des phénotypes considérés. Cela est indispensable pour caractériser le second croisement qui est un test-cross.
• Pour expliquer les mécanismes génétiques à l'origine des plantes F2 ayant les phénotypes recherchés, il faut déterminer qualitativement et quantitativement les types de gamètes produits par les hybrides F1. Cela permet de déterminer si les deux gènes en jeu sont situés sur le même chromosome ou sur deux chromosomes différents. Ensuite, à l'aide de vos connaissances, indiquer le mécanisme génétique ayant permis la production de gamètes à l'origine des plantes au phénotype recherché.
• Il faut alors établir le génotype des plants F2 ayant le phénotype recherché, montrer qu'ils ne sont pas de lignée pure et indiquer quels croisements il faudrait faire pour parvenir à la lignée pure demandée.

■ Mobiliser ses connaissances

Les techniques de croisement permettent d'obtenir de nouvelles plantes qui n'existaient pas dans la nature (nouvelles variétés, hybrides…).

CORRIGÉ SUJET 25

Informations extraites du document 1

• Puisque les hybrides F1 ont tous le phénotype [résistant au *Fusarium* et petits fruits] (homogénéité de la génération F1), cela confirme que les variétés parentales sont de lignée pure. En outre, les phénotypes [résistant au *Fusarium*] et [petits fruits] sont dominants et les phénotypes [sensibles au *Fusarium*] et [gros fruits] récessifs.
• Désignons par « R » et « s » les allèles du gène qui confèrent respectivement la résistance et la sensibilité au *Fusarium*, et par « P » et « g » ceux du gène qui font que les fruits sont petits ou gros.
• Les génotypes des variétés parentales A et B sont respectivement ss, gg et RR, PP. Le génotype des F1 est Rs, PG.

À ce stade, on ne peut écrire les génotypes sous forme de barre de fraction car on ignore si les gènes sont sur le même chromosome ou sur deux chromosomes différents.

Informations extraites du document 2

• Les F1 sont croisés avec des plants de la variété A qui présentent les deux phénotypes récessifs : ce croisement est donc un test-cross.
• Les plants A ne produisent que des gamètes possédant les deux allèles récessifs s et g. Les phénotypes de la descendance du croisement-test indiquent donc les génotypes des gamètes produits par les hybrides F1.
• Ils ont produit :
– 25,1 % de gamètes PR,
– 23,4 % de gamètes Ps,
– 27 % de gamètes gR,
– 24,5 % de gamètes gs.

• Le pourcentage (49,6 %) de gamètes parentaux (gs et PR) et celui des gamètes recombinés (50,4 %) étant très proches, cela indique que les gènes se comportent de manière indépendante lors de la méiose et sont donc situés sur deux chromosomes différents. Le génotype des F1 peut alors s'écrire : R//s, P//g.
• Dans la descendance du croisement-test, il y a des plants [Rg] résistants au *Fusarium* et à gros fruits qui présentent donc le phénotype recherché. Ils proviennent de la rencontre de gamètes gs de A, et de gamètes gR produits par les F1.
• La production de gamètes gR par les hybrides F1 s'explique par le fait qu'au cours de la première division des méioses qui ont précédé leur formation, le chromosome (dédoublé en deux chromatides) porteur de deux allèles g a été vers le même pôle que le chromosome (dédoublé en deux chromatides) porteur de deux allèles R.

Vous pouvez faire un schéma pour illustrer votre propos.

Obtention d'une lignée pure à gros fruits et résistante au *Fusarium*

• Les plants F2 à gros fruits et résistants au *Fusarium* ont bien le phénotype recherché mais ne sont pas de lignée pure car ils sont hétérozygotes pour le gène qui régit la résistance au *Fusarium*.
• Pour obtenir une lignée pure, les agronomes doivent **autoféconder** les plants ayant le phénotype recherché. Dans la descendance F3, il y aura trois quarts de plants à gros fruits et résistants au *Fusarium*. Mais un tiers seulement de ces plants sont de lignée pure, comme l'indique l'échiquier de croisement suivant.

Gamètes mâles / Gamètes femelles	gR	gs
gR	g//g, R//R	g//g, R//s
gs	g//g, R//s	g//g, s//s

• Les agronomes doivent alors autoféconder les individus de la génération F3. Ceux dont la descendance est **constituée uniquement par des plants à gros fruits et résistants au *Fusarium* sont de lignée pure** (et donc aussi les F4 qui en résultent).

SUJET 26

ANTILLES, GUYANE • SEPTEMBRE 2008

RESTITUTION DES CONNAISSANCES

SPÉCIFIQUE • 8 POINTS

THÈME Quelques aspects de la réaction immunitaire

Molécules impliquées dans la réponse des lymphocytes B aux antigènes

Lors de l'élimination d'un antigène, la défense acquise fait intervenir des cellules immunitaires et diverses molécules chimiques qui leur confèrent des propriétés de reconnaissance, de communication et de neutralisation des antigènes.

▸ Indiquez le rôle et les propriétés des diverses molécules intervenant lors des différentes étapes qui conduisent à la neutralisation d'un antigène par les lymphocytes B.

Votre réponse, qui inclura une introduction, un développement structuré et une conclusion, sera illustrée de schémas, notamment ceux d'un anticorps et d'un complexe immun.

LES CLÉS DU SUJET

■ Comprendre le sujet

• Le libellé du sujet parle de neutralisation d'un antigène par les lymphocytes B mais vous devez savoir que ce sont les **anticorps** produits par **les lymphocytes B sécréteurs ou plasmocytes**, cellules effectrices de la réaction immunitaire, qui **neutralisent l'antigène**. Comme le souligne d'ailleurs la précision « lors des différentes étapes », le sujet vous demande donc de traiter du rôle des molécules intervenant dans la réaction immunitaire qui **débute** par la reconnaissance de l'antigène par les lymphocytes B spécifiques de cet antigène et se **termine** par la neutralisation de l'antigène par les anticorps produits.

• **Le texte introductif** au sujet est un guide pour savoir ce que vous devez envisager : les **récepteurs** des cellules immunitaires qui **reconnaissent** l'antigène (anticorps membranaires pour les lymphocytes B et récepteurs T pour les lymphocytes T4), les molécules qui assurent la communication entre les lymphocytes B et T4 ayant reconnu l'antigène (**les interleukines**) et la **réaction antigène – anticorps sécrétés** qui assure la neutralisation de l'antigène.

■ Mobiliser ses connaissances

• Les **anticorps** sont des **effecteurs** de l'immunité acquise qui agissent spécifiquement dans le milieu extracellulaire en se liant spécifiquement aux antigènes qui ont déclenché leur formation.

• Les **anticorps** sont produits par des lymphocytes B sécréteurs ou **plasmocytes**. La reconnaissance d'un antigène donné par **un lymphocyte B** porteur **d'un récepteur** spécifique d'un antigène entraîne la multiplication de ce lymphocyte ; les lymphocytes B obtenus se différencient en plasmocytes sécréteurs d'anticorps de même spécificité que les récepteurs membranaires ayant permis la reconnaissance de l'antigène.

• À la suite de l'entrée d'un antigène dans l'organisme, **des lymphocytes T4** spécifiques de cet antigène se différencient en T4 sécréteurs de messagers chimiques, **les interleukines**. Celles-ci stimulent la multiplication et la différenciation des lymphocytes B sélectionnés.

CORRIGÉ SUJET 26

Introduction

Un antigène est une substance qui, introduite dans un organisme, déclenche une réaction immunitaire. Celle-ci fait notamment intervenir des lymphocytes B et se traduit par la production de molécules d'anticorps qui neutralisent l'antigène, permettant ainsi son élimination. Nous allons envisager les caractéristiques et le rôle des molécules qui interviennent depuis la reconnaissance de l'antigène par les lymphocytes B jusqu'à la neutralisation de l'antigène par les anticorps.

I. Les molécules intervenant dans la reconnaissance de l'antigène par les lymphocytes B

• Les lymphocytes B reconnaissent les antigènes grâce à des récepteurs, molécules protéiques ancrées dans leur membrane. **Ces récepteurs sont des anticorps membranaires.** Il existe, avant toute introduction d'antigène, des milliards de clones de lymphocytes B différant par les caractéristiques de leurs anticorps membranaires. Chaque lymphocyte B possède des milliers de molécules d'anticorps toutes identiques et les lymphocytes d'un clone possèdent le même type d'anticorps. En revanche, **ces anticorps membranaires diffèrent d'un clone à un autre**.

• Dans les ganglions lymphatiques, l'antigène va être reconnu par des lymphocytes B, uniquement par ceux qui possèdent des anticorps membranaires susceptibles de se lier à cet antigène. Cette reconnaissance est donc spécifique : **chaque lymphocyte ne reconnaît qu'un antigène bien déterminé**.

• Les caractéristiques des anticorps membranaires (figure 1) rendent compte de la spécificité de la reconnaissance. La molécule d'anticorps est formée de 4 chaînes deux à deux identiques, 2 chaînes « lourdes » et 2 chaînes « légères ». Chaque chaîne possède une région constante, c'est-à-dire identique d'une molécule d'anticorps à une autre, et une région variable, dont la séquence d'acides aminés présente des différences d'un anticorps à un autre. Les régions variables d'une chaîne lourde et d'une chaîne légère délimitent dans l'espace **un site de reconnaissance de l'antigène**, c'est-à-dire capable de se lier spécifiquement à des régions bien précises de l'antigène. Chaque anticorps membranaire a ainsi **deux sites** de reconnaissance et donc de fixation de l'antigène.

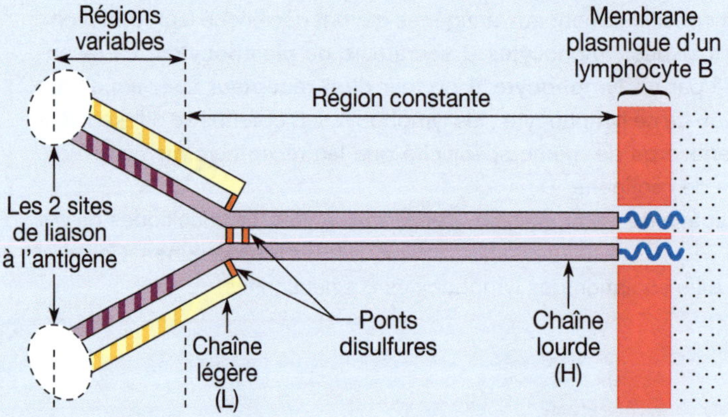

Figure 1. Un anticorps membranaire d'un lymphocyte B

II. Les molécules intervenant dans l'activation des lymphocytes B par les lymphocytes T4

Les lymphocytes B ayant reconnu l'antigène sont activés par cette reconnaissance mais cela ne suffit pas pour les amener à se multiplier et à se différencier. Ils doivent recevoir **un second signal** émis par les **lymphocytes T4.** Comme pour les lymphocytes B, il existe des milliards de clones de lymphocytes T4 différant par leurs récepteurs membranaires, chacun reconnaissant un antigène spécifique. Ces récepteurs membranaires, appelés **récepteurs T**, ne sont pas des anticorps membranaires mais leur spécificité repose sur le même principe que celui des anticorps. Les lymphocytes T4

ayant reconnu l'antigène se multiplient et se différencient en lymphocytes sécréteurs de messagers chimiques, **les interleukines**. Dans les ganglions lymphatiques où ont lieu les réactions immunitaires, les **interleukines stimulent** les lymphocytes B ayant reconnu les antigènes à se multiplier et à se différencier en cellules sécrétrices d'anticorps, les **plasmocytes**.
Les interleukines sont des protéines non spécifiques mais seuls réagissent les lymphocytes B ayant reconnu l'antigène car à la suite de cette reconnaissance, ils ont acquis des récepteurs aux interleukines.

III. Les anticorps sécrétés et la neutralisation de l'antigène

Les anticorps sécrétés possèdent **les deux mêmes sites de reconnaissance de l'antigène que les anticorps membranaires**. Autrement dit, ils sont capables de se lier spécifiquement aux molécules d'antigène qui ont déclenché leur formation. Comme l'anticorps possède deux sites de reconnaissance, il peut se lier à deux molécules d'antigène formant ainsi **un complexe immun** simple (figure 2).
De par leur fixation aux molécules d'anticorps, les antigènes ne peuvent atteindre leurs cibles éventuelles et sont donc neutralisés. En outre, la région constante des molécules d'anticorps possède un site reconnu par des récepteurs présents dans la membrane des cellules phagocytaires : la liaison phagocytes-anticorps déclenche la phagocytose des complexes immuns et donc l'élimination des antigènes de l'organisme.

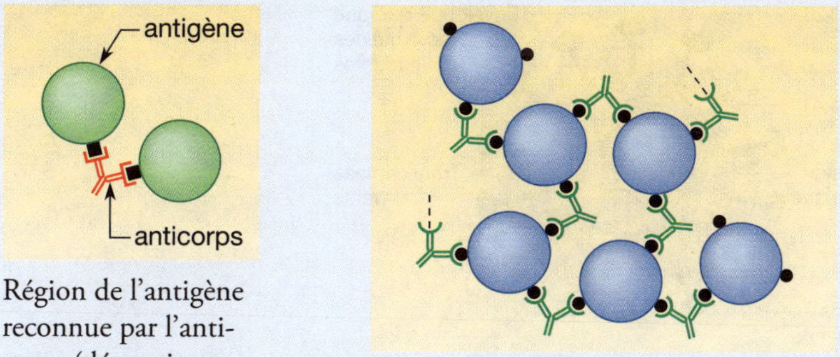

Région de l'antigène reconnue par l'anticorps (déterminant antigénique)

Figure 2. Deux complexes immuns

Conclusion

En résumé, on voit que la neutralisation d'un antigène par les lymphocytes B fait intervenir **trois types de molécules** :
– les molécules assurant la reconnaissance de l'antigène : **les anticorps membranaires et les récepteurs T** ;
– les molécules assurant la communication entre les lymphocytes T4 et les lymphocytes B : **les interleukines** ;
– les molécules de neutralisation de l'antigène : **les anticorps sécrétés**.
La spécificité de la réponse immunitaire dépend initialement des molécules de reconnaissance portées par les cellules immunitaires qui préexistent à l'introduction de l'antigène. En fin de compte, c'est l'antigène qui sélectionne le clone de lymphocytes qui est à l'origine des anticorps circulants qui conduiront à sa neutralisation.

SVT

THÈME **Quelques aspects de la réaction immunitaire**

Séropositivité et SIDA

Le SIDA a pour origine une infection par le VIH. Différentes techniques permettent le dépistage et l'évaluation du niveau d'évolution de l'infection.

▸ À partir des informations extraites des documents 1 à 3, mises en relation avec vos connaissances, déterminez :
– à quelle date on peut confirmer la séropositivité au VIH pour chaque individu,
– à quel stade de l'infection chaque individu se trouve lors du dernier test.

Document 1 Résultats de test Western blot

Document de référence : structure schématique du VIH et protocole du test

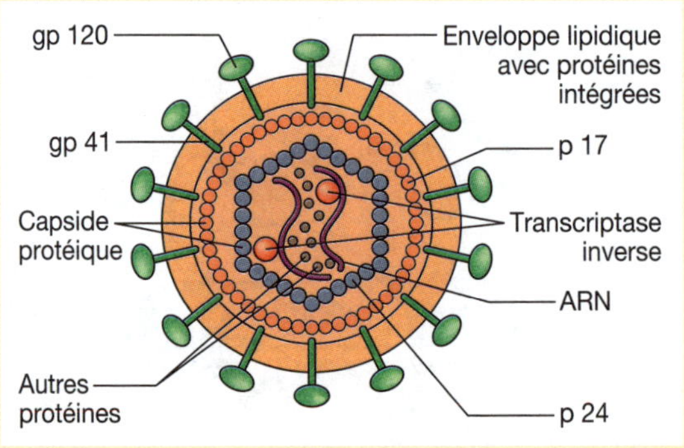

gp et p sont des protéines virales qui ont des propriétés antigéniques.

Protocole

1. On utilise des bandelettes portant des protéines virales séparées par électrophorèse.
2. Une bandelette est mise en contact avec le sérum d'un individu à tester.
3. Les anticorps fixés sur la bandelette sont révélés par une réaction colorée.

D'après F. Jauzein, INRP, Access et É. Périlleux, *SVT TS*, Nathan.

Document à exploiter : résultats obtenus chez les deux individus

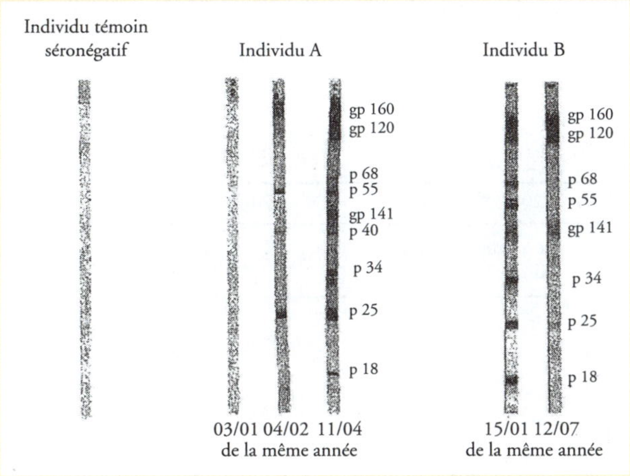

La séropositivité pour le VIH est confirmée lorsque l'individu testé présente des anticorps dirigés contre :
– au moins deux glycoprotéines membranaires différentes (gp 160, gp 120 ou gp 41) ;
– au moins une protéine membranaire ou interne (p 55, p 40, p 25 ou p 18) ;
– au moins une enzyme virale (p 68, p 52 ou p 34).

Document 2 Dénombrement des populations de LT4 chez trois individus

Individus testés	Individu témoin séronégatif	Individu A résultat au 11/04	Individu B résultat au 12/07
Nombre de LT4 par mm³ de sang	880	520	95

D'après INRP, Access, biotic.

Document 3 Évolution de quelques paramètres biologiques à partir du premier jour d'infection par le VIH

Les graphes ci-dessous correspondent à des données statistiques obtenues sur un grand nombre d'individus.

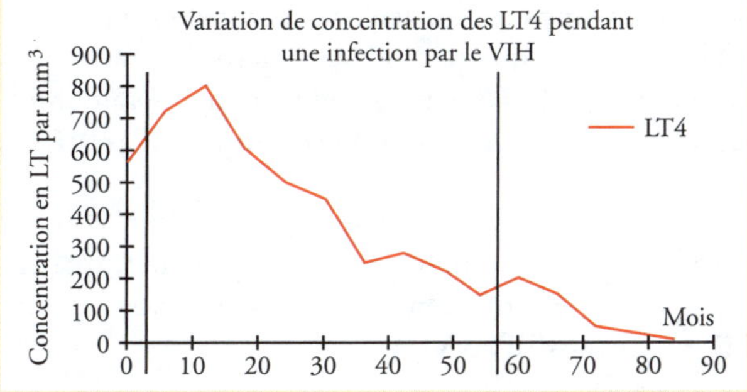

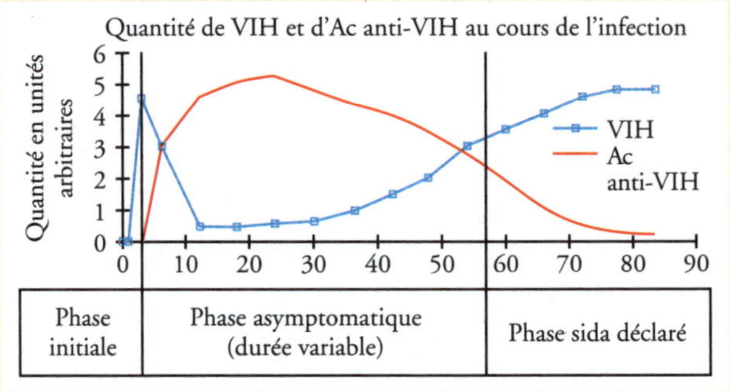

LES CLÉS DU SUJET

Comprendre le sujet

• Plutôt que de faire une analyse systématique des documents 1, 2 et 3, il est préférable de construire l'exposé en fonction des deux questions. Ainsi si le document 1 suffit pour répondre à la première question, il doit être utilisé en association avec les documents 2 et 3 pour répondre à la question **2**.
• Ne pas confondre séropositivité et SIDA (= SIDA déclaré).

Mobiliser ses connaissances

• La séropositivité pour le VIH correspond à la présence d'anticorps spécifiques dirigés contre certaines protéines du virus.

CORRIGÉ SUJET 27

I. Datation de la séropositivité des deux individus (exploitation du document 1)

Individu A

• **Au 3/01** il ne possède aucun anticorps anti-VIH : **il n'est pas séropositif au VIH.**
• **Au 4/02** il possède des anticorps anti-VIH mais pas d'anticorps contre les enzymes virales (p 68, p 52 ou p 34) : bien qu'on puisse fortement suspecter la séropositivité, **toutes les conditions ne sont pas remplies pour qu'il soit déclaré séropositif** (pas d'anticorps anti-enzymes virales).
• **Au 11/04**, il possède nettement des anticorps contre deux glycoprotéines membranaires différentes (gp 120 et gp 41), contre les quatre protéines internes (p 55, p 40, p 25 et p 18) et contre deux enzymes virales (p 68 et p 34). Les critères de séropositivités sont donc largement remplis : **au 11/04 l'individu A est séropositif au VIH.**

Individu B

Au 15/01, il possède des anticorps contre les glycoprotéines membranaires, quatre protéines internes et deux enzymes virales. Les trois conditions de séropositivité sont remplies : **au 15/01 l'individu B est séropositif au VIH.**

II. Stade d'infection des individus A et B lors du dernier test (exploitation des documents 1, 2 et 3)

Individu A

• Il est caractérisé par deux choses :
– il possède des anticorps contre tous les antigènes viraux repérés (document 1) ;
– il possède (document 2) un nombre de lymphocytes T4 assez élevé (520 par mm^3) mais inférieur à celui du témoin séronégatif (880 par mm^3).
• Le document 3 indique qu'un nombre de lymphocytes T4 de 520 et une concentration élevée d'anticorps (document 3) **correspondent à la phase asymptomatique de l'infection par le VIH.**
• Puisqu'il ne présentait pas d'anticorps anti-VIH le 3 janvier, on peut en déduire qu'il est au début de cette phase asymptomatique le 11 avril.

Individu B

• Le 12/07, lors du dernier test, il ne possède plus (document 1) que des anticorps contre les glycoprotéines du virus (gp 160, gp 120 et gp 41). Il ne fabrique plus d'anticorps contre les autres antigènes viraux.
• Sa production d'anticorps anti-VIH est donc plus faible et surtout en très nette diminution par rapport au test du 15/01.
• Son nombre de lymphocytes T4 est très faible (document 2) : 95 contre 880 par mm^3 chez le témoin séronégatif.
• Le document 3 indique qu'un faible nombre de lymphocytes T4 (inférieur à 200 par mm^3) et un taux d'anticorps anti-VIH en forte diminution correspondent à la phase du SIDA déclaré.
• **L'individu B, lors du dernier test le 12 juillet, est en phase SIDA.**

SVT

SUJET 28

SUJET INÉDIT

PRATIQUE DU RAISONNEMENT SCIENTIFIQUE • EXERCICE 2

SPÉCIFIQUE • 5 POINTS

THÈME Quelques aspects de la réaction immunitaire

La résistance aux bactéries Gram négatif

Le lipopolysaccharide (LPS) est un constituant (PAMP) très important de la paroi des bactéries Gram négatif, comme les salmonelles (par exemple, *Salmonella typhi* à l'origine de la fièvre typhoïde).
Des souches de souris mutantes sont particulièrement sensibles à l'infection par des bactéries Gram négatif, mais elles résistent parfaitement à d'autres bactéries.
Injecté seul à une souris, par voie intraveineuse, à forte concentration, le LPS déclenche un choc septique (fièvre, accélération du rythme cardiaque et de la respiration, etc.) qui peut être mortel. Ce choc septique est dû à la production d'une grande quantité de cytokines inflammatoires, à l'origine d'une réaction inflammatoire excessive.

▸ **À partir des informations extraites de l'analyse des documents 1, 2 et 3, mises en relation avec vos connaissances, proposez une explication à la forte sensibilité de ces souris mutantes aux bactéries Gram négatives.**

Document 1 Le LPS et le système immunitaire inné

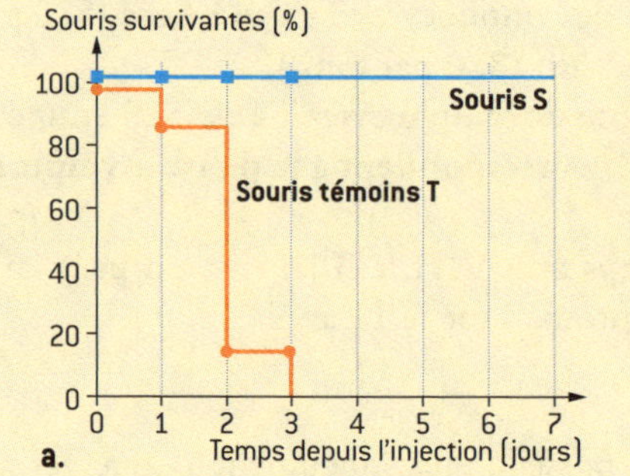

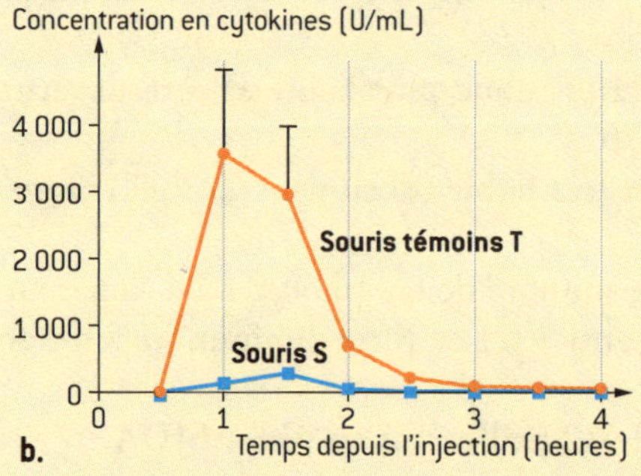

a. Des chercheurs ont injecté, par voie intraveineuse, du LPS, à des souris témoins T et à des souris appartenant à des souches sensibles aux bactéries Gram négatives (souris S). Le graphique renseigne sur la survie des souris T et S après l'injection de LPS.

b. Au cours de la même expérimentation, les chercheurs ont déterminé l'évolution des concentrations plasmatiques des cytokines inflammatoires dans les heures qui ont suivi l'injection de LPS. Le graphique indique les résultats obtenus chez les souris T et S.

Document 2 LPS et cytokines sécrétées par des macrophages

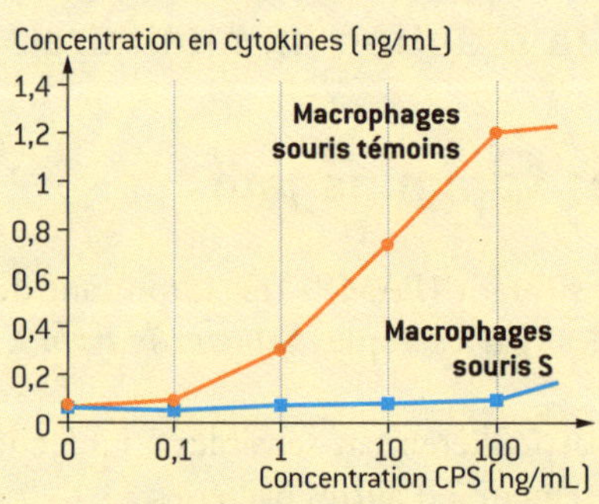

Les chercheurs ont ensuite réalisé des cultures de macrophages provenant des souris T et S. Ils ont ajouté du LPS, à différentes concentrations, au milieu de culture, puis ont suivi la production de cytokines par les macrophages. Le graphique renseigne sur cette production en fonction de la concentration du LPS.

Document 3 Données génétiques

Le croisement de souris T et de souris S engendre une génération de souris F1 qui se comportent comme les souris T vis-à-vis du LPS.

Croisées entre elles, les souris F1 engendrent une génération F2 comportant 3/4 de souris se comportant comme les souris T et 1/4 de souris comme les souris S vis-à-vis du LPS.

LES CLÉS DU SUJET

Comprendre le sujet

- Remarquer que les documents ne sont pas directement en rapport avec les bactéries Gram négatif mais avec le LPS, un constituant isolé de leur paroi.
- La façon dont les souris S se comportent vis-à-vis de LPS permet d'expliquer pourquoi elles sont peu résistantes vis-à-vis des bactéries Gram négatif.
- Penser au système de reconnaissance des microorganismes par les macrophages et aux conséquences de la reconnaissance (sécrétion de cytokines).
- Penser qu'une réaction inflammatoire est nécessaire au déclenchement d'une réaction immunitaire efficace mais, qu'excessive, elle peut être dangereuse.

Mobiliser ses connaissances

- La réaction immunitaire innée repose sur des mécanismes de reconnaissance et d'action très conservés au cours de l'évolution.
- La réaction inflammatoire aiguë est un mécanisme essentiel car mettant en jeu des molécules à l'origine de symptômes stéréotypés ; elle prépare le déclenchement de l'immunité adaptative.
- Penser à cette notion générale : un signal chimique externe à une cellule ne peut être détecté par cette dernière que si elle possède un récepteur (en réalité, de nombreux exemplaires du même récepteur) susceptible de fixer le signal ; cela est suivi d'un changement dans l'activité de la cellule.

SVT

CORRIGÉ SUJET 28

Exploitation du document 1 a

Les souris témoins sont toutes mortes au bout de trois jours, alors qu'il n'y a aucune mortalité chez les souris S même au bout de sept jours. L'injection de LPS a provoqué un choc septique chez les souris témoins et n'a eu aucun effet sur les souris S qui sont donc insensibles au LPS.

Exploitation du document 1 b

- À la suite de l'injection de LPS, il y a une forte augmentation de la concentration en cytokines inflammatoires chez les souris témoins, alors que cette augmentation est négligeable chez les souris S.
- La forte augmentation de la concentration traduit une forte production de cytokines à l'origine du choc septique ayant entraîné la mort des souris témoins.
- L'absence de production de cytokines par les souris S explique l'absence de choc septique et donc leur survie à l'injection de LPS.

Exploitation du document 2

- Les macrophages des souris témoins, *in vitro*, sécrètent des cytokines dès que la concentration de LPS dépasse 0,1 ng/mL, puis d'autant plus que la concentration de LPS augmente.
- Par contre, les macrophages des souris S ne sécrètent pratiquement pas de cytokines, quelle que soit la concentration de LPS.
- Les macrophages des souris S ne sont pas stimulés par le LPS contrairement aux macrophages des souris témoins.

Exploitation du document 3

- Les hybrides F1 ont le phénotype [sensible au LPS] ; ce phénotype est donc dominant.
- La génération F2 est obtenue dans les proportions 3/4-1/4, ce qui signifie que pour le caractère considéré, les deux souches ne diffèrent que par les allèles d'un seul gène.
- La sensibilité au LPS des souris étant due à un seul gène, on peut affirmer qu'il s'agit du gène qui code pour le récepteur (PRR) des macrophages au LPS.
- Dans le cas des souris témoins, l'allèle code pour un récepteur fonctionnel, alors que pour les souris S, le récepteur est non fonctionnel ou absent.

Bilan

Lorsque les souris S sont infectées par des bactéries Gram négatif, leurs macrophages ne les reconnaissent pas, car ils sont privés de récepteur (PRR) fonctionnel vis-à-vis du LPS (PAMP). En conséquence, ils ne sont pas ou peu activés et, ne produisant pas de cytokines, ils ne peuvent déclencher de réaction inflammatoire.
Les bactéries Gram négatif se multiplient donc librement et sont à l'origine d'une septicémie qui peut être mortelle.
En revanche, elles ne provoquent pas de choc septique, puisqu'il n'y a pas de sécrétion de cytokines.

SUJET 29 — SUJET INÉDIT

PRATIQUE DU RAISONNEMENT SCIENTIFIQUE • EXERCICE 2

SPÉCIFIQUE • 5 POINTS

THÈME Quelques aspects de la réaction immunitaire

Le vaccin contre le papillomavirus

Le papillomavirus est le principal agent causal du cancer du col de l'utérus. Un vaccin a été mis au point contre ce virus. Il contient des protéines antigéniques de deux des plus importantes souches du virus, les souches 16 et 18. En outre, il contient un adjuvant, l'alun (hydroxyde d'aluminium), utilisé dans beaucoup de vaccins. Des chercheurs ont voulu tester l'efficacité d'un autre adjuvant, le MLP. Ce produit est dérivé du LPS, constituant de la paroi des bactéries Gram négatif, mais est dépourvu de l'effet toxique du LPS.

▸ **À partir des informations extraites des documents 1 et 2, comparez l'intérêt vaccinal des deux adjuvants, l'alun et le MLP, et proposez une explication à la différence d'efficacité observée.**

Document 1 La réponse immunitaire aux injections vaccinales

Des femmes volontaires, de 18 à 30 ans, séronégatives vis-à-vis du papillomavirus et dont les frottis du col de l'utérus étaient normaux, ont été vaccinées les unes avec un vaccin dont l'adjuvant était l'alun, les autres avec un vaccin dont l'adjuvant était le MPL. Le vaccin a été injecté (i_1, i_2, i_3) par voie intramusculaire aux temps 0,1 et 6 mois. Des prélèvements sanguins ont permis d'évaluer les concentrations d'anticorps anti-HPV16 et anti-HPV18 (HPV : *Human Papillomavirus*) à la suite de ces injections vaccinales (**a**).

Les chercheurs ont aussi fait des prélèvements sanguins pour recueillir des lymphocytes à 0,2 et 7 mois, afin de déterminer le nombre de LB mémoires spécifiques du papillomavirus présents dans le sang des femmes de chaque groupe (**b**).

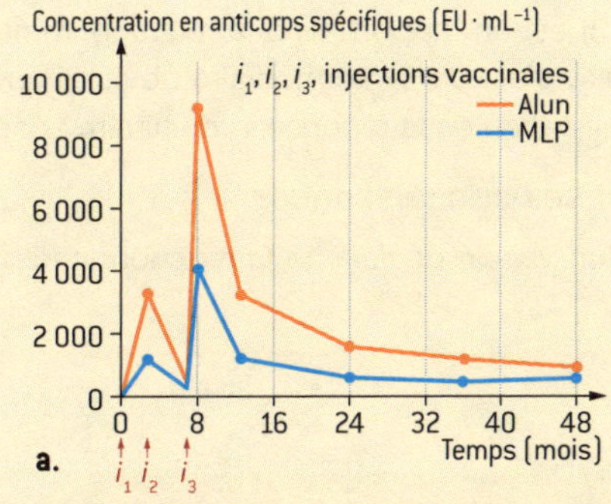

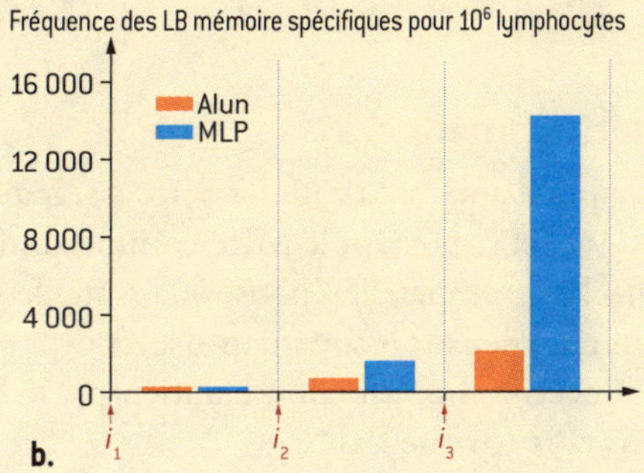

Document 2 Réaction des macrophages aux deux adjuvants

Les chercheurs ont utilisé une culture de macrophages pour déterminer leur aptitude à produire des cytokines, lorsqu'on ajoute à la culture soit de l'alun, soit du MLP, soit les deux adjuvants.

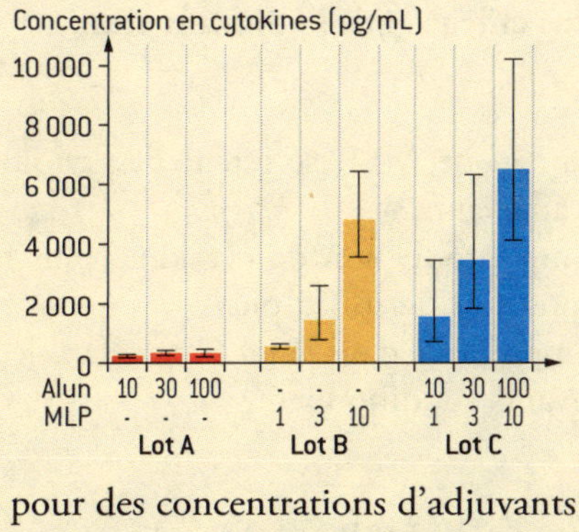

En abscisse, les réponses pour des concentrations d'adjuvants exprimées en µg/mL ajoutées au milieu de trois cultures identiques de macrophages. En ordonnée, la concentration de cytokines du milieu en pg/mL au bout de 4 heures d'incubation.

LES CLÉS DU SUJET

■ Comprendre le sujet

- Maîtriser la notion d'adjuvant vaccinal et son rôle dans la réaction immunitaire.
- Il s'agit de comparer l'efficacité de deux vaccins contre le papillomavirus qui diffèrent par leur adjuvant : MLP pour l'un et alun pour l'autre.
- Cibler les documents : deux (1, a et b) sont en rapport avec la réponse immunitaire adaptative, le troisième (2) est en rapport avec la réaction immunitaire innée. Il s'agit alors d'établir un lien entre les deux : c'est par l'intermédiaire de la stimulation des mécanismes de l'immunité innée qu'il y a amplification de la réponse immunitaire adaptative.

■ Mobiliser ses connaissances

L'adjuvant d'un vaccin déclenche la réaction innée indispensable à l'installation de la réaction adaptative.

CORRIGÉ SUJET 29

Analyse du document 1 a

- Il y a production d'anticorps dans les deux cas, mais la quantité d'anticorps produits en réponse au vaccin contenant le MLP comme adjuvant est supérieure à celui contenant de l'alun. Par exemple, la réponse à la suite de la troisième injection à 6 mois se traduit par un taux deux fois supérieur d'anticorps avec le MLP qu'avec l'alun.
- En ce qui concerne la production d'anticorps, le **MLP apparaît donc comme un adjuvant plus efficace que l'alun**.
- Cependant, au bout de 4 ans, les taux d'anticorps sont faibles et identiques dans les deux cas.

Analyse du document 1 b

- Le nombre de lymphocytes B mémoire, spécifiques de l'antigène, apparus à la suite des injections vaccinales, est plus important avec l'adjuvant MLP qu'avec l'alun ; ceci est particulièrement net après l'injection au 6e mois où la fréquence de LB mémoire spécifiques est 6 à 7 fois plus élevée.
- Ici encore, l'adjuvant **MLP s'avère plus efficace que l'adjuvant alun**.

Analyse du document 2

- Les macrophages, en présence d'alun ou de MLP, sécrètent des cytokines pro-inflammatoires : ils sont activés par ces adjuvants.
- Les MLP seuls (lot B) déclenchent une production de cytokines plus forte que l'alun seul (lot A) pour des concentrations de 1 µg/mL et plus.
- La production de cytokines est plus importante dans le lot C que dans le lot B, ce qui indique que les effets des deux adjuvants s'additionnent.

Bilan

La production plus élevée d'anticorps avec le MLP comme adjuvant assure une meilleure protection contre le papillomavirus au moins durant les trois ou quatre ans qui suivent la vaccination (document 1 a).

La production plus importante de lymphocytes B mémoire (document 1 b) assure une protection plus efficace dans le cas du MLP que dans le cas de l'alun.
En présence de MLP, les macrophages sécrètent plus de cytokines pro-inflammatoires qu'en présence d'alun. Or, ces cytokines sont indispensables au déclenchement d'une réaction inflammatoire efficace conduisant à la formation de cellules présentatrices d'antigènes (CPA) stimulant les lymphocytes impliqués dans la réaction immunitaire adaptative. Celle-ci est donc plus importante avec le MLP qu'avec l'alun.

SUJET 30 — SUJET INÉDIT
PRATIQUE DU RAISONNEMENT SCIENTIFIQUE • EXERCICE 1
SPÉCIFIQUE • 3 POINTS

THÈME **Quelques aspects de la réaction immunitaire**

Aspects de la réaction immunitaire innée

Document

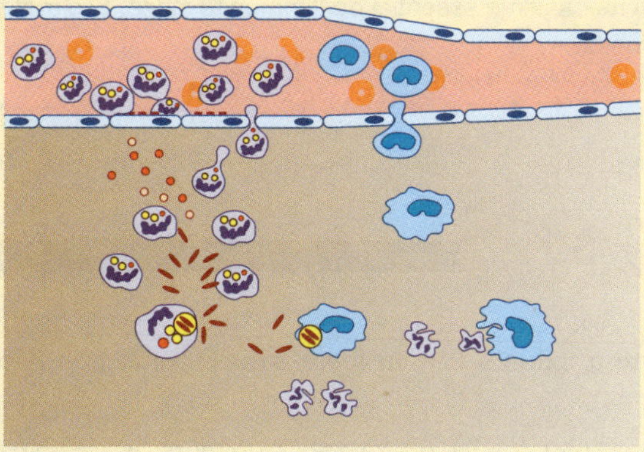

▸ À partir de l'analyse du document, indiquez pour chaque item la seule proposition fausse.

1. La réaction immunitaire schématisée :
a) est une réaction de l'immunité innée.
b) a lieu dans les ganglions lymphatiques.
c) est associée à une inflammation.
d) fait intervenir des cellules phagocytaires.

2. Sur cette figure, on a schématisé :
a) deux types de cellules phagocytaires.
b) tous les éléments intervenant dans la réaction inflammatoire.
c) le recrutement de cellules phagocytaires au foyer d'infection.
d) un polynucléaire avec une vésicule de phagocytose contenant une bactérie.

3. Ce document montre que :
a) les macrophages proviennent de cellules sanguines.
b) les polynucléaires et les monocytes sanguins quittent les capillaires en traversant les cellules de la paroi du vaisseau en leur milieu.
c) un macrophage peut phagocyter un polynucléaire mort.
d) des polynucléaires du sang sont attirés par des messagers chimiques.

4. La réaction immunitaire innée se caractérise par :
a) l'absence de mémoire.
b) la reconnaissance du non-soi par des macrophages et des cellules dendritiques résidents.
c) une mise en route qui ne se produit que plusieurs jours après l'agression.
d) son intervention indispensable au déclenchement d'une réaction immunitaire adaptative.

LES CLÉS DU SUJET

Comprendre le sujet

- Localiser le capillaire sanguin et le site infecté.
- Identifier les différents éléments impliqués dans une réponse immunitaire et leur comportement.

Mobiliser ses connaissances

- Très rapidement mise en œuvre, l'immunité innée est la première à intervenir ; elle est indispensable au déclenchement de l'immunité adaptative.
- La réaction inflammatoire est un mécanisme essentiel de l'immunité innée. Elle met en jeu des molécules et des cellules déterminées.

CORRIGÉ SUJET 30

1. L'affirmation **b)** est fausse. Cette réaction a lieu au foyer d'infection et non dans un ganglion.

2. L'affirmation **b)** est fausse. On ne voit pas les mastocytes sécréteurs de messagers chimiques dont l'histamine. La sécrétion de cytokines par les macrophages ayant reconnu les bactéries n'est pas visualisée.

3. L'affirmation **b)** est fausse. Les phagocytes sanguins quittent les capillaires en s'insinuant entre deux cellules de la paroi du vaisseau.

4. L'affirmation **c)** est fausse. Contrairement à la réaction immunitaire adaptative, elle ne présente pas de délai.

THÈME **Quelques aspects de la réaction immunitaire**

Utilisation de la spécificité des anticorps

Chez certains animaux, une protéine de réserve appelée vitellogénine est transportée par le sang puis stockée dans les ovaires.
On émet l'hypothèse que chaque vitellogénine est spécifique de l'espèce qui la fabrique.

▸ **À partir de l'analyse des résultats présentés dans le document, indiquez si l'hypothèse précédente est validée ou non.**

Document

On étudie les vitellogénines de trois espèces de Xénopes : *Xenopus laevis*, *Xenopus borealis* et *Xenopus tropicalis*.
La comparaison est réalisée par le test d'Ouchterlony (immunodiffusion sur gélose).

Résultats du test d'Ouchterlony

Dans une boîte de Pétri renfermant un gel d'agarose (voir ci-après), 7 puits ont été creusés et reçoivent :

– dans le puits central, du sérum d'un lapin ayant reçu plusieurs jours avant le prélèvement une injection de vitellogénine de *Xenopus laevis* (protéine capable d'induire la synthèse d'anticorps chez le lapin) ;
– dans les puits périphériques :

1. du sérum de lapin normal
2. de la vitellogénine de *Xenopus laevis* femelle
3. du sérum de *Xenopus laevis* mâle
4. de la vitellogénine de *Xenopus borealis* femelle
5. de l'albumine d'œuf de poule
6. de la vitellogénine de *Xenopus tropicalis* femelle.

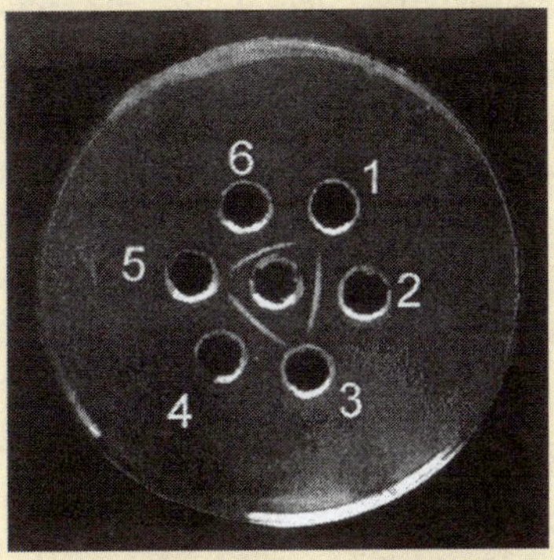

Remarque. *Le sérum est un extrait sanguin débarrassé des cellules du sang.*

LES CLÉS DU SUJET

■ Comprendre le sujet

• **Valider ou réfuter** une hypothèse consiste à démontrer que les données fournies pour tester l'hypothèse sont conformes ou non à l'implication qu'on peut déduire de l'hypothèse.

• Bien saisir le sens du terme **spécifique** : dans le cas à étudier cela signifie que la vitellogénine d'une espèce a une séquence d'acides aminés qui lui est propre et qui présente donc des différences avec les séquences des vitellogénines des autres espèces.

• Voir aussi qu'on teste la spécificité de chaque vitellogénine **indirectement** par l'intermédiaire des **anticorps** produits par un animal appartenant à une espèce différente (lapin) à la suite d'une injection d'une vitellogénine d'une espèce précise. La vitellogénine injectée est un antigène ; étant donné la spécificité des anticorps, les anticorps anti-vitellogénine d'une espèce ne doivent pas reconnaître et former des complexes avec les vitellogénines des autres espèces si elles sont différentes (c'est l'implication vérifiable).

■ Mobiliser ses connaissances

Les anticorps agissent en **se liant spécifiquement** aux antigènes qui ont déclenché leur formation. La liaison antigène – anticorps entraîne la formation de **complexes immuns**.

CORRIGÉ SUJET 31

• Dans le puits central et dans le puits 1 il y a du sérum de lapin ; **la différence** réside dans le fait que le sérum du puits central provient d'un lapin auquel on a injecté un antigène, la vitellogénine de *Xenopus laevis*. On constate la formation d'un **arc de précipitation** entre le puits central et le puits 2 alors qu'il n'y en a pas entre les puits 1 et 2. L'absence d'arc de précipitation indique qu'il n'y a pas dans le sérum d'un lapin normal de substance capable de former des complexes avec la vitellogénine. L'existence de l'arc entre le puits central et le puits 2 indique qu'il est apparu dans le sérum du lapin auquel on a injecté de la vitellogénine des substances formant des complexes avec la vitellogénine : ce sont des **anticorps anti-vitellogénine de *Xenopus laevis***.

• L'existence d'arcs de précipitation entre le puits **central** et les puits **4 et 6** indique que les anticorps anti-vitellogénine de *Xenopus laevis* forment aussi des complexes avec les vitellogénines des deux autres espèces.

• Étant donné que les anticorps sont spécifiques des antigènes qui ont déclenché leur formation, c'est-à-dire ne reconnaissent et ne se lient qu'à ces antigènes, les anticorps anti-vitellogénine de *Xenopus laevis* ne devraient pas se lier aux vitellogénines des deux autres espèces **si elles étaient différentes** de celle de *Xenopus laevis*. Ce n'est pas le cas : on peut donc dire que l'hypothèse n'est pas validée (elle est réfutée).

SUJET 32

SUJET INÉDIT

PRATIQUE DU RAISONNEMENT SCIENTIFIQUE • EXERCICE 2

SPÉCIFIQUE • 5 POINTS

THÈME La communication nerveuse

Mode d'action du curare

Le curare est un poison qui peut entraîner des paralysies mortelles.

▸ **À partir des informations extraites des documents 1 à 3, exploitées grâce à vos connaissances, expliquez comment le curare entraîne des paralysies.**

Document 1 Expériences de Claude Bernard (1856)

Claude Bernard isole deux muscles gastrocnémiens (muscles du mollet) de grenouille, ainsi que le nerf sciatique qui les innerve.

« Dans un verre de montre A, contenant une solution de curare, nous avons mis à tremper le tronc nerveux d'un de ces muscles, le muscle lui-même restant en dehors. L'excitation électrique de ce nerf baigné dans le curare détermine dans le muscle des contractions très évidentes.

L'autre préparation B montre le muscle baigné dans la solution de curare, tandis que le nerf reste en dehors. L'excitation électrique du nerf ne détermine dans le muscle aucune contraction. En revanche, la stimulation électrique du muscle déclenche sa contraction. »

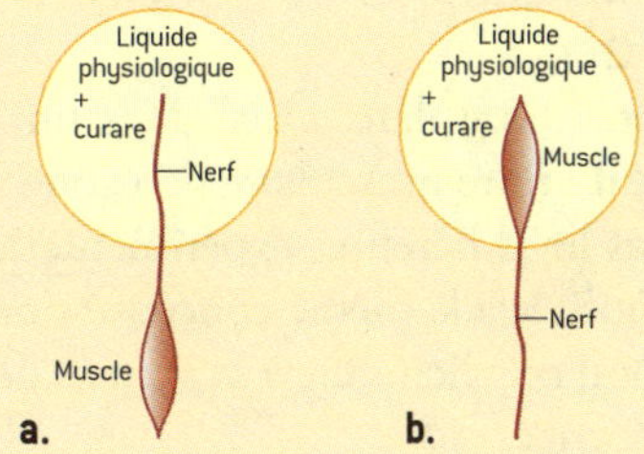

Document 2 Études électrophysiologiques des années 1950

L'utilisation de microélectrodes pour enregistrer le potentiel de membrane des cellules excitables, neurones et fibres excitables a permis à Fatt et Katz d'étudier la réponse des fibres musculaires aux stimulations par leur nerf moteur.

A. Ils ont isolé un muscle de grenouille et son nerf moteur, et ont placé cette préparation dans un liquide physiologique. Ils ont isolé dans ce muscle plusieurs fibres musculaires et repéré la plaque motrice de ces fibres. Ils ont alors inséré une microélectrode E1 dans la fibre musculaire au niveau de la plaque motrice et une électrode de référence dans le liquide physiologique. Les deux électrodes sont reliées à un oscilloscope O_1.

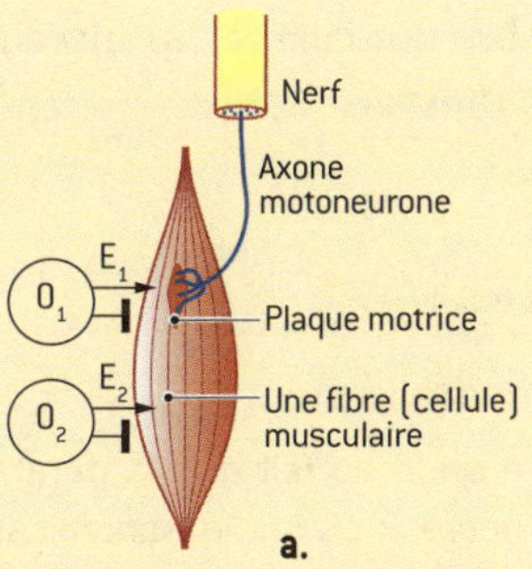

Le même dispositif a été réalisé avec une seconde microélectrode E2 insérée dans la fibre musculaire, mais en dehors de la plaque motrice à 2,5 mm de celle-ci et reliée à un oscilloscope O_2. Le document 2b indique les potentiels membranaires enregistrés suite à une seule stimulation électrique du nerf moteur.

B. Les chercheurs ont ensuite réalisé la même expérience, mais cette fois avec un muscle placé dans un liquide physiologique contenant du curare. Le document 2c indique les enregistrements obtenus au niveau de la plaque motrice (électrode E1) et à distance de celle-ci quand on stimule le nerf moteur.

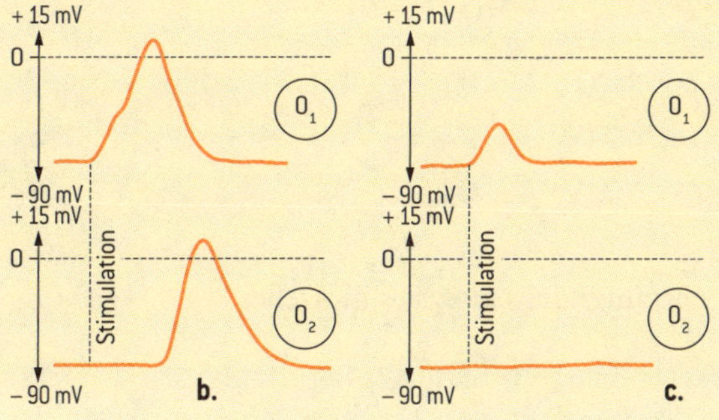

SVT

Document 3 Acétylcholine et curare

Avec un dispositif semblable à celui utilisé par Fatt et Katz, Nastuk a étudié les variations du potentiel membranaire d'une fibre musculaire, non plus quand on excite le nerf moteur, mais en réponse à l'acétylcholine. Les figures indiquent les enregistrements obtenus en E1 et E2 (document 2).

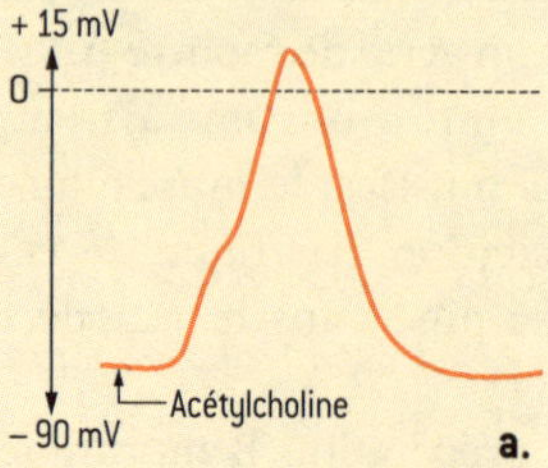

a.

a, **b** et **c** : fibre dans placé dans un liquide physiologique sans curare. **d** : fibre musculaire dans une solution contenant du curare. Dans les différentes expérimentations, la solution d'acétylcholine utilisée a la même concentration.

a : dépôt d'acétylcholine à la surface de la fibre, au niveau de la plaque motrice.

b : injection d'acétylcholine dans la fibre, au niveau de la plaque motrice.

c : dépôt d'acétylcholine à la surface de la fibre, en dehors de la plaque motrice.

d : dépôt d'acétylcholine à la surface de la fibre musculaire, au niveau de la plaque motrice.

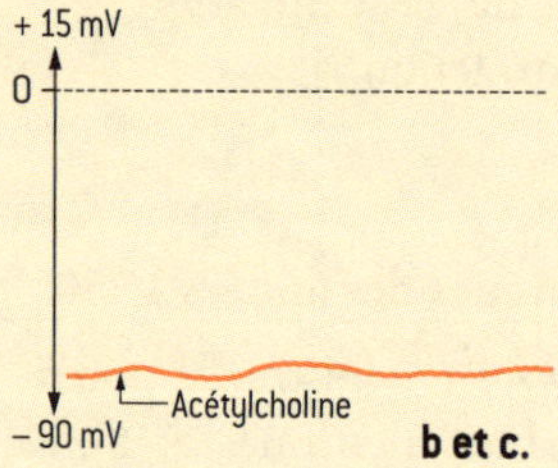

b et c.

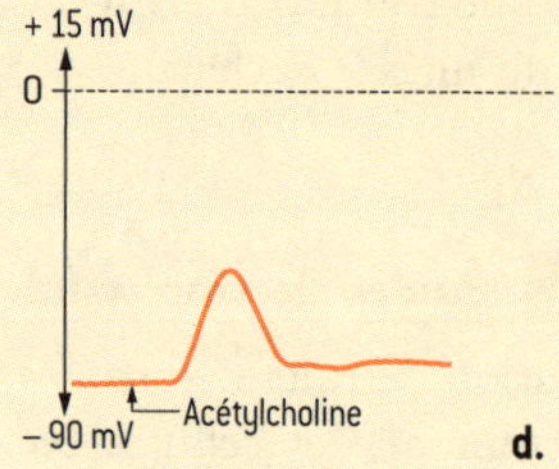

d.

LES CLÉS DU SUJET

Comprendre le sujet

- Réfléchir *a priori* au fait que la paralysie constatée peut être due à une action du curare sur le système nerveux ou sur la transmission neuromusculaire ou sur les fibres musculaires. Il faut avoir en tête ces trois hypothèses pour bien dégager ce qu'apporte chaque document.
- Le premier document infirme la première et la troisième hypothèses. Le document 2 corrobore la deuxième hypothèse et la précise. Le document 3 la complète en ciblant le mode d'action du curare.

Mobiliser les connaissances

- La commande de la contraction musculaire met en jeu le fonctionnement de la synapse neuromusculaire.
- L'acétylcholine est le neuromédiateur impliqué dans le fonctionnement de la synapse neuromusculaire. Sécrété par les boutons synaptiques d'un neurone moteur et après traversée de l'espace synaptique, il se fixe sur des récepteurs postsynaptiques de la membrane musculaire. Il est ainsi à l'origine du potentiel d'action musculaire.

Analyse du document 1

En A, le nerf curarisé reste excitable et propage le message nerveux au muscle, puisque celui-ci se contracte sans être directement excité. En B, le message nerveux issu de la stimulation électrique du nerf ne déclenche plus la contraction du muscle, mais celui-ci reste directement excitable : c'est donc la commande de la contraction musculaire par le message nerveux qui est bloquée par le curare.

C'est le **fonctionnement de la synapse neuromusculaire** qui est affecté par le **curare**.

Analyse du document 2

• Document 2b : au niveau de la plaque motrice comme à une distance de 2,5 mm, les oscillographes O_1 et O_2 enregistrent un potentiel d'action (PA) musculaire à la suite de la stimulation du nerf moteur.

Le **potentiel d'action** apparu en O_1 s'est **propagé** en O_2 et donc à l'**ensemble de la fibre musculaire**.

• Document 2c : le potentiel de repos de la fibre musculaire est toujours de – 90 mV : le curare n'affecte pas la cellule musculaire au repos.

Au niveau de la plaque motrice (O_1), il n'y a pas de potentiel d'action musculaire, mais seulement une faible dépolarisation de la fibre. L'absence de PA musculaire est confirmée par l'absence de PA en O_2.

Le curare **empêche la naissance d'un potentiel d'action musculaire** en réponse au message moteur.

Analyse du document 3

• L'acétylcholine déposée au niveau de la plaque motrice provoque la naissance d'un PA musculaire (a) et a donc la même action que la stimulation du nerf moteur.

• L'injection d'acétylcholine dans la fibre musculaire au niveau de la plaque motrice est sans effet : **l'acétylcholine n'agit donc qu'à la surface de la fibre musculaire** (b).

• Déposée à la surface de la fibre, mais en dehors de la plaque motrice, l'acétylcholine n'a aucun effet (c) : cela indique que des récepteurs à l'acétylcholine existent seulement au niveau de la plaque motrice.

• En d, l'acétylcholine déposée à la surface de la plaque motrice est sans effet : le curare **s'oppose à l'action de l'acétylcholine**.

Conclusion

Les expériences de Claude Bernard montrent que le curare est un poison qui bloque la communication entre le nerf et le muscle.

Les données électrophysiologiques du document 2 montrent que le curare empêche l'émission, au niveau de la plaque motrice, d'un PA musculaire en réponse au potentiel d'action.

Les expériences du document 3 indiquent que le curare empêche l'action de l'acétylcholine au niveau de la plaque motrice.

L'acétylcholine est le neuromédiateur impliqué dans le fonctionnement naturel de la synapse neuromusculaire. Secrétée par l'extrémité de l'axone lors de l'arrivée d'un PA, elle se fixe sur les récepteurs de la membrane de la plaque motrice, ce qui déclenche le PA musculaire. Deux hypothèses concernant l'action du curare sont donc possibles : il détruit l'acétylcholine ou il empêche sa fixation sur les récepteurs postsynaptiques.

En réalité, le curare, qui a une formule chimique voisine de celle de l'acétylcholine, se fixe aussi sur les récepteurs à l'acétylcholine, sans en avoir les effets. Les récepteurs occupés par le curare ne peuvent plus fixer les molécules d'acétylcholine qui est donc sans effet.

THÈME La communication nerveuse

La plasticité cérébrale

Chez le rat comme chez les autres mammifères, les observations sur les mouvements engendrés par la stimulation électrique du cortex ont permis de délimiter le cortex moteur et la représentation des différentes parties du corps au niveau de ce cortex (document a).
Des chercheurs ont voulu étudier la stabilité de cette carte motrice. Pour cela, chez un rat adulte, ils ont sectionné sous anesthésie les fibres nerveuses motrices innervant les muscles moteurs des vibrisses. En stimulant électriquement différents points du cortex moteur (points distants de 0,1 à 0,5 mm), 15 jours après la section des fibres motrices des vibrisses, ils ont établi la carte motrice représentée sur le document b.

Document Plasticité des cartes corticales

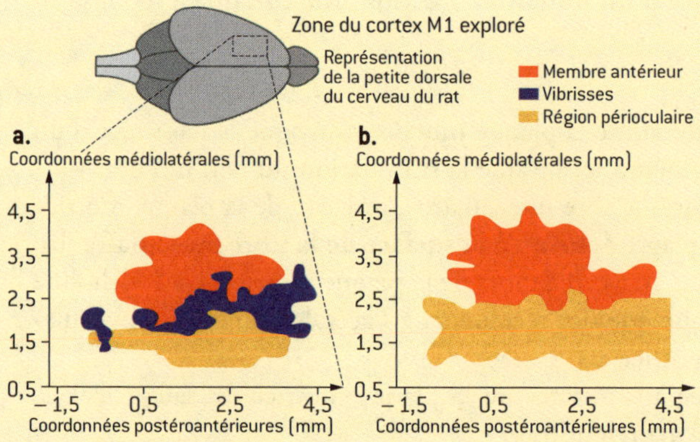

a. Carte représentant le cortex moteur d'un rat normal
b. Carte obtenue chez le rat dont le nerf moteur commandant les vibrisses a été sectionné

▸ **À partir des informations extraites du document, indiquez si les résultats obtenus permettent ou non d'évoquer une certaine plasticité du cortex moteur du rat.**

LES CLÉS DU SUJET

■ Comprendre le sujet

• Le problème est d'établir si le traumatisme (suppression de la capacité à mouvoir les vibrisses) subi par le rat a des conséquences sur le cortex moteur.

• Ne pas se limiter aux différences des deux cartes du cortex moteur proposées mais montrer ce que signifient ces différences d'un point de vue fonctionnel, physiologique.

■ Mobiliser ses connaissances

• L'exploration du cortex cérébral permet de découvrir les aires motrices spécialisées à l'origine des mouvements volontaires.

• La plasticité cérébrale explique les capacités de récupération du cerveau après la perte accidentelle de fonction d'une partie du cortex moteur.

CORRIGÉ SUJET 33

Quinze jours après la section des nerfs moteurs des vibrisses, on constate que la stimulation d'une partie de la région du cortex moteur, qui avant l'opération déclenchait un mouvement des vibrisses, provoque maintenant un mouvement du membre antérieur ; une autre partie de l'aire des vibrisses engendre, après stimulation, des mouvements des paupières et muscles oculaires. Cela traduit un changement dans la carte motrice avec diminution considérable de l'aire des vibrisses et extension à ses dépens des zones commandant la musculature des membres antérieurs et des yeux. Cette réorganisation fonctionnelle est une manifestation de la plasticité cérébrale du cortex moteur du rat.

SUJET 34

SUJET INÉDIT

PRATIQUE DU RAISONNEMENT SCIENTIFIQUE • EXERCICE 1

SPÉCIFIQUE • 3 POINTS

THÈME La communication nerveuse

La synapse neuro-neuronique

▸ **Indiquez, en justifiant votre réponse, quelle proposition est exacte.**

Document Synapse au niveau d'une corne antérieure de la moelle épinière

Photo prise au microscope électronique (G = × 10 000).

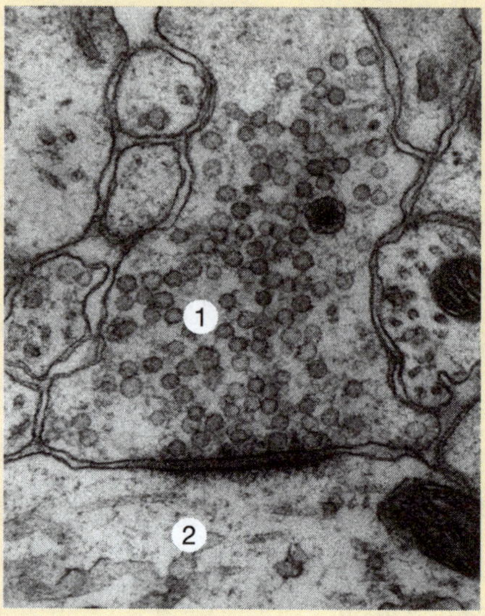

ph© Phototake/Kunkel/BSIP

En observant le document, on peut en déduire que le message peut passer :

a) de 1 vers 2 car le neurotransmetteur est présent dans le neurone 2.

b) de 2 vers 1 quand on stimule le neurone 2.

c) de 1 vers2 car le neurotransmetteur est présent dans le neurone 1.

d) de 2 vers 1 car le neurotransmetteur est présent dans le neurone 1.

LES CLÉS DU SUJET

Comprendre le sujet

- Tout repose sur le fonctionnement polarisé de la synapse neuro-neuronique et sur les critères permettant de reconnaître cette polarité, en particulier la localisation des vésicules synaptiques.
- Bien repérer les régions pré- et post-synaptiques séparées par la fente (espace) synaptique.

Mobiliser ses connaissances

- Le réflexe myotatique est un réflexe monosynaptique.
- La notion de synapse chimique : bouton synaptique, neuromédiateur, acétylcholine, exocytose, fente synaptique, récepteur post-synaptique.

CORRIGÉ SUJET 34

a) Faux. L'élément 2 n'a pas de vésicules synaptiques et donc de neurotransmetteur.

b) Faux. Quand on stimule artificiellement le neurone 2, on peut faire apparaître un PA dans le neurone 2, mais comme il n'y a pas de neurotransmetteur, le neurone 1 n'est pas stimulé.

c) Vrai. On voit, dans le neurone 1, des vésicules caractéristiques de la terminaison pré-synaptique et contenant le neurotransmetteur.

d) Faux. Ce qui importe est que l'extrémité de l'axone pré-synaptique possède des vésicules contenant le neuromédiateur pour que la synapse fonctionne ; or ce n'est pas le cas du neurone 2.

SUJET 35

SUJET INÉDIT

PRATIQUE DU RAISONNEMENT SCIENTIFIQUE • EXERCICE 2

SPÉCIFIQUE • 5 POINTS

THÈME **La communication nerveuse**

Complexité du réflexe myotatique

Sir John Carew Eccles, neurophysiologiste australien, a réalisé en 1955 une expérimentation afin d'étudier le fonctionnement synaptique.

▸ **Après avoir indiqué l'intérêt d'avoir sectionné la racine ventrale, montrez en quoi l'arc réflexe schématisé ne peut rendre compte des résultats obtenus. Quelles modifications faudrait-il apporter à ce schéma ?**

Document **Expérience d'Eccles**

On stimule électriquement le nerf musculaire de façon à provoquer la naissance d'un potentiel d'action dans les fibres nerveuses stimulées, puis on enregistre le message nerveux au niveau de la racine dorsale au moyen de deux électrodes externes placées à la surface de cette racine.

En outre, au moyen d'une microélectrode R introduite dans la fibre nerveuse, axone d'un motoneurone innervant le muscle, on enregistre la variation du potentiel membranaire de cette fibre.

Les intensités de stimulation, I_1, I_2, I_3, I_4 et I_5 sont croissantes.

a. Montage pour l'expérience

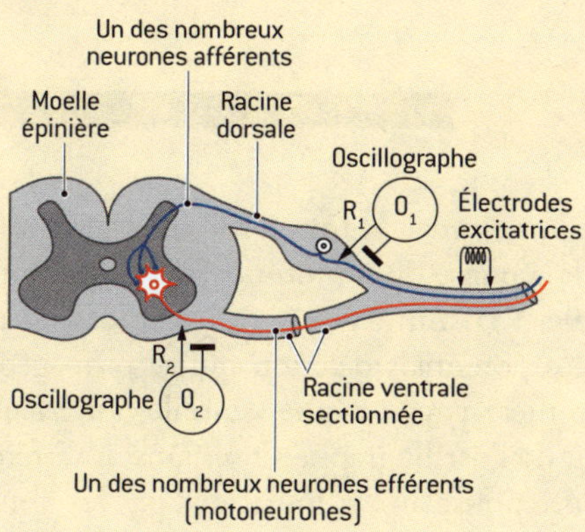

SVT

b. Résultats de l'expérience

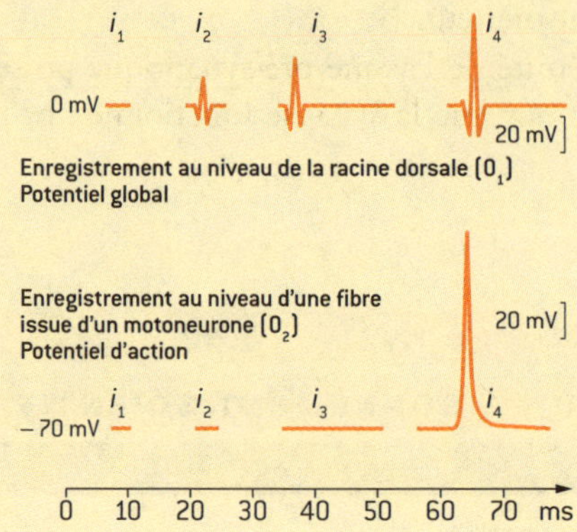

LES CLÉS DU SUJET

Comprendre le sujet

- Bien distinguer nerf et neurone. Le nerf mixte est formé des axones de nombreux neurones afférents et efférents.
- Penser au codage du message nerveux en nombre de neurones mobilisés qui se traduit par un potentiel global de nerf qui peut ou non déclencher, suivant son amplitude, une réponse du motoneurone.
- Bien saisir l'existence d'une convergence de plusieurs neurones afférents sur un même motoneurone.

Mobiliser ses connaissances

- Le reflexe myotatique est un réflexe monosynaptique. Il met en jeu différents éléments qui constituent l'arc réflexe.
- Le corps cellulaire du motoneurone reçoit des informations diverses qu'il intègre sous la forme d'un message moteur unique.

CORRIGÉ SUJET 35

• Quand on stimule le nerf musculaire, on excite à la fois des fibres afférentes et des fibres efférentes. Or, c'est uniquement la réponse d'un motoneurone à la stimulation des fibres afférentes que l'on veut étudier : la stimulation artificielle des fibres efférentes du nerf musculaire fait naître des potentiels d'action qui se propagent dans les deux sens. Ils gagnent la moelle épinière par la racine ventrale (antérieure). Ils peuvent donc être enregistrés au niveau de l'oscillographe O_2 et ainsi interférer avec le message émis par le motoneurone en réponse aux stimulations par les fibres afférentes. En sectionnant la racine ventrale, on empêche cela.

• On constate que, pour les intensités I_1 et I_2, un potentiel global de nerf est enregistré sur la racine dorsale en O_1 mais qu'aucun potentiel d'action n'est enregistré en O_2 sur le motoneurone. Cela signifie que le nombre de fibres afférentes stimulées n'a pas suffi pour stimuler, à son tour, le motoneurone de manière efficace (pas de PA).

• En revanche, pour une stimulation d'intensité I_3, on enregistre à la fois un potentiel de nerf plus important en O_1 et un potentiel d'action sur le motoneurone en O_2. L'augmentation du potentiel global de nerf traduit une augmentation du nombre de fibres afférentes stimulées : l'émission d'un potentiel d'action par le motoneurone dépend donc du nombre de fibres afférentes qui le stimulent.

• Le schéma ne traduit pas cette sommation spatiale puisqu'un seul neurone afférent est représenté : il faudrait schématiser plusieurs neurones afférents convergeant vers le motoneurone.

SUJET 36

SUJET INÉDIT

RESTITUTION DES CONNAISSANCES

SPÉCIFIQUE • 8 POINTS

THÈME **La communication nerveuse**

Quelques aspects de l'organisation du système nerveux

▸ Indiquez, pour chaque item, la seule proposition exacte.

1. Les neurones afférents du réflexe myotatique :

a) ont leur corps cellulaires situés dans la substance grise de la moelle épinière.

b) sont activés par l'étirement du muscle qu'ils innervent.

c) ont leurs corps cellulaires recouverts de boutons synaptiques.

d) ont un seul prolongement qui bifurque, et chacune des deux bifurcations libère un neurotransmetteur à son extrémité lorsque le neurone émet un potentiel d'action.

2. Les motoneurones du réflexe myotatique :

a) ont un axone qui innerve une seule fibre musculaire.

b) libèrent à leur extrémité axonique un neuromédiateur qui est l'adrénaline.

c) ont un axone qui passe par la racine dorsale d'un nerf rachidien.

d) sont stimulés par un neuromédiateur au cours du réflexe myotatique.

3. Les neurones efférents du cortex moteur droit :

a) sont situés dans le lobe pariétal de l'hémisphère cérébral droit.

b) ont des axones dont la longueur ne dépasse pas 10 cm chez l'adulte.

c) ont des axones qui innervent directement les fibres musculaires dont ils commandent la contraction.

d) commandent uniquement les muscles des membres et du tronc.

4. La section de la moitié droite de la moelle épinière, juste au-dessus de la zone d'émergence des nerfs rachidiens innervant les membres inférieurs :

a) s'accompagne de la section d'axones issus du cortex moteur droit.

b) entraîne la perte des mouvements volontaires (paralysie) des membres supérieurs et inférieurs (tétraplégie).

c) provoque une paraplégie, c'est-à-dire une paralysie des deux membres inférieurs.

d) n'empêche pas la persistance des réflexes myotatiques dans les membres inférieurs.

LES CLÉS DU SUJET

Comprendre le sujet

- Maîtriser la connaissance des éléments intervenant dans l'arc réflexe myotatique et leurs caractéristiques physiologiques.
- Penser au croisement des neurones issus du cortex moteur et à l'organisation de la moelle épinière.
- Se souvenir que le motoneurone médullaire constitue la voie unique de sortie vers le muscle, et donc comprendre les rapports des neurones efférents issus du cortex avec les motoneurones de l'arc réflexe myotatique.

Mobiliser ses connaissances

- Le réflexe myotatique est un réflexe monosynaptique. Il met en jeu différents éléments qui constituent l'arc réflexe.
- La commande de la contraction met en jeu la synapse neuromusculaire.
- Les messages nerveux moteurs qui partent du cerveau cheminent par des faisceaux de neurones qui descendent dans la moelle jusqu'au motoneurone. C'est ce qui explique les effets paralysants des lésions médullaires.
- Le corps cellulaire du motoneurone reçoit des informations diverses qu'il intègre sous la forme d'un message moteur unique et chaque fibre musculaire reçoit le message d'un seul motoneurone.

CORRIGÉ SUJET 36

À l'examen, on ne vous demande pas de justifier vos choix.

1. a) Faux. Leur corps cellulaire est situé dans un ganglion de la racine dorsale d'un nerf rachidien.

b) Vrai.

c) Faux. S'il y avait des boutons synaptiques, cela signifierait que des terminaisons axoniques d'autres neurones établissent des contacts synaptiques avec ces neurones ; or ce n'est pas le cas, car ce sont des neurones afférents dont l'activité dépend uniquement du stimulus (étirement du muscle) et donc du fuseau neuromusculaire.

d) Faux. Seul, le prolongement central (vers la moelle), établit des contacts synaptiques donc sécrète un neurotransmetteur.

2. a) Faux. En pénétrant dans le muscle, l'axone se ramifie et chacune des ramifications entre en contact avec une fibre musculaire. Un motoneurone innerve donc un plus ou moins grand nombre de fibres musculaires ; on appelle unité motrice l'ensemble formé par le motoneurone et les fibres musculaires qu'il innerve.

b) Faux. En effet l'arrivée du potentiel d'action au niveau de la terminaison présynaptique de la jonction neuromusculaire provoque l'exocytose des vésicules contenant de l'acétylcholine.

c) Faux. L'axone d'un motoneurone quitte la moelle épinière en passant par la racine ventrale d'un nerf rachidien (racine antérieure).

d) Vrai. En effet, la synapse entre neurone afférent et motoneurone dans le réflexe myotatique est une synapse chimique où l'extrémité axonique du neurone afférent libère un neuromédiateur (le glutamate) lors de l'arrivée d'un potentiel d'action et c'est ce neurotransmetteur qui stimule le motoneurone en se fixant sur les récepteurs moléculaires des dendrites et du corps cellulaire du motoneurone.

3. a) Faux. Le cortex moteur est situé dans la région postérieure du cortex frontal, et non dans le cortex pariétal.

b) Faux. Les axones des neurones corticaux commandant la musculature des membres inférieurs descendent jusque dans la moelle lombaire, ce qui représente beaucoup plus de 10 cm.

c) Faux. Les axones des neurones corticaux établissent des synapses avec les motoneurones médullaires et ne vont pas jusqu'aux muscles.

d) Faux. Les motoneurones du territoire du visage du cortex moteur innervent les muscles de cette région du corps.

4. a) Faux. La section de la moitié droite de la moelle épinière sectionne bien les axones issus du cortex moteur, mais il s'agit des axones issus du cortex moteur gauche.

b) Faux. Les membres supérieurs innervés par des nerfs rachidiens issus de la moelle au-dessus de la section ne sont pas affectés.

c) Faux. Uniquement une paralysie du membre inférieur gauche.

d) Vrai. La moelle située sous la section ne peut plus recevoir de messages issus du cortex moteur mais n'est pas détruite et reste capable de jouer son rôle de centre nerveux réflexe.

SUJET 37

SUJET INÉDIT

RESTITUTION DES CONNAISSANCES

SPÉCIFIQUE • 8 POINTS

THÈME La communication nerveuse

Un aspect de l'organisation du système nerveux

▶ **Identifiez chacun des éléments (A à F) du document et précisez leur rôle dans la réalisation du mouvement volontaire dans lequel ils sont impliqués.**

Document — Éléments nerveux d'un mouvement volontaire

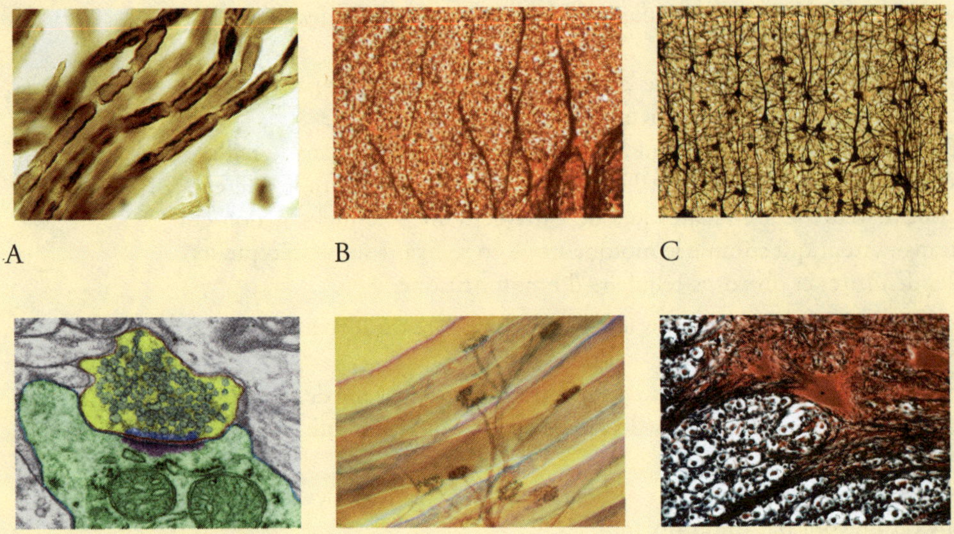

A B C

D E F

Les éléments nerveux de A à F ci-dessus, disposés dans un ordre aléatoire, sont tous impliqués dans la réalisation volontaire d'un mouvement de flexion du pied droit.

LES CLÉS DU SUJET

Comprendre le sujet

• Interpréter ces photos en se rappelant que, dans l'organisation du système nerveux, on reconnaît la substance grise des centres nerveux où sont situés les corps cellulaires des neurones, la substance blanche et les nerfs, constitués par des fibres nerveuses et chargés de la **conduction** des messages nerveux.

• Localiser le cliché représentant la structure émettrice du message nerveux à l'origine du mouvement volontaire et détecter ensuite la structure suivante impliquée qui doit être conductrice de messages ; suivre ensuite le message nerveux jusqu'à la contraction du muscle impliqué.

Mobiliser ses connaissances

• L'exploration du cortex cérébral permet de découvrir les aires motrices spécialisées à l'origine des mouvements volontaires.

• Les messages nerveux moteurs, qui partent du cerveau, cheminent par des faisceaux de neurones et descendent dans la moelle jusqu'aux motoneurones.

• Le corps cellulaire du motoneurone reçoit des informations diverses qu'il intègre sous la forme d'un message moteur unique ; chaque fibre musculaire reçoit le message d'un seul motoneurone.

CORRIGÉ SUJET 37

• Le cliché **C** montre les corps cellulaires de neurones disposés en plusieurs couches, ce qui est caractéristique du cortex cérébral. Puisque tous les éléments sont impliqués dans le mouvement, il s'agit du cortex moteur, et le neurone encadré est un neurone moteur émetteur du message « volontaire ». En outre, c'est un neurone du cortex gauche puisque ce dernier commande les mouvements de la partie droite du corps.

• Le cliché **B** est une coupe de moelle épinière qui montre des coupes transversales de fibres nerveuses. L'élément encadré peut être une fibre nerveuse, axone du neurone du cortex moteur et conduisant le message descendant. Cette fibre est située sur le côté droit de la moelle épinière car les fibres nerveuses de la motricité se croisent peu avant la moelle épinière.

• Le cliché **F** est aussi une coupe de moelle épinière mais l'élément encadré, situé dans la corne antérieure droite de la substance grise, est le corps cellulaire d'un motoneurone.

• Le cliché **D** est une synapse neuronique ; puisqu'elle est en jeu dans ce mouvement volontaire, c'est une synapse entre l'axone du neurone cortical et le motoneurone médullaire.

• Le cliché **A** montre uniquement des fibres nerveuses : il s'agit des fibres d'un nerf qui conduisent les messages nerveux émis par les motoneurones vers les muscles.

• Le cliché **E** représente une jonction neuromusculaire : le fonctionnement de cette synapse fait que le message nerveux déclenche la contraction de la fibre musculaire.

SVT

SUJET 38

ANTILLES, GUYANE • SEPTEMBRE 2010

PRATIQUE DU RAISONNEMENT SCIENTIFIQUE • EXERCICE 2

SPÉCIALITÉ • 5 POINTS

THÈME **Énergie et cellule vivante**

Métabolisme énergétique des cellules musculaires

La contraction des cellules musculaires consomme de l'ATP. Cette molécule n'est pas stockée dans les cellules et doit être régénérée en permanence.

Les muscles sont constitués de deux grands types de cellules : des fibres de type I et des fibres de type II.

▸ En exploitant le document 1, et à l'aide de vos connaissances, donnez les caractéristiques de chaque type de fibres musculaires en relation avec son métabolisme énergétique. Montrez, en exploitant l'ensemble des documents 1 à 3, que les athlètes présentent des caractéristiques physiologiques associées aux particularités de leur sport.

Document 1 Tableau de quelques caractéristiques des fibres musculaires

Caractéristiques	Fibres de type I	Fibres de type II
Vitesse de contraction	faible	élevée
Nombre de capillaires par fibre	4-5	3
Molécules de myoglobine fixatrices d'O_2	+ + +	+
Quantité de mitochondries	+ + +	+
ATP synthétase	+ + +	+
Réserves en substrat (glycogène-lipides)	+ + +	+ + +

Remarque. *Le nombre de signes + est proportionnel à la quantité de produit ou d'organites cellulaires.*

Document 2 Pourcentages des deux types de fibres chez différents athlètes

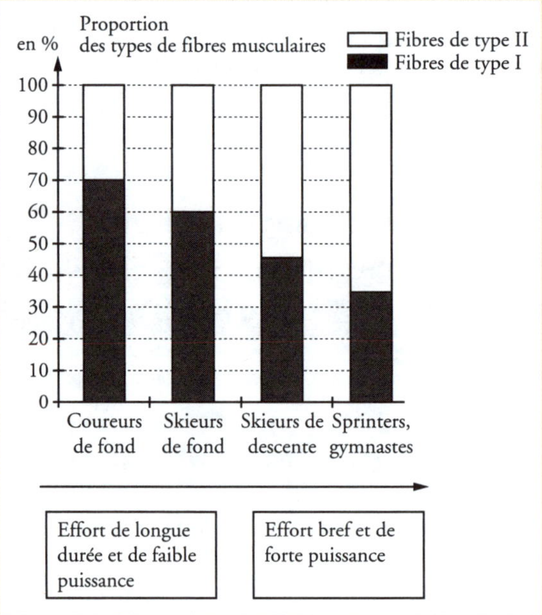

Document 3 Puissance énergétique fournie par le muscle et voie métabolique sollicitée en fonction

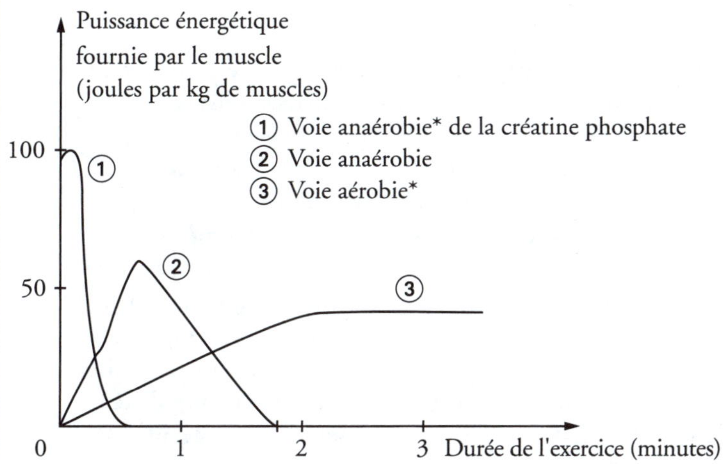

* « aérobie » : utilisant le dioxygène ; « anaérobie » : n'utilisant pas le dioxygène.

La voie ① (appelée voie de la créatine phosphate) produit très rapidement de l'ATP.

LES CLÉS DU SUJET

Comprendre le sujet

- Le sujet vous propose un découpage en **deux parties** : une première question qu'il faut résoudre à partir des données du document 1, une deuxième question à envisager à l'aide des données des **trois documents. Il faut suivre ce découpage**. Toutefois, il est bon de lire rapidement l'ensemble des documents avant d'exploiter à fond le document 1. Le document 3 par exemple vous parle de voies aérobie, et anaérobie, ce qui peut vous aider dans l'exploitation du document 1.
- Pour le document 1, si on veut éviter une paraphrase des données, il est bon de les exploiter de **façon comparative** et de bien distinguer celles qui sont en rapport avec la livraison de dioxygène aux fibres et celles qui sont en rapport avec l'utilisation du dioxygène par les fibres.
- Le document 3 est d'exploitation difficile et des précisions manquent d'ailleurs pour une analyse rigoureuse. Bien voir que les 3 voies métaboliques indiquées assurent la régénération de l'ATP et la question à se poser est : assurent-elles la régénération de **beaucoup d'ATP** et **pendant combien de temps** ?

Mobiliser ses connaissances

Toute cellule vivante, isolée ou non, animale ou végétale (autotrophe et non autotrophe), régénère son ATP en oxydant des molécules organiques par processus respiratoire et fermentaire. Par contraste avec l'oxydation complète du substrat liée aux mitochondries, une oxydation incomplète est possible par fermentation.

Caractéristiques de chaque type de fibres musculaires

Fibres de type I

La densité des capillaires irrigant les fibres de type I est environ 1,5 fois celle des fibres de type II. Comme le sang approvisionne les fibres musculaires en **dioxygène**, on peut penser que pendant un temps donné, les fibres de type I peuvent recevoir plus de dioxygène que les fibres de type II. En outre, les fibres de type I sont beaucoup plus riches en myoglobine que les fibres de type II. Or la myoglobine représente pour les fibres musculaires une réserve de dioxygène qui peut être utilisée lorsque la teneur en dioxygène des fibres devient très faible. On peut donc conclure que les fibres de type I peuvent être davantage approvisionnées en dioxygène que les fibres de type II.
La richesse en **mitochondries** des fibres de type I est beaucoup plus forte que celle de type II. Or les mitochondries sont les organites où a lieu la **respiration cellulaire** consommatrice de dioxygène qui est couplée avec la production de **beaucoup d'ATP**.
La respiration des fibres de type I peut donc être plus intense que pour les fibres de type II. Cela est confirmé par la richesse en ATP synthétase, enzyme permettant le couplage entre la respiration cellulaire (fonctionnement des chaînes respiratoires mitochondriales) et la synthèse d'ATP, plus grande dans les fibres de type I.
Bien approvisionnées en dioxygène, riches en mitochondries permettant l'utilisation de ce dioxygène, les fibres de type I doivent donc avoir **un métabolisme aérobie** assurant la régénération de l'ATP au fur et à mesure de son utilisation au cours de la contraction.
Le métabolisme aérobie des fibres de type II est relativement modeste et la capacité de régénération de l'ATP par ce type de métabolisme est réduite.
La teneur en glycogène, qui joue le rôle de réserve en glucose, est la même pour les deux types de fibres. On peut seulement conclure que les deux types possèdent des réserves énergétiques. Le document ne fournit aucun renseignement précis sur le métabolisme énergétique des fibres de type II qui leur permet d'avoir une vitesse de contraction élevée. On peut penser qu'il s'agit d'un **métabolisme anaérobie comme la fermentation lactique**.
Enfin, on peut corréler les différences entre les deux types de fibres avec la différence dans la vitesse de contraction, le métabolisme aérobie étant associé avec une vitesse de contraction lente, le métabolisme anaérobie à une vitesse de contraction élevée.

Les fibres de type II sont en réalité plus riches en glycogène que les fibres de type I mais, même si vous avez cette connaissance, vous devez vous soumettre aux informations fournies par le document.

Caractéristiques des fibres et type de sport

Exploitation du document 2

Les athlètes effectuant des efforts **de longue durée** (coureurs de fond, skieurs de fond) ont des muscles **riches en fibres de type I** (70 % et 60 % respectivement). En revanche les athlètes effectuant des efforts de plus courte durée (skieurs de descente et encore plus sprinters et gymnastes) ont des muscles **riches en fibres de type II** (55 et 65 % respectivement).

Il semble donc exister une corrélation entre le type de fibres musculaires et la durée de l'effort. Les fibres de type I au métabolisme aérobie faciliteraient les efforts de longue durée, les fibres de type II au métabolisme surtout anaérobie les efforts de courte durée nécessitant une vitesse de contraction élevée.

Cette comparaison n'a de sens que si l'on considère les mêmes muscles chez tous les athlètes et des muscles impliqués dans l'exercice.

Exploitation du document 3

Les trois voies indiquées sont des voies qui permettent **la régénération de l'ATP** indispensable à la contraction des muscles.
Au cours d'un effort très bref (de 10 à 20 secondes) mais très puissant, c'est le système de la créatine phosphate qui permet l'essentiel de la régénération de l'ATP nécessaire à la contraction des muscles, le métabolisme anaérobie de la fermentation lactique y contribuant pour une faible partie. Mais le système de la créatine phosphate est épuisé au bout de 20 à 30 secondes. À vrai dire, il n'est efficace que pendant les premières secondes. Le système anaérobie de la fermentation lactique atteint son maximum d'efficacité vers 30 à 40 secondes. Au-delà il ne permet que des efforts moins intenses et ne peut se prolonger plus de 2 minutes.
Le métabolisme aérobie est lent à atteindre son efficacité maximale (2 minutes environ) mais ensuite il peut assurer la régénération de l'ATP pendant un temps prolongé à forte intensité de l'effort. Toutefois, la puissance maximale permise par le mécanisme aérobie de la respiration cellulaire est inférieure à la puissance maximale permise par les mécanismes anaérobies de régénération de l'ATP : quand il faut produire beaucoup d'ATP pendant un temps court ce sont les mécanismes anaérobies qui sont les plus efficaces.

Bilan

Les athlètes effectuant des efforts prolongés ont des muscles riches en fibres de type I au métabolisme aérobie. Or ce type de métabolisme ne permet pas de régénérer suffisamment d'ATP pour effectuer des efforts très intenses en peu de temps mais assure la régénération de l'ATP pendant longtemps. Ce type de muscles est donc **bien adapté à des efforts prolongés**.
Les athlètes d'activités intenses mais de **courte durée** ont des muscles riches en fibres de type II au métabolisme surtout anaérobie qui permet de régénérer beaucoup d'ATP pendant un temps court mais devient inefficace dès que la durée de l'effort dépasse deux minutes. Là aussi les caractéristiques des muscles sont adaptées à la nature de l'effort réalisé par l'athlète.

THÈME Énergie et cellule vivante

Les métabolismes des levures

On dispose de deux souches de levure de boulangerie (*Saccharomyces cerevisiae*) : la souche G et la souche P. Celles-ci se différencient par le fait que la souche G donne, en se multipliant, des colonies de grande taille alors que la souche P donne des colonies de petite taille. Une colonie est le résultat de la multiplication des cellules. Ce sont donc des clones d'une cellule originelle. On cherche à montrer que la différence de taille des colonies de ces deux souches de levure dépend du métabolisme adopté.

▸ **À partir de l'exploitation des trois documents, montrez qu'il existe une diversité de métabolismes chez la levure à l'origine de la taille des colonies. Vous préciserez alors le métabolisme des souches G et des souches P.**

Document 1 Culture de deux souches de levures

On cultive les deux souches de levures, dans la même boîte de Pétri, sur un milieu gélosé complet contenant notamment 5 % de glucose et abondamment oxygéné. Les cultures sont placées à température constante. Les schémas ci-après montrent les cultures à l'instant initial (t_0) et à l'instant final (t_F).

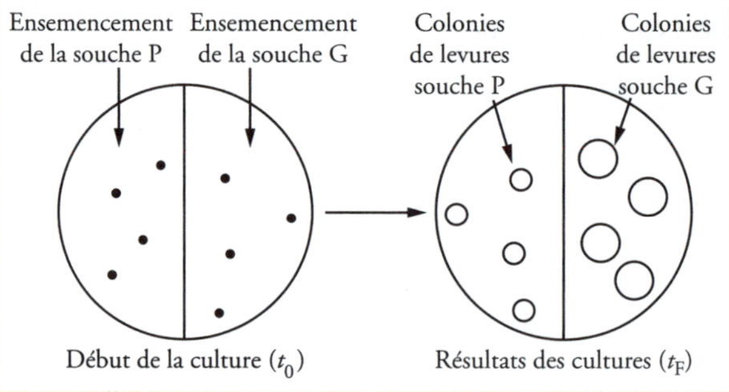

D'après *Biologie et biotechnologie des levures*, CRDP, Académie d'Aix-Marseille.

Document 2 Comparaison en microscopie électronique à transmission du nombre et de l'aspect des mitochondries des cellules de levures G et P

	Cellule G	Cellule P
Mitochondries	environ 15 par cellule	environ 4 à 5 par cellule

Aspect des mitochondries des cellules G

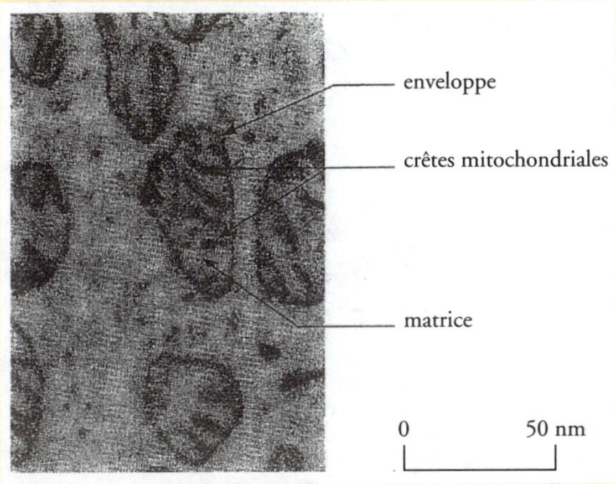

Aspect des mitochondries des cellules P

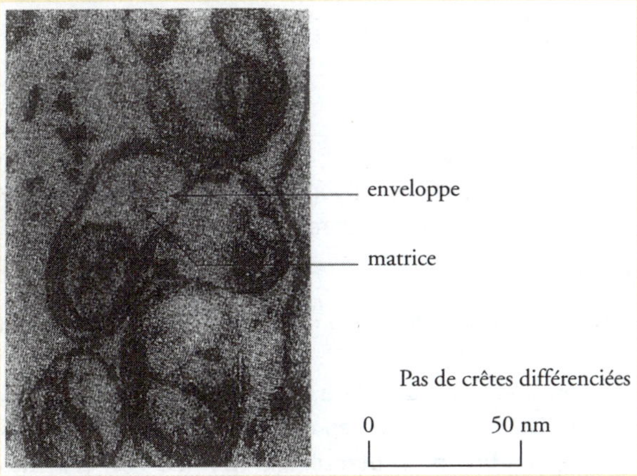

D'après *Biologie et biotechnologie des levures*, CRDP, académie d'Aix-Marseille.

Document 3 Comparaison de l'activité métabolique pour chaque souche de levure

Le triphényl-tétralozium est utilisé par les levures comme accepteur final des électrons de la chaîne respiratoire des mitochondries à la place du dioxygène. Dans ces conditions, il est réduit en un composé de couleur rouge, le formazan.

Sur chaque colonie de cellules G et de cellules P, on applique le triphényl-tétralozium.

Parallèlement, des expériences sont réalisées pour mesurer la quantité d'ATP produite par les souches G et P. Par calcul, il a été déterminé le rendement énergétique respectif pour chaque souche. Le schéma ci-après montre les résultats obtenus.

Résultats des cultures en présence de triphényl-tétralozium

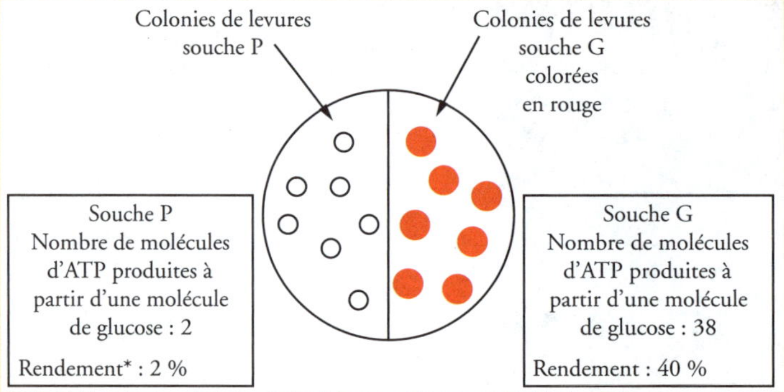

*Rendement = % de l'énergie récupérée à partir des métabolites transformés utilisable par la cellule pour se développer.

D'après *Biologie des levures*, Didier Pol, Ellipses et *Bioénergétique : l'ATP dans la cellule*, Coll. Synapse, Hachette Éducation.

LES CLÉS DU SUJET

Comprendre le sujet

Pour bien comprendre l'intérêt des documents fournis, il faut avoir en tête que les synthèses cellulaires dont dépend la multiplication des cellules exigent de l'ATP intermédiaire énergétique produit par la dégradation des molécules organiques, par respiration ou fermentation.

Mobiliser ses connaissances

• Toute cellule vivante régénère son **ATP** en oxydant des molécules organiques par processus respiratoire ou fermentaire.

• **La respiration** qui a lieu dans les mitochondries aboutit à une dégradation complète des molécules organiques avec production de CO_2 et de H_2O ; les réactions de la respiration sont couplées avec **la synthèse d'un grand nombre de molécules d'ATP** (38 ATP par molécule de glucose dégradée). La première étape de la respiration mitochondriale a lieu dans la matrice des mitochondries ; elle consiste en une série de décarboxylations oxydatives avec production de composés réduits. La deuxième étape se déroule dans les **crêtes de la membrane interne** des mitochondries. Elle consiste en une oxydation par le **dioxygène** des composés réduits produits pendant la première étape et elle est couplée à la production d'une importante quantité d'ATP.

• **La fermentation** qui se déroule dans le hyaloplasme de la cellule consiste en une dégradation incomplète des molécules organiques et elle est couplée avec une synthèse d'ATP **beaucoup plus faible qu'avec la respiration.**

Exploitation du document 1 : la multiplication des deux souches de levures

Au temps t_F, les colonies de levures de la souche G ont **un diamètre double** des colonies de la souche P. Comme les colonies résultent de la multiplication des cellules initialement présentes, cela signifie que les levures G se sont davantage multipliées que les levures P. Comme la **multiplication** des cellules s'accompagne d'une **synthèse de matières organiques**, on peut conclure que l'activité de synthèse a été beaucoup plus intense dans les levures G que dans les levures P.

Les deux souches sont cultivées exactement dans les mêmes conditions, en particulier dans un milieu abondamment oxygéné permettant donc la **respiration cellulaire**. La différence dans l'activité de synthèse des levures des deux souches n'est pas due à **des facteurs externes** mais à **des facteurs internes** héréditaires.

Exploitation du document 2 : les différences dans la structure des levures G et P

Les levures de la souche G ont de nombreuses mitochondries et surtout la membrane interne de ces mitochondries forme de nombreuses crêtes. Les levures de la souche P sont trois fois moins riches en mitochondries et **surtout il n'y a pas de crêtes mitochondriales.**

On peut penser que c'est cette **différence** entre les mitochondries qui est à l'origine des différences dans l'activité de synthèse de ces deux souches (document 1).

Exploitation du document 3 : la respiration des levures G et P et la synthèse d'ATP

Les colonies de levures de souche G sont colorées en rouge, ce qui indique que le triphényl-tétralozium a été réduit en formazan et donc que les **chaînes respiratoires mitochondriales ont fonctionné.** Puisque le triphényl-tétralozium joue le même rôle que le dioxygène, on peut en conclure que les levures de souche G **respirent dans un milieu oxygéné.**

En revanche, les colonies de souche P ne sont pas colorées en rouge, donc les levures de cette **souche P ne respirent pas, même si le milieu est oxygéné.**

Cela s'accompagne d'une différence très importante dans la quantité de molécules d'ATP produites par molécule de glucose dégradée. Lorsque la molécule de glucose est complètement dégradée au cours de la respiration mitochondriale (souche G), il y a 19 fois plus (38/2) d'ATP produit que par fermentation (souche P). Le rendement énergétique des levures G est 20 fois celui des levures P.

Bilan

Dans un milieu oxygéné, les levures de la **souche G** dégradent les molécules organiques par **respiration** alors que celles de la **souche P** le font par **fermentation**. Cette différence de métabolisme est due à une **différence de structure entre les mitochondries des deux souches. Contrairement aux levures G, les levures P** n'ont pas de crêtes mitochondriales. Comme les chaînes respiratoires où le dioxygène est

SVT

l'accepteur final d'électrons sont situées dans les crêtes mitochondriales, **les levures P ne peuvent pas respirer contrairement aux levures G.** Pour une même quantité de molécules de glucose dégradée, les levures P produisent 19 fois moins d'ATP que les levures G. Comme l'ATP est un intermédiaire énergétique indispensable et consommé au cours des réactions de synthèse des cellules, cela explique que les levures P se multiplient moins que les levures G et donc forment des petites colonies.

SUJET 40

PONDICHÉRY • MAI 2008

PRATIQUE DU RAISONNEMENT SCIENTIFIQUE • EXERCICE 2

SPÉCIALITÉ • 5 POINTS

THÈME Énergie et cellule vivante

L'ATP et la bioluminescence du lampyre

Le lampyre est un insecte capable d'émettre une lumière : ce phénomène se nomme la bioluminescence. La femelle garde toute sa vie un aspect larvaire, d'où le nom de ver luisant parfois utilisé pour désigner le lampyre. Ces signaux lumineux servent notamment à la parade amoureuse.

▶ **À partir de l'étude des documents mise en relation avec vos connaissances, montrez comment l'ATP intervient dans ce phénomène et comment il est produit dans la cellule.**

Document 1 Expériences de bioluminescence réalisées *in vitro*

Tubes	Contenus des tubes	Résultats
1	Luciférine + ATP + luciférase	Aucune lumière produite
2	Luciférine + O_2 + luciférase	Aucune lumière produite
3	Luciférine + ATP + O_2 + luciférase	Émission d'une lumière

Remarque. *La luciférine et la luciférase (enzymes) sont présentes dans le cytoplasme des cellules du lampyre. La luciférine est le substrat de la luciférase. L'oxygène intervient dans une réaction d'oxydation du complexe luciférine – luciférase.*

Document 2 Consommation de dioxygène par des mitochondries isolées

Des mitochondries sont isolées à partir de cellules animales. À l'aide d'un système ExAO (expérimentation assistée par ordinateur), on suit la concentration en dioxygène du milieu dans les conditions expérimentales ci-après :

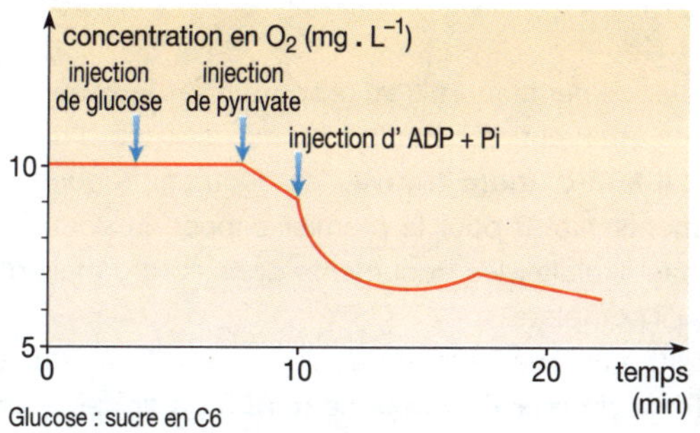

Glucose : sucre en C6
Pyruvate : molécule à 3 atomes de carbone résultant de la dégradation partielle du glucose dans le hyaloplasme
ADP + Pi : Adénosine diphosphate + phosphate inorganique

D'après *SVT spécialité*, Didier.

Document 3 **Intensité lumineuse (IL) en fonction de la concentration en ATP du milieu (µg · mL^{-1})**

Un extrait d'abdomen de lampyre est placé en présence de dioxygéne. On mesure l'intensité lumineuse selon la concentration d'ATP du milieu.

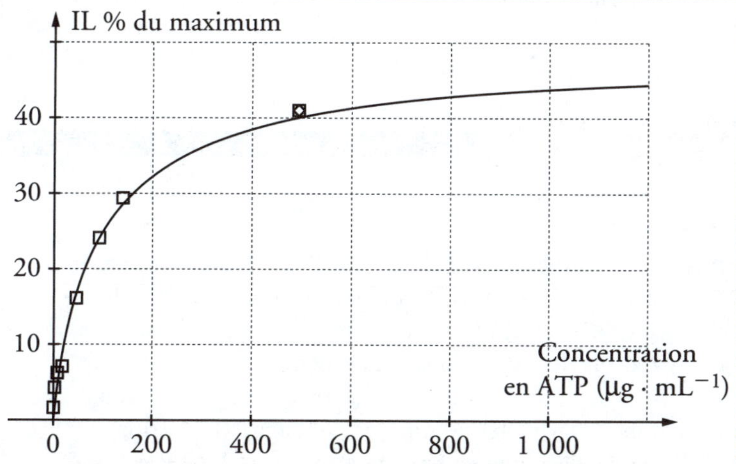

D'après www.didier-pol.net.

SVT

LES CLÉS DU SUJET

Comprendre le sujet

• Le libellé du sujet souligne que les documents fournis se rapportent à **deux aspects** du métabolisme de l'ATP dans la cellule : son intervention dans la bioluminescence d'une part, sa production dans la cellule d'autre part. **Il faut d'abord trouver** les documents qui se rapportent à chacun de ces aspects : les documents 1 et 3 pour le premier aspect, le document 2 pour le second. Il est donc légitime de ne pas exploiter les documents dans l'ordre mais d'envisager le document 3 après le document 1 qu'il complète.

• Les documents 1 et 3 se rapportent à un phénomène que vous n'avez pas étudié en classe ; ils font donc essentiellement appel **à la rigueur du raisonnement** à partir des informations extraites des documents. La seule connaissance générale que vous devez mobiliser a trait au mode d'action des enzymes, en liaison avec la vitesse d'une réaction enzymatique en fonction de la concentration du substrat.

• En revanche, l'interprétation du second document implique de mobiliser les connaissances sur les conditions de synthèse d'ATP à partir d'ADP et de phosphate inorganique.

• **Il est nécessaire de faire un bilan** montrant que vous avez bien compris comment les réactions de bioluminescence dépendent de la respiration mitochondriale.

Mobiliser ses connaissances

L'ATP est une molécule indispensable à la vie cellulaire. Toutes les activités des cellules consomment des intermédiaires métaboliques, en particulier de l'ATP. L'ATP n'est pas stocké mais régénéré aussi vite qu'il est détruit. Toute cellule vivante régénère son ATP en oxydant des molécules organiques par processus respiratoire ou fermentaire.

CORRIGÉ SUJET 40

Exploitation du document 1

On constate qu'il n'y a émission de lumière que dans le tube 3. La **seule différence** entre les tubes 2 et 3 résidant dans la présence d'ATP dans le tube 3, on peut conclure que l'ATP est indispensable pour que les réactions aboutissant à l'émission de lumière aient lieu. De même la comparaison des conditions expérimentales des tubes 1 et 3 indique que le dioxygène est aussi indispensable. La luciférase est l'enzyme qui catalyse une réaction d'oxydation de la luciférine qui s'accompagne d'émission de lumière : il y a conversion d'énergie chimique en énergie lumineuse. **L'ATP est indispensable à la réalisation de la réaction d'oxydation catalysée par la luciférase mais rien dans les données du document 1 ne permet de préciser son rôle précis.**

Exploitation du document 3

L'extrait d'abdomen du lampyre contient de la luciférase et son substrat puisque dans le document 1 il est indiqué que la luciférase et la luciférine sont présentes dans le cytoplasme des cellules du lampyre. On étudie donc l'intensité de la réaction catalysée par l'enzyme en fonction de la concentration en ATP du milieu. On constate que la courbe a globalement la forme d'une hyperbole : dans un premier temps l'intensité lumineuse produite est **proportionnelle à la concentration d'ATP**, ensuite lorsque la concentration de l'ATP dépasse 200 µg par mL, la pente de la courbe diminue pour devenir quasi nulle au-delà de 800 µg par mL. Cette courbe est semblable à celle de la vitesse d'une réaction enzymatique en fonction de la concentration du substrat. On peut donc dire qu'au même titre que la luciférine, **l'ATP est un substrat** dans la réaction catalysée par l'enzyme ; **il doit donc être consommé** au cours de la réaction.

En l'absence de précision sur les conditions expérimentales qui permettent d'obtenir une intensité maximale, on ne peut expliquer pourquoi le palier de la courbe est atteint à une intensité légèrement supérieure à 40 % du maximum.

Exploitation du document 2

En mesurant la diminution de la concentration en dioxygène du milieu, on évalue **l'intensité de la respiration des mitochondries**. Dans un premier temps lorsque la courbe est horizontale, les mitochondries ne respirent pas, et ce même après ajout de glucose. Les mitochondries ne sont donc pas capables d'utiliser le glucose comme substrat pour leur respiration. L'ajout de pyruvate entraîne une baisse de la concentration de O_2, ce qui indique que les mitochondries utilisent le pyruvate comme substrat respiratoire. L'injection d'ADP et de phosphate inorganique entraîne une chute rapide de la concentration en O_2, ce qui souligne une **activation de la respiration mitochondriale**. La pente de la courbe diminue ensuite pour devenir quasi nulle, ce qui signifie que l'ADP et le phosphate inorganique disparaissent : en réalité il y a **synthèse d'ATP** à partir de l'ADP et du phosphate inorganique ajoutés.

Ainsi la respiration mitochondriale dépend non seulement de l'apport de pyruvate et du dioxygène mais aussi de la disponibilité en ADP et phosphate inorganique. Cela traduit un couplage entre les réactions d'oxydation du substrat organique (le pyruvate) et la synthèse d'ATP : l'énergie libérée par l'oxydation du substrat permet la synthèse d'ATP à partir d'ADP et de phosphate inorganique.

Avec les données fournies, on ne peut expliquer pourquoi la respiration mitochondriale reprend, après être devenue quasi nulle, comme le traduit la dernière partie de la courbe (au-delà de 18 minutes environ).

Bilan

Dans le cytoplasme des cellules de l'abdomen du lampyre émettrices de lumière, l'ATP est consommé au cours de la réaction d'oxydation de la luciférine catalysée par la luciférase. En même temps l'oxydation du pyruvate (provenant de la dégradation du glucose dans le hyaloplasme) dans les mitochondries est couplée à la synthèse d'ATP. **L'ATP produit dans les mitochondries passe constamment dans le hyaloplasme où il est indispensable à la réalisation des réactions émettrices de lumière.**

SUJET 41 SUJET INÉDIT
PRATIQUE DU RAISONNEMENT SCIENTIFIQUE • EXERCICE 2
SPÉCIALITÉ • 5 POINTS

THÈME Atmosphère, hydrosphère, climat : du passé à l'avenir

Le dioxygène, le dioxyde de carbone et la fossilisation de la matière organique

Les documents 1 et 2 renseignent sur l'évolution de la concentration de dioxygène et de celle de dioxyde de carbone dans l'atmosphère durant les 500 derniers millions d'années. Le document 3 renseigne sur les quantités de matières organiques fossilisés (sous forme de charbons, d'hydrocarbures...) durant la même période.

▶ **À partir des informations extraites des documents, mises en relation avec vos connaissances, expliquez les évolutions des teneurs de l'atmosphère en dioxygène et dioxyde de carbone entre 350 et 300 millions d'années. Proposez une explication aux différences entre la teneur en ces gaz de l'atmosphère il y a 100 millions d'années par rapport à la période actuelle.**

Document 1 L'évolution de la teneur en O_2 depuis 500 Ma

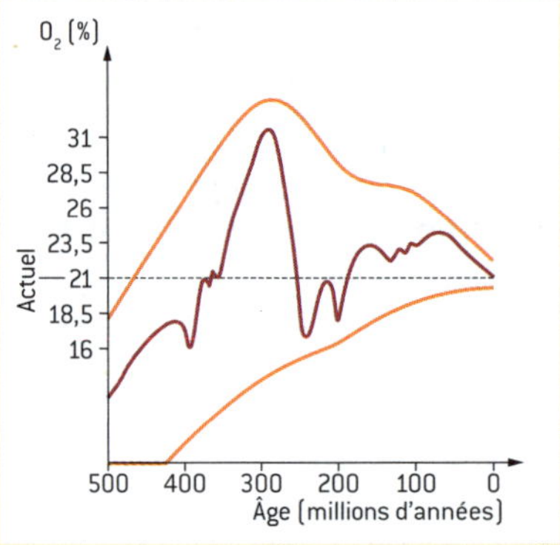

Document 2 Les variations de la teneur en CO_2 de l'atmosphère

RCO_2 désigne le rapport : Teneur en CO_2 de l'atmosphère à un moment donné / Teneur actuelle en CO_2.

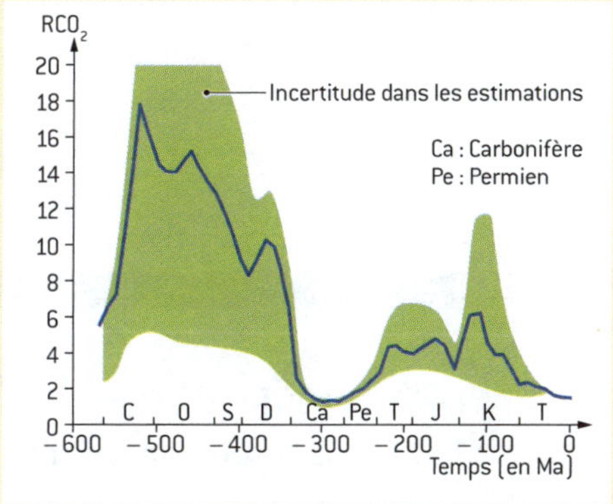

Document 3 Les matières organiques piégées durant les 600 derniers millions d'années

Variation de la quantité de matière organique enfouie, piégée, transformée ou non en pétrole ou en charbon sur la période considérée. La valeur actuelle du carbone piégé permet d'établir des comparaisons.

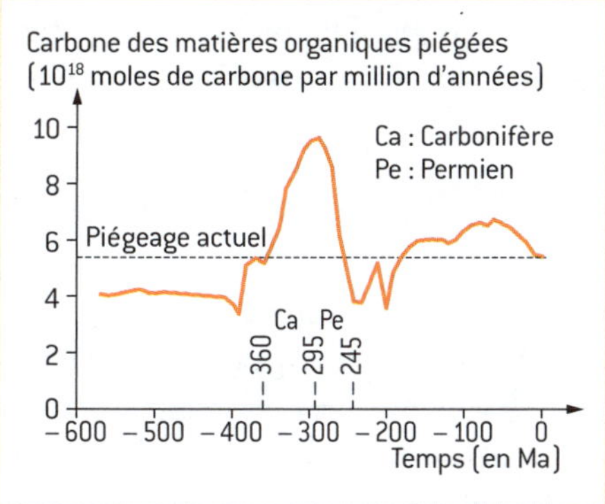

LES CLÉS DU SUJET

Comprendre le sujet

- Penser au fait que la teneur de l'atmosphère en un gaz dépend des processus qui soutirent le gaz à l'atmosphère et de ceux qui en rejettent.
- Se rappeler les mécanismes producteurs de dioxygène (la photosynthèse des organismes chlorophylliens) et consommateurs (la respiration des êtres vivants et l'oxydation des éléments minéraux).
- Se rappeler de même les processus qui enrichissent l'atmosphère en CO_2 (l'activité volcanique, la respiration des êtres vivants, le dégazage des eaux océaniques) et ceux qui l'appauvrissent (la photosynthèse des organismes chlorophylliens, l'altération des roches silicatées, la dissolution dans les eaux océaniques).

• Se rappeler que la fossilisation de la matière organique a une influence sur la teneur de l'atmosphère en CO_2 et O_2.

■ Mobiliser ses connaissances

Les bulles d'air contenues dans les glaces permettent d'étudier la composition de l'air durant les 800 000 dernières années.

CORRIGÉ SUJET 41

Évolution de l'atmosphère entre 350 et 300 millions d'années

• De –350 Ga à –300 Ga, la teneur en O_2 ne fait qu'augmenter (document 1) passant de 21 % à 31 %. Au contraire, pendant la même période, celle de CO_2 (document 2) ne fait que baisser (d'environ 5 fois par rapport à la teneur d'origine).
• Le document 3 indique que cette période est marquée par un fort piégeage des matières organiques (charbons…). La photosynthèse de ces matières organiques a consommé du CO_2 et produit de l'O_2.
• Par l'enfouissement, les matières organiques synthétisées sont soustraites à l'oxydation (respiration) qui, normalement, aurait consommé de l'O_2 et produit du CO_2.
• Durant cette période, une partie de l'O_2 produit n'a pas été utilisée d'où l'augmentation de sa concentration durant cette période. Durant la même période, une partie du CO_2 consommé par la photosynthèse n'a pas été restituée au milieu par la respiration : son taux a baissé.

Les différences entre l'atmosphère d'il y a 100 millions d'années et l'atmosphère actuelle

• La teneur en dioxygène est relativement élevée, 23 % il y a 100 Ma contre 21 % actuellement, et celle du CO_2 trois à quatre fois plus forte qu'actuellement. Donc les teneurs en O_2 et CO_2 sont toutes les deux élevées.
• Le document 3 montre qu'à la même époque, la fossilisation de la matière organique été supérieure à ce qu'elle est actuellement ; cela peut expliquer la teneur en O_2 plus élevée qu'actuellement.
• Par contre, dans ces conditions, la teneur en CO_2 aurait dû être basse, ce qui n'est pas le cas : l'activité volcanique particulièrement intense a produit du CO_2 qui a plus que compensé sa soustraction par piégeage dans les matières organiques enfouies.

THÈME Atmosphère, hydrosphère, climat : du passé à l'avenir

L'origine des variations de CO_2 depuis 50 ans

▸ À partir des informations extraites de l'analyse des documents 1, 2 et 3 mises en relation avec vos connaissances :

– caractérisez les variations globales et annuelles du CO_2 durant les 50 dernières années et proposez une explication aux variations annuelles ;

– montrez que les rejets dus aux activités humaines ne se retrouvent pas totalement dans l'atmosphère et proposez une explication.

Document 1 Évolution de la teneur en CO_2 de l'atmosphère à Hawaï

La teneur en CO2 est exprimée en ppmv (partie par million en volume) : 300 ppmv = 0,03 %.

a. De 1960 à 2005

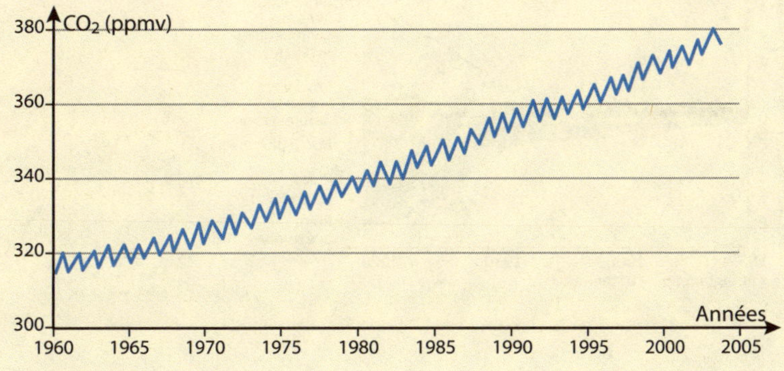

b. De 2007 à 2012

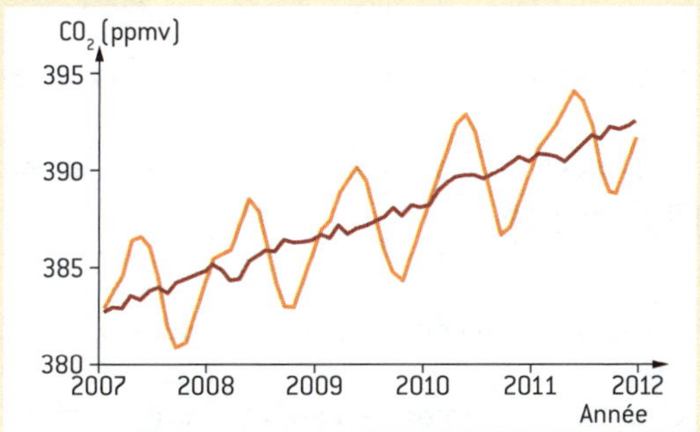

Document 2 Masse de carbone rejetée sous forme de CO_2 par combustion des énergies fossiles de 1960 à 2005

La masse est exprimée en gigatonnes : 1 GT = 10^9 tonnes.

On estime que 2,1 GT de carbone sous forme de CO_2 entraînent une augmentation de 1 ppmv de la teneur en CO_2 de l'atmosphère.

Il s'agit d'une courbe cumulative : par exemple, en 1970, 40 GT de CO_2 avaient été libérées depuis 1960.

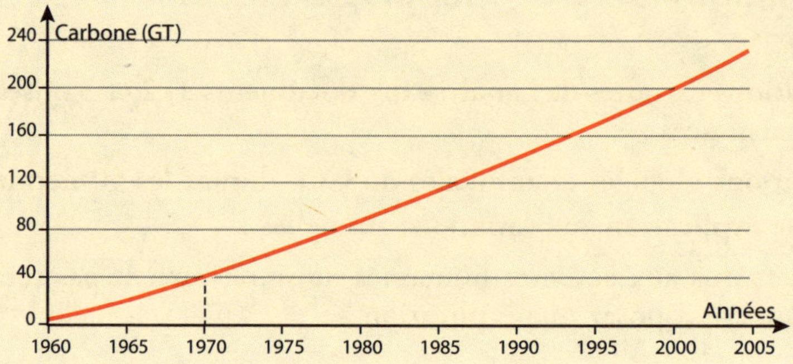

Document 3 Évolution du bilan carbone mondial de 1850 à 2008

Un petagramme (Pg) = 10^{15} grammes (g) = 10^9 tonnes (T) = une gigatonne (GT)

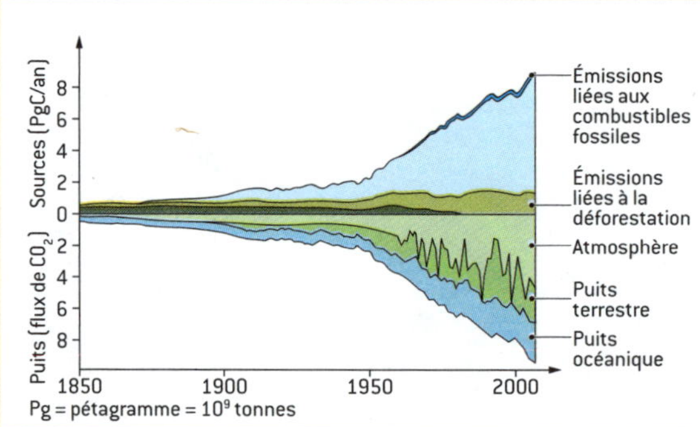

LES CLÉS DU SUJET

Comprendre le sujet

- Il s'agit de montrer que l'augmentation de la teneur de l'atmosphère en CO_2 est bien due aux activités humaines.
- La comparaison des informations apportées par les documents 1 et 2 doit permettre de poser un problème que le document 3 aide à résoudre.

Mobiliser ses connaissances

- L'effet de serre déterminé, notamment par la composition de l'atmosphère, est un facteur influençant le climat global.
- L'étude de cette relation effet de serre – climat permet de proposer des hypothèses d'évolution du climat de la planète, en particulier en fonction des émissions de gaz à effet de serre (plus particulièrement de CO_2), induites par l'activité humaine.

Exploitation du document 1

• La teneur en CO_2 de l'atmosphère est, depuis 50 ans, en augmentation régulière (document 1) : elle est passée de 320 ppmv en 1960 à 388 ppmv en 2010. Elle a donc augmenté de 68 ppmv en 50 ans.
• Sur cette variation globale, se greffent des variations annuelles (document 1b) avec un maximum de la teneur en CO_2 en fin d'hiver/ début du printemps, et un minimum à la fin de l'automne.
• Chaque année, dans l'hémisphère Nord, durant l'automne et l'hiver, les échanges gazeux de la photosynthèse sont plus faibles que ceux de la respiration : l'atmosphère s'enrichit en CO_2.
• En revanche, les échanges gazeux photosynthétiques sont nettement plus élevés que les échanges respiratoires au printemps et en été : l'atmosphère s'appauvrit en CO_2.

Exploitation du document 2

• Le rejet de carbone par les combustions dues aux activités humaines, en 45 ans, a été de 240 GT. Cela correspond à une augmentation de 240 / 2,1 de la teneur en CO_2 de l'atmosphère exprimée en ppmv, soit une augmentation de 114 ppmv environ.
• Or, le document 1a montre que, durant la même période, l'augmentation de la teneur en CO_2 de l'atmosphère a été de 60 ppmv : une partie du CO_2 rejeté ne se retrouve pas dans l'atmosphère.

Exploitation du document 3

• À l'émission de CO_2 par la combustion des combustibles fossiles, s'ajoute la déforestation, qui s'accompagne d'une libération de CO_2.
• Une partie de l'ensemble du CO_2 rejeté par les « sources », se retrouve dans l'atmosphère, une autre partie dans les océans et la troisième dans la biosphère terrestre (la photosynthèse l'emportant globalement sur la respiration).

Synthèse

• Les activités humaines rendent compte à elles seules de l'augmentation de la teneur en CO_2 de l'atmosphère durant les 50 dernières années. Cependant, cette augmentation est inférieure à ce qu'elle devrait être si tout le CO_2 produit restait dans l'atmosphère. Cela s'explique car une partie du CO_2 rejeté est passée dans les eaux océaniques et une autre partie a été piégée dans les matières organiques de la biosphère continentale.
• Océans et biosphères se comportent comme des « puits » qui contribuent à limiter l'augmentation de la teneur en CO_2 de l'atmosphère, mais leur efficacité a tendance à faiblir durant ces dernières années.

THÈME Atmosphère, hydrosphère, climat : du passé à l'avenir

Variations climatiques et accessibilité de la grotte Cosquer

▸ **À partir des informations extraites des documents 1 et 2, mises en relation avec vos connaissances, montrez en quoi les variations climatiques des 20 000 dernières années expliquent que l'occupation de la grotte par les humains a cessé d'être possible à partir de – 7 000 ans.**

Document 1 Données géologiques sous-marines au large de Marseille

Sur les bords de mer se déposent des graviers, des galets, des coquillages de toutes sortes qui marquent la limite entre la mer et son littoral.

Au large des côtes de Marseille, on a pu repérer trois principales lignes de rivage fossiles ou paléorivages :

– PR50 (50 mètres de profondeur), daté de – 8 500 ans ;
– PR90 (90 mètres de profondeur), daté de – 11 700 ans ;
– PR100 (100 mètres de profondeur), daté de – 13 850 ans.

Le bord des canyons situés à 130 mètres de profondeur et qui débouche sur les grands fonds pourrait constituer un autre paléorivage daté de – 20 000 ans.

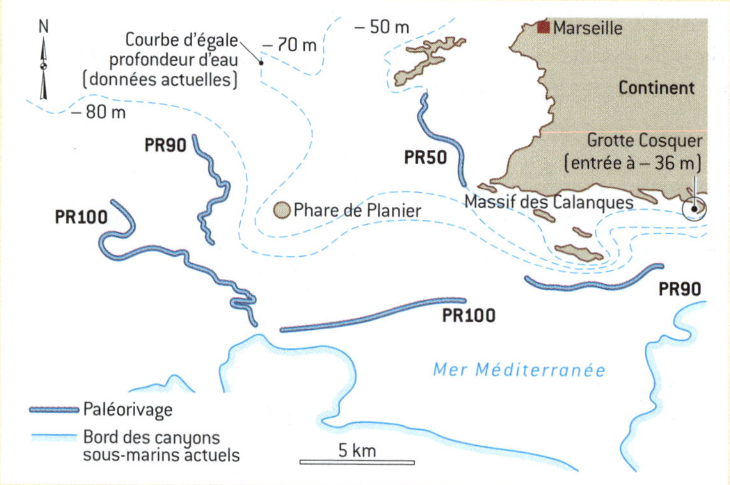

Source : D'après J. Collina-Girard, 2002, www.cefeg.ac-aix-marseille.fr.

Document 2 Les variations du delta isotopique $^{18}O/^{16}O$ des tests de foraminifères benthiques

Le volume d'eau sur Terre, en considérant ses différentes formes est constant. Le delta isotopique de la glace est toujours négatif c'est-à-dire que, par rapport à l'eau de mer, l'eau de la glace contient moins de $H_2{}^{18}O$ que l'eau de mer. Lors de **l'extension** d'une calotte glaciaire, le volume de glace augmente, plus de $H_2{}^{16}O$ est piégé dans la glace. En conséquence, **le rapport $^{18}O/^{16}O$ de l'eau de mer augmente.**

Les tests des foraminifères, organismes unicellulaires, sont en calcaire ($CaCO_3$). On peut déterminer le rapport $^{18}O/^{16}O$ des tests et calculer un delta isotopique. Ce delta suit fidèlement les variations du rapport $^{18}O/^{16}O$ de l'eau de mer. Comme pour tout delta, il faut une référence : celle-ci est le rapport $^{18}O/^{16}O$ d'une coquille d'un fossile, une bélemnite.

En réalisant des forages dans les sédiments océaniques, on a pu suivre pendant 140 000 ans les variations du delta isotopique des tests de foraminifères.

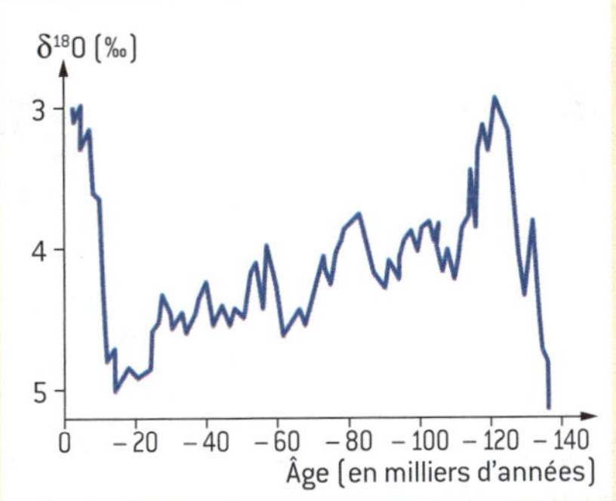

Document de référence La grotte Cosquer aujourd'hui

En 1991, une grotte ornée de peintures rupestres est découverte dans les Calanques près de Marseille, au cap Morgiou. Elle est accessible par un tunnel long de 175 mètres, dont l'entrée est à – 36 mètres.

Cette grotte sous-marine abrite des dizaines d'œuvres peintes et gravées. Des datations montrent qu'elle a connu plusieurs phases d'occupation humaine. La dernière phase d'occupation (– 20 000 ans à – 7 000 ans) est riche en peintures et gravures d'animaux.

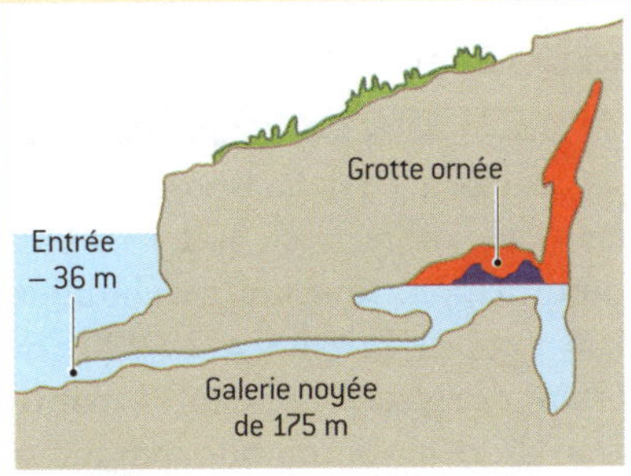

LES CLÉS DU SUJET

Comprendre le sujet

- La formulation de la question est relativement ambiguë. La réponse à la question pourrait se limiter à l'utilisation du document de référence, qui indique que l'entrée de la grotte était exondée de – 20 000 ans à – 7 000 ans, puis ensuite immergée. En réalité, ce qui est demandé est d'expliquer l'origine de l'élévation du niveau de la mer qui a rendu inaccessible l'entrée de la grotte.
- Les documents ne fournissent aucune indication précise sur le niveau de la mer il y a 7 000 ans. On peut simplement dire, grâce au document 1, que le niveau de la mer a continué à s'élever entre – 8 500 et le niveau actuel et que, sans doute, l'entrée de la grotte, située 14 mètres au-dessus du niveau de la mer il y a 85 000 ans, a été ennoyée vers 7 000 ans.
- Le document 2 est celui qui apporte le plus directement des informations sur l'évolution de la température de l'eau et donc sur le climat.

Mobiliser ses connaissances

• On considère que, pendant les 200 derniers millions d'années, le volume d'eau sous forme de glace, de liquide et de vapeur est constant.

• Une des principales causes des variations du niveau de la mer est la formation et la destruction des calottes polaires.

CORRIGÉ SUJET 43

Exploitation du document 1

• Un paléorivage renseigne sur le niveau de la mer à une époque donnée par rapport au niveau actuel de la mer. Ainsi, il y a 13 850 ans, le niveau de la mer était 100 mètres plus bas que le niveau actuel.

• Les données sur les paléorivages, de – 20 000 ans à l'actuel, révèlent une élévation continue du niveau de la mer durant cette période. L'entrée de la grotte Cosquer étant située à – 36 mètres par rapport au niveau actuel, on peut dire qu'elle était accessible aux humains de – 20 000 ans à – 8 500 ans au moins. À cette dernière date, l'entrée était encore située à 14 mètres au-dessus du niveau de la mer (document de référence : entrée de la grotte – 36 m ; document 1 : PR 50 situé à – 50 m il y a 8 500 ans).

Exploitation du document 2

• Il y a 20 000 ans, le delta isotopique des tests de foraminifères était de 5 ; à partir de – 16 000 ans environ, ce delta isotopique a constamment diminué pour atteindre sa valeur actuelle, au voisinage de 3, il y a 3 000 ou 4 000 ans.

• D'après les informations fournies, cela indique un rapport $^{18}O/^{16}O$ plus élevé qu'actuellement dans l'eau de mer il y a 20 000 ans. Ce rapport élevé s'explique par un volume important des glaces, donc un climat très froid.

• La diminution du delta isotopique indique une diminution du volume des glaces donc un réchauffement du climat.

Synthèse

• Il y a 20 000 ans, le volume des glaces était très important. Comme le volume d'eau sur Terre est constant, cela signifie qu'il y avait moins d'eau dans les bassins océaniques. En conséquence, le niveau des mers était bas et la grotte Cosquer accessible à l'Homme.

• À partir de cette date, le réchauffement climatique révélé par le delta isotopique des foraminifères entraîne une fonte des glaces, et donc une élévation progressive du niveau marin jusqu'à interdire l'accès à la grotte il y a environ 7 000 ans.

SUJET 44

SUJET INÉDIT

PRATIQUE DU RAISONNEMENT SCIENTIFIQUE • EXERCICE 2

SPÉCIALITÉ • 5 POINTS

THÈME **Glycémie et diabète**

Hypoglycémie, glucagon et diabète de type 1

Les personnes atteintes d'un diabète de type 1 se font des injections d'insuline afin de régulariser leur glycémie et de rétablir un métabolisme normal de glucose. Parfois, si elles sont mal dosées, les injections d'insuline peuvent entraîner une hypoglycémie plus ou moins dangereuse pour le cerveau.

▶ **À partir des informations extraites du document, indiquer si le fonctionnement des cellules α des îlots de Langerhans est normal chez les diabétiques de type 1.**

Document Variations de la glycémie et de la glucagonémie chez des sujets diabétiques et non diabétiques

Chez des personnes non diabétiques et chez des diabétiques de type 1 volontaires, on a injecté de l'insuline, puis suivi les variations de la glycémie et de la glucagonémie durant 120 minutes.

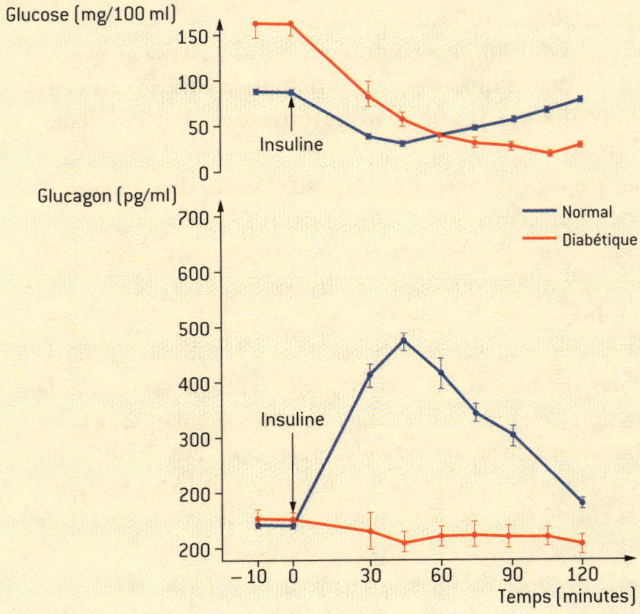

LES CLÉS DU SUJET

Comprendre le sujet

• Il s'agit d'établir que chez les individus atteints de diabète de type 1, si les cellules sécrétrices d'insuline sont non fonctionnelles dans le diabète I, les cellules sécrétrices de glucagon ont également un fonctionnement anormal. Il faut absolument se laisser guider par l'analyse des documents.

• Relever la contradiction entre l'hyperglycémie à jeun chez les diabétiques et la concentration en glucagon, hormone pourtant hyperglycémiante, identique chez eux à celle des individus non diabétiques.
• Noter les effets identiques sur la glycémie, dans un premier temps, de l'injection d'insuline chez les individus non diabétiques et diabétiques, mais que la sortie de l'hypoglycémie est retardée chez les diabétiques.
• Conclure en soulignant que, chez les diabétiques de type 1, les cellules sécrétrices de glucagon ont un fonctionnement anormal.

■ Mobiliser ses connaissances

• La régulation de la glycémie repose notamment sur les hormones pancréatiques : insuline et glucagon.
• Le diabète de type 1 résulte de la perturbation de la régulation de la glycémie provoquée par l'arrêt ou l'insuffisance d'une production pancréatique d'insuline.
• L'absence ou l'insuffisance de l'insuline est due à une destruction auto-immune des cellules β des îlots de Langerhans.

CORRIGÉ SUJET 44

• À jeun, la glycémie des diabétiques est supérieure à 150 mg/100 mL alors que celle des non diabétiques est voisine de 90 mg/100 mL.
• Chez les deux groupes, l'injection d'insuline a eu pour effet d'abaisser la glycémie. Cela démontre que les organes des diabétiques répondent de la même façon que ceux des non diabétiques à l'insuline. **Il n'y a pas d'insulinorésistance** chez ces diabétiques de type 1.
• On constate que la glycémie atteint une valeur plus basse chez les diabétiques, et surtout que l'augmentation de la glycémie suite à sa baisse est à peine amorcée à 120 minutes chez les diabétiques, alors qu'elle est nette chez les témoins. Cela signifie que le système de régulation des diabétiques contre l'**hypoglycémie** présente des anomalies par rapport aux témoins.
• On constate que, malgré la glycémie élevée des diabétiques à jeun, leur glucagonémie est la même que chez les témoins. Cela traduit déjà une anomalie dans la sécrétion du glucagon en fonction de la glycémie. Surtout, alors que la glucagonémie des témoins augmente beaucoup suite à l'hypoglycémie, celle des diabétiques a plutôt tendance à baisser. Cela signifie que les cellules α sécrétrices de glucagon, normalement stimulées par les faibles valeurs de l'hypoglycémie, ne le sont pas chez les diabétiques de type 1.
• Chez les diabétiques de type 1, il y a non seulement arrêt de la sécrétion d'insuline par destruction des cellules β, mais aussi des **anomalies dans le comportement des cellules α** vis-à-vis de la glycémie.
• L'absence de réponse des cellules α à la baisse de la glycémie chez les diabétiques explique les dangers de l'hypoglycémie chez eux, car le glucagon est une hormone hyperglycémiante.

THÈME Glycémie et diabète

Phénotypes liés à la régulation de la glycémie

Les documents 1, 2 et 3 se rapportent à trois individus A, B et C chez lesquels on a fait des analyses afin de diagnostiquer d'éventuelles anomalies dans leur système de régulation de la glycémie.

▸ À partir des informations extraites de l'analyse des trois documents, indiquez si les trois individus souffrent de diabète et, si oui, de quel type de diabète.

Document 1 Évolution de la glycémie chez trois individus suites à l'ingestion de 75 g de glucose (épreuve d'hyperglycémie provoquée)

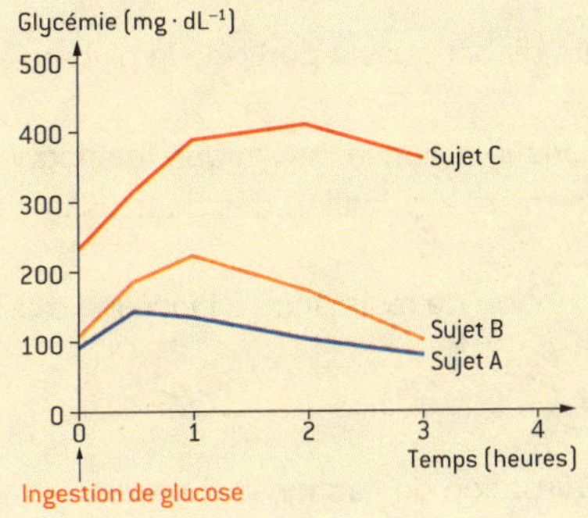

Document 2 Évolution de l'insulinémie des individus A, B et C suite à l'ingestion de 75 g de glucose

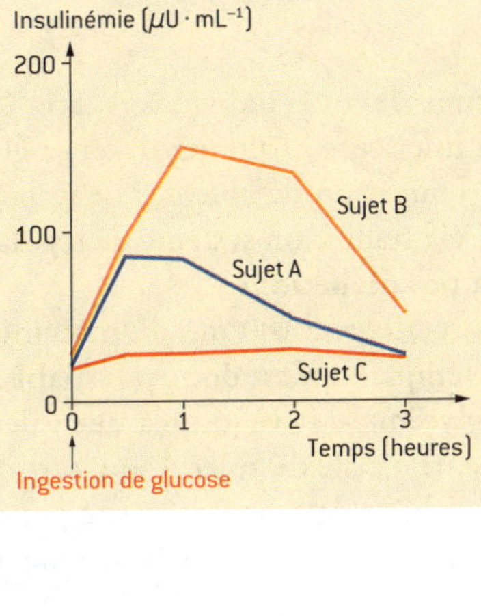

Document 3 Insuline et métabolisme global du glucose chez les trois individus A, B et C

La technique du clamp insulinique a été utilisée pour apprécier le métabolisme global du glucose, essentiellement son utilisation par les organes de l'organisme.

Pour cela, chez les trois individus à jeun, on réalise une perfusion d'insuline en continu de façon à stabiliser l'insulinémie à la valeur choisie (par exemple 60 U/L, alors que l'insulinémie à jeun est de 10 U/L). En même temps, on maintient la glycémie à sa valeur à jeun à l'aide d'une perfusion de glucose.

Les résultats renseignent sur la quantité de glucose qu'il a été nécessaire d'injecter dans le sang durant toute la période où l'insulinémie était maintenue à 60 U/L pour stabiliser la glycémie à 90 mg/dL.

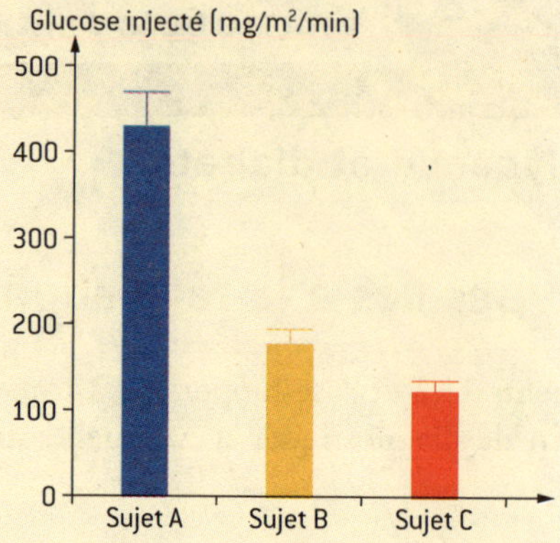

LES CLÉS DU SUJET

Comprendre le sujet

- Distinguer les niveaux différents des états diabétiques à partir de la glycémie à jeun, puis de la réponse au test d'hyperglycémie provoqué.
- En prenant en compte les différences dans la réponse insulinique, distinguer l'état pré-diabétique de l'état diabétique et en tirer une première explication des conclusions tirées de l'analyse du document 1.
- Compléter l'explication en dégageant la notion de résistance à l'insuline des organes cibles de cette hormone.

Mobiliser ses connaissances

Le diabète de type 2 s'explique par la perturbation de l'action de l'insuline.

CORRIGÉ SUJET 45

Exploitation du document 1

- Ce document nous renseigne sur la glycémie des trois individus A, B et C.
- Le **sujet A** a une glycémie à jeun un peu inférieure à 100 mg/dL et sa glycémie ne dépasse pas une valeur 140 mg/dL suite à l'ingestion de glucose. Le retour à la glycémie initiale se fait au bout de 2 heures. Cela traduit un système de régulation de la glycémie fonctionnel. Cette personne **n'est pas diabétique**.
- Le **sujet B** a une glycémie à jeun un peu supérieure à 100 mg/dL mais inférieure au seuil de 126 mg/dL, qui définit un état diabétique. **Il n'est donc pas diabétique**. Cependant, suite à l'ingestion de glucose, sa glycémie s'élève jusqu'à une valeur un peu supérieure à 200 mg/dL, nettement supérieure à celle du sujet A, qui sert de témoin. Le retour à la glycémie initiale n'a lieu qu'au bout de 3 heures. Cette personne n'est pas diabétique, mais l'évolution de sa glycémie suite à l'ingestion de glucose suggère **un état pré-diabétique**.

• Le **sujet C** a une glycémie à jeun de 240 mg/dL, ce qui indique un diabète ; cela est confirmé par l'épreuve d'hyperglycémie provoquée, où la glycémie atteint 400 mg/dL et s'y maintient. On peut donc parler de **diabète sévère**.

Exploitation du document 2

• Il faut rechercher les causes de l'état pré-diabétique du sujet B et du diabète du sujet C, **le sujet A servant de témoin**.
• Suite à l'ingestion de glucose, on constate une forte augmentation de l'insulinémie du sujet B, supérieure à celle du témoin A. L'état pré-diabétique du sujet B n'est donc pas dû à une insuffisance de l'insulinosécrétion.
• En revanche, l'insulinémie du sujet C n'augmente presque pas suite à l'ingestion de glucose. Les cellules β du pancréas du sujet C ne répondent pas à l'augmentation de la glycémie. Il y a donc un **déficit de l'insulinosécrétion**.
• Cependant, il y a une sécrétion d'insuline basale, ce qui signifie qu'il ne s'agit pas d'un diabète de type 1.

Exploitation du document 3

• La quantité de glucose qu'on doit injecter pour maintenir la glycémie à sa valeur initiale correspond à celle prélevée par les organes sous l'action de l'insuline, maintenue à une concentration de 60 U/L.
• Par rapport au témoin, les organes du sujet B ont donc prélevé environ deux fois moins de glucose. Cela traduit une moins bonne réponse à l'insuline, donc une **insulinorésistance** des organes insulinodépendants (foie, muscles, tissu adipeux). Celle-ci est encore plus nette chez la personne diabétique C.

Synthèse

• Le sujet A a un système de régulation de la glycémie fonctionnel.
• Foie, muscles et tissu adipeux du sujet B répondent moins bien au message insulinique que le témoin A. Cependant, il **compense cette insulinorésistance** par une **sécrétion plus importante d'insuline** pour une glycémie donnée, ce qui fait qu'il n'est pas diabétique. Il est sur la voie d'un diabète de type 2.
• Le sujet C souffre **à la fois** d'une forte insulinorésistance et d'un déficit de l'insulinosécrétion. Il en résulte un diabète de type 2.

SUJET 46

SUJET INÉDIT

PRATIQUE DU RAISONNEMENT SCIENTIFIQUE • EXERCICE 2

SPÉCIALITÉ • 5 POINTS

THÈME Glycémie et diabète

Mécanismes en œuvre contre l'hypoglycémie

À des personnes volontaires, à jeun depuis une dizaine d'heures, on a fait une injection d'insuline (0,04 U/kg) au temps 0. À l'aide de prélèvements sanguins à intervalles rapprochés, on a suivi l'évolution de divers paramètres suite à cette injection. En outre, une technique complexe a permis de quantifier la production de glucose par le foie et son utilisation par l'ensemble des cellules de l'organisme.

▸ **À partir des informations extraites des documents 1 et 2, mises en relation avec vos connaissances, indiquez la succession des mécanismes physiologiques rendant compte de l'évolution de la glycémie depuis le temps – 10 minutes jusqu'au temps 90 minutes.**

Document 1 **Évolution de la glycémie, de la production de glucose et de l'utilisation de glucose au cours de l'expérimentation**

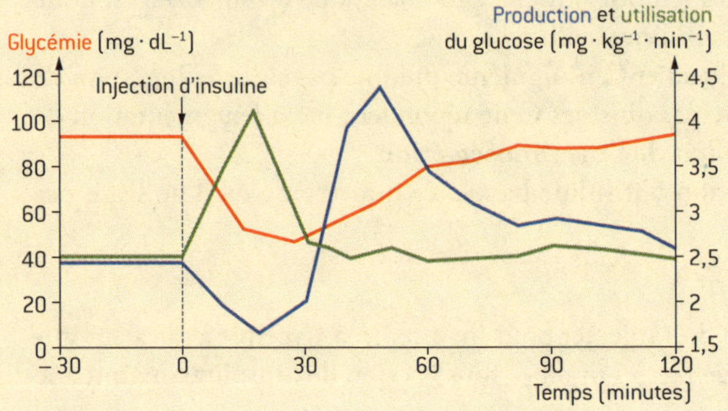

Document 2 **Évolution de l'insulinémie et de la glucagonémie au cours de l'expérimentation**

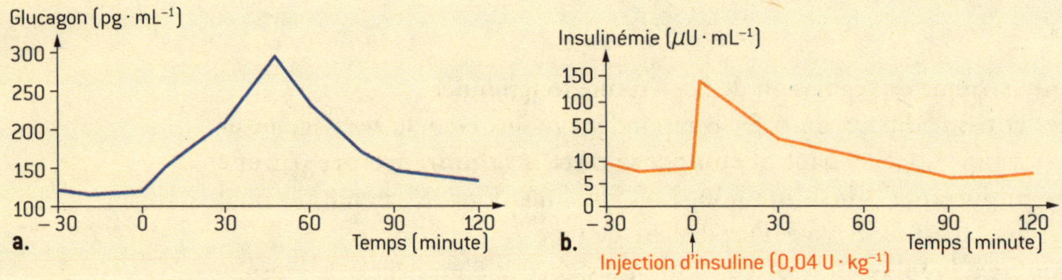

LES CLÉS DU SUJET

■ Comprendre le sujet

- Il s'agit d'étudier la réaction des différents éléments impliqués dans la régulation de la glycémie lors d'une hypoglycémie provoquée par une injection d'insuline.
- Faire une analyse complète du document 1 en évitant de le paraphraser.
- Bien dégager les effets de l'insuline afin d'expliquer l'hypoglycémie constatée.
- Montrer le rôle du glucagon dans le retour à la normale.

■ Mobiliser ses connaissances

La régulation de la glycémie repose notamment sur les hormones pancréatiques : insuline et glucagon.

Exploitation du document 1

• À jeun, la glycémie est stable, égale à 90 mg/dL. L'injection d'insuline provoque une chute de la glycémie, qui atteint sa valeur la plus basse, 45 mg/dL à 30 minutes. La glycémie remonte ensuite pour reprendre sa valeur initiale vers 90 minutes.
• Ces variations de la glycémie sont dues à des changements dans la production de glucose (par le foie) et d'utilisation de glucose par les organes insulinodépendants sous l'action de l'insuline injectée.
• Avant l'injection, production et utilisation de glucose étaient égales, ce qui explique la stabilité de la glycémie à jeun. Suite à l'injection, il y a une baisse de la production de glucose (minimale à 20 minutes) et une hausse de l'utilisation du glucose (maximale vers 20 minutes) : cela explique l'hypoglycémie. Ensuite, l'utilisation de glucose baisse, rejoint sa valeur initiale à 40 minutes et se maintient stable. En revanche, la production de glucose s'élève fortement entre 30 et 50 minutes, baisse ensuite tout en se maintenant à une valeur supérieure à la valeur à jeun.
• C'est donc **l'augmentation de la production de glucose** par le foie qui explique le retour à une glycémie normale.

Exploitation du document 2

• La chute de l'insulinémie constatée est due à la dégradation des molécules d'insuline injectées. Ce n'est donc pas une réaction physiologique ; on n'a aucune indication sur la sécrétion d'insuline par le pancréas (elle doit être quasi nulle). L'insuline injectée a disparu vers 60 minutes.
• On constate une augmentation de la concentration du glucagon à partir de 15 minutes, concentration qui atteint son maximum vers 50 minutes après l'injection d'insuline. Ensuite, la concentration baisse tout en restant supérieure à la valeur à jeun.
• Le **pancréas** a donc réagi à l'injection d'insuline par une **augmentation de sa sécrétion de glucagon**.

Synthèse

• L'**insuline** injectée agit sur le foie en inhibant la glycogénolyse et la néoglucogenèse et en stimulant la synthèse de glycogène. Cela explique la diminution de la production de glucose.
• L'insuline agit sur les muscles et le tissu adipeux en stimulant le prélèvement de glucose, la synthèse de glycogène dans les muscles et celle de lipides dans le tissu adipeux, à partir de glucose. Cela explique l'augmentation de l'utilisation de glucose.
• L'action de l'insuline sur le foie, les muscles et le tissu adipeux engendre donc une hypoglycémie. Cette **hypoglycémie** est détectée par les **cellules α** du pancréas, qui réagissent en sécrétant davantage de glucagon. Le profil hormonal change alors : baisse de l'insulinémie due à sa dégradation, augmentation de la concentration du glucagon, réaction physiologique.
• Le glucagon est une hormone hyperglycémiante qui agit surtout sur le foie en stimulant la production de glucose : cela explique l'augmentation de cette production constatée à partir de 20 minutes.
• En même temps, puisque l'insulinémie diminue, l'utilisation du glucose baisse. La production de glucose par le foie sous l'action du glucagon étant plus forte que son utilisation, **l'hypoglycémie disparaît peu à peu**.

LES OUTILS DU BAC S

Mémento de mathématiques

Analyse

SUITES NUMÉRIQUES

E1 Raisonnement par récurrence

Pour démontrer qu'une proposition P_n est vraie pour tout entier naturel $n \geqslant n_0$, il faut procéder en trois étapes :

- **1re étape** : « initialisation » : vérifier que la proposition est vraie pour $n = n_0$.
- **2e étape** : « hérédité » : supposer que la proposition est vraie pour $k \geqslant n_0$ (hypothèse de récurrence) et démontrer que la proposition est vraie pour $k + 1$.
- **3e étape** : « conclusion » : la proposition étant initialisée (étape 1) et héréditaire (étape 2), d'après l'axiome de récurrence, la proposition P_n est donc vraie pour tout entier naturel $n \geqslant n_0$.

E2 Suites et généralités

▶ A. Variations et monotonie

- Une suite (u_n) est **croissante** à partir du rang p si, pour tout entier naturel $n \geqslant p$, $u_{n+1} \geqslant u_n$.
- Une suite (u_n) est **décroissante** à partir du rang p si, pour tout entier naturel $n \geqslant p$, $u_{n+1} \leqslant u_n$.

▶ B. Suite majorée, minorée ou bornée

- Une suite (u_n) est **majorée** s'il existe un nombre réel M tel que, pour tout entier naturel n, $u_n \leqslant M$.
- Une suite (u_n) est **minorée** s'il existe un nombre réel m tel que, pour tout entier naturel n, $u_n \geqslant m$.
- Une suite (u_n) est **bornée** si elle est à la fois majorée et minorée.

▶ C. Limites et opérations

Soient (u_n) et (v_n) deux suites, ℓ et ℓ' deux nombres réels.

Somme

On calcule $\lim\limits_{n\to+\infty} u_n + v_n$:

$\lim\limits_{n\to+\infty} v_n$ \ $\lim\limits_{n\to+\infty} u_n$	ℓ	$-\infty$	$+\infty$
ℓ'	$\ell + \ell'$	$-\infty$	$+\infty$
$-\infty$	$-\infty$	$-\infty$	Forme indéterminée
$+\infty$	$+\infty$	Forme indéterminée	$+\infty$

Produit

$\lim\limits_{n\to+\infty} u_n$	ℓ	$\ell' \neq 0$	$\pm\infty$	0
$\lim\limits_{n\to+\infty} v_n$	ℓ'	$\pm\infty$	$\pm\infty$	$\pm\infty$
$\lim\limits_{n\to+\infty} u_n \times v_n$	$\ell \times \ell'$	$\pm\infty$	$\pm\infty$	Forme indéterminée

Quotient

Il est supposé ici que pour tout entier naturel n, $v_n \neq 0$.

$\lim\limits_{n\to+\infty} u_n$	ℓ	ℓ	$\pm\infty$	$\ell \neq 0$	0	$\pm\infty$
$\lim\limits_{n\to+\infty} v_n$	$\ell' \neq 0$	$\pm\infty$	$\ell' \neq 0$	0 (0^- ou 0^+)	0	$\pm\infty$
$\lim\limits_{n\to+\infty} \frac{u_n}{v_n}$	$\frac{\ell}{\ell'}$	0	$\pm\infty$	$\pm\infty$	Forme indéterminée	Forme indéterminée

Remarques :

- Dans les cas de formes indéterminées, il faut réécrire la suite étudiée (factorisation, développement, multiplication par l'expression conjuguée…).
- On applique les règles de calcul pour déterminer le signe de la limite du produit ou du quotient de deux suites.

▶ D. Limites et comparaison

Théorème de comparaison (limite infinie)

Soient (u_n) et (v_n) deux suites telles qu'à partir d'un certain rang, $u_n \geqslant v_n$:

- si $\lim\limits_{n\to+\infty} v_n = +\infty$, alors $\lim\limits_{n\to+\infty} u_n = +\infty$;
- si $\lim\limits_{n\to+\infty} u_n = -\infty$, alors $\lim\limits_{n\to+\infty} v_n = -\infty$.

Théorème des gendarmes (limite finie)

Soient (u_n), (v_n) et (w_n) trois suites telles qu'à partir d'un certain rang, $u_n \leqslant v_n \leqslant w_n$.

Si $\lim\limits_{n\to+\infty} u_n = \ell$ et si $\lim\limits_{n\to+\infty} w_n = \ell$ (ℓ étant un nombre réel), alors $\lim\limits_{n\to+\infty} v_n = \ell$.

▶ E. Limites et suites monotones

- Si une suite est **croissante et majorée**, alors cette suite converge.
- Si une suite est **décroissante et minorée**, alors cette suite converge.
- Si une suite (u_n) est croissante et non majorée, alors $\lim\limits_{n\to+\infty} u_n = +\infty$.
- Si une suite (u_n) est décroissante et non minorée, alors $\lim\limits_{n\to+\infty} u_n = -\infty$.

Remarque : Une suite qui n'est pas convergente est dite « divergente ». Une telle suite n'a pas de limite ou admet une limite infinie.

E3 Suites arithmétiques

▶ A. Définition. Relation de récurrence

Une suite (u_n) est dite **arithmétique** s'il existe un nombre réel r, appelé **raison** de la suite, tel que pour tout entier naturel n : $u_{n+1} = u_n + r$.
Cas particulier : Si $r = 0$, alors pour tout entier naturel n, $u_n = u_0$ (suite constante).

▶ B. Formule explicite

Soit (u_n) une suite arithmétique de raison r, $r \neq 0$.
Pour tout entier naturel n, nous avons : $u_n = u_0 + n \times r$.
Plus généralement, pour tous entiers naturels n et p, $u_n = u_p + (n - p) \times r$.

▶ C. Variations

- Une suite arithmétique de raison $r > 0$ est croissante.
- Une suite arithmétique de raison $r < 0$ est décroissante.

▸ D. Limites

Soit (u_n) une suite arithmétique de raison r.

$r > 0$	$r < 0$
(u_n) diverge : $\lim\limits_{n \to +\infty} u_n = +\infty$	(u_n) diverge : $\lim\limits_{n \to +\infty} u_n = -\infty$

▸ E. Somme de termes consécutifs

Soit (u_n) une suite arithmétique de raison r. Pour tout entier naturel n :

$$\sum_{k=0}^{n} u_k = u_0 + u_1 + \ldots + u_n = (n+1) \times \frac{u_0 + u_n}{2}.$$

E4 Suites géométriques

▸ A. Définition. Relation de récurrence

Une suite (u_n) est dite **géométrique** s'il existe un nombre réel q, appelé **raison** de la suite, tel que pour tout entier naturel n : $u_{n+1} = u_n \times q$.
Cas particuliers : Si $u_0 = 0$, ou $q = 1$, ou $q = 0$, alors la suite est constante.

▸ B. Formule explicite

Soit (u_n) une suite géométrique de premier terme u_0, $u_0 \neq 0$, et de raison q, $q \neq 0$ et $q \neq 1$.
Pour tout entier naturel n, nous avons : $u_n = u_0 \times q^n$.
Plus généralement, pour tous entiers naturels n et p, $u_n = u_p \times q^{n-p}$.

▸ C. Variations

Soit (u_n) une suite géométrique de premier terme u_0, $u_0 \neq 0$, et de raison q.

	$q > 1$	$0 < q < 1$	$q < 0$
$u_0 > 0$	(u_n) est croissante	(u_n) est décroissante	(u_n) n'est ni croissante ni décroissante
$u_0 < 0$	(u_n) est décroissante	(u_n) est croissante	(u_n) n'est ni croissante ni décroissante

▸ D. Limites

Soit (u_n) une suite géométrique de premier terme u_0, $u_0 \neq 0$, et de raison q.

$q > 1$	$-1 < q < 1$	$q \leqslant -1$
$\lim\limits_{n \to +\infty} u_n = +\infty$, si $u_0 > 0$ $\lim\limits_{n \to +\infty} u_n = -\infty$, si $u_0 < 0$	$\lim\limits_{n \to +\infty} u_n = 0$	(u_n) diverge

▸ E. Somme de termes consécutifs

Soit (u_n) une suite géométrique de premier terme u_0 et de raison q, $q \neq 1$. Pour tout entier naturel n, nous avons :

$$\sum_{k=0}^{n} u_k = u_0 + u_1 + \ldots + u_n = u_0 \times \frac{1 - q^{n+1}}{1 - q}.$$

E5 Limites

▶ A. Limites des fonctions usuelles

Fonction identité	$\lim\limits_{x \to -\infty} x = -\infty$	$\lim\limits_{x \to +\infty} x = +\infty$
Fonction carré	$\lim\limits_{x \to -\infty} x^2 = +\infty$	$\lim\limits_{x \to +\infty} x^2 = +\infty$
Fonction racine carrée		$\lim\limits_{x \to +\infty} \sqrt{x} = +\infty$
Fonction puissance ($n \in \mathbb{N}^*$)	$\lim\limits_{x \to -\infty} x^n = \begin{cases} -\infty \ (n \text{ impair}) \\ +\infty \ (n \text{ pair}) \end{cases}$	$\lim\limits_{x \to +\infty} x^n = +\infty$
Fonction inverse	$\lim\limits_{x \to -\infty} \frac{1}{x} = 0$; $\lim\limits_{\substack{x \to 0 \\ x<0}} \frac{1}{x} = -\infty$	$\lim\limits_{\substack{x \to 0 \\ x>0}} \frac{1}{x} = +\infty$; $\lim\limits_{x \to +\infty} \frac{1}{x} = 0$
Fonction valeur absolue	$\lim\limits_{x \to -\infty} \lvert x \rvert = +\infty$	$\lim\limits_{x \to +\infty} \lvert x \rvert = +\infty$
Fonction exponentielle	$\lim\limits_{x \to -\infty} e^x = 0$	$\lim\limits_{x \to +\infty} e^x = +\infty$
Fonction logarithme népérien	$\lim\limits_{\substack{x \to 0 \\ x>0}} \ln x = -\infty$	$\lim\limits_{x \to +\infty} \ln x = +\infty$

Remarque : Pour déterminer les limites d'une somme, d'un produit ou d'un quotient, des propriétés similaires à celles présentées pour les suites peuvent être utilisées. Dans le cas des formes indéterminées, il faut transformer l'écriture de la fonction (factorisation, développement, multiplication par l'expression conjuguée…), ou penser à encadrer, minorer ou majorer la fonction étudiée, puis utiliser les théorèmes de comparaison.

▶ B. Limite et composition

Théorème. Soient a, b et c désignant des nombres réels ou $+\infty$ ou $-\infty$, f et g deux fonctions : f définie au voisinage de a, g définie au voisinage de b.
Si $\lim\limits_{x \to a} f(x) = b$ et si $\lim\limits_{y \to b} g(y) = c$ alors $\lim\limits_{x \to a} g(f(x)) = c$.

▶ C. Limite et comparaison(s)

Soient a désignant un nombre réel ou $+\infty$ ou $-\infty$ et I un intervalle (voisinage de a).
Soient f, g et h trois fonctions définies sur l'intervalle I.

Théorème de « minoration ». Si pour tout x de I, $f(x) \geqslant g(x)$ (f minorée par g) et si $\lim\limits_{x \to a} g(x) = +\infty$ alors $\lim\limits_{x \to a} f(x) = +\infty$.

Théorème de « majoration ». Si pour tout x de I, $f(x) \leqslant g(x)$ (f majorée par g) et si $\lim\limits_{x \to a} g(x) = -\infty$ alors $\lim\limits_{x \to a} f(x) = -\infty$.

Théorème des gendarmes. Si pour tout x de I, $h(x) \geqslant f(x) \geqslant g(x)$ (f encadrée par h et g), si $\lim\limits_{x \to a} g(x) = \ell$ (nombre réel) et si $\lim\limits_{x \to a} h(x) = \ell$ alors $\lim\limits_{x \to a} f(x) = \ell$.

▸ D. Limite et interprétation graphique

• Si une fonction f a pour limite $+\infty$ ou $-\infty$ quand x tend vers un nombre réel c, $\lim\limits_{x \to c} f(x) = \pm\infty$, il est dit que la droite d'équation $x = c$ est une **asymptote** parallèle à l'axe des ordonnées (« **verticale** ») à la courbe représentative $\mathscr{C}$ de la fonction f dans un repère du plan.

• Si une fonction f a pour limite un nombre réel b quand x tend vers $+\infty$ (ou $-\infty$), $\lim\limits_{x \to \pm\infty} f(x) = b$, il est dit que la droite d'équation $y = b$ est une **asymptote** parallèle à l'axe des abscisses (« **horizontale** ») à la courbe représentative $\mathscr{C}$ de la fonction f dans un repère du plan.

E6 Dérivation

▸ A. Étude de la dérivabilité

Soit f une fonction définie sur un intervalle I et a un nombre réel de I.

• Dire que f **est dérivable en** a signifie que $\lim\limits_{h \to 0} \dfrac{f(a+h) - f(a)}{h}$ existe et est égale à un nombre réel noté $f'(a)$.

• Dire que f **est dérivable sur** I signifie que f est dérivable en tout nombre réel de I. Dans ce cas, la fonction qui à tout nombre réel x de I associe $f'(x)$, est appelée **fonction dérivée** de f et est notée f'.

▸ B. Dérivabilité et tangente

Soit f une fonction définie sur un intervalle I et dérivable en a, un nombre réel appartenant à I.
La **tangente** à la courbe représentative de la fonction f au point A d'abscisse a est la droite qui passe par A et qui a comme coefficient directeur $f'(a)$. L'équation réduite de cette tangente est $y = f'(a) \times (x - a) + f(a)$.

▸ C. Dérivée et variations

Théorème. Soit f une fonction dérivable sur un intervalle I.

• Si pour tout nombre réel x de I, $f'(x) \geqslant 0$ alors la fonction f est **croissante** sur I.

• Si pour tout nombre réel x de I, $f'(x) \leqslant 0$ alors la fonction f est **décroissante** sur I.

▸ D. Dérivée et extremum

Soit f une fonction dérivable sur un intervalle ouvert I et a un nombre réel appartenant à I.
Théorème. Si f' s'annule en a en changeant de signe, alors $f(a)$ est un extremum local de f.
Théorème. Si f admet un extremum local en a alors f' s'annule en a.

▸ E. Dérivée de fonctions usuelles

f est définie sur	$f(x)$	f est dérivable sur	$f'(x)$
$\mathbb{R}$	k (k un nombre réel)	$\mathbb{R}$	0
$\mathbb{R}$	x	$\mathbb{R}$	1
$\mathbb{R}$	$ax + b$ (a et b deux réels)	$\mathbb{R}$	a
$\mathbb{R}$	x^2	$\mathbb{R}$	$2x$
$\mathbb{R}$	x^n (n entier naturel, $n \geqslant 1$)	$\mathbb{R}$	$n\,x^{n-1}$
$]-\infty\,;0[$ ou $]0\,;+\infty[$	$\dfrac{1}{x}$	$]-\infty\,;0[$ ou $]0\,;+\infty[$	$-\dfrac{1}{x^2}$
$]-\infty\,;0[$ ou $]0\,;+\infty[$	$\dfrac{1}{x^n}$ (n entier naturel, $n \geqslant 1$)	$]-\infty\,;0[$ ou $]0\,;+\infty[$	$-\dfrac{n}{x^{n+1}}$

f est définie sur	$f(x)$	f est dérivable sur	$f'(x)$
$[0\,;+\infty[$	$\sqrt{x}$	$]0\,;+\infty[$	$\frac{1}{2\sqrt{x}}$
$\mathbb{R}$	e^x	$\mathbb{R}$	e^x
$]0\,;+\infty[$	$\ln x$	$]0\,;+\infty[$	$\frac{1}{x}$
$\mathbb{R}$	$\sin x$	$\mathbb{R}$	$\cos x$
$\mathbb{R}$	$\cos x$	$\mathbb{R}$	$-\sin x$

▶ F. Opérations sur les dérivées

Soient u et v deux fonctions dérivables sur un intervalle I, u' et v' leurs fonctions dérivées respectives.

La fonction définie par	est dérivable sur I et sa dérivée est	Condition(s)
$u+v$	$u'+v'$	
$u\times v$	$u'\times v+u\times v'$	
$\frac{1}{v}$	$-\frac{v'}{v^2}$	v ne s'annule pas sur I
$\frac{u}{v}$	$\frac{u'\times v-u\times v'}{v^2}$	v ne s'annule pas sur I
e^u	$u'\times e^u$	
$\ln u$	$\frac{u'}{u}$	u strictement positive sur I
$\sqrt{u}$	$\frac{u'}{2\sqrt{u}}$	u strictement positive sur I
u^n (n entier, $n \geqslant 1$)	$n\times u'\times u^{n-1}$	
u^n (n entier, $n \leqslant 1$)	$n\times u'\times u^{n-1}$	u ne s'annule pas sur I
$f(x)=u(ax+b)$	$f'(x)=a\times u'(ax+b)$	Pour tout nombre réel x de I, $ax+b$ appartient à I (a et b deux nombres réels avec $a\neq 0$)

E7 Continuité d'une fonction

▶ A. Interprétation graphique

• La continuité d'une fonction se traduit par le fait que sa courbe représentative peut se tracer « *sans lever le crayon* ». Dans un tableau de variations, la continuité est symbolisée par une flèche.

• **Les fonctions usuelles** (polynômes, exponentielle, logarithme népérien, racine carrée, valeur absolue, sinus et cosinus) sont continues sur leur ensemble de définition.

• **La somme, le produit, la composition ou le quotient** de deux fonctions continues est continue sur leur ensemble de définition.

▶ B. Continuité et dérivabilité

• **Théorème.** Toute fonction dérivable sur un intervalle I est continue sur I.
À noter que la réciproque n'est pas vraie. Un contre-exemple est la fonction valeur absolue qui est continue en 0 mais qui n'est pas dérivable en 0.

▶ C. Continuité et résolution d'équation

• **Théorème des valeurs intermédiaires.** Soit f une fonction définie et continue sur un intervalle I, a et b des nombres réels appartenant à I tels que $a \leqslant b$. Pour tout nombre réel m compris entre $f(a)$ et $f(b)$, l'équation $f(x) = m$ admet *au moins* une solution dans l'intervalle $[a ; b]$.

• **Corollaire du théorème des valeurs intermédiaires.** Soit f une fonction définie et continue sur un intervalle I, a et b des nombres réels appartenant à I tels que $a \leqslant b$. Si f est strictement monotone sur $[a ; b]$, l'équation $f(x) = m$ (m étant un réel compris entre $f(a)$ et $f(b)$) admet *une unique* solution α dans l'intervalle $[a;b]$.

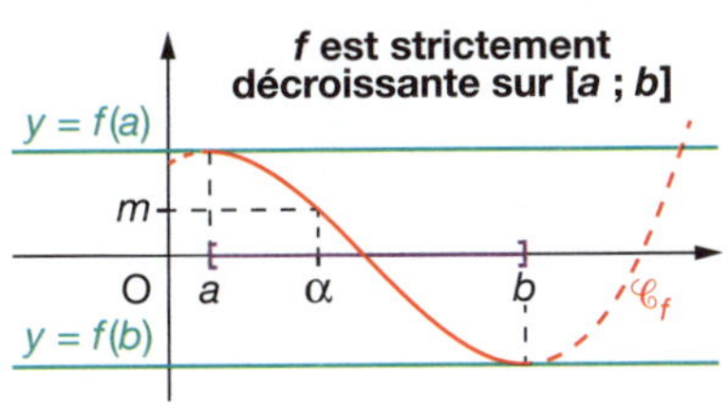

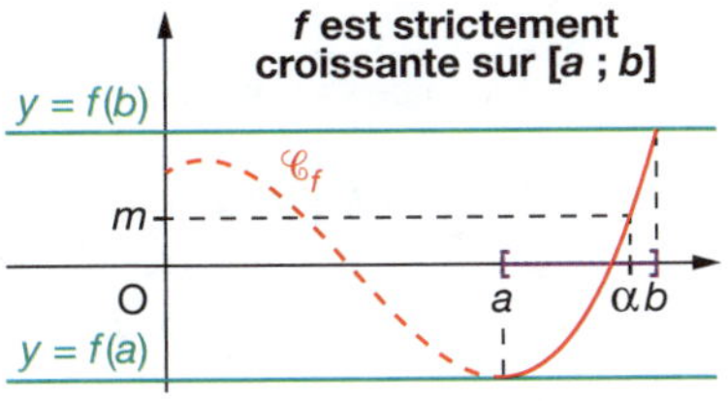

Remarque : Ce corollaire est également valable sur tout intervalle ouvert $]a ; b[$, ou semi-ouvert $]a ; b]$ ou $[a ; b[$, borné ou non ($a = \pm\infty$ ou/et $b = \pm\infty$) sur lequel la fonction f est définie et continue. Dans le cas où l'intervalle est ouvert à gauche, on remplace $f(a)$ par la limite $\lim\limits_{x \to a} f(x)$, de même pour $f(b)$, si l'intervalle est ouvert à droite.

FONCTIONS DE RÉFÉRENCE

E8 Fonction exponentielle

▶ A. Définition

La fonction exponentielle notée exp est l'unique fonction f définie et dérivable sur $\mathbb{R}$ telle $f(0) = 1$ et $f'(x) = f(x)$ pour tout nombre réel x.
Pour tout nombre réel x, $\exp'(x) = \exp(x) = e^x$.
Valeurs particulières. $\exp(0) = e^0 = 1$; $\exp(1) = e^1 = e \approx 2{,}718$.

▶ B. Propriétés algébriques

La fonction exponentielle transforme les sommes en produits. Autrement dit, pour tous nombres réels a et b, $e^{a+b} = e^a \times e^b$ (« relation fonctionnelle »).
Propriétés. Pour tous nombres réels a et b, pour tout entier relatif m :
$e^{-a} = \dfrac{1}{e^a}$; $e^{a-b} = \dfrac{e^a}{e^b}$; $\left(e^a\right)^m = e^{a \times m}$.

▶ C. Limites

• Limites aux bornes : $\lim\limits_{x \to +\infty} e^x = +\infty$; $\lim\limits_{x \to -\infty} e^x = 0$.

• Croissances comparées : $\lim\limits_{x \to -\infty} x\,e^x = 0$ et $\lim\limits_{x \to +\infty} \dfrac{e^x}{x} = +\infty$.

Pour tout entier naturel n : $\lim\limits_{x \to -\infty} x^n\,e^x = 0$ et $\lim\limits_{x \to +\infty} \dfrac{e^x}{x^n} = +\infty$.

• Approximation affine : $\lim\limits_{x \to 0} \dfrac{e^x - 1}{x} = 1$. Ainsi, pour x « proche de 0 », $e^x \approx 1 + x$.

▶ D. Continuité et dérivabilité

• La fonction exponentielle est **continue** sur $\mathbb{R}$.

• Soit u une fonction définie et dérivable sur un intervalle I. La fonction e^u qui à tout nombre réel x de I associe $e^{u(x)}$ est définie et dérivable sur I.
Sa dérivée est définie sur I par $\left(e^u\right)'(x) = u'(x) \times e^{u(x)}$.

▶ E. Signe de la fonction exponentielle

Pour tout nombre réel x, $e^x > 0$.

▶ F. Tableau de variations et courbe représentative

x	$-\infty$ $\qquad$ $+\infty$
Signe de $\exp'(x) = e^x$	+
Variations de exp	0 ↗ $+\infty$

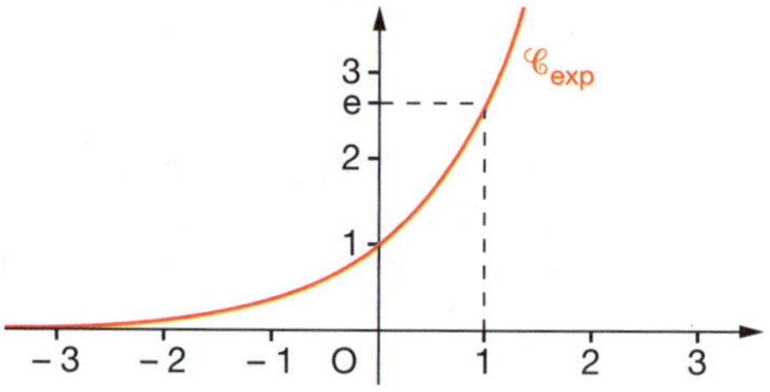

• La fonction exponentielle est **strictement croissante** sur $\mathbb{R}$.

• Soient a et b deux nombres réels,
$e^a = e^b$ équivaut à $a = b$ et $e^a < e^b$ équivaut à $a < b$.
En particulier, $e^a = 1$ équivaut à $a = 0$ et $e^a < 1$ équivaut à $a < 0$.

E9 Fonction logarithme népérien

▶ A. Définition – Lien avec la fonction exponentielle

• La fonction logarithme népérien notée ln est la fonction qui à tout nombre réel x strictement positif associe le nombre réel noté $\ln x$, unique solution sur $\mathbb{R}$ de l'équation $e^y = x$ d'inconnue y.

• Pour tout nombre réel x strictement positif, pour tout nombre réel y, $e^y = x$ équivaut à $y = \ln x$.

• $\ln 1 = 0$; $\ln e = \ln(e^1) = 1$; $\ln \frac{1}{e} = \ln(e^{-1}) = -1$.

• Pour tout nombre réel x, $\ln e^x = x$

• Pour tout nombre réel x strictement positif, $e^{\ln x} = x$

• Dans un repère orthonormé, les courbes représentatives des fonctions logarithme népérien et exponentielle sont symétriques par rapport à la première bissectrice, droite d'équation $y = x$.

▶ B. Propriétés algébriques

La fonction logarithme népérien transforme les produits en sommes. Pour tous réels strictement positifs a et b, $\ln(a \times b) = \ln a + \ln b$.
Propriétés. Pour tous nombres réels strictement positifs a et b, pour tout entier relatif m :
$\ln\left(\frac{1}{b}\right) = -\ln b$; $\ln\left(\frac{a}{b}\right) = \ln a - \ln b$; $\ln\sqrt{a} = \frac{1}{2}\ln a$; $\ln a^m = m \ln a$.

▶ C. Limites

• Limites aux bornes : $\lim\limits_{\substack{x \to 0 \\ x>0}} \ln x = -\infty$ et $\lim\limits_{x \to +\infty} \ln x = +\infty$.

• Croissances comparées : $\lim\limits_{\substack{x \to 0 \\ x>0}} x \ln x = 0$ et $\lim\limits_{x \to +\infty} \frac{\ln x}{x} = 0$.

Pour tout entier naturel non nul n, $\lim\limits_{\substack{x \to 0 \\ x>0}} x^n \ln x = 0$ et $\lim\limits_{x \to +\infty} \dfrac{\ln x}{x^n} = 0$.

• Approximation affine : $\lim\limits_{x \to 0} \dfrac{\ln(1+x)}{x} = 1$. Ainsi, pour x « proche de 0 », $\ln(1+x) \approx x$.

▶ D. Continuité et dérivabilité

• La fonction logarithme népérien est **continue** sur $]0\,;+\infty[$.

• La fonction logarithme népérien est **dérivable** sur $]0\,;+\infty[$ et pour tout nombre réel x strictement positif, $\ln'(x) = \dfrac{1}{x}$.

• Soit u une fonction dérivable et strictement positive sur un intervalle I. La fonction $\ln u$ qui à tout nombre réel x de I associe $\ln(u(x))$ est définie et dérivable sur I. Sa dérivée est définie sur I par $(\ln u)'(x) = \dfrac{u'(x)}{u(x)}$.

▶ E. Tableau de variations et courbe représentative

x	0	1	$+\infty$
Signe de $\ln'(x) = \dfrac{1}{x}$	‖	+	
Variations de ln	‖ $-\infty$ ↗	0 ↗	$+\infty$

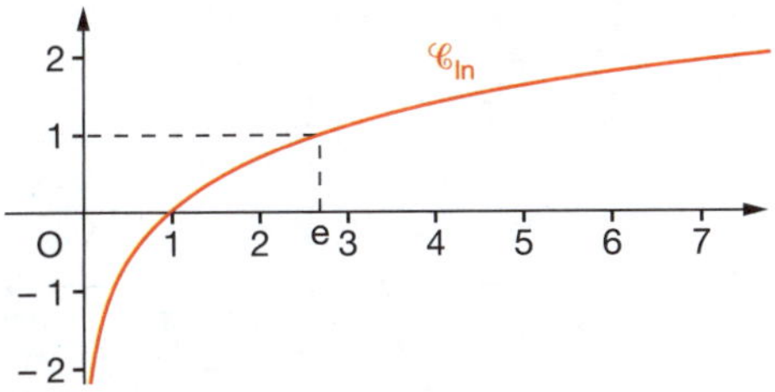

• La fonction ln est **strictement croissante** sur $]0;+\infty[$.

• Soient a et b deux nombres réels strictement positifs,
$\ln a = \ln b$ équivaut à $a = b$ et $\ln a < \ln b$ équivaut à $a < b$.
En particulier, $\ln a = 0$ équivaut à $a = 1$ et $\ln a = 1$ équivaut à $a = e$.

▶ F. Signe de la fonction logarithme népérien

$\ln x < 0$ équivaut à $0 < x < 1$ et $\ln x > 0$ équivaut à $x > 1$.

E10 Fonctions sinus et cosinus

▶ A. Définition

• La fonction définie sur $\mathbb{R}$ par $f(x) = \sin x$ est appelée fonction sinus.

• La fonction définie sur $\mathbb{R}$ par $f(x) = \cos x$ est appelée fonction cosinus.

▶ B. Dérivabilité

• La fonction sinus est dérivable sur $\mathbb{R}$ et pour tout réel x, $\sin' x = \cos x$.

• La fonction cosinus est dérivable sur $\mathbb{R}$ et pour tout réel x, $\cos' x = -\sin x$.

▸ C. Périodicité

• Les fonctions sinus et cosinus sont périodiques de période 2π. Autrement dit, pour tout nombre réel x, $\cos(x + 2\pi) = \cos x$ et $\sin(x + 2\pi) = \sin x$.

• Dans un repère orthogonal $(O ; \vec{i}, \vec{j})$, les courbes représentatives des fonctions sinus et cosinus sont invariantes par translation de vecteur $2\pi\,\vec{i}$. L'intervalle d'étude de ces fonctions peut ainsi se restreindre à un intervalle d'amplitude 2π : $[0 ; 2\pi]$ ou $[-\pi ; \pi]$ par exemple.

▸ D. Parité

• La fonction cosinus est paire et la fonction sinus est impaire. Autrement dit, pour tout nombre réel x, $\cos(-x) = \cos x$ et $\sin(-x) = -\sin x$.

• Dans un repère orthogonal $(O ; \vec{i}, \vec{j})$, la courbe représentative de la fonction cosinus est symétrique par rapport à l'axe des ordonnées et celle de la fonction sinus par rapport à O, origine du repère. L'intervalle d'étude de ces fonctions peut ainsi se réduire de moitié : $[0 ; \pi]$ au lieu de $[-\pi ; \pi]$ par exemple.

▸ E. Tableau de variations et courbes représentatives

x	0	$\frac{\pi}{2}$	π
Signe de $\sin'(x) = \cos(x)$	1 +	0	− -1
Variations de sin	0 ↗	1	↘ 0

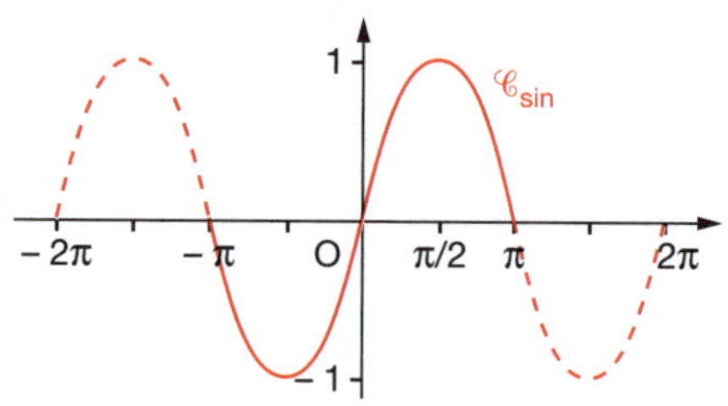

x	0	π
Signe de $\cos'(x) = -\sin(x)$	0 −	0
Variations de cos	1 ↘	-1

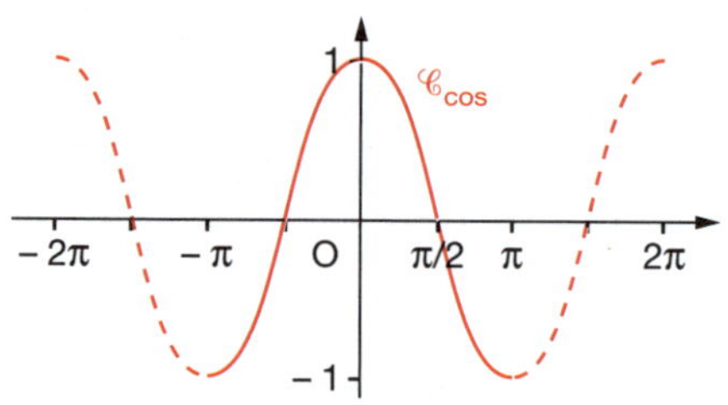

▸ F. Comportement à l'origine

$\lim\limits_{x \to 0} \dfrac{\sin x}{x} = 1$. Ainsi, pour x « proche de 0 », $\sin x \approx x$ (approximation affine).

▸ G. Formules d'addition

Pour tous nombres réels a et b :

$\cos(a + b) = \cos a \cos b - \sin a \sin b$;

$\sin(a + b) = \sin a \cos b + \cos a \sin b$;

$\cos(a - b) = \cos a \cos b + \sin a \sin b$;

$\sin(a - b) = \sin a \cos b - \cos a \sin b$.

▸ H. Formules de duplication

Pour tout nombre réel a :

$\cos(2a) = \cos^2(a) - \sin^2(a) = 1 - 2\sin^2(a) = 2\cos^2(a) - 1$;

$\sin(2a) = 2\sin a \cos a$.

▸ I. Équations

Soient a et b deux nombres réels.

• $\cos a = \cos b$ équivaut à $b = a + 2k\pi$ ou $b = -a + 2k\pi$ (k un entier relatif quelconque).

• $\sin a = \sin b$ équivaut à $b = a + 2k\pi$ ou $b = \pi - a + 2k\pi$ (k un entier relatif quelconque).

E11 Primitives

▶ A. Définition

• Soit f une fonction définie sur un intervalle I. Dire qu'une fonction F est une **primitive** de la fonction f sur I, signifie que F est dérivable sur I et que sa dérivée est égale à f : pour tout x de I, $F'(x) = f(x)$.

• Deux primitives d'une même fonction diffèrent d'une constante.

▶ B. Existence

Toute fonction continue sur un intervalle admet des primitives sur cet intervalle.

▶ C. Primitives des fonctions usuelles

Fonction	Ensemble de définition	Une primitive
$x \mapsto k$ (k un nombre réel)	$\mathbb{R}$	$x \mapsto kx$
$x \mapsto x$	$\mathbb{R}$	$x \mapsto \dfrac{x^2}{2}$
$x \mapsto x^n$	$\mathbb{R}$ si $n \geqslant 0$ $]-\infty\,;0[$ ou $]0\,;+\infty[$ si $n < 1$	$x \mapsto \dfrac{x^{n+1}}{n+1}$
$x \mapsto e^n$	$\mathbb{R}$	$x \mapsto e^x$
$x \mapsto \cos x$	$\mathbb{R}$	$x \mapsto \sin x$
	$\mathbb{R}$	$x \mapsto -\cos x$
$x \mapsto \dfrac{1}{x}$	$]0\,;+\infty[$	$x \mapsto \ln x$
$x \mapsto \dfrac{1}{2\sqrt{x}}$	$]0\,;+\infty[$	$x \mapsto \sqrt{x}$
$x \mapsto -\dfrac{1}{x^2}$	$]-\infty\,;0[$ ou $]0\,;+\infty[$	$x \mapsto \dfrac{1}{x}$

▶ D. Primitives et opérations sur les fonctions

Soit u une fonction dérivable sur un intervalle I.

Fonction	Une primitive	Condition(s)
$u'\,u^n$	$\dfrac{1}{n+1}\,u^{n+1}$	$n \in \mathbb{Z} \setminus \{-1\}$ et pour tout $n < 0$, u ne s'annule pas sur I
$\dfrac{u'}{\sqrt{u}}$	$2\sqrt{u}$	u strictement positive sur I
$\dfrac{u'}{u}$	$\ln u$	u strictement positive sur I
$-\dfrac{u'}{u^2}$	$\dfrac{1}{u}$	u ne s'annule pas sur I
$u'\,e^u$	e^u	
$u'\sin u$	$-\cos u$	
$u'\cos u$	$\sin u$	

E12 Primitive et intégrale

• Soit f une fonction continue et *positive* sur un intervalle $[a\ ;\ b]$. La fonction F définie sur $[a\ ;\ b]$ par $F(x) = \int_a^x f(t)\,dt$ est dérivable sur $[a\ ;\ b]$ et a pour dérivée f.

• F est l'unique primitive de f qui s'annule en a : pour tout x de $[a\ ;b]$, $F'(x) = f(x)$ et $F(a) = 0$.

E13 Calcul d'une intégrale

Soit f une fonction continue sur un intervalle $[a\ ;\ b]$ et F une primitive de f.

$\int_a^b f(x)\,dx = [F(x)]_a^b = F(b) - F(a)$.

Remarque : $\int_b^a f(x)\,dx = -\int_a^b f(x)\,dx$.

E14 Interprétation graphique d'une intégrale

• Soit f une fonction continue et *positive* sur un intervalle $[a\ ;\ b]$. L'intégrale de la fonction f sur l'intervalle $[a\ ;\ b]$ est l'aire exprimée en unités d'aire (u.a.) de la partie $\mathscr{D}$ du plan délimitée dans un repère orthogonal par $\mathscr{C}_f$ la courbe représentative de la fonction f, l'axe des abscisses et les droites d'équations $x = a$ et $x = b$: $\int_a^b f(x)\,dx = \text{Aire}(\{M(x\ ;\ y)\ ;\ a \leqslant x \leqslant b \text{ et } 0 \leqslant y \leqslant f(x)\})$.

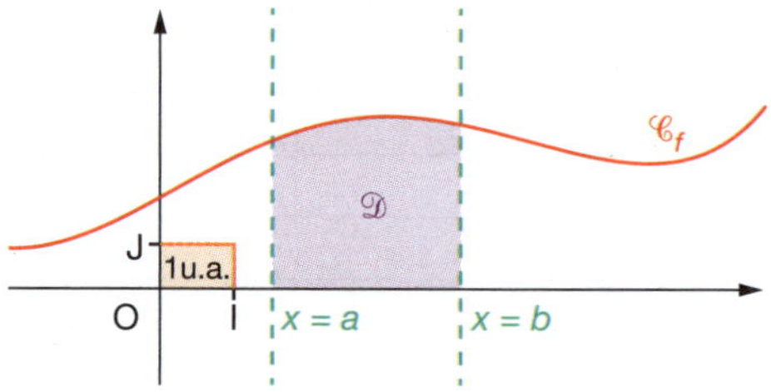

• Soient f et g deux fonctions continues sur un intervalle $[a\ ;\ b]$ telles que pour tout x appartenant à l'intervalle $[a\ ;\ b]$, $f(x) \leqslant g(x)$. $\int_a^b [g(x) - f(x)]\,dx$ est l'aire exprimée en unités d'aire (u.a.) de la partie $\mathscr{D}$ du plan délimitée dans un repère orthogonal par les courbes représentatives des fonctions f et g, et les droites d'équations $x = a$ et $x = b$.

E15 Propriétés des intégrales

▶ A. Linéarité

Soient f et g deux fonctions continues sur un intervalle $[a\ ;\ b]$ $(a \leqslant b)$ et k un nombre réel, alors :

• $\int_a^b (f + g)(x)\,dx = \int_a^b f(x)\,dx + \int_a^b g(x)\,dx$;

• $\int_a^b (k \times f(x))\,dx = k \times \int_a^b f(x)\,dx$.

▶ B. Relation de Chasles

Soit f une fonction continue sur un intervalle $[a\ ;\ b]$. Pour tout nombre réel c appartenant à l'intervalle $[a\ ;\ b]$, $\int_a^b f(x)\,dx = \int_a^c f(x)\,dx + \int_c^b f(x)\,dx$.

▶ C. Inégalités

Soient f et g deux fonctions continues sur un intervalle $[a\ ;\ b]$ $(a \leqslant b)$.

• Si pour tout x appartenant à l'intervalle $[a\ ;\ b]$, $f(x) \geqslant 0$ alors $\int_a^b f(x)\,dx \geqslant 0$.

• Si pour tout x appartenant à l'intervalle $[a\ ;\ b]$, $f(x) \leqslant g(x)$ alors $\int_a^b f(x)\,dx \leqslant \int_a^b g(x)\,dx$.

• Si pour tout x appartenant à l'intervalle $[a\ ;\ b]$, $m \leqslant f(x) \leqslant M$ (m et M étant deux nombres réels), alors : $m(b-a) \leqslant \int_a^b f(x)\,dx \leqslant M(b-a)$.

▶ D. Valeur moyenne

Soit f une fonction continue sur un intervalle $[a\,;b]$ $(a < b)$. La valeur moyenne de f sur l'intervalle $[a\ ;\ b]$ est le nombre réel $m = \dfrac{1}{b-a}\displaystyle\int_a^b f(x)\,dx$.

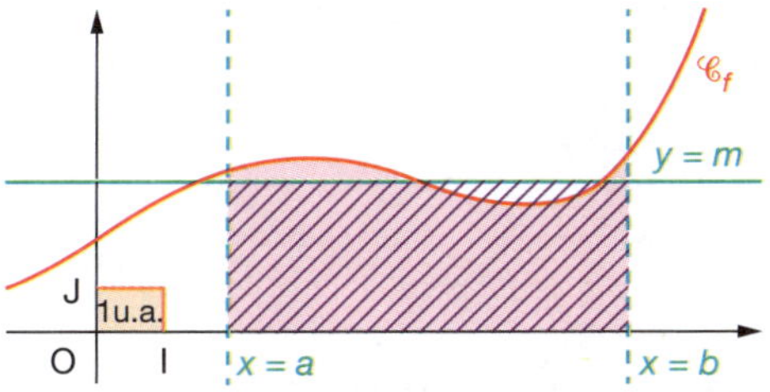

Géométrie

GÉOMÉTRIE PLANE : NOMBRES COMPLEXES

E16 Forme algébrique d'un nombre complexe

▶ A. Définition

• Tout nombre complexe z peut s'écrire sous la **forme algébrique** $z = a + ib$ où a et b sont des nombres réels et i est le nombre tel que $i^2 = -1$. a est la **partie réelle** de z notée $\mathrm{Re}(z)$, b est la **partie imaginaire** de z notée $\mathrm{Im}(z)$.

• Si $a = 0$, le nombre complexe z est appelé **imaginaire pur**. Si $b = 0$, le nombre complexe z est un **nombre réel**. Ainsi $\mathbb{R} \subset \mathbb{C}$, où $\mathbb{C}$ est l'ensemble des nombres complexes.

▶ B. Représentation géométrique

Le plan est muni d'un repère orthonormé direct $(O\ ;\ \vec{u}, \vec{v})$. À tout nombre complexe z d'écriture algébrique $a + ib$ où a et b sont des nombres réels, est associé un unique point M du plan, l'**image** de z, de coordonnées $(a\ ;\ b)$. Le nombre complexe z est appelé **affixe** du point M.

E17 Conjugué d'un nombre complexe

▶ A. Définition

Soit z le nombre complexe d'écriture algébrique $a + ib$ où a et b sont des nombres réels. Le **conjugué** du nombre complexe z est le nombre complexe noté $\overline{z}$ défini par $\overline{z} = a - ib$.

▶ B. Propriétés

Soient z et z' deux nombres complexes. Nous avons alors les relations suivantes :

• $\overline{\overline{z}} = z$; • $\overline{z + z'} = \overline{z} + \overline{z'}$; • $\overline{z \times z'} = \overline{z} \times \overline{z'}$;

• $\overline{z^n} = (\overline{z})^n, n \in \mathbb{N}^*$; • $\overline{\left(\dfrac{1}{z}\right)} = \dfrac{1}{\overline{z}}, z \neq 0$; • $\overline{\left(\dfrac{z}{z'}\right)} = \dfrac{\overline{z}}{\overline{z'}}, z' \neq 0$

▶ C. Représentation géométrique

Le plan est muni d'un repère orthonormé direct $(O\ ;\ \vec{u}, \vec{v})$. Soit z un nombre complexe d'écriture algébrique $a + ib$ et $\overline{z}$ son conjugué. Le point $N(\overline{z})$, image de $\overline{z}$, est le symétrique du point $M(z)$, image de z, par rapport à l'axe des abscisses.

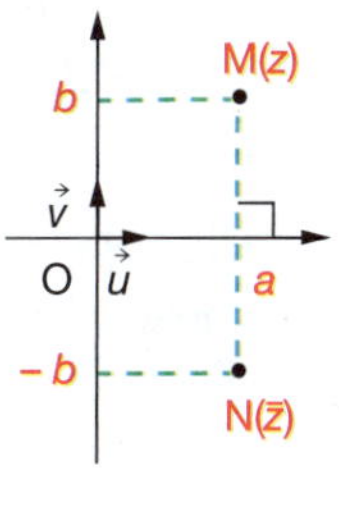

UTILITAIRES

E18 Module d'un nombre complexe

▶ A. Définition

Soit z le nombre complexe d'écriture algébrique $a + ib$. Le **module** du nombre complexe z est le nombre réel positif noté $|z|$ défini par $|z| = \sqrt{a^2 + b^2}$.

▶ B. Propriétés

Soient z et z' deux nombres complexes. Nous avons alors les relations suivantes :

• $|z \times z'| = |z| \times |z'|$; • $|\overline{z}| = |z|$; • $|-z| = |z|$;

• $z \times \overline{z} = |z|^2$; • $|z^n| = |z|^n$, $n \in \mathbb{N}^*$; • $\dfrac{|z|}{|z'|} = \left|\dfrac{z}{z'}\right|$, $z' \neq 0$;

• $|z + z'| \leqslant |z| + |z'|$ (inégalité triangulaire).

▶ C. Représentation géométrique

Le plan est muni d'un repère orthonormé direct $(\text{O} ; \vec{u}, \vec{v})$. Le module d'un nombre complexe z est égal à la **distance** OM où M désigne l'image de z.

E19 Argument d'un nombre complexe non nul

▶ A. Définition

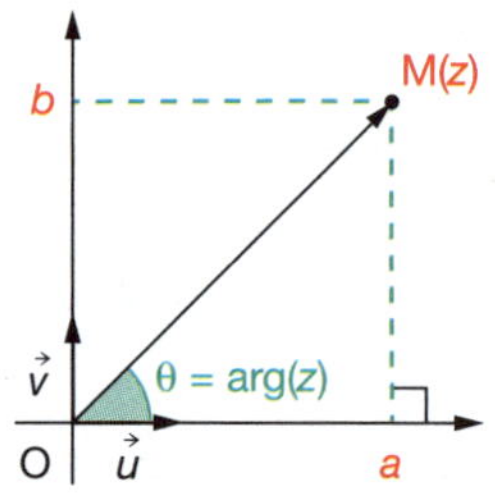

Le plan est muni d'un repère orthonormé direct $(\text{O} ; \vec{u}, \vec{v})$. Soit z un nombre complexe non nul d'écriture algébrique $a + ib$ et M l'image de z. Un **argument** du nombre complexe z est une mesure de l'angle $(\vec{u}, \overrightarrow{\text{OM}})$. Il est noté $\theta = \arg(z)$ et il est exprimé en radians.

▶ B. Théorème

Soit z un nombre complexe non nul d'écriture algébrique $a + ib$ où a et b sont des nombres réels. Un argument de z, noté θ exprimé en radians, est tel que : $\cos\theta = \dfrac{a}{\sqrt{a^2 + b^2}}$ et $\sin\theta = \dfrac{b}{\sqrt{a^2 + b^2}}$.

▶ C. Propriétés

Soient z et z' deux nombres complexes non nuls. Nous avons alors les relations suivantes :

• $\arg(z \times z') = \arg(z) + \arg(z')\ [2\pi]$; • $\arg(\overline{z}) = -\arg(z)\ [2\pi]$;

• $\arg(-z) = \arg(z) + \pi\ [2\pi]$; • $\arg\left(\dfrac{z}{z'}\right) = \arg(z) - \arg(z')\ [2\pi]$;

• $\arg\left(z^n\right) = n \times \arg(z)\ [2\pi]$ (n un entier naturel non nul).

▶ D. Valeurs usuelles

θ (en radians)	0	$\frac{\pi}{6}$	$\frac{\pi}{4}$	$\frac{\pi}{3}$	$\frac{\pi}{2}$	π
cos θ	1	$\frac{\sqrt{3}}{2}$	$\frac{\sqrt{2}}{2}$	$\frac{1}{2}$	0	−1
sin θ	0	$\frac{1}{2}$	$\frac{\sqrt{2}}{2}$	$\frac{\sqrt{3}}{2}$	1	0

E20 Forme trigonométrique d'un nombre complexe non nul

Tout nombre complexe non nul z peut s'écrire sous forme trigonométrique : $z = r \times (\cos\theta + i\sin\theta)$ où $r = |z|$ est le module et θ un argument du nombre complexe z.

E21 Forme exponentielle d'un nombre complexe non nul

▶ A. Notation

Pour tout nombre réel θ, nous notons $e^{i\theta}$ le nombre complexe de module 1 et dont un argument est θ. Autrement dit, $e^{i\theta} = \cos\theta + i\sin\theta$.

▶ B. Définition

Tout nombre complexe non nul z peut s'écrire sous forme exponentielle : $z = r \times e^{i\theta}$ où $r = |z|$ est le module et θ un argument du nombre complexe z.

▶ C. Propriétés

Pour tous nombres réels θ et θ', pour tout entier relatif n, nous avons les relations suivantes :

- $e^{i\theta} \times e^{i\theta'} = e^{i(\theta+\theta')}$; • $\left(e^{i\theta}\right)^n = e^{in\theta}$ (formule de De Moivre) ;
- $\dfrac{1}{e^{i\theta}} = e^{-i\theta}$; • $\dfrac{e^{i\theta}}{e^{i\theta'}} = e^{i(\theta-\theta')}$.

E22 Applications en géométrie

Le plan est muni d'un repère orthonormé direct $(O ; \vec{u}, \vec{v})$. Soient A, B, C et D quatre points du plan d'affixes respectives z_A, z_B, z_C et z_D.

- L'affixe du vecteur $\overrightarrow{AB}$ est $z_B - z_A$.
- L'affixe du milieu du segment [AB] est $\dfrac{z_A + z_B}{2}$.
- La distance AB est donnée par $|z_B - z_A|$.
- Si de plus A et B sont distincts, ainsi que C et D, $\left(\vec{u}, \overrightarrow{AB}\right) = \arg\left(z_B - z_A\right)\ [2\pi]$ et $\left(\overrightarrow{AB}, \overrightarrow{CD}\right) = \arg\left(\dfrac{z_D - z_C}{z_B - z_A}\right)\ [2\pi]$.

E23 Équation du second degré dans $\mathbb{C}$

Soient a, b et c trois nombres réels ($a \neq 0$) et (E) l'équation $az^2 + bz + c = 0$.
Posons $\Delta = b^2 - 4ac$ le discriminant de (E). Alors nous avons :

- si $\Delta > 0$, l'équation (E) a deux solutions réelles distinctes $\dfrac{-b + \sqrt{\Delta}}{2a}$ et $\dfrac{-b - \sqrt{\Delta}}{2a}$;
- si $\Delta = 0$, l'équation (E) a une solution réelle double $\dfrac{-b}{2a}$;
- si $\Delta < 0$, l'équation (E) a deux solutions complexes conjuguées $\dfrac{-b + i\sqrt{-\Delta}}{2a}$ et $\dfrac{-b - i\sqrt{-\Delta}}{2a}$.

GÉOMÉTRIE DANS L'ESPACE : DROITES ET PLANS

E24 Positions relatives

▶ A. Position relative de deux droites

Deux droites de l'espace sont soit **coplanaires** (dans un même plan) soit non coplanaires. Si elles sont coplanaires, alors ces droites sont :
– soit sécantes, leur intersection est un point ;
– soit strictement parallèles, leur intersection est vide ;
– soit confondues.

▶ B. Position relative d'une droite et d'un plan

Une droite et un plan de l'espace sont :
- soit sécants, leur intersection est un point ;
- soit strictement parallèles, leur intersection est vide ;
- soit parallèles (non strictement), la droite est donc incluse dans le plan.

▶ C. Position relative de deux plans

Deux plans de l'espace sont :
- soit sécants, leur intersection est une droite ;
- soit strictement parallèles, leur intersection est vide ;
- soit confondus.

E25 Parallélisme

- Si deux droites de l'espace sont parallèles, toute droite parallèle à l'une est parallèle à l'autre.
- Si une droite d est parallèle à une droite d'un plan $\mathscr{P}$, alors la droite d et le plan $\mathscr{P}$ sont parallèles.
- **Théorème du toit.** Si une droite d_1 incluse dans un plan $\mathscr{P}_1$ et une droite d_2 incluse dans un plan $\mathscr{P}_2$ sont parallèles et si de plus, les plans $\mathscr{P}_1$ et $\mathscr{P}_2$ sont sécants suivant une droite d, alors les droites d_1 et d_2 sont parallèles à d.
- Si deux plans $\mathscr{P}_1$ et $\mathscr{P}_2$ sont parallèles, alors tout plan sécant à $\mathscr{P}_1$ est sécant au plan $\mathscr{P}_2$ et les droites d'intersection sont parallèles.

E26 Orthogonalité

▶ A. Orthogonalité de deux droites

Définition. Dire que deux droites sont orthogonales signifie que leurs parallèles respectives menées par un point quelconque sont perpendiculaires.

▶ B. Orthogonalité d'une droite et d'un plan

Définition. Dire qu'une droite d est orthogonale à un plan $\mathscr{P}$ signifie que la droite d est orthogonale à toutes les droites du plan $\mathscr{P}$.
Propriété. Si une droite d est orthogonale à deux droites sécantes d'un plan $\mathscr{P}$ alors la droite d est orthogonale au plan $\mathscr{P}$.

▶ C. Plans perpendiculaires

Définition. Dire que deux plans sont perpendiculaires signifie qu'un des deux plans contient une droite qui est orthogonale à l'autre plan.

GÉOMÉTRIE DANS L'ESPACE : GÉOMÉTRIE VECTORIELLE

E27 Vecteurs colinéaires et coplanaires

- Dire que deux vecteurs $\vec{u}$ et $\vec{v}$ de l'espace sont **colinéaires** signifie qu'il existe un nombre réel k tel que $\vec{v} = k\vec{u}$. Dans le cas où l'espace est muni d'un repère, les vecteurs $\vec{u}$ et $\vec{v}$ sont donc colinéaires si, et seulement si, leurs coordonnées sont proportionnelles.
- Soient $\vec{u}$, $\vec{v}$ et $\vec{w}$ trois vecteurs de l'espace tels que $\vec{u}$ et $\vec{v}$ ne soient pas colinéaires. Les vecteurs $\vec{u}$, $\vec{v}$ et $\vec{w}$ sont **coplanaires** si, et seulement si, il existe des nombres réels k et k' tels que $\vec{w} = k\vec{u} + k'\vec{v}$.

E28 Caractérisation d'un plan de l'espace

• Soient A, B et C trois points non alignés de l'espace. Un point M appartient au plan (ABC) si, et seulement si, il existe des nombres réels x et y tels que $\overrightarrow{AM} = x\overrightarrow{AB} + y\overrightarrow{AC}$.

• Soit A un point de l'espace, $\vec{u}$ et $\vec{v}$ deux vecteurs non colinéaires et $\mathscr{P}$ le plan passant par le point A de vecteurs directeurs $\vec{u}$ et $\vec{v}$. Un point M appartient au plan $\mathscr{P}$ si, et seulement si, il existe des nombres réels x et y tels que $\overrightarrow{AM} = x\vec{u} + y\vec{v}$.

E29 Décomposition d'un vecteur et repérage

• Un repère de l'espace $\left(O ; \vec{i}, \vec{j}, \vec{k}\right)$ est formé d'un point O appelé origine du repère et de trois vecteurs non coplanaires.

• Soit $\left(O ; \vec{i}, \vec{j}, \vec{k}\right)$ un repère de l'espace. Pour tout point M de l'espace, il existe un unique triplet $(x ; y ; z)$ de nombres réels tel que $\overrightarrow{OM} = x\vec{i} + y\vec{j} + z\vec{k}$. Le triplet $(x ; y ; z)$ représente les coordonnées du point M dans le repère $\left(O ; \vec{i}, \vec{j}, \vec{k}\right)$. x, y et z sont l'abscisse, l'ordonnée et la cote du point M.

E30 Représentation paramétrique d'une droite

Soit d une droite passant par un point A de coordonnées $\left(x_A ; y_A ; z_A\right)$ et de vecteur directeur $\vec{u}$ de coordonnées $(a ; b ; c)$. Un point M de coordonnées $(x ; y ; z)$ appartient à la droite d si, et seulement si, il existe un nombre réel t tel que $\begin{cases} x = x_A + a \times t \\ y = y_A + b \times t \\ z = z_A + c \times t \end{cases}$

Un tel système est appelé une **représentation paramétrique** de la droite d.

GÉOMÉTRIE DANS L'ESPACE : PRODUIT SCALAIRE

E31 Expressions et règles de calculs

▸ A. Définition

Soient $\vec{u}$ et $\vec{v}$ deux vecteurs de l'espace. Le produit scalaire de $\vec{u}$ et $\vec{v}$ est noté $\vec{u} \cdot \vec{v}$ et il est tel que :
• $\vec{u} \cdot \vec{v} = 0$ si l'un des deux vecteurs est nul ;
• $\vec{u} \cdot \vec{v} = \|\vec{u}\| \times \|\vec{v}\| \times \cos\left(\vec{u}, \vec{v}\right)$ si les deux vecteurs sont non nuls.

▸ B. Propriétés

Soient $\vec{u}$, $\vec{v}$ et $\vec{w}$ trois vecteurs de l'espace et k un nombre réel, alors :
• $\vec{u} \cdot \vec{v} = \vec{v} \cdot \vec{u}$;
• $\left(k\vec{u}\right) \cdot \vec{v} = k\left(\vec{u} \cdot \vec{v}\right)$;
• $\vec{u} \cdot \left(\vec{v} + \vec{w}\right) = \vec{u} \cdot \vec{v} + \vec{u} \cdot \vec{w}$;
• $\vec{u} \cdot \vec{u} = \|\vec{u}\|^2$.

▸ C. Repère orthonormé et coordonnées

L'espace est muni d'un repère orthonormé.

• Soient $\vec{u}$ et $\vec{v}$ deux vecteurs de coordonnées respectives $(x ; y ; z)$ et $(x' ; y' ; z')$. Alors $\vec{u} \cdot \vec{v} = x \times x' + y \times y' + z \times z'$.

• Soit $\vec{u}$ un vecteur de coordonnées $(x ; y ; z)$. Alors la **norme** du vecteur $\vec{u}$ est donnée par $\|\vec{u}\| = \sqrt{x^2 + y^2 + z^2}$.

E32 Orthogonalité

▸ A. Orthogonalité de vecteurs

Les vecteurs $\vec{u}$ et $\vec{v}$ sont orthogonaux si, et seulement si, $\vec{u} \cdot \vec{v} = 0$.

▸ B. Orthogonalité de droites

Soient d_1 et d_2 deux droites de l'espace de vecteurs directeurs $\overrightarrow{v_1}$ et $\overrightarrow{v_2}$. Les droites d_1 et d_2 sont orthogonales si, et seulement si, $\overrightarrow{v_1} \cdot \overrightarrow{v_2} = 0$.

▸ C. Orthogonalité d'une droite et d'un plan

Si un vecteur directeur $\vec{u}$ d'une droite d est orthogonal à deux vecteurs non colinéaires $\overrightarrow{v_1}$ et $\overrightarrow{v_2}$ d'un plan $\mathscr{P}$, $\vec{u} \cdot \overrightarrow{v_1} = 0$ et $\vec{u} \cdot \overrightarrow{v_2} = 0$, alors la droite d est orthogonale au plan $\mathscr{P}$.

E33 Vecteur normal à un plan

▸ A. Définition - Propriété

Définition. Dire qu'un vecteur $\vec{n}$ non nul de l'espace est **normal** à un plan $\mathscr{P}$ signifie que le vecteur $\vec{n}$ est un vecteur directeur d'une droite orthogonale au plan $\mathscr{P}$.
Propriété. Si un vecteur $\vec{n}$ non nul de l'espace est orthogonal à deux vecteurs non colinéaires d'un plan $\mathscr{P}$ alors le vecteur $\vec{n}$ est normal au plan $\mathscr{P}$.

▸ B. Plans perpendiculaires et plans parallèles

- Si un vecteur normal $\overrightarrow{n_1}$ à un plan $\mathscr{P}_1$ est orthogonal à un vecteur normal $\overrightarrow{n_2}$ d'un autre plan $\mathscr{P}_2$, $\overrightarrow{n_1} \cdot \overrightarrow{n_2} = 0$, alors les plans $\mathscr{P}_1$ et $\mathscr{P}_2$ sont perpendiculaires.
- Si un vecteur normal $\overrightarrow{n_1}$ à un plan $\mathscr{P}_1$ est orthogonal à deux vecteurs non colinéaires $\vec{u}$ et $\vec{v}$ d'un autre plan $\mathscr{P}_2$, $\overrightarrow{n_1} \cdot \vec{u} = 0$ et $\overrightarrow{n_1} \cdot \vec{v} = 0$, alors les plans $\mathscr{P}_1$ et $\mathscr{P}_2$ sont parallèles.

▸ C. Équation cartésienne d'un plan

L'espace est muni d'un repère orthonormé. Soient a, b et c trois nombres réels non tous nuls.

- Tout plan de vecteur normal $\vec{n}$ de coordonnées $(a\ ;\ b\ ;\ c)$ admet une équation cartésienne de la forme $ax + by + cz + d = 0$ où d est un nombre réel.
- L'ensemble des points M de coordonnées $(x\ ;\ y\ ;\ z)$ qui vérifient l'équation $ax + by + cz + d = 0$, $d \in \mathbb{R}$, est un plan de vecteur normal $\vec{n}\,(a\ ;\ b\ ;\ c)$.

Probabilités et statistiques

CONDITIONNEMENT, INDÉPENDANCE

Soit Ω l'univers d'une expérience aléatoire et P une loi de probabilité sur Ω.

E34 Probabilité d'un événement

- La probabilité d'un événement est la somme des probabilités des issues (résultats possibles) qui le réalisent.
- Si les issues de l'expérience aléatoire ont la même probabilité de se réaliser, **issues équiprobables**, la probabilité de l'événement A est :

$$P(\mathrm{A}) = \frac{\text{nombre d'issues qui réalisent l'événement A}}{\text{nombre d'issues qui constituent l'univers } \Omega}.$$

- La probabilité d'un événement A vérifie : $0 \leqslant P(A) \leqslant 1$.

Cas particulier : $P(\Omega) = 1$ (événement certain) et $P(\varnothing) = 0$ (événement impossible).

- La probabilité de l'**événement contraire** d'un événement A est : $P(\bar{A}) = 1 - P(A)$.
- Pour tous événements A et B, $P(A \cup B) = P(A) + P(B) - P(A \cap B)$.

E35 Probabilité conditionnelle

Soient A et B deux événements avec $P(A) \neq 0$.
La probabilité que l'événement B se réalise sachant que l'événement A est réalisé est :
$P_A(B) = \dfrac{P(A \cap B)}{P(A)}$.

E36 Indépendance de deux événements

- Deux événements A et B sont indépendants si, et seulement si, $P(A \cap B) = P(A) \times P(B)$.
- Si A et B sont deux événements indépendants, alors les événements $\bar{A}$ et B le sont aussi.

E37 Arbre pondéré

- Sur un arbre pondéré, chaque succession de branches, appelée chemin, aboutit à une feuille.
- La probabilité d'une feuille est le produit des probabilités indiquées sur les branches du chemin qui aboutit à cette feuille : $P(A) \times P_A(B) = P(A \cap B)$.
- La somme des probabilités indiquées sur les branches issues d'un même nœud est égale à 1 : $P_A(B) + P_A(\bar{B}) = 1$.

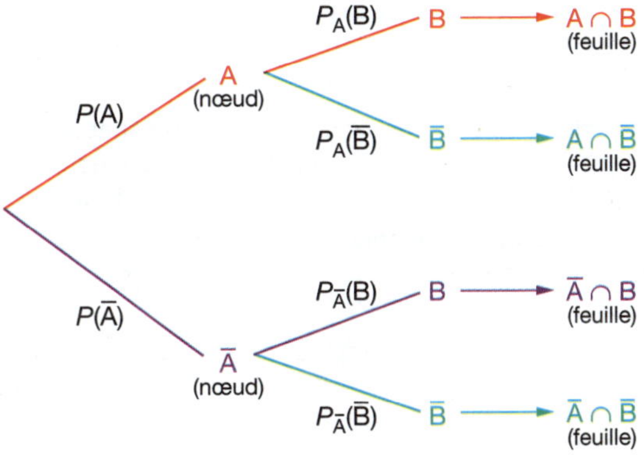

- La probabilité d'un événement associé à plusieurs feuilles est égale à la somme des probabilités de chacune de ces feuilles (formule des probabilités totales) : $P(B) = P(A \cap B) + P(\bar{A} \cap B)$.

LOIS DE PROBABILITÉ

E38 Variables aléatoires discrètes

▶ A. Définition

Soit Ω l'univers d'une expérience aléatoire. Une **variable aléatoire** X est une fonction qui à tout élément de Ω associe un nombre réel x. Si une variable aléatoire prend un nombre fini de valeurs, elle est dite discrète.

▶ B. Loi de probabilité d'une variable aléatoire discrète

La loi de probabilité d'une variable aléatoire discrète X est la donnée de l'ensemble des valeurs x_i prises par X pour lesquelles on détermine les probabilités associées $P(X = x_i) = p_i$.

▶ C. Espérance mathématique d'une variable aléatoire discrète

$$E(X) = \sum_{i=1}^{n} p_i \times x_i$$

▶ D. Variance d'une variable aléatoire discrète

$$V(X) = \sum_{i=1}^{n} p_i \left[x_i - E(X)\right]^2 = \sum_{i=1}^{n} p_i x_i^2 - \left[E(X)\right]^2$$

▶ E. Écart type d'une variable aléatoire discrète

$$\sigma = \sqrt{V(X)}$$

E39 Loi binomiale

• Une épreuve de Bernoulli de paramètre p est une expérience aléatoire qui admet deux issues :
– l'événement « succès », noté S, de probabilité p ;
– l'événement « échec », noté E, de probabilité $1 - p$.

• Soit une succession de n épreuves de Bernoulli identiques et indépendantes de paramètre p. La variable aléatoire X qui, à toute succession de telles n épreuves, associe le nombre de succès, a pour loi de probabilité :

$P(X = k) = \binom{n}{k} p^k (1 - p)^{n-k}$, $0 \leqslant k \leqslant n$.

• Il est dit que X suit une **loi binomiale** de paramètres n et p notée $\mathcal{B}(n, p)$.
Son espérance est $E(X) = n \times p$. Sa variance est $V(X) = n \times p \times (1 - p)$.

E40 Variables aléatoires continues

▶ A. Définition

• Soit Ω l'univers d'une expérience aléatoire. Une variable aléatoire X est une fonction qui à tout élément de Ω associe un nombre réel x. Si une variable aléatoire X peut prendre comme valeurs tous les nombres réels d'un intervalle I de $\mathbb{R}$, elle est dite **continue**.

• Une fonction **densité** est une fonction f définie et positive sur $\mathbb{R}$, continue sur $\mathbb{R}$ (sauf éventuellement en un nombre fini de points), telle que l'aire (en unités d'aire) du domaine $\mathcal{D}$ délimité par la courbe représentative de f et l'axe des abscisses est égale à 1.

• Soit X une variable aléatoire continue de densité f. La probabilité de l'événement $(X \in J)$, où J est un intervalle de $\mathbb{R}$, notée $P(X \in J)$, est définie comme l'aire (en unités d'aire) du domaine : $\{M(x\,;y)\,;x \in J \text{ et } 0 \leqslant y \leqslant f(x)\}$.

▶ B. Loi uniforme sur $[a\,;b]$

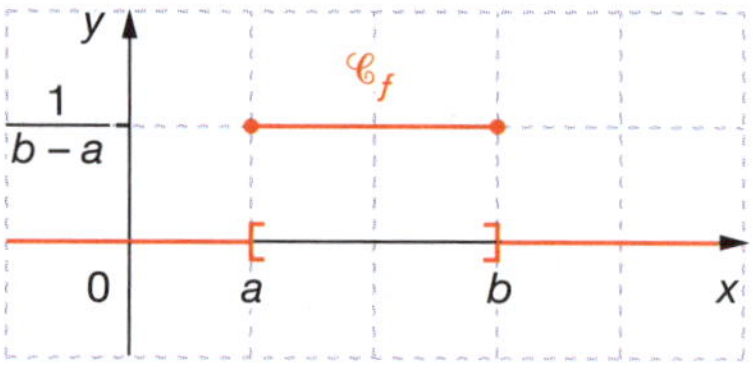

Soit a et b deux nombres réels tels que $a < b$. Une variable aléatoire continue X suit une loi uniforme sur l'intervalle $[a\,;b]$ si sa densité f est définie sur $\mathbb{R}$ par :

$$f(x) = \begin{cases} \dfrac{1}{b-a} & \text{si } a \leqslant x \leqslant b \\ 0 & \text{sinon} \end{cases}$$

On note : $X \sim \mathcal{U}([a\,;b])$.

▶ C. Loi exponentielle de paramètre λ

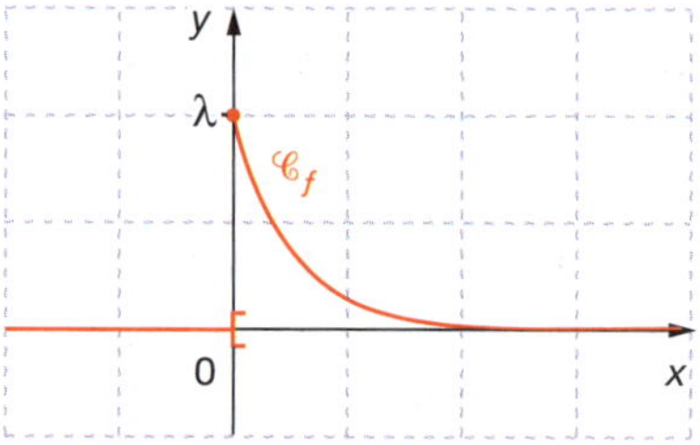

Soit λ un réel strictement positif. Une variable aléatoire continue X suit une loi exponentielle de paramètre λ si sa densité f est définie sur $\mathbb{R}$ par :

$$f(x) = \begin{cases} 0 & \text{si } x < 0 \\ \lambda e^{-\lambda x} & \text{si } x \geqslant 0 \end{cases}$$

▶ D. Loi normale centrée réduite

• Une variable aléatoire continue X suit la loi normale centrée réduite $(X \sim \mathcal{N}(0,1))$ si sa densité f est définie sur $\mathbb{R}$ par : $f(x) = \dfrac{1}{\sqrt{2\pi}} e^{-\frac{x^2}{2}}$.

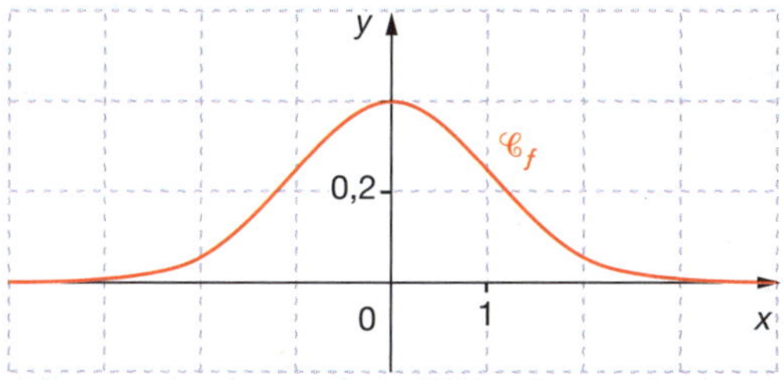

• **Propriété :** pour $\alpha \in]\,0\ ;\ 1\,[$, il existe un unique nombre réel positif u_α tel que $P(-u_\alpha \leq X \leq u_\alpha) = 1 - \alpha$ où X désigne une variable aléatoire suivant la loi normale centrée réduite.
À connaître : $u_{0,05} \approx 1{,}96$ et $u_{0,01} \approx 2{,}58$.

• **Théorème de De Moivre-Laplace.**
Soit X_n une variable aléatoire discrète suivant la loi binomiale $\mathscr{B}(n, p)$ ($n \neq 0$, $p \in]0\ ;\ 1[$). Alors pour tous nombres réels a et b tels que $a < b$:

$P(a \leq Z_n \leq b)$ tend vers $\displaystyle\int_a^b \frac{1}{\sqrt{2\pi}} e^{-\frac{x^2}{2}}\,dx$ lorsque n tend vers $+\infty$,

Z_n étant la variable aléatoire définie par $Z_n = \dfrac{X_n - np}{\sqrt{np(1-p)}}$.

▶ E. Loi normale d'espérance μ et d'écart type σ

• Une variable aléatoire continue X suit la loi normale d'espérance μ et d'écart type σ si la variable aléatoire continue $\dfrac{X-\mu}{\sigma}$ suit la loi normale centrée réduite. On note : $X \sim \mathcal{N}(\mu, \sigma^2)$.

• La densité associée à une variable aléatoire continue suivant la loi normale d'espérance μ et d'écart type σ est définie sur $\mathbb{R}$ par $f(x) = \dfrac{1}{\sigma\sqrt{2\pi}} e^{-\frac{1}{2}\left(\frac{x-\mu}{\sigma}\right)^2}$.

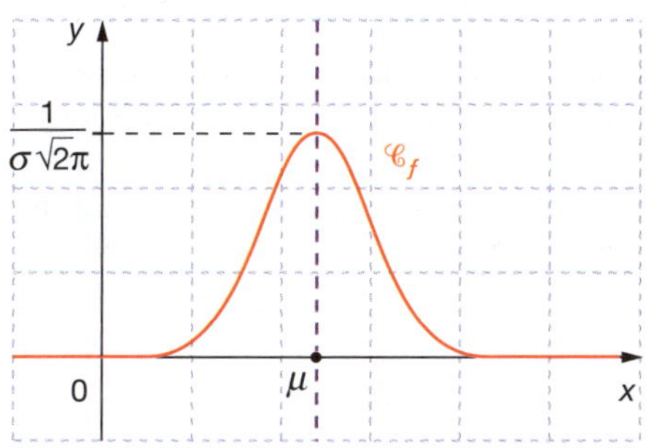

• **Propriétés** : $P(X \in [\mu - \sigma\ ;\ \mu + \sigma]) \approx 0{,}68$; $P(X \in [\mu - 2\sigma\ ;\ \mu + 2\sigma]) \approx 0{,}95$; $P(X \in [\mu - 3\sigma\ ;\ \mu + 3\sigma]) \approx 0{,}99$.

E41 Espérance d'une variable aléatoire continue

▶ A. Dans le cadre général

• L'espérance d'une variable aléatoire continue X, ***à valeurs dans l'intervalle*** I **= [a ; b]** ($a < b$) de densité f est définie par : $E(X) = \displaystyle\int_a^b t\,f(t)\ dt$.

• L'espérance d'une variable aléatoire continue X ***à valeurs dans l'intervalle I*** = **[*a* ; + ∞[** de densité f est définie par : $E(X) = \displaystyle\lim_{x \to +\infty} \int_a^x t\,f(t)\,dt$.

• L'espérance d'une variable aléatoire continue X **à valeurs dans** $\mathbb{R}$ de densité f est définie par :
$E(X) = \displaystyle\lim_{x \to -\infty} \int_x^0 t\,f(t)\,dt + \lim_{y \to +\infty} \int_0^y t\,f(t)\,dt$.

▶ B. Loi uniforme

L'espérance d'une variable aléatoire X suivant la loi uniforme sur l'intervalle [a ; b] est $E(X) = \dfrac{a+b}{2}$.

▶ C. Loi exponentielle

L'espérance d'une variable aléatoire X suivant une loi exponentielle de paramètre $\lambda > 0$ est $E(X) = \dfrac{1}{\lambda}$.

▶ D. Loi normale centrée réduite

L'espérance d'une variable aléatoire X suivant la loi normale centrée réduite $\mathcal{N}(0,1)$ est $E(X) = 0$.

E42 Loi vérifiant la propriété de durée de vie sans vieillissement

▶ A. Définition

Une variable aléatoire T suit la propriété de durée de vie sans vieillissement lorsque pour tous réels t et h positifs, $P_{(T \geqslant t)}(T \geqslant t + h) = P(T \geqslant h)$.

▶ B. Cas de la loi exponentielle

Une variable aléatoire T suivant une loi exponentielle vérifie la propriété de durée de vie sans vieillissement.

INTERVALLES DE FLUCTUATION ET DE CONFIANCE

Soit X_n une variable aléatoire discrète suivant la loi binomiale $\mathcal{B}(n,p)$ et $F_n = \dfrac{X_n}{n}$ la variable aléatoire fréquence associée.

E43 Intervalle de fluctuation

• Pour tout $\alpha \in]0\ ;1[$, un intervalle de fluctuation asymptotique de la variable aléatoire fréquence F_n au seuil $1-\alpha$ est un intervalle déterminé à partir de p et de n et qui contient F_n avec une probabilité d'autant plus proche de $1-\alpha$ que n est grand.

• Pour tout $\alpha \in]0\ ;1[$, il existe un unique nombre réel positif u_α tel que la probabilité que la variable aléatoire fréquence F_n prenne ses valeurs dans l'intervalle I_n défini par :

$$I_n = \left[p - u_\alpha \times \frac{\sqrt{p(1-p)}}{\sqrt{n}}\ ;\ p + u_\alpha \times \frac{\sqrt{p(1-p)}}{\sqrt{n}}\right]$$

se rapproche de $1-\alpha$ quand la taille de l'échantillon n devient grande.

• L'intervalle de fluctuation asymptotique au seuil 0,95 de la variable aléatoire fréquence F_n est défini par :

$$\left[p - 1{,}96 \times \frac{\sqrt{p(1-p)}}{\sqrt{n}}\ ;\ p + 1{,}96 \times \frac{\sqrt{p(1-p)}}{\sqrt{n}}\right]$$

Conditions d'utilisation : $n \geqslant 30$, $n \times p \geqslant 5$ et $n \times (1-p) \geqslant 5$.

E44 Intervalle de confiance

• Pour tout $\alpha \in]0\ ;1[$, un intervalle de confiance pour une proportion p au niveau de confiance $1-\alpha$ est la réalisation, à partir d'un échantillon, d'un intervalle aléatoire contenant la proportion p avec une probabilité supérieure ou égale à $1-\alpha$.

• L'intervalle de confiance pour une proportion p au niveau de confiance 0,95 est l'intervalle défini par :

$$\left[f - \frac{1}{\sqrt{n}}\ ;\ f + \frac{1}{\sqrt{n}}\right]$$

où f est la fréquence observée du caractère étudié sur un échantillon de taille n.
Conditions d'utilisation : $n \geqslant 30$, $n \times f \geqslant 5$ et $n \times (1-f) \geqslant 5$.

Lexique de physique-chimie

1re loi de Kepler • Les trajectoires, ou orbites, des planètes autour du Soleil sont des ellipses dont le Soleil est un des foyers.

1re loi de Newton ou principe d'inertie • Dans un référentiel galiléen, tout système dont la somme des forces extérieures est nulle persévère dans son état de repos ou dans son mouvement rectiligne uniforme.

2e loi de Kepler • Le rayon vecteur Soleil-planète balaye des aires égales pendant une même durée.

2e loi de Newton ou théorème du centre d'inertie • Dans un référentiel galiléen, la somme des forces extérieures appliquées au système est égale à la variation du vecteur quantité de mouvement par rapport au temps.

3e loi de Kepler • Le rapport entre la période de révolution au carré et le cube du demi-grand axe est constant.

3e loi de Newton ou principe des actions réciproques • Dans un référentiel galiléen, la force exercée par A sur B est l'opposée de celle exercée par B sur A.

Acide aminé ou acide α-aminé • Espèce possédant au moins les deux groupements fonctionnels : acide carboxylique et amine.

Acide au sens de Brønsted • Espèce susceptible de libérer un ou plusieurs protons au cours d'une réaction pour donner la base conjuguée du couple.

Acide carboxylique • Espèce chimique possédant le groupement fonctionnel carboxyle :

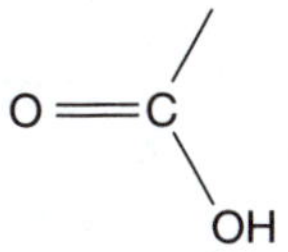

Acide faible • Acide dont la réaction avec l'eau conduit à un état d'équilibre.

Acide fort • Acide dont la réaction avec l'eau est totale. L'ionisation d'un acide fort dans l'eau est totale.

Alcane • Hydrocarbure saturé de formule brute : C_nH_{2n+2}.

Alcène • Hydrocarbure de formule brute : C_nH_{2n}. Ces hydrocarbures possèdent une double liaison entre deux carbones ; ce sont des hydrocarbures insaturés.

Alcool • Espèce chimique possédant le groupement fonctionnel hydroxyle :

Alcool primaire

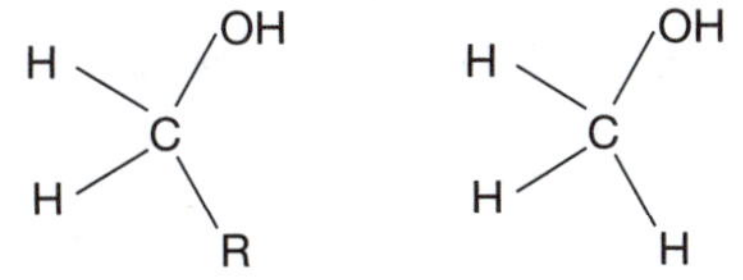

Alcool secondaire

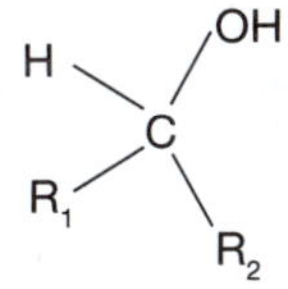

Alcool tertiaire

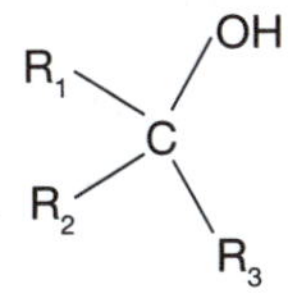

Aldéhyde • Espèce chimique possédant le groupement fonctionnel carbonyle :

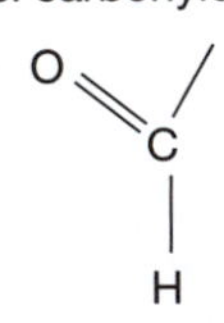

Amide primaire • Espèce chimique possédant le groupement fonctionnel :

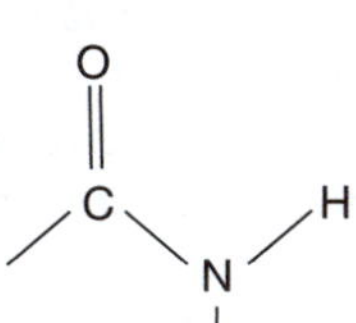

Amide secondaire • Espèce chimique possédant le groupement fonctionnel :

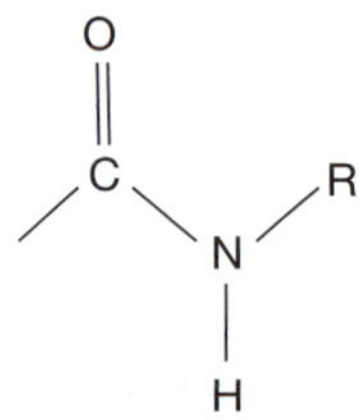

Amide tertiaire • Espèce chimique possédant le groupement fonctionnel :

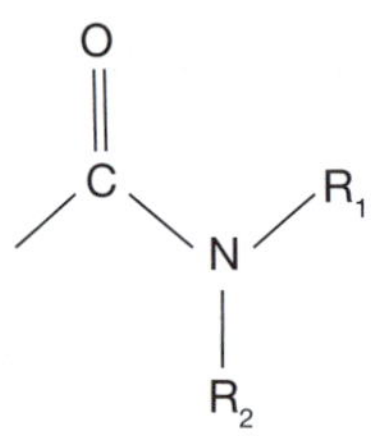

Amine primaire • Espèce chimique possédant le groupement fonctionnel :

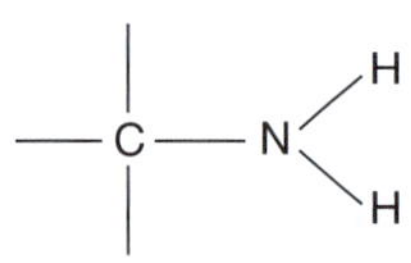

Amine secondaire • Espèce chimique possédant le groupement fonctionnel :

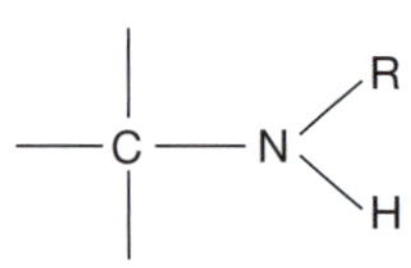

Amine tertiaire • Espèce chimique possédant le groupement fonctionnel :

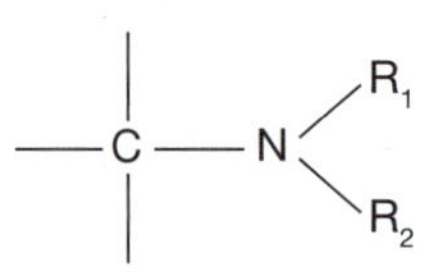

Amortissement • Il traduit une diminution de l'amplitude d'un phénomène.

Base au sens de Brønsted • Espèce susceptible de capter un ou plusieurs protons au cours d'une réaction chimique pour donner l'acide conjugué du couple.

Base faible • Base dont la réaction avec l'eau conduit à un état d'équilibre.

Base forte • Base dont la réaction avec l'eau est totale. L'ionisation d'une base forte dans l'eau est totale.

Capacité thermique • Énergie à apporter à un corps pour augmenter sa température de 1 Kelvin. Elle s'exprime en Joule par Kelvin (J/K ou $J \cdot K^{-1}$).

Carbone asymétrique • Atome de carbone tétraédrique possédant quatre substituants différents. Il est noté C*.

Carbone tétraédrique • Atome de carbone relié à quatre substituants. Il est au centre d'un tétraèdre.

Catalyse enzymatique • On parle de catalyse enzymatique lorsque le catalyseur est une enzyme.

Catalyse hétérogène • On parle de catalyse hétérogène lorsque les réactifs et le catalyseur sont dans des phases différentes (états physiques différents).

Catalyse homogène • On parle de catalyse homogène lorsque les réactifs et le catalyseur sont dans la même phase (même état physique).

Catalyseur • Espèce susceptible d'augmenter la vitesse d'une réaction mais qui n'apparait pas dans l'équation de la réaction.

Célérité • Terme qui désigne la vitesse de propagation d'une onde.

Cétone • Espèce chimique possédant le groupement fonctionnel carbonyle :

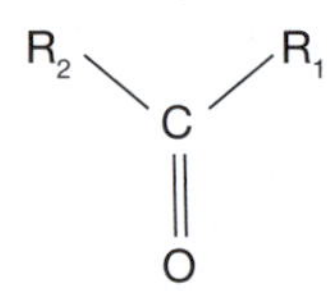

Chaleur massique d'un corps • Quantité d'énergie qu'il faut fournir à 1 g d'un corps pour élever sa température de 1 Kelvin.

Chiralité • Propriété d'un objet de ne pas être superposable à son image dans un miroir plan. Un objet achiral est un objet superposable à son image dans un miroir.

Cinématique • Partie de la physique qui étudie le mouvement d'un système.

Cinétique chimique • Partie de la chimie qui étudie l'évolution des systèmes chimiques au cours du temps.

Conduction thermique • Transfert d'énergie entre deux milieux en contact sans déplacement macroscopique de matière.

Configuration d'une molécule • Disposition spatiale des atomes dans une molécule. Pour passer d'une configuration à une autre, il est nécessaire de casser une liaison.

Conformation d'une molécule • Ensemble de molécules qui ne diffèrent que par des rotations autour d'une liaison simple.

Convection thermique • Transfert d'énergie dû à un déplacement de matière.

Décibel • Unité du niveau sonore L défini par $L(\text{dB}) = 10\ \text{Log}(I/I_0)$ avec I, l'intensité sonore et I_0, l'intensité sonore de référence

Déplacement chimique • Il caractérise l'axe des abscisses des spectres RMN. Il est noté δ (en ppm).

Diastéréoisomérie • Relation existant entre deux structures non superposables et qui ne sont pas images l'une de l'autre dans un miroir plan. On distingue les diastéréoisomères E et les diastéréoisomères Z.

Diffraction • Phénomène caractéristique d'une onde ; il est observable lorsque celle-ci rencontre un obstacle ou une ouverture dont la taille est de l'ordre de sa longueur d'onde.

Dissipation d'énergie • Il se produit une dissipation d'énergie lorsque le système étudié perd de l'énergie au cours du temps. Les principales causes de dissipation d'énergie sont les frottements ; l'énergie est perdue sous forme calorifique.

Dosage • Technique permettant de déterminer la quantité de matière (ou la concentration) d'un constituant dans une solution.

Effet Doppler • Il caractérise la variation apparente de la fréquence d'une onde émise par une source en mouvement par rapport à un récepteur immobile.

Électronégativité • Grandeur traduisant la capacité d'un atome à attirer vers lui le doublet électronique d'une liaison covalente l'associant à un autre atome. L'atome le plus électronégatif attire plus les électrons de la liaison covalente.

Énantiomérie • Relation existant entre deux structures non superposables et images l'une de l'autre dans un miroir plan.

Épicentre d'un séisme • Lieu à la surface terrestre situé à la verticale du foyer du séisme.

Équivalence • État d'un système pour lequel les réactifs sont introduits dans les proportions stœchiométriques.

Ester • Espèce chimique obtenue par estérification ou réaction entre un acide carboxylique et un alcool. Le groupement fonctionnel associé est :

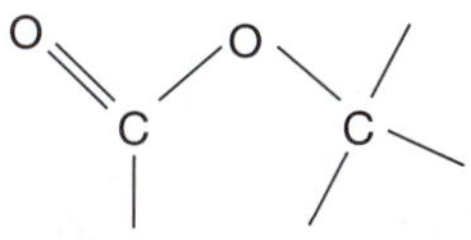

Facteurs cinétiques • Paramètres permettant d'influencer la vitesse d'une réaction chimique.

Flux thermique • Quantité d'énergie calorifique ou chaleur, échangée pendant une seconde. S'exprime en $J \cdot s^{-1}$.

Force conservative • Se dit d'une force dont le travail entre deux points est indépendant du chemin suivi (ex. : le poids).

Force non conservative • Se dit d'une force dont le travail entre deux points dépend du chemin suivi (ex. : une force de frottement).

Formule topologique • Représentation d'une molécule organique où les liaisons C—C sont schématisées par des tirets ; les extrémités du segment symbolisent les C. Les H liés aux C n'apparaissent pas, en général. Les hétéroatomes (atomes autres que H et C) sont représentés.

Foyer d'un séisme • Lieu en profondeur où se produit la rupture des roches.

Fréquence • Nombre d'évènements se reproduisant identiques à eux-mêmes pendant 1 seconde (en hertz, Hz).

Groupes caractéristiques ou groupes fonctionnels • Ils se substituent à des atomes d'hydrogène et caractérisent les propriétés des molécules ainsi obtenues.

Hauteur d'un son • Fréquence de l'onde sonore (en Hz).

Houle • Mouvement ondulatoire de la surface de la mer formé par le vent.

Intensité sonore • Quantité d'énergie traversant une surface de 1 m^2 perpendiculaire à la direction de propagation des ondes sonores, pendant 1 s. Elle est mesurée en W/m^2 ou $W \cdot m^{-2}$.

Intensité sonore de référence • Elle correspond au seuil d'audibilité de l'oreille humaine, $I_0 = 10^{-12}\ W \cdot m^{-2}$.

Interférences • Phénomène observé dans une région de l'espace où deux ondes issues de la même source se superposent.

Liaison hydrogène • Liaison formée par l'interaction entre un atome d'hydrogène d'une molécule polarisée et le doublet non liant d'une molécule voisine.

Longueur d'onde • Distance parcourue par une onde pendant une période ou plus petite distance séparant deux points vibrant en phase (ou en opposition de phase) ; on parle encore de période spatiale.

Magnitude • Elle mesure l'énergie libérée sous forme d'onde au foyer d'un séisme.

Mélange racémique • Mélange équimolaire de deux énantiomères.

Moment dipolaire • Une molécule possède un moment dipolaire lorsque les barycentres des charges positives et négatives ne sont pas confondus. Exprimé en Debye (D).

Monacide • Acide ne cédant qu'un seul proton.

Monobase • Base ne captant qu'un seul proton.

Mouvement circulaire non uniforme • Mouvement pour lequel :
– la trajectoire est un cercle et
– la vitesse varie.

Mouvement circulaire uniforme • Mouvement pour lequel :
– la trajectoire est un cercle et
– la vitesse est constante.

Mouvement rectiligne uniforme • Mouvement pour lequel :
– la trajectoire est une droite et
– la vitesse est constante.

Mouvement rectiligne uniformément varié • Mouvement pour lequel :
– la trajectoire est une droite et
– la vitesse varie.

Nombre d'onde • Il caractérise l'inverse de la longueur d'onde en spectroscopie infrarouge. Il est noté σ (en cm^{-1}).

Onde longitudinale • Phénomène ondulatoire pour lequel la perturbation est parallèle à la direction de propagation de l'onde.

Onde mécanique progressive • Phénomène de propagation d'une perturbation à partir d'un point source, dans un milieu, sans transport de matière.

Onde progressive sinusoïdale • Onde dont l'allure est caractérisée par une fonction sinusoïdale.

Onde sismique • Onde mécanique dont la source est le foyer du séisme.

Onde sonore • Onde mécanique progressive longitudinale dont la fréquence est comprise entre 20 Hz et 20 kHz environ. Elles se propagent dans l'air à la vitesse $c = 340 \text{ m} \cdot \text{s}^{-1}$.

Onde transversale • Phénomène ondulatoire pour lequel la perturbation est perpendiculaire à la direction de propagation de l'onde.

Onde ultrasonore • Onde sonore de haute fréquence, $f > 20$ kHz. Remarque : les infrasons sont des ondes sonores dont la fréquence est inférieure à 20 Hz.

Oscillateur libre • Dispositif oscillant par lui-même lorsqu'il est écarté de sa position d'équilibre et lâché.

Oscillation • Mouvement autour d'une position d'équilibre durant une période ou une pseudo-période.

Oxydant • Espèce chimique susceptible de capter un ou plusieurs électrons au cours d'une réaction chimique.

Oxydation • Demi-équation rédox au cours de laquelle le réducteur d'un couple cède un ou plusieurs électrons pour donner l'oxydant du couple considéré.

Période • Plus petite durée séparant deux phénomènes identiques (en s).

Période spatiale • Voir Longueur d'onde.

Période temporelle • Voir Période.

Polarisation d'un nuage électronique • Déformation du nuage électronique d'un atome sous l'action d'un champ électrique ou en raison de la différence d'électronégativités de deux atomes voisins.

Postulats d'Einstein • - Les lois de la physique sont les mêmes dans tout référentiel galiléen.
– Dans tous les référentiels galiléens, la vitesse de la lumière dans le vide a la même valeur quelle que soit la direction.

Principe d'inertie • Voir 1re loi de Newton.

Principe des actions réciproques • Voir 3e loi de Newton.

Pseudo-période • Plus petite durée séparant deux phénomènes identiques d'un oscillateur amorti.

Rayonnement thermique • Transfert d'énergie produit par un rayonnement électromagnétique (infrarouge en général) au travers d'un milieu transparent.

Réactif chimiosélectif • Composé qui réagit à des vitesses différentes sur des fonctions chimiques différentes.

Réaction acido-basique • Réaction au cours de laquelle il y a transfert de protons entre un acide et une base ; l'acide va céder un ou plusieurs protons qui sont captés par la base.

Réaction d'oxydo-réduction • Réaction au cours de laquelle il y a un transfert d'électrons entre un oxydant et un réducteur ; le réducteur va céder un ou plusieurs électrons qui sont captés par l'oxydant.

Réaction de substitution • Réaction organique au cours de laquelle un atome, ou un groupe d'atomes, est remplacé par un autre atome ou un autre groupe d'atomes.

Réaction endothermique • Transformation chimique au cours de laquelle le système reçoit de l'énergie du milieu extérieur.

Réaction exothemique • Transformation chimique au cours de laquelle le système libère de l'énergie vers le milieu extérieur.

Réducteur • Espèce chimique susceptible de céder un ou plusieurs électrons au cours d'une réaction chimique.

Réduction • Demi-équation rédox au cours de laquelle l'oxydant d'un couple capte un ou plusieurs électrons pour donner le réducteur du couple considéré.

Référentiel galiléen • Référentiel dans lequel le principe d'inertie est vérifié.

Représentation de Cram • Représentation plane d'une structure spatiale.

— : la liaison est dans le plan de la feuille ;

▶ : la liaison sort de la feuille ou est orientée vers l'avant du plan ;

ıııı||| : la liaison rentre dans la feuille ou est orientée vers l'arrière du plan.

Retard d'une onde • Durée τ, en s, mise par l'onde pour se reproduire identique à elle-même à une distance d parcourue à la vitesse c : $\tau = d/c$.

Solution tampon • Solution dont le pH varie peu par ajout modéré d'eau, d'acide ou de base ; elle sert à étalonner un pH-mètre.

Substance inorganique • Substance ne contenant pas de carbone.

Substance organique • Substance contenant du carbone.

Système isolé • Système qui n'est soumis à aucune force.

Système pseudo-isolé • Système soumis à un ensemble de forces qui se compensent.

Temps atomique • Il correspond à la seconde : durée de 9 192 631 770 périodes de la radiation correspondant à la transition entre deux niveaux de l'état fondamental de l'atome de césium 133.

Temps de demi-réaction • Durée au bout de laquelle la moitié du réactif limitant a réagi ou durée au bout de laquelle l'avancement a atteint la moitié de sa valeur finale.

Théorème du centre d'inertie • Voir 2e loi de Newton.

Timbre d'un son • Ensemble des fréquences émises par une source sonore.

Titrage • Technique de dosage au cours de laquelle on verse un volume d'un réactif titré (de concentration connue) dans un volume connu de la solution titrante ou à titrer (de concentration inconnue).

Travail d'une force • Transfert d'énergie lié au déplacement du point d'application de la force.

Les unités du système international (USI) et l'analyse dimensionnelle

LES PRINCIPALES GRANDEURS ET LEUR UNITÉ OFFICIELLE

Longueur (distance) : mètre (m)
Masse : kilogramme (kg)
Temps : seconde (s)
Intensité électrique : ampère (A)
Volume : mètre cube (m^3)
Quantité de matière : mole (mol)
Force : newton (N)
Énergie : joule (J)
Fréquence : hertz (Hz)
Activité : becquerel (Bq)
Vitesse : mètre par seconde ($m \cdot s^{-1}$ ou m/s)
Accélération : mètre par seconde carrée ($m \cdot s^{-2}$ ou m/s^2)
Tension : volt (V)
Résistance électrique : ohm (Ω)
Conductance : siemens (S)
Conductivité molaire : siemens mètre carré par mole ($S \cdot m^2 \cdot mol^{-1}$)
Masse volumique : kg par mètre cube ($kg \cdot m^{-3}$)

LES UNITÉS DU SYSTÈME INTERNATIONAL (USI)

Toutes les unités physico-chimiques utilisées au lycée, et donc celles du tableau précédent, peuvent être exprimées à partir des seules unités suivantes : le mètre (m), le kilogramme (kg), la seconde (s), l'ampère (A) et la mole (mol).

Remarque : Si l'on veut exprimer n'importe quelle grandeur, hors programme lycée, il faut ajouter le candéla (Cd) pour l'unité d'intensité lumineuse et le kelvin (K) pour la température.

ATTENTION AUX UNITÉS USUELLES !

Souvent en chimie, il est plus pratique d'utiliser le gramme et le litre qui ne sont pas des unités officielles **mais des unités pratiques**. Ce qui aboutit à utiliser des unités comme le gramme par mole ($g \cdot mol^{-1}$) ou le mole par litre ($mol \cdot L^{-1}$) pour la masse ou la concentration molaire, respectivement.

Dans certaines formules, il faut donc revenir aux unités officielles avant d'effectuer les calculs.

L'ANALYSE DIMENSIONNELLE

Dans une analyse dimensionnelle, on prend en compte les grandeurs physiques. La masse d'un javelot lancé devient une masse (quelconque). Il faut donc transformer les grandeurs d'une formule à l'aide des grandeurs du système USI et revenir le plus possible aux cinq grandeurs de base : distance, masse, temps, intensité et mole.

La notation entre crochets signifie « la dimension de » : [f] se lit « dimension de f ».

Les 50 formules clés du programme

ONDES ET PARTICULES

- **Célérité d'une onde** : $v = \frac{d}{t}$ où d est la distance parcourue et t le temps de parcours.

- Relation entre **période** T et **fréquence** f (appelée aussi ν : $f = \frac{1}{T}$.

- Relation entre **vitesse de propagation** v, longueur d'onde λ et fréquence f : $\lambda = vT = \frac{v}{\nu}$ (ou $\frac{v}{f}$)

- Relation entre **retard** Δt, distance d et vitesse de propagation v : $\Delta t = \frac{d}{v}$.

- Relation entre **ouverture angulaire** θ, longueur d'onde λ et largeur de l'ouverture a : $\theta = \frac{\lambda}{a}$.

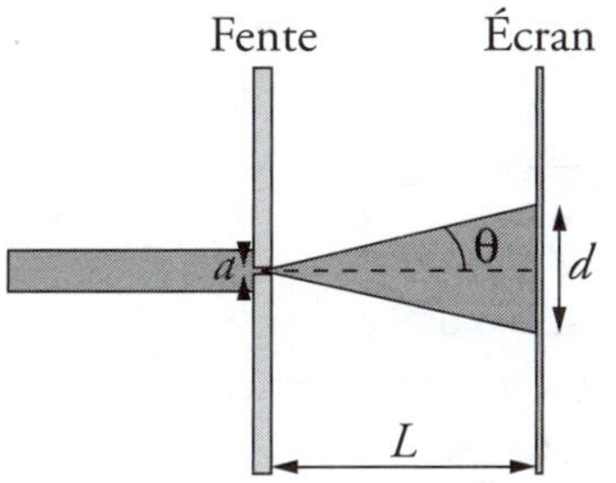

Figure 1. Diffraction d'une onde par un fil de diamètre *a*

- Relation entre **intensité sonore** I et **niveau d'intensité sonore** L : $L = 10 \times \log\left(\frac{I}{I_0}\right)$, I_0 étant un niveau sonore de réference.

- **Effet Doppler.** Relation entre **fréquence émise** par un émetteur en mouvement par rapport à un récepteur et **fréquence reçue** par ce dernier en fonction des vitesses de l'émetteur et du récepteur :

$$f_{\text{reçus}} = \frac{v - v_{\text{récepteur}}}{v - v_{\text{émetteur}}} \times f_{\text{émise}}$$

Remarque : cette formule n'est pas à connaître par cœur mais savoir la retrouver peut vous être utile.

UTILITAIRES

▶ Familles de composés organiques à connaître, groupes caractéristiques

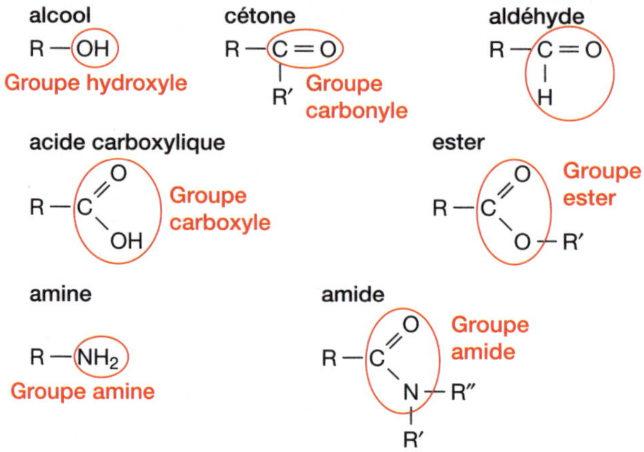

Voir le lexique pour les classes des alcools, das amines et des amides.

TEMPS, MOUVEMENT ET ÉVOLUTION

Trajectoire et mouvement

- Mouvement rectiligne : la trajectoire du système est une droite.
- Mouvement circulaire : la trajectoire est un cercle ou un arc de cercle.
- Mouvement uniforme : la valeur de la vitesse est constante.
- Mouvement rectiligne uniforme : $\vec{a} = \vec{0}$.
- Mouvement rectiligne uniformément varié : $\vec{a} = \overrightarrow{cte}$ (si $\vec{a}$ est orientée dans le sens du mouvement alors celui-ci est uniformément accéléré ; dans le sens contraire, il est uniformément décéléré).

Lois de Newton

▶ **Quantité de mouvement :** $\vec{p} = m\vec{v}$ où m est la masse en kilogramme et v le vecteur vitesse.

▶ **Première loi de Newton (principe d'inertie)**

Dans un référentiel galiléen, le centre d'inertie G d'un solide soumis à un ensemble de forces dont la somme vectorielle est nulle est soit au repos, soit animé d'un mouvement rectiligne et uniforme. On écrit : si $\sum \vec{f} = \vec{0}$ **alors** v **= cte et** $\vec{a} = \vec{0}$.

▶ **Deuxième loi de Newton (théorème du centre d'inertie)**

Dans un référentiel galiléen, la somme vectorielle des forces appliquées à un solide est égale à la dérivée de la quantité de mouvement.

On écrit alors : $\sum \vec{f} = \dfrac{d\vec{p}}{dt}$.

▶ **Troisième loi de Newton (principe des actions réciproques)**

Lorsqu'un solide S_1 exerce une force $F_{1/2}$ sur un solide S_2, le solide S_2 exerce sur le solide S_1 une force $F_{2/1}$ de même intensité mais de sens opposé.

On a alors : $\vec{F}_{1/2} = -\vec{F}_{2/1}$.

▶ **Loi de gravitation**

La force de gravitation $\vec{F}$ s'exerçant entre deux corps, de masses respectives m_1 et m_2, qui s'attirent et sont éloignés d'une distance d, a pour valeur :

$$F = G \cdot \frac{m_1 \times m_2}{d^2} \text{ où } G \text{ est la constante universelle de la gravitation.}$$

▶ **La force du poids :** $\vec{p} = m\vec{g}$ où m est la masse et $\vec{g}$ l'accélération de la pesanteur.

▶ **Mouvement circulaire des planètes et des satellites**

Soit une planète B (ou un satellite) en mouvement **circulaire** autour d'un astre attracteur A (planète, Soleil, Terre).

• Son accélération a est $a = \frac{GM_A}{r}$ où M_A est la masse de A et r le rayon de la trajectoire de B (c'est-à-dire la distance entre les centres de gravité de A et de B).

• Son vecteur vitesse v est constant et a pour valeur $v = \sqrt{\frac{GM_A}{r}}$.

• Sa période de révolution est $T = 2\pi\sqrt{\frac{r^3}{GM_A}}$.

Lois de Kepler

▶ **Première loi**

Les planètes en mouvement autour du Soleil décrivent une ellipse dont le Soleil occupe l'un des foyers.

▶ **Deuxième loi**

Le segment Soleil-planète balaie des aires égales pendant des intervalles de temps égaux.

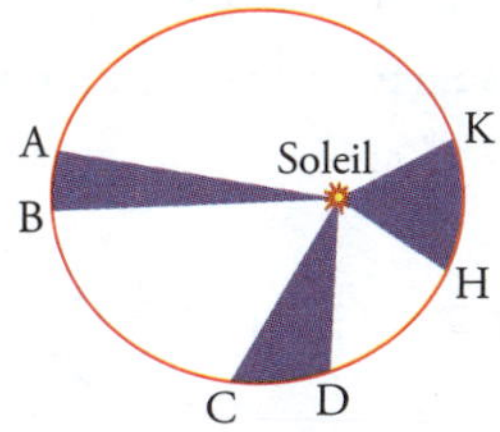

Ici, les aires ABS, CDS et HKS sont égales si les temps pour se déplacer de A vers B, de C vers D et de H vers K sont les mêmes.

▶ **Troisième loi**

Le carré de la période de révolution T est proportionnel au cube du demi grand-axe α de l'orbite :

$$\frac{T^2}{\alpha^3} = \text{cte.}$$

Mesure du temps, amortissement et énergie

▶ Relation entre **période d'oscillation** T d'un pendule simple de **longueur** ℓ et **champ de pesanteur** g :

$$T = 2\pi\sqrt{\frac{\ell}{g}}.$$

▶ Le travail d'une force $\vec{F}$ se déplaçant entre deux points A et B est égal au produit scalaire de $\vec{F}$ et du vecteur $\overrightarrow{AB}$: $W_{AB}(\vec{F}) = \vec{F} \cdot \overrightarrow{AB} = F \times AB \times \cos(\vec{F}, \overrightarrow{AB})$.

▶ Le travail du poids $\vec{P}$ d'un objet de masse m se déplaçant entre deux points A et B d'altitudes respectives z_A et z_B est : $W_{AB}(\vec{P}) = mg(z_A - z_B)$.

Relativité restreinte

▶ Le facteur $\gamma = \dfrac{1}{\sqrt{1 - \dfrac{u^2}{c^2}}}$ avec u la vitesse du référentiel en mouvement par rapport à un référentiel immobile.

▶ Relation entre les **durées entre deux événements mesurées dans deux référentiels galiléens en mouvement l'un par rapport à l'autre** : $t = \gamma t'$.

▶ Relation entre **durée propre** Δt_0 et **durée mesurée** Δt : $\Delta t = \gamma\, \Delta t_0$.

Cinétique chimique et catalyse

Le temps de demi réaction $t_{1/2}$ est la durée au bout de laquelle l'avancement x atteint la valeur $\dfrac{x_{max}}{2}$.

RÉACTION CHIMIQUE PAR ÉCHANGE DE PROTON

▶ **Définition du pH :** $pH = -\log[H_3O^+]$ et $[H_3O^+] = 10^{-pH}$

▶ **Constante d'acidité K_a d'un couple acide-base AH/A⁻ :** $K_a = \dfrac{T_c - T_f}{R_t}$

▶ **Produit ionique de l'eau K_e** (constante d'acidité du couple acide-base H_2O/OH^-) :

$$Ke = [H_3O^+]_{eq} \times [OH^-]_{eq} \text{ avec } pKe = 14 \text{ à } 25° \text{ C.}$$

▶ Relation entre le **pH d'une solution aqueuse d'acide fort** et sa **concentration** C :

$$pH = -\log C$$

Attention : cette formule est fausse si l'acide est un acide faible.

▶ Relation entre le **pH d'une solution aqueuse de base forte** et sa **concentration** C :

$$pH = 14 + \log C$$

ÉNERGIE, MATIÈRE ET RAYONNEMENT

▶ Relation entre **variation d'énergie interne** ΔU et **variation de température** ΔT :

$$\Delta U = C \times \Delta T \text{ où } C \text{ est la capacité thermique}$$

La capacité thermique est l'énergie qu'il faut apporter à un corps pour augmenter sa température de 1 kelvin.

Attention : cette relation s'applique pour un corps dans un état solide ou liquide et quand il n'y a pas de changement d'état !

▶ Relation entre **flux thermique** φ (en $W \cdot m^{-2}$) à travers une paroi plane, **température** et **résistance thermique** :

$$\varphi = \frac{T_c - T_f}{R_t}$$

où T_f est la température de la face « chaude », T_c est la température de la face « froide » et R_t est la résistance thermique de la paroi.

▶ **Émission et absorption quantiques**
- Pour que la transition d'un électron entre un niveau d'énergie E_m et un niveau d'énergie E_n se produise, il faut qu'il absorbe un photon d'énergie $h\nu$ telle que $E_n - E_m = h\nu$ où h est la constante de Planck.
- À l'inverse, l'électron du niveau E_n revient dans l'état E_m en émettant un photon d'énergie $E_n - E_m = h\nu$.

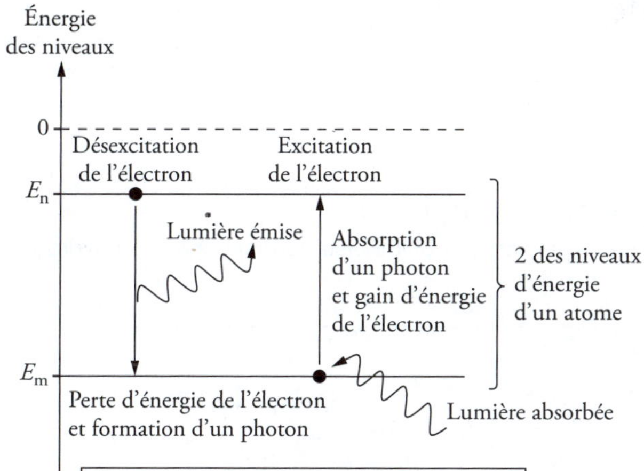

$$\Delta E = |E_n - E_m| = h\nu = \frac{hc}{\lambda} \Rightarrow \lambda = \frac{hc}{\Delta E}$$

• Relation entre **quantité de mouvement** p d'une particule et **longueur d'onde** λ de l'onde associée (relation de Broglie) :

$$p = \frac{h}{\lambda}.$$

UTILITAIRES

Analyse spectrale

RMN du proton (H)

Valeurs des déplacements chimiques en RMN du proton.

Les barres vertes indiquent la plage de déplacements chimiques correspondant à l'hydrogène en rouge.

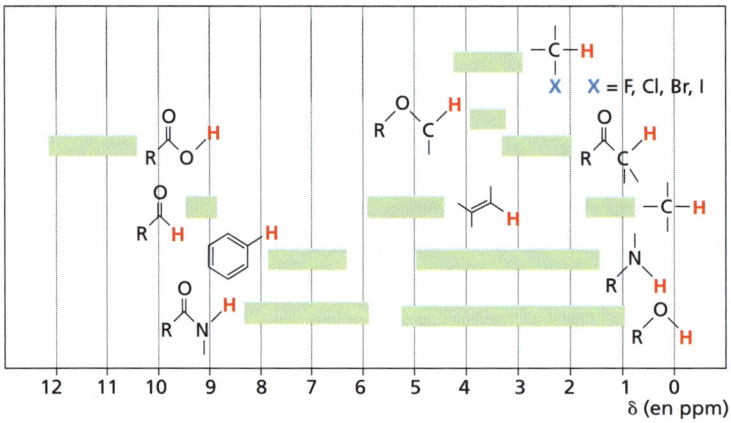

Table infrarouge

Gorupes caractéristiques et fonctions en chimie organique et leurs vibrations IR

Fonction	Groupe caractéristique	Exemple	IR bandes caractéristiques (cm^{-1})
Alcane	Liaison C—H	 butane	C_{ane}—H : 2 800-3 000
Alcène	Liaison double C ═C	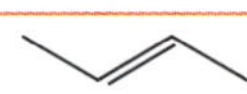 but-2-ène	C═C : 1 625-1 685 $C_{ène}$—H : 3 000-3 100
Alcool	Hydroxyle OH	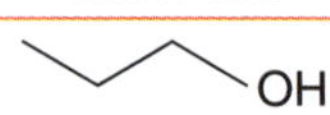 propan-1-ol	O—H alcool libre : 3 580-3 670 O—H alcool lié : 3 200-3 400
Aldéhyde	Carbonyle C═O (fin de chaîne)	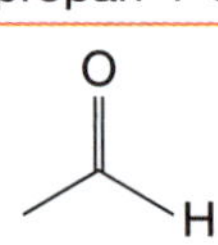 éthanal	C_{ald}—H : 2 700-2 900 C═O : 1 650-1 730
Cétone	Carbonyle C═O	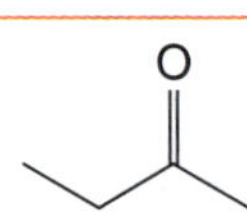 butan-2-one	C═O : 1 650-1 730

Fonction	Groupe caractéristique	Exemple	IR bandes caractéristiques (cm^{-1})
Acide carboxylique	Carboxyle COOH	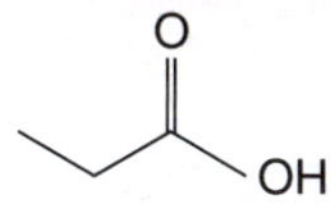 acide butanoïque	O—H : 3 200-3 400 C═O : 1 680-1 710
Ester	Carboxyle COO	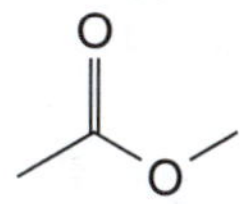 propanoate de méthyle	C═O : 1 700-1 740
Amine	Amino (NH_2 en fin de chaîne) ou amine (NH ou N en milieu de chaîne)	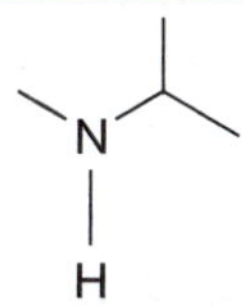 N-méthylbutan-2-amine	N—H : 3 100-3 500 (souvent deux bandes) et 1 560-1640 (large)
Amide	Amide CONH	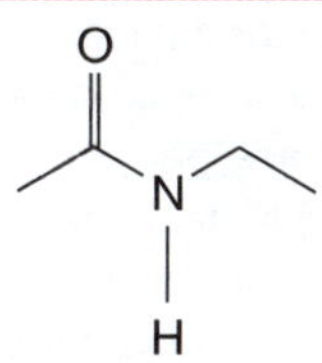 N-éthyléthanamide	N—H : 3 100-3 500 et 1 560-1 640 C═C : 1 640-1 690

Lexique de SVT

A

Aire motrice • Surface délimitée du cortex cérébral, située dans la région postérieure du lobe frontal. Le cortex moteur est impliqué dans le contrôle des mouvements volontaires.

Albédo • Rapport entre l'énergie solaire réfléchie par une surface et l'énergie solaire reçue par cette même surface. Sa valeur est comprise entre 0 (noir parfait) et 1 (miroir).

Anticorps (ou immunoglobuline) • Protéine sécrétée par les lymphocytes B sécréteurs (ou plasmocytes) en réponse à la présence d'un antigène spécifique et capable de neutraliser ce dernier en se liant à lui pour former un complexe immun. Les anticorps sont des molécules effectrices de l'immunité acquise.

Antigène • Toute substance reconnue par le système immunitaire et qui est à l'origine de l'apparition d'anticorps ou de lymphocytes T cytotoxiques.

Arc réflexe • Ensemble fonctionnel nerveux qui relie un récepteur sensoriel à un effecteur *via* un centre nerveux. Le neurone afférent sensoriel relie le récepteur sensoriel au centre nerveux, et le neurone efférent moteur (motoneurone) relie le centre nerveux à l'effecteur. L'arc réflexe le plus simple (réflexe myotatique) ne comprend qu'un neurone afférent et un motoneurone et ne présente qu'une seule synapse : il est dit monosynaptique.

Arc volcanique (ou magmatique, ou encore insulaire) • Guirlande d'îles volcaniques dessinant un arc convexe vers le large ; c'est l'un des marqueurs de certaines zones de subduction.

Asthénosphère • Partie du manteau située sous la lithosphère et formant, avec la base de celle-ci, le manteau supérieur. Elle est moins rigide que la lithosphère ; dans les zones de subduction, la densité de la lithosphère est telle qu'elle peut s'enfoncer dans l'asthénosphère.

ATP • L'adénosine triphosphate ou ATP est la source principale d'énergie pour toutes les cellules animales ou végétales, chlorophylliennes ou non. Sa synthèse, qui provient de la dégradation de la matière organique, a lieu dans le cytoplasme (glycolyse) et surtout dans la mitochondrie (respiration). Dans le chloroplaste, l'ATP synthétisé au cours de la phase photochimique de la photosynthèse est utilisé durant la phase non photochimique : il n'est donc pas livré à la cellule chlorophyllienne.

B

Brassage interchromosomique • Il est responsable de la mise en place de nouvelles combinaisons d'allèles. Celles-ci résultent du comportement indépendant des différentes paires de chromosomes homologues lors de la séparation de ces derniers à la métaphase – anaphase de la première division de la méiose (complété par le comportement indépendant des couples de chromatides lors de la deuxième division de la méiose).

Brassage intrachromosomique • Il est responsable de l'apparition de nouvelles associations d'allèles par échanges de fragments (crossing-over) entre les chromatides non sœurs des chromosomes homologues au cours de la prophase de la première division de la méiose.

C

Caractères homologues • Structures présentes chez des espèces différentes et dérivant d'une même structure ancestrale ; les caractères homologues peuvent être morphologiques, anatomiques ou embryonnaires, mais également moléculaires (gènes homologues).

Cellule germinale • Cellule à l'origine des gamètes (elle a subi ou subira la méiose).

Cellule somatique • Cellule qui ne subira jamais la méiose ; autrement dit, cellule n'appartenant pas à la lignée germinale.

Charriage • Phénomène tectonique qui entraîne un ensemble de terrains à recouvrir d'autres formations géologiques, créant ainsi un contact anormal. Son amplitude varie de quelques kilomètres à plusieurs centaines de kilomètres.

Coévolution • Évolution conjointe de deux espèces ayant des relations bénéfiques l'une pour l'autre. Par exemple, l'évolution d'une plante à fleurs et celle de son insecte pollinisateur.

Collision • Elle caractérise les zones de convergence où les lithosphères continentales de deux plaques différentes entrent en contact à la suite d'une subduction ; elle conduit à l'édification d'une chaîne de montagnes.

Conduction • Transfert de chaleur, sans déplacement de matière, entre deux régions d'un même milieu présentant des températures différentes, ou par contact entre deux milieux à températures différentes.

Convection • Transfert de chaleur par déplacement de matière dans le milieu, contrairement à la conduction.

CPA • Les cellules présentatrices d'antigène (macrophages, cellules dendritiques) stimulent une réponse immunitaire adaptative en présentant aux lymphocytes T des peptides issus de la phagocytose d'antigènes.

Croûte continentale • Sous une couverture sédimentaire épaisse de quelques kilomètres au maximum, elle est constituée par des roches magmatiques et métamorphiques de composition globalement granitique. Son épaisseur de 30 km en moyenne atteint de 60 à 70 km sous les chaînes de montagnes.

Croûte océanique • Sous une couverture sédimentaire épaisse de 0 à 2 km, elle est constituée par une couche (moins de 2 km) de basaltes en coussins (*pillow lavas*) surmontant des gabbros (de 4 à 5 km d'épaisseur). Basaltes et gabbros sont des roches magmatiques ayant la même composition, les unes à structure microlithique (basaltes) et les autres à structure grenue (gabbros). L'épaisseur de la croûte océanique est d'une dizaine de kilomètres.

D

Datation absolue • Elle permet, en donnant accès à l'âge des roches et des fossiles, de mesurer les durées des phénomènes géologiques. Elle permet également de situer dans le temps l'échelle relative des temps géologiques.

Datation relative • Elle permet d'ordonner chronologiquement des structures (strates, plis, failles, minéraux) et des événements géologiques variés (discordance, sédimentation, intrusion, orogenèse) les uns par rapport aux autres.

Dérive génétique ou génique • Elle peut se produire dans une population isolée à faible effectif. Sur le nombre de gamètes fabriqués à chaque génération, seul un petit nombre d'entre eux est utilisé pour donner naissance à la génération suivante. Étant donné le faible nombre de reproducteurs, certains génotypes vont disparaître de la descendance et certains allèles seront ainsi perdus : les fréquences alléliques et génotypiques varient ainsi dans la population, de manière aléatoire.

Discordance • Discontinuité de la limite entre une strate de roche sédimentaire et les couches plus anciennes plissées, déformées et souvent érodées sur lesquelles elle repose.

Dorsale • Elle se présente en un alignement de reliefs sous-marins surplombant le plancher océanique de 2 km en moyenne sur une longueur de dizaines de milliers de kilomètres. Certaines dorsales présentent en leur axe un fossé d'effondrement, ou rift. La dorsale caractérise une zone en distension où s'écartent deux plaques lithosphériques et où naît du plancher océanique.

Duplication génique • Forme de mutation aboutissant au doublement d'un gène. Par sa répétition, elle est à l'origine des familles multigéniques qui, au sein d'une espèce, sont formées de gènes dérivant d'un même gène ancestral. Les duplications géniques sont responsables de la complexification du génome au cours de l'évolution.

E

Enzymes • Catalyseurs biologiques qui, en tant que protéines, résultent de l'expression directe de gènes. En tant que catalyseurs biologiques, ces protéines interviennent dans les réactions chimiques du vivant en augmentant leur vitesse tout en se retrouvant intactes à la fin de celles-ci. Ces protéines sont spécifiques d'un substrat ou d'un type de réaction.

État ancestral • État (primitif) d'un caractère qui préexiste à une innovation évolutive le concernant ; celle-ci est à l'origine d'un nouvel état, qualifié de « dérivé » (évolué).

État dérivé • État (évolué) d'un caractère né d'une innovation évolutive ayant affecté un caractère ancestral (ou primitif).

F

Fécondation • Union des gamètes mâle et femelle en une cellule unique, l'œuf, ou zygote. La fécondation rétablit la diploïdie en réunissant les lots haploïdes des gamètes.

Fosse océanique • Région caractéristique (marqueur) des zones de subduction où le fond océanique des plaines abyssales, voisin de – 4 km, s'enfonce pour donner une fosse allongée, étroite et profonde, pouvant atteindre voire dépasser les – 10 km. Cette fosse marque la flexion de la plaque subduite qui plonge sous une plaque chevauchante.

Fusion partielle • Fusion de certains minéraux d'une roche donnant naissance à un liquide et à un résidu non fondu ayant chacun une composition chimique différente de celle de la roche mère. Elle est à l'origine de la diversité des magmas.

G

Gène de développement • Gènes qui interviennent dans la construction d'un organisme à partir de l'œuf. Les plus connus sont les gènes homéotiques. Ils présentent une homologie remarquable chez les animaux : ils sont un héritage de l'ancêtre commun à la majorité des animaux. Des gènes homéotiques différents de ceux des animaux régissent l'organisation de la fleur.

Génome • Ensemble des gènes d'une espèce.

Génotype • Ensemble des gènes d'un organisme. On envisage souvent le génotype impliqué dans l'établissement d'un phénotype : il se matérialise alors par l'écriture des deux allèles du gène considéré (pour un organisme diploïde).

Glycolyse • Processus se déroulant dans le hyaloplasme de toutes les cellules, au cours duquel une molécule de glucose est dégradée en deux molécules de pyruvate. Cette réaction métabolique produit de l'énergie libre sous forme de deux molécules d'ATP. C'est un préalable indispensable à la respiration mitochondriale.

H

Hétérozygotie • Elle est le résultat de l'existence, au sein des populations, de plusieurs formes d'un même gène, les allèles. Dans l'espèce humaine, un individu est hétérozygote pour environ 10 % de ses gènes. En conséquence, les chromosomes homologues portent des allèles identiques (homozygotie) pour certains gènes, et des allèles différents (hétérozygotie) pour d'autres. L'hétérozygotie est responsable de l'efficacité du brassage génétique.

Hominidés • Ensemble regroupant les gorilles, les chimpanzés, les bonobos et les Hommes.

Homininés • Ensemble des genres appartenant à la lignée humaine, c'est-à-dire australopithèques et Hommes. Toute forme possédant au moins un caractère dérivé possédé uniquement par l'Homme actuel appartient à la lignée humaine.

Hominoïdes • Ensemble regroupant les hominidés, les orangs-outans et les gibbons. Ils se caractérisent par l'absence de queue, leurs vertèbres caudales se soudant pour former un coccyx.

Hormone • Substance (molécule) élaborée par des cellules spécialisées, déversée dans le milieu intérieur et véhiculée par la circulation ; elle agit en se fixant à des récepteurs de cellules cibles, ce qui entraîne une modification de la physiologie de ces dernières.

Hybridation • Croisement de deux individus appartenant à deux variétés de la même espèce (intraspécifique) ou à deux espèces différentes (interspécifique). Elle peut être provoquée par l'Homme mais peut également se produire naturellement.

I

Immunité acquise • Elle se développe tout au long de la vie en réponse aux conditions antigéniques de l'environnement, et résulte du fonctionnement du système immunitaire. Elle est mise en place soit par action naturelle de l'environnement soit par vaccination.

Immunité innée • Première ligne de défense immunitaire, à mise en jeu immédiate (pas de délai) et à large spécificité donc à reconnaissance globale (distinction du soi et du non-soi). Il n'y a pas de mise en mémoire après une réaction immunitaire innée. La mobilisation des mécanismes de l'immunité innée est indispensable au déroulement de la réponse immunitaire adaptative (acquise).

Inflammation • Ses manifestations décelables sont : rougeur, chaleur, œdème, douleur, altération fonctionnelle. Elles traduisent les différentes phases de la réaction inflammatoire : reconnaissance du pathogène par les macrophages et les cellules dendritiques, sécrétion de cytokines, attraction des phagocytes…

Innovation génétique • Mutation ponctuelle ou duplication de gènes ; l'innovation génétique se traduit donc par l'apparition d'un nouvel allèle ou d'un nouveau gène.

Interleukine • Protéine, sécrétée en particulier par les lymphocytes T4, agissant sur les lymphocytes B et les lymphocytes T8 (précytotoxiques) sélectionnés par l'antigène et provoquant leur expansion clonale et leur différenciation, respectivement en plasmocytes et en lymphocytes T cytotoxiques.

Isostasie • Application du principe d'Archimède aux éléments constitutifs du globe terrestre : la pesanteur de la lithosphère est équilibrée par la poussée d'Archimède que développe en réponse l'asthénosphère.

L

Lithosphère • Couche la plus externe du globe terrestre ; elle est épaisse de quelques kilomètres au niveau des dorsales, d'une centaine de kilomètres sous les océans et de 150 à 200 kilomètres sous les vieux boucliers continentaux. Elle est formée de la croûte (océanique ou continentale) et de la partie supérieure du manteau. Considérée comme rigide, elle est découpée en plaques mobiles et repose sur le manteau asthénosphérique, plus plastique, moins cassant. En conséquence, les foyers sismiques sont toujours localisés dans la lithosphère.

Lymphocyte B • Globule blanc né dans la moelle osseuse et qui préexiste à l'entrée d'un antigène. Capable de reconnaître un antigène précis grâce à ses molécules d'anticorps membranaires toutes identiques, il est à l'origine de plasmocytes sécréteurs d'anticorps circulants et de lymphocytes B mémoire, spécifiques de l'antigène reconnu.

Lymphocyte T8 • Né dans la moelle osseuse, un lymphocyte T8, ou lymphocyte T précytotoxique (pré-CTL), préexiste à la pénétration d'un antigène. Les LT8, après reconnaissance d'un antigène précis présenté par les CPA, sont à l'origine des lymphocytes T cytotoxiques (CTL), effecteurs spécifiques.

Lymphocytes T4 • Globules blancs nés dans la moelle osseuse et qui préexistent à l'entrée d'un antigène ; ils reconnaissent un antigène présenté par une CPA, subissent alors une expansion clonale et une différenciation en lymphocytes T4 sécréteurs d'interleukine et en lymphocytes T4 à mémoire. Ils sont porteurs de protéines membranaires CD4 et CCR5, auxquelles le VIH se fixe pour permettre son entrée dans les LT4.

M

Macrophage • Cellule, présente dans les tissus, capable de phagocyter des antigènes. Porteur de protéines membranaires CD4, un macrophage constitue une des cibles du VIH et, par conséquent, un véritable réservoir à virus lors d'une infection.

Maladie opportuniste • Maladie normalement combattue efficacement par le système immunitaire, mais qui se développe dramatiquement chez les individus atteints d'immunodéficience.

Méiose • Elle assure le passage de la phase diploïde à la phase haploïde. Elle suit une phase de réplication de l'ADN et se compose de deux divisions cellulaires successives, qui aboutissent à la naissance de quatre cellules haploïdes. C'est durant la méiose que se produit le brassage génétique.

Mémoire immunitaire • Elle repose sur l'existence de cellules à mémoire (lymphocytes T4, T8 et B mémoire) spécifiques d'un antigène ; ces cellules résultent d'une réaction immunitaire vis-à-vis de cet antigène. Elles se caractérisent par une durée de vie très longue et une très grande réactivité lors d'un deuxième contact avec l'antigène.

Métamorphisme • Transformation d'une roche à l'état solide en raison d'un changement de pression et de température se produisant après sa formation. De nouveaux minéraux apparaissent et les roches métamorphiques présentent une structure et une texture différentes de celles de la roche d'origine.

Monophylétique • Caractère d'un groupe qui comprend une espèce ancestrale et tous ses descendants.

Motoneurone • Neurone dont le corps cellulaire est situé dans le tronc cérébral ou dans la corne antérieure de la substance grise de la moelle épinière et qui véhicule un message nerveux efférent vers des fibres musculaires. Un motoneurone et les fibres musculaires qu'il innerve constituent une unité motrice. Les motoneurones constituent l'unique voie de sortie du système nerveux central et constituent la voie finale de tout acte moteur.

Mutation • Modification de la séquence des nucléotides d'une molécule d'ADN par substitution, délétion ou addition d'un ou de plusieurs nucléotides ; ce terme désigne également l'expansion d'un motif constitué de quelques nucléotides. La duplication d'un gène est souvent considérée elle aussi comme une mutation.

Mutation faux-sens • Elle se traduit par le remplacement d'un acide aminé par un autre dans la séquence polypeptidique ; elle peut être conservatrice, si elle ne modifie pas les propriétés du polypeptide, ou non conservatrice si elle les modifie.

Mutation neutre • Mutation échappant à la sélection naturelle et pouvant, de façon aléatoire, se répandre dans une population ou disparaître.

Mutation non-sens • Elle transforme un triplet de nucléotides codant pour un acide aminé en un codon STOP ; cela entraîne la production d'un polypeptide tronqué, généralement non fonctionnel.

Mutation silencieuse • Par suite de la redondance du code génétique, elle n'entraîne aucune modification dans la séquence des acides aminés.

O

Ophiolites • Ensemble de roches (basaltes, gabbros et péridotites ou serpentinites) que l'on trouve dans les chaînes de montagnes et qui sont des fragments de la croûte océanique et du manteau supérieur ramenés en surface. Ces ophiolites peuvent être métamorphisées, et elles témoignent alors de la subduction d'une croûte océanique ; non métamorphisées, elles ont été charriées sur la croûte continentale sans avoir subi de subduction au préalable.

P

Palynologie • Étude des pollens et spores conservés dans les couches sédimentaires. Elle permet de reconstituer les conditions climatiques qui régnaient au moment de leur fossilisation.

Phagocytose • Mécanisme de l'immunité innée réalisé par des macrophages et des polynucléaires. Par ce processus, des particules volumineuses (débris cellulaires, bactéries...) sont éliminées, après avoir été ingérées, par une digestion intracellulaire se déroulant dans des vacuoles de phagocytose ou phagolysosomes riches en enzymes.

Phase asymptomatique • Période de l'infection par le VIH sans manifestation pouvant évoquer une maladie, si ce n'est parfois des ganglions lymphatiques gonflés ; elle dure en moyenne 10 ans, mais sa durée est en réalité très variable (de 1 à 16 ans et plus).

Phase diploïde • Période durant laquelle l'organisme considéré est constitué d'une ou de plusieurs cellules diploïdes, c'est-à-dire d'une ou de plusieurs cellules possédant deux lots de chromosomes homologues ($2n$ chromosomes).

Phase haploïde • Période durant laquelle l'organisme considéré est constitué d'une ou de plusieurs cellules haploïdes, c'est-à-dire d'une ou de plusieurs cellules possédant n chromosomes (un chromosome de chaque paire existant dans la ou les cellules du même organisme lors de la phase diploïde).

Phénotype immunitaire • Il correspond, à un moment donné, aux clones présents dans l'organisme de lymphocytes B et T (T8 et T4), de cellules-mémoire, de cellules effectrices (plasmocytes, CTL) et de molécules effectrices (anticorps).

Phloème • Tissu conducteur des végétaux vasculaires où circule la sève élaborée. Constitué par des tubes criblés formés par l'alignement de cellules vivantes (sans noyau) dont les parois longitudinales et transversales présentent des pores (cribles). Le phloème est coloré en rose par le carmin aluné.

Plan de Benioff (ou plan de Wadati-Benioff) • Région grossièrement plane, formant un angle de 20 à 80 degrés, où sont localisés les foyers des séismes dans une zone de subduction. Le plan de Benioff traduit l'enfoncement d'une plaque lithosphérique sous une autre plaque.

Plasmocyte • Cellule effectrice sécrétrice d'anticorps. Les plasmocytes naissent de lymphocytes B à la suite d'une réaction immunitaire. Ils sont également nommés lymphocytes B sécréteurs.

Polyploïdie • Elle est due au fait qu'au cours de mitoses il y a bien, à l'anaphase, séparation des chromatides de chaque chromosome mais il n'y a pas de division du cytoplasme : par exemple, d'une cellule mère à $2n$ chromosomes nait ainsi une cellule fille qui possède $4n$ chromosomes.

Primates • Ordre de la classe des mammifères où l'on regroupe des espèces possédant les caractères dérivés suivants : pouce opposable aux autres doigts, boîte crânienne volumineuse par rapport à la face, présence d'ongles.

Primo-infection • Première phase de l'infection par le VIH ; elle est marquée par des symptômes discrets, comparables à ceux d'une maladie virale bénigne, comme une grippe légère (fièvre et douleurs musculaires).

R

Racine crustale • Elle est constituée par des écailles de manteau lithosphérique coincées dans la croûte et faisant partie des chevauchements affectant celle-ci dans certaines régions des chaînes de collision. Elle témoigne du raccourcissement et de l'épaississement (plus de 70 km) de la croûte continentale sous les chaînes de montagnes.

Radiochronologie • Ensemble de méthodes permettant de donner un âge absolu à des minéraux, des roches ou des fossiles en mesurant leur teneur en un élément radioactif (élément père) et celle du produit (élément fils) provenant de sa désintégration.

Relation de parenté • Deux espèces A et B sont plus étroitement apparentées l'une avec l'autre qu'elles ne le sont avec une espèce C si elles possèdent un ancêtre commun qu'elles ne partagent pas avec C. Cela signifie qu'elles possèdent des états dérivés hérités de cet ancêtre commun, états dérivés que ne possède pas C.

S

Sélection massale • Sélection à chaque génération des variants d'une population présentant le plus nettement, le (ou les) caractère(s) recherché(s).

Sélection naturelle • Elle résulte du fait qu'une innovation génétique peut se répandre ou non dans une population suivant qu'elle confère ou non une plus grande capacité de survie ou de reproduction aux individus qui la présentent par rapport à ceux qui ne la possèdent pas.

Séropositivité • Elle se traduit par la présence, dans le milieu intérieur, d'anticorps spécifiques d'antigènes caractéristiques, d'une bactérie ou d'un virus.

Sida • Syndrome de l'immunodéficience acquise ; stade terminal de l'infection due au VIH.

Solidus • Une roche étant constituée par un assemblage de minéraux de compositions chimiques différentes, elle ne se comporte pas comme un corps pur qui fond à une température précise. À une pression donnée, une partie des minéraux commencent à fondre à une certaine température, tandis que les autres restent à l'état solide : la roche subit une fusion partielle. Cette dernière ne devient totale qu'à une température plus élevée. Dans un diagramme température-pression, le solidus désigne la courbe de fusion commençante de la roche.

Subduction • Phénomène caractéristique des zones de convergence où la lithosphère océanique disparaît, soit sous une lithosphère continentale, soit sous une autre lithosphère océanique. Elle est caractérisée par un certain nombre de marqueurs qui en sont la conséquence.

Symbiose • Association à bénéfice réciproque, étroite et durable entre deux organismes.

Synapse • Zone de connexion entre l'extrémité de l'axone (bouton synaptique) d'un neurone et une autre cellule. Elle comporte une région présynatique caractérisée par la présence de vésicules synaptiques, un espace (ou fente) synaptique et une région postsynaptique dépourvue de vésicules. La synapse est polarisée : le message nerveux est uniquement transmis dans le sens présynaptique – postsynaptique grâce à un neuromédiateur contenu et libéré par les vésicules synaptiques.

T

Tétrapodes • Vertébrés possédant quatre membres locomoteurs munis de doigts.

Transfert viral • Certains virus incorporent leur ADN à celui d'autres êtres vivants. Certains des gènes viraux peuvent ainsi continuer à s'exprimer chez l'hôte, et sont source de diversité génétique qui entraîne la diversité phénotypique.

Transgenèse • Technique consistant à introduire un ou plusieurs gènes dans le génome d'un organisme vivant. Elle permet d'obtenir de nouvelles espèces animales ou végétales résistant aux parasites, aux insectes ou à des conditions climatiques négatives. Les organismes issus de la transgenèse constituent l'ensemble des organismes génétiquement modifiés (OGM).

V

VIH • Virus de l'immunodéficience humaine, c'est-à-dire virus du Sida.

X

Xylème • Tissu conducteur des végétaux vasculaires où circule la sève brute. Chaque vaisseau du xylème est constitué d'un alignement de cellules mortes plus ou moins lignifiées. Le xylème est coloré en vert par le vert d'iode.

PAPIER À BASE DE FIBRES CERTIFIÉES

Hatier s'engage pour l'environnement en réduisant l'empreinte carbone de ses livres. Celle de cet exemplaire est de :
2.2 kg éq. CO_2
Rendez-vous sur www.hatier-durable.fr

IMPRIM'VERT

Achevé d'imprimer par Loire Offset Titoulet à Saint-Etienne - France
Dépôt légal n° 03042-1/01 - Août 2017